FISCHER

Mary Aiken

DER CYBER-EFFEKT

Wie das Internet unser Denken, Fühlen und Handeln verändert

Aus dem Amerikanischen
von Laura Su Bischoff

FISCHER

Erschienen bei FISCHER Taschenbuch
Frankfurt am Main, August 2018

Die amerikanische Originalausgabe erschien 2016
bei Spiegel & Grau, Penguin Random House LLC, New York

Satz: Dörlemann Satz, Lemförde
Druck und Bindung: CPI books GmbH, Leck
Printed in Germany
ISBN 978-3-596-03293-8

Für P. L. K. & J.

Kinder sind die wichtigste Ressource der Welt
und zugleich ihre größte Hoffnung für die Zukunft.

JOHN F. KENNEDY

S. 14

S. 18

S. 28 f.

S. 41

S. 44

INHALT

VORWORT ZUR DEUTSCHEN AUSGABE

In der schönen neuen Welt des Internets ist Vorsicht geboten. Das gilt für die Menschen aller Altersstufen und Lebensbereiche, doch vor allem, so findet Mary Aiken, müssen wir uns besser um die Kinder kümmern – weil sie schutzbedürftig sind und außerdem die Zukunft.

Seit das englischsprachige Original von »Der Cyber-Effekt« erschien, ist ein ganzes Jahr vergangen, in dem viel passiert ist. Grund für die Autorin, ihrem Werk noch eine Ergänzung voranzustellen:

Es ist an der Zeit, ein digitales Umfeld zu fordern, das den kindlichen Bedürfnissen gerecht wird. Das Internet wurde für erwachsene Nutzer erschaffen; deshalb wurden Kindern bei der Gestaltung des Cyberspace keine Zugeständnisse gemacht. Der utopische Anspruch des Internets lautete, dass dort alle gleich wären. Wenn alle gleich sind, werden Kinder dort wie Erwachsene behandelt, weshalb der Cyberspace für Kinder nicht geeignet ist.

Wir kennen den Komfort, die Verbundenheit, die Kreativität sowie die informativen und wirtschaftlichen Vorteile des Internets. Ich bin eine unbedingte Befürworterin der Digitaltechnologien, denn ich könnte meine Arbeit als Cyber-Psychologin gar nicht ausführen, wenn ich nicht sehr viel Zeit im Internet verbrächte. Dennoch machen mir die Auswirkungen der Technologie auf die Kindesentwicklung große Sorgen. Als ich 2013 mit der Recherche für *Der Cyber-Effekt* begann, war ich der Ansicht, dass man schon irgendwie auf diese Probleme eingehen werde, wenn ich nur darüber schriebe und das Augenmerk darauf richtete. Mittlerweile haben wir 2018; dennoch verschlimmert sich die Lage zusehends.

Immer jüngere Kinder nutzen heute Digitalgeräte; die aktuellste Studie belegt, dass 16 Prozent aller Drei- bis Vierjährigen inzwischen ein eigenes Tablet und mehr als 30 Prozent aller Acht- bis Elfjährigen ein eigenes Smartphone besitzen. Neuere Berichte bestätigen, dass 3 Prozent aller Fünf- bis Siebenjährigen und 23 Prozent aller Acht- bis Elfjährigen ein Profil in den sozialen Medien ihr Eigen nennen, und das trotz der Vorschrift, dass Nutzer mindestens dreizehn Jahre alt sein müssen – diese jungen Menschen werden ausgeklügelten Algorithmen ausgesetzt, die entwickelt wurden, um das Verhalten von Nutzern zu beeinflussen und zu ändern. Ich sage bereits seit einigen Jahren, dass die Technologieunternehmen sich unserer »psychologischen Achillesferse« bedienen und uns eher schwächen als stärken. Im November 2017 gab der ehemalige Facebook-Präsident Sean Parker zu, dass die Plattform wissentlich so gestaltet wurde, dass sie »eine Schwäche der menschlichen Psyche« ausnutze. Unabhängig davon, was mit Erwachsenen geschieht, müssen wir Kinder unbedingt beschützen. Das Problem besteht darin, dass die Aneignung digitaltechnologischer Kenntnisse mit dem Zugang zum Internet zusammenfällt. Deshalb ist der Hinweis wichtig, dass Kinder nur dann gefahrlos ihre technischen Fähigkeiten ausbilden können, wenn ihr Gerät durch eine sogenannte »Airwall« (auch »Air Gap«) geschützt ist, die ihnen den Zugang zu Erwachsenen-Inhalten versperrt. Im Internet gibt es keinen flachen Beckenbereich.

Wir sollten nicht auf Studien warten müssen, um die Auswirkungen der Digitaltechnologien auf die Kindesentwicklung zu beweisen. Kinder werden geboren und setzen sich aktiv mit der Technik auseinander, weshalb Eltern und Bezugspersonen dringend Rat brauchen. Wissenschaftler können sich im übertragenen Sinne nicht einfach ausruhen und auf Langzeitstudien warten – bis diese vorliegen, muss eine Kombination aus den bislang erworbenen Erkenntnissen, einer sachkundigen Meinung und Einigkeit unter Experten maßgeblich sein. Mit meinem Buch *Der Cyber-Effekt* bin ich ein Risiko eingegangen; als ich die Neuigkeiten über meinen Vertrag mit dem Verlag mit einem Uni-Kollegen teilte, stieß das bei ihm tatsächlich auf leichte Geringschätzung: »Ach, tu das lieber nicht – schon manch eine akademische Laufbahn wurde durch ein erfolgreiches Buch zerstört.« Instinkt kann als Tendenz betrachtet werden, auf vorhersehbare Art und Weise auf eine Sache zu reagieren; in meinem Fall bedeutet Vorhersehbarkeit, nicht der gängigen Meinung zu folgen. Ich entschloss mich, das Buch zu schreiben, und es war mir eine Freude, einige der enggesteckten Grenzen wissenschaftlicher Texte zu verlassen und frei über die Auswirkungen der Digitaltechnologien auf den Menschen zu schreiben. »Ich glaube, ich denke, vielleicht, was wäre, wenn …« Aber was noch wichtiger ist: Es war eine Erleichterung, all das in Worte zu fassen, worüber ich mir Gedanken gemacht habe. Mittlerweile wird mein Buch so gut wie überall verkauft; dieses Jahr wird es in China und Russland erscheinen. *Der Cyber-Effekt* wurde überall umfassend rezensiert, und ich freue mich, mitteilen zu können, dass mein Werk von der *Times* als Buch des Jahres in der Kategorie »Gedankenwelt« und von *Nature. International Journal of Science* als »beste wissenschaftliche Neuerscheinung« ausgewählt wurde.

Soweit es die Kinder betrifft, ist das Internet kaputt. Die zu Google gehörende Plattform YouTube geriet 2017 stark in die Kritik, weil dort Videoaufnahmen von Kindesmisshandlungen und gewalttätige/beleidigende Inhalte zum Streamen hochgeladen werden durften. Im Zuge einer BBC-Recherche stellte sich heraus, dass ein Teil des zur Moderation der Inhalte verwendeten Systems seit über einem Jahr nicht mehr funktionierte. Google ließ daraufhin verlauten, dass das Unternehmen Gegenmaßnahmen ergreifen und unter anderem »Tausende Moderatoren anstellen« werde. Moderatoren werden als menschliche Filter gegen das Schlimmste eingesetzt, was das Internet zu bieten hat. Wir sollten uns daran erinnern, dass diese jungen Moderatoren ebenfalls anderer Leute Kinder sind. Wer ist verantwortlich, wenn ihre psychische Gesundheit dadurch Schaden nimmt? Wird das für ihren Arbeitgeber überhaupt wichtig sein?

Im Januar 2018 teilte Facebook mit, dass der Algorithmus der Plattform geändert werde; in Anerkennung der Tatsache, dass die passive Nutzung sozialer Medien schädlich sein könne, sei das neue Ziel des Unternehmens, den Usern dabei zu helfen, »gehaltvoller miteinander zu interagieren«. Im gleichen Monat äußerten Apple-Aktionäre ähnliche Bedenken hinsichtlich der psychischen Gesundheit im Angesicht eines »wachsenden gesellschaftlichen Unbehagens« zur intensiven Smartphone-Nutzung von Kindern. Ich bin der Meinung, dass die Anerkennung dieser Herausforderungen durch die Unternehmen einen lang erhofften Wendepunkt darstellt und in einem gewissen Grad das akademische Risiko belohnt, das ich mit der frühen Äußerung meiner Bedenken auf mich nahm. Obwohl wir uns alle der Vorteile bewusst sind, werden viele der von mir genannten Probleme im Hinblick auf die Auswirkungen der Digitaltechnologien auf Kinder und Jugendliche mittlerweile von Studien- und Forschungsergebnissen bestätigt, ganz besonders in den Bereichen Angststörungen, Depressionen, Selbstbewusstsein, Risikoverhalten, Körperbild, Selbstverletzung, Schlafqualität und Suchtverhalten.

Die aktuellsten Studien beweisen inzwischen, dass der Anteil der an Angststörungen und Depressionen leidenden jungen Menschen im Laufe der letzten fünfundzwanzig Jahre um 70 Prozent gestiegen ist, während Jugendliche angeben, dass vier der fünf beliebtesten sozialen Medien ihre Angststörung verstärkt hätten. Im Bericht der britischen Royal Society for Public Health aus dem Jahr 2017 heißt es, dass »die sozialen Medien eine Krise der psychischen Gesundheit [junger Menschen] nähren könnten«. Auch Schlafstörungen nehmen zu: Einer von fünf Jugendlichen gibt an, nachts aufzuwachen und Mitteilungen in den sozialen Medien zu lesen, weshalb eine dreimal höhere Wahrscheinlichkeit besteht, im Schulunterricht an ständiger Übermüdung zu leiden. Neun von zehn Teenagerinnen sind nach eigener Aussage mit ihrem Körper unzufrieden; die Zahl der Jugendlichen, die wegen einer Essstörung stationär behandelt werden, ist ebenfalls drastisch gestiegen. In meinen Augen hängt dieser Zuwachs mit der Nutzung sozialer Medien zusammen, nebst der Zugänglichkeit solcher Websites wie »Pro-Ana« oder »Pro-Mia« – Websites, die Anorexie und Bulimie fördern oder idealisieren und anfällige, sich ihrer selbst allzu bewusste Teenager beeinflussen. Glücklicherweise gibt es in Deutschland Regelungen, die Kinder und Jugendliche im Internet vor selbstzerstörerischen Inhalten bewahren sollen.

2017 wurden wir Zeuge der explosiven Anschuldigungen gegen Harvey Weinstein. Bis zum Ende des Jahres hatten mehr als fünfzig Frauen Vorwürfe gegen Weinstein erhoben, der sie verfolgt, belästigt, misshandelt, missbraucht und in manchen Fällen auch angegriffen haben soll. Zwei Dinge müssen hier auseinandergehalten werden: Akzeptierbarkeit und Illegalität. Illegales Verhalten umfasst alles, was gegen das Gesetz verstößt; Akzeptierbarkeit ist da schon ein wenig komplexer. Es hilft, sich einen Kreis von Verhaltensweisen vorzustellen, die von einem Rand umschlossen werden. Dieser Rand definiert den Punkt, ab dem akzeptables Verhalten inakzeptabel wird.

Dieser Punkt wird in jeder Kultur von der öffentlichen Meinung bestimmt, d.h. davon, welches Verhalten wir als Gesellschaft akzeptieren wollen. Die #MeToo-Kampagne hat uns gelehrt, dass erzwungene Handlungen am Arbeitsplatz – also solche, bei denen ein missbrauchender Akteur in einer ungleichen Beziehung aus einer Machtposition heraus Druck auf jemanden ausübt, um sich persönliche Vorteile zu verschaffen – gemeinhin als inakzeptabel angesehen werden.

Und wie übertragen wir diesen Schluss aus Beziehungen zwischen Erwachsenen auf Kinder im Internet? Zunächst wäre da die Akzeptanz. Die Gesellschaft hält es ganz bestimmt nicht für akzeptabel, wenn Kindern nachgestellt wird, ob nun im Internet oder anderswo. Viele dieser Verhaltensweisen dürften die Grenze zur Illegalität überschreiten. Aber was ist mit dem Inakzeptablen, also Verhaltensweisen, die wir als Gesellschaft nicht hinnehmbar – oder sogar abscheulich – finden, unabhängig von technischen Diskussionen über die Rechtslage bei einzelnen Aspekten dieses Verhaltens? Im Internet sind die Urheber solcher Nachstellungen Unternehmen, die zu kommerziellen Zwecken andere Menschen ins Visier nehmen, in diesem Fall Minderjährige. Wenn Kinder im Spiel sind, setzen diese Akteure Zwang in ungleichen Beziehungen ein, während Erwachsene Algorithmen schaffen, die eben dazu erzeugt wurden, Schwächen bei dem in Entwicklung befindlichen kindlichen oder jugendlichen Gehirn auszumachen und auszunutzen. Genauer gesagt konzentrieren diese Personen sich auf den jugendlichen »Drang, gemocht zu werden«, das Crowdsourcing des Selbstbewusstseins, während das Kind mit dem Gruppenzwang unter Gleichaltrigen und der Entstehung des eigenen Ichs kämpft.

Einigermaßen unausweichlich erwarten uns in den USA auf lange Sicht Sammelklagen, die Schadenersatz für jene Beeinträchtigungen fordern werden, welche dem in Entwicklung befindlichen Kindergehirn zugefügt werden, wenn es von den Tätern skrupellos für den Profit gehackt wird. Ich frage mich, wie die rechtlichen Schritte der Zukunft in Hinblick auf allgemeine Verwahrlosung und Körperverletzung aussehen werden. Treffen die Giganten der Suchmaschinen und der sozialen Medien Vorkehrungen wegen solcher zukünftiger Haftungsansprüche? Passen ihre Aktionäre auf?

Wo ist der Wendepunkt à la Weinstein? Wann kommt der Augenblick, in dem wir sagen: »Die Zeit ist um« – der Augenblick, in dem wir die Akzeptierbarkeit dieses Verhaltens unabhängig von den langfristigen rechtlichen Fragen betrachten? Was erscheint uns akzeptabel daran, wenn Erwachsene jeden Tag zur Arbeit gehen, um komplexe Software zynisch so zu gestalten, dass man damit das kindliche Gehirn samt seiner Schwächen manipulieren kann, indem man die Abhängigkeit des Kindes vom Gruppenzwang ausbeutet?

Das ist ein Angriff auf unsere Kinder, ein Angriff auf die Kindheit.

Kinderleben zählen, und 2018 sollten wir handeln.

EINLEITUNG

WENN MENSCH UND TECHNIK KOLLIDIEREN

Mit dem Rücken gegen die harte Betonwand gelehnt, sitze ich auf einer kalten, harten Bank im Einsatzraum eines Polizeireviers irgendwo im südlichen Los Angeles – eine Gegend, die für ihre Gangs, ihre Kriminalität, ihre Armut, ihren städtischen Verfall und, vor rund zwanzig Jahren, für ihre gewalttätigen Rassenunruhen bekannt war. Es ist 4.45 Uhr morgens. Ich habe seit Stunden nichts gegessen: nicht gerade ein kluger Schachzug. Eine Mischung aus Hunger, Jetlag und Anspannung dreht mir den Magen um.

LAPD-Lieutenant Andrea Grossmann beginnt mit der Einsatzbesprechung und erläutert, wie ein Sondereinsatzkommando in etwa einer Stunde den größten Menschenhändler der USA und einen von Kaliforniens »meistgesuchten Verbrechern« dingfest machen wird. Circa 40 Polizisten werden an dem Einsatz beteiligt sein: ein Team aus erfahrenen Profis des FBI, der Homeland Security, des ICAC (Internet Crimes Against Children), der kalifornischen Bundespolizei und des LAPDs. Und dann bin da noch ich, die Einzige im Raum ohne Schusswaffe. Nur vereidigte Beamte dürfen eine Waffe tragen.

In meinem Heimatland Irland regnet es derweil. Der Frühling zieht sich hin, grau und nass wie eh und je. Ich denke an mein gemütliches Büro in Dublin, an meine Bibliothek, meinen PC und mein ruhiges Leben als Wissenschaftlerin – nur dass mein Leben in letzter Zeit ganz und gar nicht mehr so ruhig gewesen ist. Im Laufe der letzten zehn Jahre habe ich mich als forensische Cyber-Psychologin etabliert, und in dieser Funktion habe ich die Welt bereist und mich mit anderen Experten meiner Disziplin getroffen, habe Forschung betrieben, mit Strafverfolgungsbehörden zusammengearbeitet, an Konferenzen teilgenommen und Hunderte Vorträge, Seminare, Workshops und Präsentationen gehalten. Die Cyber-Psychologie ist ein recht junges Fach und steckt noch in den Kinderschuhen. Jahr für Jahr weckt sie mehr Interesse. Immer stärker macht sich ein Gefühl der Dringlichkeit breit. Ich denke, die meisten von uns, die an vorderster Front tätig sind, können diese Veränderungen spüren, ebenso wie den umfassenden Eindruck der Orientierungslosigkeit. Unser Leben wandelt sich, und das menschliche Verhalten passt sich an. Den Grund für dieses Phänomen sehe ich als Cyber-Psychologin darin, dass Menschen sich bei der Interaktion mit Technologien anders verhalten als im direkten Umgang miteinander in der realen Welt.

Manche dieser Veränderungen haben sich so schnell vollzogen, dass es uns überaus schwerfällt, den Unterschied zwischen einem vorübergehenden Trend, einer sich neu entwickelnden Verhaltensweise und einer bereits akzeptierten gesellschaftlichen Norm zu erkennen. Der Einfachheit halber werde ich die unmittelbare Wirklichkeit von nun an als »reales Leben« oder »reale Welt« bezeichnen, um sie vom Cyberspace zu unterscheiden, und das, obwohl mir voll und ganz bewusst ist, dass die Geschehnisse dort so real sind wie das Leben selbst. Neue Normen, die im Internet entstehen, wirken sich auch auf die echte Welt aus. Was in der virtuellen Welt passiert, kann also die reale Welt beeinflussen – und umgekehrt.

Jedes Mal, wenn ich über meine Arbeit sprechen soll, beginne ich mit folgender Definition: Cyber-Psychologie »untersucht den Einfluss neuer Technologien auf das menschliche

Verhalten«. Dabei geht es nicht allein um die Frage, ob man online oder offline ist: »Cyber« bezieht sich auf alles Digitale, Technologische – von Bluetooth bis hin zum selbstfahrenden Auto. Das heißt, ich analysiere die menschliche Interaktion mit Online-Technologien und digitalen Medien, mit Mobilgeräten und Apparaten zur Herstellung von Internetverbindungen, mit Spielen, virtueller Realität und mit künstlicher Intelligenz (A.I., »artificial intelligence«) sowie mit erweiterter Intelligenz (I.A., »intelligence amplification«) – alles von Handys bis Cyborgs. Am stärksten konzentriere ich mich aber auf die Internetpsychologie. Wenn etwas in den Bereich der »Technologie« gehört und das menschliche Verhalten zu beeinflussen oder verändern vermag, dann will ich mir das Wie anschauen – und über das Warum nachdenken.

Die Zeit ist mein größter Feind, denn meine Arbeit befindet sich im ständigen Wettlauf mit der technischen Entwicklung. Das bedeutet eine große Herausforderung dafür, wie Akademiker sich normalerweise einem neuen Phänomen nähern. Wie können wir als Wissenschaftler mit den technologischen Veränderungen in unserem Leben, unseren Verhaltensweisen und unserer Gesellschaft Schritt halten? Eine gute Langzeitstudie, die das menschliche Verhalten im Laufe der Zeit ergründet und den Forschern damit schlüssige wissenschaftliche Erkenntnisse bietet, kann einige Jahre bis Jahrzehnte in Anspruch nehmen. Im Internetzeitalter entspricht das mehreren Generationen. Und aufgrund meiner Erfahrungen – besonders im Hinblick auf die Entstehung neuer Normen durch eine beschleunigte Art der Sozialisation, die ich »Cyber-Sozialisation« nenne – glaube ich, wir sollten keinesfalls nur herumsitzen und auf Antworten warten.

Die gute Nachricht: Einige Facetten der Internetpsychologie werden bereits seit den 1990er Jahren untersucht und sind heute gut bekannt und belegt. Die Auswirkungen der – wirklichen oder vermeintlichen – Online-Anonymität sind nur ein Beispiel von vielen. Bei dieser Anonymität handelt es sich um das zeitgenössische Äquivalent der Superheldenkraft Unsichtbarkeit. Der Einfluss der Anonymität – Thema unzähliger faszinierender Studien in vielen Fachbereichen – sollte nicht unterschätzt werden. Sie schürt auch den nicht minder wichtigen sogenannten Online-Enthemmungseffekt, der wiederum andere Folgen hat. Ich bin in einem Dutzend Forschungsgruppen aktiv und habe von der Cyber-Kriminalität bis hin zur Cyberchondrie – der ängstlichen Fixierung auf Gesundheitsfragen, die sich durch die medizinische Recherche im Internet nur verstärkt – so ziemlich alles untersucht. Dabei habe ich immer wieder festgestellt: Das menschliche Verhalten im Internet wird in meinen Augen meist von einem mit nahezu mathematischer Wahrscheinlichkeit vorhersehbaren Faktor bestimmt und beschleunigt: vom Cyber-Effekt – dem $E = mc^2$ unseres Jahrhunderts.

Das Internet verstärkt beispielsweise die Nächstenliebe, was wiederum heißt, dass die Menschen im Cyberspace zuweilen großzügiger erscheinen als im realen Leben. Wir können dieses Phänomen gut am Beispiel des außerordentlichen Wachstums des nichtkommerziellen Online-Crowdfunding-Sektors beobachten. Ein weiterer bekannter Effekt im Cyberspace ist der, dass Menschen anderen, denen sie im Internet begegnen, leichter vertrauen und Informationen rascher austauschen können. Dies führt einerseits schneller zu Freundschaften und Intimität, bedeutet aber andererseits, dass die Leute dazu neigen, sich sicher zu fühlen, obwohl sie es in Wirklichkeit nicht sind. Aufgrund des Online-Enthemmungseffekts (ODE, »online disinhibition effect«) sind Einzelne oft mutiger, enthemmter und in ihrem Urteilsvermögen eingeschränkter – fast so, als wären sie betrunken. Und in diesem enthemmten Zustand können sich gleichgesinnte Menschen unter dem Mantel der Anonymität schneller und einfacher finden, was wiederum zu einem weiteren Effekt führt: dem Online-Zusammenschluss. Diese Gebilde und Effekte im Cyberspace werde ich in den folgenden Kapiteln ausführlich untersuchen; auch im Glossar gehe ich auf die Begriffe ein. Letztlich jedoch lassen sich diese Bezeichnungen erst mit Hilfe intensiver experimenteller Untersuchungen, der Manipulation von Variablen und der Ermittlung von Ursache und Wirkung durch die empirische Wissenschaft vollständig nachvollziehen und bewerten. Der Cyberspace ist jedoch kein Labor mit weißen Mäusen und Schaltern. Tatsächlich ist er vielmehr eine komplexe Matrix menschlicher Daten, die sich im virtuellen Raum manifestieren. Zu seiner Erforschung bedarf es akribischer digitaler Forensik und genauer Details cyber-psychologischen Verhaltens.

Ein Sprichwort sagt: »Der Teufel steckt im Detail.«[1] Das deckt sich mit meinen Erfahrungen bei der Arbeit. Die Forensik befasst sich mit der Untersuchung und Erfassung physischer Spuren an einem Tatort: Fasern, Körperflüssigkeiten und Fingerabdrücke. Denken Sie an die TV-Serie *CSI*. Die forensische Psychologie beschäftigt sich wiederum mit der Untersuchung verhaltenspsychologischer Überbleibsel an einem Tatort – das, was wir als »mentale Blutspritzer« bezeichnen. Und dann ist da noch mein Fachbereich, die forensische Cyber-Psychologie, die sich auf die cyber-verhaltenspsychologischen Fundstücke am Tatort konzentriert – oder, wie ich es nenne, den »digitalen Fußabdruck«. Es war der bekannte Forensiker Edmond Locard, Pionier seines Faches, manchmal auch der »Sherlock Holmes Frankreichs« genannt, der mit seiner Regel die grundlegende Prämisse forensischer Wissenschaften formulierte: »Jede Berührung hinterlässt eine Spur.« (Ihre Fingerabdrücke befinden sich mittlerweile überall auf diesem Buch.)

Dies gilt auch im Cyberspace. So gut wie alles, was wir online tun, hinterlässt digitale Spuren, digitalen Staub und digitale Abdrücke. Diese Beweisstücke aus dem Internet helfen den Strafverfolgungsbehörden bei der Untersuchung kriminellen Verhaltens, ob die Verbrechen sich nun im Cyberspace, am anderen Ende der Welt oder auf der anderen Seite der Straße ereignen.

Die Ermittlung solcherlei Daten war es, die mich letztlich nach Los Angeles führte. Gemeinsam mit einer Expertengruppe von Interpol, der größten internationalen kriminalpolizeilichen Organisation weltweit, führte ich gerade eine Studie durch. Es ging um jugendliches Risikoverhalten im Internet. In der Hoffnung auf neues Material setzte ich mich mit Lt. Grossman vom LAPD in Verbindung. Wir waren uns im Rahmen einer Konferenz im Lyoner Interpol-Hauptsitz bereits einmal begegnet. Lt. Grossman und ihre Arbeit auf dem Gebiet der digitalen Kriminalität hatte mich nachhaltig beeindruckt. Als sie einem Treffen mit mir zustimmte, um über das Projekt mit Interpol zu sprechen, setzte ich mich in einen Flieger nach Kalifornien.

Die Polizei kann sehr skeptisch sein, wenn Wissenschaftler auf der Suche nach Daten aus ihren Elfenbeintürmen hinabsteigen, jedoch kaum Verständnis für das raue Geschäft der Verbrechensaufklärung an vorderster Front mitbringen. Deshalb war ich überaus erfreut, als Lt. Grossman mich fragte, ob ich vielleicht daran interessiert sei, mit dem LAPD unmittelbare Arbeitserfahrung zu sammeln.

»Aber natürlich«, entgegnete ich in dem Glauben, sie meinte damit eine Art Praktikum in ihrem Polizeirevier, wo ich bei Meetings anwesend sein sollte. Sie aber hatte etwas anderes, sehr viel Aktiveres im Sinn.

»Wie würde es Ihnen gefallen, sich in Schale zu werfen und uns auf einen Einsatz zu begleiten?«, fragte sie und nannte sodann Aufenthaltsort und Identität eines Händlers kinderpornographischer Bilder, Filme und anderen Materials, dessen

Machenschaften mit Hilfe der Cyber-Forensik aufgedeckt worden waren. Der Fall müsste mich als akademische Beobachterin doch interessieren.

»Ähm …ja«, stammelte ich. »Wenn Sie davon sprechen, mich in Schale zu werfen, dann meinen Sie, so wie das Sondereinsatzkommando? Wann?«

»Heute Nacht.«

Bei meiner Arbeit geht es um die wissenschaftliche Untersuchung von Online-Verhalten: von der Vorhersage jugendlicher Cyber-Kriminalität (Hacking)[2] bis hin zum Erstellen typologischer Profile hinsichtlich der Entstehung und Entwicklung kriminellen Verhaltens (Online-Stalking). Ich erforsche den Einsatz maschineller Intelligenz zur Lösung von Big-Data-Problemen (etwa durch Online-Technologien erleichterter Menschenhandel) und untersuche die Möglichkeiten erweiterter Intelligenz (I.A.) im Kampf gegen sexuellen Kindesmissbrauch im Internet. All das ist anspruchsvolle Arbeit, für die ich ausgebildet wurde und mit der ich umzugehen gelernt habe. Aber praxisnahe Polizeiarbeit an der Front? Echte Verhaftungen durch ein Sondereinsatzkommando? In diesen Bereichen habe ich nur sehr wenig Erfahrung.

Später am Abend, in meinem Hotelzimmer, schlüpfte ich in eine schwarze Kluft – die unauffällige Tarnkleidung aller forensischen Experten weltweit. (Warum mögliche Daten aus der Entfernung aufs Spiel setzen, indem man etwa eine hellrosa Bluse trägt, um die eigene Unsicherheit zu betonen; einen Hauch von Gelb in sein Outfit integriert, um optimistisch zu wirken; oder ein Muster zur Schau stellt, um interessant zu erscheinen?) Dann, um 3.30 Uhr morgens, schnappte ich mir eine Flasche Wasser, ging hinunter in die Lobby und gab an der Rezeption Bescheid, dass bald eine Gruppe Polizeibeamter vom LAPD auftauchen und mich abholen würde.

Der Concierge beäugte mich misstrauisch.

»Ich habe nichts angestellt«, versicherte ich ihm. »Ich wurde nur darum gebeten, einen Einsatz zu begleiten. Mehr nicht.«

So also bin ich kurz vor Sonnenaufgang hier im LAPD-Einsatzraum gelandet. Es heißt, das Wetter in Los Angeles sei stets angenehm, doch heute früh ist es unerwartet kühl. Glücklicherweise halten mich meine schusssichere Weste und mein Helm warm.

»Mit Widerstand ist immer zu rechnen«, erklärt die zuständige Beamtin. »Wenn ein Polizist zu Boden geht, klettern Sie über ihn hinweg. Bewegen Sie sich einfach weiter voran. Falls Sie selbst zu Boden gehen, bleiben Sie liegen.«

Ich werfe einen Blick auf den Hefter mit Anweisungen auf meinem Schoß. Darin findet sich auch eine Wegbeschreibung zum nächsten Krankenhaus. *Falls Sie zu Boden gehen, bleiben Sie liegen …*

Im Angesicht der Ungewissheit – und der potentiellen Gefahr – nehme ich eine Haltung ein, die mir mein ganzes Leben bereits gute Dienste geleistet hat: Ich hoffe auf das Beste, erwarte aber das Schlimmste. Wie sich herausgestellt hat, ist das ein recht gutes Motto für nahezu jedes Unterfangen, ob in der realen oder der virtuellen Welt. Jedes Mal, wenn wir einem sozialen Netzwerk beitreten, eine App herunterladen oder online eine Rechnung zahlen, unseren Kindern ein neues digitales Spielzeug kaufen oder jemanden per Internet-Partnerbörse kennenlernen, setzt dieselbe steile Cyber-Lernkurve ein, und wir stoßen bald auf neue Risiken und Herausforderungen. Einen abschüssigen Bergpfad zu erklimmen, um am Ende des Weges mit einem wundervollen Ausblick belohnt zu werden, ist das eine; mit einem Gleitschirm von einem Berggipfel zu springen, dagegen etwas ganz anderes. Manche Risiken lohnen sich; andere wiederum nicht. Doch für welche gilt was? Darum geht es in diesem Buch.

»Los geht's!«, ruft Lt. Grossman. Zwanzig Stühle werden auf

einmal zurückgeschoben. Stiefel stampfen, Gewehre rasseln. Ich greife nach meinem Helm, halte kurz inne und frage mich nicht zum ersten Mal an diesem Morgen: »Wie zum Teufel bin ich hier nur hineingeraten?«

Wo bin ich?

Wir leben in einer einzigartigen Epoche der Menschheitsgeschichte, einer Epoche, die von Wandel, Veränderungen und Umbrüchen gekennzeichnet ist, wie sie vielleicht nie wieder auftreten werden. Aufgrund der schnellen und umfassenden Einführung neuer Technologien, die sich auf unsere Art und Weise zu arbeiten, zu kommunizieren, einzukaufen, Kontakte zu knüpfen sowie auf nahezu alle anderen Tätigkeiten auswirkt, kommt es zu einer erdbebenartigen Umwälzung im Leben und im Denken. Die heutige Zeit ist der Aufklärung (1650–1800) sehr ähnlich, als es ebenfalls zu gewaltigen Veränderungen in Bewusstsein, Wissen und Technik kam, begleitet von einem tiefgreifenden gesellschaftlichen Wandel.

Die Aufklärung hat uns neue Freiheiten gebracht. Und die neuen Freiheiten, die uns das Internet ermöglicht, sind für Milliarden von Menschen berauschend, aufregend und verführerisch zugleich. Das Konzept der absoluten Freiheit ist für die Ideologie des Internets von zentraler Bedeutung. Aber kann Freiheit die Menschen womöglich verderben? Und kann absolute Freiheit sie ganz und gar verderben? Mehr Freiheiten für das Individuum bedeuten weniger Kontrolle für die Gesellschaft.

Manche Veränderungen waren verführerisch und vollzogen sich schrittweise – und sorgten dafür, dass sich psychologische Normen an neue Orte schlichen. Zunächst mag es Ihnen kaum aufgefallen sein, bis Sie eines Tages auf einmal beobachteten, wie jemand einem Baby zum Spielen ein teures Smartphone in den Kinderwagen reichte oder wie ein Kleinkind mit pummeligen Fingern meisterhaft über den Touchscreen eines Mobiltelefons strich. Vielleicht besuchten Sie auch ein Einkaufszentrum und wurden dort Zeuge, wie eine Gruppe Kinder die Köpfe zusammensteckte und sich schweigend ihren Mobilgeräten widmete – statt ihrem Gegenüber. So nah und doch so fern!

Vielleicht trifft es Sie auch in den eigenen vier Wänden, beispielsweise in dem stetig unangenehmer werdenden Eindruck von Distanz in der Beziehung oder der Ehe, weil der Partner oder die Partnerin Stunden am Computer verbringt, während er oder sie im Internet mit neuen Freunden überall auf der Welt chattet oder flirtet, bis zum Erbrechen Serien auf Netflix schaut, sich dem Onlineshopping hingibt oder von den Unmengen an pornographischen Websites in den Bann gezogen wird, die mittlerweile online so leicht zugänglich sind.

Das Internet ist omnipräsent und liefert ständig reichhaltige, stimulierende Inhalte – vierundzwanzig Stunden am Tag, sieben Tage die Woche. Zwischen 2000 und 2015 hat sich der Anteil der Menschen mit Internetzugang nahezu versiebenfacht: von 6,5 Prozent auf 43 Prozent der weltweiten Bevölkerung.[3] Auf dem Weltwirtschaftsforum in Davos wurde im Januar 2016 verkündet, dass mittlerweile mehr als 3,2 Milliarden Menschen online seien. In weniger als zehn Jahren hat sich die Zahl der Mobiltelefonnutzer von kaum mehr als 2 Milliarden im Jahr 2005 auf mehr als 7 Milliarden im Jahr 2015 erhöht.[4] Die Summe der Stunden, die die Leute mit ihren Mobiltelefonen verbringen, steigt jährlich drastisch an und wuchs in einem Zeitraum von gerade einmal zwei Jahren durchschnittlich um 65 Prozent. Im Zuge derselben Studie fand man heraus, dass Mobiltelefonnutzer mehr als 1500 Mal in der Woche auf ihr Telefon zugreifen.[5] Es gibt mehrere Apps zur Überwachung der Aufrufe, falls Sie ein wenig Hilfe bei der Kontrolle der eigenen Nutzungsgewohnheiten brauchen.[6]

Die Anzahl der Minuten, die man tagtäglich am Smartphone verbringt, um durch die sozialen Medien zu scrollen, ist alles andere als unwichtig. Für eine Forscherin wie mich, die das menschliche Verhalten im Internet anhand von digitalem Staub und digitalen Fußabdrücken auf minütlicher Basis studiert, weisen diese online verbrachten Zeiteinheiten darauf hin, wie die Betreffenden leben: was sie tun und was nicht. Das ist die sogenannte Lebenswandelanalyse, die sich darauf bezieht, was Menschen im Internet unternehmen. Zu Hause verbringt man dieselbe Zeit eben nicht mit anderen Dingen – beispielsweise damit, einem Kind ein Buch vorzulesen, mit einem Kleinkind auf dem Fußboden zu spielen oder sich mit der Familie am Esstisch oder dem eigenen Partner vor dem Zubettgehen zu unterhalten. Wer sein Telefon checkt oder im Internet surft, hält sich tatsächlich an einem anderen Ort auf. Man begibt sich in ein anderes Umfeld. Man ist im Sinne der realen Welt nicht mehr anwesend.

Lassen Sie mich eine Frage in den Raum stellen, die von Technologen heiß diskutiert wird: Ist der Cyberspace tatsächlich ein Ort?

Meine Antwort lautet ganz unmissverständlich: Ja! Der Cyberspace ist ein eigener Raum, den man aus einer bekannten Umgebung heraus betritt, etwa aus der Gemütlichkeit der eigenen vier Wände. Sobald man sich ins Internet begibt, bewegt man sich hinsichtlich des eigenen Bewusstseins und der eigenen Wahrnehmung, der eigenen Gefühle, der eigenen Reaktionen und des eigenen Verhaltens – alles Dinge, die sich je nach Alter, körperlicher und geistiger Entwicklung sowie Persönlichkeitsstruktur unterscheiden – an einen anderen Ort.

Instinktiv wissen wir, dass dies der Fall ist. Wir alle kennen das Gefühl, sich im Internet zu »verlieren«, um in der nächsten

Sekunde wie aus einem Traum zu erwachen und zu erkennen, dass wir das Abendessen auf dem Herd vergessen haben, zu spät zu einem wichtigen Termin kommen werden oder versäumt haben, den Rasensprenger auszuschalten. Das liegt daran, dass die meisten Menschen im realen Leben sehr genau wissen, wie sie den Überblick über den Lauf der Zeit behalten. Online besteht jedoch ein Zeitverzerrungseffekt. (Versuchen Sie einmal Folgendes, wenn Sie das nächste Mal im Internet sind: Verbergen Sie Ihre Uhr und versuchen Sie immer wieder abzuschätzen, wie viel Zeit bereits vergangen ist, um zu überprüfen, ob und wie der Cyberspace Ihr Zeitgefühl beeinträchtigt.) So unterschiedlich und wandelbar die Menschen auch sind, wissen Psychologen aus einer Vielzahl von Studien, dass sich das Verhalten einer Person ändert und anpasst, sobald er oder sie sich an einem unbekannten Ort aufhält, sei es in einem neuen Zuhause, einer neuen Schule, einer neuen Stadt oder einem neuen Land. Das eigene Umfeld wirkt sich erheblich auf das eigene Verhalten aus, sagt uns die Umweltpsychologie, ein interdisziplinäres Fach, das sich mit der Wechselwirkung zwischen Mensch und Umwelt befasst. Nach den Erkenntnissen der Entwicklungstheorie entstehen das Bewusstsein und die Wahrnehmung des eigenen Ichs durch den langsamen Prozess der Anpassung an das eigene Umfeld. Und wie jeder weiß, der bereits einmal umgezogen oder verreist ist: Es dauert, bis man sich an einen neuen Ort gewöhnt. Es braucht ein Weilchen, bis man an Bord eines Schiffes nicht mehr wankt, wie Seemänner sagen, die die schaukelnden Planken dem Festland vorziehen.

Viele Menschen leugnen jedoch, dass sie sich im Internet an einem neuen Ort befinden, und verschließen sich so den Tatsachen – sie hängen dem Irrglauben an, alles wäre beim Alten. Schließlich halten sie sich in den eigenen vier Wänden auf, umgeben von vertrauten Dingen, der Körper auf Kissen gewohnter Stühle und Sofas ruhend. In ihren Köpfen haben sich diese Menschen nirgendwohin »bewegt«. Doch die Bedingungen und Eigenschaften der Online-Umgebung unterscheiden sich von denen der realen Welt. Aus diesem Grund lassen uns unsere Instinkte, die wir im realen Leben ausgebildet haben, im Cyberspace so gerne im Stich.

Naivität und schlechtes Urteilsvermögen im Angesicht dieses Umfelds können tagtäglich beobachtet werden, etwa wenn wir eine Zeitung in die Hand nehmen und dort lesen, dass ein Politiker Bilder seiner Genitalien an entsetzte Unbeteiligte weitergeleitet hat oder dass eine bekannte Persönlichkeit durchgeknallte Schimpftiraden auf Twitter hinterlässt oder dass abermals ein Sextape zum Internethit wird. Althergebrachte Autoritäten und Systeme zur Unterstützung scheint es im Internet nicht zu geben – oder sie sind ebenso orientierungslos wie wir selbst. Während die Geräte und allerlei Zubehör sich ebenso ändern wie die Technik an sich, wandelt sich auch das Umfeld des Cyberspace, was wiederum das menschliche Verhalten prägt. Das führt zu Umbrüchen auf individueller, industrieller, finanzieller, staatlicher und gesamtgesellschaftlicher Ebene. Je mehr Veränderungen stattfinden, desto mehr neue Situationen entstehen, die nur noch mehr Desorientierung hervorrufen.

Psychologen wissen, dass manchen Menschen der Umgang mit gesellschaftlichen Veränderungen leichter fällt als anderen. Den meisten jedoch bereitet allein schon der Versuch, mit der Geschwindigkeit des aktuellen technologischen Wandels Schritt zu halten, gewaltige Kopfschmerzen. Während der Großteil sich noch darum bemüht, in dieser neuen Umgebung mit all ihren unbekannten Bereichen und Verhaltensweisen Fuß zu fassen, stehen viele Umbrüche erst noch bevor. Das wiederum führt unweigerlich zu noch mehr unbekannten Situationen und noch mehr Verwirrung.

Eine sichere Möglichkeit, mit der ständigen Veränderung zurechtzukommen, lautet, mehr Wissen darüber anzusammeln, wie die Umgebung im Cyberspace sich auf uns alle auswirkt – wie Menschen, Sie und mich eingeschlossen, sich dort benehmen. Wissen ist Macht, das ist überaus beruhigend. Wer mit den Grundlagen der Cyber-Psychologie vertraut ist, wird die Fragen beantworten können, die mir Tag für Tag gestellt werden – und jede Nacht, würde ich nie zu Bett gehen, sondern rund um die Uhr E-Mails lesen.

Diese Fragen lauten zum Beispiel:

- Ab welchem Alter darf mein Baby auf einen Digitalbildschirm schauen?
- Darf ein Kleinkind mit einem iPad spielen?
- Gibt es eine Verbindung zwischen Online Gaming und ADHS bei heranwachsenden Jungen?
- Sollte ich einem Teenager gestatten, sich stundenlang mit seinem Smartphone im Badezimmer einzuschließen?
- Tragen Digitaltechniken zur wachsenden sozialen Isolation bei?
- Warum werden Menschen im Internet zum Troll?
- Sollte ich mich vor dem »Darknet« fürchten?

Der Cyberspace ist mehr als nur ein Transaktionsmedium, mit dem man so etwas Passives tun kann wie Fernsehen schauen oder mit jemandem telefonieren. Als außerordentlich interaktives, unheimlich fesselndes und hochgradig umfassendes Umfeld ist er für den Menschen auf einzigartige Weise unwiderstehlich – vielleicht zu unwiderstehlich. Was geschieht mit Ihrem Kleinkind, das in Rage gerät, sobald Sie Ihr Tablet von ihm zurückhaben möchten, oder mit Ihrem Teenager, der sofort loszetert, kaum dass das W-LAN nicht mehr so gut funktioniert? Was passiert mit Ihrer Tante und Ihrem Onkel, die sich in einem ständigen Zustand des *tech rage* befinden (»Der Computer ist kaputt!«), und was ist mit der Tatsache, dass Ihre

Großmutter auf Facebook eine Menge neuer »Internet-Brieffreunde« aus Nigeria kennengelernt hat?

Der Cyberspace ist voller Ortsnamen – von sozialen Netzwerken, Foren und Websites –, und sobald wir uns dort aufhalten, schließen wir uns einer größeren Gruppe an als der, zu der wir vorher gehört haben. Auch das macht diese Umgebung so speziell. Mittlerweile sind Milliarden von Menschen online. Das löst eine Menge neuer Situationen und neuer Orientierungslosigkeit aus. Angesichts einer solchen Vielzahl neuer Freunde und Kontakte ist es von größter Wichtigkeit, mehr über das menschliche Verhalten zu erfahren – und darüber, wie es sich im Internet verändert. Unsere Instinkte haben sich ausgebildet, um die persönliche Interaktion zu bewältigen, doch sobald wir uns in den Cyberspace bewegen, lassen uns diese Instinkte im Stich. Wir sind beeinträchtigt – als ob man uns die Schlüssel zu einem Auto in die Hand gedrückt hätte, ohne uns zu verraten, wie man eigentlich fährt. Wir brauchen neue Werkzeuge und neues Wissen. Denn wer mehr Zeit im Internet verbringt, trifft mit hoher Wahrscheinlichkeit auf eine größere Vielfalt menschlicher Verhaltensweisen als je zuvor: von verwundbaren bis hin zu kriminellen; von fröhlichen und hilfsbereiten bis hin zu düsteren und mörderischen.

Da ich mich bei der Zusammenarbeit mit den Strafverfolgungsbehörden vor allem mit der Cyber-Forensik beschäftige, werde ich gleichermaßen Zeuge der besten und der schlechtesten Seiten des menschlichen Online-Verhaltens. Ich sage gerne, dass die Digitaltechnologien entwickelt wurden, um für die sogenannte Durchschnittsbevölkerung einnehmend, fesselnd und verführerisch zugleich zu sein. Hat sich jedoch irgendwer einmal darüber Gedanken gemacht, wie sich diese Technologien auf abnorme, abweichende, kriminelle oder verwundbare Bevölkerungsteile auswirken?

Diese Risiken zu bedenken ist ebenso Teil meiner Arbeit.

Wie dieses Buch zu lesen ist

Wir alle kennen die unfassbaren Vorteile des Internets. Ich könnte den ganzen Tag darüber sprechen: über seine Bequemlichkeit, seine hochgradige Vernetzung, seine Erschwinglichkeit, seine Kreativität, seine Nächstenliebe, sein aufklärerisches und kommerzielles Potential, seinen Unternehmergeist und seinen kulturellen Austausch. Ich bin mir sicher, auch Sie sind sich dieser Dinge bewusst. Eine ganze Armee aus Marketingexperten tut den lieben langen Tag nichts anderes, als sich im Auftrag der größten Technologieunternehmen und -konzerne neue, unwiderstehliche Produkte auszudenken und neue, bessere Möglichkeiten zu entwickeln, um uns diese zu verkaufen. Diese Unternehmen sind ausgesprochen gut darin, uns von der Notwendigkeit solcher Geräte, Programme, Apps und Touchscreens zu überzeugen.

Mein Job besteht nun *nicht* darin, die Digitaltechnologien zu verteufeln. Gute Forschung ist stets um Ausgeglichenheit bemüht. Falls ich den Anschein erwecken sollte, ich würde mich allzu sehr auf die negativen Aspekte der Technik konzentrieren, geschieht dies einzig und allein, um die Debatte im Angesicht von utopischem Idealismus und Unternehmergeist wieder ins Lot zu bringen. Es ist einfach nur mein Job, die bestmöglichen Erkenntnisse zu liefern, aufbauend auf dem, was wir über den Menschen wissen und darüber, wie seine kognitiven, verhaltenspsychologischen, physiologischen, gesellschaftlichen, entwicklungsbezogenen, affektiven und motivierenden Fähigkeiten durch das Design dieser Produkte genutzt, gefährdet oder verändert werden.

Technik ist an und für sich nicht gut oder schlecht. Sie ist neutral und dient nur als Instrument menschlichen Verhaltens – was bedeutet, dass sie von der Menschheit gut oder schlecht eingesetzt werden kann. Dieses Verständnis ist für meine Arbeit von fundamentaler Bedeutung. Es unterscheidet sich nicht davon, wie wir das Auto und das Fahren unter Alkoholeinfluss betrachten: Keine Technologie ist vor Missbrauch gefeit.

Eine meiner frühesten Inspirationen war J.C.R. Licklider, ein amerikanischer Psychologe und Informatiker, der im Jahr 1960 – vor der Entstehung des Internets – unter dem Titel »Man-Computer-Symbiosis« eine bahnbrechende Forschungsarbeit vorlegte, in der er die Möglichkeit der symbiotischen Verbindung zwischen Mensch und Maschine vorwegnahm. Insofern könnte man Licklider tatsächlich den »ersten Cyber-Psychologen« nennen. Ich bewundere »Lick« für seine Fähigkeit, mit großer Genauigkeit und Intelligenz in die Zukunft zu schauen. Auch die Arbeit von Patricia Wallace, aus deren Feder *The Psychology of the Internet* stammt – eine einflussreiche wissenschaftliche Studie, die im Erscheinungsjahr 1999 ein durchschlagender Publikumserfolg war –, zog mich schon früh in den Bann. Kurz darauf stieß ich auf John Suler, einen klinischen Psychologen und Pionier seines Fachs sowie anerkannten »Vater der Cyber-Psychologie«, der seit den späten 1990er Jahren in diesem Bereich tätig ist und *The Psychology of the Cyberspace* geschrieben hat, das 2004 als Digitalausgabe erschien. John hat in seinem Werk die Essenz des Internets wirklich hervorragend eingefangen, er hat die potentiellen Vor- und Nachteile des Cyberspace untersucht und gleichzeitig beschrieben, wie die Menschen sich im Internet oft verhalten.

Als ich mich meinen eigenen Studien und Forschungen zu widmen begann, stellte ich online Kontakt zu John her. Das führte zu einer ganzen Reihe von E-Mails, die wiederum ein echtes Treffen an der Rider University in New Jersey nach sich zogen, Johns akademischer Heimat. Es heißt, ein Treffen mit seinem Idol sei nie einfach. In meinem Fall wünschte ich nur, ich hätte die passenden Schuhe angezogen.

Es war ein brütend heißer Tag, und John kam gerade aus einer Vorlesung, als ich auf dem Campus eintraf. Er wollte sich ein wenig die Beine vertreten. »Lassen Sie uns ein Stück gehen und uns dabei unterhalten«, sagte er. Dann schritt er wie ein sokratischer Philosoph der Akropolis in Lichtgeschwindigkeit über den Hof. John ist ein hochgewachsener Mann, und wenn er einen Schritt geht, muss ich vier eilig laufen. In Vorbereitung auf unser Treffen hatte ich sorgfältigst verschiedene cyber-psychologische Konzepte durchdacht, die wir hätten diskutieren können; ich hatte jedoch nicht damit gerechnet, dies im Freien in der gleißenden Sonne zu tun, während ich Absätze trug, die selbst für flaches Terrain ungeeignet gewesen wären, ganz zu schweigen von diesem Gewaltmarsch, der jeden Soldaten zum Weinen gebracht hätte. In vielerlei Hinsicht versuchen wir anderen immer noch, mit John Schritt zu halten.

Im Laufe der letzten zehn Jahre ist er zu einem guten Freund und Kollegen geworden. Einige seiner bahnbrechenden Theorien und Beobachtungen sind in dieses Buch eingeflossen. In den letzten Jahren hatte ich außerdem das große Vergnügen, eine wachsende Gruppe gleichgesinnter Forscher weltweit kennenlernen zu dürfen, die ihre Gedanken mit mir teilten und bei Studien mit mir zusammenarbeiteten. Ich freue mich, in den folgenden Kapiteln ein beeindruckendes Œuvre präsentieren zu dürfen. In etwa dreißig expertengeprüften Fachzeitschriften erscheinen mittlerweile jährlich um die tausend Artikel, die sich mit den für die Cyber-Psychologie relevanten Themen beschäftigen, einem Feld, in dem in den nächsten Jahrzehnten aufgrund des umfassenden und tiefgreifenden Einflusses der Technologie auf die Menschen ein exponentielles Wachstum zu erwarten ist.

Wie andere wissenschaftliche Unterfangen lebt meine Disziplin von Fachjargon und Sorgfalt. Zu einem gewissen Grad hat die Verhaltenspsychologie vor den technischen Entwicklungen bislang die Augen verschlossen. In den 1990er Jahren nannten Kollegen von mir das Internet ein »vorübergehendes Phänomen«. Mitte der 2000er erklärten sie dann, die Menschen würden soziale Netzwerke im Cyberspace nie als Kommunikationsplattform nutzen. Nun, fünfzehn Jahre und Milliarden Menschen später … hat die Aufholjagd begonnen.

Wir Akademiker sind sehr gut darin, komplizierte Mittel und Wege zu finden, nicht wirklich zu sagen, was wir meinen. Unsere Forschungsarbeiten sind gespickt mit absichernden Begriffen wie »möglich«, »plausibel« oder »fraglich«, darauf ausgerichtet, unsere Sätze harmloser klingen zu lassen. Manche Wissenschaftler bedienen sich solcher sprachlichen Taschenspielertricks, wie ich sie nenne, um ihre Karriere zu schützen, nur für den Fall, dass sich irgendwann eine Theorie als falsch herausstellen sollte. In meinen Augen aber bleibt echter wissenschaftlicher Durchbruch aus, wenn man aus lauter Vorsicht um den heißen Brei herumredet. An der Internetfront brauchen wir Forscher, die nicht davor zurückschrecken, bis zum Letzten zu kämpfen und ihren sachkundigen Instinkten zu trauen. Natürlich benötigen wir wissenschaftlich fundierte Studien, doch wie lang können wir warten?

Babys werden geboren, Kinder wachsen auf, und Leben ändern sich. Die Gesellschaft befindet sich im Wandel. Darüber müssen wir *jetzt* reden.

In der Hoffnung, ein breites Publikum anzusprechen, habe ich den Versuch unternommen, dieses Buch so praktisch nachvollziehbar und anschaulich wie möglich zu gestalten. Ich habe mich um einen verständlichen Zugang zur Wissenschaft bemüht und Wert darauf gelegt, Ihnen allzu viele Statistiken und Studien zu ersparen. Wer mein Interesse teilt und mehr erfahren möchte, dem seien die ausführlichen Kapitelanmerkungen am Ende dieses Buches ans Herz gelegt. Auch diese habe ich mit Blick auf ein breites Publikum verfasst.

Um mit den ständigen technologischen Veränderungen und dem sich verändernden menschlichen Verhalten Schritt zu halten, bedarf es in meiner Arbeit der Kreativität, der Flexibilität und der Fähigkeit, mit einer Menge theoretischer Konzepte gleichzeitig zu jonglieren. Deshalb trifft es sich wohl gut, dass ich kein linear denkender Mensch bin. Mein Gehirn kommt mir eher vor wie ein organisiertes Chaos – etwas, das sich für mich beim schnellen Erkennen von Mustern und intuitiven Gedankensprüngen als ungemein nützlich erwiesen hat. Meine Herangehensweise ist zwangsläufig interdisziplinär und schöpft aus der Psychologie, Soziologie, Anthropologie, Kriminologie, der Netzwerkforschung und der Informatik. Zuweilen überschreite ich auch noch andere akademische Grenzen, und die verschiedenen Disziplinen, derer ich mich bediene, empfinde ich als überaus hilfreich bei der Beleuchtung neuer Probleme und deren Lösung.

Wenn keine Langzeitstudien vorhanden sind, halte ich mich an die Logik – eine Mischung aus gesundem Menschenverstand und rationalem Denken –, um plausible Argumentationsketten zu schaffen, die auf dem vorhandenen Wissen und den augenblicklich zu beobachtenden Phänomenen ebenso aufbauen wie auf aktuellen Berichten – und hoffentlich zu einer sinnvollen Debatte über das menschliche Verhalten im Internet beitragen, die in meinen Augen dringend notwendig ist. Ebenso zehre ich von jenen ganz besonderen, einzigartig menschlichen Eigenschaften: Einsicht und Intuition. Wie der große Robotiker Masahiro Mori bereits sagte: »Ignorieren Sie nicht die kleinen Dinge!« In der Forschung sollten wir uns nicht davor scheuen, auf uns selbst zu vertrauen und den kleinen Dingen Aufmerksamkeit zu schenken. Mori selbst schreckte nicht davor zurück, seine Gedanken und Gefühle mit anderen zu teilen: über Menschen und Maschinen, über künstliche Intelligenz und über die Notwendigkeit, Gefallen an unseren Intuitionen zu finden, ja uns geradezu für sie zu begeistern. Seine Herangehensweise inspiriert mich. Wir Wissenschaftler müssen überdenken, wie wir mit den problematischen Verhaltensweisen umgehen, die im Laufschritt der Internettechnologien entstehen. Was wir brauchen, sind akademische Ersthelfer.

In vielen Fällen habe ich mich auf den investigativen Journalismus von Publikationen wie *Wired*, *The Washington Post*, *The New York Times* und andere verlässliche Quellen sowie auf Berichte der alten Medien gestützt, um Erkenntnisse von der Front anhand anekdotischen Beweismaterials zu sammeln, Verhaltensmuster zu erkennen und daraus schlau zu werden. Auf einem Gebiet, das sich so rasant verändert wie das Internet und die damit verbundenen Techniken und Technologien, brauchen wir guten Journalismus mehr denn je.

In den neun folgenden Kapiteln habe ich das Material nach Themenfeldern wie auch nach meinen eigenen Arbeitsschwerpunkten geordnet. Der technologische Einfluss auf das menschliche Verhalten beginnt mit der Geburt und endet mit dem Tod, weshalb ich mich in den jeweiligen Kapiteln mit allen Altersgruppen beschäftige: von Babys und Kleinkindern über Teenager bis hin zu Erwachsenen. In den Kapiteln über Abhängigkeit und zwanghaftes Verhalten beleuchte ich, wie einige Arten problematischen Gebarens stark vom Internetumfeld geprägt werden. Im Kapitel über das Phänomen der Cyberchondrie argumentiere ich wiederum, dass die weite Verbreitung medizinischer Online-Recherche zu einem Anstieg unnötiger Arztbesuche und risikoreicher OPs geführt hat.

Die beängstigenden Enthüllungen in diesem Buch und das Kapitel zum Darknet habe ich nicht bloß für den Nervenkitzel aufgenommen. Die dunklen, versteckten Ecken des Internets, in denen sich Kriminelle mit gemeinsamen Interessen versammeln und der Schwarzmarkt floriert, sollten jedem ein Begriff sein, der sich im Cyberspace bewegt. Warum? Weil mehr und mehr junge Menschen, angetrieben von jugendlichem Leichtsinn und Neugier, dazu verlockt werden, diese Orte aufzusuchen. Aus irgendeinem Grund sind sie zu der falschen Einschätzung gelangt, im Darknet wären sie in Sicherheit und könnten einfach Spaß haben. Dem ist aber nicht so.

Mein spezielles Interesse gilt dem Einfluss der Online-Technologien auf die Kindesentwicklung. Das Internet hat unserem Nachwuchs den Zugang zur Welt ermöglicht; doch ebenso ermöglicht es der Welt den Zugang zu unserem Nachwuchs. Ich glaube nicht, dass die meisten Menschen sich darüber wirklich im Klaren sind. In der Fachzeitschrift *Pediatrics* erschien unter dem Titel »The Good, The Bad, and the Unknown« ein hervorragender Artikel darüber, wie die Digitaltechnologien die Entfaltung unserer Sprösslinge beeinflussen.[7] Das Letztgenannte – »das Unbekannte« – bereitet mir dabei wirklich Sorgen. Wie der klinische Psychologe Michael Seto bereits sagte: »Wir erleben das größte unkontrollierte soziale Experiment aller Zeiten – eine ganze Generation Jugendlicher wird online extremen Inhalten ausgesetzt.«

Was passiert mit dieser Generation im Lauf der Zeit? Wie wirkt es sich auf diese jungen Leute aus, dass sie mit den rauen und finsteren Seiten des Internets in Berührung kommen?

CSI: Cyber

Die Razzia in South Central Los Angeles war genauso beängstigend, wie man es sich vorstellt. Ich muss zugeben, dass ich – kaum war unser Trupp vor dem Zielgebäude vorgefahren – mich an Lt. Grossman wandte und fragte, ob ich nicht im gepanzerten Polizeiwagen bleiben dürfe, statt mit der Einheit vorzurücken.

»Nein, Mary, das ist zu unsicher«, antwortete sie.

Das Panzerfahrzeug war zu unsicher? *Wow*, dachte ich. *Wo bin ich hier nur hineingeraten?* Die nächsten zwanzig Minuten zogen wie hinter einem Schleier an mir vorbei. Es wurde viel gebrüllt, Türen wurden geschlagen, Befehle mit gezückter Waffe gerufen, Handschellen angelegt und Kriminelle festgenommen. Für mich als Beobachterin war das erschreckend und faszinierend zugleich. Ich hielt mich im Hintergrund, nahe der Wand des Wohnzimmers, wo der Verdächtige gefasst wurde. Ich ertappte mich dabei, wie ich die Wand abklopfte, in der Hoffnung, sie bestünde aus Beton, damit sie mich vor Querschlägern bewahrte. Glücklicherweise darf ich vermelden, dass keine einzige Kugel abgefeuert wurde. Die Razzia war ein voller Erfolg: eine routinierte und professionelle Operation, wie sie von besagter LAPD-Einheit mehrmals die Woche durchgeführt wird. Der Hauptverdächtige wurde auf der Stelle in ein mobiles computerforensisches LAPD-Labor verfrachtet, das in einem Kleinlaster untergebracht war und »das Biest« genannt wurde. Dort legte er ein Geständnis ab.

Sobald alles vorüber war, entspannten sich die Polizisten und genossen ein herzhaftes Frühstück aus Burritos, während ich schweigend daneben saß und in einem Zustand zwischen Schock und Erleichterung Wasser aus einer Flasche trank, meinen Schutzanzug immer noch am Leib. Seitdem wurde ich noch mehrfach gebeten, Lt. Grossman und ihr Team auf Einsätze zu begleiten, doch jedes Mal versicherte ich, dass ich mehr als genug Erfahrungen an der Front gesammelt habe. Ich habe für die alltägliche Arbeit der Ersthelfer in den Strafverfolgungsbehörden den allergrößten Respekt, und meine Teilhabe als Beobachterin an einem Unterfangen wie diesem vergrößerte diesen Respekt nur noch. Die Wahrheit ist: Ich glaube nicht, dass ich für den aktiven Frontdienst in der realen Welt gemacht bin – aber ich freue mich, im Grenzland zur Cyberwelt meinen Teil dazu beizutragen.

Außerdem ist meine eigentliche Arbeit bereits Herausforderung genug: Risiken dort aufzuspüren, wo wir uns vollkommen sicher fühlen. Jahr für Jahr erscheinen in meinem Fach neue Studien, und es werden bislang unbekannte Entdeckungen gemacht. Während meiner Recherche war es mir vergönnt, weltweit führende Persönlichkeiten aus Politik, Polizei und Justiz kennenzulernen und mich mit ihnen zu unterhalten. Als Wissenschaftlerin habe ich mit Europol, Interpol, dem FBI und dem Weißen Haus zusammengearbeitet. Im Jahr 2012 gründete ich mit der Unterstützung eines hervorragenden Mentors und Kollegen, Professor Ciaran O'Boyle, das Cyberpsychology Research Centre in Dublin, das sich mittlerweile zu einem internationalen Netzwerk zur Finanzierung und Unterstützung innovativer Forschungsprojekte entwickelt hat. In letzter Zeit habe ich zudem eine geraume Weile in Hollywood verbracht, wo ich an der Fernsehserie *CSI: Cyber* mitgewirkt habe, die auf meiner Arbeit basiert. In dieser Serie spielt Patricia Arquette die Avery Ryan, eine FBI-Spezialagentin für Cyber-Kriminalität, deren Aufgabe darin besteht, schwere Verbrechen zu klären, »die im Kopf beginnen, online ausgelebt werden und sich in der realen Welt abspielen«. Das beschreibt meine Arbeit perfekt.

Das Menschliche einbeziehen

An früherer Stelle in dieser Einleitung habe ich meine Ansicht erläutert, dass sich das Internet zwar von der sogenannten realen Welt unterscheidet, ich damit aber keineswegs meine, dass alles, was im Cyberspace geschieht, nicht real sei. Hinsichtlich des menschlichen Verhaltens ähneln die Ereignisse im Internet ein wenig der Ausbreitung von Grippeviren oder Ebola: Eine spezifische Verhaltensweise macht eine Mutation im Cyberspace durch, wo ihr eine große Menge Menschen begegnen. Es stellt sich ein Bumerangeffekt ein, und das neue Verhalten wird im realen Leben bald zur Norm – ein Phänomen, das ich als »Cyber-Migration« bezeichne. Das bedeutet, dass die Auswirkungen dessen, was wir in der Online-Umgebung erfahren, überaus umfassend sind und uns alle betreffen, unabhängig davon, wo wir leben oder womit wir unsere Zeit verbringen.

Als ich mich noch in den ersten Jahren meines Psychologiestudiums befand, sagten wir gerne, das Problematische an unserer Disziplin sei vor allem die Tatsache, dass sie sich viel zu lange »von weißen Mäusen und Umfragen unter Collegestudenten ernährt« habe. Ähnliches gilt für die Digitaltechnologien: Viel zu lange haben sie sich von Daten, Geräten und Technikexperten ernährt. Es wird Zeit, dass wir uns den breiteren soziotechnologischen Folgen widmen. Wie haben Entwicklungen dieser Art das menschliche Verhalten und die Gesellschaft beeinflusst? Es wird Zeit, dass wir uns jener seltsamen Spezies *Homo sapiens* zuwenden, deren Finger zu groß für die Tastatur der Mobiltelefone sind, deren Körper zu plump für tragbare Geräte und deren Gedächtnis zu schwach ist, um sich mehrere zehnstellige Passwörter zu merken. Mit anderen Worten: Es wird Zeit, dass wir das Menschliche einbeziehen. Zuweilen hat unsere Technikbegeisterung uns nämlich den Blick auf das große Ganze versperrt.

Inmitten der menschlichen Migration in den Cyberspace ist die Untersuchung dessen, was hinter uns liegt, wo wir uns jetzt befinden und was noch kommt, von allergrößter Bedeutung. Gleich Reisenden, die sich auf eine abenteuerliche Fahrt begeben, müssen wir sorgfältig darauf achten, nicht zu schnell aus der Tür zu treten, ohne die notwendigen Werkzeuge mit uns zu führen. Es gibt einige Dinge – Aspekte des menschlichen Lebens –, die uns jahrhundertelang gute Dienste geleistet haben und entscheidend für unser Überleben sind. Wir können es uns nicht leisten, diese Dinge unterwegs zu verlieren. Hier kann die Cyber-Psychologie überaus nützlich sein, weil sie an der Schnittstelle von Mensch und Maschine wichtige Erkenntnisse liefert. Ich hoffe, dass mein Buch ebendies zu leisten vermag.

KAPITEL 1

DIE NORMALISIERUNG EINES FETISCHS

Das menschliche Verhalten wurde immer schon von Techniken und Technologien geformt und geprägt; doch soweit ich das beurteilen kann, hat uns seit dem Aufkommen des Internets nichts mehr beeinflusst als das World Wide Web. Man muss kein Experte für Online-Verhalten sein, um zu erkennen, dass irgendetwas am Cyberspace die Menschen zu größerer Abenteuerlust verleitet.

Sie handeln in der Illusion, das Online-Umfeld wäre sicherer als das reale Leben und der Kontakt zu anderen Menschen im Internet mit weniger Risiken verbunden als der von Angesicht zu Angesicht. Aber es ist nun einmal die reale Welt, in der wir unsere Instinkte ausbilden und verfeinern, und in Ermangelung von Reizen aus der realen Welt und anderen subtilen Hinweisen wie Mimik, Gestik oder Räumlichkeit sind wir nicht dazu in der Lage, komplett durchdachte Entscheidungen zu treffen. Und weil wir uns nicht von Angesicht zu Angesicht gegenüberstehen, wenn wir online mit anderen kommunizieren und interagieren, können wir anonym handeln – oder, was noch viel wichtiger ist, uns so fühlen. Wie in der Einleitung dieses Buches bereits angesprochen, kommen wir uns im Cyberspace häufig frei und verwegen vor. Die Leute verlieren ihre Hemmungen und benehmen sich in gewisser Weise, als wären sie »betrunken«, weil bei manchen das Online-Umfeld zur Beeinträchtigung des Urteilsvermögens und zur Senkung der Impulskontrolle führt, ungefähr so, wie es auch der Alkohol tut. Zusätzlich erleichtert wird diese Enthemmung noch durch die spezifischen Eigenschaften des Cyberspace: das vermeintliche Fehlen jedweder Autorität, die online herrschende Anonymität sowie der Eindruck von Distanz und körperlicher Ferne.

Das erkennt man an den sich wandelnden Balzritualen eigenhändig kuratierter Selfies, Sexting-Nachrichten und Flirts in den sozialen Netzwerken. Im Internet fällt es uns leichter, mutig und direkt zu sein. Mancher beweist im realen Leben Verstand, Vernunft und Zurückhaltung und gibt beim Eintritt in den Cyberspace dennoch all dies an der Garderobe ab. Weshalb?

Im cyber-psychologischen Jargon lautet die Erklärung für dieses wagemutige Gebaren »Online-Enthemmungseffekt«.[8] Dieser von John Suler eingeführte Begriff wird von den Experten des Fachgebiets inzwischen hinreichend akzeptiert und vielfach angeführt. Außerdem spielt ein weiterer wichtiger Faktor eine große Rolle, den ich untersucht und in unterschiedlichen Texten behandelt habe: die Online-Eskalation.[9] Mit diesem Konstrukt bzw. Konzept versuche ich zu beschreiben, wie problematisches Verhalten sich im Internet erweitert oder multipliziert, ein Prozess, den jeder von uns schon mal beobachtet hat, sei es in äußerst negativer, wütender E-Mail-Kommunikation, aggressiven Texten oder beleidigenden Kommentaren in Diskussionsforen, die einzig und allein provozieren sollen.

Das bedeutet nun nicht, dass die Digitaltechnologien schlecht für uns wären – oder gar grundsätzlich negativ. Problematisch sind sie nur dann, wenn wir uns ihrer Auswirkungen nicht bewusst sind. Die meisten Menschen erkennen nicht, welchen Einfluss der Cyberspace auf sie hat. Sie meinen, im Internet gehe es ebenso zu wie überall sonst. Menschen, die zu impulsiven Handlungen oder vorschnellen Reaktionen tendieren, sind besonders gefährdet. Die Online-Eskalation und ihre Folgen sorgen jedoch dafür, dass sich jeder schneller neue Verhaltensweisen und Normen aneignen kann.

In einem späteren Kapitel werde ich mich der Cyber-Romantik zuwenden und die neuen Arten und Weisen beschreiben, wie Menschen sich im Internet kennenlernen, Freundschaften schließen, Gemeinschaften bilden und sinnstiftende persönliche Beziehungen knüpfen. In diesem Kapitel werde ich mich jedoch mit der Frage beschäftigen, wie sich die Internettechnologien auf einen kleineren Bevölkerungsteil auswirken, nämlich auf Menschen mit Fetischen oder Paraphilien – was als atypisches Sexualverhalten gilt. Und warum betrachte ich das Online-Verhalten einer einzigen Bevölkerungsgruppe überhaupt so genau? Weil wir durch die Untersuchung extremer Auswirkungen der Digitaltechnologien auf randständiges oder unübliches Verhalten auch deutlicher erkennen können, wie sich der Cyberspace auf uns alle auswirkt. Als forensischer Cyber-Psychologin begegnet mir dieser Sachverhalt immer wieder: Sobald jemand mit einer tieferliegenden Prädisposition oder einer Neigung zu gewissen Handlungen mit Internettechnologien in Berührung kommt, kann dies zu einer Ausweitung oder Eskalation des jeweiligen Verhaltens führen.

Ich behaupte, dass persönliche Neigungen oder Schwächen, die schon im realen Leben das meiste Leid hervorrufen, online sogar noch größere Qualen auslösen. Das gilt für jedes Verhalten.

Wenn besagte Tendenzen nicht zerstörerisch oder riskant sind, bleiben die Folgen oft recht harmlos. Besucht jemand gern Online-Foren für Gärtner, ist das nicht sehr destruktiv. Mancherlei riskantes Verhalten wird jedoch online zu einem noch größeren Risiko – besonders pathologische oder kriminelle Handlungen. Hier ein Beispiel: In der realen Welt nimmt ein Stalker normalerweise immer nur ein Opfer zur selben

Zeit ins Visier, aber ein Cyber-Stalker[10] kann zahlreiche Opfer gleichzeitig stalken, weil die Technologie es möglich macht. Damit kann Cyber-Stalking als Evolution eines kriminellen Verhaltens der realen Welt betrachtet werden. Der Cyberspace ist eine Brutstätte für Mutationen. Verhaltensweisen aus der realen Welt verlagern sich in den Cyberspace, wo sie beschleunigt oder verstärkt werden. Zuweilen kann das ernste Auswirkungen auf die reale Welt haben.

Ein Fall von »Cranking«

Jordan Haskins träumte davon, in seinem spärlich besiedelten Heimatort in Saginaw County, Michigan, etwas zu bewirken. Der blasse, glattrasierte Dreiundzwanzigjährige beschreibt sich selbst als »Abtreibungsgegner, Anhänger von traditionellen Familienwerten, Gegner von zu großer Einmischung der Bundesregierung und Anhänger von Religiosität«. Im Sommer 2014, als er noch an der Maranatha Baptist University studierte, verkündete er, dass er für ein politisches Amt kandidieren werde und darauf hoffe, den 95. Wahlbezirk als Abgeordneter im Repräsentantenhaus von Michigan vertreten zu dürfen.[11] Für das Wahlkampffoto auf seiner Website posierte er mit seinem breitesten Lächeln vor einer wehenden amerikanischen Flagge, die von einer sepiafarbenen Abschrift der Unabhängigkeitserklärung sowie einem Kunstwerk überlagert wurde, das offenbar die Umrisse der drei Kreuze von Golgota – als Symbol der Kreuzigung Jesu – darstellen sollte.

Der Republikaner gab an, seine Liebe für Geschichte, Philosophie, Religion und Politik habe ihn veranlasst, für das Amt zu kandidieren, auch weil er der Gesellschaft etwas zurückgeben wolle. Er habe erkannt, dass die Politik sein großes Talent sei.

»Ich habe meinen Platz gefunden«, erklärte er. »Meine Leidenschaft.«[12]

Wie sich herausstellte, pflegte er noch ganz andere Leidenschaften. Noch bevor sein Wahlkampf in Fahrt kam, sah er sich genötigt, sein Vorstrafenregister zu erklären. Insgesamt vier Mal hatte man ihn wegen unbefugten Betretens von öffentlichen sowie privaten Grundstücken und der widerrechtlichen Benutzung behördlicher Fahrzeuge in einem zehnmonatigen Zeitraum zwischen 2010 und 2011 angeklagt und für schuldig befunden.

Als die Polizei ihn nach seiner Festnahme verhörte, gab Haskins zu, dass er zweimal in den Hof der Behörde eingebrochen sei und die Zündkabel des dort parkenden Insektenschutzlasters sowie des Streifenwagens des Sheriffs gelöst habe, um auf dem Fahrersitz der Wagen zu masturbieren, während er den Motor startete.

Dieses Verhalten nenne man »Cranking«, teilte er den Beamten mit. 2011 wurde er zu einer Haftstrafe von einem Jahr und acht Monaten verurteilt. Die Bewährungsauflagen waren gerade einmal elf Tage vor der Wahl aufgehoben worden. »Zum Zeitpunkt der Tat war ich in einem fürchterlichen mentalen und emotionalen Zustand«, erklärte der Kandidat vor den örtlichen Medien, als diese ihn 2014 zu seinen Vorstrafen befragten. »Anders kann ich das nicht erklären.«

»Cranking« – den Motor starten und ihn aufheulen lassen. Was zum Teufel veranlasste ihn nur dazu, über den Zaun des Polizeireviers zu klettern, um sich Zutritt zum Parkplatz zu verschaffen, in ein Auto einzubrechen und …?

»Es war der Spaß, das Risiko und das Adrenalin«, gab Haskins an.

Und wie war er zu diesem bizarren Fetisch gekommen?

»Ich habe im Internet davon gehört.«

Anatomie eines Fetischs

Ganz hinten in Welt- oder Esoterik-Läden, direkt neben den Räucherstäbchen und dem Patschuli, werden Sie Regale voll kleiner Schnitzereien finden. Inspiriert von animistischen indigenen Praktiken und westafrikanischen Kulten sollen diese kleinen Glücksbringer in Tierform mit übernatürlichen Kräften ausgestattet sein, Energien übertragen und die Kommunikation mit Geistern ermöglichen – oder einfach nur Glück bringen. Diese Objekte werden »Fetische« genannt.

Die Verwendung des Begriffs »Fetisch« für ein Objekt, das sexuelle Erregung auslöst, geht auf den französischen Psychologen Alfred Binet zurück, dessen bekannteste Entdeckung der erste Intelligenztest war. Im allgemeinen Sprachgebrauch beschreibt ein Fetisch den starken Drang oder das ausgeprägte Verlangen, einen bestimmten Zustand zu erreichen oder einer gewissen Handlung nachzugehen. Manche Frauen erklären fröhlich, sie hätten einen »Schuhfetisch«, um damit auszudrücken, dass sie einen überdurchschnittlichen Anteil ihres Einkommens für Fußbekleidung ausgeben. Manche Männer wiederum geben an, hohe Absätze erregten sie. Tatsächlich gehören Füße und alle mit Füßen assoziierten Objekte zu den am weitesten verbreiteten Fetischen.[13] In der Psychologie beschreibt der Begriff »sexuelle Fetischisierung« eine psychische Störung, bei der ein unbelebter Gegenstand zur Quelle sexueller Erregung wird.

Wieso entwickelt ein Mensch überhaupt einen Fetisch? Sigmund Freud vertrat in seinem berühmten Text zum Fetischismus aus dem Jahr 1927 die Auffassung, sexuelle Fetische seien auf eine unterbrochene Sexualentwicklung zurückzuführen. Freud schrieb: »Wenn ich nun mitteile, der Fetisch ist ein Penisersatz, so werde ich gewiß Enttäuschung hervorrufen. Ich beeile mich darum hinzuzufügen, nicht der Ersatz eines beliebigen, sondern eines bestimmten, ganz besonderen Penis, der in frühen Kinderjahren eine große Bedeutung hat, aber später verlorengeht.«[14]

Interessanterweise ging er davon aus, dass die weite Verbreitung von Fuß- oder Schuhfetischen auf die frühkindliche Erinnerung an das Krabbeln am Boden zurückgeht, einer Position, aus der das Kind am Rock seiner Mutter emporblickt.

Freuds Ansichten und Theorien haben viel Kritik auf sich gezogen. Heute sind unzählige Psychologen von seinem therapeutischen Ansatz, der Psychoanalyse, nicht mehr überzeugt und haben sich von ihr abgewandt. Ich dagegen halte die Arbeiten Freuds für sehr nützlich, weil sie oft bei der Beleuchtung komplexer Verhaltensmuster helfen. Zudem hat sich die Psychoanalyse mittlerweile weit über Freuds ursprüngliche Konzepte hinausentwickelt. Modernere psychoanalytische Ansätze warten mit anderen Erklärungen für die Entstehung von Fetischen auf und zeigen, wie sie bei manchen Menschen dazu beitragen können, ein kohäsives (zusammenhaltendes) Selbstbild zu entwickeln. Insgesamt beherrschen aber andere Schulen mittlerweile die Psychologie, von Jean Piagets Theorie der kognitiven Entwicklungspsychologie bis hin zu Erik Eriksons Stufenmodell der psychosozialen Entwicklung. Im Augenblick besteht großes Interesse an der Biopsychologie und an der Frage, wie das Gehirn und die Neurotransmitter in den Nervenzellen unser Verhalten beeinflussen.

Ich habe den Verdacht, würde Freud heute noch leben, wäre er sehr an den Auswirkungen der Digitaltechnologien auf die Menschen interessiert. Da er davon ausging, dass sexuelle Impulse meist Ursprung menschlichen Verhaltens sind, würde er diese sexuellen Impulse ganz sicher auch als wichtigen Faktor für manches Online-Verhalten ausmachen.

Heißt das, bei jeder undurchsichtigen Handlung geht es im

Grunde um Sex? Selbst Freud soll gesagt haben: »Manchmal ist eine Zigarre nur eine Zigarre.«

Die Erfahrungen der Kindheit scheinen dennoch einige Fetische zu erklären. Wie der Psychologe Robert Crooks und die Sexualtherapeutin Karla Baur in ihrem Buch *Our Sexuality* schreiben, vermag ein Junge sexuelle Erregung mit Gegenständen zu verbinden, die einer emotional wichtigen Person gehören.[15] Dieser Verknüpfungsprozess wird zuweilen als »symbolische Transformation« bezeichnet, wenn das Objekt, das im Mittelpunkt des jeweiligen Fetischs steht, in der Phantasie mit der Kraft oder dem Wesen seines Besitzers assoziiert wird. In der zeitgenössischen Psychoanalyse wird der Fetisch zum »Selbstobjekt« oder zu einem Objekt, das eine wichtige Person im Umkreis des Betroffenen repräsentiert – normalerweise ein Elternteil.

Manche Experten gehen davon aus, dass fetischistisches Verhalten Gemeinsamkeiten mit Zwangsstörungen hat. Und sobald sich ein Fetisch erst einmal festgesetzt hat, lässt er sich, wie eine Zwangsstörung, nur schwer leugnen – man kann ihm kaum widerstehen. Moderne Psychologen meinen, dass ein Fetisch im Allgemeinen durch Konditionierung verstärkt wird. Wie die berühmten Pawlow'schen Hunde, deren Speichel zu fließen begann, sobald sie Iwan Petrowitsch, Pawlows Assistenten, erblickten, weil sie ihn mit der Fütterung verbanden, erwartet der Betroffene eine Belohnung, sobald er sein Fetischobjekt sieht oder an seinen Fetisch denkt.[16] Haskins etwa war in seiner Jugend mehrfach verhaftet worden, weil er Autos aufgebrochen und mit ihnen illegale Spritztouren unternommen hatte. Vielleicht waren das aufregende Abenteuer, die er regelmäßig aufleben lassen wollte. Jedes Mal, wenn er in ein Auto einbrach, wurde sein Verhalten belohnt, wodurch sich sein Fetisch verstärkte. Und je öfter er ein Risiko einging, um sich ein wenig dem »Cranking« hinzugeben, desto mehr verfestigte sich sein Verhalten. Genauso funktioniert Konditionierung.

Die wachsende Zahl von Websites, die sexuellen Fetischen rund um das Thema Automobil gewidmet sind (darunter pedalsupreme.com, wo »Gaspedal-Pumpen, jaulende Motoren, Fotos und Videos von Füßen und Beinen« auf ein neugieriges Publikum warten), beweisen, dass dieser Trend sich immer weiter ausbreitet. Außerdem gibt es einen YouTube-Kanal namens pumpthatpedal.com, auf dem wöchentlich eine neue Folge gezeigt wird. Die Sexologin Dr. Susan Block sieht eine mögliche psychologische Erklärung für dieses Verhalten darin, dass das »Aufheulen des Motors sie [die Betroffenen] an die eigene Libido erinnert, die gerade richtig Gas gibt«.[17]

Ein Fetisch kann auch unter Laborbedingungen erzeugt werden. Bei einem klassischen Experiment zur Konditionierung wurden männlichen Versuchsteilnehmern wiederholt erotische Aufnahmen von nackten Frauen vorgelegt.[18] Hin und wieder tauchte das Bild eines Damenstiefels zwischen den anderen Fotos auf. Schon bald zeigten die Männer bereits beim Anblick des Stiefels Symptome sexueller Erregung, und im Laufe der Zeit reagierten sie auch auf Fotos anderer Arten von Damenschuhen. Wenn bereits die Aufnahme von Damenstiefeln so einfach genutzt werden kann, um sexuelles Verlangen zu konditionieren, stellen Sie sich nur vor, wie leicht das Internet mit seinem endlosen Vorrat an Bildern einen Fetisch auslösen, anerziehen und aufrechterhalten kann.

Und das bringt uns zurück zu Jordan Haskins, der die Wahl im 95. Wahlbezirk verlor, nachdem seine Geschichte sich online rasend schnell verbreitet hatte – und er zum Gegenstand unerfreulicher Untersuchungen und unangenehmer Faszination geworden war. »Sie mögen meine Politik nicht respektieren; sie mögen meine Ideen nicht respektieren; doch respektieren Sie mich wenigstens als Mensch«, erklärte Haskins. Ich glaube nicht, dass allzu viele Leute dazu bereit waren.

Politiker & Paraphilie

Ungewöhnliche sexuelle Vorlieben wurden früher als »abartig« oder »pervers« bezeichnet, selbst in klinischen Studien. Erst kürzlich wurde ein moralisch weniger aufgeladener und wertneutralerer Oberbegriff – »Paraphilie« – eingeführt, um die vielen Formen und Arten atypischen Verhaltens zu beschreiben, darunter auch Fetische. »Paraphilie« bedeutet »abseits der üblichen oder typischen Liebe«. Das weist darauf hin, dass diese Verhaltensweisen normalerweise nicht mit der traditionellen romantischen Liebe assoziiert werden. In Anbetracht des augenscheinlichen Anstiegs der Zahl von Websites, die sich den Spielarten der Paraphilie widmen, scheint atypisches Sexualverhalten geläufiger zu werden.

Man muss gar nicht lange suchen, um Beispiele von Leuten zu finden, die wie Jordan Haskins alles zu verlieren hatten – und es tatsächlich verloren –, wenn ihr ungewöhnliches oder gar bizarres Sexualverhalten an die Öffentlichkeit geriet. Ich denke da an den US-amerikanischen Kongressabgeordneten Anthony Weiner, der überaus eindeutige Selbstporträts arglosen Frauen zukommen ließ, die er im Internet kennengelernt hatte. Ebenso denke ich da an den US-amerikanischen Senator David Vitter und seine Vorliebe, von Prostituierten gewickelt zu werden. Und ich denke an den New Yorker Gouverneur Eliot Spitzer, der darauf bestand, beim Sex mit einem Callgirl seine wadenlangen schwarzen Socken anzubehalten. Bemerkenswerterweise gingen bis auf die Ehe Spitzers keine der Beziehungen besagter Politiker in die Brüche, nachdem deren ungewöhnlichen Sexualvorlieben ans Licht der Öffentlichkeit geraten waren. Der Schauspieler David Carradine, der tot in einem Hotelschrank gefunden wurde, fand dagegen ein tragisches Ende. Laut seiner Exfrau hatte er eine Vorliebe für die außerordentlich gefährliche autoerotische Praxis der Asphyxiophilie entwickelt, bei der durch gezielte Strangulation die Sauerstoffversorgung des Gehirns reduziert wird, um die sexuelle Erregung zu steigern.

Nach der fünften Auflage des *Diagnostischen und Statistischen Manuals Psychischer Störungen* (kurz: DSM-5), also der neuesten Version der Standardklassifikation psychischer Störungen, die von Experten des Fachs auf der ganzen Welt angewandt wird, umfasst die Paraphilie acht Hauptformen – Exhibitionismus, Fetischismus, Frotteurismus, Pädophilie, sexueller Masochismus, sexueller Sadismus, Transvestitismus und Voyeurismus. Welche Präferenzen die meisten dieser Termini umschreiben, lässt sich wohl leicht erraten, da die klinischen Begriffe inzwischen Eingang in die Alltagssprache gefunden haben. Einzige Ausnahme ist da wohl der Frotteurismus, eine Störung der Sexualpräferenz, bei der ein Mensch sexuelle Stimulation durch das Reiben seines Körpers oder seiner Genitalien an einer unbeteiligten Person erfährt, üblicherweise in einer Menschenmenge (ein guter Grund, überfüllte U-Bahn-Abteile zur Rushhour zu meiden).

Von den acht Störungen der Sexualpräferenzen, die unter dem Begriff der Paraphilie zusammengefasst werden, sind die folgenden die geläufigsten: Transvestitismus (sexuelle Stimulation durch das Tragen von Kleidung des anderen Geschlechts); Exhibitionismus (die Betroffenen empfinden es als lustvoll, ihre Genitalien arglosen Fremden zu präsentieren); Voyeurismus (der klinische Begriff für einen »Spanner«, der es als sexuell anregend empfindet, unbemerkt nackte Frauen zu beobachten); und – sehr viel verstörender – die Pädophilie (Kinder werden zur Quelle sexueller Erregung).

Manche dieser Störungen treten oft im Verbund auf, was wiederum bedeutet, dass ein Mensch mehr als eine Form der Paraphilie ausbilden kann. So sind Fetischismus, Transvestitismus und Sadomasochismus häufig gemeinsam anzutreffen.

Dutzende andere Arten der Paraphilie wurden in anderen Texten bereits besprochen, darunter Sexualpräferenzen für Menschen mit Amputationen (Amelotatismus), für Leichen (Nekrophilie), für Schwangere (Maiesiophilia) sowie für Stoff- und Plüschtiere (Plushophilie). Zu den meistverbreiteten Fetischen gehören solche für Schuhe, Lack und Leder sowie für Damenunterwäsche.

Wie anormal ist das nun? Ist Jordan Haskins nur ein ganz gewöhnlicher Mann mit Träumen und politischem Ehrgeiz, dessen Neugier ihn im Internet in einen gewaltigen psychologischen Kaninchenbau führte?

Wie unzählige andere Arten atypischen Verhaltens sind die Übergänge bei der Ausprägung eines Fetischs fließend; das heißt, es gibt leichte, selten ausgelebte Tendenzen bis hin zu voll ausgebildeten und regelmäßig praktizierten Handlungen. Viele Menschen kennen leichte Varianten dieser Begierden oder »Interessen« (wie das DSM-5 sie vorsichtig nennt), die jedoch nur in der eigenen Phantasie ausgelebt werden. Wenn ein Mensch mit einem Fetisch diesen mit einem Partner einvernehmlich auslebt oder die Präferenz in normale Sexualpraktiken eingebettet ist, gilt dies nicht als Störung.

Die meisten Fetische schaden niemandem, können jedoch strafrechtliche Folgen haben. Interessanterweise ist das am häufigsten mit diesem Sexualverhalten einhergehende Verbrechen der Diebstahl, begangen von einer Person, die ihren Drang nach einem Fetischobjekt befriedigen muss, etwa nach einem Damen-BH oder Damenunterwäsche, und deshalb in das Haus eines Nachbarn eindringt, um den betreffenden Gegenstand zu entwenden. Was Jordan Haskins ins Gefängnis brachte, war nicht seine Vorliebe für heulende Motoren, sondern sein unbefugtes Betreten und die Durchtrennung der

Zündkabel, wodurch er staatliches Eigentum beschädigte. Das Vergehen, für das Haskins schließlich angeklagt wurde, lautete deshalb »widerrechtliche Nutzung eines motorisierten Fahrzeuges«.

Ein Fetisch gilt als Störung, sobald er wiederkehrende starke Phantasien auslöst oder eine andere Person zur Teilnahme überredet oder gezwungen wird, um den Fetisch zu befriedigen. In diesem Fall wird das entsprechende Verhalten als für die Beziehung problematisch gewertet, weil sich die Präferenz zu einem alles verzehrenden und zerstörerischen Verhalten steigern kann. Klinisch gesprochen läuft der Unterschied zwischen einer sexuellen Präferenz und einer diagnostizierbaren Störung auf einen Schlüsselbegriff hinaus: Leid.

Um eine Paraphilie zu diagnostizieren[19], muss der Betreffende entweder

- individuelles Leid im Angesicht der eigenen Präferenzen empfinden und nicht nur aufgrund gesellschaftlicher oder familiärer Ablehnung

oder

- ein sexuelles Verlangen oder Verhalten zeigen, das bei einer anderen Person zu psychischem Leid, körperlichen Verletzungen oder gar zum Tod führt, oder zu einem sexuellen Verhalten neigen, das Personen einbindet, die ihr Einverständnis nicht geben wollen oder können.

Oft werde ich gefragt, warum gerade Politiker und Prominente sich augenscheinlich so oft einem solchen Verhalten hingeben. Meine Antwort lautet, dass Menschen, die in der Öffentlichkeit stehen und deren Karriere von der Ausweitung ihrer Online-Präsenz profitiert, einfach auffälliger sind. Wer auf der

Bühne steht, wird von einem sehr viel größeren Publikum wahrgenommen. Ich meine, die Anstrengungen dieser Leute spiegeln letztlich nur die Kämpfe unzähliger Menschen wider. Die Digitaltechnologien können jedem die Impulskontrolle erschweren und problematische Verhaltensweisen erleichtern oder eskalieren lassen.

Die Normalisierung eines Fetischs

Im Laufe der Jahrhunderte – und wahrscheinlich durch die gesamte Menschheitsgeschichte hindurch – gab es, wenn auch nicht sehr weit verbreitet, ein anhaltendes Interesse an sexuellem Sadismus. Der Begriff Sadismus (die Neigung, anderen Menschen körperlichen Schmerz zuzufügen und dadurch sexuelle Stimulation zu erfahren) geht zurück auf den bisexuellen französischen Adligen, Freigeist und erfolgreichen Autor Donatien Alphonse François de Sade, der als Marquis de Sade in die Geschichte einging. Er starb 1814 und hinterließ eine ganze Reihe erotischer Romane, Erzählungen, Theaterstücke, Zwiegespräche und politischer Traktate. Als Verfechter äußerster Freiheit und zügelloser Moral verbrachte der Marquis aufgrund seiner Begierden und Handlungen, auf denen seine literarischen Werke mit ihren sexuellen, auch Verbrechen, Blasphemie und Gewalt umfassenden Phantasien basierten, viele Jahre in Gefängnissen und Irrenanstalten. Der Großteil seiner Arbeiten wurde bis zur Mitte des 20. Jahrhunderts unter Verschluss gehalten, bis der Marquis de Sade das Interesse von Intellektuellen weckte, die ihn abwechselnd als Nihilisten, Satiriker oder Vorläufer Freuds und des Existentialismus verehrten. Der französische Dichter Guillaume Apollinaire bezeichnete de Sade gar als den »freiesten Geist, den es jemals gab«.

Der Schmerz steht im Zentrum des Sadomasochismus, denn

entweder wird dieser anderen zugefügt oder selbst empfangen. Der Sadomasochismus scheint auf einen kleinen Teil der Bevölkerung dauerhaften Reiz auszuüben. Es gab schon immer ein unterschwelliges Interesse am sadomasochistischen »Liebesspiel« zwischen willigen, erwachsenen Partnern, obwohl diese Präferenz sich nie fürs Tischgespräch eignete. Der wegweisende Biologe und Sexologe Alfred Kinsley entdeckte 1953, dass 12 Prozent aller Frauen und 22 Prozent aller Männer zugaben, auf sadomasochistische Geschichten mit sexueller Erregung zu reagieren.[20] Wie sich herausstellte, empfanden doppelt so viele Männer und nahezu die gleiche Anzahl Frauen tatsächlichen körperlichen Schmerz (etwa in Gestalt eines Bisses) als sexuell stimulierend. Diese Ergebnisse ließen Kinsey zu dem Schluss gelangen, dass »Männer durch physische und psychische Stimulation sexuell erregt werden können, während eine sehr viel größere Zahl von Frauen, wenn auch nicht alle, einzig und allein durch physische Stimulanz erregt werden«. Im Zuge einer Studie, die 1974, also zwanzig Jahre später und mitten in der sogenannten sexuellen Revolution, durchgeführt wurde, fand man heraus, dass 5 Prozent aller Männer und 2 Prozent aller Frauen nach eigener Angabe sexuelle Befriedigung verspürten, wenn sie anderen Schmerzen zufügten.[21]

Bei einer früheren Untersuchung, die 1976 unter kanadischen Männern durchgeführt wurde, zeigte sich wiederum, dass 10 Prozent aller Befragten beim Geschlechtsverkehr sadomasochistische sexuelle Phantasien pflegten.[22] Eine neuere Studie unter kanadischen Frauen aus dem Jahr 2008 belegte, dass ein hoher Anteil – zwischen 31 und 57 Prozent – Vergewaltigungsphantasien hegten.[23] 9 bis 17 Prozent der Befragten gaben sich regelmäßig oder sogar am liebsten diesen Phantasien hin. Bei einer weiteren Untersuchung entdeckte man, dass 33 Prozent aller Frauen und 50 Prozent aller Männer davon träumten, ihre Partner beim Sex zu fesseln, obwohl keiner der

Teilnehmer dazu befragt wurde, ob er oder sie dies schon einmal getan hätten.[24] Glaubt man diesen Befragungen, empfindet eine recht große Zahl von Menschen den bloßen Gedanken oder die tatsächliche Teilhabe an solchen Sexualpraktiken – ob einmalig oder regelmäßig – als erregend.

Ganz nebenbei liefern diese Erkenntnisse eine mögliche wissenschaftliche Erklärung für die gewaltige Popularität des Romans *Fifty Shades of Grey*. Seit der Veröffentlichung des ersten Bandes im Jahr 2011 und dem Erscheinen seiner diversen Fortsetzungen ist das Buch zum erfolgreichsten Buch aller Zeiten geworden (von der Bibel einmal abgesehen). Inzwischen wurden weltweit über hundert Millionen Exemplare verkauft. Eine enorme Summe – und eine Menge Leser.

Ich denke, die meisten Menschen wissen mittlerweile, dass der Roman die Geschichte des Jungunternehmers Christian Grey und der Literaturwissenschaftsstudentin Anastasia Steele erzählt, die eine Beziehung miteinander eingehen. Diese Beziehung verläuft allerdings ganz und gar nach Greys Regeln – und dazu gehören Bondage, Dominanz und Sadomasochismus, alles Dinge, die heutzutage unter der Abkürzung BDSM zusammengefasst werden. Das Buch führt eine breite Öffentlichkeit in eine Reihe ernster Paraphilien ein, darunter sexueller Sadismus und Masochismus, und stellt sie als faszinierenden Freizeitspaß dar.

Gewiss gab es auch früher schon Versuche, Paraphilien massenhaft zu vermarkten, von Madonnas 1992er Bestseller und Nachttischlektüre *Sex* bis hin zu Luis Buñuels Klassiker *Belle de Jour* von 1967, einem Film über eine junge Frau, die fetischistische Präferenzen an den Tag legt. Catherine Deneuve spielt eine verheiratete Frau, die von Peitschen, Gerten, Demütigung und Bondage träumt. Obwohl die Protagonistin ihren Ehemann, einen gutmütigen Arzt, von Herzen liebt, schafft sie es nicht, mit ihm intim zu werden. Um ihre Gelüste und

Phantasien zu befriedigen, beginnt sie, sich wochentags an den Nachmittagen als Prostituierte zu betätigen, während ihr Mann bei der Arbeit ist. Und wer könnte je die BDSM-Szenen in Quentin Tarantinos 1994er Film *Pulp Fiction* vergessen – oder die Zeile »Hol Hinkebein raus«?

Von Rebellen und Freigeistern zu lesen ist stets aufregend, denn sie bieten Ersatzbefriedigungen und erfüllen unsere Träume eines wilden und ungestümen Lebens, ohne sich darum zu scheren, was die Gesellschaft davon hält. Das »Verbotene« und Verstörende an *Fifty Shades of Grey* hat sicher beträchtlichen Anteil am Erfolg des Romans.[25] Weil ich neugierig war, was dieses Buch der breiten Bevölkerung wohl zu bieten hatte, widmete ich mich – mit einiger Beklemmung – dem ersten Band der Reihe. Wie bei einer ethnographischen Studie, bei der man sich mitten ins Geschehen begibt, wollte ich mir den Dreiteiler vornehmen, um ihn besser kritisieren zu können. Nachdem ich jedoch stichprobenartig die ersten dreißig oder vierzig Seiten durchgelesen hatte, hörte ich mit der Jagd nach Hinweisen auf einen allzu sorglosen Umgang mit ernsten psychischen Störungen auf und ertappte mich stattdessen dabei, dass ich mir Sorgen um die psychische Verfassung der Autorin, E.L. James, zu machen begann. Nun gut, das tue ich eigentlich immer.

Nach weiteren zehn Seiten musste ich aufgeben. Es ist schon schwer genug, Berichte über echte diagnostizierte Psychopathen oder kriminelle Wahnsinnige zu lesen. Für mich war eine fiktive Darstellung von Gewalt und Folter daher noch verstörender. Meine größte Sorge galt jedoch der damit verbundenen Botschaft: Dieses Verhalten macht Spaß oder ist gar romantisch.

Vor zwanzig oder dreißig Jahren musste jemand mit einem Fetisch oder einem heimlichen Laster in den öffentlichen Bibliotheken lange nach einem Exemplar von Schriften des Marquis de Sade suchen, er musste ein Programmkino besuchen, um *Belle de Jour* zu sehen, oder ein Pornokino aufsuchen, um seine Gelüste zu stillen. Wer Material dieser Art dringend benötigte, wurde bei der kommerziell produzierten Pornographie fündig. Doch wie schwer war es eigentlich, an solche Dinge heranzukommen? Als in den 1980er Jahren die Titelblätter heterosexueller Pornozeitschriften untersucht wurden, fand man heraus, dass mehr als 17 Prozent Bondage- oder Dominierungsmotive zeigten.[26] Mit anderen Worten: Selbst bei pornographischen Magazinen war der Zugang zu solcherlei verlockenden Inhalten eingeschränkt. Die Möglichkeit, dass sich ein Verhalten dieser Art verstärkte oder eskalierte, war damit ebenso begrenzt. Die Digitaltechnologien haben das geändert.

Ist es reiner Zufall, dass in den Jahren nach dem Erscheinen der *Fifty-Shades-of-Grey*-Reihe die Häufigkeit, mit der Menschen auf der ganzen Welt online nach BDSM-Pornographie suchen, um 67 Prozent gestiegen ist, während die Frequenz, in der Suchbegriffe wie »Sexsklave« und »Meister« eingegeben werden, um fast 79 Prozent bzw. 72 Prozent zugenommen hat?[27] Die Mitgliedschaft in FetLife, einem in Vancouver ansässigen pansexuellen sozialen Netzwerk für Menschen mit BDSM-Interessen, hat sich mehr als verdreifacht; mittlerweile ist FetLife auf über 3,5 Millionen Mitglieder angewachsen.[28] Mehr als 19 Millionen Fotos und 172 000 Videos wurden dort geteilt, 4,7 Millionen Diskussionen geführt und 1,7 Millionen Blogeinträge erstellt.

FetLife beschreibt sich selbst als »ähnlich wie Facebook und MySpace, allerdings betrieben von Kinkstern wie mir oder Dir. Wir denken, so macht das Ganze mehr Spaß, meinst Du nicht auch?«.

Sadistische Praktiken zur sexuellen Luststeigerung einzusetzen birgt auch Risiken – und dieses Risiko macht natürlich einen Teil des Reizes aus. Hauptsächlich entsteht der Nervenkitzel jedoch dadurch, dass anderen Schmerzen zugefügt werden, offenbar unter Verwendung einer ganzen Reihe von Utensilien: neben der traditionellen Peitsche vor allem Paddel, Holzlöffel, elektrische Viehtreiber, Grillspieße und Messer. Laut einem Artikel von William Saletan, der in der Online-Zeitschrift *Slate* erschien, berichten sogar Frauen, die in BDSM-Pornos auftreten, von Verletzungen während der Dreharbeiten: Verbrennungen durch elektrische Geräte; Verletzungen, die operativer Eingriffe bedurften; bleibende Narben von Schlägen.

Weiter schreibt Saletan: »Während diese Verletzungen versehentlich zugefügt wurden, hält die BDSM-Subkultur absichtlich zugefügte Schäden nicht für falsch. Laut der ›Einvernehmlichkeitserklärung‹, die von der National Coalition for Sexual Freedom ausgearbeitet wurde, sind Verletzungen nur dann unangemessen, wenn sie ›unvorhersehbar oder nicht einvernehmlich zugefügt werden‹.«

Auf mich wirkt das recht ungewöhnlich: ein Freiheitsverständnis, das ein *Recht auf Verletzung* mit einschließt.

Die Suche nach Gleichgesinnten im Internet

Sadomasochistische Beziehungen können leichte bis schwere Formen annehmen, je nachdem, wie groß das Bedürfnis nach Macht und Kontrolle oder das Ausmaß an Passivität und Verletzlichkeit ist. Zwischen Sadismus und Psychopathie besteht eine sogenannte »Komorbidität«, was bedeutet, dass beides oft gemeinsam auftritt. Allerdings haben unzählige Studien in den letzten dreißig Jahren gleichfalls bewiesen, dass Menschen, die sadomasochistische Praktiken anwenden, psychologisch und gesellschaftlich nicht zwangsläufig schlechter funktionieren als andere, was sich an dem im Vergleich zur Allgemeinbevölkerung höheren Bildungsniveau und Einkommen sowie an ihren beruflichen Tätigkeiten ablesen lässt.[29] Wie der US-amerikanische Soziologe Dr. Thomas S. Weinberg in einer dieser Studien anmerkte, »lassen soziologische und sozialpsychologische Untersuchungen erkennen, dass Menschen, die SM praktizieren, nicht nur psychisch und emotional im Gleichgewicht, sondern im Allgemeinen mit ihrer sexuellen Orientierung im Reinen und gesellschaftlich gut angepasst sind«.[30]

Obwohl ein Interesse an BDSM nicht zwangsläufig auf größere Probleme hinweist, komme ich nicht umhin, mich in Anbetracht der schieren Explosion von Internetangeboten zum BDSM-Lifestyle in den letzten zehn Jahren und der generellen Normalisierung dieser Praktiken zu fragen, wie diese Entwicklungen sich wohl auf anfällige Menschen auswirken mögen: auf Menschen mit psychischen Erkrankungen und Störungen. In diesem Zusammenhang haben sich besorgniserregende Tragödien ereignet, und man hört beunruhigende Geschichten, die eng mit der Tatsache verknüpft sind, dass sich mittlerweile mit Leichtigkeit Partner für BDSM-Praktiken auftreiben lassen. Masochisten sprechen manchmal davon, wie schwer es sei, einen »guten Sadisten« zu finden – oder jemanden, der ihre Vorlieben versteht. Das World Wide Web kann bei der BDSM-Partnersuche überaus hilfreich sein, denn das Ziel der Begierden ist stets nur ein paar Mausklicks entfernt.

Vor der Entstehung des Internets war es nicht einfach, einen Partner oder eine Gruppe zu finden, die willens gewesen wäre, sich auf BDSM-Praktiken einzulassen. Ich arbeite seit geraumer Zeit an einem theoretischen Konstrukt, für das ich den Begriff »Online-Zusammenschluss« (»online syndication«) eingeführt habe und das sich im Kern mit der Mathematik menschlicher Verhaltensweisen im Internetzeitalter beschäftigt. Es geht um Folgendes: Wenn ich ein Sexualstraftäter in einer Kleinstadt in North Dakota bin, und Sie sind ein Sexualstraftäter in einer Kleinstadt im ländlichen Georgia, wie groß sind dann überhaupt die Chancen, dass wir uns eines Tages irgendwo auf der Welt über den Weg laufen?

Die Gesetze der Wahrscheinlichkeit und die Frage des Wohnsitzes begrenzten oder beschränkten diese Chancen früher ganz enorm. Mit anderen Worten: Die Notwendigkeit, dass Zufall und räumliche Nähe aufeinandertreffen, verringerte die Wahrscheinlichkeit, dass zwei Sexualstraftäter, die sehr weit voneinander entfernt lebten, jemals aufeinandertrafen. Das hat sich mittlerweile geändert – nicht nur für Sexualstraftäter, sondern auch für Mädchen mit Essstörungen, Cyber-Kriminelle oder Menschen mit Fetischen. All diese Gruppen können sich nun ohne weiteres zusammentun und ihre jeweiligen Vorlieben unter ihresgleichen ausleben. Ich hoffe, ich liege falsch, aber ich meine, dieser durch das Internet bedingte Effekt könnte zu einem sprunghaften Anstieg von abweichendem, kriminellem und abnormem Verhalten in der Allgemeinbevölkerung führen.

Heutzutage kann man einer Online Community wie Fet-Life, einer Partnerbörse wie Alt.com oder einem BDSM-Portal wie domsubfriends beitreten, die sich der BDSM-Erziehung und Unterstützung widmen. Dann gibt es da noch Tabulifestyle (auch bekannt als TLS), ein Kuppelservice für Menschen mit Interessen an Tabuthemen. TLS beschreibt sich selbst als »Dienstleister, der sich an sexuell abenteuerlustige Pärchen und Singles richtet«, und bietet nach eigener Aussage »eine sichere und diskrete Community für ›ECHTE‹, sexuell offene Mitglieder. Mit seinen vielfältigen Möglichkeiten zur Erstellung von Profilen, einem grenzenlosen Angebot an Bildergalerien, effektiven Suchfunktionen, Mitglieder- und Swingerclub-Kalendern sowie fortschrittlichen Blockierungs- und Filterwerkzeugen sorgt Tabulifestyles für ein UNTERHALTSAMES und sicheres Angebot«.

Wie UNTERHALTSAM? Wie sicher?

Man muss gar nicht lange suchen, um auf traurige und verstörende Beispiele von Menschen zu stoßen, deren Paraphilie eskalierte und sich verstärkte, als sie in den sozialen Netzwerken auf Gleichgesinnte trafen. Im Jahr 2012 verschwand eine irische Erzieherin namens Elaine O'Hara spurlos, woraufhin die Medien ihren Fall genau zu verfolgen begannen. In der Wohnung des sechsunddreißigjährigen Singles fand man eine Reihe ungewöhnlicher Gegenstände, darunter ein Latex-Body und Bilder zweier Jagdmesser.[31] O'Hara, die unter Depressionen und Suizidgedanken litt, hatte sich in der Vergangenheit bereits Schnittwunden zugefügt. Die Partnerin ihres Vaters, eine Psychologin, hatte Elaine ein emotionales Alter von fünfzehn Jahren bescheinigt.[32] Elaine hatte ihrem Vater erzählt, dass sie jemanden kennengelernt habe, der Gefallen daran finde, sie zu fesseln, und dass sie diesen Jemand gebeten habe, sie umzubringen.[33]

Ein Jahr später fand ein Spaziergänger, der mit seinem Hund unterwegs war, ihre sterblichen Überreste im Unterholz der Dubliner Berge.[34] Nicht weit entfernt stieß man am schlammigen Grund eines Wasserspeichers auf ihr Mobiltelefon – nebst einer rostigen Kette, einer Bondagemaske mit Augen- und Mundschlitzen, einem Stück Seil, einigen Messern und anderen BDSM-Utensilien. Als man die Textnachrichten auf ihrem Handy wiederherstellte, zeigte sich, dass O'Hara eine Beziehung zu einem Mann unterhalten hatte, der sich selbst als Sadist bezeichnete.

In ihren Unterhaltungen sprachen beide von ihrem Interesse, andere zur sexuellen Befriedigung mit Messern zu verletzen oder von anderen verletzt zu werden. Eine Nachricht an O'Hara lautete: »Mein Drang zu vergewaltigen, jemanden mit einem Messer abzustechen oder zu ermorden, ist enorm. Du musst mir dabei helfen, diesen Drang zu kontrollieren oder zu befriedigen!«[35]

Graham Dwyer, ein 42-jähriger Architekt aus Dublin und Vater dreier Kinder, wurde verhaftet und für den Mord an Elaine O'Hara belangt. Ein Geschworenengericht befand ihn 2015 einstimmig für schuldig und verurteilte ihn zu einer lebenslangen Freiheitsstrafe.

Wie konnten sich der Mörder und sein Opfer eigentlich finden? In einem von O'Hara hinterlassenen Notizheft stand der Name einer Online Community, in der sie aktiv war: FetLife.[36] Berichten zufolge soll auch Dwyer FetLife, Alt.com und andere BDSM-Websites genutzt haben, um seine Phantasien auszuleben. Im Laufe der Online- und Offline-Beziehung des Pärchens gingen Tausende verstörende Textnachrichten hin und her, die Berichten zufolge auf O'Haras Laptop gespeichert waren. In der Meister-und-Sklaven-Sprache, derer sich beide bedienten, enthüllte O'Hara das psychische Leid, das sie während ihrer BDSM-Affäre empfand.

Dwyer wiederum war hemmungslos genug, in seinem Online-Decknamen auf seine berufliche Tätigkeit zu verweisen: »Architect77«. Die Textnachrichten verdeutlichen, wie die Beziehung der beiden eskalierte, während sie sich zunächst über BDSM und schließlich über Mord unterhielten. O'Hara hatte auch andere Männer im Internet kennengelernt, deren vermeintliche Anonymität zerbrach, als sie vor Gericht in den Zeugenstand gerufen wurden. Größtenteils ist die Geschichte von Dwyer und O'Hara jedoch die eines Online-Zusammenschlusses: Zwei zuvor isolierte Menschen verbünden sich per Klick. Ein Meister war auf der Suche nach seiner Sklavin. Eine Sklavin suchte nach ihrem Meister. Eine Frau, die sich in der Vergangenheit Verletzungen mit einer Klinge zugefügt hatte, traf auf einen Mann, dessen Fetisch es war, andere mit einem Messer zu verwunden.

O'Hara war Fan von Krimiserien wie *CSI*, weshalb sie Dwyer ironischerweise vor dem Risiko warnte, anhand von DNS und

Mobiltelefon-Protokollen des Mordes überführt zu werden. »Heutzutage kann das Internet Sie umbringen, mein Herr«, schrieb sie ihm über ein Jahr vor ihrer Ermordung.[37]

Cyber-Sozialisation

Wie der Biopsychologe Bruce King schrieb, hängt die Einschätzung dessen, was sexuell als »normal« gilt, ganz davon ab, wo man sich befindet. Wir sind uns bewusst, dass die Leute im Internet Dinge tun oder sagen, die sie im realen Leben nicht täten. Das liegt an der Anonymität des World Wide Web und der dortigen Online-Enthemmung. Dieses Umfeld spielt auch bei der Sozialisation eine wichtige Rolle. Wenn wir online mit anderen in Kontakt treten, fehlt jede geographische Barriere. Und wie ich bereits erwähnte, lernen wir im Internet aufgrund der eingeschränkten sozialen Einschätzungs- und Warnhinweise neue Menschen kennen und schließen neue Freundschaften, ohne uns dabei auf die in der realen Welt ausgebildeten Instinkte zu stützen.

Das hat sowohl positive als auch negative Seiten. Der große Vorteil der barrierefreien Kommunikation ist der, dass wir Bekanntschaften mit Menschen eingehen, die wir andernfalls nie kennengelernt hätten. Dadurch erhalten wir Einblicke in andere Lebensumstände. Das erweitert den gesellschaftlichen Horizont, bildet ungemein und erhöht das Mitgefühl und Verständnis für andere. Menschen, die sozial isoliert sind, entweder wegen großer Distanz oder aufgrund von Persönlichkeitsproblemen, haben nun einen Ort, an dem sie andere erreichen und sinnstiftende Beziehungen eingehen können. Jungen Leuten überall auf der Welt, die vielleicht sehr einsam oder besonders neugierig hinsichtlich ihrer Sexualität sind, bietet das Internet Möglichkeiten für neue Entdeckungen. Die Adoleszenz ist eine Phase im Leben, in der ohnehin experimentiert wird, weshalb manche argumentieren, die online ausgelebte Neugier und Experimentierfreude seien sicherer als in der realen Welt. (Auf dieses Thema werde ich im Kapitel über Teenager im Internet sowie im Kapitel über Cyber-Beziehungen abermals eingehen.)

Der Nachteil ist: Wir können uns blind in fragwürdige Freundschaften und soziale Beziehungen stürzen. Beim Online-Zusammenschluss geht es nicht nur darum, Menschen ausfindig zu machen, die die eigenen Vorlieben teilen. Er kann als Gesamtphänomen auch einen Prozess der Normierung und Sozialisation in Gang setzen und, solange er nicht erkannt und abgemildert wird, aufgrund abweichenden oder kriminellen Verhaltens eine gewaltige Bedrohung für die Gesellschaft darstellen.

Das *Oxford Dictionary of Psychology* definiert »Sozialisation« als »den in der Kindheit einsetzenden Prozess, bei dem man sich Ansichten, Werte, Glaubenssätze, Gewohnheiten, Verhaltensweisen und das gesammelte Wissen der eigenen Gesellschaft aneignet ... sowie das individuelle Verhalten anpasst, um den Ansprüchen der Gesellschaft oder Gruppe zu genügen, der man angehört«.

In der Praxis sieht das so aus: Eine Gruppe oder Gesellschaft assimiliert neue Mitglieder, indem sie ihnen die Normen und Werte der Gruppe oder Gesellschaft beibringt und sie damit vertraut macht. Im Internet kann dieser Prozess des Vertrautmachens formell oder informell erfolgen. Normen und Werte können explizit oder implizit kommuniziert werden. Erfolgreiche Sozialisation zeichnet sich durch Akzeptanz aus. In der Sozialpsychologie nennen wir das »Normierung«. Wenn Sie schon einmal mit einer Gruppe zu tun hatten, wird Ihnen wahrscheinlich aufgefallen sein, dass sich eine Gruppenidentität herausbildet, sobald die Mitglieder der Gruppe eine Bindung zueinander aufbauen. Das gehört zur Normierungsphase der Gruppenentwicklung, die wiederum einen natürlichen Teil der Sozialisation ausmacht.

Wie verläuft dieser Prozess im Internet?

Die Cyber-Sozialisation geht sehr viel schneller voran, weil wir hochgradig vernetzt sind. Online Communitys oder -Netzwerke basieren auf Einzelpersonen oder »Akteuren«, wie wir sie in der Cyber-Psychologie nennen: auf Online-Kontakten, die Bekannte, Freunde, Mitarbeiter oder Kollegen sein können und über Verbindungen miteinander verknüpft sind, also über Beziehungen oder besondere Interessen. Gärtner finden sich in Gartenforen. Köche machen sich auf Koch- und Rezeptplattformen gegenseitig ausfindig. Die »Verbindung« zwischen ihnen ist das gemeinsame Interesse am Gärtnern oder Kochen. Diese Verbindung kann nahezu auf der Stelle überaus konkret werden – und schon findet man sich in einer Gemeinschaft wieder, die sich für das Kochen mit Pastinaken oder Bockshornklee interessiert. Je konkreter die Verbindung, desto größer die Bindung. Bei atypischen Sexualpräferenzen im Internet ist der Fetisch die Verbindung.

Während der Erfolg eines Romans wie *Fifty Shades of Grey* Bondage, Unterdrückung und Sadismus *normalisiert* – normal erscheinen lässt –, so dass diese Praktiken nicht länger als verbotenes Tabuthema gelten, trägt eine Webcommunity, die sich diesen Handlungen verschreibt, zur Sozialisation solcher Fetische bei. Mit anderen Worten: Der Erfolg dieses Buches sorgt dafür, dass man es »in Ordnung« findet, Interesse an BDSM zu zeigen, und sich nicht mehr unwohl dabei fühlt, die unterschiedlichen Websites zu diesem Thema zu durchsuchen. Sobald man mit Mitliedern einer Gruppe zu interagieren beginnt oder einer Gemeinschaft beitritt, wird man in die jeweilige Weltanschauung eingeführt. Das bedeutet, dass man unter Umständen die Ansichten, Werte, Glaubenssätze, Gewohnheiten,

Verhaltensweisen und das gesammelte Wissen der jeweiligen Gemeinschaft annimmt. In der Sozialpsychologie bezeichnet man diese Gemeinschaft als die eigene »Bezugsgruppe«.

Zudem kann dieser Normierungsprozess zu weiteren Erkundungen und Abenteuern ermutigen und aufgrund der ausgeprägten Kraft der Online-Anonymität die Wahrscheinlichkeit erhöhen, dass sich jemand darauf einlässt. Die eigene Geschichte in einer solchen Community zu teilen, kann einen Wettbewerb auslösen und zu sehr viel riskanterem Verhalten führen, fast so, als würde man herausgefordert.

Doch lassen Sie uns die Neugier und Experimentierfreude in Zusammenhang mit Paraphilien betrachten, die in einigen Fällen ausgesprochen zwanghafte Züge annehmen können. Sagen wir, Sie sind neugierig, schauen sich im Internet um – und stoßen auf Gemeinschaften und Praktiken, die neu und spannend sind. Während Sie im Laufe der Zeit in der betreffenden Gemeinschaft cyber-sozialisiert werden, nehmen Sie die Weltanschauung dieser Gruppe an. Was zunächst noch beunruhigend sein mag, erscheint Ihnen im Laufe der Zeit möglicherweise als normal.

Der rote Faden bei BDSM ist Schmerz und Unbehagen: Jemand mit einer masochistischen Störung wird durch die Schläge, die Erniedrigung, die Misshandlung und die Qual – seien diese echt oder simuliert – sexuell erregt. In manchen Fällen bedeutet das nur verbale Erniedrigung, in anderen jedoch selbst zugefügte Schnittwunden, Verbrennungen oder Verstümmelungen. Masochistisches Sexualverhalten kann simulierte Bestrafungen wie Prügel oder Vergewaltigung umfassen. Das Problem bei diesen Präferenzen ist, dass sie sich aufschaukeln können: Immer extremere Ausformungen und Szenarien sind nötig, um das gewünschte Ergebnis zu erzielen. Manche Aspekte von BDSM sind zwanghaft und können sogar süchtig machen oder zerstören, und manche Menschen sind für den sektiererischen Reiz eskalierenden Verhaltens anfälliger als andere. Da drängt sich mir förmlich die Frage auf, ob dies im Internet aufgrund der kombinierten Wirkung der cyber-spezifischen Formen von Sozialisation, Zusammenschluss, Eskalation und Enthemmung nicht schneller geschieht als in der realen Welt.

Und was ist mit Menschen, die an sadistischen Verhaltensstörungen leiden? Fördert und normalisiert der wachsende Erfolg von BDSM in der breiten Öffentlichkeit extremere Verhaltensweisen? Vergrößert sich dadurch die Auswahl an willigen und experimentierfreudigen Partnern? Es überrascht mich keineswegs, dass Großbritannien mit seiner führenden Rolle bei der Regulierung des Internets die Regelungen für gebührenpflichtige Video-on-Demand-Filmdienste erweitert hat und mittlerweile Bilder mit missbräuchlichen, gewalttätigen und sadistischen Inhalten verbietet, etwa Darstellungen von Prügeln mit einem Stock, aggressivem Auspeitschen, Hinternversohlen und Facesitting, neben lebensbedrohlichen Handlungen wie Strangulation.[38] Ich glaube, wenn im Cyberspace die Ethik mehr bedacht, das Internet von den Behörden stärker reguliert und in die Bildung investiert würde, um, wenn nötig, angemessene Maßnahmen zu erlassen, könnte das unzählige anfällige Menschen vor Schaden und Schmerz bewahren und empfängliche Personen davon abhalten, sich tiefer in Verhaltensweisen zu verstricken, die potentiell zerstörerisch sind. Große Gesellschaften werden nicht nur danach bewertet, wie sie den Stärkeren nützen, sondern auch danach, wie sie die Schwächeren und Wehrlosen schützen. Wir müssen uns gemeinsam auf die Erschaffung der bestmöglichen Cyber-Gesellschaft konzentrieren. Es sollte nie aus der Mode kommen, nach dem Wohl aller zu streben.

Cyber-Exhibitionismus

Das Internet ist wie ein Katalog der Begierden, der die Leute förmlich anfleht, ihn durchzublättern. Denken Sie nur an das von mir erwähnte Experiment, bei dem Männern eine Reihe von Erotikbildern vorgelegt wurde und die Versuchsteilnehmer am Ende mit einem Schuhfetisch dastanden. Und nun denken Sie an die Slideshow von Erotikfotos, die das Internet an jeder Ecke bietet, und stellen Sie sich vor, welche neuen Sehnsüchte und Verhaltensweisen so entstehen.

Wie könnte man Anthony Weiner vergessen, den hageren, überaus ehrgeizigen US-amerikanischen Politiker, der mehreren Frauen online Aufnahmen seiner Genitalien zukommen ließ, während er mit Huma Abedin verlobt war (die er später auch heiratete), einer talentierten und attraktiven Frau, die einer äußerst exponierten politischen Tätigkeit nachging. *Was stimmt an diesem Bild nicht?* Weiner, ansonsten ein versierter Mann, der dreizehn Jahre lang den neunten Wahlbezirk des Staates New York im Repräsentantenhaus vertreten hatte, musste seinen Sitz im Kongress wegen eines Sexting-Skandals aufgeben, der die USA 2011 elf Wochen lang in Atem hielt (interessanterweise im selben Jahr, in dem *Fifty Shades of Grey* erschien).

Eine exhibitionistische Störung ist eine psychische Erkrankung oder Paraphilie, in deren Zentrum der Drang steht, zur eigenen sexuellen Befriedigung die eigenen Genitalien vor anderen zu entblößen, typischerweise vor arglosen Unbekannten. In den allermeisten Fällen sind es Männer, die sich in exhibitionistischen Handlungen ergehen. Nahezu in allen Fällen sind die Opfer Frauen, minderjährige Mädchen oder Jungen. Üblicherweise setzt diese Neigung in den ersten zehn Jahren des Erwachsenenalters ein, obwohl manche dieses Verhalten auch erst später zum ersten Mal an den Tag legen. Circa ein

Drittel aller wegen Sexualstraftaten in den USA verhafteten Männer sind Exhibitionisten.

Exhibitionisten stehen im Mittelpunkt unzähliger Witze, Karikaturen und komödiantischer Auftritte. Exhibitionismus ist jedoch eine echte psychische Störung, weshalb man sich aus Mitgefühl daran erinnern sollte, dass viele Menschen diesen Weg nicht freiwillig gehen. Manche Psychologen glauben, dass dieser Drang auf einem tiefen Gefühl eigener Unzulänglichkeit basiert. Der Exhibitionist fürchtet sich vielleicht davor, sich einer anderen Person zu nähern, weil er Angst vor Zurückweisung hat, und landet beim Exhibitionismus, da er so auch andere in einen intimen Moment mit einzubeziehen vermag, so kurz der Moment auch sein mag. Denn es ist nur logisch, dass die Gefahr der Zurückweisung und der damit verbundene Schmerz auf ein Minimum reduziert werden, wenn der Kontakt bloß aus dem Öffnen des Regenmantels und der darauffolgenden Flucht oder dem Versenden eines Schnappschusses der eigenen Genitalien an das E-Mail-Postfach einer arglosen Frau besteht.

Manche Männer entblößen sich, weil sie ihre Männlichkeit bestätigen möchten. Andere suchen einfach nach Aufmerksamkeit. Wieder andere treibt Wut und Feindseligkeit an, besonders gegenüber Frauen. In diesem Fall entblößt man sich, um Angst und Schrecken auszulösen.

Wie viele Paraphilien ist auch der Exhibitionismus ein Verhalten, das man nur schwer loswird, weil er typischerweise ein Quell großer Lust und Erregung ist. Das motiviert viele Betroffene, immer weiterzumachen, weshalb die Behandlung von Exhibitionismus, wie die anderer Paraphilien, überaus komplex ist. Üblicherweise werden unterschiedlichste Methoden erfolglos angewandt. Von allen Sexualstraftätern haben Exhibitionisten die höchste Rückfallrate.

Soweit uns bekannt ist, war Weiner nicht der typische Regenmantel-Exhibitionist, der sich auf offener Straße vor einer Frau entblößte, um sie zu erschrecken.[39] Stattdessen ging er mit fremden Frauen im Internet Freundschaften ein, um bei zwanglosen Gesprächen über Politik schnell zu sexuell aufgeladenen Themen überzugehen: ungewolltes Sexting ohne jeden Anlass.

Sexting, also der Austausch intimer Texte und Bilder im Internet, wird immer beliebter und gilt mittlerweile fast schon als normal; doch für eine Person des öffentlichen Lebens wie Weiner ist dieses Vorgehen außerordentlich riskant. In seinem Fall war sein Verhalten sogar so leichtfertig, dass es jeder Logik entbehrte. Deshalb stellt sich mir die Frage, welche anderen Faktoren wohl im Spiel waren – und was genau ihm in diesem Augenblick so wichtig war, dass er sich dazu hinreißen ließ. War es der Wunsch nach Macht oder das Bedürfnis, Frauen zu schockieren? War es gar beides?

Bei einer kürzlich an der Ohio State University durchgeführten Studie[40] stellte sich heraus, dass Männer, die viele Selfies ins Internet stellten[41], in den Bereichen Narzissmus und Psychopathie höhere Punktzahlen erreichten als Männer, die das nicht taten – besonders wenn die Selfies vor der Veröffentlichung bearbeitet oder gar mit Photoshop manipuliert worden waren. Als Narzissmus bezeichnet man den Glauben, klüger, attraktiver oder besser zu sein als andere. Psychopathie zeichnet sich durch egozentrische und asoziale Handlungen aus. Nachfolgende Arbeiten legen nahe, dass dieselben Erkenntnisse auch auf Frauen zutreffen. Der Narzisst und der Exhibitionist hungern beide nach Aufmerksamkeit bzw. einer Reaktion auf ihr Verhalten. Es ist ein Teufelskreis: Wer ein Selfie postet, erhält Feedback, was wiederum dazu verführt, noch mehr Selfies ins Netz zu stellen. »Wir alle sorgen uns um unser Selbstbild im Internet«, erklärte Dr. Jesse Fox, der führende Autor der Ohio-State-Studie. »Wie wir das tun, kann etwas über unsere Persönlichkeit aussagen.«

Weiner sagte mit seinen Selfies sehr viel mehr aus als nur etwas über seine Persönlichkeit. Einige seiner überaus expliziten Bilder sind online immer noch zugänglich – die Tatsache, dass Fotos sich im Internet sehr lange halten, ist ein weiterer Grund, warum ein solches Verhalten für Personen des öffentlichen Lebens so riskant ist. Diese Aufnahmen ließen sich einer interessanten »Inhaltsanalyse« unterziehen, also einer forensischen Analyse des jeweiligen Bildinhalts, die sich üblicherweise auf das Motiv, die Pose, das Umfeld, die Identifizierung der abgebildeten Gegenstände und andere Details bezieht, die eine Menge Informationen enthalten können.

Ich habe auf dem Gebiet der bildlichen Inhaltsanalyse ausführliche Untersuchungen durchgeführt; im Augenblick bin ich dabei, eine Software zu entwickeln, die bei der Extrapolation einer größeren Datenmenge aus einem Bild helfen soll. Für diese Software habe ich die Inhaltsanalyse in fünf Kategorien unterteilt, die von demographischen Faktoren (Alter, Geschlecht und Herkunft) bis hin zu räumlichen Details (abgebildete Gegenstände, Umfeld und Szenerie) reichen. Ich entwickele gerade ein Rastersystem, das, auf jedes Bild gelegt, die Aufnahme in Abschnitte unterteilt, die dann wiederum einzeln analysiert werden können. Jeder Abschnitt kann vergrößert und methodisch untersucht werden, wie bei einer systematischen polizeilichen Durchsuchung von Raum zu Raum.

Ich nutzte dieses System, um einen von Weiners Texten zu analysieren, der für die Veröffentlichung in der New Yorker *Daily News* gekürzt worden war. Es ist schon erstaunlich, wie viele aufschlussreiche Details in seinen Worten verborgen sind. In einem klassischen Selfie zeigt er seinen nackten Oberkörper und lässt seine Muskeln spielen; hinter seiner rechten Schulter ist ein flacher Tisch erkennbar, auf dem eine Reihe eingerahmter privater und beruflicher Fotos zu sehen sind. War das Zufall? Jemand, der ein Selfie aufnimmt, ist im Eifer des Gefechts entweder abgelenkt und sich seines Umfeldes deshalb nicht bewusst, oder er ist sich der Situation überaus gewahr, weshalb er das Bild sorgfältig inszeniert, um andere damit zu beeindrucken. In der Forensik bedeutet »Inszenierung«, dass ein Täter den Tatort bewusst manipuliert (manchmal nur, um von sich abzulenken); in diesem Fall beziehe ich mich auf die allgemeine Bedeutung des Begriffs: eine Szene so zu arrangieren, dass ein gewisser Eindruck entsteht.

Abermals lautet das Schlüsselwort, um zwischen normalem Verhalten und einer echten Störung zu unterscheiden, »Leid«. Ganz eindeutig waren Weiners Handlungen hartnäckig und quälend genug, um die politische Karriere zu zerstören, an der er seit Jahren so fleißig gestrickt hatte. Was bringt einen Mann zu einem derart riskanten Verhalten, das ihn zum Gegenstand solch unfassbaren Hohns machte? Bis heute löst sein Name in erster Linie Gelächter aus.

Ich nenne dieses Verhalten »Cyber-Exhibitionismus«. Offenbar handelt es sich dabei um eine Mutation von Handlungen der realen Welt. Damit gehört diese Neigung zu einer neuen Generation von Paraphilien im Cyberspace, wo das Publikum größer, die Reichweite weiter, die Opferzahl höher, das Urteilsvermögen eingeschränkter und die Risikobereitschaft höher ist. Und was noch viel wichtiger ist: Alles wird für immer gespeichert. Für einen Menschen wie Weiner, den offenbar Bedürfnisse und Schwächen quälen, kann die Macht der Online-Enthemmung, -Eskalation und -Impulsivität außerordentlich groß sein – und außerordentlich zerstörerisch. Eine der frühesten Spielarten des Cyber-Exhibitionismus, die »JenniCam«, ging aus einem universitären Kunstprojekt hervor. Eine junge Frau sendete rund um die Uhr aus ihrem Zimmer im Studentenwohnheim, was irgendwann derart eskalierte, dass sie ihren Zuschauern zunächst erlaubte, sie nackt zu sehen, und schließlich, sie beim Sex zu beobachten.

Die Beziehung zwischen dem Voyeur und dem Exhibitionisten ist symbiotisch, fast schon parasitär und bietet eine Erklärung für das Phänomen des Reality-TV. In einem späteren Kapitel über Teenager und Digitaltechnologien werde ich mich Sextings und Nackt-Selfies als Teil von Balzritualen junger Leute zuwenden, beides ebenfalls eine leichte Form von Cyber-Exhibitionismus.

Kürzlich ereignete sich in Großbritannien ein bizarrer Fall, der eindrücklich beweist, wie sich abweichendes oder kriminelles Verhalten durch die Internettechnologien beständig leichter ausbreiten kann.[42] Lorraine Crighton-Smith war 2015 in einer Bahn in Südlondon unterwegs, als ihr iPhone auf einmal mit Fotos von männlichen Geschlechtsteilen bombardiert wurde. Die Vierunddreißigjährige war vom ersten Bild so geschockt, dass sie es auf der Stelle *ablehnte*. Kaum hatte sie das getan, tauchte bereits das nächste auf. Sie erkannte schließlich, dass die »AirDrop«-Funktion auf ihrem Telefon eingeschaltet war, mit der Bilder mit Freunden geteilt werden können, die ebenfalls iPhones benutzen. Sie hatte in ihren Einstellungen versehentlich »Jeder« statt »Nur Kontakte« eingestellt. Dadurch konnte jemand im selben Abteil auf ihr Telefon zugreifen. Das hebt den Begriff »Cyber-Exhibitionismus« auf eine neue Ebene.

Zwei Jahre nach dem Sexting-Skandal erklärte Weiner, dass er zur Wahl des New Yorker Oberbürgermeisters antreten werde. Er hoffe, die Wähler hätten die Affäre mittlerweile überwunden – oder längst vergessen. Das Internet vergisst jedoch nie. Mehr sexuell aufgeladene Nachrichten tauchten auf. Um Kontroversen zu vermeiden, gab er schnell zu, dass er auch im Jahr 2012 mindestens drei weiteren Frauen unaufgefordert eindeutige Aufnahmen zugeschickt hatte. In der Hoffnung, im Rennen zu bleiben, erschienen seine Frau und er gemeinsam bei einer Pressekonferenz, auf der er sich für sein Verhalten entschuldigte: »Ich möchte abermals alle um Verzeihung bitten, die eine dieser Nachrichten erhalten haben, ebenso wie ich mich für die damit verbundenen Unannehmlichkeiten entschuldigen möchte.«[43]

Er weigerte sich, seine Kandidatur aufzugeben, und machte weiter. Achtundvierzig Stunden vor dem ersten Wahlgang sinnierte er: »Wenn es das Internet nicht gäbe ... und wenn ich im Jahr 1955 kandidierte ... würde ich wahrscheinlich zum Bürgermeister gewählt.«[44] Stattdessen erhielt er weniger als 5 Prozent aller Stimmen.[45]

An seinem desaströsen Wahltag wollten die Reporter von Weiner wissen, was er als Nächstes vorhabe, woraufhin er ihnen nur den Mittelfinger zeigte.[46] Neben dem Öffnen eines Regenmantels war das wohl das Nächstliegende.

Webcams & Cyber-Voyeurismus

Eine weitere Paraphilie, die sich im Internet verändert und ausbreitet, ist der Voyeurismus, auch Skopophilie genannt: die wiederkehrende Beschäftigung mit Phantasien und Handlungen, bei denen die Beobachtung nackter Menschen oder solcher, die sich der Körperpflege oder sexuellen Aktivitäten widmen, im Mittelpunkt steht.[47] Was früher der klassische »Spanner« war, hat im letzten Jahrhundert durch den technischen Fortschritt und die Erfindung der Kamera eine enorme Entwicklung durchgemacht.

Ein Fall dieser Art, der sich in der realen Welt ereignete, drehte sich um einen Rabbi in Washington D.C., der im für die rituelle Reinigung vorgesehenen Bad der National Capital Mikha, gleich neben der Kesher Israel Congregation in Georgetown, eine kleine Kamera installierte. Als weibliche Gläubige das Kellerbad besuchten und ihre Kleidung ablegten, um das alte Ritual durchzuführen, bei dem der Körper untergetaucht und dabei Segnungen aufgesagt werden, schoss eine kleine, in einem Radiowecker verborgene Digitalkamera Fotos von ihnen.

Im Jahr 2014 wurde Rabbi Barry Freundel, eine bekannte Koryphäe auf dem Gebiet des jüdischen Rechts und der jüdischen Moral sowie laut der *Washington Post* ein »intellektueller Gigant«, in sechs Fällen des Voyeurismus angeklagt, wofür ihm bis zu sechs Jahre Haft drohten.[48] Letztlich bekannte er sich in zweiundfünfzig Fällen des Voyeurismus schuldig. Die Staatsanwaltschaft identifizierte weitere einhundert unerlaubte Aufnahmen von Frauen, die jedoch allesamt verjährt waren. Im Mai 2015 wurde Freundel zu sechseinhalb Jahren Haft verurteilt.

In den letzten Jahrzehnten ist es immer wieder zu solchen Fällen gekommen, bei denen die Privatsphäre durch heimlich hinter Hotelspiegeln versteckte oder in Damentoiletten angebrachte Kameras verletzt wurde. Der Gesetzgeber hat sich in der Hoffnung, die individuelle Privatsphäre zu schützen, stets bemüht, mit den technologischen Veränderungen Schritt zu halten. Stellen Sie sich vor, ein Voyeur mit einer anhaltenden Störung ähnlich der von Rabbi Freundel erhält Zugang zu den Webcams junger Frauen? Was passiert, wenn jeder Zugang zu Dutzenden Webcams auf einmal haben kann?

Das bringt mich zur letzten Geschichte unseres Kapitels.

Fünf Monate bevor die aus dem kalifornischen Temecula stammende Cassidy Wolf 2013 zur Miss Teen USA gekürt wurde, erhielt die selbstsichere und bildschöne Neunzehnjährige eine anonyme E-Mail von einem Mann, der sich in ihren Computer gehackt und so die Kontrolle über ihre Webcam erlangt hatte. Mit dieser Kamera hatte er Wolf in ihrem Schlafzimmer ausspioniert. Wie?

Der Voyeur hatte unter Nutzung eines Remote-Access-Trojaners, kurz RAT, auf ihrem Rechner ein Malware-Programm installiert, das für gerade einmal vierzig US-Dollar im Internet erhältlich ist. Er ließ Wolf wissen, dass er die Bilder, die er von ihrer Webcam abgefangen hatte, erst herausgeben werde, wenn sie eine seiner Forderungen erfüllte: Sie sollte ihm Nacktbilder oder Nacktvideos senden oder sich auf Skype einloggen und fünf Minuten lang alles tun, was er von ihr verlangte.

Wolf war nicht dumm und setzte sich sofort mit den Behörden in Verbindung. Das FBI begann mit Ermittlungen. Drei Monate später wurde Jared James Abrahams verhaftet, ein Neunzehnjähriger, der mit Wolf zur Highschool gegangen war.[49] Er hatte sich Zugriff zu den Webcams von zwölf Frauen verschafft und sich in geschätzt hundert bis hundertfünfzig weitere Computer eingehackt. Er wurde zu einer Haftstrafe von achtzehn Monaten verurteilt.

Wolf machte es während ihrer Amtszeit als Miss Teen USA zu ihrer Mission, das Bewusstsein für Cyber-Kriminalität zu schärfen. »Ich habe nie bemerkt, dass mich jemand beobachtete«, erklärte sie einem Reporter.[50] Nicht einmal das Aufnahmelicht an ihrer Webcam sei angegangen. Während Wolf das Land bereiste, gab sie Tipps, um sich vor Cyber-Kriminalität zu schützen: Es sei von größter Bedeutung, das Passwort häufig zu wechseln, den Browserverlauf regelmäßig zu löschen und – ganz besonders wichtig – die Webcam bei Nichtbenutzung abzukleben.

Die Webcam ist vielleicht das größte Geschenk des Internetzeitalters an den Voyeur. Bedenkt man, dass allein im Jahr 2015 mehr als siebzig Millionen Computer in den USA verkauft wurden[51] – nicht zu vergessen die bereits vorhandenen, mit internetfähigen Kameras ausgestatteten Smartphones, Tablets und Desktop-PCs –, sind die Spionagemöglichkeiten eines Voyeurs schlicht und ergreifend beängstigend.

Zuvor Unvorstellbares

Das Internet hat eine neue Art der sexuellen Freiheit erschaffen, die von den Auswirkungen der Anonymität, der Cyber-Sozialisation, des Online-Zusammenschlusses, der Online-Enthemmung und der Online-Eskalation gefördert wird und sogar zuvor unbekannte Fetische wie die Vorliebe für aufjaulende Motoren ins Leben ruft.[52] Die cyber-psychologische Wirklichkeit lautet: Online kann man leicht auf neue Praktiken stoßen, in neue Welten und unbekannte Communitys eintauchen und sich auf eine Art und Weise sozialisieren, die noch vor zehn Jahren undenkbar erscheinende Handlungen akzeptabel erscheinen lässt. Das zuvor Unvorstellbare ist mittlerweile nur einen Mausklick entfernt und wartet darauf, entdeckt zu werden.

Nicht die Digitaltechnologien sind das Problem, sondern die Tatsache, dass wir uns der Auswirkungen des Online-Umfeldes noch nicht voll und ganz bewusst sind und wir daher nicht ahnen können, wohin uns das Ganze führt. Wie der Beginn so vieler Abenteuer im Leben kann die Erkundung sexueller Praktiken im Internet zunächst aufregend sein. Man sagt sich vielleicht, dass man zunächst nur einen Zeh ins Wasser taucht. Was aber, wenn sich das Wasser sehr gut anfühlt – *ja, sogar ganz phantastisch?* Und was ist, wenn sich kurz darauf herausstellt, dass man nur noch daran denken kann, den Zeh wieder ins Wasser zu tauchen? Schon bald hüpft man vielleicht schon vom Sprungbrett ins kühle Nass. Wie könnte man da nein sagen?

Und wann ist es Zeit, damit aufzuhören?

KAPITEL 2

FÜR DIE SUCHT ENTWORFEN

Kurz nachdem Alexandra Tobias, eine einundzwanzigjährige Mutter aus Florida, den Notruf alarmiert hatte, weil ihr drei Monate alter Sohn Dylan nicht mehr atmete und wiederbelebt werden musste, erklärte sie den zuständigen Ermittlungsbehörden, der Familienhund habe das Kind von der Couch geschubst; dabei sei es auf den Kopf gefallen.[53] Später beichtete sie traurig und reuig, dass sie auf ihrem Computer FarmVille gespielt und die Geduld verloren habe, als Dylans Geschrei sie von ihrem Facebook-Spiel ablenkte. Sie habe das Kind hochgehoben und so lange geschüttelt, bis sein Kopf gegen den Rechner geschlagen sei. Ihr Sohn trug Kopfverletzungen und einen Beinbruch davon und wurde im Krankenhaus für tot erklärt.

Als dieser Vorfall sich 2010 ereignete, war FarmVille mit sechzig Millionen aktiven Nutzern ein überaus beliebtes Online Game, bei dem die Spieler eine virtuelle Farm errichten, Feldfrüchte anbauen und Nutzvieh halten. Die Fans attestierten dem Spiel begeistert einen »hohen Suchtfaktor«; schließlich gab es sogar Bedarf an Selbsthilfegruppen für FarmVille-Süchtige (FAA, kurz für »FarmVille Addicts Anonymous«, dt. »Anonyme FarmVille-Abhängige), nebst einer eigenen Facebook-Gruppe für solche Fälle. Können wir bei Alexandra Tobias von Abhängigkeit sprechen? Ihrem virtuellen Vieh ging es gut; ihr reales Leben lag dagegen in Schutt und Asche.

Vor Gericht gestand Tobias ihre Schuld ein und zeigte sich überaus reuig. In ihrer Stellungnahme erklärte sie, dass sie aufs College gehen wolle, um eines Tages etwas aus sich zu machen. Ihre Mutter sei kürzlich gestorben; seitdem habe sie sich nicht mehr wie sie selbst gefühlt. Sie erhielt die in Florida mögliche Höchststrafe für Totschlag: fünfzig Jahre Haft. Sie wird ihr halbes, wenn nicht sogar ihr ganzes Leben hinter Gittern verbringen.

Als Cyber-Psychologin interessiere ich mich vor allem aus einem Grund für diese überaus traurige und verstörende Geschichte: weil ich herausfinden möchte, inwiefern die Digitaltechnologien zur Eskalation dieser Szene beigetragen haben, die schließlich in einer impulsiven Gewalttat mündete – mit verheerenden Folgen.[54]

Wir alle sind zu einem gewissen Grad impulsiv. Manche Menschen sind von Natur aus spontaner als andere und neigen eher dazu, aus einer Laune heraus zu handeln, ohne dabei groß darüber nachzudenken, ob sie sich nun aus Freude oder Ärger auf die eine oder andere Weise verhalten. Eine der größten Mythen unserer Gesellschaft lautet, die Menschen würden sich an ihrem Lebensende wünschen, sie wären größere Risiken eingegangen und hätten mehr Chancen genutzt. Das mag bei zurückhaltenden, risikoscheuen Personen sogar zutreffen. Äußerst impulsive Menschen würden wahrscheinlich das Gegenteil sagen: Sie bereuen nicht etwa, was sie nicht taten, sondern was sie taten.

Es gibt Risiken, die sich lohnen, und es gibt Risiken, die sich nicht lohnen, weil sie uns zerstören. Gleiches gilt für die Zeit, die wir im Internet verbringen. In diesem Kapitel werde ich eine ganze Reihe von Facetten des Cyberspace behandeln, die einfach unwiderstehlich sind, seien es nun Multiplayer Online Games, das zwanghafte Überprüfen von E-Mails, das Posten in sozialen Netzwerken oder das Bieten in Online-Auktionshäusern. In Anbetracht einer ganzen Heerschar von Nebenwirkungen des Internets fühlen wir uns manchmal wie Sklaven unserer eigenen Impulse. Warum ist das so?

Das Ausmaß der Impulsivität

Was genau ist Impulsivität? Sie wird definiert als ein »Persönlichkeitsmerkmal, das sich durch den Drang zu spontanem Handeln auszeichnet, ohne die Konsequenzen der eigenen Handlungen zu überdenken«. Die Impulsivität wirkt sich auf eine Vielzahl wichtiger psychologischer Prozesse und Verhaltensweisen aus, darunter die Selbstregulation, die Risikobereitschaft und die Entscheidungsfindung. Es hat sich gezeigt, dass sie wichtiger Teil vieler psychischer Störungen ist, so etwa der Aufmerksamkeitsdefizit- bzw. Hyperaktivitätsstörung, der Borderline-Persönlichkeitsstörung, der manischen Phase einer bipolaren Störung, des Alkohol- und Drogenmissbrauchs sowie der Spielsucht.

Forscher, die Aufmerksamkeitsspannen und das Ausmaß der individuellen Selbstregulation untersuchen, diagnostizieren Impulsivität oft mit Hilfe von Persönlichkeitstests, vor allem mittels der sehr geläufigen Barrat-Impulsivitätsskala, die seit zwanzig Jahren zum Einsatz kommt und im Jahr 2014 von Wissenschaftlern der Duke University auf den neuesten Stand gebracht wurde. Die Erforschung der Impulsivität ist ein wirklich faszinierendes Feld, und der Test, der aus dreißig einfachen Aussagen besteht, die mit »Stimmt« oder »Stimmt nicht« beantwortet werden können, lässt sich in gerade einmal zehn bis fünfzehn Minuten durchführen. Die Aussagen sind leicht zu beantworten: »Ich plane Aufgaben sehr sorgfältig«, »Ich bin ein optimistischer Typ«, »Ich konzentriere mich auf die Zukunft«, »Ich mag Puzzle«, »Ich lege regelmäßig Geld zur Seite« oder

»Im Theater oder bei Vorträgen werde ich schnell ungeduldig«. Der gesamte Test ist im Internet einsehbar; das endgültige Ergebnis muss jedoch von einem Profi ausgewertet werden. Wenn Sie ihn also eigenständig ausfüllen, werden sie nicht zu einer finalen Auswertung gelangen. Betrachtet man einige der Aussagen, erhält man Einblick in drei verschiedene Arten der Impulsivität: körperliche (Schwierigkeit, stillzusitzen), geistige (Konzentrationsprobleme) und sensorische (Mühe, sinnlichen Reizen zu widerstehen).[55]

Eine hochgradig impulsive Person – in allen drei Ausformungen der Impulsivität – neigt zu Ruhelosigkeit, Optimismus, mangelndem Interesse an vorausschauender Planung oder Sparsamkeit und ist nicht auf die Zukunft ausgerichtet. Im Volksmund mag so jemand als ADHS-Patient beschrieben werden; das Ganze ist jedoch etwas komplizierter. Wenn bei einem Kind eine gestörte kognitive Kontrolle diagnostiziert wird, wie das bei ADHS oder ähnlichen Aufmerksamkeitsstörungen der Fall ist, dann folgt daraus manchmal eine sogenannte »verringerte Impulskontrolle«, also das allgemeine Unvermögen, einem starken Drang selbst dann nicht nachzugeben, wenn die äußeren Umweltfaktoren dies eigentlich verlangen.[56] Mit anderen Worten: Die ganze Welt sagt einem Kind, etwas nicht zu tun – etwa »Im Bus nicht aufstehen!« – und erklärt ihm auch, warum es dies tunlichst vermeiden sollte; dennoch ist das Kind nicht in der Lage, sich zu bändigen.

Leidet ein Mensch an einer diagnostizierten Zwangsstörung, legt er wie ein ADHS-Patient impulsive Persönlichkeitszüge und verringerte Impulskontrolle an den Tag, kann seinen Drang jedoch kaum kontrollieren – geschweige denn ganz damit aufhören. Derselbe Persönlichkeitszug kann auch bei Alkoholikern, Kokainabhängigen, Heroinsüchtigen und anderen Drogenabhängigen sowie Rauchern beobachtet werden. Neuere Studien legen außerdem nahe, dass Impulsivität oft mit exzessivem Gamen – also Spielen von Computerspielen – und übermäßiger Internetnutzung zusammenfällt und diese Verhaltensmuster verstärkt.[57]

Bevor ich mich tiefergehend mit diesem Thema befasse, möchte ich die Unterschiede zwischen impulsiv und zwanghaft (kompulsiv) erklären. Im täglichen Sprachgebrauch nutzen wir diese beiden Begriffe nahezu synonym, als ob sie dasselbe bedeuteten. Tatsächlich stehen diese Begriffe aber an entgegengesetzten Enden des Verhaltensspektrums. Während impulsives Verhalten eine unüberlegte, ungeplante Handlung meint, wie Alexandra Tobias' wütendes Schütteln ihres Kleinkinds, als sie sich beim FarmVille-Spielen von ihm gestört fühlte, zeichnet sich zwanghaftes Verhalten durch planmäßige und wiederholt ausgeführte Handlungen aus. Dazu zählt beispielsweise der Zwang, sich die Hände zu waschen oder, wie im vorigen Kapitel zu Paraphilien dargelegt, den Motor zum Aufheulen zu bringen.

Nun lassen Sie uns das Ganze in Internet-Begrifflichkeiten übertragen: Wer ständig sein Smartphone in die Hand nimmt und seinen Twitter-Feed überprüft, handelt zwanghaft. Wer einen fiesen Tweet liest und sich nicht zurückhalten kann, ihn mit einer ebenso gemeinen Replik zu bedenken (oder sogar mit einem noch fieseren Tweet), handelt impulsiv.

Was aber macht das Internet so verführerisch? Und warum fällt es manchen Menschen so viel schwerer, sich von ihrem Computer oder Smartphone loszureißen?

Unterhaltsames Scheitern

Wieso kauft man sich überhaupt ein Rubbellos, wenn man weiß, dass die Gewinnchancen bei eins zu dreihundert Millionen stehen? Aus denselben Gründen, warum Menschen jeder verführerischen Internet-Aktivität nachgehen. Wenn wir online League of Legends spielen oder Geld in die Lotterie stecken, dann sind wir uns vollkommen darüber im Klaren, dass die Chancen gering sind, »den Jackpot zu knacken«. Hin und wieder erhalten wir jedoch kleinere Belohnungen, und diese sogenannte »intermittierende Verstärkung« sorgt dafür, dass wir dasselbe immer wieder tun.

In der Verhaltenspsychologie gilt es als Tatsache, dass eine intermittierende und damit sporadisch auftretende Verstärkung sehr viel wirksamer ist als eine durchgängig erfolgende Belohnung. Wird man für eine Handlung zufällig belohnt, führt man diese Handlung wahrscheinlich weiter aus – tatsächlich sogar sehr viel wahrscheinlicher als bei einer ständig erfolgenden Verstärkung. Das bewies ein berühmtes Experiment mit Tauben: Wurden Tauben für eine bestimmte Handlung jedes Mal belohnt, führten sie diese Handlung nicht zwangsläufig weiter aus. Wurden diese Tauben allerdings nur hin und wieder belohnt, waren sie sehr viel empfänglicher und führten dieselbe Handlung sehr viel häufiger aus. Am häufigsten reagierten Tauben, die nur in der Hälfte der Fälle belohnt wurden.[58]

Und so funktioniert das Ganze: Nehmen wir an, Sie sollen ein Rubbellos mit sechs Feldern freirubbeln, um die darunterliegenden Zahlen freizulegen. Wer drei gleiche Zahlen hat, gewinnt. Allein schon das Rubbeln ist aufregend, da es bereits als Verstärkung funktioniert. So baut sich Spannung auf, die wiederum eine Erwartungshaltung auslöst, wodurch das Nervensystem eine kleine Menge Dopamin ausschüttet. Dopamin ist ein chemischer Stoff, der im Gehirn ausgeschüttet wird und für die Steuerung körperlicher Bewegung und emotionaler Reaktionen verantwortlich ist.[59] Außerdem hängt er mit dem Glücksempfinden zusammen. In den letzten sechzig Jahren wurden weit über hunderttausend Forschungsarbeiten zum

Dopamin veröffentlicht. Auf der Suche nach dem Vergnügen, das dieser Stoff bei uns auslöst, tun wir Dinge, die zu dessen Ausschüttung führen. In diesem Zusammenhang ist die Frage, wie die Digitaltechnologien sich auf diese Prozesse auswirken, einerseits ungemein interessant und andererseits besonders vernachlässigt.

Die meisten Rubbellose sind Nieten. Dennoch werden sie so gestaltet, dass viele zueinanderpassende Symbole darauf zu finden sind. Warum? Man beginnt zu rubbeln, eine Reihe gleicher Symbole erscheint, und die Aufregung steigt, weil der Eindruck sich verfestigt, man könnte gewinnen. Für aufregende ein, zwei oder drei Sekunden hält man sein Los für einen Jackpot. Beim Glücksspiel wird dieser Scharfmacher »heart stopper« (Herzstopper) genannt, weil er zu einer Welle der Aufregung und einem leichten Glücksrausch führt.[60] Das ist ein klassischer Fall positiver Verstärkung. Denn selbst wenn man nicht gewinnt, genügt bereits dieser kleine Glücksrausch, um ein klein wenig Vergnügen zu bereiten und damit die Vorliebe für Rubbellose zu verstärken. Später reicht bereits die biochemische und psychologische Erinnerung, um die Feedbackschleife aufrechtzuerhalten, sodass man immer weitere Lose erwirbt. Ein gigantischer Rausch ist das zwar nicht; aber er ist groß genug, um Betroffene bei der Stange zu halten.

Darum geht es bei der Konditionierung.

Wenn eine Handlung Vergnügen bereitet, wird man diese Handlung aller Wahrscheinlichkeit nach wiederholen. Das psychologische Prinzip hinter den einarmigen Banditen in Spielcasinos ist dasselbe. Die drei Walzen setzen sich in Bewegung – und zeigen immer wieder übereinstimmende Symbole. Zwei Walzen halten an. Passen die abgebildeten Symbole zueinander, erlebt man einen Herzstopper-Augenblick. Die dritte Walze kommt zum Stehen: Man verliert. Dennoch war das Ganze unterhaltsam.

Im Spieldesign nennt man das »unterhaltsames Scheitern«: Obwohl man erfolglos ist, fühlt man sich nicht schlecht.[61] Und warum? Das biochemisch bedingte Hoch macht den Unterschied aus. Allein schon die Vorahnung eines möglichen Gewinns bereitet Vergnügen. Aus diesem Grund kaufen die Menschen weiterhin Rubbellose, füttern einarmige Banditen oder spielen Candy Crush Saga.

Und wer hat nicht schon einmal die Anziehungskraft des Online-Strudels und die Verlockungen des unterhaltsamen Scheiterns verspürt? Wer hat nicht bereits Zeit und Geld im Internet verschwendet und dennoch den Eindruck von Spaß gehabt? Der Cyberspace hat mehr zu bieten als besagte Herzstopper. Jede Form der Online-Aktivität wartet mit eigenen Attraktionen und eigens zu diesem Zweck eingebauten Belohnungssystemen auf, die Nutzer durch Konditionierung zur Rückkehr animieren.

Warum ist allein schon die Online-Suche so fesselnd und hypnotisch? Warum ist es so unmöglich, die Push-Nachrichten und Mitteilungen auf dem Handy zu ignorieren? Weil mein Interessengebiet nun einmal die forensische Cyber-Psychologie ist und ich mich deshalb etwas mehr als der Durchschnittsbürger mit pathologischen Verhaltensmustern beschäftige, kann ich gar nicht anders, als der Frage nachzugehen, inwiefern unterschiedliche Belohnungssysteme im Internet für manche Menschen schädlich sein können und was sich für uns alle daraus ergibt.

Ich suche, also bin ich

Beginnen wir mit Abraham Maslows berühmter »Bedürfnispyramide« – also den Bedürfnissen, die unsere Aufmerksamkeit verlangen und die Menschen motivieren, weiterzuleben, sich anzupassen und weiterzuentwickeln –, erkennen wir schnell, dass all diese Bedürfnisse online auf die eine oder andere Weise erfüllt werden: von körperlichen Bedürfnissen bis hin zum Bedürfnis nach Sicherheit, Liebe, Zugehörigkeit, Anerkennung, Selbsterkenntnis und Selbstverwirklichung.

Online Communitys bieten einen Eindruck von Sicherheit. Der Beitritt zu einer Online Community oder die Teilnahme an einem Multiplayer-Onlinespiel kann ein Gefühl der Zugehörigkeit erzeugen. »Likes« für Instagram- oder Facebook-Bilder zu sammeln erfüllt das Bedürfnis nach Anerkennung. Das ist aber nur der Anfang von Genuss und Belohnung in den sozialen Netzwerken. Die Psychologin und Autorin Dr. Eva Ritvo schreibt in ihrem Artikel »Facebook and Your Brain«, dass die Interaktion in sozialen Netzwerken »die Ausschüttung einer großen Menge Dopamin anstößt und eine wirkungsvolle Kur gegen Einsamkeit bietet. Auch der Neuigkeitswert löst diese ›Glücksboten‹ aus«.[62] Neben dem Hochgefühl vieler »Gefällt-Mir«-Angaben kann auch das Posten von persönlichen Informationen Vergnügen bereiten. Rund 40 Prozent unserer täglichen Gespräche bestehen üblicherweise aus Selbstoffenbarungen – wir sagen anderen, was wir fühlen oder denken. Im Internet verdoppelt sich dieser Anteil auf 80 Prozent. Laut der Neurobiologin Diana Tamir von der Harvard University sorgt das im Gehirn für eine ähnliche Reaktion wie bei der Ausschüttung von Dopamin.[63]

Führt man eine Online-Suche durch, sei es nach einer bestimmten Information, nach einem Paar Schuhe, das man erwerben möchte, oder nach einem alten Klassenkameraden oder Kollegen, löst das einen starken Belohnungseffekt aus – was mich zu einem meiner Lieblingsthemen bringt: dem faszinierenden Werk Jaak Panksepps, der als Neurobiologe an der Washington State University forscht und lehrt. Panksepp hat den Begriff der »affektiven Neurowissenschaft« geprägt, die sich mit der biologischen Untersuchung der Entstehung von Gefühlsregungen und Emotionen auseinandersetzt.

Panksepp führte Experimente mit Laborratten durch und stieß dabei auf ein »Suchsystem«, das Menschen wie Tieren gemein ist und beide gleichermaßen dazu treibt, ständig nach Informationen zu suchen, die ihnen beim Überlebenskampf helfen. Dieses dopamingesteuerte positive Belohnungssystem fördert die Futtersuche, den Erkundungs- und Untersuchungsdrang, die Neugier, das Verlangen und die Erwartungshaltung. Mit anderen Worten: Jedes Mal, wenn die Ratte (oder der Mensch) seine Umwelt erkundet, wird Dopamin ausgeschüttet. Panksepp, der Jahre mit der Kartographierung der für die Emotionen zuständigen neuronalen Hirnmuster verbracht hat, nennt den Suchreflex »den Großvater aller Systeme«. Emily Yoffe erläutert in der Zeitschrift *Slate*: »Es ist die Motivationsmaschine der Säugetiere, die uns jeden Tag dazu bringt, unser Bett, unsere Höhle oder unseren Bau zu verlassen und hinaus in die Welt zu gehen.«[64] Der Suchdrang ist laut der Wissenschaftlerin Temple Grandin so anregend, dass selbst in Gefangenschaft gehaltene Tiere lieber ihre eigene Nahrung suchen oder jagen würden, als sie einfach aus dem Napf zu fressen.

Bedenken wir das Ganze aus evolutionsbiologischer Perspektive, sagt Panksepp im Wesentlichen, dass eine Reihe von Instinkten wie der Such-, Spiel-, Wut-, Lust-, Panik-, Trauer- oder Angstinstinkt tief in den ältesten Regionen des Gehirns verwurzelt sind und daher – wie er es ausdrückt – evolutionäre Erinnerungen darstellen, »die auf grundlegender Ebene in unser Nervensystem integriert werden«. In Panksepps Augen sind diese Instinkte so fundamental für die menschliche Anpassungsfähigkeit und so wichtig für unser Überleben, dass sie vielleicht sogar das ausmachen, was wir unser »innerstes Selbst« nennen.[65]

Ich suche, also bin ich?

Man muss Polizisten, Journalisten und Wissenschaftler nicht von den Freuden des Suchens und Findens überzeugen. Lange vor der Erfindung des Internets waren diese Leute bereits mit dem Nervenkitzel vertraut und wussten, welche Freude neue Entdeckungen bereiten können. Der Forscher- und Entdeckergeist hat die Menschen seit Jahrhunderten am Leben erhalten. Panksepps Arbeit bietet uns nun eine biochemische Erklärung dafür: Das beim Suchen und Finden ausgeschüttete Dopamin und die damit zusammenhängende Verstärkung eines Verhaltensmusters war und ist höchstwahrscheinlich für die hohe menschliche Anpassungsfähigkeit an neue Umweltbedingungen verantwortlich. Unser Erkundungstrieb wird eben belohnt. Man könnte sogar sagen, dass dieses Belohnungs- oder Verstärkungssystem die Menschen für das neue Umfeld, das sie im Internet Tag für Tag entdecken, noch anpassungsfähiger macht.

Panksepp erklärt die Sucht in seiner Arbeit als eine exzessive Art der Suche: Ob der Abhängige nun nach dem Rausch des Kokains, des Alkohols oder Googles sucht, »stets wird Dopamin ausgeschüttet, was das menschliche Gehirn in eine ständige Erwartungshaltung versetzt«. Wenn man einmal darüber nachdenkt, gleicht der Cyberspace dem Weltraum – unendliche Weiten, die nur darauf warten, entdeckt zu werden. Wenn uns unsere evolutionäre Erinnerung dazu antreibt, diese neue Umgebung – das Internet – zu erkunden und mit Sinn zu erfüllen, heißt das dann, dass wir uns mit der Geschwindigkeit der Digitaltechnologien zu entwickeln versuchen? Und wenn die biochemische Verstärkung der Online-Suche ebenso funktioniert wie die, die das Scheitern beim Lotteriespiel für einen großen Teil der Bevölkerung »unterhaltsam« erscheinen lässt, wie wirkt sich dies dann auf Menschen aus, die mit Spielsucht, anderen Suchterkrankungen oder ADHS kämpfen?

Den meisten von uns erscheint das Internet als unwiderstehlich. Ständig stößt man dort auf die wildesten Überraschungen und die neuesten Nachrichten; man findet Daten, erhält persönliche Nachrichten und entdeckt spannende Unterhaltung. Die erdrückende Beweislast deutet dabei in folgende Richtung: Die Kombination aus schnellem Zugang, zahlreichen Erkundungsmöglichkeiten, unerwarteten Informationen und intermittierender Verstärkung schafft ein verlockendes, aufregendes und für manche Menschen vollkommen unwiderstehliches Medium. Und nun lassen Sie uns zu diesem Mix noch das Design der Apps, Anzeigen, Spiele und sozialen Netzwerke hinzufügen – die Benachrichtigungen, Push-Mitteilungen, Lichter und anderen visuellen Signale, die uns locken wie primitive Balzrufe.

Überprüfen Sie Ihre E-Mails, überprüfen Sie Ihre E-Mails, überprüfen Sie Ihre E-Mails – jetzt!

Das lateinische Wort *addictus* wurde einst genutzt, um die Zeitspanne zu beschreiben, die sich ein Sklave seinem Herren vertraglich verpflichtete.[66] Der Bedienstete mit dieser Verpflichtung wurde »der Abhängige« genannt.

Wir alle haben es schon mit eigenen Augen gesehen: Die ansonsten höfliche und wohlmeinende Freundin, die ständig auf ihr Telefon schaut, während wir versuchen, uns beim Mittagessen mit ihr zu unterhalten. Was bringt sie nur dazu, so unhöflich zu sein?

Ihre Verbindung mit Ihnen – und damit mit der realen Welt – steht in einem ständigen Wettstreit mit dem kleinen Glücksrausch, der sie immer wieder bei der Überprüfung ihres E-Mail-Postfachs überkommt. Die meisten E-Mails, Kurznachrichten und Mobiltelefon-Benachrichtigungen, die Ihre Freundin erhält, sind nicht wirklich wichtig. (Die meisten

E-Mails sind wahrscheinlich Werbemails von Online-Kaufhäusern.) Dennoch kann sie nicht damit aufhören, ihr Postfach zu überprüfen, weil sie hofft, eine E-Mail von jemandem zu erhalten, der ihr wichtig ist – oder irgendeine Art aufregender Nachricht, die in ihr Postfach flattert.

Im Zuge einer Studie fand man 2015 heraus, dass US-Amerikaner ihr Telefon insgesamt acht Milliarden Mal am Tag überprüfen.[67] Wie ich im Vorwort bereits erwähnte, zeigte sich bei einer anderen Untersuchung, dass ein durchschnittlicher Erwachsener mit einem internetfähigen Telefon sein oder ihr Gerät mehr als zweihundert Mal am Tag überprüft. Das entspricht etwa einer fünfminütigen Frequenz. Am Abend, wenn die meisten Menschen von der Arbeit nach Hause zurückkehren, steigert sich die Frequenz noch. (Wie oft haben Sie sich schon dabei erwischt, wie Sie ihr Telefon geistesabwesend in die Hand nahmen und in ihr E-Mail-Postfach schauten, nur um dann festzustellen, dass Sie genau das vor gerade einmal zwei Minuten bereits getan haben?) Die Studien unterscheiden sich zwar; das Ergebnis bleibt aber das Gleiche: Im Durchschnitt schauen die Menschen überraschend oft auf ihr Handy.

Bedenkt man, wie leicht Mobiltelefone abhängig machen können, war es nur eine Frage der Zeit, bis sie auch als Armbanduhren vermarktet wurden – doch steigert das die Ablenkung nicht zusätzlich?

Um das eigene Suchtverhalten zu überprüfen, gibt es im Internet eine ganze Reihe von Tests, mit denen Sie die eigene Smartphone-Abhängigkeit einschätzen können.[68] Zwar sind diese Fragebögen nicht wirklich wissenschaftlich; dennoch lohnt es sich, darauf zu achten, ob Sie sich bei der Lektüre der folgenden Punkte vielleicht etwas unwohl fühlen oder – schlimmer noch – sogar wiedererkennen:

- Rufen Sie sofort jemanden an, sobald Sie das Büro verlassen haben oder mit dem Flugzeug gelandet sind? (Noch wichtiger: Ziehen Sie sofort nach der Landung des Flugzeugs heimlich Ihr Telefon hervor und schalten es ein, bevor der Pilot es ausdrücklich erlaubt?)
- Wurden Sie jemals damit aufgezogen, dass Sie Ihr Mobiltelefon bei der Arbeit oder anderen Aktivitäten in der Hand halten?
- Können Sie Sonderangeboten für das neueste Mobiltelefonmodell nicht widerstehen?
- Haben Sie manchmal den Eindruck, Ihr Telefon würde klingeln; sobald Sie aber genauer hinhören oder das Gespräch beantworten möchten, stellt sich heraus, dass es nie geklingelt hat (ein Phänomen, das als »Phantomklingeln« bekannt ist)?

Falls Sie in einer der obengenannten Zwangshandlungen ihr eigenes Verhalten wiedererkennen, hilft Ihnen das vielleicht zu verstehen, warum Mobiltelefone so unwiderstehlich sind. Zunächst einmal handelt es sich dabei um schnittige, schick designte tragbare kleine Teufel, die leicht in Hand- und Hosentaschen passen und uns deshalb so gut wie überallhin begleiten. (Ich habe von Schwimmern gehört, die wasserfeste Gehäuse für ihre Handys kaufen.) Das Mobiltelefon löst wie das Rubbellos intermittierende Verstärkung aus. Die Überraschung, eine Nachricht auf unserem Gerät zu lesen oder zu hören, erzeugt einen Glücksrausch, was wiederum zu einer Reihe komplexer verstärkender Handlungen führt: Sie schauen auf Ihr Telefon (intermittierend bzw. periodisch), um gute oder überraschende Nachrichten zu erhalten, was wiederum genügt, um Sie regelmäßig zum Überprüfen Ihres Telefons zu verführen.

Hinzu kommen noch die von Psychologen so genannten »verbundenen Stimuli« der Digitalgeräte: die blinkenden Lichter und sonstigen Signale, die je nach den gewählten persönlichen Einstellungen jede E-Mail, jede Textnachricht oder jedes Facebook-»Like« begleiten. Als verbundene Stimuli gelten Hinweise oder Situationen, die ein Abhängiger mit seiner Sucht verbindet. Bei einer bekannten Untersuchung von Suchtverhalten fand man heraus, dass die mit Alkohol- oder Drogenkonsum zusammenhängenden Reize einen Drang auslösen können, was wiederum erklärt, warum ein Mensch beim Anblick einer Schnapsflasche den Wunsch verspüren kann, Alkohol zu trinken. Dieses Ergebnis geht auf die klassische Konditionierung zurück, wie bei dem bereits erwähnten Experiment, in dessen Verlauf Männer schon beim Anblick eines Paars Schuhe sexuelle Erregung verspürten. In der Vergangenheit wurden bei Antidrogenkampagnen oft Utensilien wie Spritzen, Nadeln, Löffel oder Häufchen weißen Pulvers eingesetzt, die beim Drogenkonsum verwendet werden, um die Menschen in der ganzen Welt durch den Schock des Anblicks zur kompletten Abstinenz zu bringen. Paradoxerweise führten diese visuellen Reize bei einigen Süchtigen aber zu einem Rückfall, weshalb man die Antidrogenkampagnen völlig neu gestaltete.

So wie Drogensüchtige ständig gegen die Sucht ankämpfen, die von verbundenen Stimuli herbeigeführt wird, können die Mitteilungen und Benachrichtigungen auf einem Mobiltelefon beim Nutzer den unbeherrschbaren Drang auslösen, das Handy ständig im Blick zu halten. Das Ganze unterscheidet sich gar nicht so sehr vom Betätigen eines einarmigen Banditen oder von den starken Sehnsüchten, die ein Mensch mit einem atypischen Sexualverhalten für sein Fetischobjekt verspürt. Und während der einzige Nachteil des Treffens mit Ihrer netten, aber irritierenden Freundin der sein mag, dass Sie sich von ihr vor den Kopf gestoßen fühlen – möchten Sie überhaupt noch einmal mit Ihrer Freundin essen gehen? –, kann jemand mit einer ernsten »Mobiltelefonsucht« in die soziale Isolation oder gar den finanziellen Ruin getrieben werden. Je nachdem, wo ein zwanghafter Handynutzer lebt und welchen Mobilfunkvertrag er abgeschlossen hat, können sich monatliche Kosten anhäufen, die dem Betroffenen bald über den Kopf wachsen.

Der verhaltensbiologische Begriff des »Signaling« kann beim Verständnis des unwiderstehlichen Charmes von Handys überaus hilfreich sein. Das Signaling-Modell, das ursprünglich aus der Erforschung tierischen Verhaltens stammt, erklärt beispielsweise, warum Pfauenhennen für die Paarung Pfauenhähne mit möglichst großer Schleppe bevorzugen. Evolutionsbiologen haben diese Signale zur Aufmerksamkeitserregung und Selektion auf die menschliche Interaktion übertragen. So zeigen diverse wissenschaftliche Untersuchungen, dass wir sehr viel mehr Angst vor Spinnen oder Schlangen haben als vor großen Raubtieren wie Bären, Löwen und Tigern. Aus evolutionsbiologischer Sicht kann das damit zu tun haben, dass Schlangen und Spinnen aufgrund ihrer Größe schwerer zu sehen sind, keine Geräusche machen oder andere Signale von sich geben und daher als gefährlicher gelten. Es macht Sinn, dass unsere Vorfahren sorgfältig nach giftigen Tieren Ausschau hielten, bevor sie ihre Hand in ein Gestrüpp oder ihre Füße in ein Paar Mokassins steckten. (Letzteres ist bis heute keine schlechte Idee.) Im Lauf der Zeit wurde diese Angst zu einer instinktiven menschlichen Reaktion.

Es gibt mehrere Arten von Signalen, die der Kommunikation und der Erregung von Aufmerksamkeit dienen: visuelle, akustische, chemische und taktile. Visuelle Signale sind begrenzt, denn sie müssen mit den Augen wahrgenommen werden. Weibliche Glühwürmchen locken Männchen mit ihren Leuchtsignalen an und lauern ihnen auf, so wie es Mobiltelefone mit ihrem Blinken und Blitzen tun. Südliche Grünmeerkatzen verfügen über ein ganzes Spracharsenal unterschiedlicher Rufe für verschiedene Gefahren, ähnlich dem Klingelton oder Wecker Ihres Handys. Der Tanz der Honigbiene dient als taktiles Signal zur Festigung sozialer Bindungen. Wenn Ihr Mobiltelefon das nächste Mal in Ihrer Tasche klingelt, werden Sie merken, dass es eine Bindung zu Ihnen herzustellen versucht. Der Geruch der Bienenkönigin motiviert die Arbeitsbienen und zieht sie an – zweifellos tüfteln Mobiltelefonhersteller bereits an chemischen Signalen für ihre Geräte. Nicht mehr lange und Ihr Handy wird betörende Pheromone verströmen.

Bria Dunham stellt in einer hervorragenden Forschungsarbeit zum Thema Signaling im Marketing folgende Frage: »Warum werden schwarze iPhones mit weißen Kopfhörern verkauft?«[69] Sie fragt sich, ob Apple vielleicht zu viele weiße Kopfhörer auf Lager hat oder diese einfacher und günstiger herstellbar sind. Letztlich legt sich die Forscherin auf eine überzeugendere Erklärung fest: Die Signalwirkung weißer Kopfhörer sei schlicht und ergreifend größer. Jene »verräterischen weißen Kopfhörer sagen Passanten, dass der Träger großen Wert auf eine bestimmte Art von Coolness und Stil legt, zu einem gewissen Teil bewusst Geltungskonsum betreibt und über die nötigen Geldmittel verfügt, um sich ein tragbares Gerät von Apple leisten zu können … Das ist eine ganze Menge an Information für ein kaum dreißig Gramm schweres Stück Plastik samt Kabel«.

Mit anderen Worten: Unterbewusst streben wir vielleicht danach, anderen zu zeigen, dass wir zum Stamm der Apple-Nutzer gehören – und dass wir den nötigen Status und die nötige Coolness besitzen, um als Teil dieser Gruppe akzeptiert zu werden. Natürlich handelt es sich dabei um den bekannten Herdentrieb, der im realen Leben sehr häufig vorkommt – und im Internet vielleicht sogar noch häufiger.

Sie haben dieses Telefon also gekauft, um damit (unterbewusst) Ihre Zugehörigkeit zu beweisen, und dann … können Sie einfach nicht aufhören, auf das verdammte Ding zu schauen! Das Problem ist mittlerweile so groß, dass Apps entwickelt werden, um das zwanghafte Verhaltensmuster ständigen E-Mail-Checkens zu durchbrechen[70] – oder wieder zu trainieren, dem Drang, ins E-Mail-Postfach zu schauen, zu widerstehen und das bereits als »Belohnung« zu empfinden. Eine dieser Apps heißt »BreakFree«; dabei handelt es sich um ein Programm, das aufzeichnet, wie oft man zum Telefon greift, um E-Mails zu überprüfen und im Internet zu surfen. BreakFree meldet sich mit unaufdringlichen Hinweisen und bietet eine tägliche, wöchentliche oder monatliche »Suchtskala«, mit der man die eigenen Fortschritte überwachen kann. Diese Reize und Belohnungen motivieren zur Änderung des eigenen Verhaltens, wie bei einer Diät, bei der man sich zur Ermutigung allabendlich auf die Waage stellt.

BreakFree preist sich selbst »als revolutionäre Mobiltelefon-App« an, »die erste ihrer Art zur Kontrolle einer Smartphone-Sucht und zur Aufrechterhaltung eines gesunden digitalen Lebensstils«.

Die Frage ist, reißt man sich von seinen Zwängen, seinem Selbst oder den Internettechnologien los? Wer hat die Kontrolle? Wer ist für Ihr Verhalten verantwortlich, Sie oder Ihre App?

Checky, eine andere App, zählt, wie oft man sein iPhone entsperrt. Diese Daten können dann auf Twitter oder Facebook geteilt werden. Checky ist ein Ableger von Calm, einer App, die Informationen über Verhaltensstudien anbietet, in denen die zwanghafte Nutzung des Internets mit ADHS, Zwangsstörungen und anderen ernsthaften Störungen in Verbindung gebracht wird. Laut App-Beschreibung wurde die Anwendung von dem »genesenden« Smartphone-Süchtigen Alex Tew entwickelt, »um Menschen bei der geistigen Entspannung zu helfen«:

»Wie so viele bin ich von meinem Handy ziemlich abhängig«, sagt Tews. »Wie sehr, weiß ich inzwischen genau: Meistens überprüfe ich mein Telefon mehr als 100 Mal am Tag. Tatsächlich habe ich mein Handy gestern ganze 124 Mal in die Hand genommen. Heute habe ich es bislang 76 Mal gecheckt. Dieses neue Bewusstsein erleichtert mir die Kontrolle meiner Smartphone-Nutzung. Mein neues Ziel lautet, mein Telefon weniger als 100 Mal am Tag in die Hand zu nehmen.«

In der Psychologie nennt man das im Rückgriff auf buddhistische Terminologien »Achtsamkeit«, ein Begriff, der eine Befindlichkeit beschreibt, bei der wir unsere Aufmerksamkeit auf das Hier und Jetzt lenken, auf das aktuelle Geschehen unmittelbar vor uns, und uns bemühen, freundlich zu uns selbst zu sein und unsere eigenen Erfahrungen als wertvoll zu empfinden. Um selbst achtsam zu bleiben und die Zeit, die ich im Internet verbringe, nicht aus den Augen zu verlieren, habe ich meinen Laptop darauf eingestellt, jede volle Stunde die Uhrzeit anzugeben, damit ich bei der Arbeit im Cyberspace, wo die Zeit nur so dahinfliegt, stündlich an die reale Welt erinnert werde. Mir hilft das sehr; für meine Kollegen, die vielleicht gerade in ein Skype-Gespräch vertieft sind, mag es zuweilen sehr anstrengend sein, wenn eine Stimme plötzlich ruft: »Es ist jetzt 11 Uhr!«

Ein anderes Heilmittel im Kampf gegen die Verlockungen des Mobiltelefons – oder gegen dessen zwanghafte Nutzung – kann die Deinstallation einiger der verführerischsten Apps sein. Man kann auch die Push-Nachrichten in den Einstellungen abschalten, denn auf diese Weise sorgen soziale Netzwerke wie Instagram, Twitter oder WhatsApp dafür, dass man sie ständig checkt. (Genau das wollen nämlich diese Dienste.) Das Gerät auf »Flugmodus« zu stellen wird es ebenfalls zum Schweigen bringen – und Sie davon abhalten, ins Internet zu gehen. Oder aber Sie versuchen sich immer wieder mal am kalten Entzug und schalten Ihr Handy ganz einfach aus. Als ich einmal nach Bora Bora reiste, befand ich mich das erste Mal in einem Land, in dem ich keinen Empfang hatte. In den ersten vierundzwanzig Stunden durchlief ich jede einzelne der vorhersehbaren Phasen des Handyentzugs: zunächst Unglauben, dann Wut, dann Panik, begleitet von Schweißausbrüchen in der Nacht, gefolgt von Erschöpfung und schließlich *Akzeptanz*. Danach genoss ich einen wunderbaren fünftägigen Urlaub ganz ohne Handy.

Wer auf der Suche nach philosophischer oder intellektueller Inspiration ist, dem seien eine Reihe von Büchern empfohlen, die sich mit diesem neuen Aspekt in unserem Leben befassen und hilfreiche Tipps und Erkenntnisse liefern, darunter Nicholas Carrs *Surfen im Seichten. Was das Internet mit unserem Hirn anstellt*, Sherry Turkles *Verloren unter 100 Freunden* und William Powers' *Einfach abschalten. Gut leben in der digitalen Welt*. Seit 2006 nehmen Powers und seine Familie wöchentlich eine »Internetauszeit«: ein oder zwei Tage die Woche, an denen sie sich vollständig dem World Wide Web fernhalten. Powers ist der Ansicht, dies helfe seiner Familie, achtsamer, weniger abgelenkt und im Umgang mit dem Internet kontrollierter zu sein. Die führende Psychologin und Suchtexpertin Dr. Kimberly Young empfiehlt ebenfalls wöchentlich eine 48-stündige »digitale Entgiftung«. Verbinden Sie Ihr Telefon mit seinem Ladegerät und fassen Sie es das ganze Wochenende nicht mehr an. Selbst Papst Franziskus ruft zu einem internetfreien Weihnachten auf.

Das Problem der »Konnektivität« wird in Zukunft nur noch weiter eskalieren. Jahr für Jahr werden mehr Smartphones verkauft. Im Jahr 2017 soll die Zahl der Mobiltelefonnutzer Schätzungen zufolge auf 4,77 Milliarden anwachsen.[71] Je »nützlicher« diese Geräte werden, desto mehr Menschen werden sie besitzen – und desto mehr Zeit mit ihnen verbringen. Wir benutzen sie, um Nachrichten zu verfolgen, mit Freunden in Kontakt zu treten, unseren Alltag zu fotografieren, einzukaufen, unser Adressbuch und unseren Kalender zu verwalten und unsere Rechnungen zu bezahlen. Inzwischen lernen wir nicht nur, wie man diese neuen Geräte, Apps und Benutzeroberflächen verwendet, sondern auch, wie wir in einem vollkommen neuen Umfeld – dem Cyberspace – leben, das sich von jedem bislang dagewesenen unterscheidet. Wenn die Leute von Handysucht sprechen, meinen sie damit unter Umständen etwas sehr viel schwerer Wiegendes als das zwanghafte Überprüfen von Textnachrichten oder E-Mails: Viele Menschen sind mittlerweile vom Internet selbst abhängig.

Was ist Internetabhängigkeit?

Es ist auf denkwürdige Weise ironisch, dass Dani Berry, ein Pionier des PC- und Online Gaming, einmal Folgendes sagte: »Niemand ruft auf seinem Sterbebett aus: ›Herrje, hätte ich doch mehr Zeit alleine mit meinem Computer verbracht!‹«

Die meisten Untersuchungen zur Internetabhängigkeit – von denen es mittlerweile Hunderte gibt – basieren auf den Arbeiten Dr. Kimberly Youngs, die seit 1994 zwanghaftes Online-Verhalten untersucht und die große Voraussicht besaß, bereits ein Jahr später die erste Klinik für Internetabhängigkeit in den USA zu gründen. Young verglich in ihrer bahnbrechenden Studie das suchtähnliche Online-Verhalten mit Zwangsstörungen und entdeckte viele Gemeinsamkeiten. Ein Vortrag, den Dr. Young 2015 im Rahmen einer TED-Konferenz im kalifornischen Monterey hielt, bietet weitere erhellende Einsichten in die »allzu große Konnektivität« und warnt vor deren Gefahren.[72] In Forschungsarbeiten und psychologischen

Fachzeitschriften werden diese Verhaltensmuster zuweilen als »Internetsuchtstörung« oder »Internetsucht« bezeichnet. Weil es sich bei beidem nicht um klinische Begriffe handelt, werde ich von nun an den allgemeineren Terminus »Internetabhängigkeit« verwenden.

Im Volksmund wird der Begriff »Sucht« für nahezu alles verwendet, wonach ein Mensch ein großes Verlangen verspüren kann: vom Eisessen bis hin zum Singen unter der Dusche. Soll das Verhalten jedoch die klinischen Kriterien einer Abhängigkeit erfüllen, muss auch eine biochemische oder chemische Komponente hinzukommen. Damit eine Abhängigkeit diagnostiziert werden kann, muss es zu »Entzugserscheinungen« und einer »Toleranzentwicklung« (im Sinne von Gewöhnung) für den jeweiligen Stoff kommen. Mit anderen Worten: Es muss deutliche Hinweise geben, dass jemand ein immer stärkeres Verlangen verspürt – in diesem Fall, das Internet immer häufiger zu nutzen (Gewöhnung). Und dass er verzweifelt, wenn ihm kein Zugang gewährt ist (Entzugserscheinung).

Bei einer Telefonumfrage, die vor zehn Jahren von Forschern der Stanford University durchgeführt wurde, gaben 12,5 Prozent der stichprobenartig befragten US-amerikanischen Erwachsenen an, aufgrund exzessiver Nutzung des Internets – meist in Form häufiger Überprüfung des E-Mail-Postfachs, der Nutzung von Online Games, des Besuchs von Porno-Websites oder des Rückgriffs auf Onlineshopping – »zumindest ein Problem« zu haben. Das Verlangen, das die Befragten beschrieben, ähnelte dem von Drogen- und Alkoholsüchtigen.[73] Dieser Anteil von 12 Prozent scheint über die Jahre relativ konstant geblieben zu sein; die Zahlen können sich jedoch unterscheiden, je nachdem, wer die Umfrage durchführt, wie die Fragen gestellt werden und wie man »Abhängigkeit«, »Missbrauch« und »exzessive Nutzung« definiert. Was als »normale« Nutzung gilt, kann außerdem von Land zu Land variieren. In

Südkorea, wo sich das Problem der Internetabhängigkeit rasend schnell in ein viel diskutiertes, studiertes, diagnostiziertes und behandeltes Leiden verwandelt, weisen Untersuchungen darauf hin, dass um die 10 Prozent aller koreanischen Jugendlichen Cyberspace-süchtig sind.[74] Manche haben aufgrund ihrer Abhängigkeit sogar Schwierigkeiten im Alltag. Laut Berichten soll der Anteil in China etwas höher sein, wo 13,7 Prozent aller heranwachsenden Internetnutzer die Kriterien einer »Abhängigkeit« erfüllen. Laut Berichten soll sich die Sucht nach Online-Videospielen am stärksten ausbreiten, besonders in China, Taiwan und Korea. Interessanterweise stammt der höchste Anteil aus einer stichprobenartigen Befragung italienischer Jugendlicher: 36,7 Prozent sollen Anzeichen einer »problematischen Internetnutzung« an den Tag legen.[75]

Bei einer im Jahr 2014 in sieben europäischen Ländern durchgeführten Untersuchung, an der mehr als 13 000 Heranwachsende teilnahmen, stellte sich heraus, dass 13,9 Prozent aller Befragten aufgrund zwanghafter und häufiger Nutzung ein sogenanntes »gestörtes Internetnutzungsverhalten« zeigten.[76] Das wiederum führte zu Problemen zu Hause, in der Schule und im Alltag. Als man genauer aufschlüsselte, womit die Jugendlichen sich online am häufigsten beschäftigten, offenbarte sich, dass soziale Netzwerke wie Facebook die meiste Zeit in Anspruch nahmen, neben dem Betrachten von Videos und Filmen, der Erledigung von Hausaufgaben, dem Downloaden von Musik, dem Versenden von Kurznachrichten und der Überprüfung von E-Mails. Jungen waren einem sehr viel höheren Risiko ausgesetzt, eine Internetabhängigkeit auszubilden, wobei Jungen aus Spanien und Rumänien am häufigsten erkrankten und Jungen aus Island am seltensten. Je höher der elterliche Bildungsstand war, desto niedriger war die Wahrscheinlichkeit, dass die Heranwachsenden Probleme ausbildeten.

Die Studie schloss mit dem Fazit, dass ein Prozent aller Heranwachsenden internetsüchtig waren und 12,7 Prozent in die Risikogruppe fielen. Insgesamt waren das also 13,9 Prozent, bei denen man von Anzeichen für eine Störung sprechen konnte. Das bedeutet, dass von diesen Jugendlichen mehr als jeder zehnte einem Risiko ausgesetzt ist.

Neben Dr. Kimberly Young gilt auch Dr. David Greenfield, Professor für Psychiatrie an der medizinischen Fakultät der University of Connecticut und Leiter des Center for Internet and Technology Addiction, als Wegbereiter auf dem Gebiet der Internetabhängigkeit. In Zusammenarbeit mit dem Telekommunikationsunternehmen AT&T führte Greenfield 2014 eine Telefonbefragung unter tausend Kunden durch und stellte fest, dass um die 90 Prozent aller US-Amerikaner »ihre Geräte exzessiv, missbräuchlich oder falsch verwenden«.[77] Laut den Forschungen Greenfields, der auch *Suchtfalle Internet. Hilfe für Cyberfreaks, Netheads und ihre Partner* verfasste, sind 10 bis 12 Prozent aller US-Amerikaner vom Internet abhängig.

Warum schauen die Leute ständig auf ihr Handy? Die Facebook-Nutzerzahlen des ersten Quartals 2016 verdeutlichen, dass die Nutzer durchschnittlich fünfzig Minuten am Tag in diesem sozialen Netzwerk verbringen, was laut *New York Times* fast der Zeit entspricht, die die meisten Menschen für Essen und Trinken verwenden.

Allein bei Greenfields Telefonumfrage gaben 61 Prozent aller Befragten an, dass sie mit ihrem eingeschalteten Handy unterm Kopfkissen oder auf dem Nachttisch schliefen. Mehr als die Hälfte erklärten, »sich unwohl« zu fühlen, wenn sie ihr Telefon zu Hause oder im Auto vergessen hatten, sich auf Reisen befanden und über kein Netz verfügten oder das Gerät defekt war. Außerdem stellte sich bei Greenfields Untersuchung heraus, dass sich zwar 98 Prozent aller Befragten nach eigener Angabe über die Gefahren des Schreibens von Kurzmitteilungen am Steuer bewusst waren, 75 Prozent aber dennoch zugaben, ebendies bereits getan zu haben. Tatsächlich ist dieses Verhalten nicht nur unheimlich riskant; solcherlei Handlungen deuten auch auf die Art mangelnder Impulskontrolle hin, die üblicherweise mit Suchterkrankungen in Verbindung gebracht wird.

Vor ein paar Jahren machte einer meiner Forscherkollegen den Vorschlag, eine Studie zur Beurteilung von Mobiltelefonabhängigkeit durchzuführen. Er bereitete das Exposé vor und machte sich auf die Suche nach Studienteilnehmern. Der Gedanke lautete: Alle Teilnehmer geben für eine Zeitspanne von fünf bis sechs Tagen ihr Handy ab, während gleichzeitig das Ausmaß ihrer damit zusammenhängenden Nervosität gemessen wird. Nicht eine einzige Person war bereit, an diesem Projekt teilzunehmen – was seine Theorie in gewisser Weise von selbst bestätigte.

Was können wir also tun?

Dr. Kimberly Young empfiehlt als Expertin für Internetabhängigkeit folgende drei Strategien:

1. Überprüfen Sie, wie oft Sie Ihr Telefon am Tag in die Hand nehmen. Hören Sie auf, ständig auf Ihr Gerät zu schauen.
2. Setzen Sie zeitliche Schranken. Kontrollieren Sie ihr Online-Verhalten – und bedenken Sie, dass Kinder die Handlungen von Erwachsenen nachahmen.
3. Gehen Sie offline, um die Verbindung zur realen Welt wiederherzustellen. Schalten Sie Ihr Gerät während der Mahlzeiten aus, und beschäftigen Sie sich mehr mit Ihrer Familie.

Mit anderen Worten: Halten Sie sich an die Neuauflage von Timothy Learys Mantra der 1960er Jahre (in Bezug auf psychedelische Drogen): *turn on, tune in, and drop out.*

Kaufzwang

Shopaholics gab es schon immer, und Kaufsüchtige machten bereits die Imbissbuden auf den offenen Märkten des alten Roms unsicher. (Ja, es gab Imbissbuden in Pompeji.) Der Kaufzwang zeichnet sich durch zwanghaftes, periodisch auftretendes Kaufverhalten aus und ähnelt in vielerlei Hinsicht der Spielsucht. Offiziell gilt dieses Leiden aufgrund mangelnder Beweislage nicht als Suchterkrankung; das würde sich jedoch schnell ändern, würde ein Expertengremium die langen Schlangen verzweifelter Kunden betrachten, die sich an einem Black Friday in den USA um Mitternacht vor den Geschäften sammeln.

Der sogenannte »Kaufzwang« ist auch als »Kaufwahn«, »Kaufrausch« und »pathologisches Kaufen« bekannt. In den Medien wird dieses Leiden oft trivialisiert, und sogenannte »Modeopfer« werden ausnahmslos als weiblich dargestellt. Wie andere Störungen kann sich auch diese im Internet leicht aufschaukeln und außer Kontrolle geraten.

Früher hemmten Öffnungszeiten, Verkehrswege und natürlich die Frage, wie die gesammelten Einkäufe transportiert werden sollten, etwaige Neigungen zum Kaufzwang oder ermöglichten zumindest eine Form der Selbstregulierung. Jemand, der unter einem Kaufzwang leidet, hat keine ausreichende Selbstkontrolle. Die Digitaltechnologien haben diese Hürden für zwanghaftes Kaufverhalten mittlerweile aus dem Weg geräumt. Heutzutage ist es für Menschen mit Neigungen dieser Art sehr viel schwerer, den unzähligen Versuchungen zu widerstehen.

Die Psychologin und Suchtexpertin Elizabeth Hartney hat Kaufzwänge untersucht und erklärt, dass Onlineshopping gerade für solche Menschen besonders verführerisch ist, die auch in der realen Welt zur Kaufsucht neigen, weil das Einkaufen im Internet in vielen Fällen dieselben Wünsche befriedigt wie der Kaufzwang in der realen Welt. Diese wären: »das Bedürfnis, eine möglichst große Zahl an Artikeln und möglichst viele Produktinformationen zu sammeln; den Wunsch, möglichst unerkannt einkaufen zu können; den Drang, soziale Interaktionen während des Kaufens zu vermeiden; und das Erleben von Freude beim Shoppen«.[78]

Erkennen Sie sich darin wieder?

Warum verspüren Menschen den Drang, Dinge zu kaufen, die sie nicht brauchen, und das auch noch mit Geld, das sie gar nicht haben?

Die psychologische Erklärung für den Kaufzwang hängt von der gewählten Herangehensweise und der befragten Denkschule ab. Traditionellerweise geht man davon aus, dass Verhaltensmuster dieser Art von dem Wunsch herrühren, sich besonders zu fühlen oder nicht mehr so einsam zu sein: Menschen, die unter Kaufzwang leiden, sind auf der Suche nach sich selbst und sehnen sich nach Identität und Stabilität, die sie durch den Erwerb neuer Gegenstände bzw. des damit verbundenen sozialen Status zu erlangen hoffen. Viele leiden unter begleitenden Erkrankungen wie Angststörungen, Depressionen und mangelnder Impulskontrolle.

Außerdem fördern unsere Konsumkultur und die dahintersteckenden Unternehmen diese Art der Abhängigkeit ganz ungemein. Donald Black, Professor für Psychiatrie an der medizinischen Hochschule der University of Iowa, hat Folgendes betont: »In den Vereinigten Staaten von Amerika ist das Einkaufen einfach Teil unserer Kultur, deshalb zeigt sich Impulsivität oft in der Form exzessiven Shoppens.«

Manche Experten sind der Ansicht, beim Kaufzwang handele es sich um eine Form der Zwangsstörung. So wie Smartphones es Menschen mit einer Neigung zu zwanghaftem Verhalten schwerer machen, nicht ständig ins E-Mail-Postfach zu schauen, bietet Onlineshopping Leuten mit Kaufzwängen mehr Anreize oder »Signale«, die sie zum Einkaufen verleiten, etwa mittels aufdringlicher Werbung, Pop-up-Gutscheincodes und Pop-up-Verkäufen sowie einer riesigen Menge verlockender Produktfotos.

Es gibt auch sehr viel wettbewerbsorientierte und daher offenkundig aufregendere Arten des Onlineshopping – etwa das brillant gestaltete eBay, das eigens mit einer Uhr ausgestattet wurde, die auf die Sekunde genau anzeigt, wie viel Zeit bis zur Beendigung einer Auktion noch bleibt. Und falls man einen weiteren Hinweis braucht, schickt eBay zur Erinnerung gern eine Mitteilung an das eigene Handy.

Wenn man sich nach Geschichten umhört, erkennt man schnell, dass es kaum regelmäßige eBay-Nutzer gibt, die nicht bereits einmal mitten in der Nacht aufgestanden sind, um Zeuge zu werden, wie das Angebot eines anvisierten Artikels endete – und diese Nutzer werden detailverliebt davon erzählen, wie aufregend der Versuch gewesen sei, Mitbieter zu schlagen. Dieses Vergnügen nahm ab, als Programme wie BidRobot oder Action Sniper es möglich machten, dass der Computer das Bieten übernahm. Damit wurde aus Online-Auktionshäusern nicht nur ein Wettstreit um die besten Waren, sondern auch ein Wettlauf um den besten Bot.

Es ist sehr lobenswert, dass eBay.com auf der Website eigens einen aus persönlicher Sicht geschriebenen Blog namens »Retail Therapy Syndrome« (Frustshopper-Syndrom) über Kaufzwänge eingerichtet hat. Dort schreibt die Bloggerin, dass die Zahl an Menschen, die unter Kaufzwängen leiden, auf etwa 13 Millionen geschätzt wird. Ihr Blog dagegen hat gerade einmal 8700 Klicks – ein winziger Anteil der 162 Millionen aktiven eBay-Nutzer, die Berichten zufolge im vierten Quartal 2015 das Online-Auktionshaus besuchten.[79]

Unabhängig davon, ob dieser Blog vielen eBay-Abhängigen nutzt oder nicht, fängt er doch in einem einzigen Absatz ein, was unzähligen Fachzeitschriften nur mit Mühe gelingt: »Wenn ich einen Zuschlag erhalte und ein Produkt zu einem phantastischen Preis kaufen kann, fühlt sich das wie ein regelrechter Rausch an. Ich LIEBE es einfach, meine gemütlichen vier Wände nicht verlassen zu müssen, wo ich in meinem Schlafanzug zu jeder Tages- und Nachtzeit die Regale von Onlineshops durchstöbern kann. Und wissen Sie was? Wer im Internet einkauft, wird nie ein Schild sehen, auf dem steht: ›Ohne ordentliche Bekleidung keine Bedienung!‹«[80]

Das ständige Überprüfen von E-Mails oder das exzessive Versenden von Textmitteilungen hat viel mit der Abhängigkeit von eBay gemeinsam. Das liegt am sofortigen Belohnungseffekt und an der fiebrigen Qualität von Online-Auktionshäusern, die im Cyberspace außer Kontrolle geraten. Dr. Kimberly Young beschreibt das auf ihrem Blog Netaddiction.com wie folgt:

> In schwereren Fällen haben eBay-Süchtige den Eindruck von Erfolg, wenn sie entdecken, dass sie der Höchstbietende sind. Sie beginnen dann auf Artikel zu bieten, die sie nicht wirklich benötigen, nur um den Rausch eines erfolgreichen Zuschlags noch einmal zu durchleben – manchmal geht das Ganze so weit, dass sich die Betroffenen in Schulden stürzen, eine zweite Hypothek aufnehmen oder sogar bankrottgehen, damit sie sich ihre Online-Einkäufe leisten können. Eine Klientin entwendete beispielsweise Geld von dem 401 000 US-Dollar umfassenden Vermögen ihres Ehemannes, bis der ihre Abhängigkeit entdeckte. »Er ließ mein Konto schließen und drohte mir mit der Scheidung«, erklärte sie. »Ich war kurz davor, meinen Mann zu verlieren, und das bloß, weil ich nicht mit eBay aufhören konnte.«[81]

In evolutionsbiologischer Hinsicht beschäftigt sich der zwanghafte Onlineshopper in meinen Augen mit einer beschleunigten Version des »Suchens«. Er wird durch das Suchen und Finden sowie das Jagen und Sammeln im Cyberspace belohnt. Wie bei anderen Suchterkrankungen in der realen Welt entsteht auch im Internet ein Teufelskreis des Kontrollverlusts: Um sich besser zu fühlen, sucht der Abhängige nach dem Hochgefühl, das ihm das Onlineshopping beschert, auf das wiederum das Gefühl von Enttäuschung und Schuld folgt. Das kann einen weiteren Zyklus impulsiven Kaufens in Gang setzen, der die eigene Laune verbessern soll.

Laut Ruth Engs, emeritierte Professorin für Angewandte Gesundheitswissenschaft an der Indiana University, bringen manche ihre Einkäufe aufgrund von Schuldgefühlen zurück, was einen weiteren Kaufrausch auslösen kann. Der Kaufzwang ist eine Form der Selbstmedikation, die letztlich jedoch nur noch mehr Stress, Wut, Einsamkeit, Enttäuschung über die eigene Person und Depression hervorruft. Das ist die klassische Berg-und-Tal-Fahrt einer Abhängigkeit.

Während die Schulden des Betroffenen wachsen, führt er seine Handlungen meist im Verborgenen aus. Damit ähnelt der Kaufzwang anderen Suchterkrankungen: Alkoholiker verstecken ihre Flaschen; Shopaholics ihre Einkäufe. Ist dieses Ausmaß an Scham erst einmal erreicht und werden die Einkäufe entweder versteckt oder zerstört (damit niemand sie entdeckt), können die Folgen verheerend sein. Langzeitbeziehungen, Karrieren und sogar Ehen können von einem solchen Verhalten bedroht werden oder ganz daran zerbrechen. Weitere Konsequenzen sind mangelnde Kreditwürdigkeit, Konkurs und, in manchen Fällen, sogar Suizid.

Was sind die Warnzeichen? Rick Zehr, früher am Illinois Institute for Addiction Recovery des Procter Hospital tätig und mittlerweile Präsident des Institute of Physical Medicine and

Rehabilitation, stellt die folgende Liste auf. Möchten Sie sich testen? Dann überprüfen Sie die folgenden Aussagen, und antworten Sie mit »ja« oder »nein«.

1. Ich kaufe ein oder gebe Geld aus, wenn ich wütend, traurig, ängstlich oder einsam bin.
2. Ich streite mich mit anderen über mein Kaufverhalten.
3. Ohne meine Kreditkarten fühle ich mich verloren – tatsächlich habe ich ohne sie Entzugserscheinungen.
4. Ich kaufe lieber mit Kreditkarte als mit Bargeld ein.
5. Wenn ich Geld ausgebe, erlebe ich einen Glücksrausch oder eine Welle der Euphorie.
6. Nach einer Shoppingtour empfinde ich Scham oder Schuld.
7. Wenn man mich fragt, wie viel Geld ich ausgegeben habe, sage ich nicht die Wahrheit. Wenn ich beispielsweise etwas kaufe, gebe ich das zwar zu, verschleiere aber den tatsächlichen Preis der Ware.
8. Ich denke wie besessen über Geld nach.
9. Ich verwende viel Zeit darauf, mit verschiedenen Konten oder Rechnungen zu jonglieren, um meine Ausgaben auszugleichen.

Hier sind die schlechten Nachrichten: Falls Sie vier oder mehr Punkten zustimmen, haben Sie laut Zehr ein Problem. Vielleicht sollten Sie sich um professionelle Hilfe bemühen.

Computerspielthrombose

Die Computerspielabhängigkeit ist die mit Abstand am besten untersuchte Internetabhängigkeit. Am stärksten betroffen sind junge Männer; laut Berichten tritt diese Sucht oft gemeinsam mit anderen Gemütszustand- oder Affektstörungen wie Depressionen, Angststörungen oder ADHS auf.

Und noch etwas: Diese Sucht kann tödlich sein.

Der einundzwanzigjährige Chris Staniforth aus dem englischen Sheffield wusste genau, was die Leidenschaft seines Lebens war: das Online Gaming. 2011 war der Brille tragende Superspieler mit den braunen Haaren und dem freundlichen Gesicht gerade an der Leicester University im Studiengang Videospieldesign zugelassen worden. Dank seiner Sammelleidenschaft besaß er ein ganzes Arsenal unterschiedlicher Konsolen; erst kürzlich hatte er sich eine neue Xbox zugelegt, mit der er häufig Halo spielte, einen Sci-Fi-Ego-Shooter, der sich hervorragend verkauft – seit seinem Erscheinen 2001 sind mehr als 60 Millionen Exemplare über den Ladentisch gegangen. In dem Spiel tritt man gegen kriegerische Eindringlinge aus dem Weltall an.

»Chris lebte einfach für seine Xbox«, erklärte sein Vater, David Staniforth.[82] »Wenn er sich erst einmal eingespielt hatte, konnte er stundenlang ohne Unterbrechung spielen, manchmal bis zu zwölf Stunden am Stück.«

Nachdem Chris einmal einen ganzen Tag mit Marathonspielen verbracht hatte, weckte ihn ein merkwürdiges Gefühl in der Brust mitten in der Nacht auf; es gelang ihm jedoch, wieder einzuschlafen. Als er am nächsten Tag das Arbeitsamt aufsuchte, wollte er eine Packung Kaugummi vom Boden aufheben, die er fallen gelassen hatte. Zunächst spürte er einen Ruck, gefolgt von einem Krampf. Schließlich fiel er zu Boden. Ein Freund, der ihn begleitete, rief sofort einen Krankenwagen, doch es war bereits zu spät. Ein örtlicher Gerichtsmediziner stellte fest, dass Chris an einer Lungenembolie verstorben war. In seinen unteren Gliedmaßen hatte sich das Blut verklumpt: eine sogenannte tiefe Beinvenenthrombose, umgangssprachlich oft nur Thrombose genannt. Der Klumpen war in seine Lunge gewandert, hatte seine Arterien verstopft und Chris so letztlich getötet.

Eine Thrombose entsteht durch anhaltende Inaktivität, beispielsweise durch langes Sitzen.[83] Früher waren diesem Risiko vor allem Passagiere von Langstreckenflügen und bettlägerige Krankenhauspatienten ausgesetzt. US-Amerikaner erinnern sich in diesem Zusammenhang vielleicht an David Bloom, den NBC-Korrespondenten im Weißen Haus, der 2003 im Irak starb, nachdem er als ziviler Kriegsberichterstatter bei der amerikanischen Infanterie Stunden bewegungslos in einem Panzer verbracht hatte. Etwa 300 000 bis 600 000 Menschen bilden jährlich in den USA eine Thrombose aus; zehn bis 30 Prozent aller Patienten sterben im Laufe von dreißig Tagen. Sogenannte »Extrem-Gamer« – 4 Prozent aller US-amerikanischen Videospieler, die durchschnittlich 48,5 Stunden die Woche vor dem Bildschirm verbringen – haben ein erhöhtes Thromboserisiko. Das hat die US-amerikanischen Medien dazu veranlasst, dieses lebensbedrohliche Leiden als »Computerspielthrombose« zu bezeichnen.[84]

In Asien, wo das Marathonspiel verbreiteter ist, zieht es wettbewerbsorientierte Spieler oder Extrem-Gamer in beliebte Spielhallen, die sich Internetcafé nennen und in manchen Ländern sieben Tage die Woche rund um die Uhr geöffnet haben. Wir im Westen denken bei dem Wort Internetcafé wohl eher an ein ruhiges Café mit W-LAN- oder Internetzugang und ein paar Computern, an denen man gegen Geld online gehen kann. Im Osten jedoch beschreibt man mit diesem Terminus vermehrt ein Phänomen, das Indien, China, Südkorea und die Philippinen im Sturm erobert hat, wo alte Videospiel- und Spielautomatenhallen durch Abertausende Computerspielhallen ersetzt worden sind, die manchmal »PC Bangs« oder »LAN-Zentren« genannt werden. Darin befinden sich lange Reihen von Tischen und Stühlen, auf denen Computer bereitstehen, die Spieler für gerade einmal einen US-Dollar die Stunde mit einer LAN-Highspeed-Verbindung versorgen. Umgeben von Dutzenden Gleichgesinnten, kann ein leidenschaftlicher Gamer dort bis zum Überdruss spielen. Üblicherweise wählt er sich dazu ins Internet ein, wo er Dutzende andere Spieler bei einem MMORPG (*»massive multiplayer online role-playing game«*, dt. »Massen-Mehrspieler-Online-Rollenspiel«) wie League of Legends, World of Warcraft, Counter-Strike oder StarCraft trifft. Nach dem Abendessen füllen sich diese Cafés normalerweise mit wettbewerbslustigen Spielern über achtzehn Jahren, die dort gegen Entgelt die ganze Nacht lang ihrer Leidenschaft frönen.

Wie man sich leicht vorstellen kann, ist der Anreiz weiterzuspielen in solch einem aufregenden Umfeld sehr hoch, umgeben von anderen begeisterten Gamern im selben Raum und online angefeuert von unzähligen Mitspielern. Die Frage ist: Wo befindet sich der Spieler? Sitzt er noch in der realen Welt im Café, ist er vollkommen vom Cyberspace aufgesaugt worden, oder hat er sich dort sogar verloren? Eine Reihe von Todesfällen weist darauf hin, dass einige es nicht in die Wirklichkeit zurückschaffen.[85]

Im Jahr 2012 buchte ein achtzehnjähriger Taiwanese, der unter seinem Spielernamen »Chuang« bekannt war, ein Privatzimmer in einem Internetcafé und verbrachte dort vierzig Stunden am Stück mit dem Spielen von Diablo III, ohne zu essen oder zu trinken. Anschließend starb er, vermutlich an einem Thrombus, einem Blutgerinnsel. Im selben Jahr wurde ein weiterer Taiwanese, der dreiundzwanzigjährige Chen Rong-yu, in einem PC-Bang tot aufgefunden, nachdem er einen ganzen Tag lang League of Legends gespielt hatte. Seine Hände reckten sich in Richtung Maus und Tastatur. Andere Spieler betraten und verließen den Raum und achteten nicht auf den toten jungen Mann in ihrer Mitte.

Mittlerweile gibt es mehr als 12 000 Internetcafés in Südkorea (Tendenz steigend), wo professionelles Gaming inzwischen zu einem Multi-Millionen-Dollar-Geschäft geworden ist.[86] Derweil wurden diese Cafés jedoch auf den Prüfstand gestellt, da sie offenbar zum Zentrum dunkler Machenschaften und tragischer Suchterkrankungen geworden sind. So kam es zu einer Welle öffentlicher Empörung, als ein arbeitsloses Ehepaar eine derart große Abhängigkeit für das Rollenspiel Prius Online ausbildete, in dem das Paar sich um ein virtuelles Baby namens Anima kümmerte, dass es sein eigenes – zu früh zur Welt gekommenes und deshalb nicht gesundes – Kind vernachlässigte und nicht mehr fütterte: Das echte Kind des Ehepaares starb mit drei Monaten an Unterernährung, während die Eltern sich Berichten zufolge gerade in einem Internetcafé aufhielten.[87] (Im Jahr 2014 wurde eine HBO-Dokumentation namens *Love Child* ausgestrahlt, die sich mit dieser Geschichte befasste.)

Andere, ähnlich erschreckende Tragödien haben es in die Medien geschafft – manche davon beinahe schon zu erschreckend, um sie zu glauben. Im Jahr 2010 wurde ein einundzwanzigjähriger Koreaner für den Mord an seiner Mutter vor Gericht gestellt, die der Beschuldigte umgebracht haben soll, weil sie ihm ständig damit in den Ohren gelegen habe, das Gamen aufzugeben. Er habe die Leiche zurückgelassen und sei zurück ins Internetcafé gegangen, um weiterzuspielen. Ein anderer Mann in Taegu spielte fünfzig Stunden am Stück StarCraft und starb schließlich an einem Herzinfarkt.

Wenn man derlei Geschichten über Leidenschaften dieser Art liest, muss man sich geradezu ins Gedächtnis zurückrufen, *dass es sich nur um ein fiktives Spiel in einer virtuellen Welt handelt*. Was verursacht eine solche Hingabe, ein solches Durchhaltevermögen und eine solche Aufopferung?

Bei einer wichtigen Studie wurden Hirnscans von exzessiven

Gamern durchgeführt, während diese ihr unbändiges Verlangen nach Onlinespielen beschreiben sollten. Außerdem wurden sie dazu angehalten, sich mit Hilfe von Bildern verschiedene Spielszenarien erneut vor Augen zu führen. Die Hirnscans der Studienteilnehmer zeigten ähnliche neuronale Muster wie die von Drogen- und Alkoholabhängigen, sobald diese ihre Sucht beschrieben.[88]

Das Gehirn lügt nicht. Diese und andere Studien beweisen, dass bei zwanghaften Online-Verhaltensmustern eine biochemische Komponente zum Tragen kommt, weshalb diese Verhaltensmuster klinisch als »echte Abhängigkeiten« und »Störungen« definiert werden können. Als die American Psychiatric Association (APA) mit den Vorbereitungen für die neueste Auflage des DSM begann, war eines der meistdiskutierten Themen der Internetspielzwang.

Internetspielzwang

Wenn die American Psychiatric Association (APA) ein neues klinisches Störungsbild definiert, ist das in meiner Welt stets eine große Sache – ein bahnbrechendes Ereignis für Psychologen und Psychiater, Patienten und deren Familien. Eine solche Entscheidung soll langfristig sein und als Bestätigung dienen, dass ein psychisches Leiden in einer Vielzahl von Studien als schwerwiegend eingestuft und ausreichend begriffen wurde, um Diagnosekriterien und eine angemessene medizinische Behandlung einzuführen. Sobald eine Störung »zugelassen« wird, erhält sie in den Medien und den medizinischen Fachblättern sehr viel mehr Aufmerksamkeit als zuvor; außerdem kann die Behandlung von der Krankenversicherung abgedeckt werden.

Die Auswirkungen einer solchen Definition sind gerade auf das öffentliche und private psychiatrische Gesundheitswesen immens, deren Vertreter nicht in der ersten Reihe der psychologischen Forschung aktiv sind. In diesen Bereichen tätige Menschen wenden sich vertrauensvoll dem DSM und den klaren Richtlinien des Leitfadens zu, weil sie herausfinden möchten, wie sie eine psychische Erkrankung diagnostizieren und echte Patienten in den Praxen und Kliniken behandeln können.

Im Lauf von fünf Jahren traf sich eine Arbeitsgruppe aus zwölf Mitgliedern der APA und zwanzig externen Beratern mit Sachkenntnis in den verwandten Fachgebieten des Suchtmittelmissbrauchs und der klinischen Abhängigkeit in regelmäßigem Abstand, um sowohl die Internetspielsucht als auch übergreifend die Internetabhängigkeit zu besprechen. Sie betrachteten Studien und untersuchten Literatur, die sich mit möglichen, nicht an klassische Rauschmittel gebundenen Abhängigkeiten auseinandersetzten, darunter pathologisches Spielen, Internetspielzwang, Internetabhängigkeit, Kaufzwang, exzessives Sporttreiben und Arbeitssucht. (Esssucht und Hypersexualität wurden gemeinsam mit den Arbeitsgruppen für Ess- bzw. Sexualstörungen diskutiert.) Wie lautete das Ergebnis?

Im Falle des Internetspielzwangs zeigten die in zweihundertfünfzig Untersuchungen rund um die Welt gesammelten Belege, dass vor allem männliche ältere Kinder, Jugendliche und junge Erwachsene zunehmend vor Problemen standen, da sie beim Spielen von Online Games vermehrt Symptome von Abhängigkeit zeigten. Als der DSM-5 2013 erschien, stand darin, dass der Internetspielzwang[89] besonders unter männlichen Heranwachsenden von zwölf bis zwanzig Jahren verbreitet ist. Laut Untersuchungen soll die Internetspielsucht in asiatischen Ländern häufiger sein als in Nordamerika oder Europa.

Nach der APA, die in diesem Bereich weitere Studien empfiehlt, müssen für eine Internetabhängigkeit folgende vier Kriterien erfüllt sein:

1. Exzessive Nutzung des Internets, oft verbunden mit einem mangelnden Zeitgefühl und der Missachtung rudimentärer körperlicher Bedürfnisse.
2. Sozialer Rückzug, einhergehend mit Wut, Anspannung und/oder Depressionen, wenn kein Zugang zu einem Computer besteht.
3. Wachsende Anpassung und Gewöhnung (Toleranzanpassung), gemeinsam mit einem steigenden Bedarf an besserer Ausrüstung, mehr Software und mehr Nutzung.
4. Schädliche Folgen wie Streitlust, Lügen, schlechte schulische oder berufliche Leistungen, gesellschaftliche Isolation und Müdigkeit.[90]

China gehörte zu den ersten Ländern weltweit, die die exzessive Inanspruchnahme des Internets als eine klinische Erkrankung definierten. Wo der Internetspielzwang verbreiteter ist und man das Problem deshalb ernster nimmt, wird vielleicht einfach mehr unternommen. Der Staat schuf für die Behandlung der »Internetsucht« sogar eigene Kliniken. In Südkorea verzeichneten die Behörden einen schnell wachsenden Anteil »süchtiger« Teenager, die für ihre Onlinespiele ihren Schlaf, ihre Hausarbeiten und ihre Freunde aufs Spiel setzten.[91] Deshalb wurde 2011 in Südkorea eine »gesetzliche Sperrstunde« eingeführt, die Kindern und Jugendlichen unter sechzehn Jahren den Aufenthalt im Internet zwischen Mitternacht und sechs Uhr morgens untersagte. Im folgenden Jahr wurde zudem ein Verfassungszusatz erlassen, der Minderjährigen unter achtzehn Jahren das Spielen von Online Games zwischen Mitternacht und sechs Uhr morgens ohne ausdrückliche Erlaubnis der Eltern oder Erziehungsberechtigten verbot. In südkoreanischen Krankenhäusern und Kliniken wurden bis 2015 fünfhundert Stationen zur stationären Behandlung von Internetsucht eingerichtet und Präventivprogramme in jeder Schulform eingeführt. In Taiwan ist es kürzlich zu einer interessanten Neuentwicklung gekommen, denn dort wurde 2015 ein Gesetz verabschiedet, das Eltern dazu verpflichtet, auf eine »angemessene Nutzungszeit« der elektronischen Geräte ihres Nachwuchses zu achten, andernfalls könnten die Eltern mit einer Geldstrafe von bis zu 50 000 Taiwan-Dollar (ca. 1500 Euro) belangt werden.[92] Was »angemessen« allerdings bedeutet und wie die Behörden die Nutzungszeit zu überwachen gedenken, bleibt unklar.

In den USA scheint das Klima ein vollkommen anderes zu sein, denn dort wird gerade diskutiert, ob »e-Sport«, also Online Gaming, zu einer offiziellen Hochschulsportdisziplin erklärt werden soll. Dr. Kimberly Young hält ein solches Vorgehen für verantwortungslos, vor allem angesichts von Untersuchungsergebnissen, die belegen, dass Online Gaming überaus problematisch sein kann. Betrachten wir beispielsweise nur einmal die Geschichte des dreizehnjährigen Chinesen Zhang Xiaoyi, der 2004 auf einer sogenannten LAN-Party sechsunddreißig Stunden am Stück World of Warcraft spielte und im Anschluss aus dem Fenster eines hohen Gebäudes sprang, weil er mit den Helden seines Spiels zusammen sein wollte. Wer ein Spiel sechsunddreißig Stunden am Stück spielt – egal welches –, der wird am Ende dieser Zeitspanne mit sehr hoher Wahrscheinlichkeit physisch und psychisch vollkommen erschöpft sein, bis hin zum Wahn.

Das Problem besteht jedoch nicht nur im exzessiven Spielen an sich. Dr. Young schreibt auf ihrem Blog, dass sie in ihrer Klinik »Spielsüchtigen begegne[t], die mit doppelt so hoher Wahrscheinlichkeit an ADHS leiden, öfter in Prügeleien verwickelt sind und aufgrund des stundenlangen Spielens gesundheitliche

Probleme bekommen (beispielsweise in Form von Schmerzen in den Handgelenken oder aufgrund mangelnder Hygiene und unregelmäßiger Nahrungsaufnahme). Viele bedürfen einer Behandlung, um ihre schulischen Leistungen zu verbessern und wieder normal zu funktionieren«.[93]

Weiter schreibt sie: »[D]ass die amerikanischen Hochschulen darüber nachdenken, Videospiele als Sport zuzulassen, sollte Anlass zu äußerster Sorge sein. Es ist von größter Wichtigkeit, dass wir zunächst die Auswirkungen dieser Spiele auf unsere Jugend erforschen. Videospiele können unterhaltsam sein und sehr viel Spaß machen; ich höre jedoch immer öfter von Familien, die mit den Spiele-Gewohnheiten ihres Nachwuchses schwer zu kämpfen haben. Was auf den ersten Blick wie ein wettbewerbsorientierter Sport erscheinen mag, verdeckt in Wirklichkeit vielleicht tieferliegende Probleme.«

ADHS & das Internet

In den späten 1960er und frühen 1970er Jahren stellte der Psychologe Walter Mischel an der Stanford University eine Reihe von Untersuchungen zur Impulskontrolle und zum Belohnungsaufschub an, die inzwischen als »Stanford-Marshmallow-Test« bekannt sind. In diesem Experiment durften die teilnehmenden Kinder frei wählen, ob sie lieber auf der Stelle eine kleine Belohnung erhalten oder kurze Zeit – um die fünfzehn Minuten, die die Kinder alleine im Zimmer verbrachten – warten und zwei Belohnungen erhalten wollten. Manchmal bestand die Belohnung aus einem Marshmallow, manchmal aus einer Brezel oder einem Keks.[94]

Manche Kinder hatten keinerlei Schwierigkeiten, fünfzehn Minuten zu warten, um die doppelte Belohnung zu erhalten. Anderen gelang das beim besten Willen nicht. Die Forscher begleiteten die Kinder in nachfolgenden Studien jahrzehntelang und fanden heraus, dass die Kinder, die länger warten konnten, im Leben oft besser zurechtkamen, erkennbar unter anderem an besseren schulischen Leistungen, höherem Bildungsstand oder sogar niedrigerem Body-Mass-Index (Letzteres vermutlich aufgrund größerer Zurückhaltung beim Essen).

Nicht nur klinische Studien, sondern auch Beobachtungen, die wir über Personen in unserem Leben oder über uns selbst angestellt haben, beweisen, dass impulsivere Menschen größere Schwierigkeiten bei der Selbstkontrolle haben. Sie verlieren sich zuweilen im Augenblick oder in einer Handlung. Sie nehmen Risiken in Kauf oder suchen sogar das Risiko. Es fällt ihnen schwerer, eine Aktivität zu unterbrechen, die ihnen zwar lohnenswert erscheint, letztlich aber selbstzerstörerisch und gefährlich ist.

Zudem hat eine Studie gezeigt, dass verhaltensgestörte Kinder und Jugendliche mit größerer Wahrscheinlichkeit eine Internetabhängigkeit ausbilden.[95] Interessant daran ist das Geschlecht der Kinder. Das Ganze teilt sich wie folgt auf:

- Bei Jungen erhöht sich die Wahrscheinlichkeit einer Internetabhängigkeit durch diagnostizierte ADHS oder gesteigerte Aggressivität.
- Bei Mädchen erhöht sich die Wahrscheinlichkeit einer Internetabhängigkeit durch diagnostizierte Depression oder Sozialphobie.

Und was sagt mir das jetzt? Zunächst einmal sollten wir uns daran erinnern, dass Korrelation nicht notwendigerweise Kausalität bedeutet. Tendenzen und Prädispositionen spielen hier eine Rolle, weshalb ein solches Verhaltensmuster mehr Ursachen als nur die Impulsivität haben kann. So mag ein Junge mit diagnostizierter ADHS von seinen Gleichaltrigen sozial isoliert sein. Solche Jungen sind oft ruppig und impulsiv und können sich nicht gut auf andere einlassen. Von ihren Klassenkameraden missverstanden und auf dem Spielplatz isoliert, zieht es sie an den Computer.

Außerdem sind Kinder mit ADHS ruhelos, lebhaft und haben Konzentrationsschwierigkeiten, weshalb sie vielleicht öfter vor einen PC-Bildschirm gesetzt werden. Gibt man ihnen ein überaus aufregendes, stimulierendes und sich ständig veränderndes Spiel zum Anschauen und Interagieren, lassen sie sich davon in den Bann ziehen. Vielleicht sagen die Eltern dann sogar: »Mein Gott, wenn er ein Videospiel spielt, ist er ein vollkommen anderes Kind. Endlich sitzt er still!« Für die Eltern eines hyperaktiven Kindes, das (endlich einmal) bewegungslos vor einem Bildschirm verharrt, mag das ein willkommener Anblick sein.

Manche Eltern sind unter Umständen der Ansicht, sie müssten Mittel und Wege finden, ihr an ADHS leidendes Kind »müde zu machen«. Ich vertrete jedoch die Meinung, dass besagtes Kind vielleicht bereits erschöpft ist und deshalb weniger unternehmen sollte – und nicht mehr. Dass es möglicherweise darauf ankommt, für mehr Ruhezeiten zu sorgen, statt es neuen Aktivitäten und Stimulanzen auszusetzen. Eine Duftlampe oder Duftkerzen mit Lavendel- oder Orangenduft könnten helfen – diese Düfte sind für ihre therapeutische Wirkung bekannt. Tatsächlich profitiert jedes Kind von einer ruhigen Atmosphäre, beispielsweise zu erreichen durch eine diffuse Raumbeleuchtung, ein Gespräch mit einem Elternteil oder ein beruhigendes Hörspiel.

Für die Sucht entworfen

Die Spieleindustrie wird den Videospielcrash von 1983 wohl nie vergessen, der in Japan als »der Atari-Schock« bekannt ist. Die Einnahmen aus dem Videospielsektor stiegen bis 1983 auf ein Hoch von 3,2 Milliarden US-Dollar an und fielen anschließend bis 1985 auf rund 100 Millionen US-Dollar – das ist ein Rückgang von fast 97 Prozent. Damals griff man zu unterschiedlichen Erklärungsversuchen für dieses Phänomen, vom Ende eines Teenagertrends bis hin zur Übersättigung des Marktes. Dann war da noch der überaus enttäuschende Verkaufsstart von E.T. The Extra-Terrestrial, einem von Atari entwickelten und veröffentlichten Computerspiel. Woran auch immer das Ganze gelegen haben mag: Der Crash war gewaltig – so gewaltig, dass die Spieleindustrie entschlossen war, eine Wiederholung unter allen Umständen zu vermeiden.

Inzwischen ist die Spieleindustrie sehr viel größer als die US-amerikanische Film- und Fernsehindustrie; 66 Milliarden US-Dollar bringt sie jährlich ein. Ein großes Spiel wie World of Warcraft (oft WoW genannt) von Vivendi Universal bedarf gut und gerne jahrelanger Entwicklung und kann bis zu 60 bis 100 Millionen US-Dollar Produktionskosten verschlingen. Angesichts einer derart großen Menge investierter Zeit sowie investiertem Geld und Talent ist es kein Wunder, dass Games dieser Art auf so clevere Weise verlockend sind und dass Spieldesigner dermaßen stolz darauf sind, wie groß der »Suchtfaktor« ihrer Spiele ist, wie sehr sie das Publikum zu fesseln vermögen und es dazu bringen, Geld und Zeit zu investieren.

Um die Spieler bei der Stange zu halten, werden Möglichkeiten zum unterhaltsamen Scheitern und andere Tricks in erfolgreiche Spiele eingebaut. Ein gut gemachtes Game soll die

Spieler in seinen Bann ziehen – und das Spiel so unwiderstehlich machen, dass sie ihm wie bei einer Sucht verfallen. Das angespannte Warten auf eine angekündigte Neuerscheinung heizt die ekstatische Vorfreude an. Fans bestellen im Internet das sehnsüchtig erwartete Spiel vor – lange vor der tatsächlichen Veröffentlichung; und wenn sie das neue Spiel nicht ergattern, durchsuchen sie verzweifelt den Gebrauchtmarkt, um es online zu ersteigern.

Darum geht es ja, nicht wahr? Unterhaltung soll schließlich unterhaltsam sein. Hollywood versucht sich daran, fesselnde Filme und TV-Serien auf den Markt zu werfen. Die Verlage wollen Bücher herausbringen, die man »einfach nicht aus der Hand legen kann«. Stößt das Publikum auf ein Unterhaltungsformat, das überaus befriedigend ist, erfährt die Allgemeinheit meist durch Berichte über zwanghaftes Verhalten davon – etwa wenn Leute in der Schlange vor einem Ticketschalter übernachten, um Eintrittskarten für ein Bruce-Springsteen-Konzert zu erstehen, die gesamte erste Staffel von *Making a Murderer* an einem ganzen Wochenende schauen oder ungeduldig auf die erste Mitternachtsvorstellung zum Kinostart des neuesten *Star-Wars*-Films warten.

Wenn Disney Millionen in ein neues Fahrgeschäft in einem seiner Freizeitparks steckt, dann möchte das Unternehmen dem Publikum etwas Neues, Aufregendes und bislang nicht Dagewesenes bieten – eine Attraktion, die die Leute dazu bringt, immer wiederzukommen. Bei diesen aufregenden Fahrgeschäften geht es um den Eindruck von Gefahr, obwohl diese Gefahr in Wirklichkeit nicht existiert. Was aber ist mit Unterhaltungsformaten, die sicher erscheinen, aber durchaus gefährlich sein können?

Die für Transmedia tätige Spieldesignerin Andrea Phillips vertrat gegenüber thenextweb.com, einer Nachrichten-Website für Internettechnologien, die Ansicht, es gebe verschiedene Arten von Zwangsverhalten, die von unterschiedlichen Spielen »erzeugt« würden:

> Ego-Shooter und MMORPGs zielen meist auf möglichst lange Spielzeit ab, während Browser- oder Handyspiele in den sozialen Netzwerken, wie Zynga sie beispielsweise produziert, [durch Belohnung] dazu verleiten sollen, so oft wie möglich zum Spiel zurückzukehren. Wenn man so will, sind Letztere besonders bösartig, weil sie in allererster Linie eine Suchtspirale auslösen, sonst nichts.[96]

Es ist durchaus interessant, dass Phillips den Begriff »bösartig« verwendet – womit sie in meinen Augen »manipulativ« meint. In der forensischen Psychologie verwenden wir ein solches Wort wie böse oder bösartig nicht, weil es sich dabei um ein archaisches Konzept und eine Rückkehr in alte Zeiten handelt, in denen man das Unbekannte fürchtete. Als Fallanalytikerin bin ich der Ansicht, dass der Begriff mehr über die Person sagt, die ihn verwendet, als über das, was sie damit zu beschreiben versucht.

Wenn Phillips von »Suchtspiralen« spricht, dann meint sie damit Handlungen, die von einem Spieler immer wieder ausgeführt werden müssen, um das nächste Level in einem Spiel zu erreichen. Spieldesigner bauen solche Spiralen mit Absicht in ein Spiel mit ein, wohl wissend, dass dieses Prinzip auf Experimenten zur Konditionierung aufbaut, die in der klassischen Verhaltensbiologie durchgeführt worden sind. Diese Spiralen haben viel mit den Tricks gemeinsam, die exzessives Glücksspiel auslösen sollen, indem positive Verstärkung Suchtmuster schafft. Wenn die Spieldesignerin über Spieler spricht, klingt das ein wenig, als würde sie über Laborratten reden, die gerade dressiert werden. Sie sagt:

Was den Spieler dazu bringt, immer weiter zu spielen, ist diese Aufregung, die entsteht, wenn man weiß, man wird eine Belohnung erhalten, ohne sich darüber im Klaren zu sein, wann dies der Fall sein wird. Nach einer Weile entsteht der unbeirrbare Glaube, dass es DIESES Mal einfach klappen muss.
DIESES Mal werden sich alle Anstrengungen lohnen, ganz egal, wie oft das bislang nicht geschehen ist. Nur noch ein einziges Mal. Ein einziges Mal. In Wirklichkeit bleibt es aber nicht bei diesem einen Mal ... Meistens halte ich mich von Multiplayer-Spielen und MMOPRGs fern, weil ich mir da einfach nicht trauen kann. Bei narrativ ausgerichteten Spielen mit einem Anfang und einem Ende weiß ich, dass ich sie am Stück durchspielen werde. Um jedoch zu vermeiden, dass ich Schlaf einbüße oder Abgabefristen verpasse, beginne ich erst gar nicht mit einem solchen Spiel, wenn ich nicht mindestens eine gute Woche ohne ernste Verpflichtungen zur Verfügung habe.

Wenn Gamer sich sehr stark mit einem Spiel beschäftigen, gilt dies als Zeichen des Erfolgs – und als Beleg für ein »gutes« Gamedesign. Ein Paradebeispiel ist World of Warcraft, bei dem die Spieler in ein Umfeld eintauchen, das darauf ausgelegt ist, sie möglichst lange bei der Stange zu halten – und das bedeutet, extrem viel Zeit am Stück bewegungslos und in das Spiel vertieft vor dem Computer zu verbringen, weil es kein »Ende« hat: keine Auflösung und kein Finale.

Setzen sich die Hersteller eigentlich je damit auseinander, dass sie Computerspiele produzieren, die von ihrem jungen Publikum geradezu verschlungen werden und exzessives Spiel fördern? Welche moralischen Verpflichtungen haben sie für das Allgemeinwohl? Lebensmittelhersteller müssen in den USA die Zutaten und Nährwerte ihrer Produkte auf der Packung angeben. Fastfood-Ketten wie McDonald's haben nach strenger Kontrolle und langanhaltenden Kampagnen gegen Herzerkrankungen, Bluthochdruck und Übergewicht eingelenkt und verkaufen mittlerweile auch gesündere Gerichte. Bislang gelten für die Spielbranche jedoch ähnliche gesetzliche Regelungen wie für Hollywoodfilme: Im Hinblick auf die Darstellung von Sex, Gewalt und anderen Themen für Erwachsene werden sie lediglich mit einer Empfehlung der USK (Unterhaltungssoftware Selbstkontrolle) versehen.

Was also ist mit dem Wohlergehen der Spieler?

Sollte es auch eine Unwiderstehlichkeitsskala geben, ähnlich dem Hinweis »Kann Unbeweglichkeit und Suchtverhalten auslösen«?

Ich bin der Ansicht, die entworfenen Spieldesigns enthalten ein Element menschlicher Ausbeutung. Und sosehr diese Spiele auch vorgeben, ungemein realistisch zu sein, binden sie die Spieler doch nicht in gleicher Weise ein wie ein echtes Fußball- oder Basketballspiel. Wenn sich ein echtes Spiel seiner zweiten Halbzeit oder seinem letzten Viertel nähert, lässt die Energie der Spieler nach. Tatsächlich wird das Spiel aufgrund der zunehmenden Erschöpfung der anderen Spieler sogar einfacher. Die Geschwindigkeit lässt nach. Im letzten Viertel eines Basketballspiels wischen sich die Spieler den Schweiß mit Handtüchern von der Stirn und sind manchmal vollkommen außer Atem. Das ist eine natürliche Entwicklung, die wir als Zuschauer manchmal gar nicht wahrnehmen, weil sie so normal ist – quasi das Naturgesetz jedes Spiels.

Bei den meisten Online Games ist das Gegenteil der Fall: Je länger man spielt, desto schwieriger wird es. Man taucht in neue Welten ein und erreicht neue Levels, bei denen für den Spielerfolg noch mehr Fähigkeiten benötigt werden. Während man spielt, wird man nicht nur immer erschöpfter, sondern wohl auch hungriger und müder. Man kann sich kaum noch wachhalten und driftet ab. Die Willenskraft sinkt, und das Urteilsvermögen wird beeinträchtigt. Es bedarf tatsächlich viel zu viel Energie, zu diesem Zeitpunkt mit dem Spielen aufzuhören.

Ich nenne dies »unnatürliches Gamedesign«. Warum werden die Levels im Laufe des Spiels nicht leichter statt schwerer? Weil Millionen von US-Dollar investiert und Teams hervorragender Designer angestellt werden, damit die Spieler immer weiter am Ball bleiben. In Multiplayer Games geht das Spiel sogar weiter, wenn Sie gar nicht mehr anwesend sind – und oft werden Ihre Mitspieler versuchen, Sie vom Weiterspielen zu überzeugen: »Du kannst jetzt nicht aufhören! Wir brauchen dich!« Wer stundenlang am Stück gespielt hat, wie Gamer das so gerne tun, dem fällt es mit jeder gespielten Stunde schwerer, einfach aufzuhören. Ihr Erfolg kann sich wie eine Frage von Leben und Tod anfühlen.

Und wie wir mittlerweile wissen, kann er das tatsächlich auch sein.

Spielbedingte Wutanfälle

Ein deutscher Junge sitzt an einem PC. Jemand nimmt ihn mit einer Kamera auf. Er hat kurzes blondes Haar und Babyspeck im Gesicht. Ich denke, er muss ungefähr dreizehn oder vierzehn Jahre alt sein. In dem kurzen Video, das auf YouTube hochgeladen wurde, spielt er begeistert ein Online Game. Seine Augen kleben am Bildschirm. Irgendetwas regt ihn auf – offenbar entwickelt sich das Spiel nicht wie erhofft. Er beginnt, auf seinem Stuhl hin und her zu wiegen. Dann verschlechtert sich sein Zustand, er hyperventiliert und schlägt mit der Faust auf die Tastatur. »Denk positiv! Denk positiv!«, ruft er immer wieder, während er vor- und zurückwippt. Plötzlich bricht er in irres Gelächter aus, als wäre er vollkommen außer Rand und Band.

»Was? Was soll das?«, schreit er den Bildschirm an. Das Spiel läuft schlecht, und er verliert die Kontrolle über sich. Er wird immer lauter und lauter, sein Mund schäumt, seine Atmung wird flach, seine Stimme rau. Er drischt nun noch brutaler auf die Tastatur ein, Tasten und andere Plastikteile fliegen in hohem Bogen davon. Er brüllt: »Ich brauche keine Hilfe! *Ich brauche keine Hilfe!*«

Aber braucht er die wirklich nicht?

Wenn Sie nicht glauben können, dass junge Leute Schwierigkeiten haben, ein süchtig machendes Internetspiel zu unterbrechen, nachdem sie es acht Stunden oder mehr ohne Pause gespielt haben, dann suchen Sie auf YouTube nach »Gaming Freak-Outs« (spielbedingte Wutausbrüche). Sie werden auf Videoaufnahmen von Kindern stoßen – normalerweise Jungen –, die beim Spielen von Online Games vollkommen die Fassung verlieren. Bei Teenagern sind diese Videos beliebt, weil sie so extrem und deshalb so unterhaltsam sind. Ich als Cyber-Psychologin finde sie alles andere als unterhaltsam.

Der Spieler wird von seinem Spiel so stark in den Bann gezogen und ist derart auf Erfolg und Fortsetzung aus, dass er in einen vollkommen überzogenen Stresszustand gerät, sobald er beim Spiel Fehler macht, von einer Person aus dem realen Leben (oft der kleinen Schwester oder dem kleinen Bruder) unterbrochen wird oder ihn jemand (üblicherweise seine Mutter oder sein Vater) auffordert, eine Pause einzulegen.

Was folgt, ist ein wütender Zusammenbruch. Die Spieler schreien und brüllen, werfen mit vulgären Ausdrücken um sich, schleudern ihre Controller gegen den Bildschirm und zerstören ihn manchmal sogar. Es gibt mehr als genug Videoaufnahmen von Kindern unter neun Jahren, die Beleidigungen benutzen, die sie eigentlich noch gar nicht kennen sollten, während sie jemand von ihrem brutalen Ego-Shooter-Spiel wegzerrt, weil ihnen Spiele dieser Art verboten wurden.

Während Jugendliche und andere Gamer solche Wutanfälle gern lachend und jubelnd betrachten und sich über ihre Lieblinge austauschen, werden sie in Wirklichkeit Zeuge einer ausgewachsenen dissoziativen Episode, weil diese jungen Leute die Kontrolle über die Wirklichkeit verloren oder sie sogar vollkommen vergessen haben. (Im Zuge einer 2009 durchgeführten Studie gaben immerhin 41 Prozent der Befragten an, dass sie Video- und Computerspiele spielten, um der Realität zu entfliehen.[97]) Die einzige ihnen erkenntliche Welt ist zu diesem Zeitpunkt die virtuelle. Es ist eine überwältigende und alles verzehrende Sucht. Wonach sich die Spieler einzig und allein sehnen, ist der Spielerfolg und die Befriedigung ihres Spieldrangs.

Tatsächlich ist es aber noch sehr viel schlimmer. Diese Wutanfälle, die vermeintliche »Freunde« und »Nahestehende« knallhart aufzeichnen, werden im Anschluss online gestellt. Der Spieler, der gerade einen schrecklichen Zusammenbruch erleidet – was wirklich alles andere als witzig ist –, wird dieselbe Erniedrigung immer wieder durchmachen, wahrscheinlich sogar für den Rest seines Lebens, während andere Spieler und vollkommen Fremde rund um die Welt seinen Wutanfall lachend und mit Tränen in den Augen betrachten.

Auch die Erniedrigung bleibt für immer bestehen. So funktioniert die Online-Eskalation dieser neuen Verhaltensweisen eben – ein Phänomen, das erst durch die Digitaltechnologien möglich wurde. Vor dem Aufkommen des Internets mag der sprichwörtlich schlechte Verlierer nach einem Fußballspiel auf dem Bolzplatz zwar in Tränen ausgebrochen sein, bald aber Trost erfahren haben, wodurch die Sache innerhalb weniger Minuten vorbei war. Weil Kinder nun einmal Kinder sind, ist der Wutanfall auf dem Spielplatz vielleicht nicht sofort vergessen; dennoch wird die ganze Episode schon bald in die Familienchroniken übergegangen sein und die Erinnerung daran verblassen. Im Internet dagegen kann so ein Wutanfall ewig Bestand haben.

Kontrollüberzeugung

Auch die Depression ist eine psychische Erkrankung, die in der realen und der virtuellen Welt häufig Hand in Hand mit Zwangsstörungen auftritt. Bei einer Studie, die unter dreihundertsiebzig heranwachsenden Griechen durchgeführt wurde, zeigte sich, dass deutlichstes Anzeichen für eine Internetabhängigkeit die Dauer der jeweiligen Internetnutzung war, wobei die Sucht sehr häufig im Verbund mit komorbiden – also begleitend auftretenden – Depressionen und »niedriger Kontrollüberzeugung« auftritt.[98]

Der Psychologe Julian B. Rotter hat 1954 den Begriff »locus of control« eingeführt, woraus in der deutschen Übersetzung der Terminus »Kontrollüberzeugung« wurde. Er beschreibt die Lebenseinstellung einer Person im Zusammenhang mit der Frage, ob er oder sie Scheitern und Erfolg der eigenen individuellen Stärke und persönlicher Ausdauer zurechnet oder dem Schicksal. Es geht also um den Glauben an individuelle Kontrolle. *Locus* ist ursprünglich ein lateinisches Wort und heißt Ort, Platz oder Stelle. Man spricht von einer »internalen Kontrollüberzeugung« (manchmal auch »starke Kontrollüberzeugung« genannt), wenn man die Verantwortung für sein Leben übernimmt und daran glaubt, den Lauf der Dinge steuern zu können. Wer nicht Glück, sondern harte Arbeit und gute Vorbereitung als Erfolgsgrundlage sieht, verfügt über »internale Kontrollüberzeugung«. Eine passende Analogie wäre die Geschichte aus dem Kinderbuch *Die kleine blaue Lokomotive*, in dem die kleine Lokomotive es nur über den Berg schafft, weil sie sich selbst antreibt, bis ihr das Unterfangen gelingt. Die sogenannte Populärpsychologie und Selbsthilfebücher würden in diesem Zusammenhang »die Kraft des positiven Denkens« beschwören.[99] Wie auch immer man es nennt – man sollte nie etwas geringschätzen, das dem Menschen aus seiner Not heraushilft und ihn dabei unterstützt, ein zufriedenes, glückliches Leben zu führen.

Von einer »externalen Kontrollüberzeugung« (manchmal auch »niedrige Kontrollüberzeugung« genannt) spricht man wiederum, wenn der Betreffende glaubt, das eigene Dasein und die eigenen Entscheidungen hingen allein von äußeren Faktoren ab, auf die er keinerlei Einfluss hat, dass alles eine Frage von Glück oder Unglück sei – oder jemand anderes die Fäden in der Hand halte. Anders ausgedrückt: Ein solcher Mensch fühlt sich machtlos. Wie sich bei der Untersuchung der dreihundertsiebzig griechischen Jugendlichen zeigte, glauben Menschen mit einer »niedrigen Kontrollüberzeugung«, sie hätten kaum bis gar keine Kontrolle über ihr Leben.

Welcher Zusammenhang besteht zwischen der Kontrollüberzeugung und der Interaktion im Internet? Stellen Sie sich einen jungen Erwachsenen vor, der mit einer Internetabhängigkeit kämpft und sich in Anbetracht seiner Sucht machtlos fühlt. Stellen Sie sich vor, wie leicht ein solches Verhaltensmuster, das für sein Eskalationspotential bekannt ist, außer Kontrolle geraten und einen Menschen zerstören kann. Egal ob Internetabhängigkeit oder Internetspielzwang: Die unzähligen Studien, die in den unterschiedlichsten Bereichen – von der Psychologie bis hin zu den Neurowissenschaften – unternommen wurden, beweisen, dass Heranwachsende, die das Internet exzessiv nutzen, einer ganzen Reihe von negativen gesellschaftlichen, verhaltensbezogenen und gesundheitlichen Folgen ausgesetzt sind, darunter schlechte Lernleistungen, ein chaotischer Tagesablauf und Schwierigkeiten bei persönlichen Bindungen.[100] Im Rahmen anderer Untersuchungen legten

Jugendliche mit Internetabhängigkeit einen größeren Hang zu Aggressionen an den Tag, besonders wenn die Betroffenen im Alter von Mittelstufenschülern waren. Der Besuch von Internet-Chaträumen und Porno-Websites für Erwachsene, das Online Gaming und das Internet-Glücksspiel traten alle im Zusammenhang mit aggressivem Verhalten auf.

Wie sehr die Einstellung das Ergebnis bestimmt, wurde wieder und wieder bewiesen. Henry Ford soll einmal gesagt haben: »Ob du denkst, du kannst es, oder du kannst es nicht: Du wirst auf jeden Fall recht behalten.« Machtlosigkeit eskaliert und füttert sich selbst. Wer das Gefühl hat, die Kontrolle zu verlieren, dem mag das Internet als besserer Ort erscheinen – und als Möglichkeit, die eigene Kontrollüberzeugung zu ändern. Weil das Internet und die für den Zugang benötigten Geräte so unheimlich schnell reagieren, kann uns das den Eindruck von Macht verleihen. Dr. Martin Seligman, Verhaltenspsychologe an der University of Pennsylvania und Autor von *Erlernte Hilflosigkeit* und *Flourish. Wie Menschen aufblühen*, macht deutlich, dass die Reaktionsschnelligkeit von Technologie und Geräten uns ein falsches Gefühl von Macht vermitteln können. »Diese technischen Geräte reagieren schneller als alles, was wir jemals gesehen haben«, schreibt er. »Das Problem besteht darin, dass die Erfolge, über die sie uns eine derart exquisite Kontrolle gewähren, womöglich trivial sind.«

> Sie versprechen mehr, als sie halten. Statt uns die Möglichkeit zu bieten, effizienter zu den wesentlichen Dingen des Lebens zu gelangen, sind sie selbst zum Wesentlichen geworden und drängen andere – weniger klare und natürlich nicht so reaktionsschnelle – Dinge aus dem Blickfeld.[101]

Die letzten zehn Jahre hat Seligman an einer Methode gearbeitet, mit der sich durch positive Psychologie Einstellungen bewusst neu antrainieren lassen. Er ist der Ansicht, dass es sich bei der unter der jungen Generation grassierenden Seuche der Depression tatsächlich um eine »Störung der individuellen Kontrolle« handelt.

»Wie sonst sollten die Leute das Ausmaß ihrer Kompetenz einschätzen«, fragt er, »als durch die Ermittlung ihrer individuellen Kontrolle?«

Freud würde das abzutrainierende Verhalten als »Wiederholungszwang« bezeichnen. Menschen gehen Handlungen nach, die ihnen ein Gefühl von Kontrolle vermitteln, obwohl sie diese Handlungen paradoxerweise selbst nicht kontrollieren können. Das ist die klassische Abhängigkeit.

Kurz gesagt: Gegen einen jungen Heranwachsenden wird sich die Technologie immer durchsetzen, weil sie die Illusion der Kontrolle verleiht, während sie diese tatsächlich unterwandert.

Sich zu Tode befriedigen

Seit dem ersten Bild, das im Internet erschien – das Bild eines sexy Pin-up-Girls –, ist der Cyberspace stets ein fruchtbarer Boden für sexuelle und sexualisierende Inhalte gewesen. Denken Sie nur daran, wohin sich der menschliche Drang, sexuell verfügbare Männer und Frauen oder nackte Pärchen beim Sexualakt zu betrachten, in den letzten zwanzig Jahren entwickelt hat. Die Vorherrschaft von Porno-Websites lässt sich nicht von der Hand weisen – mittlerweile ziehen sie monatlich ein größeres Publikum an als Netflix, Amazon und Twitter zusammen und machen 30 Prozent der Internetbranche aus. Das Handy-Pornogeschäft soll Schätzungen zufolge im Jahr 2015 die Marke von 2,8 Milliarden US-Dollar überschritten haben.[102]

Laut dem *American Journal of Drug and Alcohol Abuse* macht

die Sucht nach Cybersex einen Großteil der Internetabhängigkeit aus. Therapeuten berichten von steigenden Patientenzahlen, die von Online-Pornographie abhängig sind und die typischen, mit Suchterkrankungen verbundenen Probleme aufweisen. In manchen Fällen wurde die Abhängigkeit durch einen Frühkontakt mit Pornographie ausgelöst und durch Verstärkung konditioniert. Andere Abhängige leiden an versteckten Traumata, Depressionen oder anderen Suchterkrankungen. Doch Männer wie Frauen, die von Cybersex abhängig sind, zeigen »maladaptive Verhaltensmuster«.

Das Thema Sexsucht ist mittlerweile Mainstream geworden, weil eine wachsende Zahl großmäuliger Prominenter zugibt, darunter zu leiden, so etwa der britische Komödiant Russel Brand (der ebenfalls zugegeben hat, heroin-, kokain- und alkoholabhängig zu sein) und niemand Geringeres als David Duchovny, verkopfter *Californication*-Darsteller mit Abschluss von der Princeton University. Noch vor gar nicht allzu langer Zeit herrschte nicht der geringste Zweifel daran, dass es sich dabei um eine diagnostizierbare psychische Erkrankung handelt. In der überarbeiteten dritten Ausgabe des *Diagnostischen und Statistischen Manuals Psychischer Störungen* (DSM-3-R) von 1987 wurde Sexsucht als »nicht weiter spezifizierte« (»not otherwise specified«) sexuelle Störung bezeichnet. Die Abkürzung NOS wird für sexuelle Störungen benutzt, die unter keine der im DSM dargelegten Kategorien fallen, und ist historisch gesehen die meistverwendete Bezeichnung bei der Diagnose von Patienten mit Sexsucht. (Eines der für diese Störung herangezogenen Beispiele ist der »Leidensdruck, ausgelöst durch eine Folge sexueller Beziehungen mit verschiedenen Partnern, die von den Betroffenen als zu ihrem Zwecke einsetzbarer Gegenstand wahrgenommen werden«.)

Just als man die Sexsucht immer häufiger erkannte und thematisierte, wurde sie in den Reihen der *American Psychologi-*

cal Association (APA) immer kontroverser diskutiert. Warum? Und wie? In Vorbereitung auf die fünfte Ausgabe des DSM begutachtete Dr. Martin Kafka, Psychiater und Professor an der Harvard Medical School, alle wissenschaftlichen Arbeiten und Artikel zum Thema »Hypersexualität« und gelangte zu dem Schluss, dass die Sexsucht auf jeden Fall existiert. Für die Definition als offizielle Erkrankung legte er einen Diagnosevorschlag vor.[103]

Seine Ergebnisse aus dem Jahr 2009:

> Bei der Hypersexualität handelt es sich um eine sexuelle Funktionsstörung, die sich in einer gesteigerten Häufigkeit und Intensität sexuell motivierter Phantasien, Erregungen, Dränge und Zwangshandlungen im Zusammenhang mit verringerter Impulskontrolle zeigt: maladaptive Verhaltensmuster mit schädlichen Folgen. Hypersexualität kann einhergehen mit Anfälligkeit für dysphorische Affekte und dem Einsatz von Sexualverhalten als Reaktion auf dysphorische Affekte und / oder die mit solchen Affekten verbundenen Stressfaktoren … Hypersexualität geht einher mit erhöhtem Zeitaufwand für sexuelle Phantasien und Verhaltensweisen (starker bis obsessiver Beschäftigung mit Sexualität) und einer erheblichen Beeinträchtigung des Willens oder einem »Kontrollverlust«, die als Enthemmung, Impulsivität, Konvulsivität oder Suchtverhalten charakterisiert werden … [Hypersexualität] kann einhergehen mit klinisch bedeutsamem persönlichem Leid sowie sozialer und medizinischer Morbidität.

Dennoch entschied sich die APA, die von Kafka dargelegten Fakten zu ignorieren und die Sexsucht nicht in den DSM-5 aufzunehmen.[104] Dieser Entschluss ist bis heute geheimnisumwoben. Es ist mir immer noch ein Rätsel, welche Argumente die Experten wohl austauschten, um diese Nichtberücksichtigung zu rechtfertigen. Vielleicht waren die Wissenschaftler ja der Ansicht, Sexsucht zu einer diagnostizierten Abhängigkeit zu erklären, sei wissenschaftlich nicht ausreichend fundiert. Dr. Kafka weist deutlich darauf hin, dass »die Zahl der in den Fachzeitschriften berichteten Fälle von Hypersexualität weitaus größer ist als die Zahl der für manche kodifizierte Paraphilien wie Fetischismus und Frotteurismus berichteten Fälle«. In Anbetracht der Auswirkungen, die das Internet auf das Sexualverhalten hat, wirkt diese Nichtberücksichtigung ebenso merkwürdig wie unzeitgemäß. Studien beweisen, dass Menschen mit sexuellen Zwangshandlungen dem Internet sehr viel eher zugetan sind als andere, weil ihre Handlungen eines gewissen Grades der Anonymität bedürfen und sich im Cyberspace aufgrund der von Al Cooper vom San Jose Marital and Sexuality Center so genannten »Triple A Engine« leichter ausführen lassen. Das »dreifache A« steht dabei für *anonymity* (Anonymität), *accessability* (Zugänglichkeit) und *affordability* (Erschwinglichkeit).[105]

In der Anonymität ist ihr Geheimnis eben sicher. Wegen der leichten Zugänglichkeit trifft man online auf eine nahezu endlose Zahl möglicher Partner, während man sich gleichzeitig zu Hause, in der Schule, bei der Arbeit, im Internetcafé oder am Handy befindet. Der geringe Preis bedeutet, dass so gut wie jeder auf einem Computer Websites mit sexuellen Inhalten aufrufen kann.

Manche Psychologen halten die exzessive Nutzung von Online-Pornographie ebenso für die Manifestation einer Internetabhängigkeit wie für die Erscheinungsform einer Sexsucht. Bei den gemeldeten Arten von Sexsucht steht die Abhängigkeit von Pornographie an erster Stelle, besonders unter jungen Leuten. »Phase-eins-Sexsüchtige« werden in diesem Zusammenhang als Personen definiert, die süchtig nach sexuellen Handlungen sind, an denen niemand sonst beteiligt ist. Das trifft heute auf unzählige Heranwachsende zu. Ihr Verhalten wird auf dieselbe

Art und Weise verstärkt und konditioniert wie andere Zwangshandlungen – außerdem entwickelt es sich genau wie die Drogensucht. Nach einem zunächst lohnenswerten Erlebnis mit der Pornographie wird der Drang größer und zeigt sich immer öfter. Die Verbindung kann so stark werden, dass allein schon das Sitzen vor dem Computer eine sexuelle Reaktion auslöst.

Betrachten Sie nur einmal den Bericht der Psychologin Dr. Mary Anne Layden von der University of Pennsylvania, deren Patient, ein junger Mann, so abhängig von Online-Pornographie war, dass er einen Termin für ein Vorstellungsgespräch versäumte. Er konnte im wahrsten Sinne des Wortes nicht ablassen. Dr. Layden erwähnte die Geschichte dieses jungen Mannes in einem Podcast über das wachsende Problem junger Männer – Studenten, Ehemänner oder Familienväter –, die jenseits ihrer Sucht jedwede Lebenslust verloren haben. Bei Hirnscans von Menschen, die von Online-Pornographie abhängig sind, kamen ähnliche Muster zum Vorschein wie bei denen anderer Suchtkranker. Die Abhängigkeit ist echt – und zerstört Leben.

Das erinnert mich an eine Studie, die 1954 von den Forschern Peter Milner und James Olds durchgeführt wurde. Dabei wurde das neuronale Lustzentrum von Ratten mit Elektroden stimuliert, bis die Tiere alle Anstrengungen einer normalen Lebensführung aufgaben. Die Ratten mussten einen Hebel betätigen, um die Stimulation zu erfahren, und taten das so oft, bis die Erschöpfung überhandnahm. Sie schliefen nicht mehr und nahmen weder Wasser noch Nahrung zu sich. Sie befriedigten sich buchstäblich zu Tode.

Auch hier spielt das Geschlecht eine Rolle. Der Psychologe Philip Zimbardo, der das legendäre Stanford-Gefängnis-Experiment durchführte, ist der Ansicht, dass junge Männer nach der Erregung süchtig werden, die ihnen die Online-Pornographie beschert – mit katastrophalen Folgen für ihre schulischen Leistungen und für ihre sozialen Beziehungen. In seinem beachtenswerten TED-Vortrag »Why Are Boys Struggling?« (Warum tun sich Jungen so schwer?) aus dem Jahr 2011 beschreibt er den Schaden, den die exzessive Internetnutzung, ausschweifendes Gamen und der unverhältnismäßig häufige Konsum von Pornographie bei Jungen auslösen können. Auch in seinem kürzlich erschienenen Buch *Man (Dis)Connected. How Technology Has Sabotaged What It Means to Be Male* (»Der (un)verbundene Mann. Wie Technologie das männliche Selbstbild sabotiert hat«; bisher nicht in deutscher Fassung erschienen) spricht er über dieses Thema. Zimbardo bezeichnet solch ein Verhalten als »Erregungssucht«: »Bei der Sucht nach Drogen möchte man mehr davon; bei der Erregungssucht sehnt man sich nach Neuem.«

Ich kann mich des Eindrucks nicht erwehren, dass dies dem Suchtrieb entspricht – ganz besonders im Kontext des Internets. Nach Philip Zimbardos Schätzungen schaut sich ein Junge im Durchschnitt fünfzig pornographische Videos die Woche an, was teilweise erklärt, warum die Pornoindustrie mit fünfzehn Milliarden US-Dollar jährlich die am schnellsten wachsende Branche in den Vereinigten Staaten von Amerika ist. Bis zu seinem einundzwanzigsten Lebensjahr hat ein durchschnittlicher junger Mann insgesamt zehntausend Stunden mit Videospielen verbracht (zwei Drittel davon in vollkommener Isolation). Videospiele und Online-Pornographie haben laut Zimbardo tatsächlich zu einer digitalen Neuvernetzung der Gehirne von Jungen und jungen Männern geführt, sodass diese ständig neuer Aufregung, Spannung und durchgängiger Stimulation bedürfen.[106] Das wiederum bedeutet, dass sie in traditionellen Klassenzimmern und romantischen Beziehungen nicht mehr funktionieren.

Es wird höchste Zeit, dass wir über die Abhängigkeit von

Online-Pornographie bzw. über die Erregungssucht sprechen. Wenn die Leute darüber reden, meinen sie gleichermaßen erwachsene Männer, heranwachsende Jungen und Kinder. In Wirklichkeit sind dies aber verschiedene Dinge. Erwachsene, die ein Interesse an Online-Pornographie entwickeln, sind das eine – etwas anderes ist es jedoch, wenn Jungen in der kritischen Entwicklungsphase dasselbe durchmachen, weil sich das problematische Verhaltensmuster bei Heranwachsenden in anderer Ausformung zeigen kann und dadurch einerseits komplexer und andererseits sehr viel schwerer zu behandeln ist.

Oculus Rift – Virtual-Reality-Brillen

Die massenhafte Vermarktung von Oculus Rift, einer Virtual-Reality-Brille für dreidimensionales Gaming, steht kurz bevor – und ist bis zum Erscheinen dieses Buches vielleicht bereits Wirklichkeit geworden. Die Brille besteht aus einem Headset, das buchstäblich den Kopf verdeckt, so dass der Träger die reale Welt nicht mehr wahrnehmen kann – nicht einmal die Ahnung echten Sonnenscheins. Der Cyberspace umschließt ihn nicht mehr nur psychisch, sondern auch physisch voll und ganz, was wiederum zu einer Verstärkung und Eskalation der Einbindung, Einbettung und Abhängigkeit führt. Die Technologie wurde von Facebook erworben und weiterentwickelt, was dem Unternehmen auch in Sachen Marketing zweifellos hervorragende Dienste leisten wird. Sollten Sie der Meinung sein, dass heranwachsende Gamer jetzt schon Schwierigkeiten haben, ihren Controller aus der Hand zu legen, dann warten Sie nur ab, was passiert, sobald man ihnen diese Brille abzunehmen versucht.

Ich bin davon überzeugt, dass dieses faszinierende Stück

Technik besseren Zwecken dienen könnte. Erst kürzlich habe ich in diesem Zusammenhang einen erschöpfenden Forschungsbericht zur Verwendung von Virtual-Reality-Head-Mounted-Displays (VR-HMDs) bei der Behandlung von posttraumatischen Belastungsstörungen (PTBS) vorgelegt, weil Headsets dieser Art die volle Bandbreite sensorischer Stimulation ermöglichen.[107] Als erfreuliche Nebenwirkung meiner Recherchen auf diesem Gebiet ist mir die Idee gekommen, dass diese Geräte bei Kindern mit Verhaltensstörungen vielleicht eine äußerst wirkungsvolle Methode darstellen könnten, die kleinen Patienten abzulenken und zu entspannen. Ich stelle mir ein über die VR-Brille abrufbares Beruhigungsprogramm vor, das aus Schwimmen mit Delphinen oder einer Floßfahrt einen Fluss hinab besteht.

Ich glaube, das Problem ist nicht die Technologie an sich, sondern was wir daraus machen. Im Augenblick scheint sie auf ständige Überstimulation ausgerichtet zu sein, obwohl sie genauso gut der Leidenslinderung dienen könnte.

Abstinenz oder Anpassung?

In Sachen Zugänglichkeit und Auswahl haben die Internettechnologien enorme Vorteile. Wir können online Lebensmittel kaufen und sie uns ganz praktisch bis an die Wohnungstüre liefern lassen. Wir können Geschenke erwerben und diese bis an die Türschwelle des Beschenkten bringen lassen. Im Internet erhalten wir einfach alles, von Kleidung bis hin zu Elektronikartikeln. Problematisch wird das Ganze erst, wenn dieses Verhaltensmuster eskaliert und außer Kontrolle gerät. Wie es im Augenblick aussieht, schaffen die Digitaltechnologien das optimale Umfeld dafür.

Während die Forscher sich noch darüber streiten, ob die Beweislage ausreicht, das eine oder andere Verhalten zur Suchterkrankung zu erklären, bilden sich die Schwierigkeiten weiter heraus. Sie lassen sich nicht leugnen. Statt also deren Existenz in Frage zu stellen, sollten wir uns lieber um eine angemessene Behandlung bemühen. Abstinenz, nachweislich eine der Behandlungsmethoden von Abhängigkeit, ist in diesem Fall unmöglich. Alkohol, Kokain oder Nikotin aufzugeben mag ein Weg zur Heilung der entsprechenden Abhängigkeiten sein – das Internet aufzugeben ist jedoch keine hilfreiche Option. Aus diesem Grund glaube ich, wir sollten unsere Herangehensweise an die Internetabhängigkeit ändern.

Das Internet wird nicht einfach verschwinden. Mehr und mehr bewegen wir uns auf Zeiten zu, in denen uns gar nichts anderes übrigbleibt, als online zu gehen – sei es für das Studium, die Arbeit, die Forschung, das Beschaffen von Informationen, die Inanspruchnahme der Krankenversicherung oder das Begleichen von Rechnungen. Die Online-Technologien sind für uns mittlerweile so natürlich wie die Luft zum Atmen und für das Überleben im 21. Jahrhundert so wichtig wie das Wasser in unserem Körper. Das Internet ist zum Teil unserer Umwelt geworden. Deshalb könnte die Herausforderung evolutionärer Art sein. Statt nur über die Abhängigkeit zu diskutieren, sollten wir die »Anpassung« thematisieren.

Am besten passt sich ein Mensch an ein neues Umfeld an, indem er sich darüber informiert, indem er sich Wissen aneignet, das Umfeld studiert und sich dessen Tücken und Gefahren bewusst wird. Das Internet könnte die verführerischste und verlockendste Erfindung der Menschheit sein. Unsere evolutionär bedingten Instinkte, beispielsweise der Suchtrieb, machen es uns schwer, dem World Wide Web zu widerstehen – nicht zu vergessen den Aufhängern, Signalen, Mitteilungen, Anzeigen, dem unterhaltsamen Scheitern und den Herzstoppern. Um uns intelligent anzupassen, müssen wir nicht nur uns selbst gut kennen, sondern auch wissen, wie der Cyberspace unser Verhalten verändert.

Für Menschen, die an Kontrollverlust oder Konzentrationsproblemen leiden, kann das Internet ebenso zum Problem werden wie für Personen, die zu Suchterkrankungen oder ausgeprägter Impulsivität neigen. Solche Menschen sind online einfach anfälliger. Es kann ihnen ebenso Schwierigkeiten bereiten wie einem Spielsüchtigen die Rennbahn oder das Casino. Sollten Sie zur Impulsivität tendieren, seien Sie auf der Hut!

Die Frage, ob wir in klinischer Hinsicht »süchtig« sind, kommt mir schon beinah beliebig vor. Sind wir denn von fließendem Wasser und heißen Duschen abhängig? Sind wir süchtig nach der persönlichen Freiheit, die ein Auto bietet? Ein evolutionsbiologischer Ansatz wäre in diesem Zusammenhang sinnvoller. »Maladaptive Verhaltensmuster« beschreiben Handlungen, Gefühle, Reaktionen und Denkweisen, die zu negativen Ergebnissen führen (etwa zum Nägelkauen bei Nervosität).[108] In einer bestimmten Situation mag ein maladaptives Verhaltensmuster vermeintlich gute Resultate erzeugen; dieser Effekt nutzt sich jedoch schnell ab und kann weitere Probleme heraufbeschwören.

Berücksichtigt man, wie wir mit dem Cyberspace kämpfen, erscheint es mir kurzsichtig, sich in den Details einer Suchtdebatte zu verlieren. Wenn wir die Internettechnologien für unser Fortkommen in der Welt benötigen, müssen wir lernen, damit zu leben – aber nach unseren eigenen Bedingungen. Sobald wir die Trigger kennen, die möglicherweise einen Cyber-Rausch auslösen – Trigger, die zu einem Dopamin-Anstieg führen und impulsive, zwanghafte oder abhängig machende Verhaltensmuster auslösen, sei es beim Onlineshopping, Spielen oder Pornokonsum –, könnten Geräte entwickelt werden, die für die Nutzer kompatibler wären. Oder wir passen uns an, werden belastbarer, kontrollierter und disziplinierter, fokussierter und weniger zwanghaft.

Wir stehen noch ganz am Anfang unvorstellbarer Umwälzungen in unserer Lebensweise. Wir sollten uns eine Pause gönnen. Falls Sie ein Problem mit den Digitaltechnologien haben, sind sie vielleicht gar nicht süchtig, sondern einfach nur *schlecht an den Cyberspace angepasst*. Die gute Nachricht lautet: Sie können etwas dagegen tun.

KAPITEL 3

CYBERBABYS

Vor kurzem saß ich in einem Zug von Dublin nach Galway. Eine Mutter ließ sich mit ihrem Kind auf der gegenüberliegenden Seite des Ganges nieder. Ich hatte für die Arbeit ein wenig Pflichtlektüre vor mir, doch als wir gen Westen in Richtung des Atlantischen Ozeans fuhren, verzauberte mich die irische Landschaft so sehr, dass ich eine Pause einlegte und aus dem Fenster schaute, um den Anblick zu genießen. Das Panorama der sich stets verändernden Wolkenformationen am Himmel über der spektakulären irischen Landschaft entspannt mich einfach immer wieder.

Die Wege und Felder von Galway werden von dramatischen Steinwällen gesäumt. Der Boden ist felsig, und jedes Mal, wenn im Laufe der Jahrhunderte ein Feld geräumt wurde, kamen mehr Steine zum Vorschein und mehr Wälle und Hütten wurden gebaut. Während ich aus dem Fenster schaute, dachte ich an all die Arbeit, die im Bau dieser Wälle steckte: an den Transport der Steine und an das Kunsthandwerk der Steinmetze, von denen manch einer auch an der Konstruktion der alten Türme, Kirchen und Kathedralen Irlands beteiligt gewesen war.

Die Steinmetze liebten die Arbeit an den Kathedralen, weil ihre Steine die Turmspitzen in den Himmel schießen ließen. Sie griffen nach diesem Himmel, weil sie der Ansicht waren, durch die Errichtung der Kathedralen nach Besserem zu streben. Jede Generation sehnt sich nach Besserem – Dinge zu bauen und ein Erbe zu schaffen. Während der Zug die Gleise entlangtuckerte, begann ich, über das zivilisatorische Erbe nachzudenken, das wir gerade schaffen. Welche Felder räumen wir, und was errichten wir dort? Wo sind unsere Kirchturmspitzen?

Auf der anderen Seite des Ganges machte die Mutter es sich gemütlich und begann, ihr Baby zu füttern.

Mit bewundernswerter Geschicklichkeit hielt sie die Flasche in der einen und das Mobiltelefon in der anderen Hand. Sie neigte den Kopf, um auf das Display zu schauen. Heutzutage sind wir alle sehr beschäftigt, weshalb ich mir kein Urteil darüber anmaßen will, wie eine junge Mutter ihr Kind füttert. Aus den Augenwinkeln betrachtete ich sie jedoch mit wissenschaftlicher Neugier. Die sogenannte Ethnographie beschäftigt sich mit der umfassenden Untersuchung von Völkern und deren kulturellen Phänomenen. Der Forscher taucht tief in die jeweils untersuchte Gesellschaft ein. Als Cyber-Psychologin ist mein Leben eine ständige ethnographische Untersuchung. Es vergeht keine Stunde, in der mir nicht auffiele, wie die Menschen mit Technologien interagieren.

Zehn bis fünfzehn Minuten vergingen. Die Mutter betrachtete immer noch ausschließlich ihr Telefon, während ihr Baby trank. Wie Kinder es in diesem Alter zu tun pflegen, schaute es mit trüben Augen nach oben und bewunderte das Kinn seiner Mutter, während die Mutter ihre ganze Aufmerksamkeit dem Gerät in ihrer Hand widmete. In der gesamten halben Stunde, die das Füttern in Anspruch nahm, stellte die Mutter kein einziges Mal Blickkontakt mit ihrem Nachwuchs her oder vermochte ihren Blick vom Bildschirm ihres Handys zu reißen.

Die liebliche irische Landschaft um mich herum hatte ich zu diesem Zeitpunkt längst vergessen, denn inzwischen richtete sich mein ganzes Augenmerk auf die Szene menschlicher Interaktion auf der anderen Seite des Ganges. Glücklicherweise trug ich eine Sonnenbrille.

Mein Kopf füllte sich mit Fragen. Ich wollte wissen, wie viele

Mütter und Väter weltweit nicht mehr in die Augen ihrer Kinder schauen, während sie sie füttern oder sich mit ihnen unterhalten. Natürlich ignorieren sie ihre Kinder nicht vollkommen. Was aber, wenn der direkte Kontakt mittlerweile wirklich auf die Hälfte oder gar ein Viertel der Interaktion meiner Generation geschrumpft ist? Welche Folgen wird diese scheinbar so geringe Verhaltensänderung im Lauf der Zeit wohl haben?

Wird sie eine ganze Generation von Kleinstkindern beeinflussen?

Könnte sie gar die Menschheit ändern?

Meist möchten Eltern Folgendes von mir wissen: Ab welchem Alter ist es für die Gesundheit eines Kleinkindes in Ordnung, zum ersten Mal einen Bildschirm vor sich zu haben? Sie meinen damit alles von iPads und Tablets bis hin zu Smartphones und Fernsehgeräten. Zweifellos ist das eine wichtige Frage. Bevor ich sie beantworte, bitte ich die Eltern jedoch stets, zunächst über Folgendes nachzudenken: Ab welchem Alter sollte ihr Nachwuchs das erste Mal mit *Ihrem* Handygebrauch in Kontakt geraten?

Face-Time mit Ihrem Kind

Wussten Sie eigentlich, dass es sehr wichtig ist, Ihrem Kind *ins Gesicht zu schauen*? Das Füttern und Wechseln der Windeln reicht nicht aus. Eine schnelle Umarmung und ein flüchtiger Kuss sind ebenfalls nicht genug. Mit kleinen Kindern muss man sich unterhalten, man muss sie kitzeln, streicheln und mit ihnen spielen. Außerdem brauchen sie Blickkontakt. Es gibt keine Studie zur frühkindlichen Entwicklung, die nicht zum selben Ergebnis gelangte.

Indem die Kleinen Ihre Mimik betrachten – Ihre ruhige Akzeptanz, Ihre Liebe und Aufmerksamkeit, ja, sogar Ihre leichte

Irritation – blühen und gedeihen sie. Auf diese Weise erlernen sie ihren »emotionalen Bindungsstil«. Die ersten Erlebnisse eines Kindes mit seinen Eltern oder Bezugspersonen schaffen ein emotionales Muster bzw. eine emotionale Bindung (sie wird gleichsam »neuronal kodiert«). Entsteht durch ständige Interaktion zwischen Eltern und Kind eine gute, sichere Bindung, schafft das eine zuverlässige Vorlage für zukünftige emotionale Bindungen – und Sicherheit bei der emotionalen Bindung erhöht die Chancen, dass aus dem Kind einmal ein zuversichtlicher und selbstbeherrschter Erwachsener wird, der mit anderen einfach interagiert. Der emotionale Bindungsstil eines Menschen wirkt sich auf alles andere aus, von der Art, wie wir Freundschaften eingehen, über die Frage, welchen Partner wir auswählen, bis hin zur Weise, wie wir Beziehungen beenden.

Die Erforschung der Liebe ist faszinierend. In den 1930er Jahren nahm sich der amerikanische Psychologe Harry F. Harlow die Mutter-Kind-Bindung und die Auswirkungen einer Trennung von der Mutter vor. Dazu erforschte er junge Rhesusaffen, deren Mütter nicht mehr lebten.[109] Ihm fiel auf, dass die Babys, die als Waisen groß geworden waren, zu vollkommen anderen Tieren heranwuchsen als der Nachwuchs mit Müttern. Die verwaisten kleinen Äffchen waren ein wenig merkwürdig und eigenbrötlerisch; außerdem hingen sie sehr an den weichen Decken in ihrem Käfig. Wenn man die Decken (bei denen es sich eigentlich um Stoffwindeln für Babys handelte) einmal am Tag zur Reinigung entfernte, wühlte das die Kleinen sehr stark auf. Häufig rollten sie sich zu einem Ball zusammen und lutschten am Daumen. Das brachte Harlow auf den Gedanken, dass der Körperkontakt und die Aufgaben der allerersten Bezugsperson sehr viel wichtiger waren als vorher angenommen. Zum damaligen Zeitpunkt wurde auch Menschenkindern in Waisen- und Krankenhäusern kein Körperkontakt gewährt, weil das als unnötig, ja, sogar ungesund galt.

Harlow stellte ein Experiment an, bei dem die verwaisten Babyäffchen zwischen zwei Ersatzmüttern wählen konnten. Eine »Mutter« bestand aus einer mit Fläschchen für den Säugling ausgestatteten Drahtattrappe; die andere aus einer Frotteeattrappe – jedoch ohne Milchflasche. Alle Rhesusaffenkinder bevorzugten die weiche fellbedeckte Mutter ohne Milch und verbrachten ihre Zeit damit, mit ihr zu kuscheln und sie zu umarmen. Die »Flaschenmutter« suchten sie nur zur Nahrungsaufnahme auf.

Jedes Mal gaben die Säuglinge greifbarer Liebe den Vorzug vor Futter. In einem zweiten Experiment jagte Harlow den Äffchen mit einem furchterregenden Geräusch oder einem anderen Reiz im Käfig – einem lauten Knall sowie einer roboterähnlichen Vorrichtung mit glühenden Augen und rudernden Armen – einen gewaltigen Schrecken ein. Gestresst und in Panik suchten die Babys auf der Stelle Trost und Zuflucht in den Armen ihrer fellbedeckten »Mutter«, hielten sich an ihrem Frottee fest und beruhigten sich so schließlich.

Manche Affenbabys erhielten keine Frotteemutter, sondern nur milchspendende Drahtgestelle. Diese Säuglinge legten eine sehr viel geringere emotionale Belastbarkeit an den Tag. Wenn ihnen mit lauten, unerwarteten Geräuschen Angst eingejagt wurde, konnten sie damit kaum umgehen und fanden keinen Trost. Sie warfen sich auf den Boden, umklammerten sich selbst oder wiegten sich kreischend vor und zurück. Das beweist, dass die kindliche Liebe und Bindung nicht nur eine Frage der Fütterung ist, sondern eine bedeutende und wichtige psychologische Ressource darstellt, die die Äffchen emotional stärkte.

Zwar gehen Menschen wie Affen emotionale Bindungen sehr früh ein; in Stein gemeißelt sind sie jedoch nicht. Unsere emotionalen Vorgaben werden wie andere Muster während unseres gesamten Lebens immer wieder auf den neuesten

Stand gebracht. Das menschliche Gehirn wird oft als »formbar« bezeichnet, was bedeutet, dass es sich ändern kann – physisch, funktional und chemisch. Für ein Menschenkind ist eine Frotteemutter, die nur fühlbaren Trost bietet, nicht genug. Im letzten Jahrhundert haben unzählige Versuche die katastrophalen Folgen sensorischer und sozialer Vereinsamung während gewisser kritischer Phasen der frühen Kindheit und die daraus resultierenden Konsequenzen für spätere Entwicklungsphasen aufgezeigt. Zudem wurde der Beweis erbracht, dass gesunde Bindungen oder Bindungsmuster für die intellektuelle Entwicklung und den geistigen Fortschritt eines Kindes von essentieller Bedeutung sind.

Wie funktioniert Bindung?

Mutter und Kind müssen einander Aufmerksamkeit schenken. Sie müssen miteinander interagieren und eine Verbindung zueinander herstellen. Einseitig darf das Ganze nicht sein. Es geht nicht nur darum, dass Ihr Baby zu Ihnen eine Bindung eingeht. *Beim Blickkontakt geht es auch darum, dass Sie eine Bindung zu Ihrem Kind herstellen.* Aus evolutionären Gründen sind Neugeborene weich und knuffig, süß und rundlich und absolut anbetungswürdig, weil solch ein Aussehen die Eltern veranlasst, sie anzusehen – Aufmerksamkeit, die der Nachwuchs dringend braucht. Das gilt für fast alle Tierkinder. Denken Sie nur einmal an Bärenjungen, Welpen und Kätzchen. (Die Beliebtheit dieser Tiere in den sozialen Netzwerken beweist das!) Sie sind weich, rund und unheimlich goldig, was ihnen im Wettstreit um Aufmerksamkeit bislang einen sicheren Vorsprung einbrachte. Wenn Säuglinge nicht so süß wären, würden sie vielleicht nie das Sprechen, Laufen oder hundert andere Dinge erlernen, für die sie auf die Interaktion mit menschlichen Bezugspersonen angewiesen sind.

Wenn sich diese Bindungen und Bindungsmuster nicht richtig ausbilden – was in Familien, in denen der Nachwuchs misshandelt oder vernachlässigt wird, ebenso zu beobachten ist wie in Waisenhäusern und anderen Einrichtungen, in denen man sich nur selten mit den Kindern beschäftigt und diese deshalb keine Möglichkeit zur Stimulation und Erkundung haben –, bildet ein Kind unter Umständen sogar nie die neuronalen Bahnen aus, die für den Lernprozess so überaus wichtig sind. Ist der Mangel groß genug, entwickelt sich ein Kind vielleicht irgendwann nicht mehr weiter oder lernt nie, Bindungen einzugehen – oder zu lieben.

Wir wissen das aus Beispielen von Kindern, die in der Isolation oder der Wildnis groß wurden. Im Laufe des letzten Jahrhunderts wurden mindestens neun Fälle sogenannter »Wolfskinder« bekannt. Ihre Geschichten sind sehr tragisch; die Erkenntnisse über die kindliche Entwicklung allerdings, die Forscher dadurch gewinnen konnten, sind von unschätzbarem Wert. In jedem der Fälle wurden die Kinder entweder versehentlich von ihren Familien getrennt, oder sie liefen aus freien Stücken davon, so dass sie in den wichtigen formenden Jahren ohne jeden menschlichen Kontakt aufwuchsen. In mehreren Fällen wurden die Kinder von einem Rudel wilder Hunde oder Wölfe adoptiert wie Mogli im *Dschungelbuch*. Wie sich das auf die Kinder auswirkte, hing davon ab, wie alt sie waren, als jeder Kontakt zu anderen Menschen unterbrochen wurde. Es gab allerdings auch Fälle, in denen die von Hunden oder Wölfen aufgezogenen Kinder sich auf allen vieren fortbewegten – und bellten. Ein russischer Junge, der zusammen mit Dutzenden Vögeln in einem Zimmer heranwuchs (seine Mutter vernachlässigte ihn, indem sie ihn wie ein Haustier behandelte), wurde im Alter von sieben Jahren von Sozialarbeitern gerettet. Er konnte nicht sprechen, und wenn er aufgeregt war, zirpte er und flatterte mit den Armen.

So gut wie nie entwickelten sich die wilden Kinder zu vollkommen normalen Erwachsenen (oder was man darunter versteht), weil es in den formgebenden Jahren gewisse Zeitfenster gibt, in denen bestimmte Fähigkeiten erlernt werden müssen. Falls sich diese Fenster ungenutzt schließen, kann ein Kind sein ganzes Leben lang in seiner Entwicklung oder seinen Emotionen eingeschränkt sein.

Eltern, die ihren Nachwuchs in einem normalen Heim großzogen, musste der einfache Gedanke, dass ein Säugling mütterlichen Blickkontakt braucht – ein kleiner, aber wichtiger Aspekt der Kindeserziehung –, bis vor kurzem wohl nicht erklärt werden. Was gab es bis vor sechzig Jahren beim Füttern des Kindes schon zu tun, als Musik zu hören oder dem Radio zu lauschen?

Im mediengesättigten Umfeld eines heutigen Durchschnittshaushalts hat sich das Ganze aber gewandelt. Und in Anbetracht der Größe, Tragbarkeit und Interaktivität von Telefonen und Tablets buhlen nun die Internetverbindung und das drahtlose Gerät um die unmittelbare, vom Nachwuchs so dringend benötigte Aufmerksamkeit der Eltern im Zug, auf Parkbänken und sogar zu Hause auf der heimischen Couch. Als Forscher 2014 in einer Studie für die Zeitschrift *Pediatrics* 55 Aufsichtspersonen von Kindern in Fastfood-Restaurants beobachteten, benutzten die meisten (insgesamt 40 Personen) auch während der Mahlzeit ihre mobilen Geräte, einige davon (16 Personen) sogar ständig, so dass »ihre Aufmerksamkeit vor allem ihren Geräten galt« – und nicht ihren Kindern. Diese Apparate sind so fesselnd, dass sie grundlegende menschliche Instinkte außer Kraft setzen. Neben der Tatsache, dass die meisten Erwachsenen mittlerweile rund um die Uhr arbeiten – ein weiterer, von der Technik und den Technologien heraufbeschworener Wandel –, kommen die Eltern nach Hause zu ihren jungen Familien und sind von beruflichen Fragen und anderen Unterbrechungen immer noch abgelenkt.

Online-Prokrastination am Arbeitsplatz findet statt, wenn

man seine Facebook-Pinnwand überprüft, obwohl man eigentlich gerade mitten in der Bearbeitung einer Excel-Tabelle zur Finanzprognose steckt. Zu Hause kann das Gegenteil der Fall sein. Anstatt Zeit mit ihrem Nachwuchs zu verbringen, sind viele Eltern auch nach dem Büro noch immer von ihren Geräten abgelenkt. (Erinnern Sie sich an die Statistik aus dem zweiten Kapitel, laut der das Benutzen oder Checken des Privathandys nach der Arbeit zunimmt?) Ich nehme an, dass ältere Geschwister in einem solchen Haushalt ebenso abgelenkt sind und sich von Bildschirmspielen und lustigen Apps unterhalten lassen, statt sich mit dem neuen Baby zu beschäftigen (so wie gelangweilte ältere Geschwister es früher taten).

Wer verliert in einem solchen Szenario?

Das Baby.

Es erschreckt mich, wenn ich mir vorstelle, Sie könnten gerade das erste Mal davon hören, wie wichtig echte Face-Time, also der Kontakt von Angesicht zu Angesicht – für Ihr Kind ist (wohingegen das Nutzen der FaceTime-App wohl nicht als Notwendigkeit durchgeht). Vielleicht wurde diese Debatte von lauteren Diskussionen verdrängt. Die Gesellschaft hat die Nährwerte von Muttermilch und deren Nutzen sowie das richtige Alter und die beste Methode zum Trockenwerden leidenschaftlich debattiert. Die Behörden reglementieren das Design von Kindersitzen und ordnen ihren Gebrauch an, während sie Bleifarben, entzündliche Schlafanzüge und Bettsachen verbieten. Man kann kaum eine Murmel oder ein Lego-Teil aufheben, ohne darauf einen Warnhinweis zu finden: »Für Kinder unter zwei Jahren nicht geeignet – Verschluckungsgefahr.«

An allererster Stelle geht es natürlich um die Sicherheit des Säuglings. Und natürlich werde ich nicht darüber streiten. Die Verordnungen gegen den Verkauf unsicheren Spielzeugs retten Jahr für Jahr tausendfach Leben und führen dazu, dass sich sehr viel weniger Kinder aufgrund von Sauerstoffmangel oder infolge einer Vergiftung durch Chemikalien einen Hirnschaden zuziehen. Es mag jedoch an der Zeit sein, auch weniger unmittelbare und eindeutige Gefahren zu bedenken.

Rede ich Ihnen gerade ein, dass Ihr Kind verwildert, wenn Sie ihm nicht ständig in die Augen starren? Selbstverständlich nicht! Ich sage aber durchaus, sollte ein durchschnittliches, im Jahr 2016 geborenes Baby sehr viel weniger Interaktion von Angesicht zu Angesicht erfahren und mit ihm bedeutend weniger Blickkontakt hergestellt werden als mit einem 1990 zur Welt gekommenen Kind, wird dies nicht folgenlos bleiben.

Mit welchen Folgen ist zu rechnen?

Lassen Sie mich ein paar Vermutungen anstellen, und zwar in der Art und Weise, wie es eine Wissenschaftlerin wie ich eigentlich nicht tun sollte, weil Spekulation nicht als »echte Wissenschaft« gilt. In manchen Fällen kommt man jedoch nicht umhin. Im Laufe der Zeit könnten die Menschen immer weniger dazu fähig sein, direkt miteinander zu interagieren, und dadurch weniger gesellig werden. Vielleicht wird es den Leuten schwerer fallen, tiefe Verbindungen miteinander einzugehen; unter Umständen werden sie weniger dazu in der Lage sein, Zuneigung zu empfinden oder Liebe zu geben, weshalb ihre Bereitschaft sinkt, langanhaltende Beziehungen zu knüpfen, Familien zu gründen oder Gemeinschaften beizutreten. Manche könnten körperlichen Kontakt mit anderen Menschen problematisch finden oder für unerwünscht halten. Es könnte zu einem Dominoeffekt kommen. Nachfolgende Generationen könnten mit weniger Aufmerksamkeit und Zuneigung erzogen werden – oder gar keiner. Es stimmt zwar, dass die Menschen von Natur aus soziale Wesen sind und die Suche nach Bindungen einen grundlegenden Aspekt des menschlichen Lebens und eine Überlebensstrategie darstellt, aber das geschieht nicht wie von Zauberhand. Es bedarf des unmittelbaren Kontakts in der realen Welt. Der simple kleine Umstand, dass Millionen von Kleinstkindern weltweit seltener in die Augen geschaut wird und man mit ihnen nicht mehr so oft interagiert, könnte eine evolutionäre Veränderung auslösen.

Ja, ich habe es gesagt: »evolutionäre Veränderung«.

Weniger Blickkontakt könnte den Verlauf der menschlichen Zivilisation ändern.

Bislang gibt es aber keine Kampagnen, die Eltern auf die Gefahren ihrer unsteten Aufmerksamkeit hinweisen. Abgesehen von Menschen mit einem Interesse an Cyber-Psychologie scheint niemand je über dieses Problem zu sprechen, obwohl es eine echte Gefahr darstellt. Wären die Lobbygruppen für Säuglinge (die nicht wirklich etwas zur Wirtschaft beitragen, nicht wahr?) so stark, wohlhabend und ausdauernd wie die der Pharmaindustrie, der Immobilienbranche, der Rentner, Internetindustrie und der Banken, dann würde eines Tages vielleicht auf den Bildschirmen von Mobiltelefonen folgender Hinweis zu finden sein:

Achtung! Wenn Sie Ihr Baby nicht anschauen, kann das zu ernsten Entwicklungsstörungen führen.

Säuglinge: Was sagt die Wissenschaft?

Das Baby im Zug war klein, wenige Wochen alt, und damit in der Phase seines Lebens, die manche Entwicklungsforscher als »viertes Trimester« bezeichnen. Mit drei Monaten ist ein Baby fast noch wie ein Fötus. In dieser bemerkenswerten Zeit wächst sein Gehirn in nur drei Monaten um ganze 20 Prozent.

Die Erlebnisse, die das Neugeborene in der Welt macht, sorgen dafür, dass sein Gehirn wächst – und dafür, dass sich ein Kind richtig entwickelt. Wenn ein Baby zur Welt kommt, hat jede Zelle seines Gehirns um die 2500 Synapsen – Verbindungen, über die das Hirn Signale sendet. In den nächsten drei Jahren, in denen im Gehirn jede Sekunde 700 bis 1000 neue neuronale Verbindungen entstehen, wird diese Zahl auf 15 000 pro Hirnzelle steigen. In dieser Phase erreicht besonders die Ausbildung von Synapsen für die Schlüsselfunktionen des Hörens, Sprechens und Sehens einen Höhepunkt, weshalb dieses Zeitfenster im Leben eines jungen Kindes für die Entwicklung höherer Funktionen von größter Bedeutung ist.[110]

Dies war auch der Grundgedanke der Baby-Einstein-Produkte, die 1997 von Julie Aigner-Clark geschaffen wurden, einer ehemaligen Lehrerin, die zu Hause blieb, um sich um ihre Kinder zu kümmern. Sie und ihr Ehemann, William Clark, investierten 18 000 US-Dollar aus eigenen Ersparnissen, um ihren ersten Artikel herzustellen, ein Video mit dem Titel »Baby Einstein«. Gedacht war es für Säuglinge und Kleinkinder unter zwei Jahren. Der Clip bestand unter anderem aus Aufnahmen von Spielzeugen, animierten Passagen und anderen visuellen Reizen, unterlegt mit Geräuschen, Musik, Geschichten, Zahlen und Worten in unterschiedlichen Sprachen.

Gerade einmal vier Jahre später brachte die Baby-Einstein-Produktlinie fünfundzwanzig Millionen US-Dollar im Jahr ein; mehrere Unternehmen hatten investiert, darunter Disney.

Und die Prämisse?

Wird das Gehirn Ihres Kindes stimuliert, kann das die Intelligenz Ihres Babys steigern und sogar ein kleines Genie schaffen.

Was aber sagt die Wissenschaft dazu?

Zu viel Reizung ist nicht zwangsläufig eine gute Idee.

Die sogenannte »Sehschärfe«, wie es auf dem Gebiet der kindlichen Entwicklungsforschung heißt, bildet sich in den ersten beiden Lebensjahren aus, solange der Säugling unter den normalen Bedingungen der realen Welt aufwächst. Dieses Zeitfenster ist für die Herstellung eines korrekt funktionierenden Sehvermögens von größter Bedeutung. So wie die Sprachfertigkeiten in den ersten fünf Jahren entstehen sollten, sollte sich die Tiefenwahrnehmung und das Binokularsehen in derselben Phase entwickeln, weil sie bei der Hand-Augen-Koordination und der Feinmotorik eine Rolle spielen. Bei der Geburt verfügt ein Kind über eine Sehschärfe von 0,05 bis 0,1. In den ersten fünf Lebensjahren verbessern sich diese Werte enorm, was die unfassbaren Veränderungen im kindlichen Gehirn abermals beweist. Bis zu ihrem zweiten Lebensjahr haben die meisten Kinder verblüffenderweise eine Sehschärfe von 1,0 erreicht.

Die Ausformung der Wahrnehmung ist ein echtes neurobiologisches Wunder – sowie ein Produkt von Natur und Erziehung. Ohne das passende Umfeld kommt es nicht dazu. Sobald die Neugeborenen auf der Welt sind, beginnen sie, ihre Umgebung mit den Augen nach sinnvollen Mustern abzusuchen.

In den ersten zwei Monaten ihres Lebens beschränkt sich ihre Sicht auf das Erkennen von Formen und Umrissen, ein Prozess, der Arbeiten auf dem Gebiet des »Maschinellen Sehens« (auch »Bildverstehen« genannt) inspiriert.[111] Mit drei Monaten wechselt ihr Fokus von den äußeren zu den »inneren Merkmalen« eines Gegenstands, also dem, was innerhalb der Umrisse zu erkennen ist. Es gibt einen Bereich im Gehirn von Kindern und Erwachsenen, der sich einzig und allein der »Gesichtserkennung« (oder »Gesichtswahrnehmung«) widmet. Das wissen wir von Hirnscans. Bereits in den ersten Stunden ihres Lebens zeigen Neugeborene eine Präferenz für das Gesicht ihrer Mutter; ab dem zweiten bis dritten Monat legen sie dann eine Vorliebe für die mütterlichen Gesichtsmerkmale an den Tag, besonders die Augen.

Das bedeutet: Ebenso wie Erwachsene den Anblick von Babys instinktiv einfach unwiderstehlich finden, um das Überleben der menschlichen Spezies zu sichern, wird ein Säugling von Natur aus stets am liebsten das Gesicht und die Augen seiner Mutter betrachten. So beginnen menschliche Entwicklung und kindliches Lernen.

Kann eine animierte App, ein Avatar oder ein animierter 3-D-Film diesen Prozess ersetzen, neu schaffen oder sich gar über die menschliche Natur hinwegsetzen?

Fast zehn Jahre nach der Markteinführung der Baby-Einstein-Serie wurde gegen das Unternehmen, das sich inzwischen zu einer weltweit erfolgreichen Multi-Millionen-Dollar-Marke gemausert hatte, wegen falscher Behauptungen offiziell Beschwerde eingereicht. Letztlich bestätigten mehrere Studien, dass sehr junge Kinder, die besagte Videos einen Monat lang mit oder ohne ihre Eltern regelmäßig angeschaut hatten, kein größeres Sprachverständnis an den Tag legten als Kinder, die die Clips nie gesehen hatten.[112]

Was sogar noch besorgniserregender war: Ein Forschungsteam aus Experten für Kindesentwicklung untersuchte, koordiniert von der University of Washington, Kleinstkinder zwischen acht und sechzehn Monaten, die Videos und DVDs wie die von Baby Einstein oder Brainy Baby gesehen hatten. Säuglinge und Kleinkinder, die solchen Clips ausgesetzt waren, erzielten bei Standardtests zur Messung der Sprachfertigkeiten häufig niedrige Ergebnisse, weshalb die Untersuchung zu der Einschätzung gelangte, dass Filme dieser Art die Sprachentwicklung verzögern konnten.[113] Als die Gründer von Baby Einstein die University of Washington wenig später verklagten und infolgedessen ein zweites Expertenteam hinzugezogen wurde, um die Ergebnisse zu interpretieren, zog dieses mildere Schlüsse: Die Videos hätten kaum bis keinen Effekt auf die Kindesentwicklung.[114] Ein negativer Einfluss sei »nicht ausreichend bewiesen«. Disney, dem zum damaligen Zeitpunkt die Marke gehörte, änderte den Text der Produktbeschreibung und bot jedem, der eine DVD zur Steigerung der Sprachfertigkeiten erworben hatte und kein positives Resultat beobachten konnte, eine Rückerstattung an.

Lassen Sie uns die Debatte um Baby Einstein für einen Augenblick außerhalb der Gerichte betrachten. Und lassen wir dabei einmal die Frage außer Acht, ob die Untersuchungsergebnisse der University of Washington beim ersten Mal korrekt interpretiert wurden. Die wichtigste Frage lautet: Was ist über die Entwicklung des kindlichen Gehirns und den Erwerb von Sprache (sowie anderer kognitiver Fähigkeiten) bei Kindern überhaupt bekannt?

Die Beweise sind unbestreitbar: Am besten lernt ein Kind sprechen und entwickelt seine kognitiven Fähigkeiten, indem es mit anderen Menschen im realen Leben interagiert. Immer wieder wurde belegt, dass Videos und Fernsehsendungen bei Kindern unter zwei Jahren keinen Lernerfolg erzielen. Was noch wichtiger ist: Bei einer Studie, an der Säuglinge teilnahmen, stellte sich heraus, dass Kleinkinder, die mehr als zwei Stunden DVDs am Tag schauten, bei der Ermittlung der Sprachfertigkeit schlechter abschnitten als Kinder, die das nicht taten. Für jede geschaute Stunde kannten die Kinder sechs bis acht Begriffe weniger als Kinder, die keine DVDs ansahen. Dennoch haben sich manche Formate, Sendungen und Arten der Übermittlung lehrreicher Informationen an junge Kinder als wirkungsvoller erwiesen als andere. Offenbar sind das ruhigere Sendungen und andere Formate mit nur einem Handlungsfaden wie *Blue's Clues – Blau und schlau* und *Teletubbies*.[115]

Kinder, die ihr Wissen von Eltern und anderen Bezugspersonen erhalten – Menschen, zu denen sie eine emotionale Bindung aufgebaut haben –, legen die größten Fortschritte an den Tag. Wissenschaftler spekulieren, dies sei wahrscheinlich deshalb so, weil sehr junge Kinder sich ihre Kenntnisse durch Gesten und interaktive Kommunikation mit Erwachsenen aneignen.[116] Mit anderen Worten: Kleinkinder lernen am besten von Menschen, nicht von Maschinen.

Warum verkaufen sich dann diese Produkte zur »frühkindlichen Erziehung« weiterhin so gut? Es gibt davon eine endlose Reihe, wie jeder Besuch von iTunes, Amazon oder eines Säuglingsfachgeschäfts auf der Stelle beweist. Ein kürzlich erschienenes, besonders irrsinniges Beispiel war der 2013 von Fisher Price auf den Markt gebrachte Apptivity Seat, der gemeinsam mit dem Kind »wachsen« sollte. Bei Neugeborenen konnte er als Babywippe eingesetzt werden, bei Kleinkindern als Lauflernwagen. In beiden Fällen handelt es sich um eine Sitzvorrichtung zur Unterhaltung von Kindern, bei dem über den Köpfen der Kleinen ein Schwenkkasten für ein iPad oder Tablet angebracht war. Für gerade einmal 74,59 US-Dollar auf Amazon erhältlich, wurde sie mit Gratis-Apps geliefert, die mit Texten wie »zur Förderung der kindlichen Entwicklung«, »zur Beruhigung« oder »für das frühe Lernen« beworben wurden.

Auf dem bei Amazon abgebildeten Produktfoto ist ein Säugling zu erkennen, vor dem ein iPad baumelt, das sich gerade einmal in Baby-Armeslänge vor seinem Gesicht befindet. (Diese kurze Distanz ist wahrscheinlich darauf zurückzuführen, dass der optimale Sehabstand bei Neugeborenen etwa 15 bis 20 Zentimeter beträgt.) Auf diese Weise ist das arme Ding von der Technologie eingesperrt, bevor es überhaupt über die motorischen Fähigkeiten verfügt, das Gerät zu bedienen, oder die Kraft hat, seinen Kopf zu drehen. Insofern sollte das Gerät statt Apptivity Seat wohl eher Captivity Seat heißen (vom englischen Wort für Gefangenschaft).

Eine Funktion wurde besonders hervorgehoben: »Ihr iPhone bleibt sicher im Gestell verstaut und wird so vor Flecken durch Kleckern und Sabbern geschützt.« Das ist wirklich sehr aufmerksam. Das iPad bleibt sauber, doch wer kümmert sich in der Zwischenzeit darum, das Kind vor Schaden zu bewahren?

Von Verbraucherschützern schnell als das »schlechteste Spielzeug des Jahres« betitelt, wurde die Produktion des Apptivity Seat vom Hersteller bald eingestellt.[117] Die Apps dagegen sind im Internet immer noch erhältlich und können mit dem Apptivity Gym verwendet werden, bei dem ein Gerät über dem Kopf eines auf einer Decke liegenden Säuglings befestigt wird.

Folgendes beunruhigt mich dabei: Lassen Sie uns damit beginnen, dass Mobiltelefone und andere drahtlose Geräte laut unzähligen Gesundheitsexperten aufgrund der unbekannten Auswirkungen des Elektrosmogs auf den empfindlichen, in der Entwicklung befindlichen Körper von Babys für Neugeborene gefährlich und wahrscheinlich sogar krebserregend sind.[118] Außerdem wissen wir nicht, wie das Betrachten des Tablet-Bildschirms sich auf die Entwicklung der frühkindlichen Sehfähigkeit auswirkt. Eine sehr interessante Reihe von Experimenten, die 1958 mit Kätzchen durchgeführt wurde (und den verantwortlichen Wissenschaftlern einen Nobelpreis bescherte) zeigte, dass visuelle Reize bei der Geburt, wenn das Gehirn noch außerordentlich formbar ist, unumkehrbare Langzeitfolgen haben.[119] Untersuchungen dieser Art sind für die Einschätzung der Auswirkungen visueller Stimuli wie der von Digitalbildschirmen von großer Bedeutung, weil sie beweisen, dass Sinnesreize wesentlich für die Entwicklung der Sehfähigkeit Neugeborener sind.

Außerdem macht mir Sorgen: Wenn ein Säugling oder Kleinkind zu viel Zeit mit dem Internet und seinen Stimulanzen verbringt und keine Verbindung zur realen Welt mit seinen realen Menschen, realen Tieren, realen Spielzeugen und realen Gegenständen aufbaut, kann das andere wichtige vorschulische Fähigkeiten wie das Mitgefühl, die soziale Kompetenz und das Problemlösungsverhalten beeinträchtigen. Diese Fähigkeiten werden vor allem durch die Auseinandersetzung mit der natürlichen Umgebung und der beim ungeordneten, kreativen Spiel zum Einsatz kommenden Phantasie erlernt.

Sich einfach nur zu bewegen – Bewegung um der Bewegung willen – ist für die Lungen, das Herz-Kreislaufsystem und den gesamten menschlichen Körper von Nutzen, aber für ein Kind, dessen sensorische und motorische Fähigkeiten sich erst noch ausbilden müssen, ist Bewegung von essentieller Bedeutung. Letztlich erfährt ein Mensch erst durch die Bewegung in der Welt, wie man einen Notizblock in die Hand nimmt, einen Baum besteigt, einen Hügel hinunterläuft und eine Sandburg baut. Wie sich gezeigt hat, sind diese visuell-motorischen Kompetenzen für den späteren Erfolg in der Mathematik und den Naturwissenschaften ebenfalls wichtig.

Laut seiner Beschreibung förderte der Apptivity Seat die »kindliche Entwicklung« und das »frühe Lernen« (nicht zu vergessen die »Beruhigung«). Vielleicht fragen Sie sich genau wie ich, wer die Bildungsinhalte von Videos, DVDs, Tablets und Telefon-Apps für Kleinkinder reguliert. Wieso dürfen diese Unternehmen derart positive Behauptungen aufstellen, wenn diese Produkte vielleicht allzu oft mehr schaden als nutzen?

Die Antwort ist in vielerlei Hinsicht verstörend: Solange es keine harten wissenschaftlichen Fakten gibt, die die Aussagen der Unternehmen *widerlegen*, dürfen die Firmen offenbar so gut wie alles behaupten. Es macht mich traurig, dass nicht etwa das Wohlergehen der Kinder, sondern Profit und reine Gier die treibenden Kräfte sind, denn bis abschließende Untersuchungen vorliegen, tappen wir im Dunkeln. Und bis dahin gibt es wirklich keine Möglichkeit, diese neuen technischen Geräte und Produkte wissenschaftlich auszuwerten oder abzuschätzen und herauszufinden, ob deren Vehikel, der Touchscreen und die computergenerierte Tiefenwahrnehmung, der Sehfähigkeit und dem Augenlicht schaden. Nur Langzeitstudien werden die tatsächlichen Auswirkungen offenbaren, doch bis dahin mag für eine ganze Generation junger Kinder die kritische Entwicklungsphase bereits vorbei sein.

Lassen Sie uns jedoch schon einmal mit den Dingen beginnen, die bereits bewiesen und von Kurzzeitstudien belegt wurden[120]:

- Säuglinge und Kleinkinder verstehen bis zu ihrem zweiten Lebensjahr nicht wirklich, was sie auf dem Bildschirm vor sich sehen; daher kann dieses Erlebnis weder das Wissen, das Verständnis noch die kognitiven Fähigkeiten erhöhen.
- Wenn ein Bildschirm eingeschaltet ist, spielt ein Kind mit geringerer Wahrscheinlichkeit alleine vor sich hin, indem es die reale Welt erkundet – doch nur so funktioniert reales Lernen.
- Wenn ein Bildschirm eingeschaltet ist, neigen die Eltern dazu, sich seltener mit ihren Kindern zu unterhalten, was für den Spracherwerb eines Kindes sehr schädlich ist. Mehr Zeit vor dem Bildschirm bedeutet zudem geringeren Blickkontakt und weniger Lesen der Gesichtszüge.

Und nun setze ich zum finalen Schlag an. Bereiten Sie sich vor! 1999, also vor mehr als fünfzehn Jahren, sprach die angesehene Kinderarztvereinigung American Academy of Pediatrics (AAP) sich gegen den Einsatz von Bildschirmen, inklusive Fernsehgeräten, bei Kindern unter zwei Jahren aus.[121]

Ich bin neugierig: Haben Sie davon gehört? Zunächst sprach die AAP noch von einem »Hinweis«, denn damals war nichts Eindeutiges über den Medienkonsum von Kleinkindern bekannt. Doch dank der Untersuchungen, die in den folgenden fünfzehn Jahren unternommen wurden, basiert diese Empfehlung mittlerweile auf tatsächlichen Forschungsergebnissen. Im Jahr 2011 veröffentlichte die AAP eine wissenschaftlich gestützte Grundsatzerklärung, die von Mediennutzung für Kinder unter zwei abriet.

So ist es – Sie haben richtig gelesen. Oder ist es Ihnen entgangen?

Kein Fernsehen für Kleinstkinder! Keine Apps mit lustigen Cartoons auf den Mobiltelefonen der Eltern oder Babysitter! Die AAP ist der Ansicht, solche Dinge könnten negative Auswirkungen auf die kindliche Entwicklung haben. Dennoch sind die elektronischen Medien, die auf Säuglinge im Alter von einem bis achtzehn Monaten abzielen, in letzter Zeit explodiert und zu einem Multi-Millionen-Geschäft angewachsen, das Computerspiele für sehr junge Kinder – manche davon gerade einmal neun Monate alt – verkauft. Ganze Fernsehsender sind mittlerweile entstanden, die auf Kinder im Alter von gerade einmal zwölf Monaten abzielen. Und wer könnte je den Apptivity Seat vergessen, der laut Beschreibung für Neugeborene geeignet ist?

Warum findet sich der wichtige Warnhinweis der AAP nicht auf den Werbematerialien und den Verpackungen der Baby-Apps und Tablet-Software, die eigens auf Kleinstkinder abzielen? Ich wünschte, ich hätte darauf eine Antwort.

Kleinkinder und Tablets

Das Tablet als »Spielzeug« für Kleinkinder im Alter von zwei bis drei Jahren ist inzwischen allgegenwärtig – und oft bewundern Eltern die Geschwindigkeit, mit der ihre Sprösslinge lernen, über den Touchscreen zu wischen: So einfach und simpel, es scheint fast intuitiv zu sein. Diese Geräte haben wie das Mobiltelefon hinsichtlich der Zeit, die Kinder vor dem Bildschirm verbringen, zu einer Wende geführt und das Alter der Nutzer erheblich gesenkt. Anders als Desktop-PCs oder Laptops können Tablets von jedem Kind bedient werden, das alt genug ist, seinen Finger zu heben.

Das grundlegende Problem ist in meinen Augen das zeitgenössische Verständnis (oder Missverständnis), dass Kinder ständig beschäftigt werden müssten. Ähnlich wie beim Apptivitiy Seat, der darauf ausgelegt ist, ein umherstreifendes Kind in seine Schranken zu weisen und für die Technologie zu begeistern, ist ein Tablet in der Hand eines Kindes ein Instrument, das Eltern und Bezugspersonen einsetzen, um ein paar Minuten oder Stunden für sich allein zu haben.

Was soll dabei schon passieren, nicht wahr?

Und überhaupt, was ist mit all den anderen Eltern, die ihrem Nachwuchs diese nützlichen kleinen Apparate überlassen? Millionen von Menschen können nicht irren, oder?

Sie können!

Diesen Bereich habe ich ausführlich erforscht – und im Jahr 2015 einen Übersichtsartikel mit dem Titel »Cyber Babies. The Impact of Emerging Technology on the Developing Infant« veröffentlicht.[122] Ich weiß nicht, wo ich mit all meinen Sorgen über Cyberbabys, die elektronische Geräte benutzen, überhaupt anfangen soll. Zunächst einmal kann ein körperliches Risiko bestehen. Wie ich weiter oben bereits ausführte, wissen wir immer noch nicht, inwiefern sich der Elektrosmog von Mobiltelefonen oder Tablets auf Kinder auswirkt, die in dieser Hinsicht anfälliger sind als Erwachsene. In einem Bericht des *Journal of Microscopy and Ultrastructure* aus dem Jahr 2013 warnen die Autoren davor, dass Föten am stärksten durch die Strahlung elektromagnetischer Felder (Elektrosmog) gefährdet sind, weshalb werdende Mütter keine Handys in ihrer Kleidung mit sich führen sollten.

Als Nächstes möchte ich die Frage stellen, wie glaubwürdig der von App-Entwicklern behauptete »pädagogische« Nutzen dieser Anwendungen überhaupt ist. Tausende solcher Programme sind bislang entstanden und für Kleinkinder und Kinder unter fünf Jahren vermarktet worden.[123]

Irgendwann kam es zu einer Fehlinterpretation der Neurobiologie, die Eltern zu der Annahme verleitete, jede Art von Reiz sei für ein Kind hilfreich. Fälschlicherweise glauben sie, dass ein junges Gehirn ständig herausgefordert und beschäftigt werden will, als ob die Eltern fürchteten, das reale Leben – womit wohl ein Leben ohne Bildschirme gemeint sein dürfte – würde ein Kind langweilen. Die Angst vor einem Wutanfall der Kleinen könnte ein weiterer Grund sein, warum Eltern und andere Bezugspersonen ein Tablet oder ein Handy aus der Tasche ziehen, um junge Kinder zu besänftigen oder ruhigzustellen. Ich habe Artikel von Psychologen gelesen, die solche Geräte als »Halt-die-Klappe-Spielzeuge« bezeichnen.

Selbst wenn die Schädlichkeit dieser Geräte an sich nicht bewiesen wurde, führt allein die Zeit, die der Nachwuchs nicht in der realen Welt mit Dingen verbringt, die nachweislich der kindlichen Entwicklung zuträglich sind, zu negativen Auswirkungen. Wiederholt wurde bereits der Beweis erbracht, dass mindestens sechzig Minuten *ungeordneten Spiels* am Tag – Zeit, in der die Kinder entweder allein oder mit anderen Kindern und ohne elterlichen oder technologischen Einfluss Spaß haben – von essentieller Bedeutung sind. In dieser Zeit nutzt ein Kind seine Phantasie und Kreativität und übt sich in Entscheidungsfindung sowie Problemlösung. Dieses ungeordnete Spiel hilft Kindern dabei, ein frühes mathematisches Verständnis für Dinge wie Formen, Größen, Ordnung und einfaches Zählen zu entwickeln. Gleichzeitig trainieren sie ihre feinmotorischen Fähigkeiten und ihre Hand-Augen-Koordination.

Aus diesem Grund sind viele Experten für kindliche Entwicklung der Ansicht, dass die besten Spielzeuge solche mit den wenigsten Regeln sind. Denn beim Spiel erfährt das Kleinkind etwas über die Welt.

Was geschieht aber mit einem Kind, das den Großteil seines Tages mit einer interaktiven App verbringt, in der Gegenstände in die Luft fliegen, verschwinden, wieder auftauchen und sich insgesamt nicht an die Gesetze der Physik halten? Es ist durchaus möglich, dass solche Angewohnheiten den Erwerb der sogenannten »Objektpermanenz« behindern. Dieser Meilenstein der kindlichen Entwicklung wurde entdeckt, als der bekannte Entwicklungspsychologe Jean Piaget untersuchte, wie die kindliche Wahrnehmung der Welt sich mit dem Alter ändert. Er argumentierte, dass Kinder sich aktiv am Wissenserwerb beteiligen, und erklärte, dass kognitive Fähigkeiten in mehreren Phasen entstehen. Er umriss vier Stadien intellektueller oder kognitiver Entwicklung, wobei das erste, das sogenannte »sensomotorische Stadium«, sich von der Geburt bis zum achtzehnten Lebensmonat erstreckt. Ab einem bestimmten Zeitpunkt seiner intellektuellen Entwicklung erkennt ein Kleinkind, dass ein Spielzeug auch dann noch existiert, wenn es entfernt wird – oder sich außer Sichtweite befindet. Diese Erkenntnis des Kindes wird »Objektpermanenz« genannt. Manche mögen nun wohl der Ansicht sein, dass magisches Denken der Kreativität zuträglich ist, doch das Spielzeug ist ein fassbarer Gegenstand – Materie – und kann sich aufgrund der fundamentalen Regeln der Physik nicht einfach in Luft auflösen. Wenn dieser Meilenstein logischer Entwicklung während eines bestimmten Zeitfensters vor dem dritten Lebensjahr nicht in angemessener Weise erreicht wird, kann das hinsichtlich der Ausbildung kognitiver Fähigkeiten ungeahnte Folgen haben.

In Anbetracht der ethischen Vorbehalte, potentiell schädliche wissenschaftliche Forschung mit Kleinkindern – oder Kindern überhaupt – durchzuführen, werden wir wohl nie wirklich erfahren, welche Auswirkungen interaktive Bildschirme haben – bis es zu spät ist. Ein Großteil dessen, was wir über die klassische Konditionierung und die frühkindliche Entwicklung wissen, kam bei einer Reihe grauenhafter Experimente ans Licht, die durchgeführt wurden, bevor die moralische Debatte über angemessene und menschliche Behandlung von Probanden entstand. Tragischerweise unternahm eine Reihe US-amerikanischer Psychologen ähnliche Experimente mit Kleinst- und Kleinkindern wie der berühmte russische Verhaltensforscher Iwan Petrowitsch Pawlow mit Hunden.

Die vielleicht erschütterndste, aber auch bahnbrechendste Arbeit stammt aus den 1920er Jahren. Der Verhaltenspsychologe und Anhänger des Behaviorismus John B. Watson und seine Doktorandin Rosalie Rayner führten an der Johns Hopkins University Forschungen mit einem neun Monate alten Baby namens »Little Albert« durch, dem Sohn einer Amme, die auf dem Campus der Universität lebte und arbeitete. Die Amme erhielt einen Dollar dafür, dass der Kleine an einer Versuchsreihe teilnahm, mit der Watson zu beweisen gedachte, dass man mittels Konditionierung bei einem Kind eine ängstliche Reaktion auf so gut wie alles und jeden auslösen kann.

Armer kleiner Albert! Der vertrauensselige, freundliche, dicke blonde Junge wurde in einem sterilen Laborumfeld einer endlosen Reihe schrecklicher Geräusche und furchterregender Anblicke ausgesetzt, während Watson die Wirkung der Konditionierung untersuchte. Zur Stimulierung zeigte er dem Kind unter anderem eine weiße Ratte, ein Kaninchen, einen Affen, eine Maske sowie brennende Zeitungen. Zunächst offenbarte das Kind keinerlei Ängste.

Um nun Furcht vor Ratten im kleinen Albert auszulösen, schlug Watson das nächste Mal, als er dem Jungen die Ratte vorführte, mit einem Hammer auf ein Metallrohr und erzeugte so ein lautes, verstörendes Geräusch. Wie jedes Baby fing der Kleine an zu weinen. Die weiße Ratte und das laute, verstörende Geräusch wurden dem Kind wiederholt vorgeführt, bis Albert schließlich allein schon beim Anblick der Ratte in Tränen ausbrach.

Angst – und damit auch andere Gefühlsreaktionen – wurden erfolgreich konditioniert. Wenn Sie bei Google nach »Watson« und »Little Albert« suchen, werden Sie viele Bilder des weinenden armen kleinen Jungen finden.

B.F. Skinner war ein weiterer Vertreter des Behaviorismus, der mittels der sogenannten »Skinner-Box« bahnbrechende Ergebnisse erzielte.[124] In dieser Box, einem Käfig, konnten Tiere kontrollierten Bedingungen ausgesetzt und genau beobachtet werden, während man sie mit Lichtern, Geräuschen, projizierten Bildern und sogar Elektroschocks reizte. Außerdem war es dort möglich, ein bestimmtes Verhalten durch die Vergabe von Nahrung und Wasser zu verstärken. Damals war das alles vielleicht gut und schön, weil es noch keine Tierrechtsvereinigungen oder PETA gab, die sich beschweren oder ihn mit Farbe bewerfen konnten. Das änderte sich allerdings, als Skinner seine eigene Tochter Deborah in eine von ihm gebaute Box setzte, ein gleichmäßig warmes, kontrolliertes Umfeld in Form eines übergroßen »luftigen Kinderbetts« aus Metall, das aus drei Wänden und einem Glasfenster bestand. Dort schlief und spielte das kleine Mädchen die ersten beiden Jahre ihres Lebens. Skinner versuchte mit seiner sogenannten »Air Crib« (die er herstellen und vermarkten wollte) das Leben der Eltern zu erleichtern, während er gleichzeitig eine warme und sichere Umgebung für das Baby schuf. Deborah und dreihundert weitere Kinder wuchsen in diesen Betten auf, berichteten jedoch von keinerlei negativen Auswirkungen. Dennoch kam es 1945 zu einem öffentlichen Aufschrei, als das *Ladies' Home Journal* ein Foto von Skinners Tochter veröffentlichte, das sie in einem Kasten zeigte, der an einen Glaskäfig erinnerte.

Würde irgendwer heute einen Aufstand machen, wenn dieselbe Zeitschrift das Bild eines zweijährigen Kindes beim Spiel mit einem Tablet oder Handy abdruckte? Ist dieser Anblick bereits Normalität geworden? Können wir irgendetwas tun, um dem entgegenzuwirken?

Vorschulkinder: lesen und schreiben lernen

Natürlich zerstört nicht jede Technologie die Kindheit oder wirkt sich negativ auf die kindliche Entwicklung aus. Wir leben in einer Internetwelt, und Kinder müssen lernen, sich dort zurechtzufinden – was aber noch viel wichtiger ist: Eltern brauchen bessere Richtlinien, um die Auswirkungen des World Wide Web abzuschätzen. Ich habe nicht den geringsten Zweifel, dass E-Books bei älteren Kindern zwischen vier und fünf Jahren den Wortschatz erweitern und das Leseverständnis fördern. Es gibt vielversprechende Hinweise, dass die frühe Lese- und Schreibfähigkeit mittels phonetischer Übungen, dem spielerischen Umgang mit Buchstaben und Worten zunehmen kann. Außerdem sind E-Books aufgrund all der Glöckchen und Pfeifen, der Animationen, der lustigen Stimmen, der Soundeffekte, des Touchscreens, der hervorgehobenen Textpassagen und eingebetteten Spiele zuweilen fesselnder als althergebrachte Bücher. Unfassbare 72 Prozent der meistverkauften »pädagogischen« Apps bei iTunes zielen auf Vor- und Grundschüler ab. Mit den Digital- und Mobilfunktechnologien kann man eine Menge Geld verdienen, und wir alle, Eltern eingeschlossen, lassen uns von der begrenzten wissenschaftlichen Forschung hinter neuen Produkten allzu leicht täuschen. Suchen Sie in einem App Store im Internet nur einmal nach dem Begriff »Kids«, und schon erhalten sie mehr als 60 000 Ergebnisse. Der Markt sogenannter Bildungs-Apps ist zu einem Multi-Millionen-Geschäft angewachsen. Das ist

»Szientismus«, also übertriebener Glaube an die Kraft der Wissenschaft, in ihrer schlimmsten Ausprägung.

Tatsächlich sind es jedoch genau jene Eigenschaften, die diese Apps so aufregend und fesselnd zugleich machen, die Kinder erwiesenermaßen vom realen Lernen ablenken. Belanglose E-Book-Erweiterungen behindern das Verständnis oder die kindliche Fähigkeit, einer Geschichte zu folgen. Während Ihr Nachwuchs also scheinbar stillsitzt und sein »Buch« genießt, wird er tatsächlich nur stimuliert, ohne etwas zu lernen.

Es ist wohl bekannt, dass Kinder aus Videoaufnahmen weniger mitnehmen als aus dem realen Leben, ein Phänomen, das Entwicklungspsychologen als »Videodefiziteffekt« bezeichnen. Oft ist es so, dass eine Sache, die im wahren Leben nur eines einzigen Versuchs bedarf, um beherrscht zu werden, bei einem Video mehrere Anläufe benötigt. Wenn junge Kinder von ihren Eltern oder Bezugspersonen direkt angesprochen werden, nehmen sie neue Begriffe schnell auf und lernen eine Sprache im Nu. Das tun sie jedoch nicht, wenn sie Gespräche nur im Fernsehen sehen oder Unterhaltungen zwischen Erwachsenen lauschen, deren Aufmerksamkeit nicht ausschließlich ihnen gilt. Studien haben gezeigt, dass ein durchgängig eingeschaltetes Fernsehgerät als ständiges Hintergrundgeräusch in den eigenen vier Wänden ähnliche Verzögerungen beim Spracherwerb auslösen kann. Kinder können menschliche Stimmen nicht gut herausfiltern, wenn ständiger Lärm im Haus herrscht.

Apps werden in der Werbung stets als »interaktiv« bezeichnet, um auf diese Weise Eltern anzusprechen, vielleicht, weil diese irgendwann gelesen oder gehört haben, dass Kinder mehr durch »Interaktion« als durch passives Beobachten lernen. Und tatsächlich ist der Gebrauch einer hochgradig interaktiven App eine ganz andere, sehr viel dynamischere Angelegenheit für ein Kind, als Fernsehen zu schauen, aber meiner Ansicht nach keine bessere. Die Interaktivität eines Tablets kann für ein junges Kind eine sehr viel größere Ablenkung und einen viel größeren Reiz bedeuten. Nicht jede Bildschirmzeit ist gleich.

Was ist der beste Weg? Ab welchem Alter sollte man einsteigen und mit welchem Gerät?

Zu dieser Frage werden immer mehr Stimmen und Meinungen laut.

Meine Sorge gilt vor allem den Millionen von Eltern, die aufgrund neuer Normen orientierungslos sind, weil diese Normen nicht etwa auf verhaltenspsychologischen oder sozialwissenschaftlichen Erkenntnissen basieren, sondern auf der Arbeit von Werbeleuten und der cleveren Technologie-Industrie. (Ich halte es für fast schon ironisch, dass die »wissenschaftlichen« Inhalte für Kinder immer mehr zunehmen, die tatsächliche Forschung zu den Auswirkungen auf die kindliche Entwicklung dagegen nicht.) Ohne staatliche Regulierung oder die Einführung einer Internetethik, die die Behauptungen von App-Entwicklern überprüft, ist das Kinderzimmer zu einem freien Jagdrevier geworden, was die Frage des Umgangs für die Eltern nur noch besorgniserregender macht. Wie können wir von ihnen verlangen, sich einen Reim auf diese neuen Geräte, Apps und Technologien zu machen und die beste Entscheidung für ihre Familien zu treffen?

Am einen Ende des Spektrums befindet sich die Spielzeugindustrie, die jedem Neugeborenen nur allzu gern ein iPad in die Hand drücken würde. Am anderen Ende stehen einige überaus konservative Ansichten, wie sie etwa Cris Rowan, eine amerikanische Ergotherapeutin für Kinder, Expertin für kindliche Entwicklung und Gründerin von Moving to Learn, formuliert.[125] Sie empfiehlt, Kindern nur eingeschränkten oder gar keinen Zugang zu Bildschirmen zu gewähren:

- Nur eine Stunde Fernsehen am Tag für Kinder von drei bis fünf Jahren.

- Keine mobilen Geräte oder Videospiele für Kinder unter dreizehn Jahren, und ein limitierter Zugang von dreißig Minuten für Jugendliche von dreizehn bis achtzehn Jahren.

Laut Rowan ist mittlerweile eines von drei Kindern beim Schuleintritt in seiner Entwicklung gehemmt, was sich negativ auf die Lese- und Schreibfähigkeit und die schulischen Leistungen auswirkt. Die Empfehlungen von Moving to Learn mögen streng erscheinen, doch es gibt immer mehr Anzeichen für ein wachsendes Problem, während Lehrer und Betreuer in Grund- und Vorschulen zunehmend von höheren Raten verzögerter Entwicklung bei Kindern schon bei der Einschulung berichten. In Großbritannien spricht die Association of Teachers and Lecturers von einem starken Wachstum der mit dem um sich greifenden Tablet-Gebrauch verbreiteten Schwierigkeiten bei Vorschulkindern, darunter Verzögerungen bei der Konzentrationsfähigkeit, den feinmotorischen Fähigkeiten und der Geschicklichkeit, dem Spracherwerb und der Sozialisation, nebst einem Anstieg von aggressivem und unsozialem Verhalten, Fettleibigkeit und Müdigkeit.

Britische Lehrer berichten zudem von einer wachsenden Zahl Kinder, die zwar Experten in der Bedienung eines Touchscreens sind, aber nicht über genug Geschicklichkeit verfügen, um Bauklötze in die Hand zu nehmen und mit ihnen zu spielen.[126] Bei einer Zusammenkunft von Lehrern in Manchester rief man angesichts der sich ausbreitenden »Tablet-Abhängigkeit« um Hilfe. Ein anderer Lehrer in Nordirland sprach wiederum davon, dass junge Schüler, denen exzessives Computerspiel vor dem Zubettgehen erlaubt war, am nächsten Tag geradezu mit einem »Digitalkater« und »einer so geringen Aufmerksamkeitsspanne« im Unterricht erschienen, »dass sie gar nicht erst hätten aufzutauchen brauchen«.

Was passiert, wenn ein Kind mit einem Tablet spielt, aber nie die Möglichkeit erhält, in einem echten Buch zu lesen?

Leider muss man gar nicht lange suchen, um die Antwort auf diese Frage zu finden. Man muss beispielsweise nur die Aufnahme eines einjährigen Mädchens ansehen, die auf YouTube fast 5 Millionen Klicks erreicht hat.

Jemand drückt dem Kind eine Zeitschrift in die Hand. Die Kleine legt das Heft in ihren Schoß und wischt mit ihrem Finger expertengleich über die Seiten des Magazins, als ob es ein Touchscreen wäre. Sie wundert sich, dass die Abbildungen sich nicht ändern. Dann versucht sie, eines der Fotos zu vergrößern, indem sie es mit Daumen und Zeigefinger auseinanderzieht – eine weitere, für die Bedienung eines Touchscreens typische Geste. Der Gedanke, die Seiten umzublättern, ist ihr allerdings fremd.

Dieses Mädchen beweist sehr eindrücklich, dass ein sogenannter »Digital Native« (digitaler Ureinwohner) vor einem Bildschirm zwar hervorragende Leistungen erbringen mag, in der realen Welt aber eingeschränkt ist und diese unter Umständen nicht einmal als seinen Handlungsbereich erkennt.

Ich habe die Befürchtung, dass uns die Digitaltechnologien unvermeidlich weitere Experimente dieser Art einbringen werden. Es gibt jedoch keinen Grund, aufzugeben und stets das Schlimmste zu erwarten. Dank des MIT-Wissenschaftlers Deb Roy, eines Professors für Linguistik, der den kindlichen Spracherwerb erforscht, kam es erst kürzlich zu einem sehr nützlichen Einsatz von Technologien, als er die gesamten ersten drei Lebensjahre seines Sohnes mit überall im Haus angebrachten Webcams aufzeichnete, um so zu untersuchen, wie Sprache entsteht.

Im Rückgriff auf frühe Experimente zur Konditionierung bewies Roy, wie der Kleine durch enge Feedbackschleifen zwischen ihm, seinem Vater, seiner Mutter und seinem Kindermädchen sprechen lernte (und nicht mit Hilfe von Baby-Einstein-Videos). In seinem beliebten TED-Vortrag »The Birth of a Word« (»Die Geburt eines Wortes«) führte Roy in nur einer Minute vor, wie sein Kind den Ausdruck »Wasser« zu sprechen erlernt hatte.[127] Um dies zu erreichen, sammelte er 90 000 Stunden Videomaterial und fasste sie mit Hilfe eines Programms in kurze Sequenzen zusammen, die die Entwicklung des Lauts »Gaga« in das Wort »Wasser« beleuchtete. Roy setzt seine Arbeit bis heute fort und hat ein weniger aufdringliches Gerät namens »Play Lamp« entwickelt, das er bei einer Pilotuntersuchung zum Thema Autismus verwendet.

Der Schlaf & die elektronischen Medien

Die Kunst des Einschlafens ist ein wichtiges Überlebenswerkzeug. Experten für kindlichen Schlaf bieten eine Vielzahl unverzichtbarer Vorschläge für die Etablierung gesunder Schlafgewohnheiten bereits in den ersten Lebensjahren an. (Manche davon sind auch bei Erwachsenen keine schlechte Idee.) Sorgen Sie für gedämpftes Licht, spielen Sie beruhigende Musik, und reduzieren Sie Aufregung und Aktivität vor dem Zubettgehen auf ein Minimum. Zudem sollte ein Ritual eingeführt werden, um das Kind (und Sie selbst) physisch und psychisch durch klassische Konditionierung auf den Schlaf vorzubereiten. Das sind Hilfsmittel, die tatsächlich funktionieren.

Es gilt mittlerweile als erwiesen, dass Fernsehen vor dem Zubettgehen keine gute Idee ist, weil es den Schlaf verzögert. Noch schlimmer sind aufregende interaktive Apps. Tablets werden Kindern zwar gern in die Hand gedrückt, um sie ruhigzustellen, doch selbst die angeblich »beruhigenden« sind immer noch äußerst anregend.

Bildschirme können bei Kindern und Erwachsenen zu

Schlafstörungen führen.[128] Das scheint bei allen »lichtabstrahlenden Geräten« der Fall zu sein.[129] Die US-amerikanischen National Institutes of Health berichten von Forschungsergebnissen, nach denen das Betrachten eines Bildschirms, sei dies eines Computers, einer Spielkonsole, eines Tablets, eines Mobiltelefons oder eines Fernsehers, Schlaflosigkeit und daraus folgend Müdigkeit am Tage auslösen kann. Wenn Jugendliche oder junge Erwachsene Computer nutzen, ob nun zum Spielen, Surfen oder Lesen, beschwört das Schlafprobleme herauf, ebenso wie der Einsatz von Smartphones zu denselben Zwecken.

Warum? Weil der helle Bildschirm die innere Uhr durcheinanderbringen kann. Es könnte auch sein, dass die Leute Bildschirme einfach mit außerordentlich interaktiven Beschäftigungen und Aktivitäten assoziieren. Ist Ihr Kind daran gewöhnt, aufregende und überaus stimulierende Spiele auf einem Tablet zu spielen, dann verbindet es das Gerät mit diesem Reiz – und keine noch so große Menge »beruhigender« Apps vermag diese Konditionierung auszuhebeln. Ich persönlich nutze auf meinen Geräten eine App, die im Lauf des Tages die Bildschirmhelligkeit anpasst: warm am Abend; hell wie das Sonnenlicht am Morgen.

Abermals besteht das eigentliche Problem in der zeitgenössischen Auffassung, dass Kinder die ganze Zeit beschäftigt werden wollen. Und dann müssen wir ein Mittel gegen ihre Reizüberflutung finden. Sherry Turkle, Psychologin und Professorin für die Sozialwissenschaft der Forschung und Technologie am MIT sowie Autorin von *Verloren unter 100 Freunden*, einem vieldiskutierten Buch, das nachzeichnet, wie die virtuelle Welt das Familienleben verändert, erläutert diese Angst vor einem »gelangweilten« Kind:

> Die Einsamkeit und das Alleinsein kennenzulernen ist der Grundstein frühkindlicher Entwicklung, und Sie möchten doch nicht, dass Ihr Kind das versäumt, weil Sie es mit einem elektronischen Gerät ruhigstellen?[130]

Ruhigstellen oder reizüberfluten? Müdigkeit ist ebenso wie Langeweile etwas ganz Natürliches und bedarf keiner besonderen Geräte oder Eingriffe außer des folgenden einfachen Mittels: zu Bett zu gehen. Es ist jedoch sinnvoll, darauf hinzuweisen, dass Kinder und Erwachsene sich aus Müdigkeit manchmal anders verhalten. Erwachsene sind dann üblicherweise benebelt und lustlos. Kinder dagegen überkompensieren ihre Müdigkeit zuweilen und werden aufgedreht und hyperaktiv. Ein schläfriges Kind kann schlechtgelaunt, emotional aufbrausend, aufgeregt oder gar aggressiv sein. Bei einer Studie, an der 2463 Kinder im Alter von sechs bis fünfzehn Jahren teilnahmen, stellte sich heraus, dass Kinder mit Schlafstörungen häufiger unachtsam, hyperaktiv und impulsiv waren und Trotzverhalten zeigten.[131]

Aus diesem Grund wird Schlafmangel bei Kindern manchmal mit ADHS verwechselt. Laut der National Sleep Foundation leiden mehr als zwei Drittel aller US-amerikanischen Kinder ein oder mehrmals pro Woche an Schlafstörungen. Außerdem sind Kinder mit diagnostiziertem Aufmerksamkeitsdefizitsyndrom erwiesenermaßen anfälliger für Schlafmangel, der wiederum die Symptome von ADHS enorm verstärken kann. Bei einer Studie zeigte sich sogar, dass die Behandlung von Schlafproblemen allein bei manchen Kindern bereits reichte, um Aufmerksamkeitsstörungen und Hyperaktivität zu beseitigen.

Der Anstieg von ADHS

Manche Experten für frühkindliches Lernen sind der Auffassung, es gebe eine Verbindung zwischen dem Anstieg von ADHS und dem Bildschirmgebrauch von Kindern.[132] ADHS ist heute die am weitesten verbreitete psychische Störung unter US-amerikanischen Kindern und Jugendlichen. Ist es ein Zufall, dass ausgerechnet dann, als das iPad, das iPhone und andere Digitalgeräte amerikanische Haushalte zu überfluten begannen, die Zahl der ADHS-Diagnosen bei Kindern anstieg, wie neurobiologische Forschungen zeigen?[133] Das allein können wir noch nicht als Korrelation deuten, denn wenn zwei Variablen gemeinsam auftreten, bedeutet das noch lange nicht, dass sie sich gegenseitig bedingen. Ich glaube jedoch nicht an Zufälle. In der Forensik sagen wir: »So etwas wie Zufall gibt es nicht – nur gerichtlich verwertbare Beweise.«

Die Zahl junger Menschen, die aufgrund von ADHS medikamentös behandelt werden, nimmt jeden Tag zu.[134] Erschreckenderweise gehören auch 10 000 Kleinkinder im Alter von zwei bis drei Jahren zu den Patienten, die Berichten zufolge Medikamente zur Behandlung von ADHS einnehmen, obwohl eine Verschreibung an Kinder in diesem Alter jeder geltenden kinderärztlichen Richtlinie widerspricht.

Dr. Dimitri Christakis, Mediziner und Professor an der University of Washington, ist eine prominente Figur in der Debatte um die Verbindung zwischen Aufmerksamkeitsstörungen und interaktiven elektronischen Geräten. Als er auf seinen zweimonatigen Sohn aufpasste, erkannte Christakis, dass ruckartig über den Bildschirm flackernde Bilder den natürlichen Reflex des Neugeborenen auslösten, auf Veränderungen in seiner Umwelt anzusprechen. Als Christakis und seine Kollegen die Sache weiter untersuchten, fanden sie heraus, dass Kinder unter drei Jahren, die mehr als zwei Stunden am Tag vor dem Fernseher verbrachten, Schwierigkeiten bei der Konzentration hatten. Das bedeutet nun nicht, dass der Fernsehkonsum zwangsläufig für diese Probleme verantwortlich sein muss. Wie ich bereits an früherer Stelle erwähnte, kann das auch heißen, dass Kinder mit Verhaltensstörungen einfach öfter vors Fernsehgerät gesetzt werden.

Bei weiteren Untersuchungen zeigte sich Genaueres: Konzentrationsprobleme hängen vom Inhalt des konsumierten Programms ab. Während Bildungssendungen für Kinder keine Auswirkungen hatten, führten Unterhaltungssendungen, ob gewalttätiger Art oder nicht, zu Aufmerksamkeitsproblemen. Gewisse Zeichentrickserien und temporeiche Medien stehen mit Aufmerksamkeitsproblemen in Verbindung. Das brachte Christakis zu der Theorie, dass die Reizüberflutung des kindlichen Gehirns für die Entwicklung des Kindes schädlich sein kann. Der Stil mancher im Fernsehen ausgestrahlten Sendungen mit ihren schnellen Schnitten und rasant wechselnden Bildern löst die sogenannte »Orientierungsreaktion« des Kleinkindes aus, also den Reflex eines Menschen, auf Umgebungsreize wie merkwürdige Bilder oder Geräusche zu reagieren.[135] Laut Dr. Christakis ist es dieser Reflex, der die Aufmerksamkeit des Babys auf den Bildschirm bannt, was zu einer Reizüberflutung seines in Entwicklung befindlichen Gehirns führen kann.

Bei diesen Studien befasste man sich einzig und allein mit dem Fernsehen, das im Vergleich zur Interaktivität von Digitalgeräten, Apps und interaktiven Spielen fast schon einen medialen Dinosaurier darstellt. Es geht eher um Hyperstimulierung. Christakis sagt, eine der Stärken des iPads sei seine Interaktivität, die einem Kind erlaube, sich in seinem eigenen Tempo zu entwickeln, weshalb das Gerät für pädagogische Zwecke besonders geeignet sei. Tatsächlich ist wohl aber gerade die Interaktivität das Problem.

Der Ausdruck »interaktiv« ist eine Fehlbezeichnung. Wie Dr. Leonard Oestreicher, Familienmediziner und Mitglied der Society for the Study of Autism Spectrum Disorder and Social-Communication, erklärt, ist keine soziale Aktivität mehr möglich, wenn ein Kleinst- oder Kleinkind mit einem »interaktiven« Gerät spielt. »Es gibt keinen Blickkontakt, kein Abwechseln mit einem anderen Mitspieler, keine echten Stimmen, keine Möglichkeit für geteilte Aufmerksamkeit«, schreibt er. »Diese Bilder sprechen nicht auf die sozialen Angebote des Kindes wie Lächeln, Lachen oder Brabbeln an.«[136]

Christakis und seine Forscherkollegen entdeckten: Je mehr Fernsehen ein Kleinst- oder Kleinkind schaut, desto wahrscheinlicher bildet es bis zu seinem siebten Lebensjahr Aufmerksamkeitsdefizite aus, was dem Durchschnittsalter entspricht, in dem Kinder eine ADHS-Diagnose erhalten.[137] Eine andere Gruppe von Wissenschaftlern fand heraus, dass die ausgeprägte Nutzung von Bildschirmen, ob nun in Form von Fernsehgeräten oder von Videospielen, unter Umständen mit der Entstehung von Konzentrations- und Lernschwierigkeiten zusammenhängen und auf lange Sicht zu negativen Auswirkungen bei der Schulbildung führen kann. Außerdem wurde der Beweis erbracht, dass der starke Gebrauch von Bildschirmen die Fähigkeit zu aktivem Handeln negativ beeinflusst und Aufmerksamkeitsdefizite, kognitive Verzögerungen, Lernbeeinträchtigungen, erhöhte Impulsivität und die verminderte Fähigkeit zur Selbstregulation (das Vermeiden von Wutanfällen) verursacht.

Natürlich kann es viele Erklärungen für den Anstieg der ADHS-Diagnosen geben. Theorien über die Gründe für diesen Anstieg gibt es viele. Könnte es an einer Ernährung mit zu vielen Konservierungsstoffen oder Zucker liegen? Könnte eine zu große Menge an Hausaufgaben oder ein Mangel an Bewegung verantwortlich sein? Oder ist es einfach so, dass die

Krankheit heute öfter erkannt wird? Viele Experten sind jedoch der Ansicht, dass ein früher Kontakt mit Bildschirmen und dem mediengesättigten Umfeld von heute vielleicht nicht der Ursprung, aber doch zumindest ein wichtiger Faktor für den Anstieg von ADHS ist. Gewiss hat die Pharmaindustrie daraus jeden Vorteil gezogen und mehr Diagnosen angeregt. Die Medikation ist eine Hauptsäule der Behandlung – und wie sich herausstellt, macht sie auch vor Kleinkindern nicht halt.

Denken Sie nur einmal darüber nach:

Ablenkung durch Technologien = verminderter Blickkontakt
Eine stete Kost aus Technologien = Wutanfälle
Wutanfälle + mehr Technologien zur Beruhigung = Eskalation
Eskalation des Problems = Medikamente

Ja, das sind große Sprünge. Sie sind aber plausibel.

Gute Wissenschaft spiegelt oft den gesunden Menschenverstand wider. Und ich meine, wir alle wissen, wie sich Reizüberflutung anfühlt – und das Unvermögen, sich konzentrieren zu können. Bei einer Untersuchung von Vorschülern wurden zwei Klassenzimmer eingesetzt: eines mit schmucklosen weißen Wänden; ein anderes mit überaus fesselnd und bunt dekorierten Wänden. Die Forscher fanden heraus, dass die Kinder in den reizlosen Zimmern bessere Ergebnisse erzielten. Der visuell »anspruchsvolle« Raum wirkte sich hingegen auf die Fähigkeit der Kinder aus, auf Anweisungen zu hören und zu lernen. »Das dekorierte Klassenzimmer führte dazu, dass die Kinder sich öfter Auszeiten von ihren Aufgaben nahmen als im spärlich ausgestatteten Raum, was wiederum verminderte Lernerfolge hervorbrachte.«[138]

Kann die Lust auf Reizüberflutung in jungen Kindern erzeugt werden, ähnlich wie eine ständige Diät aus zuckerhaltigen Snacks einen gesteigerten Appetit auf Süßigkeiten verursachen kann? Unabhängig davon, ob die Bahnen im Gehirn vom Kontakt mit außerordentlich aufregenden Videospielen und Unterhaltungsformaten auf elektronischen Geräten nun beeinflusst werden oder nicht, kann schon allein der Unterschied zwischen den langsamen Freuden der realen und dem schnellen Nervenkitzel der virtuellen Welt ein Verlangen oder einen Appetit nach mehr Aufregung hervorrufen: eine Art »Abhängigkeit von sensorischer Erregung«.

Wie Dr. Richard A. Friedman, Professor für klinische Psychiatrie am Weill Cornell Medical College, 2014 in der *New York Times* schrieb:

> [E]in weiterer sozialer Aspekt, der zumindest zum Teil hinter der »Seuche« ADHS steckt, ist bislang unerkannt geblieben: der zunehmend hohe Kontrast zwischen dem straff organisierten und fordernden Schulsystem und der stark stimulierenden digitalen Welt, in der junge Leute ihre Freizeit verbringen. Der Cyberspace ist mit seinen lebhaften Gaming-Möglichkeiten und seinen aufregenden sozialen Medien ein Umfeld der unmittelbaren Befriedigung, in dem so gut wie jeder Wunsch und nahezu jede Phantasie in einem Wimpernschlag erfüllt werden kann. Im Vergleich dazu erscheint die Schule einem Kind des frühen 21. Jahrhunderts auf der Suche nach Neuem noch langweiliger, als dies in vorherigen Jahrzehnten ohnehin schon der Fall war, und das vergleichsweise eintönige Umfeld der Schule mag die mangelnde Aufmerksamkeit der Schüler noch vergrößern, was die Lehrer dann eher bemerken und wodurch die Diagnosezahlen in die Höhe getrieben werden.

Das Klassenzimmer der realen Welt ist im Vergleich zu den Reizen und Beruhigungen beliebter Geräte offenbar zu einem sehr öden Ort geworden. Beides schließt sich aber nicht aus. Auch im Klassenzimmer können die Internettechnologien einen Platz haben. Um herauszufinden, welchen, muss man die Rolle betrachten, die der Cyberspace im Leben eines Kindes spielt.

Das wahre Real-Life-Erlebnis

Im tuckernden Zug nach Galway sitzend, während das Baby aß und die Augen der Mutter weiterhin vom Bildschirm ihres Mobiltelefons in den Bann gezogen wurden, dachte ich über all die komplexen Bedingungen und Erfahrungen nach, die nötig sind, damit ein Mensch sich auf die bestmögliche Art und Weise entwickelt: die benötigte Milch und die erforderlichen Nährstoffe, das Sonnenlicht, eine Balance aus Ruhe und Reizung, Bewegung und Schlaf sowie die Stunden echten menschlichen Kontakts mit einer geduldigen Bezugsperson. Ein Kind großzuziehen ist eine beängstigende Aufgabe, und es ist kein Wunder, dass so viele Eltern ein paar ihrer Pflichten den Technologien überlassen. So viele andere Seiten des Lebens werden von ihnen erleichtert und verbessert.

Ein Baby braucht jedoch kein Hightech. Und in vielerlei Hinsicht haben sich die Technologien als keineswegs förderlich für seine gesunde Entwicklung erwiesen. Bislang kann kein elektronisches Gerät und keine App das Kuscheln, Sprechen, Lachen, Spielen alberner Spiele, Händchenhalten oder das gemeinsame Lesen eines Buches ersetzen. Ich hege keinen Zweifel, dass die Entwickler und Designer das Lernen für Kleinst- und Kleinkinder verbessern werden, und dann wird sich der pädagogische Wert von Bildschirmen aller Art ändern. Was wir bis dahin am dringendsten benötigen, ist eine App, die Eltern daran erinnert, ihre Geräte zu Hause zu lassen und tatsächlich von Angesicht zu Angesicht Zeit mit ihren Kindern zu verbringen.

Anstatt die Geschicklichkeit eines einzigen Fingers beim Wischen über den Touchscreen zu verbessern, müssen Kinder Dinge mit ihrem ganzen Körper tun. Sie müssen krabbeln, sich drehen und winden. Sie müssen sich langweilen. Und sie müssen die Stirn runzeln, Grimassen schneiden und brauchen gelegentlich einen ausgiebigen Weinkrampf. Sie müssen hinfallen und wieder aufstehen. Sie müssen etwas erreichen, und sie müssen scheitern.

Wenn die Digitaltechnologien als Verbesserung gegenüber der altmodischen Erziehung angesehen werden, wird das mit Sicherheit Folgen haben. Lassen Sie uns in chronologischer Abfolge die Auswirkungen betrachten, die der Cyberspace im Laufe eines Lebens auf ein Kind haben wird. Nach der Geburt werden manche Säuglinge wohl sehr viel weniger ins Gesicht und die Augen ihrer Geschwister, Eltern und anderer Erwachsener schauen. Während sie heranwachsen, werden sie normalerweise Erwachsene in Interaktion mit ihren Geräten beobachten, die zudem zwanghaft ihre Handys checken. Dann werden diese Kinder in ihren Wiegen, Stehhilfen, ihren Spiel- und Laufställchen oder in Bangee-Bändern hängend vor Fernsehern und Computern abgeladen – überall, nur nicht in den Armen der Eltern.

Sherry Turkle beschreibt, wie ein Elternteil die Schaukel auf dem Spielplatz mit einer Hand betätigt und in der anderen ein Handy hält. Sie hat mit Kindern gesprochen, die ihr berichtet haben, dass ihre Eltern ihnen mit einem Auge aus Harry Potter vorlesen, während sie mit dem anderen auf E-Mails und Textmitteilungen auf ihren BlackBerrys schielen. Im Folgenden erzählt sie die vielsagende Geschichte eines Kindes im Schulalter – das Thema des nächsten Kapitels –, von der Turkle im Zuge ihrer Feldforschung erfuhr:

Kinder beschreiben diesen Augenblick, wenn sie von der Schule abgeholt werden – sie werden niemals sagen, dass es ihnen wichtig ist –, aber sie beschreiben diesen Augenblick, wenn sie aus der Schule kommen und Blickkontakt suchen und der Vater oder die Mutter stattdessen aufs Smartphone schaut und eine E-Mail liest. So war denn die Technologie für diese Generation Kinder von Anfang an ein Konkurrenzkampf. Jetzt sind sie erwachsen, und die heutigen Teenager … leben ihrerseits in einer Kultur der Ablenkung.[139]

Welche Erinnerungen schaffen wir in unseren Kindern?

Welches Beispiel geben wir ihnen?

Wenn wir von Anfang an vorsichtig sind, welchen Dingen wir unsere Babys und Kinder aussetzen, werden wir uns am Ende nicht ärgern. Erst einmal abzuwarten schadet nicht.

Und wenn es dann an der Zeit ist, sie ins Internet einzuführen, sollten wir nach Möglichkeiten suchen, dieses Umfeld mit ihnen zu teilen, statt sie darin sich selbst zu überlassen. Nehmen Sie Ihren Vierjährigen auf den Schoß, und betrachten Sie gemeinsam den Bildschirm. Wenn Sie ihm ein Spiel in die Hand drücken, spielen Sie es gemeinsam mit ihm – und fragen Sie Ihre Kinder danach, um zu sehen, was sie dabei gelernt haben. Mediziner sollten die Vorteile einer gemeinsamen Nutzung interaktiver Medien durch Eltern und Kinder betonen, weil sich dadurch deren pädagogischer Wert erhöhen lässt.

Kontrolle ist besonders wichtig, sobald die Entscheidung gefallen ist, ein älteres Kind vor einen Bildschirm zu setzen, ob dies nun ein Fernsehgerät, ein Computerspiel, eine App fürs Tablet oder ein anderes Medium ist. Eltern sollten sich unbedingt darum kümmern, ob der Inhalt für das Kind auch angemessen ist. Wenn Ihr Kind sich leicht reizen lässt und sich schnell aufregt, lassen Sie es keine stark stimulierenden Sendungen schauen oder Apps benutzen. Jede Form der Gewalt in den digitalen Medien sollte vermieden werden, und falls Kinder doch einmal darauf stoßen, sollte man ihnen dabei helfen, sie zu verstehen. Es gibt Formate, die erwiesenermaßen beruhigen und lehrreich sind – oder zumindest keine Reizüberflutung auslösen und zu Schlaflosigkeit, Albträumen oder Hyperaktivität führen.

Auch ethische Fragen sollten gestellt werden. Folgen Tech-Unternehmen und Vermarkter von »pädagogischen« Geräten, Apps und Spielen forschungsbasierten Lernprinzipien zur Förderung der kindlichen Entwicklung? Selbst wenn das zutrifft, sind viele dieser Studien nicht mit Digitalprodukten und ohne angemessene Berücksichtigung des Entwicklungsprozesses durchgeführt worden. Ich finde es bemerkenswert, dass der Tech-Mogul Jeff Bezos die Gründung einer Stiftung zur Untersuchung frühkindlicher Bildung unterstützt und die Empfehlung ausgesprochen hat, mehr echte Bücher zu kaufen. Ein Zyniker mag nun der Ansicht sein, da Bezos der Besitzer von Amazon ist und daher all die wunderschönen Bilderbücher verkauft, die Eltern und Kinder so gerne gemeinsam lesen, ist es wohl in seinem Interesse, die Bühne zu betreten und etwas zu sagen. Doch die Weisheit dieses Ratschlags ist unbestreitbar. Wenn Sie Ihrem Kind ein Buch vorlesen, geht es dabei um mehr als nur eine Bildergeschichte: Es geht um Zusammenhalt, Zuneigung, die Erzeugung gemeinsamer Erinnerungen, Verbundenheit – und tausend andere kleine, aber feine Dinge, die während eines Augenblicks körperlicher Nähe entstehen. Es geht um Fürsorge und Liebe.

Und auch die Medien müssen hinterfragt werden. Studien beweisen, dass trotz der Empfehlungen der AAP und der Hinweise von Experten, darunter eine Aufklärungskampagne über die Gefahren von Bildschirmgeräten für Kinder, die von der ehemaligen First Lady Michelle Obama ins Leben gerufen wurde, viele Eltern immer noch im Dunkeln tappen. Die meisten Kinder werden vor einen Bildschirm gesetzt und verbringen dort vier- bis fünfmal so viel Zeit wie empfohlen. Bei einer aktuellen Studie stellte sich heraus, dass zwei Drittel aller amerikanischen Familien Kinder unter zwei Jahren erlauben, fernzusehen und Tablets sowie Handy-Apps zu benutzen. Laut der Kaiser Family Foundation sehen mehr als die Hälfte aller US-amerikanischen Kinder unter zwei Jahren ein bis zwei Stunden am Tag fern oder konsumieren Sendungen an einem Computerbildschirm.[140]

Das ist ein Großteil der wachen Zeit eines Kindes, und die Tatsache, dass diese Zeit so genutzt wird, hat mit großer Wahrscheinlichkeit negative Auswirkungen auf seine Gesundheit und seine Entwicklung. Was können wir unternehmen? Im Internet gibt es eine ganze Reihe nützlicher Quellen, darunter eine Google+-Gruppe namens »Beyond the Screens« (»Jenseits des Bildschirms«), in der ich aktiv bin. Dort findet man Nachrichten, Artikel, Kommentare und zeitgemäße Expertenhinweise und Empfehlungen für Eltern.[141]

Die französischen Behörden sind in dieser Angelegenheit weltweit führend, denn das Land hat 2008 für Kleinstkinder bestimmte Sendungen verboten, um sie vor den negativen Folgen des Fernsehkonsums zu bewahren. Tatsächlich erscheint mittlerweile ein Warnhinweis vor der Ausstrahlung von ausländischen Sendungen für sehr junge Kinder, der ins Deutsche übertragen ungefähr lautet: »Das Fernsehen kann die Entwicklung von Kindern unter drei Jahren hemmen, selbst bei Sendern, die eigens auf sie zugeschnitten sind.«[142] In französischen Schulen werden Aufklärungskampagnen zur Diskussion angemessener Richtlinien angeboten und bezüglich der Interaktion mit den Digitaltechnologien Empfehlungen für das optimale Alter ausgesprochen.

Taiwan hat einen ebenso großen wie lobenswerten Schritt

nach vorn unternommen, indem es ein Gesetz auf den Weg gebracht hat, das elektronische Geräte für Kinder unter zwei Jahren verbietet und den Gebrauch für Kinder und Jugendliche unter achtzehn Jahren limitiert.[143] Eltern werden für etwaige schädliche Auswirkungen technologischer Überreizung auf ihre Kinder zur Verantwortung gezogen. In Kanada und Australien gibt es ähnliche Hinweise und Leitfäden, aber kein Verbot.[144]

Das bringt mich zu den USA, dem führenden Land auf dem Gebiet der Entwicklung digitaler Technologien und Produkte. Dort werden Alkohol- und Tabakkonsum überwacht und eingeschränkt, Plastiktüten mit Warnungen vor dem Erstickungstod bedruckt und Hinweise auf Erstickungsgefahr überall verteilt. Dass die AAP angekündigt hat, ihre Empfehlungen zur Bildschirmnutzung von Kleinst- und Kleinkindern zu überarbeiten, ist eine gute Nachricht. Bis zum Erscheinen dieses Buches sind aber noch keine neuen Richtlinien erlassen worden, während Babys zu Kleinkindern werden, die wiederum schnell wachsen …

Wo also sind die Warnhinweise bei Tablet-Apps?

Während wir auf weitere Leitfäden, Auskünfte oder eine angemessene Gesetzgebung warten, hier ein paar Ideen für Eltern:

- Verwenden Sie keinen digitalen Babysitter oder – sollte das in der Zukunft möglich sein – ein Roboterkindermädchen. Säuglinge und Kleinkinder benötigen echte Bezugspersonen, um mit ihnen zu kuscheln und sich zu unterhalten – keine Gesellschaft nur am Bildschirm. Für einen echten Menschen gibt es keinen Ersatz.
- Weil das kleine Gehirn eines Babys schnell wächst und sich durch sensorische Reize entwickelt, müssen alle Sinne bedient werden: Sehen, Riechen, Fühlen und Tasten. Von

Anfang an werden die Erlebnisse und Interaktionen eines Babys in seinem Gehirn verarbeitet, wo sich diese Erfahrungen auf den Rest seines Lebens auswirken.

- Warten Sie, bis Ihr Kind zwei oder drei Jahre alt ist, bis sie ihm den Gebrauch eines Bildschirms gestatten. Treffen Sie bewusste Entscheidungen bezüglich der damit verbundenen Regeln, und bedenken Sie dabei, dass elektronische Geräte einen Einfluss darauf haben, wie Ihr Kind aufwächst.
- Überwachen Sie Ihren eigenen Umgang mit Bildschirmen aller Art. Unabhängig davon, ob Sie oder Ihre Kinder fernsehen, achten Sie darauf, wie oft Ihr TV-Gerät eingeschaltet ist – und ob Ihr Computerbildschirm ständig leuchtet und sie lockt. Achten Sie darauf, wie oft Sie ihr Mobiltelefon vor Ihrem Baby oder Kleinkind in die Hand nehmen.
- Begreifen Sie, dass Babys von Natur aus sehr empathisch sind und auf schmerzhafte, beunruhigende oder gewalttätige Inhalte sehr sensibel reagieren. Studien beweisen, dass Kinder eine andere Wahrnehmung der Wirklichkeit und eine andere Phantasie als Erwachsene haben. Das wiederholte Betrachten von furchterregenden oder brutalen Inhalten sorgt dafür, dass diese sich ins Gedächtnis eingraben, was wiederum zu langanhaltenden unangenehmen Erinnerungen führt.
- Lassen Sie sich von Werbeversprechen nicht hinters Licht führen. Die Wissenschaft beweist, dass Apps fürs Tablet nicht so pädagogisch wertvoll sind, wie sie vorgeben, und dass vor Bildschirmen verbrachte Zeit tatsächlich zu Verzögerungen in der kindlichen Entwicklung führen kann. Bei Kindern, die mehr als zwei Stunden täglich elektronische Medien konsumieren, vermag das sogar Aufmerksamkeitsschwierigkeiten und Probleme beim Spracherwerb zu verursachen.

- Setzen Sie die Spielzeughersteller unter Druck, ihre Aussagen mit besseren wissenschaftlichen Erkenntnissen und neueren Untersuchungsergebnissen zu den Auswirkungen des Cyberspace zu belegen.

Und zu guter Letzt: Wie wäre es, im Bereich Ihres Kindes ein Internet-Großreinemachen zu veranstalten? Schauen Sie sich im Kinderzimmer, Schlafzimmer und Spielzimmer um, und entfernen Sie alle Gegenstände mit einem Digitalsensor und blinkenden Lichtern. Holen Sie die Bauklötze, Holzeisenbahnen und Puppen wieder hervor. Seien Sie altmodisch! Und wenn Sie mit Ihrem Baby oder Kleinkind spielen, gehen Sie auf alle viere hinab (das gilt für Sie und Ihr Kind), schauen Sie sich gegenseitig in die Augen und genießen Sie ein wenig unorganisierte gemeinsame Zeit. Bauen Sie eine Beziehung zueinander auf. Ihr Kind wird davon enorm profitieren – und glauben Sie mir, Sie werden das auch.

KAPITEL 4

FRANKENSTEIN UND DAS KLEINE MÄDCHEN

Kindheit als Konzept entstand im Lauf der Zeit. Wann hat die Gesellschaft die Kindheit für schützenswert erklärt – oder die Entscheidung getroffen, dass Kinder über eigene Rechte verfügen? Im 17. Jahrhundert plädierte der englische Philosoph John Locke für die Unantastbarkeit der Kindheit, indem er den Standpunkt vertrat, dass ein Kind bei der Geburt eine Tabula rasa oder ein leeres Blatt sei. Die Eltern hätten die Pflicht, durch Erziehung angemessene Werte und Normen in ihrem Nachwuchs zu formen. Die Vorstellung des »schutzlosen« Kindes erhielt im Zuge der Aufklärung hundert Jahre später zusätzlichen Auftrieb, als der französische Philosoph Jean-Jacques Rousseau ausführlicher auf Lockes Ansichten aufbaute.

Für Rousseau war die Kindheit eine Zeit der Unschuld und eine wichtige Phase im Leben, in der alle Menschen von der harten Wirklichkeit und den Tücken des Erwachsenendaseins verschont werden müssten, denen sie bald schon ausgesetzt sein würden. Er war der Auffassung, dass diese Zeit der Unschuld unter allen Umständen bewahrt werden müsse.

Bedenkt man die gesamte Menschheitsgeschichte, ist es noch gar nicht so lange her, dass die meisten Kinder mit neun oder zehn Jahren von der Schule abgingen. Die Jungen wurden zur Arbeit in Kohlebergwerke oder Fabriken geschickt oder begannen eine Lehrzeit als Maler oder Schmied. Im Jahr

1818 hatten beinahe 50 Prozent der in den Baumwollfabriken tätigen Arbeiter mit der Arbeit begonnen, als sie unter zehn Jahre alt waren. Im Kampf gegen diese Praktiken wurden in der zweiten Hälfte des 19. Jahrhunderts in den USA und in Europa die ersten Arbeitsschutzgesetze für Kinder erlassen, doch diese beschränkten sich darauf, die Arbeitszeit bei Kindern auf sechzehn Stunden am Tag zu reduzieren. Zu dieser Zeit bestand ein Drittel der gesamten US-amerikanischen Arbeiterschaft aus Jungen unter fünfzehn Jahren.

Wie ein Kind behandelt wird – wie zärtlich oder umsichtig –, hing schon immer sehr stark von seinen Eltern ab. Was passiert, wenn Eltern ihren Nachwuchs aus Mangel an Ressourcen, Informationen oder Interesse oder auch aus purer Vernachlässigung nicht vor Schaden bewahren?

Als zahlreiche Kinder, viele davon gerade einmal drei bis fünf Jahre alt, im Zuge der Industrialisierung von ihren Eltern in ein unsicheres Arbeitsumfeld geschickt wurden, wo sie während grausam langer Arbeitszeiten beispielsweise Kamine hochklettern oder in Bergwerksschächte hinabsteigen mussten, wandte man sich der Beantwortung dieser moralischen und gesellschaftlichen Fragen zu. So kam es, dass die erste Bewegung gegen Kinderarbeit entstand. Im 19. Jahrhundert gewann diese Bewegung an Stärke und zog eine Vielzahl von Fürsprechern an, darunter den englischen Romancier und Sozialkritiker Charles Dickens, aus dessen Feder bekannte Romane wie *Oliver Twist* stammen. Dickens beschreibt in diesem Werk das Leben, das er als Zwölfjähriger selbst führte, als er sich zur Unterstützung seiner Familie in einer Fabrik für Schuhpolitur verdingen musste. Der deutsche Philosoph Karl Marx wiederum kritisierte das britische und US-amerikanische Wirtschaftssystem, weil es von »kapitalisiertem Kinderblut« lebte.[145]

Doch obwohl sich eine Bewegung gegen die Kinderarbeit geformt hatte, deren Verfechter wie Dickens oder Marx sich offen gegen die Kinderarbeit aussprachen, ging der gesellschaftliche Wandel nur langsam voran. Nach dem Erscheinen von *Oliver Twist* sollte es noch mehr als sechzig Jahre dauern, bis in den USA das National Child Labor Committee gegründet wurde, das sich für die Rechte von Kindern in den Vereinigten Staaten von Amerika einsetzte. Darauf folgten die Child Labor Coalition, die Campaign for Labor Rights und der United Nations International Children's Emergency Fund (UNICEF).[146]

Im Großen und Ganzen hat man sich mit den negativen Auswirkungen der ersten beiden industriellen Revolutionen erfolgreich auseinandergesetzt. Mittlerweile befinden wir uns allerdings inmitten einer dritten industriellen Revolution – der digitalen Revolution. Was die Pflege und Versorgung von Kindern angeht, dringen wir täglich in neue Gebiete vor. Abermals kämpfen wir mit der Frage, wie wir diese »Zeit der Unschuld« am besten bewahren.

Wird es weitere hundert Jahre dauern, bis wir eine Lösung finden? Hoffentlich nicht.

Dieses Kapitel beleuchtet das Leben, das Kinder von vier bis zwölf Jahren im Internet führen. Kinder dieser Altersgruppe sind online den größten Risiken ausgesetzt. Sie sind von Natur aus sehr neugierig und möchten alles erkunden. Sie sind alt genug, um mit den jeweiligen Technologien umzugehen – in manchen Fällen sind sie darin sogar extrem gewandt. Sie sind allerdings noch nicht alt genug, um sich der Gefahren des World Wide Web bewusst zu sein – und was noch wichtiger ist: Sie können die Konsequenzen ihres Handelns noch nicht ermessen.

Im Cyberspace gibt es ein paar sehr gefährliche Ecken; dennoch wird er bis heute größtenteils nicht überwacht. Man hat ihn als Spielplatz für Erwachsene bezeichnet und mit dem Wilden Westen verglichen. Als Kinderspielplatz ist er dagegen vollkommen ungeeignet. Doch im fieberhaften Rausch bei der Suche nach neuen Technologien wurden die Kinder vergessen.

»Sie würden Ihre Kinder ja auch nicht mitten in New York City alleine lassen«, schreibt John Suler, »doch genau das passiert, wenn Sie Ihrem Nachwuchs gestatten, ohne Begleitung ins Internet zu gehen.«

Nach Angaben der Zeitschrift *Pediatrics* hat die Mehrheit aller US-amerikanischen Kinder und Jugendlichen (genauer: 84 Prozent) Zugang zum Internet, entweder über einen Desktop-PC, ein Tablet oder ein anderes mobiles Gerät.[147] Eine Marktanalyse offenbarte außerdem, dass mehr als die Hälfte aller US-amerikanischen Kinder zwischen acht und zwölf Jahren ein Handy besitzt.[148] Tatsächlich zeigte ein Bericht zum Verbraucherverhalten 2015, dass die meisten Kinder in den Vereinigten Staaten ihr erstes Mobiltelefon im Alter von sechs Jahren erhalten.[149]

Mit sechs Jahren! Das erschreckt mich, denn das bedeutet, dass Kinder ihr erstes Handy besitzen, bevor sie in die entwicklungspsychologische Phase eintreten, die wir das »Alter der Vernunft« nennen, in dem Kinder zu rationalem Handeln fähig werden, ihre Umwelt zu verstehen beginnen und lernen, den Unterschied zwischen richtig und falsch, gut und böse sowie gerecht und ungerecht zu erkennen.

Nun halten die Kinder bereits ein Handy in Händen, mit dem sie sich in den Cyberspace katapultieren lassen, bevor sie geistig dazu fähig sind, das Ganze zu verarbeiten. Selbst *wir* sind dazu noch nicht in der Lage. Welche Folgen dieser Umstand für die körperliche, mentale und emotionale Kindesentwicklung hat, steht größtenteils in den Sternen. Dennoch können wir darüber spekulieren.

Wir wissen immerhin, dass die Digitaltechnologien die Kindheit in vielfältiger Weise verändert haben. Kinder wachsen mit einem digitalen Unterbau und einem digitalen Rahmen für ihr Leben auf. Man kann dieses neue Umfeld sogar als ihre tatsächliche Heimat bezeichnen. Der Cyberspace ist ein Ort, den die meisten von ihnen seit frühester Kindheit aufsuchen und in dem sie laut manch einer Studie einen übermäßigen Anteil ihrer wachen Stunden verbringen. Dort lernen sie lesen, erledigen ihre Hausaufgaben, verschönern ihre Avatare, schauen sich animierte Serien an und treffen fiktive wie auch reale Freunde.

Natürlich wirft dieser gewaltige Wandel umfassende und bedeutsame Erziehungsfragen auf. Die jetzige Generation wird die Technologien von morgen erschaffen; insofern sind die positiven Facetten des Networkings und der Pflege von IT-Fähigkeiten offenkundig. Man könnte nun sagen: Je mehr Zeit die Kinder online verbringen, desto besser. Tatsächlich wurde bereits bewiesen, dass Menschen, die viel Zeit vor dem Computer verbringen, über stärker ausgeprägte motorische Fähigkeiten und eine gesteigerte Hand-Augen-Koordination verfügen.[150] Eine Studie, die 2009 von den britischen Verhaltensbiologinnen Beverly Plester und Clare Wood durchgeführt wurde, belegte zudem einen positiven Zusammenhang zwischen Alphabetisierung und dem Verfassen von Kurzmitteilungen.[151] Mit anderen Worten: Die Lese- und Schreibfähigkeit kann durch das Formulieren von Kurznachrichten verbessert werden. Diese Fähigkeit wird also nicht zerstört, wie manch einer befürchtet. Ich halte jeden Text für eine Art verschlüsselten Sprachcode. Das Senden und Empfangen solcher Informationen umfasst sowohl Chiffrierungs- als auch Dechiffrierungsprozesse. Da Verschlüsselung und Entschlüsselung die größte kognitive Leistung erfordern – denken Sie nur daran, wie Alan Turing im Zweiten Weltkrieg den Enigma-Code entschlüsselte –, dürften Kinder, die viele Kurzmitteilungen versenden und sehr gut darin sind, wahrscheinlich überaus intelligent sein.[152]

Andererseits sind einige der entwicklungspsychologischen

Nachteile, die mit dem ständigen Gebrauch von Digitaltechnologien verbunden sind, schon heute deutlich erkennbar, wie ich in den vorangegangenen Kapiteln dargelegt habe. Jo Heywood, Direktorin einer privaten Grundschule in Großbritannien, spricht offen über ihre auch von anderen Erziehern gemachte Beobachtung, dass Kinder bei der Einschulung auf dem Sprachniveau von Zwei- oder Dreijährigen stehen, wahrscheinlich weil ihre Eltern oder Betreuer sie mit iPads »ruhigstellen«, statt sich mit ihnen zu unterhalten. Dieses Phänomen findet sich bei Kindern jeglicher Herkunft und unabhängig davon, ob sie gesellschaftlich benachteiligt sind oder nicht.

»Manche [Kinder] können nicht einmal richtig sprechen und sind nicht in der Lage, mittels eines altersgerechten phonetischen Systems das Lesen zu erlernen«, erklärt Heywood. »Das erhöht den Druck auf das Bildungswesen, das darauf ausgelegt ist, den Kindern in jungen Jahren das Lesen und Schreiben beizubringen.«[153]

Wenn ein an vorderster Front tätiger Profi von solchen Zuständen berichtet, sollte uns das eine nützliche erste Warnung sein. Wir sollten diesem Umstand Beachtung schenken, obwohl Eltern dazu neigen, sehr empfindlich auf jegliche Kritik an ihren Erziehungsmethoden zu reagieren. Ich kenne das aus erster Hand. Als ich Anfang 2015 davon sprach, dass Mobiltelefone inzwischen zu virtuellen Babysittern geworden seien, traf das einen Nerv – und brachte mir eine Titelstory in der *Daily Mail* ein.[154]

Falls Sie nun die Gefahren früher Internetnutzung lieber in Frage stellen und auf harten wissenschaftlichen Fakten bestehen, müssen Sie sich noch weitere zehn oder zwanzig Jahre gedulden, bis umfassende Studien vorliegen, die die individuelle Entwicklung im Laufe der Zeit verfolgen.

Möchten Eltern wirklich so lange warten?

Die totale Online-Abstinenz ist auch keine Lösung. In ein

paar Jahren werden gemeinsame Internet-Erlebnisse diese Generation verbinden. Die liebste Kindheitserinnerung dieser Leute könnte sich in einem virtuellen Spielzimmer ereignet haben, in dem sie ein Game aus der Super-Mario-Reihe durchgespielt oder stundenlang Club Penguin erkundet haben. Welche anderen Erfahrungen haben sie jedoch im Cyberspace gemacht? Welche anderen Erinnerungen haben sie daran, die unter Umständen nicht ganz so erfreulich sind?

Die Medienwissenschaftlerin dana boyd (bei der Schreibweise ihres Namens bevorzugt sie Kleinbuchstaben) argumentiert, man solle Kindern im Internet ihre Freiheiten lassen, weil sie vom Kontakt mit dem Cyberspace ebenso profitierten, wie sie beim Rollschuhfahren auf dem Bürgersteig aus blauen Flecken und Platzwunden am Knie lernten. Diese Denkweise korrespondiert mit der pädagogischen Philosophie, dass Kindern »Resilienz« oder »Widerstandsfähigkeit« beigebracht werden müsse. Ich wende mich an späterer Stelle in diesem Kapitel abermals diesem Thema zu. Hier und jetzt möchte ich lediglich darauf hinweisen, dass Beulen und blaue Flecken schnell heilen; in der Kindheit zugefügte psychische und emotionale Wunden dagegen nicht, weil sie viel komplexer sind und langsamer verschwinden. Wissen wir genug über den Cyberspace, um ihn zu einem sicheren Ort für kindliche Streifzüge zu erklären?

Wie gehen wir damit um?

Das fragen mich besorgte Eltern oft, während sie sich gleichzeitig ein wenig vor meiner Antwort zu fürchten scheinen. Mir ist klar, wie schwer dieses Thema für heutige Eltern ist, die im Alter von vier oder fünf Jahren nicht mit Mobiltelefonen, Tablets und Nintendo-Wii-Controllern in der Hand aufwuchsen. Sie können sich nur auf Annahmen stützen, die sich aus ihrem gesunden Menschenverstand speisen und hin und wieder in Medienberichten oder den Vorschlägen von Kinderärzten, Lehrern oder Therapeuten Widerhall finden. Wenn es jedoch um die Digitaltechnologien geht, versuchen die Experten selbst oft verzweifelt, mit dem technischen Wandel Schritt zu halten. Glauben Sie mir, auch diese Experten wissen die Antwort nicht.

Verhaltensforscher sollen keine Vermutungen anstellen. Wir stützen uns auf Untersuchungsergebnisse. Lassen Sie uns also damit beginnen.

Niemand weiß, dass man noch ein Welpe ist

Die Humanpsychologie beschäftigt sich mit dem Studium des menschlichen Verhaltens. Das heißt, Psychologen sehen sich an, wie Menschen handeln und warum sie so handeln – und womit die Leute ihre Zeit verbringen. Wenn wir also das Verhalten von Vier- bis Zwölfjährigen besprechen wollen, müssen wir uns zunächst anschauen, womit sie ihre Zeit im Internet verbringen und was sie dort tatsächlich tun.

Zwei aktuelle Studien aus den USA und Europa verraten uns darüber einiges. Eine Organisation namens EU Kids Online führte zwischen 2011 und 2014 umfassende Untersuchungen durch, bei denen Kinder aus zweiundzwanzig europäischen Ländern mit den unterschiedlichsten kulturellen Hintergründen befragt wurden.[155] Eine große Mehrheit nutzte das Internet, um soziale Netzwerke wie Facebook aufzusuchen oder Videos bei YouTube und anderen Plattformen anzuschauen. Ungefähr die Hälfte der befragten Kinder griff auf das World Wide Web zurück, um Instant-Messaging-Dienste zu verwenden oder Hausaufgaben zu erledigen. Ungefähr ein Drittel benutzte das Internet, um Online Games zu spielen; etwas weniger als ein Drittel lud Filme oder Musik aus dem Internet herunter. Ein noch geringerer Anteil las online Nachrichten.

Eine ähnlich umfassende Studie wurde 2014 von vier Forschern der Erziehungswissenschaften und der Psychologie in den USA durchgeführt.[156] 442 Kinder von acht bis zwölf Jahren – also aus der Altersgruppe derer, die sich gerade in der sogenannten »mittleren Kindheit« befinden – wurden im Zuge einer landesweiten Stichprobenuntersuchung dazu befragt, womit sie sich im Cyberspace beschäftigten. Jüngere Kinder (von acht bis zehn Jahren) verbrachten im Durchschnitt 46 Minuten am Tag vor dem Computer, während ältere (zwischen elf und zwölf Jahren) 106 Minuten am Tag vor ihren Bildschirmen saßen.

Als man sich bei den Kindern danach erkundigte, welche Websites sie besuchten, nannten die allermeisten YouTube, dicht gefolgt von Facebook und Gaming- oder Virtual-World-Anbietern wie Disney, Club Penguin, Webkinz, Nick, Pogo, Poptronica oder PBS Kids, die allesamt auf diese Altersgruppe zugeschnitten sind, sowie Google. Kinder, die ein eigenes Handy besaßen (immerhin 14 Prozent der acht- bis zwölfjährigen Studienteilnehmer) spielten häufig Angry Birds, ein Spiel, das als Smartphone-App begann und bis heute vor allem auf diese Weise genutzt wird.

Angry Birds, Club Penguin … Das klingt nicht schlecht, nicht wahr?

Moment mal! Und was ist mit Facebook? Müssen Nutzer nicht mindestens dreizehn Jahre alt sein, um dort ein Konto einrichten zu dürfen? In der Tat. Aber wissen Sie was? Ein Viertel aller Kinder, die an der US-amerikanischen Studie teilnahmen, gaben an, dass sie auf Facebook unterwegs waren, obwohl dieses soziale Netzwerk eigentlich für Jugendliche und Erwachsene gedacht ist. Das sind die verborgenen Nutzer der sozialen Netzwerke – diejenigen, die eigentlich nicht dort sein sollten, aber dennoch dort sind. Ich nenne sie »die Unsichtbaren«. Und nicht nur Elf- bis Zwölfjährige meldeten sich bei Facebook an: 34 Prozent der in der Studie genannten Facebook-User waren acht bis zehn Jahre alt. Bei der EU-Studie stellte sich heraus, dass ein Viertel aller befragten Neun- bis Zehnjährigen und die Hälfte aller Elf- bis Zwölfjährigen ebenfalls Facebook nutzen: Vier von zehn befragten Kindern machten einfach falsche Angaben.[157]

Facebook wird laut der Verbraucherorganisation Consumer Reports von 20 Millionen Minderjährigen genutzt; 7,5 Millionen davon sind jünger als dreizehn Jahre.[158] (Allerdings sind die Zahlen aus dem Jahr 2011 längst veraltet, daher frage ich mich, welche Ergebnisse eine Studie dieser Art heute wohl hätte.) Minderjährige Nutzer melden sich mit falschen Profilen auf Facebook an, und das oft mit Wissen und Erlaubnis der Eltern. Der für technologische Themen verantwortliche Redakteur bei Consumer Reports zeigte sich angesichts der Tatsache schockiert, dass »ein Großteil der Eltern mit Kindern unter zehn Jahren sich kaum Gedanken darüber macht, dass sein Nachwuchs auf Facebook vertreten ist«.[159] Für Instagram gilt Ähnliches. Die große Mehrheit der 400 Millionen Instagram-Nutzer gehört zum jungen Bevölkerungsteil und ist zwischen achtzehn und neunundzwanzig Jahren alt. Laut Studienergebnissen ist Instagram bei den Zwölf- bis Vierzehnjährigen der beliebteste Online-Dienst zum Teilen von Bildern.

Die Verifizierung von Alter und Identität ist im Cyberspace überaus kompliziert. Ein beliebter Witz zu diesem Thema geht auf einen Cartoon zurück, der 1993 im *New Yorker* erschien. Dort ist ein Hund zu sehen, der vor einem Computer sitzt. Darunter steht: »Im Internet weiß niemand, dass du ein Hund bist.« Augenscheinlich weiß ebenfalls niemand, dass man noch ein Welpe ist.

Der US-amerikanische Datenschutz verlangt ein gesetzliches Mindestalter von dreizehn Jahren für die Nutzung von Facebook und Instagram.[160] Offenbar wird dieses Gesetz jedoch nicht streng umgesetzt. Warum? Facebook hatte im Mai

2016 1,65 Milliarden aktive Nutzer, die pro Tag durchschnittlich einen Post verfassten und insgesamt 300 Millionen Bilder hochluden. Wären diese Unternehmen dazu in der Lage, die illegale Verwendung ihrer Angebote zu kontrollieren und zu überwachen? Als man den im Vorstand von Facebook tätigen Simon Milner dazu befragte, gab der zu Protokoll, dass dies »nahezu unmöglich« sei.

Nahezu unmöglich – was für eine interessante Wortwahl! Wer seine eigenen Regeln nicht durchzusetzen vermag, sollte darüber nachdenken, sie zu ändern, zu überarbeiten oder ganz aufzugeben – oder das Netzwerk zu schließen. Das gilt natürlich ebenso für andere Anbieter sozialer Netzwerke. Patricia Cartes, die der Twitter-Abteilung Global Safety Outreach, Public Policy vorsteht, gab zu, dass ihr Unternehmen nicht zu sagen vermag, welche Nutzer auf Twitter jünger als dreizehn Jahre sind. »Wir haben die Silberkugel der Internetindustrie noch nicht gefunden, mit der wir das Alter unserer Nutzer wirkungsvoll erfassen könnten«, erklärte sie.

Silberkugel? Wie die Kugel, mit der man Werwölfe tötet?

Facebook und andere Anbieter sozialer Medien haben stets behauptet, dass es sehr kompliziert – oder »nahezu unmöglich« – sei, den Inhaber eines Accounts als Kind zu identifizieren, weshalb sie ihre eigenen Regeln nicht aktiv umsetzen und deren Einhaltung kontrollieren könnten. Lassen Sie uns darüber einen Augenblick nachdenken. Wenn ein Kind sich ein Facebook-Konto einrichtet, lädt es normalerweise zuerst ein Profilbild hoch. Als Nächstes schickt es »Freundschaftsanfragen« an eine Reihe von Schulkameraden, die üblicherweise ungefähr im selben Alter sind. Sie tauschen sich in Kommentaren über die Schule, über Klassenkameraden und über außerschulische Aktivitäten aus. Wer nicht zu erkennen vermag, dass diese Kinder erst neun oder zehn Jahre alt sind, der ist wohl nicht besonders klug, denn die Kinder legen ständig fotografisches

Beweismaterial für ihr Alter vor. Folgendes Beweisstück löst bei mir außerdem den Verdacht aus, dass die für die jeweiligen sozialen Netzwerke verantwortlichen Unternehmen tatsächlich kein besonders großes Interesse an der Lösung ihrer Probleme haben: Facebook belohnte 2016 einen zehnjährigen finnischen Jungen mit 10 000 US-Dollar, der sich sehr gut mit der Programmierung von Websites auskannte, weil er ein Sicherheitsleck auf Instagram entdeckt hatte. Wird ein solches Vorgehen nicht bloß dazu führen, dass noch mehr Kinder in den sozialen Netzwerken unterwegs sind?

Meiner Ansicht nach bedarf es dringend wirksamerer Methoden zur Altersverifizierung neuer Nutzer bei der Anmeldung in sozialen Medien, besonders im Hinblick auf Minderjährige. Wollte man das Ganze in die reale Welt übertragen, entsprächen beispielsweise Spirituosenläden oder Kneipen den sozialen Netzwerken, da an diesen Orten kein Alkohol an Minderjährige ausgeschenkt werden darf. Sollte man es den Verkäufern oder Wirten durchgehen lassen, wenn sie nicht nach einem Ausweis fragen mögen – oder ihren Profit wichtiger finden als das Jugendschutzgesetz?

Die Psychologen und Pädagogen, die hinter der umfassenden US-amerikanischen Studie aus dem Jahr 2014 standen, nannten ihre Ergebnisse besorgniserregend, besonders im Hinblick auf die entwicklungspsychologischen Auswirkungen kindlicher Online-Gewohnheiten. »Wenn Kinder sich an diesen sozialen Interaktionen im Internet beteiligen, bevor sie die dafür notwendige kognitive und emotionale Entwicklung durchgemacht haben, die in der mittleren Kindheit erfolgt, dann könnte das zu negativen Erlebnissen oder falschen Entscheidungen führen. Deshalb müssen Eltern und Lehrer sich darüber im Klaren sein, was ihre Schützlinge im Internet so treiben. Sie müssen ihnen vielleicht sehr viel früher, als bislang angenommen, Medienkompetenz und sichere Online-Gewohnheiten beibringen.«

Der Zuschauereffekt

Offensichtlich schaut eine beachtliche Zahl von Eltern lieber weg. Vielleicht erfüllt sie ja die Tatsache, dass ihr Nachwuchs »Freundschaften« schließt, insgeheim mit Erleichterung oder gar Stolz, weil das normalerweise ein Zeichen für sozialen Erfolg und Zufriedenheit ist. Ich denke, diese Eltern sollten daran erinnert werden, wie groß die Grausamkeit im Internet tatsächlich ist. Sollten Sie der Meinung sein, dass Mädchen in der Mittelstufe schon immer gemein gewesen sind, haben Sie noch nicht erlebt, wozu sie im eskalierenden Umfeld des Internets imstande sind.

Wir sollten uns an die Geschichte Sarah Lynn Butlers erinnern, eines aufgeweckten und wunderschönen Mädchens von zwölf Jahren, das 2009 zur Königin des bevorstehenden Herbstfestivals ihrer in Williford, Arkansas, gelegenen Schule gewählt worden war.[161] Die Siebtklässlerin sei über diese frohe Botschaft »sehr glücklich« gewesen, wie ihre Mutter den Medien mitteilte. Sie habe »die ganze Zeit gekichert und gelacht, herumgealbert und herumgespielt«. Laut ihrer Mutter hatte sie »viele Freunde«.

Das Problem war jedoch, dass Sarah nach ihrer Krönung gemeine Nachrichten über ihren MySpace-Account erhielt. Im sozialen Netzwerk machten Gerüchte die Runde, dass sie eine »Schlampe« sei, nebst weiteren wüsten Beschimpfungen. Als Sarahs Mutter das MySpace-Profil ihrer Tochter sah und sich mit Sarah darüber unterhalten wollte, entfernte Sarah sie auf der Stelle aus ihrer Freundesliste, wodurch die Mutter keinen Zugriff mehr auf die Seite ihrer Tochter hatte.

Als die Familie eines Nachmittags nur kurze Zeit später Besorgungen machen wollte, bat Sarah darum, zu Hause bleiben zu dürfen. Ihr Browserverlauf enthüllte später, dass sie sich in ihren MySpace-Account eingeloggt und dort offenbar die letzte gepostete Nachricht gelesen hatte, die davon sprach, dass sie »bloß ein dummes, naives kleines Mädchen« sei und sie »niemand vermissen« werde. Als Sarahs Familie später zurückkehrte, war Sarah tot. Die Zwölfjährige hatte sich erhängt. In ihrem Abschiedsbrief stand, dass sie nicht damit umgehen könne, wie andere über sie sprachen.

Solche Geschichten über Selbstzerstörung und sogar Suizid werden Tag für Tag mehr – und natürlich ist das sogenannte »Cyber-Mobbing« weltweit mittlerweile in aller Munde. Bei einer Umfrage, die in vierundzwanzig Ländern durchgeführt wurde, gaben 12 Prozent der befragten Eltern an, dass ihr Kind bereits Cyber-Mobbing erlebt habe, ein Phänomen, das als wiederholte Kritik und Stichelei im Internet definiert wird. Oft geht das Mobbing von einer Gruppe aus. Bei einer US-amerikanischen Umfrage, die von Consumer Reports durchgeführt wurde, stellte sich heraus, dass eine Million Kinder im Laufe des Vorjahres auf Facebook »schikaniert oder bedroht worden oder anderen Formen des Cyber-Mobbings ausgesetzt waren«.

Welche Erklärung gibt es dafür?

Allgemein gesprochen gilt: Je jünger man ist, desto mehr Freunde hat man in den sozialen Netzwerken. Lassen Sie uns an dieser Stelle genauer betrachten, wie die Zahlen auf Facebook zustande kommen, indem wir eine Untersuchung US-amerikanischer Nutzer aus dem Jahr 2014 zu Rate ziehen.[162] Diese besagt: Wer über 65 Jahre alt ist, hat durchschnittlich 102 Freunde. Wer zwischen 45 und 54 Jahre alt ist, verfügt im Durchschnitt über 220 Freunde. Wer zwischen 25 und 35 Jahre alt ist, hat durchschnittlich 360 Freunde, und wer zwischen 18 und 24 Jahre alt ist, verfügt im Durchschnitt über 649 Freunde. Was bedeutet das für die Altersgruppe der unter Dreizehnjährigen – die Unsichtbaren der sozialen Netzwerke? Die Antwort lautet: Wer weiß? Es gibt keine verlässlichen Angaben.

Bedenken wir nur für einen Augenblick den gesellschaftlichen Wahn hinter diesen Zahlen. Der Psychologe und Anthropologe Robin Dunbar von der University of Oxford geht davon aus, dass Primaten größere Gehirne haben, weil sie in sozial komplexen Gemeinschaften leben. Tatsächlich lässt sich die Größe der Gruppe, in der ein Tier lebt, an der Größe des Neokortex ablesen, besonders an der Größe des Frontallappens. Menschen haben ebenfalls sehr große Gehirne, weil wir dazu neigen, in umfangreicheren Gruppen zu leben.

Wie umfangreich? In Anbetracht der Durchschnittsgröße eines menschlichen Gehirns beträgt die Zahl der sozialen Kontakte oder »Bekanntschaften«, zu denen eine durchschnittliche Einzelperson eine stabile soziale Beziehung zu unterhalten vermag, um die 150. (Diese Zahl wird auch »Dunbar-Zahl« genannt.)[163] Die Zahl bleibt im Lauf der Menschheitsgeschichte gleich – sie entspricht der Größe der Gruppen, in denen moderne Jäger und Sammler leben; sie deckt sich mit der Größe der meisten militärischen Einheiten, der meisten Abteilungen in Unternehmen, dem Umfang der meisten Empfängerlisten von Weihnachtsgrußkarten (zumindest in Großbritannien) und der Größe der meisten Hochzeitsgesellschaften.

Übersteigt die Größe einer Gruppe die Dunbar-Zahl, wird sie zu umfangreich, um sie zu bewältigen und ihren Input optimal zu verarbeiten.

Und nun stellen Sie sich ein Kind vor, das über ein Facebook-Profil und über ein Instagram-Konto verfügt und zudem Snapchat, WhatsApp und Twitter benutzt. Jetzt denken Sie sich noch alle Telefon-, E-Mail- und SMS-Kontakte hinzu. Ein Kind, das online aktiv ist und sich für soziale Medien interessiert, kann theoretisch über Tausende Kontakte verfügen.

Wir sprechen hier nicht von engen Freunden.

Wir sprechen von einer Armee.

Und wer gehört zu dieser Armee? Keine Freunde im Sinne

der realen Welt. Diese Leute interessieren sich nicht wirklich für einen. Es sind Online-Kontakte, Menschen, die über ihre Identität, ihr Alter und ihren Namen unter Umständen falsche Angaben machen. Laut Robin Dunbar könnten Kinder, die beim Heranwachsen den Großteil ihrer geselligen Stunden mit Tausenden dieser »Freunde« verbringen, in der realen Welt nicht genug Erfahrung im Umgang mit sozialen Gruppen jeder Größe und besonders im Umgang mit größeren Gruppen sammeln, wodurch sie mit Menschenmassen in der realen Welt noch schlechter zurechtkommen. Mit anderen Worten: Je mehr Zeit Kinder in den sozialen Netzwerken verbringen, desto mehr sinkt (und nicht steigt) ihre soziale Kompetenz.

Wenn in der realen Welt sich fünf Ihrer Freunde gegen Sie wenden, ist das schon schlimm genug. Nun stellen Sie sich einmal vor, alle zwanzig Mitschüler Ihrer Klasse wenden sich gegen Sie. Und dann stellen Sie sich vor, die gesamte Schule mit fünfhundert Schülern wendet sich gegen Sie. Das wäre einfach unerträglich – und Sie würden so tun, als wären Sie krank, und sich zu Hause unter der Bettdecke verkriechen. Und nun stellen Sie sich vor, Ihre tausend »Freunde« in den sozialen Netzwerken zeigen mit dem Finger auf Sie und rufen im Chor Beleidigungen. Nicht sehr viele Elfjährige können damit umgehen. Ich könnte das nicht.

Selbst wenn Kommentare allein noch nicht als Cyber-Mobbing gelten, reagiert ein Kind dieses Alters äußerst empfindlich auf Kritik und neigt wie ein Teenager dazu, sich eher auf eine schneidende Bemerkung zu konzentrieren als auf ein Kompliment.

Im Zuge des EU-weiten Safer Internet Day war ich an zwei Kampagnen zur Vorbeugung gegen Cyber-Mobbing beteiligt. In beiden Fällen habe ich mich daran versucht, kreatives Denken und sozialwissenschaftliche Theorien zur Lösung des Problems heranzuziehen. Ich habe nämlich den Eindruck, dass all das Geld, die Zeit und die Kampagnen gegen Cyber-Mobbing die Häufigkeit, in der Misshandlungen auftreten, nicht reduziert haben, entweder weil diese Kampagnen nicht funktionieren oder weil die Zahl der Kinder, die ohne Orientierungshilfen online geht, exponentiell so stark steigt, dass kein Programm mithalten kann.

Bei der ersten Kampagne griff ich auf den in der Psychologie bekannten »Zuschauereffekt« zurück, um das Augenmerk auf das Cyber-Mobbing unter Schulkindern zu lenken. Mit diesem Begriff wird ein Phänomen beschrieben, das im Zuge eines in den 1960er Jahren in New York City begangenen Verbrechens zum ersten Mal beobachtet wurde. Damals wurde eine junge Frau namens Kitty Genovese auf offener Straße erstochen; niemand hörte auf ihre Hilferufe und versuchte sie zu retten. Als Psychologen diesen erschreckenden Fall unter die Lupe nahmen, stellte sich heraus, dass die Wahrscheinlichkeit einer Hilfsmaßnahme sinkt, je mehr Menschen Zeugen eines Verbrechens oder eines Notfalls werden. In der Psychologie gibt es dafür noch eine andere Bezeichnung: »Verantwortungsdiffusion«. Das Prinzip ist dasselbe. Wer Teil einer großen Gruppe ist, nimmt automatisch an, jemand anderes werde schon eingreifen.

Und nun stellen Sie sich einmal vor, wie das Ganze im Internet abläuft. Im Falle des Cyber-Mobbings können Hunderte »Freunde« Zeuge von Mobbing oder scharfer Kritik im Cyberspace werden und dennoch nichts dagegen unternehmen. Tatsächlich ist sogar Folgendes möglich: Je mehr Freunde man hat, desto seltener schreitet jemand ein. Für die Kampagne formulierte ich deshalb folgendes Motto: »Sei kein Zuschauer – steh auf, und tu was!« Mit anderen Worten: Warten Sie nicht darauf, dass jemand der anderen dreihundert Anwesenden etwas unternimmt. Die Nutzer müssen die Sache selbst in die Hand nehmen und ein besseres Umfeld schaffen.

Die zweite Kampagne, ein Präventivprogramm für den Safer Internet Day 2014, hieß »Sei ein Cyber-Freund«. Auch dieses Mal stützte ich mich auf ein tragfähiges psychologisches Konstrukt: die sogenannte »Theorie des überlegten Handelns« (TBT, »theory of planned behaviour«), die sich darauf bezieht, dass sich etwas immer weiter normalisiert, je öfter man es erwähnt. Meine Absicht war, eine Kampagne gegen das Cyber-Mobbing auf die Beine zu stellen, ohne den Begriff überhaupt zu erwähnen. Ich bin der Meinung, dass wir ihn immer stärker normalisieren, je öfter wir ihn nennen, was einerseits die Wahrscheinlichkeit von und andererseits die kindliche Erwartungshaltung bezüglich Cyber-Mobbing erhöht.

»Sei ein Cyber-Freund« sollte als Gegengift gegen Cyber-Mobbing dienen. Es ging darum, aktive Hilfestellung als freundlicher, aufmerksamer, fürsorglicher und loyaler Freund zu leisten. Und wir haben jeden Grund zur Hoffnung, denn das Banner unseres Programms wurde von allen Kampagnenpostern am häufigsten heruntergeladen. Ich denke, die positive Botschaft unserer Kampagne gab den Lehrern und Familien etwas an die Hand, über das sie leichter sprechen konnten, statt sich abermals eine besorgniserregende Geschichte über Cyber-Mobbing anzuhören.

In der Hoffnung, die exakte Wissenschaft zur Lösungsfindung einzusetzen, arbeite ich seit kurzem an einer anderen mathematischen Formel, mit der die Häufigkeit antisozialen Handelns im Internet vorhergesagt werden kann. Ich möchte einen Algorithmus entwerfen, mit dem Fälle von Mobbing ausgemacht werden können. Wie funktioniert das?

Die sogenannte Locard'sche Regel ist das grundlegende Prinzip der Forensik.[164] Wie ich im Vorwort dieses Buches bereits erwähnte, sagt uns diese Regel, dass jeder Kontakt Spuren hinterlässt. Nirgendwo gilt das mehr als im Internet. Anders als auf dem Spielplatz, wo die bösen Worte eines Rüpels sofort in Vergessenheit geraten, solange es keine Augenzeugen gibt, gilt im Internet das Gegenteil. Das Cyber-Mobbing allein ist bereits der Beweis, denn es wird dauerhaft online aufgezeichnet. Wie gelangten wir also an den Punkt, an dem Mobbing im Internet zu größeren Problemen führte als dieselbe Handlung in der realen Welt? Meine Antwort auf diese Frage basiert auf einem meiner Lieblingsfilme: *Die üblichen Verdächtigen*. Kevin Spacey sagt darin: »Der größte Trick, den der Teufel je gebracht hat, war, die Welt glauben zu lassen, es gäbe ihn gar nicht.«

Ich meine, der größte Trick, den die sozialen Medien und die Telekommunikationsunternehmen je gebracht haben, ist, die Welt glauben zu lassen, sie könnten gegen das Cyber-Mobbing nichts unternehmen.

Bezogen auf die digitale Spurensicherung ist das Cyber-Mobbing ein Internetvergehen, das gewaltige Fingerabdrücke hinterlässt. Benutzt man eine Methode, die ich die »Mathematik des Cyber-Mobbings« nenne, können Opfer und Täter gleichermaßen ausgemacht werden.

Viele der Unternehmen, die für soziale Medien Daten sammeln und analysieren, darunter Brandwatch, SocialBro oder Nielsen Social, verwenden Algorithmen, um sehr viel komplexere Fragen zu beantworten oder zu beurteilen, zum Beispiel das Alter eines Twitter-Nutzers, sein Geschlecht, seine politische Ausrichtung oder sein Bildungsniveau. Wie schwer kann es also sein, einen Algorithmus zu entwerfen, mit dem antisoziales Verhalten, Mobbing oder Belästigung im Internet erkannt werden können? Meine Gleichung lautet wie folgt: $r \times c\ (i \times f)$ = Cyber-Mobbing.

Ich mobbe jemanden = Richtung (r)
Schlampe, Hass, Stirb! = Content (c)
Intervall (i) und Frequenz (f) = Eskalation

Ich arbeite gerade mit einem Technologieunternehmen in Palo Alto zusammen, um diesen »Aiken-Algorithmus« auf die Internet-Kommunikation anzuwenden. Damit wir die Datenbank für i (Inhalt) aufbauen können, möchte ich einen landesweiten Aufruf starten. Jeder, der bereits einmal eine hasserfüllte Nachricht erhalten hat, kann sie an unser Archiv weiterleiten. Die Opfer von Cyber-Mobbing werden auf diese Weise selbst zum wichtigen Teil der Lösung für ein unangenehmes, aber lösbares Big-Data-Problem. Wir benötigen dafür nur den gemeinsamen Willen, die Sache anzugehen.

Der Algorithmus kann so gestaltet werden, dass er automatisch eskalierendes Cyber-Mobbing erkennt. Dem Opfer wird dann eine »digitale Nachricht« zugestellt, die beispielsweise lautet: »Du musst dir Hilfe suchen. Du wirst gerade gemobbt.« Gleichzeitig kann den Eltern oder anderen Aufsichtspersonen eine Benachrichtigung zugesandt werden, die sie darüber in Kenntnis setzt, dass etwas nicht stimmt, weshalb sie das Gespräch mit ihren Kindern suchen sollten.

Zwei Aspekte sind an diesem Design besonders schön: Erstens würden nur Computerprogramme die Konversationen überwachen; zweitens würde niemand in die kindliche Privatsphäre eindringen. Die Eltern müssten den Inhalt gar nicht mit eigenen Augen sehen und würden nur dann eine Warnung erhalten, wenn offenbar Probleme entstehen. Ich bin mir dessen bewusst, dass es wohl zu einem öffentlichen Aufschrei kommen und der Vorwurf der Überwachung laut werden wird – wir sprechen hier jedoch von Minderjährigen, und wir reden von einer Funktion, die nur mit elterlicher Zustimmung eingeschaltet werden darf.

Letzten Endes könnte dieser Algorithmus dazu genutzt werden, die geltenden Gesetze im Bereich der Online-Belästigung von Minderjährigen durchzusetzen. Man könnte ihn so gestalten, dass er Beweise für eine Straftat vorlegt und sie gleichzeitig empirisch erfasst. Eines Tages könnte er sogar die Zustellung digitaler Abschreckungsmaßnahmen an den Cyber-Mobber umfassen, wodurch man dem entgegenwirken kann, was Cyber-Psychologen die »Minimierung von Status und Autorität im Internet« nennen. Wir können jungen Menschen vor Augen führen, dass ihr Verhalten auch im Cyberspace Folgen hat.

Der von mir vorgeschlagene Algorithmus ist eine zeitgenössische Lösung für ein zeitgenössisches Problem des 21. Jahrhunderts.

Der Austausch von Gemeinheiten im Internet wird zur akzeptierten Realität – einer Realität, die von den meisten Menschen bereits erlebt worden ist.[165] Die Mehrheit der erwachsenen Nutzer von sozialen Medien gibt nach einem Bericht des vom PEW Research Center betriebenen Internet and American Life Project an, dass sie »beobachtet haben, wie Menschen in den sozialen Netzwerken gemein und grausam miteinander umgingen«. Die Beschaffenheit des Online-Umfelds kann den Austausch von Grausamkeiten zu einem Wettbewerb ausarten lassen, weshalb Kommentare sich rasant gegenseitig hochschaukeln – aus spitzen Bemerkungen werden dann sehr schnell sadistische Schikanen. Manche dieser Handlungen sind von Neid motiviert. Oft sind Prominente das Ziel. Monika Lewinsky, eines der ersten Opfer der sozialen Medien, benötigte ein ganzes Jahrzehnt, um nach der erlebten Scham und Demütigung wieder in der Öffentlichkeit aufzutreten. Zelda Williams, die fünfundzwanzigjährige Tochter von Robin Williams, gab ihr Twitter-Konto auf, da sie nach dem Suizid ihres Vaters unvorstellbar grausamen Tweets ausgesetzt war.

Als die US-amerikanische Baseball-Legende Curt Schilling im selben Jahr auf Twitter über seinen väterlichen Stolz schrieb, nachdem seine Tochter Gabby ihren Zulassungsbescheid für die Hochschule erhalten hatte, verwandelte sich die feierliche Stimmung bald in einen hässlichen Schlagabtausch, als »Trolle«

eindeutige sexuelle Anspielungen über die damals Siebzehnjährige posteten.[166] Schilling tat daraufhin etwas, von dem Millionen anderer Väter wohl nur träumen können: Er nutzte seinen Bekanntheitsgrad sowie seinen beliebten Blog, um neun Personen aufzuspüren, die unter anderem für die hasserfüllten und sexistischen Kommentare verantwortlich waren. Er sorgte dafür, dass sie ihren Job verloren oder aus ihren Mannschaften ausgeschlossen wurden.

Wenn bereits junge Erwachsene von Angriffen im Internet derart aus der Bahn geworfen werden können, wie wirkt sich das alles dann auf Kinder aus?

»Trolle« sind im Netzjargon bösartige Einzelpersonen, die im Internet nach arglosen Menschen suchen, die sie provozieren und austricksen können. Kinder, Jugendliche und junge Erwachsene aus sadistischen Motiven zu verspotten und zu quälen, ist für diese Leute ein kranker Sport. Online-Gaming-Portale gehören zu den Orten, an denen diese Menschen üblicherweise auf Kinder treffen – manche dieser Kinder sind gerade einmal sechs Jahre alt. Die Spieler treffen sich zum Spielen im Internet und nutzen Webcams sowie Mikrophone, um miteinander zu kommunizieren. Trolle sind zum Beispiel bei beliebten Multiplayer Online Games wie Grand Theft Auto (von Liebhabern »GTA« genannt) aktiv, an denen sie sich beteiligen, weil sie das Vertrauen junger, nichtsahnender Spieler zu gewinnen hoffen, um sie hereinzulegen, normalerweise, indem sie dafür sorgen, dass die Spieler die Nerven verlieren, während die Trolle Unterhaltungen aufzeichnen und zu ihrem eigenen Vergnügen ins Internet stellen. Für Kinder ist das in vielerlei Hinsicht überaus schädlich, ganz zu schweigen von der Tatsache, dass sie mit diesen kranken Fremden in Kontakt geraten, die sie manipulieren und ihre Gutgläubigkeit ausnutzen – um mit anderen darüber zu lachen.

Der Elefant im Cyber-Raum

Tauchen wir doch einmal etwas tiefer in die umfassende EU-Untersuchung ein. Im Zuge dieser Studie wurden Kinder dazu befragt, ob sie von irgendetwas im Internet beunruhigt oder erschreckt wurden – oder ob sie von Dingen wüssten, die ihre Freunde beunruhigt oder erschreckt hätten.

Als »beunruhigen« galt, was »Unbehagen oder Ärger auslöst oder den Eindruck erweckt, etwas gesehen zu haben, das man nicht hätte sehen dürfen«. Die Kinder wurden darum gebeten, in eigenen Worten auszudrücken, was sie beschäftigte.[167]

Knapp 10 000 Antworten trudelten ein.[168] Sie waren breitgefächert, vielfältig und unterschieden sich erheblich je nach Alter des betreffenden Kindes. Jüngere Kinder machten sich wegen des Inhalts mehr Gedanken, beispielsweise wenn sie etwas zu Gesicht bekamen, das nur für die Augen von Erwachsenen bestimmt war. Ältere Kinder beschäftigte dagegen eher die Art und Weise der Kontaktaufnahme oder das im Internet zur Schau gestellte Gebaren – sie plagte zum Beispiel etwas, das sie entweder selbst getan oder mit eigenen Augen beobachtet hatten. Sie machten sich darüber Gedanken, wie sie sich wohl zu verhalten hätten (welche Haltung sie also einnehmen sollten) oder wer ihnen online wohl begegnen würde (mit wem sie also in Kontakt geraten könnten).

Die Forscher stellten aus den Reaktionen eine Liste zusammen, die sie nach der Art des Anliegens sortierten. Mädchen neigten dazu, sich über die Ansichten von Fremden Gedanken zu machen, die ihnen im Internet begegnet waren oder denen sie eines Tages vielleicht begegnen würden. Jungen beschäftigte eher die Gewalt, die sie beobachtet hatten. Mädchen wie Jungen berichteten gleichermaßen, von Dingen beunruhigt worden zu sein, die sie auf Videoportalen wie YouTube gesehen hatten – brutale oder sexuelle Bilder, neben anderen unangemessenen Inhalten. Mädchen wie Jungen gaben an, dass sie reale Gewaltdarstellungen ebenso beunruhigten wie blutrünstige, grausame oder aggressive fiktive Gewalt, die ihnen andernorts im Internet begegnet war – ganz besonders Gewalt gegen Tiere oder Kinder.

Kinder, die Gewalt gegen Kinder mit ansehen? Ja, Sie haben richtig gelesen. So gut wie alles kann ins Internet gestellt werden, und zwar in jedem Forum oder auf jeder Website, auf denen das Hochladen von Videos möglich ist. Manche Plattformen überwachen die bei ihnen geposteten Inhalte; das geschieht jedoch häufig leicht verzögert, und in dieser Latenzzeit können noch nicht überprüfte Inhalte von allen betrachtet werden, bevor sie jemand entfernt.

Es ist schon schlimm genug, Gewaltausbrüche gegen Erwachsene oder Tiere mit ansehen zu müssen, doch was passiert, wenn Kinder am Bildschirm erleben, wie anderen Kindern Gewalt angetan wird? Tatsächlich gibt es einen Kriminalfall aus dem realen Leben, der sich um solch eine Episode dreht. Der zweijährige Brite Jamie Bulger wurde 1993 von zwei Zehnjährigen aus einem Einkaufszentrum entführt, als seine Mutter einen Augenblick nicht hinsah. Die beiden älteren Jungen folterten und ermordeten Jamie; seine entstellte Leiche wurde ein paar Kilometer entfernt aufgefunden. Dieser Fall liefert den Beweis, dass die Betrachtung gewalttätiger Inhalte Auswirkungen auf das eigene Verhalten haben kann: Laut Berichten suchten die beiden Jungen aktiv nach einem kleinen Kind, das sie foltern konnten, nachdem sie sich Horrorfilme angeschaut hatten, vor allem *Chucky 3* von 1991. Die beiden Jungen sollen Jamies Tod regelrecht inszeniert und sogar einige brutale Szenen nachgestellt haben. Dieser entsetzliche und tragische Fall ereignete sich zwar vor dem Aufkommen des allgemein zugänglichen Internets, dennoch können wir heute noch daraus lernen.

Lassen Sie uns zu der Studie der Acht- bis Zwölfjährigen und der Analyse dessen zurückkehren, was diese im Internet beschäftigte. Was beunruhigte sie am meisten?

Tatsächlich Pornographie, auf die sie gestoßen waren.

Im Zuge derselben Studie stellte sich heraus, dass 5 Prozent der Neun- bis Zehnjährigen im vergangenen Jahr sexuell aufgeladene Bilder im Internet gesehen hatten – mit anderen Worten: als sie acht oder neun Jahre alt waren.

Die Pornographie ist der Elefant im Cyber-Raum. Und wir sprechen hier nicht einfach nur von nackten Menschen. Wir sprechen von pornographischen Inhalten für Erwachsene; wir sprechen von Hardcore-Pornos, die »verstörend, invasiv oder unangemessen sind«.

Bedurfte es wirklich einer Studie, um uns darüber in Kenntnis zu setzen? Sind wir an einem Punkt angelangt, an dem wir uns bei den Kindern danach erkundigen müssen, was genau sie beunruhigt, nur um herauszufinden, dass Pornographie für Acht- bis Zwölfjährige nicht geeignet ist? Das ist ein fürchterlicher blinder Fleck in der Moral unserer Gesellschaft.

Sosehr ich den empirischen Wissenschaften vertraue und die Sorgfalt respektiere, mit der Studien gestaltet werden, die die Wirklichkeit wahrheitsgemäß wiedergeben, bin ich mir nicht sicher, ob wir genug Zeit haben, um die sorgfältigen Untersuchungen durchzuführen, die uns eindeutige Ergebnisse und Informationen einbringen – besonders wenn es darum geht, die Folgen der Online-Pornographie auf das noch in der Entwicklung befindliche Kind zu ermessen. Und selbst wenn wir die nötige Zeit hätten, wäre es nahezu unmöglich, Studien dieser Art durchzuführen, weil es unmoralisch wäre, Kinder zu Analysezwecken diesem schädlichen Material auszusetzen. In vielerlei Hinsicht tappen wir schlicht im Dunkeln. Das mag noch eine absehbare Zeit so weitergehen.

Aber bedeutet das, gar nichts zu tun?

Die Theorie der »kognitiven Dissonanz« geht auf den Sozialpsychologen Leon Freisinger zurück. Kognitive Dissonanz tritt auf, wenn unsere Gedanken und Konzepte über die Welt nicht übereinstimmen und wir deshalb Anspannung und innere Konflikte verspüren, was uns unangenehm ist. Wir suchen nach innerem Ausgleich und treffen die – oft unbewusste – Entscheidung, uns auf etwas anderes als den Konflikt zu konzentrieren – ein möglicherweise irrationales und maladaptives Verhalten. Der Elefant im Cyber-Raum gibt das wieder, was ich für die »soziale kognitive Dissonanz« halte – wir wissen intuitiv, dass etwas, beispielsweise das Internet, für die Gesellschaft zugleich gut und schlecht ist, und beschließen dennoch, die Nachteile zu ignorieren, um den Konflikt zu vermeiden. Die Digitaltechnologien sorgen für diesen Tauschhandel. Wir möchten die Anspannung und den inneren Konflikt reduzieren und konzentrieren uns auf all die schönen Dinge, die uns der Cyberspace ermöglicht: W-LAN, Verbundenheit, Komfort sowie allerlei Geräte samt Zubehör, die für Unterhaltung sorgen und als Statussymbol funktionieren. Die damit verbundenen Risiken und Probleme ignorieren wir gezielt.

Der Zuschauereffekt schlägt hier ebenfalls zu. Wir alle werden Zeugen dieses Verbrechens gegen die Unschuld. Sorgt die schiere Menge der Internet-User dafür, dass wir lieber wegschauen?

Das Alter der Erkundungen

Stellen Sie sich vor, ein neunjähriges Kind streift in einem Minimarkt umher, einem jener Läden für den täglichen Bedarf, die Stadtbewohnern so bekannt sind und auf die sie sich so gerne verlassen, weil sie eben so praktisch sind. In Japan ist es der FamilyMart. In Norwegen ist es Narvesen. Dort kann man

Bargeld, Milch, Energieriegel, Eier, Saft, Zeitungen und einen Becher mittelmäßigen Kaffee kaufen.

Süßigkeiten nehmen ein ganzes Regal in Beschlag, Zeitschriften ein anderes.

Als Kind waren Sie vielleicht gemeinsam mit ihren Freunden oder Eltern in einem solchen Laden. Dort standen Sie dann und bewunderten das Süßigkeitenregal. Vielleicht haben Sie das eine oder andere Magazin durchgeblättert – Zeitschriften mit aufregenden Covern.

Ein neunjähriges Kind pflegt manch ein erwachsenes Interesse. Es mag vielleicht an den Weihnachtsmann oder an Märchen glauben; es interessiert sich jedoch bereits für die Welt der Erwachsenen. Diese Welt lockt Kinder an und erschreckt sie auch ein wenig.

Psychologen sind sich einig, dass Erkundungen ein wichtiger und gesunder Teil der kindlichen Entwicklung sind. Ein neunjähriges Kind bildet gerade die emotionalen Fähigkeiten zur Selbstregulation sowie Selbstkontrolle aus und beginnt, sich von den Bindungen zu Eltern und Familie ein Stück weit zu lösen, indem es engere Beziehungen zu Schulkameraden aufbaut. In diesem Alter beginnen Kinder ein »Selbstkonzept« und Selbstbewusstsein zu entwickeln, normalerweise indem sie ihren Selbstwert durch den Vergleich mit anderen bestimmen.

Weltweit gibt es unterschiedliche kulturell bedingte moralische Ansichten dazu, was für ein Kind angemessen ist; im Großen und Ganzen aber werden Inhalte für Erwachsene – seien sie in Schrift oder Bild – rund um den Globus vor Kinderaugen verborgen. Oft regeln das die jeweiligen Behörden auf die eine oder andere Weise, wobei sie sich auf Gesetze stützen, die im Laufe von Jahrzehnten verfasst, beschlossen, ergänzt und verfeinert wurden.

Im Minimarkt werden Zeitschriften für Erwachsene wie *Penthouse* oder *Playboy* unter einem blickdichten Tuch oder in farbigen Plastikhüllen aufbewahrt, um ihre Cover zu verbergen. Vielleicht werden sie sogar in einem separaten Raum gelagert, so wie Filme für Erwachsene vor den Zeiten von Netflix und anderen On-Demand-Streaming-Diensten im Hinterzimmer der Videothek aufbewahrt wurden, zu dem Kinder keinen Zutritt hatten.

Vor dem Aufkommen des Internets war es einigermaßen wahrscheinlich, dass ein neunjähriges Kind sich der Existenz von Zeitschriften für Erwachsene gar nicht bewusst war oder nicht die geringste Ahnung hatte, wo es Magazine dieser Art auftreiben sollte – und selbst wenn es Ahnung gehabt hätte, wäre es schwer gewesen, solche Zeitschriften zu erwerben. Und nun stellen Sie sich das neunjährige Kind vor einem Computerbildschirm vor. Vielleicht sind Freunde dabei; wahrscheinlich ist es jedoch allein.

Eltern wären in einem städtischen Gemischtwarenladen mit einem Kind an der Hand wohl sehr wachsam und würden genau aufpassen. Zu Hause sind sie jedoch nicht so aufmerksam. Wovor sollte man sich dort schon fürchten? Es dauert aber nur ein paar Sekunden, bis ein Kind über die Online-Suche auf ganz andere und erschreckende Weise in Kontakt mit unangemessenen Inhalten geraten kann – mit etwas, das sie verstört oder, in den Worten der EU-Studie, »beunruhigt« zurücklässt. Vielleicht fürchten sie sich dann davor, ihren Eltern davon zu erzählen, weil sie nicht in Schwierigkeiten geraten oder, was noch schlimmer wäre, ihre Geräte abgeben wollen.

Das ist nicht dasselbe wie eine unter dem Bett versteckte *Playboy*-Ausgabe. Eine solche Zeitschrift enthält insgesamt vielleicht nicht mehr als sechzig Fotos, was (verhältnismäßig) harmlos ist. In derselben Zeit, die man früher benötigte, um eine Seite weiterzublättern, können heute Tausende Websites mit Millionen von Bildern aufgerufen werden. Es ist nicht einfach, das Internet in Zahlen auszudrücken. Anfang 2016 gab es nach den Ergebnissen des Internet Filter Review, die ständig auf den neuesten Stand gebracht werden, 4,2 Millionen Porno-Websites und 68 Millionen Suchmaschinenanfragen für pornographische Inhalte am Tag – ein Viertel aller Online-Suchen.[169] Die Häufigkeit und Erreichbarkeit dieser Inhalte ist wohl so groß, dass man ihnen kaum zu entkommen vermag.

Manche Sozialwissenschaftler haben sogar die These aufgestellt, das rasante Wachstum des World Wide Web und dessen Ausgestaltung seien zum Teil von der immensen Anziehungskraft der Pornographie und dem ausgeprägten Interesse daran angetrieben worden. In Anbetracht der vielen Menschen, die pornographischen Inhalten zugeneigt sind – laut einer von der *Cosmopolitan* im Jahr 2014 durchgeführten Umfrage unter 4000 Männern schauten sich 30 Prozent der Befragten täglich Inhalte dieser Art im Internet an[170] –, müssen wir davon ausgehen, dass die Pornographie ein ganz normales Interessengebiet von Erwachsenen ist.

Was bringt Sie auf den Gedanken, Ihre Kinder würden so etwas nicht zu Gesicht bekommen?

Manchmal frage ich mich, ob die potentielle Gefahr den Eltern bislang nicht klar genug gemacht worden ist: der Einfluss von Pornographie auf das in der Entwicklung befindliche Kind. Wie Michael Seto bereits sagte, könnte es sich dabei um das größte unkontrollierte soziale Experiment aller Zeiten handeln.

Die Gesellschaft befasst sich bereitwillig mit den Auswirkungen von mit Photoshop manipulierten Frauenfotos im Internet auf junge Mädchen, die dazu neigen, sich mit diesen unrealistischen und durch Bildbearbeitungsprogramme verschönerten Berühmtheiten zu vergleichen. Die Gesellschaft debattiert über die Auswirkungen von Gehirnerschütterungen auf Football spielende Jungen (was allerdings Jahrzehnte benötigte). Die Gesellschaft diskutiert und korrigiert das Mindestalter für den Kfz-Führerschein, den Alkoholkonsum, das

Wahlrecht auf Bundes- und Landesebene, den Zugang zum Militär und die Ehe.

Dennoch scheint die Gesellschaft nicht zu folgender Debatte bereit zu sein: Wie wirken sich eindeutige und beunruhigende bildliche Darstellungen von Sexualpraktiken für Erwachsene und Pornographie auf die kindliche Entwicklung aus?

Obwohl viele Eltern in Umfragen angeben, sie machten sich über Internet-Pornographie Gedanken, halte ich es für außerordentlich besorgniserregend, dass dies nicht für alle Erziehungsberechtigten gilt. Als man sich beispielsweise bei den Eltern junger britischer Kinder danach erkundigte, was sie bei der Erziehung ihres Nachwuchses im Digitalzeitalter beunruhigte, und man ihnen zusätzlich eine Liste möglicher Anliegen vorlegte, darunter der Zugang zu pornographischen Websites oder das Teilen selbstverfasster Kurznachrichten mit sexuellem Inhalt, gaben 15 Prozent an, Dinge dieser Art machten ihnen keine Sorgen.

Kaum zu glauben, aber 11 Prozent aller befragten Eltern brachten ihre Besorgnis zum Ausdruck, dass die technologischen Fähigkeiten ihrer bis zu fünfjährigen Sprösslinge die eigenen Fähigkeiten weit überstiegen.[171] Es versteht sich von selbst, dass Sie Ihren Nachwuchs online kaum zu schützen vermögen, wenn Ihre Internet-Kenntnisse nicht so gut sind wie die Ihres fünfjährigen Nachwuchses. Acht von zehn Eltern haben den Eindruck, dass sie nicht genug wissen, um ihr drei- bis vierjähriges Kind im Cyberspace zu schützen; Gleiches gilt für die Eltern von Fünf- bis Siebenjährigen und Acht- bis Zwölfjährigen.

Kinder sind neugierig. Und wenn etwas im Internet ihre Neugierde weckt, werden sie Mittel und Wege finden, einen Blick darauf zu werfen und es mit anderen zu teilen. Ältere Kinder – älter als zwölf – besitzen vielleicht bereits die nötige Selbstkontrolle und Selbsterkenntnis, um der Versuchung zu widerstehen, damit sie nichts Verstörendes zu Gesicht bekommen. Bei jüngeren Kindern ist das oft nicht möglich, je nachdem, in welcher Entwicklungsphase sie sich gerade befinden. Und das bringt uns zum wichtigen Thema der elterlichen Kontrolle.

Elterlicher Kontrollverlust

Oft erkundigt man sich bei mir nach Kinderschutz-Software als Mittel der elterlichen Kontrolle: *Was sind die besten Programme? Funktionieren sie wirklich?* Will man eines dieser Programme erwerben, kann die Vorauswahl mit ihren monatlichen Zahlungsmodellen, Updates und gelegentlichen Bugs überaus verwirrend und kostspielig sein, so wie die Suche nach dem optimalen Virenschutz. Es gibt Unmengen an Angeboten, die online von Kunden und Elternorganisationen rezensiert und bewertet werden.

Um Eltern, die gut darin sind, zu recherchieren und die besten Optionen zu finden, sorge ich mich nicht allzu sehr; ich mache mir aber Gedanken um die überforderten Eltern, die weder über die nötige Zeit, das nötige Geld, die nötige Geduld noch über das nötige Können verfügen, um die beste Software zu finden oder sie gar zu installieren. Selbst nach der Installation können Kinderschutz-Programme einen falschen Eindruck von Sicherheit vermitteln, indem sie die naiven Eltern einlullen und so nur mangelnde Aufmerksamkeit heraufbeschwören. Viele computerbegeisterte Kinder kennen unzählige Tricks, um Programme dieser Art zu umgehen. Dafür bedarf es keines großen Einfallsreichtums. Möchten Sie wirklich wachgerüttelt werden, gehen Sie ins Internet und führen Sie eine Google-Suche mit den Begriffen »Kinderschutz-Programme umgehen« durch. Sie werden auf mehrere hunderttausend Einträge stoßen. Das ist ultimativer Ausdruck der Demokratisierung des Wissens.

Aufgrund der Geschwindigkeit des technologischen Wandels und der Schaffung neuer sozialer Medien – deren Namen ich nicht nennen möchte, weil es wahrscheinlich längst neue geben wird, wenn Sie diese Zeilen lesen –, wird es Jahr für Jahr komplizierter, für Kinder online zugängliche Inhalte angemessen zu beobachten, zu untersuchen und zu überwachen.

Die Verbreitung von Smartphones hat jedoch zu einer gewissen Privatisierung der Internetnutzung geführt und so für weitreichende Auswirkungen gesorgt. Mittlerweile erscheint die Annahme als unrealistisch, Eltern könnten über die Schultern ihrer Kinder schauen und sie beschützen, indem sie dafür sorgen, dass der Nachwuchs sich nur in einem Familiengemeinschaftsraum ins Internet einwählen darf. In der Vergangenheit haben sich Studien entweder mit dem Fernsehen oder den Digitaltechnologien beschäftigt, doch diese beiden Sparten sind mittlerweile ganz offenbar zu einer einzigen verschmolzen. Heute schauen Kinder Fernsehsendungen, Filme und YouTube-Videos auf ihren Computern oder ihren Mobilfunkgeräten. Wenigstens gibt es inzwischen für die meisten Webbrowser von Smartphones und Tablets eigene Kinderschutz-Programme. Nachdem der erste iPod Touch, ein kleines Mobilgerät zum Abspielen von Musik und Surfen im Internet, auf den Markt gebracht worden war, dauerte es mehrere Jahre, bis die ersten Kinderschutz-Filter dafür erhältlich waren, obwohl das Gerät sich unter Kindern im Mittelschulalter am besten verkaufte. Zwar wurde dieser Fehler nach und nach korrigiert, doch gingen vor dem Erscheinen der ersten Kindersicherungen Millionen dieser Apparate über den Ladentisch.

Steve Jobs, Mitbegründer von Apple, war dafür bekannt, in seiner eigenen Familie streng auf die Nutzung von Computern zu achten – und die in Sachen Digitaltechnologien fortschrittlichsten Eltern im Silicon Valley scheinen ganz besonders streng zu sein, wenn es um den Zugang ihrer Kinder zum Internet geht. Doch selbst wenn Sie zu den Eltern gehören, die der Ansicht sind, dass Kindersicherungs-Filter für Desktop-PCs, Laptops und Mobilfunkgeräte ganz wunderbar funktionieren, was meinen Sie, geschieht wohl, sobald Ihr Sprössling seine Freunde besucht?

Viele Eltern geben einfach auf. Laut Studienergebnissen sind sie von den technologischen Möglichkeiten überfordert und haben den Eindruck, sie könnten mit dem sich ständig beschleunigenden Wandel im Cyberspace nicht mithalten. Aufgrund der mangelnden Konzentration, des fehlenden technologischen Scharfsinns und der mangelnden Zeit aufseiten der Eltern nutzt der Nachwuchs derweil die Gunst der Stunde. Ein großer Prozentsatz »verbirgt seine Teilnahme an gefährlichen und zuweilen illegalen Aktivitäten«, wie es in einer Untersuchung heißt.[172]

Der britische Staat wollte die Eltern im Land unterstützen und bat die unabhängige Medienaufsichtsbehörde Ofcom um Empfehlungen für den angemessenen Umgang mit kindlichen Internetgewohnheiten, nachdem sich 2014 im Zuge einer Studie herausgestellt hatte, dass eine von zwanzig britischen Familien mit kleinen Kindern sich nicht im Geringsten mit der Überwachung des kindlichen Online-Daseins auseinandersetzte.

Ein Expertengremium entwickelte einen Vier-Punkte-Katalog, um Kinder im Internet zu schützen. Dieser Katalog empfahl:

1. Die Verwendung von Kinderschutz-Programmen, Filtern, PIN-Passwörtern oder Safe-Search-Einstellungen, um zu verhindern, dass Kindern bei Online-Suchen nicht altersgerechte Inhalte angezeigt werden.

2. Regelmäßige Gespräche mit dem Nachwuchs über die Risiken des Cyberspace und den Umgang damit.
3. Regeln und Bestimmungen zum Internetzugang und zur Verwendung des Internets.
4. Beaufsichtigung junger Kinder im Internet.

Wie sich herausstellte, folgte nur ein Drittel aller Familien mit fünf- bis fünfzehnjährigen Kindern allen vier Punkten. Ich kann mir vorstellen, warum: weil das ein Vollzeit-Job ist!

Wie zum Teufel sollen Eltern all diese Empfehlungen beachten, während sie sich gleichzeitig um die Ernährung, die Kleidung und die Pflege ihrer Familienmitglieder kümmern und wahrscheinlich sogar vierzig Stunden die Woche arbeiten müssen? Die Zahlen unterscheiden sich zwar von Studie zu Studie, dennoch beweisen sie insgesamt, dass im Falle von Haushalten mit etwas älteren Kindern (über zwölf Jahren) der Anteil von Familien, die ihren Nachwuchs nicht kontrollieren oder überwachen, auf etwa einen von zehn Haushalten steigt.

Als Forensikerin bin ich der Ansicht, dass ein Herumstochern im Nebel gefährlich ist. Aus meinem Fachgebiet gibt es einen berühmten Fall, der damit im Zusammenhang steht: der sogenannte »Notfall 21«. Als die Veranstalter der Olympischen Spiele 1972 in München sich auf alle möglichen Risiken vorzubereiten versuchten, zogen sie den westdeutschen Psychologen Georg Sieber zu Rate, der sich verschiedene Worst-Case-Szenarien ausdenken sollte, damit alle Beteiligten für eventuelle Notfälle Vorkehrungen treffen konnten.

Sieber präsentierte sechsundzwanzig mögliche Szenarien. Das einundzwanzigste Szenario, das Sieber »Notfall 21« nannte, befasste sich mit der Möglichkeit eines Anschlags, ausgeführt von bewaffneten palästinensischen Terroristen, die in die Wohnquartiere der israelischen Mannschaft eindringen, Menschen umbringen und Geiseln nehmen, um dann die

Freilassung palästinensischer Gefangener in Israel zu fordern. Dieses Szenario erschien den Organisatoren der Olympischen Spiele jedoch ebenso übertrieben wie unwahrscheinlich zu sein; Gleiches galt für alle anderen von Sieber entwickelten Notfälle – sie waren einfach zu düster und zu negativ. Schließlich trug diese Olympiade das Motto der »heiteren Spiele«. Siebers grauenhafte Vorstellungen auch nur in Betracht zu ziehen, hätte die von den Veranstaltern erhoffte fröhliche, sorglose Atmosphäre zerstört.

Auf unheimliche Weise wurde Notfall 21 bald Wirklichkeit. Während der Olympischen Spiele in München wurden elf israelische Sportler und ein deutscher Wachmann ermordet – so viel zu den »heiteren Spielen«. Der Ausdruck wurde zur düsteren Warnung, dass die Hoffnung auf das Beste allein nicht das Schlimmste verhindern kann.

Die Realität: Ist ein Risiko unwahrscheinlich – und der Gedanke daran unangenehm –, entsteht oft der starke Drang, die Gefahr zu übersehen. Die Erklärung dafür lautet, dass die Menschen trotz all der Risiken, denen wir uns alle gegenübersehen – sei es der Gefahr eines Autounfalls, eines Diebstahls, eines Terroranschlags oder des plötzlichen Auftauchens eines Serienmörders mit Beil im eigenen Schlafzimmer –, Tag für Tag ihr Leben führen müssen. Dank der Unterstützung durch Gesetze, Verordnungen und Technik sowie Technologien begegnen uns Jahr für Jahr weniger Gefahren. Unsere Autos sind mit Alarmsystemen, Airbags und besseren Sicherheitsgurten ausgestattet. Die Zahl der Flugzeugabstürze fluktuiert zwar jährlich, geht jedoch insgesamt zurück. Dasselbe gilt für die Häufigkeit von Morden in den meisten entwickelten Ländern. Da wir Serien-Sexualstraftäter mit DNA-Tests und fortgeschrittener Technik verfolgen können, sinkt auch die von diesen Verbrechern ausgehende Gefahr.

Aus der Perspektive einer forensischen Psychologin kann ich

nicht anders, als Verständnis für Sieber zu haben. Der Wunsch nach Freiheit im Cyberspace und der Widerwille, die tatsächlichen Nachteile in Betracht zu ziehen, sorgen dafür, dass manche Eltern die Gefahren für ihre Kinder schlicht und ergreifend ignorieren, ganz so, wie die Veranstalter der Olympischen Spiele in München sich aufgrund ihrer kognitiven Dissonanz weigerten, die Sicherheitsbestimmungen zu verschärfen oder den Notfall 21 überhaupt in Betracht zu ziehen, weil das ihrem angestrebten Konzept der fröhlichen und entspannten Spiele zuwidergelaufen wäre. Folgt aus dem tatsächlichen Ausmaß des Risikos, dass man sich darauf nicht vorbereiten sollte – oder dass man dieses schwierige Thema nicht mit seinen Kindern besprechen sollte?

So wie ich meinen Job verstehe, gehört es zu meinen Aufgaben, echte Einblicke in potentielle Risiken zu liefern und wirkliche Informationen darüber vorzulegen, und zwar mit offenen Augen und meiner ganzen Vorstellungskraft, damit ich auf das Schlimmste vorbereitet bin. In der Risikobeurteilung sagen wir: »Beginnen wir bei der Apokalypse und arbeiten wir uns von dort zurück.«

Die Vielfalt der nicht überwachten und für Kinder unangemessenen Inhalte ist schier grenzenlos. Und die Zahl der Kinder, die diesen Inhalten ausgesetzt ist, steigt stündlich. Diesen Notfall 2.0 dürfen wir nicht ignorieren.

Sweetie und der Webcam-Sextourismus

Die zehnjährige Sweetie von den Philippinen war sehr verspielt, hatte große braune Augen und glänzendes kinnlanges Haar. »Hello, my name is Sweetie«, flötete sie in einem Singsang-Englisch mit starkem Akzent, während sie in ihre Webcam schaute und ihre neuen Freunde begrüßte.

Sweetie war bereit, online und gegen Bezahlung Sex vor ihrer Webkamera zu haben. Webcam-»Sextourismus« ist ein wachsender Wirtschaftszweig, was teilweise mit der extremen Wachsamkeit vor Sexualstraftätern in der realen Welt zu tun hat. Das führt dazu, dass Männer in reichen Ländern Tausende Kinder in armen Ländern bezahlen, damit diese sexuelle Handlungen vor ihren Computern ausführen oder den Männern dabei zuschauen, wie sie ebendies tun.

In den ersten zweieinhalb Monaten ihrer Internet-Aktivität zog Sweetie eintausend Täter aus einundsiebzig Ländern in ihren Bann. Bevor Sie nun in Anbetracht einer solch abstoßenden Geschichte in tiefe Trauer verfallen, hören Sie sich zunächst die guten Nachrichten an: Sweetie war nicht real, sondern ein interaktives 3-D-Computermodell, das wie ein zehnjähriges Mädchen von den Philippinen aussah und sich genauso ausdrückte und benahm. Die Werbeagentur Hava Lemz hatte Sweetie im Auftrag der niederländischen Sektion des international tätigen Kinderhilfswerks Terre des Hommes erschaffen.[173] Sweetie war so gestaltet worden, dass sie die Identität der Pädophilen erfasste und an die Strafverfolgungsbehörden weiterleitete. Laut Terre des Hommes sind zu jeder Tages- und Nachtzeit 750 000 Männer weltweit auf der Suche nach Online-Sex mit Kindern.

»Ab dem Augenblick, in dem [Sweetie] online ging, wurden wir geradezu überschwemmt und wie von einer Lawine überrollt«, teilte Hans Guyt mit, der damalige Sonderprojekt-Leiter von Terre des Hommes.[174]

Die philippinischen Behörden schätzen, dass bis zu 100 000 Kinder im Land zur Webcam-Prostitution gezwungen werden. Juristisch gesehen kann die Erschaffung eines Avatars wie Sweetie, um potentielle Sexualstraftäter anzulocken, in gewisser Hinsicht als die Provokation einer Straftat betrachtet werden, weshalb ein solches Vorgehen mich durchaus beunruhigt. Viele

Länder, darunter die Philippinen, ändern jedoch im Kampf gegen den sexuellen Missbrauch im Internet und die ausufernde Webcam-Prostitution ihre Gesetze.

Menschen mit abweichendem Sexualverhalten, die sich zu Kindern hingezogen fühlen, fallen grob gesagt in zwei Kategorien: Personen, die im Internet Straftaten begehen, und Personen, die in der realen Welt Verbrechen ausüben. Der eine Typ sucht nach Inhalten, also Fotos von Kindern; der andere sehnt sich nach körperlichem Kontakt zu Kindern. Das Internet erleichtert beides. Wie?

Früher musste ein Sexualstraftäter des ersten Typs auf die Philippinen oder nach Thailand fliegen, um Sex mit Kindern zu haben. Heute finden diese Leute ihre Opfer online. Sie begehen sogenannten »durch Digitaltechnologien erleichterten Missbrauch«, indem sie Foren und Websites aufsuchen, auf denen Pädophile Informationen austauschen und ihren Kameradschaftsgeist pflegen.

»Der Cyberspace ermöglicht Menschen mit echten pathologischen Zügen, auf Gleichgesinnte zu treffen, die ihre Probleme verstärken«, schreibt John Suler in *Psychology of the Digital Age. Humans Become Eletric.*[175] Wie im ersten Kapitel bereits erwähnt, spielt hier die Mathematik des Online-Verhaltens eine Rolle. Aufgrund der Auswirkungen des Online-Zusammenschlusses und der Online-Eskalation sowie der Anwesenheit Gleichgesinnter in einem neuen Umfeld, in dem das abweichende Verhalten sozialisiert, normalisiert und durch die Online-Enthemmung sowie die Anonymität des Cyberspace verschlimmert wird, ist es mehr als wahrscheinlich, dass jemandem mit pädophilen Neigungen die Selbstkontrolle im Internet sehr viel schwerer fällt. Darüber hinaus finden Menschen mit kriminellen Absichten ihre Opfer online schneller und einfacher.

Früher einmal musste jemand, der unanständige Bilder von Kindern sammelte, diese heimlich in einem Karton unterm

Dach aufbewahren. Heutzutage nimmt das für die Öffentlichkeit zugängliche Material dank der Leichtigkeit, mit der inzwischen Digitalaufnahmen von Mobiltelefonen und Computern angefertigt und dann versendet oder ins Internet gestellt werden können, rasant zu. Der juristische Begriff lautet »Kinderpornographie«; Kinderrechtler bevorzugen allerdings die Bezeichnung »Kindesmissbrauchs-Material« (oder die internationale Abkürzung CAM, von engl. »child abuse material«), weil dieser Begriff keine Zustimmung aufseiten des Kindes impliziert oder eine harmlose Beziehung suggeriert, bei der pornographische Praktiken für Erwachsene zum Einsatz kommen. Vor zehn Jahren erhielt das National Center for Missing and Exploited Children (kurz NCMEC) Tausende Bilder. Allein im Jahr 2012 waren es dann 20 Millionen Fotos. Bis 2016 waren die NCMEC-Archive des Child Victim Identification Program auf insgesamt 139 Millionen Bilder angewachsen. Als man diese Fotos stichprobenartig untersuchte, stellte sich heraus, dass 70 Prozent in die Kategorie der Kinderpornographie fielen, 16 Prozent als Online-Verführung galten und 14 Prozent als Selbstdarstellungen eingeordnet wurden.[176] Mit anderen Worten: Es handelte sich um Selfies oder Kurznachrichten mit sexuellem Inhalt.

Interessanterweise hat sich das Profil des durchschnittlichen Sexualstraftäters in den letzten Jahren gewandelt. Ich hege den Verdacht, dass dieser Umstand ebenfalls den Digitaltechnologien geschuldet ist. In den letzten zehn Jahren tauchen immer häufiger junge Online-Straftäter auf.[177] Einigen Berichten zufolge steigt die Zahl der unter Achtzehnjährigen unter diesen jugendlichen Tätern. Was verursacht ein solches Phänomen? Hat der Zugang zu Internet-Pornographie etwas damit zu tun, oder – allgemeiner gesprochen – hängt das Ganze mit den Auswirkungen eines für Erwachsene bestimmten Online-Umfelds auf Kinder zusammen?

Als ich 2010 über Kindesmissbrauchs-Material im Internet recherchierte und gemeinsam mit dem stellvertretenden Leiter von Interpol, Michael »Mick« Moran, einen Artikel verfasste, stieß ich in den von mir zu Rate gezogenen Studien auf interessante Informationen. Einige Täter berichteten unabhängig von dem Umfeld, in dem sie bevorzugt agierten, in ihrer frühen Kindheit ein unangemessen sexuell aufgeladenes Erlebnis gehabt zu haben. Allein schon aus diesem Grund finde ich es besorgniserregend, dass Kinder im Internet Zugang zu Inhalten haben, die nur für Erwachsene bestimmt sind. Denn meiner Auffassung nach ist bereits die Betrachtung des unangemessenen Materials an sich als »frühes unangemessen sexuell aufgeladenes Erlebnis« einzustufen.[178] Wenn das zutrifft, könnten die Konsequenzen fürchterlich sein. Wir als Gesellschaft sollten innehalten und darüber nachdenken.

Nach diesem düsteren und schwierigen Thema ist es wohl an der Zeit für ein paar gute Nachrichten: Sweetie ist nicht die einzige clevere Erfindung der letzten Jahre im Kampf gegen die Pädophilie. Mehr und mehr bieten die Digitaltechnologien selbst die Gegenmittel gegen die durch Technik erleichterten abweichenden Verhaltensweisen.

»Jedes Bild ist ein Tatort«

Drei lange Jahre lang hatte Interpol bereits versucht, einen bestimmten Pädophilen dingfest zu machen – einen Mann, der mehr als zweihundert Bilder ins Internet gestellt hatte, die ihn beim sexuellen Missbrauch von männlichen Kindern und Jugendlichen zeigten. Alles in allem waren auf den Fotos ein Dutzend verschiedener Jungen im Alter von Anfang zwanzig bis – und das ist starker Tobak – sechs Jahren zu sehen. Das Aussehen der Jungen und eine Inhaltsanalyse der Aufnahmen legten den Schluss nahe, dass die abgebildeten Verbrechen sich offenbar in Südostasien ereignet hatten.

Es war gewagt, die Bilder ins Internet zu stellen. Der Mann hatte jedoch auf jedem der schockierenden Fotos sein Gesicht digital unkenntlich gemacht, damit seine Identität geheim blieb.[179]

Mick Moran war zum Zeitpunkt der Ermittlungen im Jahr 2007 als Kriminalbeamter bei Interpol tätig. Er arbeitete in der Einheit Crimes Against Children. Mick ist ein großgewachsener, geselliger Bursche, der früher bei den Irish Guards war. Er spricht frei von der Leber weg und geht seiner Aufgabe erbarmungslos nach, Straftäter aufzuspüren, die sich an Kindern vergehen. Mick und ich lernten uns ungefähr zu diesem Zeitpunkt kennen, und er lud mich dazu sein, für das Interpol-Spezialistenteam zu forschen. Er hatte einen denkwürdigen Spruch über unanständige Fotos von Kindern und Jugendlichen parat: »Jedes Bild ist ein Tatort.«

Wissen Sie, wie Forensiker einen Tatort auf Beweise hin untersuchen? Morans Team leistet bei der Analyse bildlicher Darstellungen von Kindesmissbrauch hervorragende Arbeit, um seine Fälle zu lösen. Als man ihm die Leitung der Interpol-Ermittlung zum Fall des Pädophilen übertrug, der unkenntlich gemachte Bilder von sich ins Internet stellte, schickte Moran die Fotos an ein deutsches Labor, das die fortschrittlichsten Methoden anwandte, um die »verwischten« Gesichtszüge des Straftäters wieder kenntlich zu machen.

Interpol handelte schnell und initiierte eine beispiellose weltweite Fahndung nach diesem Mann. Als Reaktion auf den weltweiten Aufruf trudelten innerhalb nur weniger Tage beinahe 350 Hinweise aus der Bevölkerung bei Interpol ein. Fünf Quellen auf drei verschiedenen Kontinenten – darunter auch ein Angehöriger des Täters – identifizierten den Mann als Christopher Paul Neil, einen Vertretungslehrer aus British

Columbia, der früher einmal als Kaplan und Seelsorger bei den Royal Canadian Air Cadets in Nova Scotia und Saskatchewan tätig gewesen war. Neil hatte sein Studium für das Priesteramt abgebrochen (ich weiß, was Sie denken) und war nach Asien gezogen, wo er fünf Jahre lang Englisch unterrichtete.

Er arbeitete gerade in Südkorea. Als die Fahndung begann, floh er nach Bangkok. »Ich kenne die thailändischen Behörden«, erklärte Moran gegenüber den Medien, und auch »die all der anderen Länder in der Region, seien es die kambodschanischen, vietnamesischen oder thailändischen, und ich weiß, dass sie alle in Kenntnis gesetzt worden sind.« Die Grenzen wurden kontrolliert; dank einer gemeinsamen Anstrengung aller Behörden wurde Neil schließlich von der thailändischen Polizei verhaftet.

Interpol teilte in einer Stellungnahme mit, die Operation solle als »Warnung an Pädophile dienen und sie daran erinnern, dass aufgrund der Macht des Internets und des öffentlichen Abscheus keine Versteckmöglichkeiten mehr bleiben«. Letztlich brachten ebenjene Technologien, die die öffentliche Zurschaustellung von Neils Schandtaten erst ermöglicht hatten, den Täter zu Fall.

»Wie ironisch die Tatsache ist, dass wir das Internet nutzten, um unsere Botschaft in der Öffentlichkeit zu verbreiten, ist uns durchaus bewusst«, erklärte Moran.

Es ist Fakt, dass die Digitaltechnologien Pädophilen und anderen Sexualstraftätern das Leben erleichtern; die Hingabe und der Einfallsreichtum Einzelner in der weltweiten Strafverfolgung sollte uns jedoch mit Hoffnung erfüllen. Mick und unzählige andere, die ich im Laufe meiner Tätigkeit kennenlernte und die sich dem Kampf gegen die ständig steigende Zahl der Kindesmissbrauchs-Materialien verschrieben haben, sind nur ein Beispiel von vielen. Ich bin mir sicher, dass es uns gemeinsam gelingen wird, immer mehr Pädophile und andere Straftäter aufzuhalten, die Kindesmissbrauchs-Material vermarkten und tauschen, und das nicht zuletzt aufgrund innovativer neuer Techniken und der Entschlossenheit solch inspirierender Persönlichkeiten wie Sharon Cooper, einer forensischen Kinderärztin bei NCMEC, kreativer Selbstschutzorganisationen wie Terre des Hommes, anderer nichtstaatlicher Organisationen und nichtkommerzieller Gruppen, die sich der Rettung so vieler Kinder wie möglich verschrieben haben. In dieser dunklen Welt sollten wir uns darüber freuen, dass Menschen überlistet werden, die es auf Kinder abgesehen haben.

Dennoch kann dieser Selbstschutz auf jeden Fall auch zu weit gehen, wie der Fall eines Kinderarztes in South Wales beweist, dessen Haus von Vandalen mit Graffiti beschmiert wurde.

Die Polizei bestätigte, dass der Angriff auf eine Verwechslung zurückging, weil manche den Unterschied zwischen *pedophile* (pädophil) und *pediatrician* (Kinderarzt) nicht erkannten.

Also, liebe Bürgerwehren: Achtet bitte auf die Schreibweise!

Frankenstein und das kleine Mädchen

Google, Bing, Yahoo und andere Suchmaschinen ermöglichen den Zugang zum gesammelten Wissen der Menschheit; bald schon wird jedes im Lauf der Geschichte veröffentlichte Buch dort erhältlich sein. Die Möglichkeiten für Recherchen und Selbststudium sind einfach enorm.

Das gilt jedoch nicht für junge Kinder – nicht einmal für Kinder zwischen acht und zwölf Jahren, und das obwohl sich bei einer US-amerikanischen Studie herausstellte, dass sehr viele Kinder dieses Alters regelmäßig Google-Suchen durchführen.

Das grundlegende Problem sind die Suchalgorithmen. Sie

sind darauf ausgelegt, möglichst schnell die am häufigsten gesuchten Begriffe anzuzeigen. Extreme Inhalte und beängstigende Szenarien, die bei Erwachsenen stets die meiste Aufmerksamkeit auf sich ziehen, können aufgrund der Popularität solch sensationsgeladener Themen und vollkommen unabhängig vom tatsächlichen Alter des Suchenden zuerst angezeigt werden.

Sobald ein zehnjähriges Mädchen sich also vor den Computer setzt, einen Begriff in die verführerisch leere Suchzeile eingibt und dann »Enter« drückt, interagiert es mit maschineller Intelligenz. Von nun an ist fast alles möglich, entweder weil das Mädchen versehentlich auf einer für sie unangemessenen Website landet oder weil seine unendliche kindliche Neugier es immer weiter treibt. Manch ein Eintrag kann für ein kleines Kind wirklich unwiderstehlich sein. Ob in der Schule, auf dem Spielplatz oder im Internet: Oft ist Mundpropaganda für die Hälfte der Besuche auf unterschiedlichen Websites verantwortlich – die problematischen eingeschlossen. Man muss kein Psychologe oder Experte für die Kindesentwicklung sein, um zu wissen, dass Kinder dieser Altersgruppe oft das größte Interesse daran haben, die Namen von Websites mit unangemessenen Inhalten anderen Gleichaltrigen mitzuteilen – und sie aufzufordern, dieselben Websites zu besuchen.

Die Technologie, die die Suche des Mädchens erleichtert, ist zwar intelligent, hat aber nicht die geringste Ahnung, dass sie gerade Informationen an ein zehnjähriges Kind weitergibt. Wir als Gesellschaft haben uns bislang nicht genug auf die moralischen Fragen konzentriert, die von der Interaktion einer maschinellen oder künstlichen Intelligenz mit einem Kind aufgeworfen werden. (Der erste auf einen Roboter zurückgehende Todesfall ereignete sich 1979, als ein Fließbandarbeiter der Ford Motor Company durch den Arm eines Industrieroboters ums Leben kam. Er war sofort tot.)[180]

Das erinnert mich an eine Szene aus der klassischen Filmadaption *Frankenstein* von 1931. Das Monster freundet sich mit einem kleinen Mädchen an, das Blumen an einem See pflückt. Alles scheint ganz herzallerliebst zu sein, bis das Monster das Mädchen ins Wasser wirft und sie ertrinkt.

Mary Shelley schrieb ihr Werk *Frankenstein* inmitten der Verwirrungen und Ängste der Industrialisierung. Sie spekulierte darüber, was die Wissenschaft zukünftig hervorbringen könnte. Das Buch ist ein hervorragendes Beispiel für die Macht der Fiktion, die einen komplexen geschichtlichen Wandel oft besser darzulegen und zu illustrieren vermag als Dutzende wissenschaftlicher Arbeiten. Hätte Shelley sich je ausmalen können, wie Suchalgorithmen maschinelle Intelligenz in jeden Lebensbereich bringen?

Und wohin verschleppt dieses digitale Monster, die Online-Suche, das kleine Mädchen? Als ich in Irland in einer Beratergruppe saß, die Empfehlungen zur Regulierung des Internets aussprechen sollte, bat man mich, die legalen, aber für Kinder unangemessenen und von Minderjährigen leicht aufzurufenden Inhalte im Internet genauer zu untersuchen.[181] Glauben Sie mir, diese Inhalte umfassen sehr viel mehr als Pornographie und Gewaltexzesse.

Tatsächlich ist es sehr einfach, Websites ausfindig zu machen, die für den Drogenkonsum werben oder den Alkoholmissbrauch durch Trinkspiele fördern. Im Jahr 2014 begann ein besorgniserregender Trend dieser Art in den sozialen Medien Australiens die Runde zu machen, der schon bald den Rest der Welt erfasste: »Neknomination«, deutsch »Biernominierung«, quasi ein Trinkspiel in Form eines Kettenbriefes. Auf anderen Online-Plattformen tritt aggressives Verhalten in Form äußerster Feindseligkeiten auf: Rassismus, Hate Speech, Agitation gegen LGBT (lesbisch, schwul, bisexuell und transgender), Äußerungen extremer politischer Ansichten oder

Radikalisierungsversuche. Vergessen wir außerdem nicht die Websites, auf denen für eine positive Einstellung zu Anorexie und Bulimie geworben sowie diese lebensbedrohlichen Essstörungen als eine Form des Lifestyles propagiert werden (diese Websites sind bereits so beliebt, dass es dafür Spitznamen gibt: »Pro-Ana« für »Pro-Anorexie« und »Pro-Mia« für »Pro-Bulimie«). Am schlimmsten sind jedoch die unzähligen Websites zur Selbstverletzung (»Ritzen«) und zum Suizid, die junge Leute ins Visier nehmen und ihnen ein Forum bieten, in dem sie auf andere Kinder und Jugendliche treffen, die zur Selbstzerstörung neigen. Ihr Verhalten wird dadurch verstärkt und normalisiert.

Und nun stellen Sie sich einmal vor, unsere Zehnjährige hätte eine dieser Seiten für sich entdeckt. Vielleicht hat sie im Fernsehen oder in der Schule viel von Übergewicht und Fettleibigkeit gehört. Die ehemalige First Lady Michelle Obama setzt sich entschieden für die Aufklärung zu diesem Thema ein. Die Adipositas ist seit zwanzig Jahren in aller Munde. In entwicklungspsychologischer Hinsicht beginnt ein zehnjähriges Mädchen, auf neue Art und Weise über sich nachzudenken. Das tut sie, indem sie sich mit anderen Mädchen in der Schule, in Zeitschriften, im Fernsehen und im Internet vergleicht. Sie weiß um ihre leichte Pummeligkeit. Ihre Tanten und Großeltern kneifen sie ständig in ihre runden Apfelbäckchen und erzählen von ihrem Babyspeck. Heißt das, dass sie übergewichtig ist? Vielleicht macht sie sich darüber Gedanken und gibt deshalb den Begriff »dünn« in die Suchmaschine ein. In nur wenigen Sekunden stößt sie auf Links zu Pro-Anorexie- und Pro-Bulimie-Websites (ein Phänomen, das mit dem zusammengesetzten Begriff »Thinspiration« – von engl. *thin* = dünn – umschrieben wird).

Aus älteren Studien zum Fernsehkonsum wissen wir außerdem, wie wichtig altersgemäße Inhalte für Kinder sind. Kleine

Kinder sprechen sehr gut auf altersgemäße Sendungen und Lehrstunden an, reagieren aber sehr negativ, wenn der Inhalt unangemessen für sie ist. Wie sieht diese Negativreaktion aus? Wie ich bereits erwähnt habe, ist die Durchführung einer Studie zu den Auswirkungen von Pornographie oder Gewalt auf Kinder und Jugendliche problematisch, weil Experimente mit der Psyche von Minderjährigen ethisch mehr als fragwürdig sind. Wenn Kinder allerdings zu ihren Erfahrungen im Internet befragt werden, können uns die Ergebnisse einer solchen Erhebung sehr viel verraten. Ein Kindernottelefon berichtete im Zuge der britischen Umfrage aus dem Jahr 2015, dass ein Zehntel der Kinder von zwölf bis dreizehn Jahren sich sorgte, möglicherweise, »süchtig nach Pornos zu sein«. Eins von fünf zwölf- bis siebzehnjährigen Kindern gab an, pornographische Darstellungen gesehen zu haben, die es erschreckt oder verstört hätten. Erschütternde 12 Prozent erklärten, dass sie bereits an der Aufnahme sexuell eindeutiger Videos teilgenommen oder diese sogar selbst produziert hätten.[182]

Erst kürzlich erschien in der Londoner *Times* ein Leitartikel von Alice Thompson, in dem die Autorin die Allgegenwart von Hardcore-Pornographie unterstreicht und die möglichen Auswirkungen auf Kinder beleuchtet. Allein im Jahr 2015 wurden die Videos der Website PornHub 87 Milliarden Mal angeschaut – das entspricht beinahe zwölf Videos pro Erdenbewohner. Thomson weist darauf hin, dass die Polizei Schwierigkeiten hat, gegen die Flut der Straftaten anzugehen, die durch die einfache Erreichbarkeit selbst für Kinder stets nur ein paar Klicks entfernter pornographischer Inhalte gefördert werden. Gary Herbert, der Gouverneur von Utah, unterzeichnete 2016 eine Resolution, die angesichts der Häufigkeit solcher Inhalte im Internet und des einfachen Zugriffs darauf von einer »öffentlichen Gesundheitskrise« sprach. Wir haben es hier mit einer gesellschaftlichen Krise zu tun.

Moderatoren, die Inhalte im Internet kontrollieren – also Erwachsene, die von Unternehmen angestellt werden, um visuelle Darstellungen von Enthauptungen, Folter, Vergewaltigung und Kindesmissbrauch aus Suchmaschinen und sozialen Medien zu entfernen –, berichten, dass die Bilder, die ihnen während ihrer Arbeit begegnen, bei ihnen ernste emotionale Schäden anrichten.[183] Sie leiden unter Nachwirkungen wie Schlaflosigkeit, Angstzuständen, Depressionen und wiederkehrenden Albträumen, die den Symptomen einer posttraumatischen Belastungsstörung ähneln. Wir behandeln diesen Umstand in einer Folge der zweiten Staffel von *CSI: Cyber*. Die Folge trägt den Titel »5 Deadly Sins« (in der deutschen Fassung: »#Sünden #Bestrafung«).[184] Der englische Titel bezieht sich auf die fünf verschiedenen Inhaltsarten, die die hinter den sozialen Netzwerken stehenden Unternehmen gegen Bezahlung entfernen lassen (Hate Speech, Pornographie, Gewaltdarstellungen, Drogenkonsum und Trolle). Ich halte es für äußerst besorgniserregend, dass Moderatoren als menschliche Filter für extreme Inhalte dienen. Dieser Bereich ruft eindeutig nach einer technischen Lösung.

Unabhängig von Moderatoren und Todsünden wissen wir alle sehr genau, dass es im Internet eine weite Bandbreite verstörender Inhalte gibt. Reicht es aus, wenn Eltern ihren jungen Kindern einfach verbieten, Websites mit Materialien dieser Art zu erkunden? Ich denke nicht. Bei einer kürzlich durchgeführten Studie gaben 69 Prozent der befragten Jugendlichen zu, ihre Online-Aktivität vor ihren Eltern zu verbergen.[185]

Dass Kinder Geheimnisse haben, ist vollkommen normal. Dass Eltern im Online-Leben ihrer Sprösslinge herumschnüffeln und ihrem Nachwuchs im Cyberspace hinterherspionieren, indem sie etwa über das unbeobachtete Handy ihrer Kinder herfallen, um ihre Kurzmitteilungen zu lesen oder ihre Aktivität in den sozialen Medien zu überprüfen, ist dagegen problematisch. Untersuchungen beweisen, dass Kinder mit überfürsorglichen Eltern daraus nur lernen, ihre Geheimnisse noch besser zu wahren. Was noch schlimmer ist: Die Forschung zeigt, dass solche Kinder sich als Letztes an ihre übermäßig kontrollierend eingreifenden Eltern wenden, sollten sie in Schwierigkeiten geraten. Mit anderen Worten: Seien sie wachsam, aber nicht kontrollsüchtig!

Hier eine hypothetische Situation aus der realen Welt: Sie sagen einem Kind: »Kannst Du das gruselige Haus dort auf dem Hügel sehen? Geh nicht dorthin, es ist nicht sicher.« Was glauben Sie wohl, was dieses Kind als Erstes tun wird?

Vielleicht haben die letzten zehn Jahre, in denen ständig an die nötigen Sicherheitsmaßnahmen im Internet erinnert wurde, den Kindern im Grunde genommen vermittelt, dass der Cyberspace kein sicherer Ort für sie ist – weshalb er sie magisch anzieht. Die Studie, die sich mit dem Online-Verhalten europäischer Kinder beschäftigte, hat gezeigt: Da in den gerade einmal vier Jahren, die zwischen den beiden 2010 und 2014 durchgeführten Untersuchungen vergangen waren, mehr Kinder Tablets und Computer verwendeten und sich regelmäßig im Internet aufhielten, erhielten Elf- bis Sechzehnjährige auch mit höherer Wahrscheinlichkeit hasserfüllte Nachrichten und waren Cyber-Mobbing sowie Websites ausgesetzt, auf denen Selbstzerstörung und Magersucht propagiert wurden.

Diese besorgniserregende Eskalation, die dazu führen könnte, dass sich noch mehr Tragödien im Internet ereignen und online noch mehr schädliche Erfahrungen gemacht werden, hat sich allerdings entschärft, da es zu einer äußerst positiven Entwicklung gekommen ist: Wie die Untersuchung offenbarte, stellten europäische Kinder und Jugendliche im Internet seltener Kontakt zu Menschen her, die ihnen im realen Leben noch nicht begegnet waren – möglicherweise ein Beweis dafür, dass die unterschiedlichen Aufklärungskampagnen und

Schulversammlungen zum Umgang mit Fremden im Cyberspace Wirkung gezeigt haben. Das ist ein Grund zur Freude.

Der Täter im eigenen Heim

Ein zehnjähriger Junge interessiert sich dafür, was seine Freunde von ihm halten. Besucht er eine Website mit gewalttätigen oder sexuell aufgeladenen Inhalten und erzählt er danach seinen Freunden, was er gesehen und gehört hat, kann das sein Ansehen unter Gleichaltrigen steigern. Im Zuge einer 2012 vom britischen National Centre for Prevention of Cruelty to Children (NSPCC) durchgeführten Studie berichteten junge männliche Heranwachsende, dass es »nicht cool« sei, wenn sie mit »normalen« Hardcore-Porno-Bildern auf dem Telefon in der Schule erschienen. Wenn ein Junge jedoch ein originelles Foto dabeihabe, beispielsweise von seiner sehr jungen Freundin, die ihre Brüste präsentiert, dann sei das sehr wohl cool, und der Junge ebenso.

Junge männliche Kinder und Jugendliche produzieren »Originalinhalte«? Die Lektüre dieser Studie ließ mich auf der Stelle aufhorchen. Vielleicht halten Sie die Tatsache, dass Jungen anzügliche Bilder untereinander tauschen, für keine große Sache. Jungs sind nun einmal Jungs, nicht wahr? Tatsächlich erinnerten mich diese Taten jedoch an etwas sehr viel Beunruhigenderes.

Als ich vor ein paar Jahren an meinem Beitrag zu Straftätern arbeitete, die im Internet Verbrechen gegen Kinder begehen, entdeckte ich, dass die hierarchische oder gesellschaftliche Ordnung, in der sich diese Täter bewegen, überaus komplex ist. Solche Sexualstraftäter zahlen für den Zugang zu höheren Ebenen »geschlossener« Kinderporno-Ringe mit einer echten und selbstgemachten anstößigen Aufnahme eines Kindes. Damit beweist man den anderen anwesenden Tätern, dass man kein Polizeibeamter ist. Und man beweist, dass man Zugang zu einem Opfer hat – und damit auch zu Originalinhalten. Mittlerweile ergibt sich der überaus erschreckende Eindruck, dass auch junge männliche Heranwachsende ein Verhalten dieser Art an den Tag legen.

Merken Sie, wie die Grenzen verschwimmen und die Normen des Cyberspace sich verändern? Wenn diese Jungen Fotos von Playboy-Häschen austauschen würden, dann erschiene uns das geradezu als harmlos. Wodurch unterscheidet sich das heutige Verhalten? Heute tauschen Jungen die Nacktaufnahmen echter Freundinnen untereinander aus – Mädchen, die sie aus der Schule oder der Nachbarschaft kennen. Diese Kinder produzieren und verbreiten kinderpornographisches Material, in diesem Fall allerdings von ihnen selbst und Gleichaltrigen.

In der realen Welt schützen sichtbare Eltern, Großeltern, Betreuer, ältere Geschwister, Lehrer, Nachbarn, Freunde und die Polizei die Rechte von Kindern und Teenagern. Diese Gemeinschaft aus Erwachsenen wird auf ein oder mehrere Kinder achten. Im Internet ist diese Autorität kaum oder gar nicht vorhanden. Ein Kind kann im Grunde genommen den Eindruck erhalten, im Internet gäbe es keine Verantwortlichen. Und leider ist dem auch so.

Das wird zum Problem, wenn ein Zehnjähriger nach der Schule nach Hause kommt und den Computer einschaltet, um an einem jener Multiplayer-Online-Rollenspiele teilzunehmen, die bei Jungen so überaus beliebt sind. Diese Spiele zielen auf Jugendliche und Erwachsene ab, was sie für ein kleines Kind ein wenig verbotener und deshalb umso verlockender macht. Zudem werden Jahr für Jahr so viele neue Games auf den Markt gebracht, dass es für Eltern sehr schwer sein kann, mitzuhalten und zu entscheiden, was sich für ihr Kind eignet und was nicht.

Multiplayer-Spiele verfügen über eine ausgeprägte eigene Kultur – manch ein Game wird von seinem Publikum fast schon wie ein Kult verehrt. Hin und wieder wird daraus sogar eine eigene Subkultur mit jeweiligen sozialen Normen und Ausdrucksweisen. Mit dem Begriff »grind« (im Sinne von »schinden«) wird jede Form der repetitiven, langwierigen Aktivität in einem Online Game beschrieben; ein »griefer« ist jemand, der absichtlich irritiert oder verärgert (von »grief« = Leid). Es gibt Verhaltensregeln, die besagen, wie man neue Mitglieder zu einem gemeinsamen Abenteuer einlädt, wie die Ausbeute eines siegreichen Streifzugs aufgeteilt werden muss und wie man sich zu benehmen hat, wenn man neu zu einer Gruppe hinzustößt.

Hauptsächlich beteiligen sich Jungen an Multiplayer-Games, weil junge männliche Kinder und Jugendliche sich besonders für Schießen und Gewalt interessieren, die im Mittelpunkt dieser Spiele stehen. Für Jungen im Alter von vier bis zwölf Jahren besteht allerdings eine starke Gefährdung, besonders durch Menschen, die sie ausnutzen wollen. Jungen unter dreizehn Jahren spielen regelmäßig brutale Ego-Shooter mit Fremden im Internet – manchmal immer wieder mit derselben unbekannten Person. Ein gewisser Teil dieser Personen ist aber nicht nur zum Spielen dort.

Bei meiner forensischen Tätigkeit im Bereich der cyber-psychologischen Analyse erzeuge ich unter anderem virtuelle Profile, die auf den verfügbaren digitalen Spuren aufbauen. So wie der Polizeipsychologe Georg Sieber es 1972 im Vorfeld der Olympischen Spiele in München mit seinen möglichen Notfallszenarien getan hat, schaue ich mir an, was online passieren kann. Ich bin ein Profiler. Das Problem ist leider, dass sich auch Straftäter als Profiler betätigen.

Wenn ich den Begriff »Straftäter« verwende, beschränke ich mich damit nicht nur auf Pädophile. Ich meine damit auch

Einzelpersonen mit anderen Motiven: Profit, Erpressung oder politische Radikalisierung. Diese Straftäter-Typen teilen alle denselben *modus operandi*. Sie suchen nach Opfern, die sie zu involvieren versuchen und deren Vertrauen sie gewinnen möchten, um sie dann auszubeuten.

Spielt ein zehnjähriger Junge ein Online Game, lässt er viele Informationen ins Internet durchsickern, auch wenn er auf seine Eltern hört und Unbekannten weder seinen Namen, sein Alter noch andere private Details verrät. Selbst wenn dieser Junge bei seinen Aktivitäten im Cyberspace nicht die Webcam einschaltet, offenbaren Klang und Tonlage seiner Stimme ebenso wie die verwendete Sprache recht gut sein Alter. Ist er bereits im Stimmbruch? Akzent und Dialekt liefern noch mehr Informationen. Ein weiterer Hinweis ist die Zeitdauer, die er ohne elterliche Unterbrechung spielen kann. Wie lange darf er aufbleiben? All das deutet darauf hin, wie streng oder nachsichtig seine Eltern sind, zumindest, wenn es ums Internet geht. Das Spielmuster des Jungen lässt außerdem Rückschlüsse auf den Tagesablauf seiner Familie zu – wann das Abendessen serviert wird, was an den Wochenenden geschieht, um welche Uhrzeit die Eltern zu Bett gehen. Diese Informationen helfen dabei, das Kind per Geolocation ausfindig zu machen – also herauszufinden, wo es wohnt.

Ein Straftäter ist überaus wachsam und achtet besonders auf Informationen, die ihm den Grad der Beaufsichtigung in einem Haushalt verraten. Das Mikrophon, das in einem Spiel dafür gedacht ist, die Kommunikation der Spieler aufzuzeichnen, wird zum Horchposten des Verbrechers – in den eigenen vier Wänden.

Wenn der Straftäter im Lauf der Zeit regelmäßig mit dem Jungen zu spielen beginnt, kann er herausbekommen, wo er lebt. Irgendwann vermag er das Ausmaß der sozialen Isolation des jeweiligen Kindes zu bestimmen oder einzuschätzen. Wird der Täter in die Gruppe des Jungen aufgenommen, kann er außerdem erkennen, ob das betreffende Kind Freunde hat, die sich ihm regelmäßig anschließen – eine weitere Möglichkeit, um das Ausmaß der sozialen Isolation festzustellen. Ist der Junge ein Einzelgänger, könnte er anfälliger sein. Die emotionale Stabilität des Jungen lässt sich anhand seines Verhaltens in eigens zu diesem Zwecke herbeigeführten Szenarien beurteilen, in denen er während des Spiels unter Druck gesetzt wird – eine Möglichkeit, um seine Widerstandskraft zu testen. Regt sich der Junge schnell auf? Ist er sprunghaft? Verhält er sich leichtsinnig? Der Täter sammelt im Spiel ständig Daten. Er wird versuchen, herauszufinden, ob der Junge alleine zu Hause ist und zu welchen Zeiten die Eltern wohl nicht da sind. All diese Informationen sind einem potentiellen Straftäter zugänglich, bevor er sich persönlich mit dem Kind zu unterhalten beginnt.

Ein junges männliches Kind kann nach und nach beeinflusst werden, indem man es oder seinen außergewöhnlichen Spielstil lobt, ihm ein Unterstützernetzwerk bietet und es bittet, sich dauerhaft einem Team anzuschließen.

Wenn sich an einem Multiplayer Online Game mehr als zwei Straftäter beteiligen – manchmal sind es bis zu vier oder fünf –, spricht man von einem »Wolfsrudel«. Während dieses Rudel Ihr Kind umkreist, tun die einzelnen Mitglieder so, als würden sie sich nicht kennen. Das tun sie aber sehr wohl.

Nun stellen Sie sich vor, Sie schauten aus dem Fenster und entdeckten Ihren zehnjährigen Sohn beim Ballspiel mit zwei, drei oder vier erwachsenen Männern, die Ihnen noch nie begegnet sind. Wären Sie dann nicht auch ein wenig besorgt? Würden Sie nicht hinausgehen, um herauszufinden, was dort vor sich geht – oder würden Sie Ihren Sohn nicht gleich ins Haus rufen? Genau das passiert im Grunde im Internet. Und dennoch machen Sie sich wahrscheinlich nicht so große Sorgen, weil Ihr Sohn schließlich in seinem Zimmer sitzt. Still und leise spielt er dort. Er ist zu Hause. Er ist in Sicherheit. Nicht wahr?

Ich als Cyber-Psychologin bin der Ansicht, dass die mangelnde Sichtbarkeit der Beaufsichtigung und die fehlende Präsenz von Autorität im World Wide Web mit vielen der unerwünschten, unangemessenen und selbstzerstörerischen Handlungsweisen in Zusammenhang stehen, die uns online begegnen. Aus meiner Sicht erklärt dieser Cyber-Effekt einen großen Teil des negativen Online-Verhaltens von Kindern und Jugendlichen.

Die Strafverfolgungsbehörden sind sich der Gefahren von Online-Gaming-Plattformen durchaus bewusst. Im Umfeld eines brutalen Ego-Shooter-Multiplayer-Spiels werden im Laufe der Zeit Freundschaften geschlossen und Loyalitätsbeziehungen aufgebaut. Der Cyberspace und sein Umfeld besitzen unter anderem die Fähigkeit, in die Irre zu führen und zu täuschen – und er vermag anfällige Einzelpersonen in den Bann von merkwürdigen Communitys geraten zu lassen, in denen der kindliche Wunsch nach Anerkennung zur Besessenheit wird. Nicht nur treffen Ihre Kinder im Internet auf Unbekannte – sie ertappen sich aufgrund des Online-Enthemmungseffekts auch dabei, wie sie Dinge tun, die sie im realen Leben nie tun würden.

Kinder im Alter von acht bis zwölf Jahren sind für die Gefahren eines Umfelds ohne Autorität besonders anfällig. Sie beginnen gerade erst, ein Bewusstsein für das eigene Selbst auszubilden. Sie fangen an, engere Beziehungen mit Gleichaltrigen einzugehen, und entfernen sich zugleich von ihren Eltern und Familien. Während Freunde und Schulkameraden der Kinder mehr Einfluss und Macht über sie erhalten, spürt das Kind einen wachsenden Anpassungsdruck. Es überträgt diesen Drang in den Cyberspace, wo jedes Verhalten verstärkt wird und sich so aufschaukelt. Der Gruppenzwang nimmt zu, obwohl die anderen körperlich nicht anwesend sind. Manchmal sind sie nicht einmal real.

Mord, um Eindruck zu schinden

Morgan Geyser und Anissa Weier aus Waukesha, Wisconsin, wurden mit gerade einmal zehn Jahren Fans von Creepypasta Wiki, einer Website, die einzig und allein dem Austausch von Gruselgeschichten gewidmet ist. Kinder nahezu jeden Alters lieben Geschichten über paranormale Ereignisse oder Geister; sie mögen Horrorfilme und haben viel Freude daran, anderen einen Schreck einzujagen. Bei den sogenannten »Creepy Pastas« handelt es sich um gruselige Kurzgeschichten ähnlich denen, die Kinder sich bei Pyjama-Partys oder am Lagerfeuer erzählen.

Die umfassende Natur des Internets erschafft jedoch ein Cyber-Lagerfeuer, das sehr viel beängstigender ist als jedes echte. Auf der Creepypasta-Website werden Kinder dazu aufgerufen, eigene »Creepy Pastas« zu verfassen. Die Interaktivität der Einträge und Kommentare – die Lebhaftigkeit und das Wesen der Creepypasta-Website, in die die Kinder voll und ganz eintauchen können – vermag die Vorstellungskraft sehr viel stärker anzufachen. Eltern werden dort per Warnhinweis darüber informiert, dass die meisten Inhalte erst für Kinder über dreizehn Jahren geeignet sind. Aber welches zehnjährige Mädchen würde sich nicht gerne etwas anschauen, das erst für Dreizehnjährige gedacht ist?

Morgan Geyser und Anissa Weier wurden von einem bedrohlichen Phantom namens »Slender Man« (»Schlanker Mann«) und den ihn umrankenden Legenden in den Bann gezogen.[186] Es gab unheimliche »Fotografien« und Zeichnungen vom Slender Man, nebst Berichten über »Sichtungen«. Der hochgewachsene, schlanke Slender Man trug lange schwarze Kleidung, die ihn wie einen Todesengel erscheinen ließ. Auf Abbildungen war oft zu sehen, wie er im Wald arglosen Kindern auflauerte. Sobald er sie eingefangen hatte, soll er sie auf Baumstämmen aufgespießt, ihre Organe entfernt und sie in den Wahnsinn getrieben haben. In Wirklichkeit war der Slender Man von Eric Knudsen erfunden worden, einem jungen Vater und Ehemann aus Florida, der 2009 an einem Photoshop-Wettbewerb auf somethingawful.com teilgenommen hatte, weil er auf den Preis für das »beste paranormale Bild« hoffte. Knudsen fabrizierte für den Wettbewerb zwei Schwarzweißbilder eines hochgewachsenen gesichtslosen, schwarz gekleideten Monsters, das Kindern nachstellt, und gab ihm auch seinen Namen. Es dauerte nicht lange, bis diese Figur ins Zentrum von Fan-Fiction rückte und zum Horror-Helden wurde.

Geyser und Weier glaubten an seine Echtheit. Sie verbrachten ihre Nachmittage, Abende und Wochenenden damit, auf entsprechenden Websites Einträge und Kommentare über den Slender Man zu lesen, die von neuen »Sichtungen« berichteten. Irgendwann Anfang 2014 beschlossen die beiden Mädchen, die inzwischen zwölf Jahre alt waren, zu seinen »Stellvertreterinnen« zu werden. Sie waren der Ansicht, dass sie ihm ihren Wert beweisen konnten, indem sie jemanden umbrachten – und dass er ihnen dann erscheinen würde.

Nach Monaten der Planung wählten die beiden ein Opfer aus: eine Schulkameradin von zwölf Jahren, die sich für eine Freundin der beiden hielt. Geyser und Weier lockten das Mädchen für einen angeblichen Camping-Ausflug in den Wald, wo die drei den Tag und die Nacht miteinander verbrachten, bis die beiden »Stellvertreterinnen« des Slender Man ihr Opfer beim Versteckspiel angriffen. Geyser und Weier stachen insgesamt neunzehn Mal auf ihre Schulkameradin ein und verletzten sie an den Armen, den Beinen und am Torso, bevor sie das Mädchen zum Sterben im Wald liegen ließen.

Das Mädchen war jedoch noch am Leben und kroch zu einer Straße in der Nähe, wo sie auf dem Fußweg in ihrer blutdurchtränkten schwarzen Fleecejacke liegen blieb. Ein Fahrradfahrer fand sie und rief den Rettungsdienst.

Nach ihrer Verhaftung legten Geyser und Weier ein erschreckendes und detailliertes Geständnis ab, das weltweit Schlagzeilen machte und das folkloristische Interesse an der gruseligen Geschichte des Slender Man nur weiter anfachte. In einem *Newsweek*-Artikel stand: »Der Slender Man ist nun zum Urbild des puritanischen Bösen geworden: Er ist stets und überall präsent – ein Schreckgespenst unserer Ängste, Kinder in einer Welt großzuziehen, in der die Technologie alles beherrscht und die Grenzen zwischen Phantasie und Wirklichkeit immer weiter verwischen.« Für junge Kinder, die noch lernen, zwischen Wirklichkeit und Phantasie zu unterscheiden, ist das ein echtes Problem.

Wie oft werden zwölfjährige Mädchen wegen versuchten Mordes festgenommen? Im Jahr 2012 wurden in den USA 8514 Personen wegen Mordes oder Mordversuchs verhaftet. Nur eine diese Straftaten wurde von einem Mädchen unter dreizehn Jahren begangen.

»Das sollte für Eltern ein Weckruf sein«, ließ der Polizeichef von Waukesha, Russel Jack, in einer Stellungnahme verlauten, die bei einer Pressekonferenz über den Angriff herausgegeben wurde.[187] »Das Internet hat unsere Lebensweise verändert. Dort sind überall Informationen erhältlich und wunderbare, lehrreiche und unterhaltsame Websites zu finden. Das Internet kann aber auch voller schrecklicher und bösartiger Dinge sein.«

Wir lesen unseren Kindern Märchen vor – manche davon überaus bizarr. Eine neurobiologische Erklärung für diese Tradition lautet, dass durch spielerische Erlebnisse und Entdeckungen die Bahnen des in Entwicklung befindlichen Gehirns stimuliert werden. Außerdem können Märchen wichtige kulturelle Botschaften über das Leben vermitteln, die von Generation zu Generation weitergegeben werden. Am Lagerfeuer kann sich ein Kind leicht in einer Gruselgeschichte verlieren und sich ernsthaft fürchten, doch schon bald wird die reale Welt – sei es in Form der Stimme des Freundes, der die Geschichte erzählt, seien es die momentane Umgebung, der Lagerfeuerqualm, der sich verdunkelnde Himmel oder die Sterne über ihm – das Kind daran erinnern, dass es jenseits der Geschichte noch eine andere Welt und ein anderes Leben gibt. Im Online-Umfeld ist das allerdings sehr viel unwahrscheinlicher, weil man darin so sehr eintauchen kann, dass Phantasie plötzlich real erscheint.

Ich gebe zu, dass der mit dem Slender Man in Zusammenhang stehende Mordversuch ein extremes und glücklicherweise äußerst ungewöhnliches Beispiel ist, das auf düstere und erschreckende Weise illustriert, wie jemand im Cyberspace die reale Welt aus den Augen verliert. Die virtuelle Welt kann sich genauso real anfühlen – oder sogar realer. Im Cyberspace können der moralische Kompass und das Gespür für richtig und falsch abhandenkommen. Geyser und Weier versuchten offenbar, ihren Status im Internet zu erhöhen, als sie ihre Freundin erstachen. Nachdem sie jedoch unter Anwendung des Erwachsenenstrafrechts in Wisconsin vor Gericht gestellt wurden, sitzen sie nun in der realen Welt im Gefängnis ein.

Strenggenommen schlossen sich die beiden Mädchen nicht im Internet zusammen, weil sie sich schon vorher kannten. Offenbar radikalisierten sie sich jedoch dort und wurden gemeinsam fanatische Anhänger des Slender Man. Es kommt nur selten vor, dass Mädchen einen Mordversuch begehen. Indem die beiden ihr Verbrechen zusammen planten und sich darüber austauschten, wie sie vorgehen wollten, normalisierte sich die Tat für sie.

In einer gerichtspsychiatrischen Beurteilung wurde bei Geyser eine Schizophrenie im Frühstadium diagnostiziert. Im März 2016 erschien eine HBO-Dokumentation mit dem Titel *Beware the Slenderman*, die sich zum einen mit dem Wisconsiner Mordfall auseinandersetzte und zum anderen untersuchte, wie Kinder in den Bann von Ansichten oder Vorstellungen geraten können, die im Internet verbreitet werden. In meinen Augen wirft das die ernstere Frage auf, wie die interaktiven Medien sich auf Menschen mit einer Prädisposition für psychische Erkrankungen wie Schizophrenie auswirken können, die sich aus dem Zusammenspiel der biologischen Veranlagung und des individuellen Umfelds ergeben.

Kinder sind besonders empfänglich für ihr Umfeld und verspüren oft den Druck, an Gruppenaktivitäten teilnehmen zu müssen, um angenommen zu werden. Wenn man diesen Umstand mit den bekannten Auswirkungen des Cyberspace zusammenbringt – der Verstärkung, der Eskalation, der Online-Verzerrung –, werden Kinder sogar noch anfälliger, der Gruppenzwang noch größer und das Gruppenverhalten noch extremer. Um dagegen anzukommen, braucht man mehr Selbstbewusstsein, Selbsterkenntnis und Mut, als die meisten Acht- bis Zwölfjährigen besitzen.

Wie lehrt man am besten Resilienz?

Seit vielen Jahren zielt gute Erziehung in Europa darauf ab, den Kindern Resilienz beizubringen.[188] Dabei geht es darum, Kinder nicht abzuschirmen oder zu sehr zu behüten, damit sie selbst ihren Halt finden, Stärke entwickeln und Bewältigungsstrategien ausbilden. Um dies zu erreichen, werden die Kinder komplizierten Realitäten, Entbehrungen und sogar echten Gefahren ausgesetzt.

Was genau ist also »Resilienz«?

Resilienz wird definiert als »die erlernte Fähigkeit, sich im Angesicht von Unglück, Trauma, Tragödien, Bedrohungen oder Stressquellen wie Familien- oder Beziehungsproblemen, ernsten Gesundheitsproblemen oder Schwierigkeiten am Arbeitsplatz oder im finanziellen Bereich gut anpassen zu können«. Umgangssprachlich würden wir die Resilienz wohl als die Fähigkeit beschreiben, sich trotz schwieriger Erlebnisse »nicht unterkriegen zu lassen« und trotz aller Rückschläge und tragischer Ereignisse ein sinnvolles und produktives Leben zu führen.

Wir alle kennen Menschen, die sich von schrecklichen Schicksalen oder fürchterlichen Umständen erholen – oder wir haben inspirierende Geschichten über sie gehört. Es ist nie schön, von den Menschen zu erfahren, denen dies nicht gelungen ist. Das Schicksal von Insassen der Konzentrationslager im Zweiten Weltkrieg, das der Neurologe und Psychiater Viktor Frankl so hervorragend in *Der Mensch auf der Suche nach Sinn* beschreibt, beweist Resilienz in seiner Extremform. Die Reaktion unzähliger US-Amerikaner auf die Terroranschläge vom 11. September 2001 offenbart eine ähnlich bewundernswerte Widerstandskraft, weil es diesen Menschen gelang, ihre Welt wieder aufzubauen und weiterzumachen.

Die Forschung beweist, dass Resilienz keine Eigenschaft ist, die ein Mensch entweder hat oder nicht. Es gibt zwar biologische Hinweise, dass manche Menschen mit größerer Widerstandskraft auf die Welt kommen als andere, dennoch ist diese Eigenschaft mit bestimmten Verhaltensweisen, Gedanken und Handlungen verknüpft, die erlernt und ausgebildet werden können. Untersuchungen von Kindern legen nahe, dass es geschlechts- und altersbedingte Unterschiede für das Ausmaß der Resilienz gibt.

Jungen sind im Alter von neun bis zehn Jahren besonders anfällig und haben eine geringe Widerstandskraft. Für Mädchen gilt dasselbe, sobald sie ein wenig älter sind: zwischen elf und sechzehn Jahren.

Wie erlernen Menschen Resilienz? Es gibt Ratgeber für Eltern und Lehrer, die erklären sollen, wie man sie am besten »lehrt« – und wie man diese Eigenschaft anerzieht und verstärkt. Die American Psychiatric Association (APA) hat eine Liste mit zehn Maßnahmen erstellt, die der Förderung der Widerstandsfähigkeit dienen. Manches davon sagt uns bereits der gesunde Menschenverstand. Die APA empfiehlt, Verbindungen herzustellen und eine Gemeinschaft aus Freunden und Familie zu bilden, die Unterstützung bieten kann. Sie schlägt vor, das Selbstvertrauen zu stärken und die Eigenständigkeit zu fördern, indem man realistische Ziele setzt und regelmäßig etwas unternimmt, um ihnen näherzukommen, indem man entschlossen vorgeht und sich mit Problemen befasst, die tatsächlich auch gelöst werden können.

Weitere Hinweise sind: Rückschläge und Krisen sollten nicht als »unüberwindbare Schwierigkeiten« betrachtet werden, Veränderung sollte als natürlicher Teil des Lebens akzeptiert werden, man sollte nach Mitteln und Wegen suchen, um aus schweren Zeiten zu lernen und an ihnen zu wachsen. Außerdem sei es wichtig, eine positive Sicht auf das eigene Ich auszubilden, die Dinge angemessen zu betrachten und Probleme nicht größer zu machen, als sie sind. Außerdem solle man hoffnungsvoll und optimistisch sein, achtsam mit sich selbst umgehen, sich regelmäßig Bewegung verschaffen und entspannende Dinge tun.

Die Debatte darüber, wie Kinder im Internet am besten geschützt werden können, ist von der augenblicklich um sich greifenden Philosophie der »Resilienz-Lehre« eingeholt und beeinflusst worden und hat sich mit ihr verquickt. Die London School of Economics veröffentlichte im Jahr 2009 einen Aufsatz von zwei Professorinnen der Medien- und Kommunikationswissenschaften. Die beiden Autorinnen, Elisabeth Staksrud und Sonia Livingstone, untersuchten, wie Kinder online beschützt und möglicherweise »überbehütet« werden – und wie dieser Sachverhalt dazu führen könnte, dass Kinder nicht genug Resilienz ausbilden. Sie beschrieben »ein wachsendes Unbehagen in Anbetracht der Tatsache, dass das Ziel der Gefahrenvermeidung tendenziell eine risikoscheue Kultur der Überbehütung fördern kann, die die Freiheit der Kinder, im Internet auf Erkundung zu gehen, beschneidet, obwohl diese Freiheit in anderen Bereichen gesellschaftlich gefördert wird. In der Adoleszenz ist es von zentraler Bedeutung, dass die Jugendlichen lernen, Risiken im Voraus abzuschätzen und mit ihnen zurechtzukommen – kurz gesagt: resilient zu werden.«[189]

Bei der Studie stellte sich heraus, dass besonders in nordeuropäischen Ländern mit umfassendem Internetzugang »die elterliche Wahrnehmung der Wahrscheinlichkeit von Online-Gefahren für ihre Kinder negativ mit deren angenommener Fähigkeit assoziiert wird, mit diesen Risiken umzugehen. Ein Vergleich repräsentativer Umfragen, die unter Kindern in drei relativ ›gefährdeten‹ Ländern durchgeführt wurden (in Norwegen, Irland und Großbritannien), offenbarte, dass die meisten Kinder trotz der relativ hohen Frequenz, in der sie vermeintlichen Online-Gefahren – besonders hinsichtlich der Inhalte – ausgesetzt sind, positive Bewältigungsstrategien ausbilden (indem sie beispielsweise Hilfe bei Freunden suchen) oder, noch häufiger, neutrale Bewältigungsstrategien anwenden (indem sie das Erlebte etwa ignorieren). Allerdings verstärkt eine Minderheit die Gefahr, indem sie beispielsweise riskante Inhalte an Freunde weiterleitet. Bei den meisten Strategien wird eine Einmischung von Erwachsenen tendenziell ausgeschlossen. In allen drei Ländern zeigten sich je nach Alter und Geschlecht der befragten Kinder signifikante Unterschiede, was auf einen jeweils anderen Stil bezüglich des Risikomanagements von Jugendlichen verweist«.

Hier die Übersetzung: Eltern können sich noch so viele Sorgen machen und noch so oft die Hände ringen, ihren Kindern geht es dennoch gut – tatsächlich könnten sie sogar von ihrem Umgang mit riskanten Inhalten im Internet profitieren.

Ich widerspreche diesem Ansatz entschieden. Wollen wir den Kindern wirklich Resilienz beibringen, indem wir sie im Internet extremen Inhalten aussetzen – Trollen auf Twitter, Hassbeiträgen, Cyber-Mobbing und Hardcore-Pornographie? Diese Argumentationsweise lässt den Rückschluss zu, dass die zur Wahrung der kindlichen Unschuld und zur Stärkung der Kinderrechte unternommenen Schritte, die sich aus den brutalen Auswirkungen der Industriellen Revolution ergaben, tatsächlich der Anfang einer Entwicklung waren, die zum Verhätscheln des Nachwuchses und zu extremer Wachsamkeit aufseiten der Eltern führten. Heute schicken wir Kinder zwar nicht mehr in enge Bergwerksstollen oder hohe Schornsteine, aber wir entlassen sie in die dunklen, unerforschten Gebiete des Internets, als wäre das eine Übung zur Charakterbildung.

In der entwickelten Welt haben wir im Laufe der Geschichte Waren boykottiert, die von Kindern in den Sweatshops der Dritten Welt hergestellt worden sind, weil wir der Ansicht sind, dass diese Kinder ihrer Kindheit beraubt werden. Wenn ein Kind im Internet äußerst verstörenden Inhalten ausgesetzt wird, dann verliert es ebenfalls seine Unschuld und wird seiner Kindheit beraubt. Man muss weder ein Genie noch Cyber-Psychologe sein, um das zu erkennen.

Das zu tun, hieße, sich dem Gesetz des Cyber-Dschungels zu unterwerfen. Es wäre, als würde man ein Kind am tiefen Ende des Pools ins Wasser werfen, damit es Schwimmen lernt. Stimmen wir dieser Argumentation zu, heißt das, wir halten es für richtig, dass ein Kind online pornographischen Inhalten ausgesetzt wird – und wir sind der Ansicht, dass die Fähigkeit, erwachsene Sexualstraftäter abzuwehren, anhand direkter Erfahrungen im Internet erlernt werden sollte. Dem kann und will ich nicht zustimmen. Wer das Erlernen der Resilienz dem Cyberspace überlässt, schwenkt die weiße Fahne der Kapitulation.

Das Internet ist ganz eindeutig, unverkennbar und entschieden ein Raum für Erwachsene. Er ist für Kinder einfach nicht gedacht. *Warum sind sie dann dort?* Eine Vielzahl von Experten geht davon aus, dass die Vorteile des Internets seine Nachteile überwiegen. Akzeptieren wir, dass Kinder im Cyberspace unterwegs sind, dort immer mehr Zeit verbringen und im Großen und Ganzen nützliche und positive Erfahrungen machen, indem sie etwa Lesen lernen, Freundschaften schließen und ihre feinmotorischen Fähigkeiten sowie ihre Hand-Augen-Koordination verbessern, mögen wir dann auch die Verantwortung für die schädlichen Dinge und die verstörenden Inhalte übernehmen, die für eine ganze Generation nachhaltige negative Folgen haben könnten?

Aus meiner Sicht ist dieser Wetteinsatz zu hoch. Wir dürfen die zukünftige Entwicklung von Kindern nicht aufs Spiel setzen, die eines Tages zu Erwachsenen werden, die nicht die bestmögliche Versorgung und Erziehung erfahren haben. So ziehen wir eine Generation von »cyber-wilden Kindern« heran, wie ich es bezeichne. An dieser Stelle möchte ich zu John Sulers Vergleich zurückkehren: Wenn junge Kinder im Internet nicht ausreichend überwacht und betreut werden, ist das, als ließe man sie in New York City ganz allein auf offener Straße herumlaufen.

Ich muss mich außerdem fragen, was mit Kindern geschieht, die durch die Maschen fallen und derart verstörende Dinge und erschreckende Inhalte gesehen haben, dass ihnen die Kindheit im Grunde gestohlen worden ist. Ich denke da an die Tausenden von Kindern auf den Philippinen, die dazu gezwungen werden, sich vor Webcams auszuziehen und mit fremden Männern auf der ganzen Welt zu interagieren. Wer fügt diesen Kindern mehr Schaden zu: die Fremden oder ihre eigenen Eltern, die ihre Unschuld online zu Geld machen?

Oder denken Sie an die Kinder in Afrika und an die in anderen Entwicklungsländern, die gerade erst Internetcafés für sich entdecken. Wenn wir schon der Meinung sind, dass die Kinder in entwickelten Ländern gefährdet sind, was ist dann mit den Kindern anderswo auf der Welt? Kinder in Europa, den USA und dem Rest der entwickelten Welt verfügen über informierte Eltern, Lehrer und anderweitige Unterstützung. Was passiert jedoch in den Teilen der Welt, in denen die Verfügbarkeit von Geräten und Dienstleistungen plötzlich ansteigt, aber so gut wie keine Unterstützung für diese Kinder vorhanden ist?

Die Niedertracht im Cyberspace ist »für Erwachsene in Ordnung«, erklärte Andrew Keen, ehemaliger Professor an der University of California und Autor von *Das digitale Debakel. Warum das Internet gescheitert ist – und wie wir es retten können*, in einem Interview mit RTÉ Radio 1 im Jahr 2015. »Wir können damit umgehen. Wir haben ein dickes Fell. Zwölfjährige Mädchen allerdings nicht.«

Und was ist mit der Kindheit? Ich stimme den Philosophen Locke und Rousseau zu, die der Ansicht waren, dass Kinder ein Recht auf Unschuld und ein Recht auf eine Kindheit haben. Ich finde, alle Menschen sollten eine echte Kindheit haben.

Die Rechte von Kindern im Zeitalter der Technologie

Natürlich ist ein Handy an sich nicht zwangsläufig gefährlich. Nun, da immer mehr Kinder Zugang zu einem Smartphone samt Internetverbindung haben und damit zu einem nur für Erwachsene gedachten Umfeld, in dem ein Drittel aller Seiten pornographische Inhalte aufweisen, müssen wir jedoch über die Auswirkungen dieser Entwicklung debattieren.

Ein Mobilgerät ermöglicht Kindern den Kontakt mit unangemessenen Inhalten – was wiederum zur Ausbildung von Suchtverhalten oder Zwangshandlungen führen kann. Ein Kind kann Opfer von Cyber-Mobbing werden oder sich selbst zum Cyber-Mobber entwickeln. Das schlimmste Szenario besteht darin, forensischen Risiken ausgesetzt zu sein.

In einem Zeitalter, in dem die Digitaltechnologien allgegenwärtig sind – in Form von Smartphones, Tablets und öffentlichem W-LAN – ist die Überwachung des jugendlichen Online-Verhaltens für Eltern, Großeltern und Betreuer natürlich nahezu unmöglich. Wenn Technologieunternehmen eine App entwickeln, mit der Kinder riskante Aufnahmen machen können, die übertragen und betrachtet werden und dann wieder verschwinden, dann ist ein Punkt erreicht, an dem die Technik die geheimen Handlungen eines Kindes wohl erst ermöglicht.

Wenn man den Eltern die Verantwortung für die Cyber-Regulierung aufbürdet, bittet man sie im Grunde, ihre Familie in einem gesetzlosen Umfeld zu erziehen – in einem Cyber-Grenzland, wo sie vierundzwanzig Stunden am Tag und sieben Tage die Woche selbst die Aufgabe des Sheriffs oder Marshals übernehmen müssen. Nicht altersgemäße Inhalte sind im Internet einfach überall, und jedes technikversierte Kind weiß, wie es diese aufrufen kann. Haben wir diese Tatsache gesellschaftlich bereits ausreichend diskutiert? Ich habe diese Frage in einem Leitartikel mit dem Titel »Parents alone Cannot Police Our Youth in Cyberspace« angesprochen und wurde im Anschluss daran mit positiven Reaktionen von dankbaren Eltern überschüttet.[190]

In der realen Welt gehen wir nicht davon aus, dass Eltern

sich vor die Eingänge aller Kneipen und Bars werfen, um ihre Kinder vom Alkoholerwerb abzuhalten. Ebenso erwarten wir nicht, dass Eltern Zigarettenautomaten bewachen, damit ihr Nachwuchs keinen Tabak konsumiert. In der realen Welt dürfen Kinder keine Karten für Kinofilme mit sexuellem oder gewalttätigem Inhalt kaufen. Pornographische Printerzeugnisse werden in speziellen Bereichen der Minimärkte aufbewahrt.

Warum sind Inhalte dieser Art online dann so leicht zu finden?

Ich plädiere für mehr behördliche Kontrolle, mehr Vorschriften und sehr viel mehr Schutz. Lassen Sie uns zu Beginn einen Blick darauf werfen, wie Kinderschutzrechte heutzutage formuliert werden. Die Weltgesundheitsorganisation definiert Kindesmissbrauch als »jegliche Form physischer und/oder emotionaler Misshandlung, sexuellen Missbrauchs, Vernachlässigung, Verwahrlosung oder der kommerziellen oder anderweitigen Ausbeutung, die der Gesundheit, dem Überleben, der Entwicklung oder der Würde des Kindes in einem Verantwortungs-, Vertrauens- oder Machtverhältnis tatsächlichen oder potentiellen Schaden zufügt«.[191]

Als die Vereinten Nationen sich Ende der 1980er Jahre und damit vor der Verbreitung des Internets an die Festlegung der Rechte von Kindern machte, resultierte das in einem Dokument mit 54 Artikeln und zwei Zusatzprotokollen. Die Grundrechte von Kindern wurden betont: das Recht auf Überleben, das Recht auf vollständige Entwicklung, das Recht auf Schutz vor schädlichen Einflüssen, Missbrauch und Ausbeutung sowie das Recht, am familiären, kulturellen und gesellschaftlichen Leben teilzuhaben.

Die vier elementaren Grundsätze der UN-Kinderrechtskonvention lauten: das Recht auf Wahrnehmung der kindlichen Interessen, das Recht auf Nichtdiskriminierung, das Recht auf Überleben und Entwicklung sowie das Recht, gehört zu werden.[192] Ich bin der Ansicht, dass die Existenz eines unregulierten Internets gegen viele dieser Artikel verstößt und dass die weite Verbreitung nicht altersgemäßer Inhalte online ein internationales Kinderrechtsproblem darstellt.

Wer trägt die Verantwortung, wenn ein Kind im Internet mit extremen Inhalten in Berührung kommt – sei es in Form von Pornographie oder von Gewaltdarstellungen wie Enthauptungen, Suizid, Selbstverletzung oder Bulimie? Ich bin der Meinung, dass alle, die mit Inhalten dieser Art zu tun haben, gemeinsam an der Misshandlung eines Kindes beteiligt sind: die Gerätehersteller, die Internetanbieter, die Unternehmen, die ihre Plattformen zur Verfügung stellen, und die eigentlichen Erzeuger der Inhalte. Diese Misshandlung sollte als unmittelbarer Bruch der UN-Kinderrechtskonvention gelten, und alle Akteure sollten dafür zur Rechenschaft gezogen werden – wenn schon nicht gesetzlich, dann wenigstens ethisch und moralisch.

Wie kann ein Lösungskonzept aussehen? Die Altersüberprüfung im Internet wäre schon einmal ein guter Anfang. Mit ein klein wenig Hilfe unserer genialen Erfinder im Bereich der Technologien sollte die Altersbeschränkung und Altersbestimmung machbar sein.

Auf der ganzen Welt beginnen die Behörden, die augenblickliche Situation in Angriff zu nehmen – und sich auf eine Zukunft mit noch mehr Komplikationen vorzubereiten. In meinen Augen führt unter anderem Deutschland diese Entwicklungen an, denn dort brachte eine langjährige Debatte die Festlegung neuer Gesetze zum Schutze von Kindern unter vierzehn Jahren im Internet hervor. In Deutschland nennt man das »Selbstgefährdung« und meint damit den unvermeidlichen Kontakt mit gefährlichen und potentiell schädlichen Inhalten im Cyberspace. Deutschland ist auf diesem Gebiet seit Anfang der 2000er Jahre aktiv und könnte gut als Vorbild für die USA und andere entwickelte Länder dienen, die meiner Meinung nach hinterherhinken – und die sich bislang noch nicht mit dem digitalen Mündigkeitsalter auseinandergesetzt haben.

In Frankreich haben die Behörden den Kampf gegen den Extremismus im Internet in Form einer Gesetzgebung aufgenommen, die Hassbeiträge zulassende Plattformen zu Komplizen dieser Verbrechen erklärt. In Großbritannien entstand zu diesem Thema eine ernsthafte Debatte; mittlerweile ist es zu einer Welle der Unterstützung für mehr Regulierung gekommen. Ich war bei einer geschlossenen Anhörung im britischen Oberhaus zugegen, die von Julia Davidson, Professorin für Kriminologie an der University of Middlesex, organisiert worden war, wo ich als Gastwissenschaftlerin tätig bin. Bei der Anhörung wurde der Umgang mit nicht altersgemäßen Inhalten diskutiert. Im Augenblick testet die britische Regierung eine Initiative, die alle Internetanbieter dazu verpflichtet, wirksame Maßnahmen anzubieten, die verhindern sollen, dass Erwachseneninhalte frei zugänglich sind. Premierminister David Cameron kündigte 2015 an, automatische Porno-Filter zum »allgemeinen Gesetz« zu erheben, um Kinder vor den dunkelsten Ecken des Internets zu schützen. Im Folgejahr erklärte Sky, einer der größten britischen Breitbandanbieter, dass Porno-Filter für alle neuen Kunden mit Breitbandzugang automatisch eingeschaltet würden – Neukunden haben damit keine Wahl mehr, ob sie den Jugendschutz eingeschaltet lassen.

Der irische Minister für Kommunikation berief mich 2013 ins irische Internet Governance Committee, wo ich mich als unermüdliche Nervensäge im Hinblick auf die Rechte von Kindern betätigte. Kurz nach der Veröffentlichung unseres Berichts im Jahr 2014 setzte der größte Internetanbieter Irlands eine Initiative zur Einführung neuer optionaler Jugendschutzfilter bei seinen Breitbandzugängen für Privathaushalte in Gang. Dies war wiederum Teil einer branchenweiten Kampagne, die darauf abzielte, dass Unternehmen die Verantwortung für den Schutz der Kinder vor nicht altersgemäßen Inhalten für Erwachsene übernehmen. Die Filter funktionieren auf Laptops, Tablets und Smartphones, die über den Internetanschluss des Anbieters online gehen.

Dieser Erfolg spornte mich so sehr an, dass ich in dieser Sache – die ehrlich gesagt mittlerweile fast zu einem persönlichen Kreuzzug geworden ist – weitere Schritte unternahm. Am siebzigsten Jahrestag der Gründung der Vereinten Nationen reiste ich nach Den Haag und hielt eine Grundsatzrede über die Rechte von Kindern im Cyberspace. Am Weltkindertag 2015 brachte ich schließlich einen förmlichen Antrag auf Ergänzung der UN-Kinderrechtskonvention zum Schutz der Rechte von Kindern im Internet ein.[193] In meinen Augen handelt es sich um einen Notfall.

Die Digitaltechnologien werden ständig erneuert, verbessert und weiterentwickelt. Die Gesellschaft muss sehr viel besser darin werden, mit diesen Veränderungen Schritt zu halten. Die Ergänzung der UN-Kinderrechtskonvention ist eine entmutigend langwierige Aufgabe, die traditionell sehr viel Zeit benötigt. In der Zwischenzeit wachsen Kinder heran, die Inhalte sind da – und Kinder können sie sehen. Einer meiner Kollegen nannte mich einmal »eine lästige Triebkraft der Veränderung«. Kinder haben eben Besseres verdient. Wie der US-amerikanische Präsident John F. Kennedy einst sagte: »Kinder sind die wichtigste Ressource der Welt und zugleich ihre größte Hoffnung für die Zukunft.« Wir alle müssen ein klein bisschen weniger selbstzufrieden und dafür sehr viel lästiger sein.

KAPITEL 5

TEENAGER, AFFEN UND SPIEGEL

Susana Halleck stand in ihrem Klassenzimmer in der Coral Springs Charter Highschool und war in Schwierigkeiten.[194] Bei der im siebten Monat schwangeren Lehrerin aus Florida setzten auf einmal die Wehen ein. Sie ließ sich auf einem Stuhl nieder und versuchte mit weitgeöffnetem Mund, aufgerissenen Augen und einer Hand an der Stirn, die Schmerzen zu ertragen. Zu diesem Zeitpunkt zog einer ihrer Schüler, der Elftklässler Malik Whiter aus der Abschlussklasse 2015, sein Handy hervor.

Es war Zeit für ein Selfie.

Whiter hatte Dreads, trug ein Cap auf dem Kopf und eine riesige Sonnenbrille auf der Nase. Er grinste breit in die Kamera, als er sein Handy zur Seite neigte, um seine Lehrerin und ihr schmerzverzerrtes Gesicht im Hintergrund mit einzufangen. Er lud das Bild auf Twitter, wo er es mit dem Titel »Selfie mit meiner Lehrerin, während sie ihre Wehen hat« versah.

Selfies verleihen dem Begriff »selbstbewusst« eine ganz neue Bedeutung. Diese aus der Hüfte geschossenen, scheinbar harmlosen Selbstporträts, die typischerweise mit einem Smartphone oder einer Webcam aufgenommen werden, um sie dann über die sozialen Medien zu teilen, erfüllen vielerlei Zwecke. Sie können als aufgehübschte Version des öffentlichen Ichs dienen oder prahlerisch den Augenblick einer besonderen Leistung festhalten. Sie stellen den eigenen Humor zur Schau oder sind eine ironische Erklärung an die Welt, also fast so etwas wie eine Performance. Das allgegenwärtige Mobiltelefon mit seiner spiegelbildlichen Kameratechnologie erleichtert es ungemein, Selbstporträts aufzunehmen, zu löschen, mit Filtern zu versehen oder mit Bildbearbeitungsprogrammen zu optimieren. Das *Sharing* in den sozialen Netzwerken wird durch das Handy noch einfacher.

Manche Kinder und Jugendliche würden das, was Malik Whiter tat – ein Bild von sich selbst aufzunehmen und dabei einen arglosen Menschen im Hintergrund zur Schau zu stellen –, wohl als Fotobomben-Selfie bezeichnen. Gemeint ist ein Scherz oder Streich. Eine Fotobombe ist wie ein Touristenschnappschuss, der zeigt: »Ich war da.« In diesem Fall waren im Hintergrund aber nicht Mount Rushmore oder die Niagarafälle zu sehen, sondern das Leid von Whiters Lehrerin.

Wie immer man diese Art von Bildern auch nennen mag: Als Halleck zur ärztlichen Untersuchung ins Krankenhaus fuhr, machte Whiters Foto in den sozialen Medien seine Runden. Zunächst erregte es die Aufmerksamkeit anderer Schüler der Coral Springs Charter Highschool, dann verbreitete es sich schnell darüber hinaus aus. Bis zum Abend hatte es sich im Internet wie ein Lauffeuer verbreitet – und war auf Twitter Tausende Male geteilt worden. Als lokale TV-Nachrichtenreporter später von Whiter wissen wollten, was in ihn gefahren sei, erklärte er, er habe einfach das unerwartete Ereignis als Erinnerung für sich selbst und »für sie« aufzeichnen wollen. Er habe Halleck um ein Lächeln für die Kamera gebeten; sie habe sich jedoch geweigert, weshalb er keine andere Wahl gehabt habe, als sie zu »überrumpeln«.

Das Bild breitete sich vor allem deshalb aus wie ein Virus, weil die Leute es witzig fanden. BuzzFeed schwärmte: »Sehet das großartigste Selfie aller Zeiten!« War es denn witzig? Natürlich, aber nur für all diejenigen, die sich nicht die Zeit dafür nehmen, gründlicher über diese Tat nachzudenken – und darüber, was es bedeutet, wenn man einen körperlich leidenden Menschen für einen visuellen Scherz im Hintergrund eines Selbstporträts ausnutzt, das öffentlich in den sozialen Medien geteilt wird.

Es gibt noch mehr besorgniserregende Trends, auf die man in diesem Zusammenhang sein Augenmerk richten sollte: auf die Verletzung der Privatsphäre, den Verstoß gegen gute Manieren, den Mangel an Mitgefühl sowie natürlich den zur Schau gestellten mangelnden Respekt für Schwangere und Mütter sowie für das Klassenzimmer, seine Regeln und die Autorität der Lehrerin. Ich könnte diese Liste noch eine ganze Seite lang weiterführen. Lassen Sie uns jedoch ehrlich sein: Niemand hält Teenager für Vorbilder in Sachen Anstand und Höflichkeit. Jugendliche können Witzbolde, Störenfriede und Provokateure sein. Sie sind sehr gut darin, Grenzen auszuloten. Warum ist das so? In der Psychologie erklären wir dieses Verhalten damit, dass Jugendliche ein sogenanntes »Selbstkonzept« oder »Selbstbild« bzw. eine eigene Identität entwickeln und deshalb Spaß daran haben, Grenzen auszutesten und Risiken auf sich zu nehmen.

Außerdem sehnen sie sich nach Resonanz, die ihnen letztlich dabei hilft, herauszufinden, wer sie eigentlich sind – und was die Welt von ihnen erwartet. Wenn Teenager also Selfies aufnehmen und diese dann im Internet teilen, was erhoffen sie sich davon? Was möchten sie damit entdecken? Wahrscheinlich sich selbst.

Vor dem Aufkommen des Internets wurde diese wichtige Phase der Identitätsbildung in der realen Welt durchgemacht – in einem sehr viel direkteren Umfeld, in dem positive wie auch negative Reaktionen von einem Publikum aus Familie, Freunden und Autoritätsfiguren in der realen Welt herrühren. Die sozialen Normen, in die man damals eingebettet war, blieben ebenso relativ konstant wie die an diese in der Entwicklung befindlichen Menschen gerichteten Erwartungen. Wäre es einem Teenager vor zwanzig oder dreißig Jahren erlaubt gewesen, ein Foto seiner leidenden Lehrerin im Klassenzimmer zu machen und dieses dann ohne deren Einwilligung in einer Zeitschrift zu veröffentlichen?

Im Falle von Whiters Lehrerin stellten sich ihre zu früh einsetzenden Wehen als »falscher Alarm« heraus, weshalb sie zwei Tage später in ihre Klasse zurückkehrte. Ihr Foto war in der Zwischenzeit zu einer Internetsensation bzw. zu einem »Meme« geworden. (Seit seiner Veröffentlichung wurde das Bild 60 424 Mal auf Twitter geteilt und 64 808 Mal favorisiert.) War Whiter damit zu weit gegangen? Geriet er dafür in Schwierigkeiten? Halleck habe nichts dagegen, gab Whiter an (der für seine Leistung in Hallecks Unterricht die Note 2 erhielt). »Ehrlich gesagt musste ich lachen, bis mir die Tränen kamen, als ich mir das Bild heute Abend bei zwei verschiedenen Gelegenheiten anschaute«, schrieb Whiter auf Twitter. »Ich glaube, ich mache es zu meinem Bildschirmhintergrund.« Bis zum Ende des Monats – eine im Cyberspace lange Zeitspanne – hatten andere Witzbolde im Internet das Foto aufgegriffen und Whiters lächelndes Gesicht aus dem Klassenzimmer herausgeschnitten und auf Darstellungen historischer Ereignisse hinzugefügt, darunter die Kreuzigung Jesu und die Explosion der Hindenburg.

Das Internet ist mittlerweile zum wichtigsten Abenteuerspielplatz für Jugendliche geworden, auf dem sie interagieren, sich sozialisieren, spielen, lernen, experimentieren und Dinge riskieren – und so schließlich herausfinden, wer sie eigentlich sind. In diesem Kapitel möchte ich mich mit diesem Wandel auseinandersetzen und betrachten, wie sich dieses neue Umfeld auf die jugendliche Identitätsbildung auswirkt.

Könnte das Heranwachsen im Cyberspace das Selbstbild der Jugendlichen verändern?

Warum so herzlos, Selfie?

Im selben Jahr, in dem auch Malik Whiter in den Genuss seiner fünf Minuten Internet-Ruhm gelangte, bekamen Millionen Menschen noch ein anderes umstrittenes Selfie zu Gesicht. Eine hübsche junge Frau mit langen blonden Haaren, Pilotensonnenbrille, weißem Häkelschal und passendem Hut wurde dabei erwischt, wie sie für ein Selfie posierte, während hinter ihr ein suizidgefährdeter Mann auf dem Geländer der Brooklyn Bridge stand.

Was bringt einen Menschen dazu, abgesehen von grundlegenden psychopathischen Tendenzen, angesichts der emotionalen Krise eines anderen so kalt und gefühllos zu sein? Lassen Sie uns einen Augenblick darüber nachdenken. So wie Whiter das körperliche Leid seiner Lehrerin für einen Scherz nutzte, so machte sich die junge Blondine (die anonym blieb, ganz unabhängig davon, ob sie ihr Selfie mit einem breiten Publikum teilen wollte oder nicht) offenbar über einen Unbekannten lustig, der emotional so verwirrt und gepeinigt war, dass er sein Leben beenden wollte. Ja, das Selfie dieser jungen Frau scheint herzloser als das von Whiter zu sein. Aber ähneln sich die emotionale Distanz und der Mangel an Mitgefühl in beiden Fällen nicht auf unheimliche Art und Weise? Ich bin nicht die Einzige, der das auffällt. Am Tag nach dem Vorfall auf der Brooklyn Bridge nahm die Aufnahme eines Beobachters, der die unbekannte junge Frau fotografiert hatte, die gesamte Titelseite der *New York Post* ein. Das Bild trug die treffende Überschrift »SELFIE-ISH« (ein Wortspiel aus den Begriffen »Selfie« und »selfish«, dt. »egoistisch«).[195]

Diese Welle der Missbilligung löste jedoch nur einen neuen Trend aus. (Wie *das* funktioniert, wissen Sie ja.) Als im Jahr 2014 eine Autobahn in Los Angeles gesperrt wurde, weil ein

Mann damit drohte, von einer Überführung zu springen, verließen einige Fahrer ihr Auto, um breit grinsend für Gruppenaufnahmen und Selfies zu posieren, auf denen der suizidgefährdete Mann im Hintergrund zu sehen war. Im selben Jahr wurde die Polizei zur Bosporus-Brücke in Istanbul gerufen, wo jemand sich verzweifelt am Geländer festhielt. Drei Stunden später sprang der suizidgefährdete Mann; bevor er das jedoch tat, machte der herbeigerufene Beamte ein Selfie. Die Brücke und der Mann waren im Hintergrund zu sehen. Im März 2016 kam es vielleicht zum ultimativen Beispiel für diesen Trend, als auf einem gekidnappten EgyptAir-Flug eine Geisel mit einem der Kidnapper und seinem Sprengstoffgürtel lächelnd für ein bizarres Selfie posierte. (Wenn Sie »Selbstmord« oder »Suicide« und »Selfie« bei Google eingeben, stoßen Sie auf weitere Beispiele dieser Art.)

Versuchen wir einmal, die Gedankenwelt dieser Leute zu erfassen – nicht etwa die der leidenden suizidalen Personen, sondern die der Selfie-Fotografen.

War ihnen bewusst, was sie da taten? Oder hatten sie jegliches Gespür für Ethik und Empathie verloren, so dass sie die Tragweite ihres Tuns gar nicht wirklich einzuschätzen vermochten? Sind diese Menschen emotional beeinträchtigt, oder hat der Cyberspace sich auf ihr Urteilsvermögen ausgewirkt?

Der sogenannte Narzissmus führt zu mangelndem Mitgefühl für das Leid anderer Menschen. Jeder Mensch verfügt über dieses Persönlichkeitsmerkmal, das allerdings unterschiedlich stark ausgeprägt ist. Das Internet kann den Narzissmus verstärken. An späterer Stelle in diesem Kapitel möchte ich genauer auf dieses Thema eingehen; einstweilen soll einfach genügen, dass psychologisch gesehen ein klein wenig Narzissmus guttun und sogar notwendig sein kann. Der Narzissmus kann zu Leistung motivieren, weil er Menschen dazu bringt, nach Aufmerksamkeit, Beifall, Ruhm, Belohnungen und besonderer

Behandlung zu streben. Schauspieler gelten bekannterweise als die ultimativen Narzissten, und die psychisch gesünderen unter ihnen machen sich sogar darüber lustig. Solche Menschen sind nicht zwangsläufig herzlos. Doch der Drang des Narzissten, beachtet zu werden und im Zentrum der Aufmerksamkeit zu stehen, kann das Interesse an anderen überlagern – und zu Emotionslosigkeit gegenüber deren Leid führen.

Für die narzisstische Persönlichkeitsstörung – eine Extremform des Narzissmus und entsprechender Charaktereigenschaften – haben die Psychologen wie so oft ein Spektrum des Narzissmus definiert, das üblicherweise durch das Narcissistic Personality Inventory (NPI) bestimmt wird.[196] Wer bei diesem Test eine hohe Punktzahl erreicht, hält sich für wichtiger, als er ist, neigt zu Grandiosität, legt extreme Selbstsucht an den Tag und bezieht sich außerordentlich stark auf sich selbst, während er sich zutiefst nach Bewunderung sehnt. Hinter der Maske übersteigerten Selbstbewusstseins verbirgt sich ein fragiles und kritikempfindliches Selbstwertgefühl.

Warum sollte man sich auf dieses Thema einlassen?

Weil Teenager (und Kinder) aufgrund der simplen Tatsache, dass sie ihr Selbstbild oder Selbstkonzept gerade erst ausbilden, narzisstische Persönlichkeitsmerkmale an den Tag legen können. Es mag der Eindruck entstehen, dass sie sich nicht sonderlich für andere interessieren, weil sie von ihren Anstrengungen abgelenkt sind, eine eigene Identität auszubilden. Jugendliche probieren neue Identitäten, Kleidungsstile und Frisuren aus und gehen dabei manchmal so weit, dass sie vollkommen den Bezug zu den Ereignissen in ihrem Familienleben oder zu Hause verlieren. Bei Teenagern sorgen diese Experimente gemeinsam mit dem Risikodrang unter anderem für die Ausformung des eigenen Ichs. Zu weit zu gehen gehört dazu – und ist quasi Voraussetzung.

Wer bin ich heute? Wer möchte ich morgen früh sein? Jugendliche suchen in der Resonanz von Gleichaltrigen nach der Antwort auf diese Fragen. Heutzutage befriedigen sie diesen Wunsch nach Feedback mehr und mehr im Internet, wo nicht nur Freunde auf sie reagieren, sondern auch kostenlose astrologische Profile, Persönlichkeitstests und eine Vielzahl von Apps zur Verfügung stehen, die individuelle Handschriften, Musikgeschmäcker, Lieblingsspeisen und sogar Badevorlieben untersuchen. (Mein Favorit: eine App, die Ihre Persönlichkeit auf Basis Ihrer Duschgewohnheiten analysiert.)

Dieser permanente Drang nach Resonanz facht die Popularität jener irritierend allgegenwärtigen Online-Tests an, wie es sie beispielsweise auf BuzzFeed (»Welche Disney-Figur bist Du?«) oder als Adaptionen des Myers-Briggs-Typenindikators im Internet gibt. Dieser Persönlichkeitstest wird mittlerweile locker auf ein breites Spektrum wissenschaftlich zweifelhafter Fragen angewandt, etwa bei Fragebögen der Sorte »Welcher Typ verdient am meisten?«.

Mit anderen Worten: Teenager werden von ihrer eigenen Selbstbetrachtung verzehrt, weil sie hoffen, herauszufinden, wer sie sind. Was passiert, wenn der Badezimmerspiegel, in den die Jugendlichen früher starrten, durch einen virtuellen Spiegel ersetzt wird – ein Selfie, das sie gerade eben mit ihrem Handy gemacht haben?

Spiegel und Affen

Bei einem berühmten Experiment, das vor vierzig Jahren durchgeführt wurde, setzte man in der freien Natur geborene Menschenaffen – Schimpansen, Orang-Utans und Gorillas – vor einen Ganzkörperspiegel. Zunächst reagierten die wilden Affen, als wäre ein anderer Affe im Zimmer aufgetaucht; sie brüllten ihr Spiegelbild an und machten andere Bedrohungsgesten in seine Richtung. Zwei oder drei Tage später erkannten sie das Spiegelbild langsam als Reflexion ihrer selbst. Interessanterweise begannen sie, ihre Körper vor dem Spiegel zu erkunden, indem sie sich Körperteile anschauten, die sie zuvor nie gesehen hatten oder ohne Spiegel gar nicht sehen konnten. In der Psychologie beschreiben wir das, was vor einem Spiegel geschieht, unter anderem mit dem sogenannten »Spiegeltest«, der sich ausdrücklich auf eine Situation bezieht, »in der ein Lebewesen mit seinem Spiegelbild konfrontiert wird«.[197] Ein Tier, das Anzeichen dafür zeigt, sein Spiegelbild zu erkennen, hat »den Spiegeltest bestanden«, was wiederum stark auf die Ausbildung eines Selbstkonzepts hinweist. Dies ist nicht angeboren, sondern wird erlernt.

Mit dem Begriff »Selbstkonzept« oder »Selbstbild« beschreiben wir in der Sozialpsychologie, wie jemand über sich denkt, was er von sich hält und wie er sich selbst wahrnimmt.[198] Eine offizielle Definition lautet: »Vorstellung einer Person von sich selbst, einschließlich der eigenen Eigenschaften und der Beschaffenheit des eigenen Ichs.« Ein Affe, der über ein Selbstkonzept verfügt, demonstriert Selbstwahrnehmung, die sich individuell unterscheidet, von anderen abgrenzt und konstant ist.

Die frühkindliche Sozialisation beeinflusst erwiesenermaßen das Verhalten von Affen vor einem Spiegel – Gleiches gilt wohl auch für die Entwicklung des Selbstkonzepts. Bei einer umfassenden Untersuchung von in freier Wildbahn und in Gefangenschaft oder Isolation geborenen Affen (»Isolierte«) zeigten sich beim Spiegeltest enorme Unterschiede. Wilde Affen, die gemeinsam mit anderen wilden Affen aufwuchsen und in diesem Umfeld sozialisiert wurden, verloren über kurz oder lang das Interesse an ihrem Spiegelbild – sie kehrten dann zu ihren lebendigen Spielkameraden zurück, um mit ihnen zu interagieren. Affen, die in der Isolation groß wurden, taten das hingegen nicht. Die Isolierten waren so sehr von ihrem Spiegelbild gefesselt, dass sie zuweilen sogar das Interesse an ihren Artgenossen verloren.[199]

Diese Untersuchung mag uns etwas Wichtiges über Kinder und Jugendliche verraten, denn wer sich selbst auf dem Handybildschirm betrachtet, bedient sich in gewisser Hinsicht ebenfalls einer Form des Spiegeltests. Ich weiß, dass ich hier Teenager mit Affen vergleiche, aber haben Sie ein wenig Geduld!

Was lernen Jugendliche über sich selbst, wenn sie ihre Selfies betrachten? Könnte sich das auf die Entwicklung ihres Selbstkonzeptes auswirken? Die Studie wirft zudem folgende Frage auf: Könnten junge Leute, die mit zu viel Technologien aufwachsen und nicht häufig genug von Angesicht zu Angesicht mit Gleichaltrigen interagieren, wie die Affen in der Studie isoliert bleiben und sich in die Geborgenheit ihrer eigenen digitalen Spiegelung zurückziehen, statt zu ihren Freunden und zu ihrer Familie zurückzukehren, um dort Trost zu finden und physisch miteinander zu interagieren?

Könnte dieser Cyber-Effekt Kinder und Jugendliche dazu bringen, das Interesse an anderen Menschen zu verlieren – oder es gar nicht erst wirklich auszubilden?

Weil bislang noch nicht genug Zeit für ordentliche entwicklungspsychologische Studien auf diesem Gebiet war, wissen wir es nicht. Im Falle einer Vielzahl von Menschen- und Affenstudien sind die Gemeinsamkeiten jedoch einen Blick wert – es wäre ein Fehler, einfach darüber hinwegzusehen. Wenn ein Mensch mit einer Sehbehinderung zur Welt kommt und zur Wiederherstellung seines Augenlichts operiert wird, reagiert er zunächst wie ein Affe, wenn er zum ersten Mal auf sein Spiegelbild trifft: Er glaubt, er sähe jemand anderen, nicht sich selbst. Menschenkinder reagieren ähnlich, denn zunächst interpretieren sie ihr Spiegelbild als einen Spielgefährten. Die meisten Kinder zeigen erst mit etwa zwei Jahren Anzeichen dafür, dass sie sich im Spiegel erkennen.[200]

Die Arbeiten des humanistischen Psychologen Carl Rogers sind sehr nützlich für die Illustration der Identitätsausbildung eines jungen Menschen. Laut Rogers besteht das Selbstkonzept aus den folgenden drei Komponenten:

1. dem Bild, das man von sich hat – Selbstbild
2. dem Wert, den man sich selbst zuschreibt – Selbstwert
3. dem Wunsch, den man für das eigene Ich hegt – das Selbstideal[201]

Ich denke, wir sollten Rogers' Aufzählung noch einen weiteren Aspekt des Selbst hinzufügen. Im Zeitalter der Digitaltechnologien scheint die Identität mehr und mehr durch ein weiteres Ich geprägt zu werden – ein weniger konkretes Selbst: ein digitales Erzeugnis. Wir sollten dieses Ich das »Cyber-Ich« nennen, denn es bezieht sich darauf, wer man in der digitalen Welt eigentlich ist.[202] Es handelt sich dabei um ein idealisiertes Ich, weil es um die Person geht, die man zu sein wünscht, was wiederum einen wichtigen Teil des Selbstbildes ausmacht. Es geht um ein potentiell neues Ich, das sich nun im neuen Umfeld des Cyberspace manifestiert. Mehr und mehr handelt es sich dabei um ein virtuelles Ich, das von den heutigen Teenagern so fleißig zusammengestellt, erzeugt und ausprobiert wird. Jahr für Jahr nimmt die Technologie einen wichtigeren Platz im Leben der Jugendlichen ein, während das Cyber-Ich mit anderen interagiert, immer mehr Zeit frisst und das Versprechen bereithält, über Nacht zur Online-Berühmtheit zu werden. Das Selfie ist das an vorderster Front stehende Cyber-Ich – ein hochgradig manipuliertes Artefakt, das für den öffentlichen Gebrauch erschaffen und gepflegt wird.

Wie erklären wir allerdings jenen unverkennbaren, merkwürdigen und ausdruckslosen Blick, der so viele Selfies auszeichnet? Die Augen sind offen, doch der Verstand ist leer.

Der virtuelle Spiegel könnte zur sozialen Isolation führen, wäre da nicht eine Kleinigkeit: Selfies existieren nicht im luftleeren Raum. Jedes Selfie bedarf eines Feedbacks. Ein Cyber-Psychologe würde sagen, dass dies der Sinn eines Selfies ist.

Selfies stellen dem Publikum eine Frage: »Mögt ihr mich so?«

Die Psychologie des Feedbacks

Für ein besseres Verständnis von Feedback oder Resonanz müssen wir uns den Arbeiten des Soziologen Charles Horton Cooley aus dem Jahr 1900 zuwenden, die Jahrzehnte vor dem Internet und den Spiegeltests mit Affen entstanden. Cooley entwickelte die von ihm so genannte »Spiegelbildtheorie«. Mit diesem Konzept wollte er beschreiben, wie der Mensch durch Betrachtung seines Spiegelbilds ein Selbstbild entwirft.

Bei Cooleys Spiegelbildtheorie stammen die Informationen, die wir nutzen, um uns selbst zu erkennen, jedoch nicht etwa aus der Spiegelung selbst, sondern werden von anderen zur Verfügung gestellt – sie stammen aus dem, was andere über uns sagen, wie sie uns behandeln und wovon sie sprechen. Der Mensch betrachtet sich hier durch die Augen eines anderen und bildet dadurch seine Identität aus. Mit anderen Worten: Cooley ging davon aus, dass das menschliche Selbstkonzept von dem sozialen Feedback abhängt.

Der Philosoph und sogenannte Vater der Philosophie, William James, erweiterte dieses Konzept, indem er darauf hinwies, dass die Menschen sich anders verhalten und ihre Identität anders ausdrücken, je nachdem, in wessen Gesellschaft sie sich befinden. Er war der Ansicht, dass wir über ebenso viele verschiedene Ichs verfügen, wie wir Familienmitglieder, Freunde und Kollegen haben, die uns kennen.[203]

Lassen Sie uns nun ins nächste Jahrhundert vorspulen und eins und eins zusammenzählen – und die psychologischen Auswirkungen dieses Effekts im Cyberspace bedenken. Wenn Sie über ein ganzes Bataillon verschiedener Ichs verfügen – möglicherweise ebenso viele Ichs, wie Sie Bekannte haben –, dann könnten die sozialen Medien die Anzahl ihrer selbsterschaffenen Ichs exponentiell steigern. Heißt das, Ihr Ich hängt vom Umfeld ab, in dem Sie sich bewegen? Sind Sie auf Twitter, Facebook, Instagram, WhatsApp, Snapchat und LinkedIn wirklich derselbe Mensch? Führt diese beispiellose Explosion der Ichs zu einer Zersplitterung der eigenen Identität, oder ist sie für die Entwicklung von Jugendlichen sogar schädlich, weil junge Teenager durch kritische Phasen der Identitätsbildung gehen? Und was passiert, wenn das Feedback kritisch ausfällt?

Es ist gewagt, sich der Welt zu präsentieren.[204] Es gibt wohl kaum jemanden, der nicht schon einmal eine Form der Zurückweisung erlebt hätte, ob nun grob oder subtil, peinlich oder erniedrigend. Man kann jedoch auch als das Ich angenommen werden, das man tatsächlich ist – und mit angenehmen Gefühlen wie Stolz oder Zuneigung dafür belohnt werden.

Stellen wir uns vor, Sie wären gerade dreizehn Jahre alt geworden. Die nächsten fünf Jahre wären naturgemäß eine Zeit, in der Sie viele Fragen stellten und auf der Suche nach Ihrer eigenen Identität wären. Sie würden neue Kleidungsstile, Angewohnheiten, Freunde, Interessen und Hobbys ausprobieren. Wahrscheinlich würden Sie damit beginnen, mit dem herumzuexperimentieren, was Sie für das Verhalten von Erwachsenen halten. Das würde Ihnen dabei helfen, sich einen Reim auf Ihr innerstes Ich zu machen, während Sie sich ganz bewusst eine Identität zusammenstellen, als handelte es sich um eine Collage. Sie wären damit beschäftigt, ein konstantes, stabiles, verlässliches, erkennbares und vertrautes Ich zu erschaffen.

Welche Art Information – oder Resonanz – wird Ihnen das

virtuelle Spiegelbild wohl geben? Der Cyberspace könnte in dieser Hinsicht sehr viel überfordernder sein als die reale Welt. Zunächst einmal ist allein die bloße Menge der »Freunde« gewachsen, weshalb das Feedback-Ausmaß sehr viel größer ist. Vor dem Aufkommen des Internets musste ein Teenager bloß mit einer begrenzten Zahl von sozialen Gruppen jonglieren – mit der Familie und der erweiterten Familie, den Schulkameraden und vielleicht den Nachbarn. Mittlerweile ist die Zahl der sozialen Gemeinschaften potentiell grenzenlos. Wo sollten Sie mit der Interpretation, dem Filtern und dem Verarbeiten dieser großen Menge an Informationen beginnen, die aus so vielen verschiedenen Quellen stammt?

Stellen Sie sich vor, wie verwirrend und möglicherweise sogar verstörend das wäre. Es wäre ein virtueller Wirbelsturm aus Informationen, die verarbeitet werden müssten.

Und nun bedenken Sie bitte Folgendes: Das Cyber-Ich befindet sich ständig im Bau, psychologisch und digital. Selbst wenn das reale Ich schläft, ist das Cyber-Ich noch wach. Es ist »stets online« und entwickelt sich, bringt sich auf den neuesten Stand, schließt Freundschaften, gewinnt Follower und Likes und wird von anderen markiert. Das kann den Eindruck von Dringlichkeit erzeugen und eine ununterbrochene Feedbackschleife auslösen, die das Gefühl entstehen lässt, ständig mehr Zeit investieren zu müssen, um das virtuelle Ich auf dem Laufenden zu halten und seine Relevanz sowie seine Beliebtheit zu gewährleisten.

Das mag das zwanghafte Interesse von Jugendlichen an der Pflege ihrer Selfies erklären. Wenn der Prozess der Identitätsbildung in der realen Welt zu verwirrend und unkontrollierbar wird – ein Punkt, den die meisten Teenager irgendwann erreichen –, was könnte dann befriedigender sein, als das Bild, das andere im Internet sehen, perfekt auszubalancieren und abzustimmen? In gewisser Hinsicht bedienen wir uns alle dieses Bildmanagements; inzwischen jedoch setzt dieser Prozess sehr viel früher ein. In manchen Fällen geschieht das, bevor die eigene Identität vollständig ausgebildet ist. Das kann zu Irritationen bezüglich des eigenen Ichs führen.

Was ist letztlich wichtiger: das Ich der realen Welt oder das für die virtuelle Welt erzeugte?

Wahrscheinlich wird es die Identität mit der größeren Sichtbarkeit sein.

Narzissmus

Der Begriff »Narzissmus«, der eine für die identitätsbildenden Jahre typische Neigung von Teenagern beschreibt, geht auf die griechische Mythologie zurück und lehnt sich an den Mythos von Narziss an, einem gutaussehenden jungen Mann mit einem phantastischen Körper.[205] Eines Tages geht er in den Wald und stößt dort auf einen Teich. Als er sich zum Trinken darüber beugt, entdeckt er sein eigenes Spiegelbild im Wasser und verliebt sich in sein Abbild. Er muss jedoch erkennen, dass diese Liebe nicht möglich sein wird, und verzweifelt. Da er es aber dennoch nicht schafft, dem Teich und damit seinem Spiegelbild den Rücken zu kehren, stirbt er.

Jemand, der extremen Narzissmus an den Tag legt, beschäftigt sich vor allem mit sich selbst und mit der Frage, wie er auf andere wirkt. Selbstsucht und mangelnde Empathie zeichnen den Narzissten aus. Ein Kind, das eine normale Entwicklung durchmacht, zeigt ein Verhalten, das als narzisstisch und egoistisch erscheint. Ein Kleinkind, das sein Spielzeug nicht teilen möchte, ist egozentrisch. Ein Kind, das sich für den Mittelpunkt der Welt hält, interessiert sich häufig nicht für die Erwachsenen um es herum oder zeigt kein Interesse oder Mitgefühl für andere. In seinen Augen existieren die anderen nicht wirklich und sind höchstens dafür da, die kindlichen Bedürfnisse zu stillen. Der Schweizer Biologe Jean Piaget hat dazu sogar eine berühmte Untersuchung vorgelegt: den »Drei-Berge-Versuch«. Bei diesem Experiment wird ein Kind an einen Tisch geführt, auf dem sich ein Modell einer bergigen Landschaft befindet. Auf der anderen Seite des Tisches sitzt eine Puppe auf einem Stuhl. Dem Kind werden diverse Zeichnungen vorgelegt, aus denen es die Illustration auswählen soll, die seinem Blickwinkel auf die bergige Landschaft entspricht. Beinahe allen Kindern gelingt das ohne Schwierigkeit.

Als Nächstes soll das Kind die Zeichnung heraussuchen, die der Perspektive der Puppe entspricht. Die meisten Kinder schaffen das nicht. Sie wählen die Illustration aus, die ihren eigenen Blickwinkel zeigt. Dieses Experiment offenbart, wie schwer es jungen Kindern fällt, sich in andere hineinzuversetzen.

Im Lauf der Zeit nimmt die Ichbezogenheit ab. Bis zur Präadoleszenz lernen Kinder, mehr auf andere zu achten sowie zuvorkommender, freundlicher und einfühlsamer zu sein. Eltern oder andere Autoritätsfiguren haben sie in der Zwischenzeit daran erinnert, dass sie nicht allein auf der Welt sind und andere ebenfalls eine Rolle spielen.

Sobald sie die Pubertät erreichen, nimmt ihre Egozentrik jedoch wieder zu. Das liegt daran, dass sie in dieser Entwicklungsphase vor allem mit der Erzeugung ihrer Identität befasst sind. Der deutsch-amerikanische Psychoanalytiker Erik Erikson beschreibt die Phasen der Persönlichkeitsentwicklung und sieht die Zeitspanne von zwölf bis achtzehn Jahren von »Identität vs. Ich-Identitätsdiffusion« definiert.[206] In dieser Zeit wird ein junger Mensch von seinem eigenen Äußeren in den Bann gezogen, weil sein Gesicht und sein Körper sich so drastisch verändern. Sobald diese Phase abgeschlossen ist, wird das Ich erneut integriert – es möchte handeln und aus sich heraustreten. Das Unbehagen über das eigene Äußere verliert an Stärke. In der späten Jugend nimmt die Selbstakzeptanz üblicherweise zu.

Mit anderen Worten: Narzisstisches Verhalten gilt als natürlicher Teil der menschlichen Entwicklung, das mit zunehmendem Alter abgelegt wird. Laut neuerer Studien, die unter jungen Erwachsenen angestellt wurden, scheinen allerdings immer weniger junge Menschen ihr narzisstisches Verhalten hinter sich zu lassen. Als man die Ergebnisse US-amerikanischer College-Studenten beim Narcissistic Personality Inventory aus den Jahren 1982 und 2006 miteinander verglich, stellte sich heraus, dass es in dieser Zeit zu einem erheblichen Punktezuwachs gekommen war.[207] Interessanterweise fiel dieser Zuwachs mit dem Aufstieg des Internets zusammen.

Natürlich kann es unzählige Gründe für den wachsenden Narzissmus geben. Es könnte an einer ganzen Generation nachsichtiger Eltern liegen, die ihre Kinder allzu sehr mit Lob überschüttet haben.[208] (Die Ergebnisse einer von der Ohio State University durchgeführten Studie legen nahe, dass Kinder, die für die winzigsten Erfolge gelobt werden, unbeabsichtigt ein übergroßes Ego ausbilden können.) Die Vorherrschaft des Narzissmus könnte mit dem Aufstieg einer stärker auf das Individuum ausgerichteten Gesellschaft zusammenhängen. Die »dunkle Seite« der Selbständigkeit und des Individualismus ist die zunehmende Egozentrik.

Soziale Netzwerke spornen dazu an, persönliche Informationen online zu teilen, was wiederum zu einer übermäßigen Beschäftigung mit dem eigenen Ich führen kann. In der Geschichte der Menschheit gab es bislang gewiss noch keine Zeit, in der wie heute von den Leuten erwartet wurde, mit ihren Leistungen, ihren Urlaubsfotos, ihren neuen Klamotten und Frisuren sowie mit jeder einzelnen Restaurantmahlzeit anzugeben. Der soziale Druck, der auf jungen Leuten lastet und sie dazu antreibt, eigene Fotos ins Internet zu stellen – und sich an der übertriebenen Ich-Zelebrierung zu beteiligen –, ist enorm. Es ist spannend, darüber nachzudenken, wie die Menschen das Internet besiedelt und es von einer Plattform zum Informationsaustausch in ein Selbstdarstellungsforum verwandelt haben.

Wie bereits gesagt, gilt ein gewisser Grad an Narzissmus als gesund – die heilsame Wirkung sollte allerdings auch nicht überschätzt werden. Mit sich selbst im Reinen zu sein ist nicht dasselbe, wie sich für grandios zu halten, weil Letzteres Bindungen zu anderen Menschen beeinträchtigen und sogar zur Störung werden kann. Ein ausgeprägter Narzissmus kann ein kompliziertes und problematisches Leben mit sich bringen. Wie dem namensgebenden Narziss gelingt es überaus narzisstischen Menschen oft nicht, dauerhafte und erfüllende Beziehungen einzugehen. Manchmal suchen solche Leute Zuflucht in der Ehe mit einem anderen Narzissten, mit dem sie eine »Gemeinschaft gegenseitiger Bewunderung« eingehen (ein gutes Beispiel dafür ist die Ehe in der Netflix-Serie *House of Cards*), obwohl Bindungen dieser Art oft unbeständig sind und kaum je halten.

Im nächsten Kapitel über Cyber-Beziehungen werde ich ein wenig mehr auf dieses Thema eingehen. Der Begriff »narzisstische Beziehung« kann als Oxymoron gedeutet werden. Lassen Sie uns hoffen, dass die heutigen Teenager nicht auf dem Weg dorthin sind. Da sie sich jedoch während der entwicklungspsychologisch relevanten Jahre im Cyberspace aufhalten, ist es zu früh, um dazu etwas zu sagen.

Die Filterung des idealen Ichs

In Oscar Wildes philosophischem Roman *Das Bildnis des Dorian Gray* fertigt ein berühmter Maler von einem übernatürlich schönen Mann namens Dorian Gray ein Ganzkörperporträt in Öl an.[209] Das Bildnis ist so wunderschön, dass Dorian der bloße Gedanke daran, dass er im realen Leben Tag für Tag älter werden und irgendwann ein greiser Mann sein wird, während das Abbild all seine Schönheit bewahrt, mit tiefer Trauer erfüllt. Das Bild wird stets vollkommen sein und Dorian daran erinnern, was er verloren hat. Am Boden zerstört, schließt er gleichsam einen Pakt mit dem Teufel und wünscht sich, statt seiner möge das Porträt altern.

Im Lauf der Jahre versinkt Dorian in Hedonismus und unmoralischem Verhalten, und zwar bis zur Sittenlosigkeit (er ergeht sich in den Dingen, die ich im ersten Kapitel unter dem Titel »Die Normalisierung eines Fetischs« behandelt habe und die sie vielleicht immer noch aus Ihrem Kopf zu verbannen versuchen). Sein Wunsch wird jedoch wahr. Er scheint einfach nicht zu altern. Nur sein Porträt zeigt die Verheerungen der Zeit und die Folgen seiner Verderbtheit. Man könnte das für eine Idealsituation halten, wenn Dorians auf ewig jugendliches und wunderschönes Äußeres nicht zu seiner Isolation vom realen Leben führen würde – zur Isolation von der Liebe, den Auswirkungen der Zeit und schließlich auch vom Tode. Sein Bildnis wird mit jedem Tag düsterer und hässlicher, weil es Dorians Innerstes widerspiegelt. Irgendwann wird das Gemälde so furchterregend, dass er es in ein Zimmer einschließt, wo niemand es sehen kann.

Dank der Digitaltechnologien kann sich Dorians Geschichte mittlerweile unter umgekehrten Vorzeichen ereignen: Das Cyber-Ich wird mit jedem Jahr besser, weil es mit Filtern versehen, mit Photoshop bearbeitet und – was am wichtigsten ist – mit Likes bedacht wird, während das reale Ich in einem verschlossenen Raum abgestellt wird. Die Schönheitsindustrie baut für die Generierung eines erheblichen Anteils ihrer jährlichen Profite schon immer auf die Unsicherheit und den

Perfektionismus junger Frauen. Inzwischen gibt es ein ganzes Arsenal von Apps, die alle für denselben Zweck entworfen wurden: um das virtuelle Abbild im Internet zu ändern, nicht etwa das physische Äußere.[210] Eine App namens PhotoWonder, die von hundert Millionen Nutzern weltweit verwendet wird, kann Sie schlanker erscheinen lassen und Ihnen eine dringend benötigte Bräune verpassen. Mit ein klein wenig Unterstützung von Facetune kann man sich größer machen und eine makellose Haut herstellen. Die App CreamCam verbessert den individuellen Hautton, entfernt Schönheitsfehler und fettigen Glanz sowie abstehende Härchen rund um das Gesicht herum. Außerdem wäre da noch Skinny Camera, die dafür sorgt, dass man virtuell fünf bis zehn Kilogramm verliert – und zwar sofort.

Jeder kann im Internet ein Supermodel sein.

Ein subtilerer, aber nicht weniger aussagekräftiger Aspekt der Veröffentlichung von Selfies und der Statusvermittlung im Internet ist die Kleiderwahl. Was ein Teenager anzieht oder nicht, steckt voller Informationen. Es gibt ein altes Sprichwort, wonach der Mensch aus drei Teilen besteht: Körper, Seele und Kleidung. Vor mehr als hundert Jahren stellte William James fest, dass dies mehr als nur ein Scherz war – und eine enge, tiefe Beziehung zwischen der Kleiderwahl und dem eigenen Ich besteht. Und lassen Sie uns Oscar Wilde nicht vergessen, der einst sagte: »Nur oberflächliche Menschen urteilen nicht nach Äußerlichkeiten.« In der forensischen Psychologie ist die Kleidung besonders wichtig, weil Kleidung (oder das Fehlen derselben) als »verhaltensbezogenes Absichtsindiz« gilt. Mit anderen Worten: Kleidung weist darauf hin, was der Träger tun wird. Wenn eine Frau mit hochhackigen Schuhen tot in den Bergen aufgefunden wird, wissen wir, dass sie nicht zum Wandern dort war.

Menschen hüllen sich in Kleidung, um etwas zu erreichen,

selbst wenn sie das unbewusst tun. Für einen Teenager ist die Kleiderwahl eine intensive und komplizierte Angelegenheit. Jugendliche sind sehr empfindlich, geht es um das, was sie tragen und wie sie sich darstellen möchten. Sie nutzen Kleidung, um neue Rollen und neue Identitäten auszuprobieren, weil sie noch immer nicht wissen, wo sie einmal landen werden. Außerdem werden sie sehr stark von Freunden und der Popkultur geprägt. Teenager möchten als cool und wissend erscheinen, obwohl sie in Wirklichkeit oft wohl das komplette Gegenteil empfinden und sich im Innersten uncool und unwissend vorkommen.

Es ist ein Klischee, dass manche heranwachsenden, jugendlichen Mädchen sich gerne aufreizend kleiden, um älter zu erscheinen, als sie sind. In den letzten Jahren hat sich der Trend zu sexuell provokanter Kleidung in dieser Altersgruppe allerdings verschärft. Ich bin der Ansicht, dass das Internet und seine Auswirkungen, die extremes Verhalten außerordentlich schnell normalisieren, etwas damit zu tun haben. Während die Mode im Internet immer aufreizender wird und immer mehr enthüllt und während Kurzmitteilungen mit sexuellem Inhalt immer häufiger werden (die Hälfte aller US-amerikanischen Jugendlichen berichtet davon, bereits einmal eine Nachricht dieser Art erhalten oder versendet zu haben), glaube ich, dass die Kleidung, die wir Jugendliche in der realen Welt tragen sehen, davon beeinflusst wird. Natürlich ist »aufreizend« Ansichtssache.

Sobald man dieses Thema anzusprechen versucht, erinnern mich die Reaktionen darauf an Debatten über den Klimawandel. Zwar steigen die Durchschnittstemperaturen auf unserem Planeten, da dies aber schrittweise geschieht – und wir uns an diese Veränderungen gewöhnen, bis sie uns als normal erscheinen –, fällt das kaum auf. Wenn man jedoch die Schlagzeile liest: »Das letzte Jahr war das wärmste seit Beginn der

Aufzeichnungen«, dann ist das sehr wohl von Bedeutung. Ich denke, dass die Kleidung von Teenagern heute fraglos sexuell aufreizender ist als je zuvor. Wie stellen wir fest, welche Kleidung angemessen »sexy« ist und welche unangemessen und »zu sexy für einen jungen Teenager« ist?

Hier ein Augenöffner: Sollten wir die Begriffe »sexy« und »aufreizend« im selben Satz verwenden wie »junge Teenager«?

Vor kurzem führte ich eine cyber-psychologische forensische Studie durch. Ich musste dafür eine Probe digitaler Aufnahmen auf eine Reihe verhaltensbezogener Faktoren hin untersuchen, darunter die Frage, ob die von den jungen Abgebildeten getragene Kleidung auf bestimmten Bildern »sexuell aufreizend« war oder nicht. Nachdem ich mir hundert Fotos angeschaut hatte, musste ich aufgeben. Während ich das Ausmaß der aufreizenden Kleidung anhand der enorm kurzen Shorts, Miniröcke, High Heels, bauchfreien Shirts, Playboy-Häschen-Logos und Stringtangas an elfjährigen Mädchen zu beurteilen versuchte, wurde mir klar, dass ich unter dem sogenannten »Forscher-Bias« litt. Was bedeutet das? Es bedeutet, dass man eine Sache nicht objektiv betrachten kann. Kurz gesagt: Ich halte den Trend unter jungen, heranwachsenden Teenagern für eine besorgniserregende Entwicklung. In Anbetracht des sozialen Drucks, der auf Mädchen lastet und sie dazu anhält, die Adoleszenz zu überspringen und sich quasi über Nacht von einer Elfjährigen in eine Achtzehnjährige zu verwandeln, bin ich schlicht ratlos. Diese Mädchen verzehrt zunehmend der dringende Wunsch, auf Jungen sexuell anziehend zu wirken, während Jungen sich verzweifelt danach sehnen, hypermaskulin zu wirken. Diese frühzeitige Sexualisierung findet statt, bevor die Kinder und Jugendlichen in der Lage sind, damit körperlich, geistig oder emotional umzugehen.

Die jugendliche Sexualität ist für die Gesellschaft schon immer eine Herausforderung gewesen, und jede Generation scheint sich darüber zu beschweren, dass die Jugend zu schnell erwachsen wird. »Die Jugend wird von unserer Zivilisation aggressiven sexuellen Stimuli und aus jeder Pore strömenden Zweideutigkeiten ausgesetzt«, schrieb Clark Hetherington, Professor der Pädagogik, im Jahr 1914, der die Ausbreitung von anzüglichen Filmen und enthüllenden Zeitschriften anprangerte.[211]

Ich spreche mich zwar nicht für eine moralische Hysterie bezüglich des Phänomens sexualisierter Teenager aus, möchte aber darauf hinweisen, dass eine vollkommen neue Ebene erreicht ist, wenn wir den Cyber-Effekt mit einbeziehen. Obwohl anzügliche und aufreizende Selfies eigentlich für Gleichaltrige bestimmt sind, ist die Wirklichkeit sehr viel besorgniserregender, weil solche Bilder die abweichenden Interessen von Erwachsenen und Tätern speisen, die sich zu jungen Teenagern hingezogen fühlen. Die Bilder werden aus den sozialen Netzwerken gestohlen, wo die Täter sich in die Profile der Betroffenen hacken, und landen schließlich auf Porno-Websites.[212] In manchen Fällen stießen Jugendliche auf diesen Websites auf ihre eigenen Fotos, lasen die lüsternen und verstörenden Kommentare und wurden davon traumatisiert. Es ist eine Sache, sich über die zeitgenössische Sexualisierung von Teenagern zu sorgen – es ist eine andere, sich darüber Gedanken zu machen, dass die Jugendlichen tatsächlich Opfer von Verbrechen werden könnten.

Cyber-Migration

Ein weiterer Bereich, auf den sich die im Internet geltenden Gepflogenheiten ausgewirkt haben, sind Schönheitsoperationen bei Teenagern. Die mühelose Auswahl und Veröffentlichung von Selfies im World Wide Web könnte mit dem Anstieg von plastischen Eingriffen zu tun haben.[213] Laut einer Studie der American Academy of Facial Plastic and Reconstruction Surgery (AAFPRS) aus dem Jahr 2014 berichteten mehr als die Hälfte der befragten Gesichtschirurgen von einer wachsenden Zahl von Schönheitsoperationen bei Personen unter dreißig Jahren. Zahnarztpraxen und Dentalkliniken melden außerdem, dass immer mehr Kinder und Jugendliche nach Zahnaufhellung und Veneers (Verblendschalen) verlangen. »Soziale Netzwerke wie Instagram oder Snapchat und iPhone-Apps … sorgen dafür, dass Patienten ihr eigenes Abbild wie unter einem digitalen Mikroskop betrachten und sich oftmals mit einem kritischeren Auge mustern als je zuvor«, erklärt Dr. Edward Farrior, Präsident der AAFPRS. »Häufig nutzen junge Leute diese Bilder, um zukünftigen Freunden, potentiellen Partnern und möglichen Arbeitgebern einen ersten Eindruck von sich zu vermitteln. Unsere Patienten möchten sich von ihrer besten Seite zeigen.«

Außerdem verweisen Chirurgen auf die traurige Tatsache, dass Kinder und Jugendliche auch wegen Mobbings um Schönheitsoperationen bitten, und das üblicherweise nicht etwa, weil sie Schikanen verhindern wollen, sondern weil sie bereits Opfer solcher Schikanen geworden sind.

Lassen Sie uns nun also all diese Trends und technischen Entwicklungen gemeinsam betrachten – von Teenagern, die Apps zur Filterung und »Optimierung« ihrer Selfies verwenden, bis hin zur Zunahme von Schönheitsoperationen bei jungen Leuten, der Eskalation anzüglicher Selbstdarstellung und der Suche nach dem perfekten Körper. Was sagt uns das in Anbetracht der Tatsache, dass Menschen nach Beachtung und Feedback suchen, um ihre Identität zu finden?

Stellen Sie sich einen Augenblick die schüchterne Dreizehnjährige vor, die sich beim Gespräch mit anderen unwohl fühlt. Für dieses Kind wird die Veröffentlichung eines Selfies einfacher und zufriedenstellender sein, weil kein echter Kontakt erfolgt. Und nun stellen Sie sich vor, dieses Kind macht die Phasen der Identitätsentwicklung durch und hat keinerlei Übung im Umgang mit Menschen auf der Bühne des realen Lebens. Im Erwachsenenalter führt das zu Isolation.

Und jetzt denken Sie einmal darüber nach, wie sich dieses Phänomen auf etwas weniger schüchterne Kinder auswirken könnte – Kinder, die wie viele Erwachsene es anstrengend oder schwer finden, sich in der realen Welt auszudrücken, und die es deshalb vorziehen, sich für den Sozialkontakt vor den Computerbildschirm zurückzuziehen. Dort fällt es ihnen leichter, die anziehende und aufregende Person zu sein, die sie gerne sein würden. Warum sollte man sein wahres Ich in der realen Welt zeigen wollen, wenn das Cyber-Ich so viel besser ist? Ein solches Verhalten sorgt später jedoch für Probleme.

Welches ist das ideale Ich?

Und welches wird in ein Zimmer eingesperrt?

Die Beantwortung dieser Frage wird noch durch die Gesetzmäßigkeiten der virtuellen Welt verkompliziert. Mittlerweile spielt sich ein Großteil unseres Lebens im Internet ab – das gilt für Kinder wie für Erwachsene. Es spielt eine Rolle, wie wir uns gesellschaftlich präsentieren – das ist der Grundgedanke hinter dem sozioökonomischen Begriff »Sozialkapital«, der besagt, dass unsere sozialen Netzwerke echten ökonomischen Wert haben. Mit anderen Worten: Wen wir kennen und wie wir aussehen, könnte sich auf unser Einkommen auswirken. Im Internet kann das Sozialkapital sehr wichtig sein, sogar für Teenager, die dort von Schulen, Praktika oder Anstellungsmöglichkeiten hören und mit Produktplatzierung und Werbung obendrein echtes Geld in den sozialen Netzwerken verdienen können.[214] Es macht ihre Online-Präsenz glaubwürdiger und wichtiger. Außerdem trägt es dazu bei, dass mehr Zeit und Energie in die Kommerzialisierung des eigenen Ichs gesteckt wird. (Na los, bau dir ruhig dein soziales Netzwerk auf, aber Vorsicht, vielleicht kriegst du den Praktikumsplatz nicht, wenn deine Facebook-Pinnwand nur aus Selfies von dir besteht.)

Dorian Grays Geschichte ging nicht gut aus. Sein Dasein ist in jeder Hinsicht verdorben. Jahrzehnte der Vergnügungssucht und der Ausschweifungen sorgen schließlich für einen Augenblick der Wahrheit und der Selbstverachtung. In einem Wutanfall tötet er den Maler seines Porträts; später zerschlitzt er das Gemälde, um so den Beweis seiner Schuldgefühle zu vernichten. Dorian wird tot unter dem Porträt aufgefunden, das wie von Geisterhand wieder das junge, wunderschöne Antlitz des Abgebildeten zeigt, während dessen hässlicher und deformierter Körper den wahren Zustand seiner Seele offenbart.

Bei unserer zeitgenössischen Allegorie ist es das Cyber-Ich, das einfach nicht altert – und möglicherweise für immer ein idealisiertes Leben online führen kann. Es gibt jedoch noch ein anderes Ich – ein menschliches, das sehr wohl älter wird. Dieses Ich muss gepflegt, gefördert, respektiert und genährt werden.

Dieses Ich bedarf der meisten Zuneigung.

Wie soll es aber diese Zuneigung jemals finden, wenn es in ein Zimmer eingesperrt wird? Und kann man *dieses Selbst* genauso lieben wir das Selfie?

Dysmorphophobie

Die Geschichte von Tallulah Willis illustriert, wie das Leben eines Jugendlichen außer Kontrolle geraten kann, wenn das Cyber-Ich die Erwartungen nicht zu erfüllen scheint und nicht akzeptiert wird. Die Tochter des Schauspielers Bruce Willis und der Schauspielerin Demi Moore verbrachte ihre Kindheit auf einer idyllischen Ranch in Idaho, offline und außerhalb des Rampenlichts. Erst als sie in die dritte Klasse kam und ihre

Familie nach Los Angeles zog, entdeckte sie, wie berühmt ihre Eltern in Wirklichkeit waren und was das für sie hinsichtlich des gespiegelten Glanzes und der erhöhten Erwartungen bedeutete. Sie fing an, sich für wertlos und vergleichsweise wenig außergewöhnlich zu halten.

In einem ehrlichen persönlichen Bericht in der *Teen Vogue* rekonstruiert sie den Augenblick, mit dem ihre traurige Abwärtsspirale in Selbsthass und Drogensucht begann. Sie war dreizehn Jahre alt und betrachtete in einem New Yorker Hotelzimmer ein Foto von sich im Internet:

> Ich brach in Tränen aus, als ich die Kommentare las. Ich dachte, ich wäre ein abscheulicher, abstoßend aussehender Mensch. Ich mag zwar lieb und nett sein; ich bin jedoch eine wirklich unattraktive Person. In diesem Moment hat sich ein Schalter umgelegt. Es ging nicht um die anonymen Cyber-Mobber – ich selbst wurde zu meiner schlimmsten Kritikerin.
>
> Auf der Highschool war ich ständig auf der Suche nach etwas, mit dem ich mich halbwegs okay fühlen würde. Ich hatte den Eindruck, mich wirklich schrecklich anziehen und auf Partys das laute, dumme, betrunkene Mädchen geben zu müssen. Ich dachte mir, den Leuten würde das gefallen, also kam ich ihnen damit zuvor.
>
> Dann begannen meine Brüste zu wachsen, und meine Essstörung ging richtig los. Ich fing damit an, mich auszuhungern. Ich versuchte, zu einem sehr stillen Mädchen zu werden, das unheimlich viel Gras rauchte und wirklich sehr dünn und ernst war. Auf dieselbe Art wie Drogen nutzte ich das Shopping und sogar soziale Medien für nichtssagende Selbstbestätigung. Ich färbte mir meine Haare und ließ mir ein Piercing oder ein Tattoo stechen. Es gab immer etwas, von dem ich dachte, dass es alles ins Reine bringen und mir helfen würde, nicht mehr ich selbst sein zu müssen.[215]

Als Willis aufs College kam, konnte sie ihre Depressionen nicht mehr ertragen. Sie konnte nicht mehr schlafen, sprach mit keinem, verabscheute die Nahrungsaufnahme und fühlte sich »so fremd in meinem Körper und meinem Geist, dass ich den Eindruck hatte, ich lebe in einer Pappkopie dessen, was das Leben eigentlich sein sollte«. Tallulahs Schwester Scout eilte ihr zur Hilfe und zwang sie, »zu erkennen, was ich tat. Es kam nicht etwa zu einer großen Katastrophe, trotzdem wusste ich, dass ich mich um mich selbst kümmern musste«. Sie begab sich in eine fünfundvierzigtägige stationäre Behandlung, um es mit ihrem Drogen- und Alkoholmissbrauch sowie ihrem Selbsthass aufzunehmen. Sie erkannte etwas, das auf den ersten Blick wie eine simple Lektion erscheint, aber gar nicht oft genug wiederholt werden kann:

> Während meiner Behandlung dachte ich viel über mein fünfjähriges Ich nach. Ich war ein Flachskopf, und meine Haare standen in alle Richtungen ab wie nach einem elektrischen Schlag. Ich hatte winzige spitze Zähne wie ein Gremlin und lief immer wie eine Vogelscheuche herum. Ich erkannte, dass ich mein damaliges kleines Ich liebte, dass ich dieses Ich anbetete und dass ich es beschützen wollte. Und dann erkannte ich, dass ich mein jetziges großes Ich nicht mochte und dass ich das auch nie getan hatte. Wenn ich mir alte Bilder anschaue, erinnere ich mich, dass dieser kleine Mensch immer noch in mir steckt – und dass ich mich nun um diesen Menschen kümmern muss.

Damit Tallulah Willis ihr angegriffenes Cyber-Ich wieder ins Lot bringen konnte, musste sie tief graben und ihr wahres, jüngeres Ich der realen Welt wiederfinden, um die Verbindung dazu neu herzustellen. Man braucht Mut, um solch eine Geschichte so offen und ehrlich zu erzählen. Zweifellos wird sie für viele andere Menschen eine Inspiration sein.

Der Kampf mit dem Selbstbild, der Selbstachtung und der Selbstliebe beschäftigt nicht nur jugendliche Mädchen. Jungen können in den Jahren ihrer Identitätsfindung ebenso verwirrt sein und den Überblick verlieren – dann greifen sie zu Alkohol, Drogen und anderen Rauschmitteln, um das Gefühl der Ohnmacht zu betäuben. Sie können sich genauso auf ihr Aussehen fixieren wie Mädchen.

In Irland und Großbritannien wurde 2015 ein deutlicher Anstieg von Essstörungen bei Jungen und jungen Männern festgestellt – dazu zählen Anorexie, Bulimie und die Binge-Eating-Störung (Essattacken mit Kontrollverlust).[216] Gegenüber dem Jahr 2000 entspricht das einem sprunghaften Anstieg von 30 Prozent. Außerdem hat das Problem mit dem gesteigerten Wunsch nach einem »athletischen Körper« und einem durchtrainierten Äußeren zu tun. Es ist gewiss kein Zufall, dass diese Entwicklung mit dem Aufstieg der sozialen Medien und der Ausbreitung jener Ganzkörper-Spiegel-Aufnahmen zusammenfiel, auf denen die Abgebildeten für ein Selfie posieren. »Im Fitnessstudio wird das Augenmerk nicht etwa auf die körperliche Ertüchtigung aus Spaß oder für den Sport gelegt, sondern darauf, vor dem Spiegel zu trainieren, um muskulöser zu werden«, erklärte Dr. Terence Larkin, beratender Psychiater am Saint John of God Hospital in South Dublin. »Auch Männer fangen nun an, ihr Äußeres überzubewerten, so dass ihre Selbstachtung mehr und mehr davon abhängt.«

Ein gutes Beispiel dafür ist Danny Bowman, ein britischer Jugendlicher, der sich ein Leben als Internet-Berühmtheit wünschte. Mit fünfzehn Jahren begann er, Selfies auf Facebook zu veröffentlichen, so wie es Millionen anderer Teenager auf der ganzen Welt tun. Scheint harmlos zu sein, nicht wahr? Danny konzentrierte sich jedoch immer mehr auf sein Äußeres – darauf, wie gut er auf seinen Selfies aussah –, und er begann, von einer Karriere als Model zu träumen. Aufgrund seiner Selfies war er davon überzeugt, dass er eine Chance hatte. Als ihn eine Modelagentur allerdings ablehnte, war er am Boden zerstört. Mit siebzehn Jahren war er nach eigenen Angaben »selfie-süchtig« und hatte jedes Interesse an der Schule, seinen Freunden und am Sport verloren. Die Perfektionierung seiner Selfies war seine Passion und sein Cyber-Ich sein Kunstwerk.

Das Problem war sein wahres Ich. Mit neunzehn war Danny nicht mehr dazu in der Lage, das Haus zu verlassen, weil er bis zu zehn Stunden am Tag damit verbrachte, mit seinem Handy Selbstporträts aufzunehmen, die er ständig zu optimieren versuchte. »Ich war unentwegt auf der Suche nach dem perfekten Selfie«, erklärte Bowman gegenüber dem britischen *Mirror*, »und als ich feststellte, dass dies unmöglich war, wollte ich sterben.«[217] Aus lauter Frust und Verzweiflung nahm er eine Überdosis – glücklicherweise wurde er jedoch rechtzeitig von seiner Mutter gefunden.

Die Ärzte verschrieben Bowman eine Intensivtherapie zur Behandlung seiner Internetabhängigkeit, seiner Zwangsstörung und seiner Dysmorphophobie, einer Form der Angststörung, die dafür sorgt, dass die unter dieser Erkrankung Leidenden sich exzessiv mit ihrem Aussehen beschäftigen – diese Störung ist in der Ära des Selfies geläufiger geworden.[218] Ich glaube, dass diese Erkrankung durch den virtuellen Spiegel verschlimmert oder gefördert werden kann, weshalb man sie etwas detaillierter besprechen sollte.

Irgendwann im Laufe ihrer Entwicklung erreichen alle Jugendlichen den Punkt, an dem sie den Verdacht hegen, dass etwas mit ihrem Äußeren nicht stimmt. Sie möchten wie ihre besten Freunde oder wie ein von ihnen bewunderter Schauspieler aussehen. Sie verklären ihre Vorbilder und haben den Eindruck, dass sie selbst so etwas nie erreichen werden. Sie sagen Dinge wie: »Ich hasse meine Nase«, oder: »Meine Beine sind zu dünn.« Erwachsene sollten ihr Selbstwertgefühl stärken, sie unterstützen und freundlich sein. Falls Geschwister nicht in der Lage sind, betroffenen Brüdern oder Schwestern zu helfen und sie zu loben, sollten sie lieber gar nichts sagen.

Jeder Mensch hat einen vermeintlichen Schönheitsmakel – oder zwei oder drei. Niemand ist von Geburt an perfekt – oder bleibt im Lauf der Zeit vollkommen. Die meisten Menschen akzeptieren irgendwann ihr Äußeres, so wie sie andere Dinge im Leben zu akzeptieren lernen, die außerhalb ihres Einflussbereichs liegen. Was bringt es schon, sich wegen eines Leberflecks, einer Falte oder abstehender Ohren verrückt zu machen? Man unternimmt vielleicht den ernsthaften Versuch, diese Makel zu verbergen oder etwas anzuziehen, das von diesen Schönheitsfehlern ablenkt, und wendet sich dann wieder wichtigeren Dingen zu.

Menschen, die unter Dysmorphophobie leiden, beschäftigen sich dagegen zwanghaft mit echten oder eingebildeten kleinen Makeln, und dieser Glaube kann sich gravierend auf ihr Leben auswirken und Verzweiflung auslösen. Hier eine Liste der Anzeichen und Symptome, wie sie die Mayo Clinic vorgelegt hat:

- Übertriebene selbstkritische Beschäftigung mit dem eigenen Äußeren
- Der Drang, ständig in den Spiegel zu sehen oder, im Gegenteil, Spiegel grundsätzlich zu meiden
- Die feste Überzeugung, von einer Abnormalität oder einem Defekt entstellt und hässlich zu sein
- Der starke Glaube, dass andere sich am eigenen Aussehen stören
- Das Meiden von Gesellschaft
- Das Bedürfnis, zu Hause zu bleiben
- Das Bedürfnis, von anderen Bestätigung bezüglich des eigenen Äußeren zu erhalten

- Regelmäßige kosmetische Bemühungen, die kaum Zufriedenheit verschaffen
- Vergleich des eigenen Äußeren mit dem von anderen[219]

Man kann sich mit jedem Körperteil zwanghaft beschäftigen. Das Merkmal, auf das man besonderes Augenmerk legt, vermag sich im Lauf der Zeit zudem zu ändern. Die Merkmale, mit denen sich die Betroffenen am meisten auseinandersetzen, sind unter anderem:

- Das Gesicht, beispielsweise Nase, Teint, Falten, Pickel und andere Makel der Haut
- Die Haare, etwa die Frisur, schütter werdendes Haar oder Haarverlust
- Das Aussehen der Haut und der Adern
- Die Größe der Brüste
- Der Umfang der Muskelmasse und deren Form
- Die Genitalien
- Die Zähne

Wie bei anderen psychischen Problemen definiert das Ausmaß des Leids, ob es sich um eine echte Erkrankung oder Störung handelt. Menschen mit Dysmorphophobie sind fest davon überzeugt, dass etwas mit ihrem Aussehen nicht stimmt – ganz egal, wie sehr Freunde, Familie und sogar plastische Chirurgen sie vom Gegenteil zu überzeugen versuchen. In manchen Fällen scheuen sich die Betroffenen aufgrund ihrer extremen und äußerst schmerzvollen Beschäftigung mit dem eigenen Ich, Hilfe zu suchen. Wird die Dysmorphophobie jedoch nicht behandelt, geht es den Betroffenen selten von allein besser. Die Krankheit löst sich nicht irgendwann in Luft auf. Stattdessen verschlimmert sie sich sogar – und kann, wie bei Danny Bowman, Selbstmordgedanken oder suizidales Verhalten auslösen.

Selbstaktualisierung

Tallulah Willis beschrieb in ihrer fesselnden Geschichte ihr Gefühl, den Kontakt zu ihrem wahren Ich verloren zu haben: »so fremd in meinem Körper und meinem Geist, dass ich den Eindruck hatte, ich lebte in einer Pappkopie dessen, was das Leben eigentlich sein sollte«.

Ich bin der Ansicht, das Cyber-Ich mag zwar einen flüchtigen Blick darauf gewähren, wer man tatsächlich ist, stellt aber in Wirklichkeit ein losgelöstes Ich dar. Das Cyber-Ich gleicht einer Handpuppe, die zwar mit der eigenen Stimme spricht, aber nicht mit einem identisch ist – und sich tatsächlich sogar sehr stark vom realen Ich in der realen Welt unterscheiden kann. Mit anderen Worten: Das reale Ich hat das Cyber-Ich in einen Gegenstand verwandelt. Das Selfie beweist diese Vergegenständlichung. Um ein Selfie online zu stellen, muss man das eigene Ich als Gegenstand erleben, der entweder vorzeigbar ist oder eben nicht. Man beurteilt das eigene Selfie aus einer losgelösten Distanz, selbst wenn man es spontan ins Internet stellt.

Ich bin der Ansicht, dass diese Selbstverdinglichung ebenso wie der Eindruck der Loslösung vom wahren Ich eine Vielzahl der negativen Verhaltensweisen im Internet und in den vorherigen Kapiteln erklären könnte. Sie nährt die Entfremdung vom eigenen Ich. Weil sie eine Distanz vom Cyber-Ich schafft, fühlt man sich unter Umständen von den eigenen Handlungen losgelöst – und glaubt irgendwann, man wäre nicht wirklich dafür verantwortlich. Stellen wir uns doch nun mal einen Teenager vor, der von seinem elften oder zwölften Lebensjahr bis in die späte Jugend hinein die Identitätsfindung durchmacht und damit ein wichtiges Zeitfenster durchläuft, in dem er eine solide Basis und ein ausgeprägtes Ich-Empfinden ausbildet. Dieser Prozess ist für die individuelle Entwicklung von größter

Bedeutung und kann sich ganz enorm auf das restliche Leben des Betreffenden und sein Selbstwertgefühl auswirken.

Aber halt! Es gibt ja noch eine weitere Schwierigkeit: Statt einer einzigen stabilen Identität, die erzeugt und akzeptiert werden will, gibt es mittlerweile zwei – das wahre und das Cyber-Ich.

Carl Rogers beschreibt die »Selbstaktualisierung« als anhaltendes Streben nach dem idealen Ich.[220] Ein Mensch, der sich »selbstaktualisiert« hat, ist jemand, dessen »ideales Ich« mit seinem tatsächlichen Ich oder Selbstbild »kongruent« ist, also mit ihm übereinstimmt. Rogers geht davon aus, dass dieser Eindruck, die Person zu sein oder zu der Person geworden zu sein, die man sein möchte, als guter Maßstab für persönliche Zufriedenheit und als Zeichen eines vollkommen funktionierenden Menschen dienen kann. Wenn man diese Definition von Zufriedenheit akzeptiert, sind die Ergebnisse einer Studie, die unter Kindern und Jugendlichen von elf bis sechzehn Jahren angestellt wurde, überaus besorgniserregend, weil die Hälfte der Befragten folgender Aussage zustimmte: »Mir fällt es leichter, im Internet ich selbst zu sein als im realen Leben und von Angesicht zu Angesicht.«[221]

Der Übergang von der Kindheit ins Erwachsenenalter stellt eine wichtige Phase in der menschlichen Entwicklung dar. Der Psychologe Erik Erikson bezeichnet diese Zeit als eine »psychosoziale Entwicklungsphase«. Für einen unbeholfenen Heranwachsenden oder Jugendlichen mag es sehr viel einfacher sein, schmerzvolle Erlebnisse auf der Bühne des realen Lebens zu vermeiden; wer jedoch diese wichtigen entwicklungspsychologischen Meilensteine verpasst, muss mit Konsequenzen rechnen. Die Identität wird unter Umständen nicht vollständig ausgebildet – und was man im späteren Leben als Erwachsener tun oder »sein« möchte, wird vielleicht nicht voll und ganz erforscht. Soziale Bewältigungsstrategien werden unter Umständen nicht erworben. Weil Jugendliche ihre Möglichkeiten ausprobieren und auf Basis dieser Entdeckungen ihre Identität zu formen beginnen, ist es für ihre individuelle Entwicklung allerdings vonnöten, dass sie den Umgang mit der Anspannung oder dem Mangel an Annehmlichkeiten erlernen, den die reale Welt zuweilen auszeichnet.

Gelingt der erfolgreiche Abschluss einer der psychosozialen Entwicklungsphasen nicht, kann das dazu führen, dass die Vollendung weiterer Stadien beeinträchtigt wird. Bei Erikson folgt als Nächstes die Phase »Intimität und Solidarität vs. Isolation« zwischen dem achtzehnten und vierzigsten Lebensjahr. In dieser Zeit lernen Menschen, intimere Details mit anderen zu teilen und Beziehungen zu erkunden, die zu dauerhaften Bindungen mit Personen außerhalb der eigenen Familie führen. Wer Intimität vermeidet und sich vor dem Knüpfen von Bindungen oder Beziehungen fürchtet, kann in der Folge unter Isolation, Einsamkeit und häufig auch Depressionen leiden.

Deshalb müssen wir darüber sprechen, welche Konsequenzen es hat, wenn Teenagern in der realen Welt sowie im Cyberspace die Ausbildung einer eigenen Identität nicht gelingt. Ein solches Scheitern kann zur »Rollenkonfusion« führen, wie Erikson es nennt, wenn junge Leute sich ihrer selbst oder ihrer Rolle in der Gesellschaft unschlüssig sind. Philip Zimbardo, emeritierter Professor an der Stanford University, glaubt, dass Jungen sich aufgrund der exzessiven Nutzung von Technologien heutzutage in einer Krise befinden. Er schreibt: »Das digitale Ich entfernt sich immer mehr von dem, das im realen Leben handelt.«[222]

Das Cyber-Ich ist ein meisterhaftes Erzeugnis – es ist unterhaltsamer, geistreicher und von besserem Aussehen als das wahre Ich. Das Schwierige daran ist die Angreifbarkeit dieser Existenz als gespaltene Persönlichkeit. Und das ist ein echtes Problem. Ich meine damit Folgendes: Wenn man alle Studien betrachtet, die in den letzten zehn Jahren zum Cyber-Mobbing durchgeführt wurden, erkennt man, dass kaum eine der Aufklärungskampagnen und Lösungsversuche Früchte getragen hat. Deshalb arbeite ich hart an der Entwicklung und Anwendung eines Algorithmus, um dieses Problem zu lösen. Jahr für Jahr verzweifeln immer mehr Teenager im Angesicht von Cyber-Mobbing und werden davon regelrecht zerstört. Warum ist das so?

Denken Sie daran, wie viel Zeit und Energie Jugendliche in ihr Cyber-Ich stecken – und damit in das von ihnen gemalte Selbstporträt. Wird das Cyber-Ich angegriffen, indem es beispielsweise »dumm« oder »hässlich« genannt und der Mensch dahinter als »Eigenbrötler« oder »Verlierer« bezeichnet wird, könnte das einen fürchterlichen inneren Konflikt und einen emotionalen Zusammenprall gegensätzlicher Impulse im eigenen Ich heraufbeschwören.

Wenn die beste durch Digitaltechnologien erzeugbare Version des eigenen Ich zurückgewiesen wird, wie fühlt man sich dann wohl in Bezug auf das einzige Ich, das übrig bleibt: das wahre Ich? Auf diesem Gebiet wurden noch keine Studien unternommen; ich denke jedoch, dass die Untersuchung der Frage, ob durch Technologien ausgelöste innere Konflikte zur Selbstverletzung führen, von entscheidender Bedeutung ist.

Sext and Sensibiliy

Es machen unzählige Gruselgeschichten über das Versenden sexuell expliziter Nachrichten und Bilder, kurz »Sexting« genannt, die Runde; ich möchte jedoch mit einer relativ harmlosen beginnen. Die Geschichte nahm vor einer halben Ewigkeit ihren Lauf und spielte sich im Sommer 2007 ab. Auf der Zeitleiste der Debatten über das Sexting entspricht das einem

Zeitpunkt vor Millionen von Jahren. Damals kam es in der Sache jedoch zu einem Wendepunkt.

Marissa Miller und Grace Kelly, zwei dreizehnjährige Mädchen aus dem Nordosten Pennsylvanias, verbrachten gemeinsam einen schwülwarmen Abend und blödelten herum, als ihnen der Gedanke kam, sich bis auf ihre weißen Sport-BHs und ihre Unterhosen auszuziehen.

Sie waren sehr aufgedreht – Grace machte ein Peace-Zeichen –, während ein dritter Freund Fotos der beiden Mädchen aufnahm.

Dieses Foto wurde im Internet immer weiter geteilt. Irgendwann landete es im Büro der Schulleitung der Tunkhannock Area Highschool, die von den beiden Mädchen besucht wurde. Als Lehrer fünf Handys von Mitschülern konfiszierten, wurden die Bilder gefunden. Die Jungen an der Schule hatten untereinander Fotos von halbnackten oder nackten jungen Mädchen getauscht. Als der örtliche Staatsanwalt Marissa und Grace mit einer Klage wegen der Produktion und dem Vertrieb von Kinderpornographie drohte, falls sie sich nicht dazu bereit erklärten, an einem fünfwöchigen Programm nach der Schule teilzunehmen, protestierten die Mädchen und ihre Eltern dagegen – sie gaben an, das Bild sei nur ein harmloser Spaß gewesen und nie für die Verbreitung gedacht. Die Fotos wurden zwar kaum mit derselben Absicht aufgenommen wie anderes Kindesmissbrauchs-Material; vor dem Gesetz gibt es diesen Unterschied aber bislang noch nicht.

»Mit dem Foto war alles in Ordnung«, erklärte Marissas Mutter, MaryJo Miller. »Ich möchte bestimmt nicht, dass Pädophile meine Tochter im BH betrachten; ich glaube aber nicht, dass die Mädchen das überhaupt je beabsichtigt haben. Dieses Vorgehen ist vollkommen unangemessen … Es ist Machtmissbrauch.«[223]

Die American Civil Liberties Union (ACLU) bat einen

Bundesrichter darum, den Bezirksstaatsanwalt von der Anklageerhebung gegen Miller und Kelly abzuhalten, da die Jugendlichen der Verbreitung ihres Fotos nicht zugestimmt hätten und es sich bei dem Bild ohnehin nicht um Pornographie handele.

Obwohl manche Leute Sexting bloß für ein gesellschaftliches Problem halten, sind die rechtlichen Konsequenzen eindeutig.[224] Nach der US-amerikanischen Rechtswissenschaftlerin Mary Graw Leary »gibt es keinen gesetzlichen Unterschied zwischen der Produktion und dem Vertrieb selbstproduzierter Kinderpornographie sowie der Produktion und dem Vertrieb illegaler Kinderpornographie«.[225] Nicht nur in den Vereinigten Staaten von Amerika wurden Versuche zur strafrechtlichen Verfolgung von Sexting unternommen. In Australien wurden Gesetze gegen Kinderpornographie im Zusammenhang mit Sexting durchgesetzt, so dass 2009 bis 2011 mehr als vierhundertfünfzig Jugendliche aufgrund der Verbreitung sittenwidriger Fotos von Minderjährigen verhaftet und angeklagt wurden.[226]

Die strafrechtliche Verfolgung schreckt aber nicht ab. Stattdessen wird Sexting immer häufiger.[227] Bei einer US-amerikanischen Studie von 2008 – demselben Jahr, in dem Miller und Kelly mit einer Anklage gedroht wurde – stellte sich heraus, dass 39 Prozent der befragten Teenager mit ihren Handys sexuell aufgeladene oder sexuell eindeutige Aufnahmen von sich selbst gemacht und verschickt hatten. Sechs Jahre später war dieser Anteil laut einer Umfrage unter Bachelor-Studenten der Drexel University auf 50 Prozent aller befragten Jugendlichen gestiegen.[228] Sollten wir eine Praxis, die inzwischen bei der Hälfte aller amerikanischen Teenager gang und gäbe ist, wirklich verbieten – und als amoralisch und anstößig bezeichnen?

Sexuelle Neugier ist ein natürlicher Teil der Jugend. Ob Strippoker oder Flaschendrehen – solche Dinge tun Teenager seit Generationen. Früher versteckten sie sich hinter dem Kuhstall und zeigten einander ihren nackten Körper. Der Unterschied war: Niemand fing digitale Beweisstücke ein und verteilte sie überall.

»Ich möchte nicht sagen, dass ein Verhalten dieser Art gesund oder harmlos sei, will aber darauf hinweisen, dass es sich dabei nicht um Ausnahmesituationen handelt, in denen ein Kind aufgrund von Depressionen oder sehr niedrigem Selbstbewusstsein so handelt«, erklärt Elizabeth Englander, Professorin für Psychologie an der Bridgewater State University in Massachusetts, als Reaktion auf die Drexel-Studie. »Viele normal funktionierende Kinder verhalten sich so, obwohl sie keine Probleme haben.«

Hier die Übersetzung: Sexting ist inzwischen eine Cyber-Norm.

Was denke ich darüber? Wie bei allen neuen und noch in Entwicklung begriffenen Verhaltensweisen halte ich eine um Ausgeglichenheit bemühte Vorgehensweise für die beste. Die Debatte selbst und die moralischen Grautöne des Sexting unterstreichen allerdings erneut die Verwundbarkeit von Teenagern und jungen Erwachsenen im Cyber-Umfeld. Und auch dieses Mal versuchen Gerichte, Schulen, Eltern und Kinderpsychologen verzweifelt Schritt zu halten. Um den im Cyberspace entstehenden neuen Problematiken aber stets voraus zu sein, müssten gesetzliche Anpassungen vorgenommen und neue Bildungsprogramme in derselben Lichtgeschwindigkeit eingeführt werden, wie die Digitaltechnologien erschaffen und vermarktet werden – was praktisch unmöglich ist.

Die unterschiedlichen Ansichten zu diesem Thema sind faszinierend. David Finkelhor und Janis Wolak vom Crime Against Children Research Center der University of New Hampshire vertreten in ihrem bahnbrechenden Artikel »Sext and Sensibility« (angelehnt an Jane Austens Roman und die gleichnamige Filmadaption »Sense and Sensibility«; deutscher Titel: »Sinn und Sinnlichkeit«) den Standpunkt, dass Schulleiter, Strafverfolgungsbehörden, Eltern und Gesetzgeber auf das Phänomen jugendliches Sexting überreagiert haben – und dass sie durch Übertreibung des eigentlichen Problems und der daraus resultierenden unangemessenen Reaktion mehr Schaden anrichten könnten.[229] Finkelhor und Wolak warnen vor einer »gewaltigen Massenpanik«, in deren Verlauf Bildungsprogramme in den Schulen installiert werden, die Kinder davor warnen, ihr Leben zu zerstören oder im Gefängnis zu enden – oder in einem Register für Sexualstraftäter zu landen. Die beiden Autoren halten Angstmacherei in den meisten Fälle für den schlechtesten Weg, um Kindern eine Botschaft zu vermitteln, weil Strategien dieser Art erwiesenermaßen kläglich scheitern, unabhängig davon, »ob wir Kinder vor den schlimmen Folgen des Drogenkonsums, des vorehelichen Geschlechtsverkehrs oder des kriminellen Verhaltens warnen«. Am schlimmsten sei die Tatsache, dass ein solches Vorgehen einen »Bumerangeffekt« auslösen könne, so dass die Kinder sich aus Angst vor Verfolgung nicht mehr zu äußern trauen.

Da die Zahl der Bilder mit sexuellem Inhalt, die entblößte Brüste oder Genitalien zeigen, tatsächlich sehr gering ist, halten Finkelhor und Wolak die Definition dieser Fotos als Pornographie für Alarmismus. »Das Problem der Kinderpornographie trübt wirklich unser Urteilsvermögen.«

Die Autoren rufen zu einer Unterbrechung aller Bildungsprogramme zum Sexting auf, bis die richtige Strategie entworfen ist. Ich denke, es wäre sinnvoll, Informationen über Bilder mit sexuellem Inhalt und Sexting in den Stundenplan des Aufklärungsunterrichts aufzunehmen, bei dem es um Mobbing, Partnersuche und zwischenmenschliche Beziehungen geht. (Und wie ich höre, geschieht das bereits in einigen Bildungssystemen.) Die Inhalte müssen in enger Zusammenarbeit mit den Jugendlichen entwickelt werden, und die Botschaft muss auf ihre Wirksamkeit hin überprüft werden. Teenagern einfach zu sagen, sie sollten etwas nicht tun, reicht eben nicht aus. Wir müssen die Motive und psychologischen Zusammenhänge dieses Verhaltens erkennen und Kindern die rechtlichen Konsequenzen erklären.

Die augenblicklichen Gesetze gehen mit dem Problem des Sexting nicht angemessen um. Ich habe an der Middlesex University intensive Forschung zu dem Thema betrieben – in Zusammenarbeit mit der London Metropolitan Police, dem Los Angeles Police Department und der Australian Federal Police unter der Schirmherrschaft der Interpol-Expertengruppe Crime Against Children. Nach vierjähriger Recherche auf drei Kontinenten bin ich zu der Einschätzung gelangt, dass eines der Probleme aus der Tatsache besteht, dass Sexting nahezu ausschließlich durch die Brille der Kinderpornographie betrachtet wird. Es stimmt zwar, dass Bilder dieser Art sich sehr stark ähneln können, dennoch unterscheiden sie sich in der Intention. In dem einen Fall nimmt ein jugendliches Pärchen sexuell explizite Bilder freiwillig auf; in dem anderen, am entgegengesetzten Ende des Spektrums befindlichen Fall wird ein Kind Opfer eines Sexualstraftäters, der das Kind zu solchen Fotos zwingt. Die Gesetze in diesem Bereich müssen überprüft und ein rechtliches Klassifizierungssystem eingeführt werden, das zwischen freiwilliger sexueller Ausbeutung durch die Jugendlichen und der kriminellen Erzeugung von Kindesmissbrauchs-Material unterscheidet. Der definierende Faktor wäre in diesem Fall *mens rea* – der Vorsatz. Gemeinsam mit dem europäischen The Hague Justice Portal arbeite ich gerade an Vorschlägen zu Gesetzesänderungen in diesem Bereich.

Stimme ich Finkelhor und Wolak zu, dass es aufgrund des Zuwachses an sexuell expliziten oder aufgeladenen Nachrichten und Bildern zu einer Überreaktion gekommen ist? Nein. Wir als Gesellschaft müssen den Cyber-Effekten, der anhaltenden Entstehung neuer Verhaltensweisen und, was am wichtigsten ist, unserer Reaktion auf diese Entwicklungen Aufmerksamkeit schenken. Ich kann die Berichte über tatsächlich gefährdete Menschen unmöglich ignorieren, auf die sich Handlungen dieser Art auf tragische Weise ausgewirkt haben.

Die dunkelsten Ecken, an die das Sexting einen Teenager verschlagen kann, sind genau genommen sogar Teil meiner Arbeit. Die Risiken jedes Online-Verhaltens müssen sorgfältig und gründlich diskutiert werden, statt sie unter den Teppich zu kehren. Wir müssen sicherstellen, dass Kinder und Jugendliche ausreichend aufgeklärt werden, und angemessene Maßnahmen zu ihrem Schutz ergreifen.

Rache und sexuelle Erpressung

Jesse Logan war lebhaft und künstlerisch begabt.[230] Sie besuchte die elfte Klasse einer Highschool in Ohio. Ihr Freund bat sie eines Tages, ihm Nacktfotos von ihr zu schicken. Nachdem Logan und ihr Freund sich getrennt hatten, zeigte dieser die Nacktbilder anderen jüngeren Mädchen an der Schule, die Logan daraufhin »Schlampe« und »Hure« nannten.

Kreuzunglücklich und tief beschämt, wie sie war, begann sie, im Unterricht zu fehlen – ein Hilferuf und Zeichen für einen Teenager in Not.

Jesse Logans Mutter, Cynthia Logan, erfuhr erst durch eine Mitteilung der Schule von der Unterrichtsversäumnis ihrer Tochter. Als Jesse ihrer Mutter von den Aufnahmen – und dem Mobbing – berichtete, drängte Cynthia die Schule ihrer Tochter, strenge Maßnahmen zu ergreifen. Die Schulleitung unternahm allerdings in Cynthias Augen nicht genug, und so überredete die Mutter ihre Tochter zu einem Auftritt bei einem lokalen Fernsehsender in Cincinnati, bei dem sie ihre Geschichte erzählte. Das war im Mai 2008.

Jesse erklärte gegenüber dem Reporter: »Ich wollte einfach nur sichergehen, dass niemand sonst je wieder so etwas durchmachen muss.« Zwei Monate später erhängte sie sich in ihrem Schlafzimmer. Sie war achtzehn Jahre alt.

Ich erzähle diese Geschichte nicht, um Sie zu schockieren und Ihnen Angst zu machen, sondern weil sie zeigt, dass der elterliche, mediale, schulische und richterliche Umgang mit Sexting möglicherweise mit größeren Risiken verbunden ist als die Handlung selbst. Jesses tragischer Suizid führt mich zum nächsten wichtigen Punkt. Heutzutage ist die Anzahl der Jugendlichen – und selbst die der jüngeren Kinder –, die selbstverletzende Verhaltensweisen an den Tag legen, deutlich sichtbarer als je zuvor. Dieser Umstand muss dringend untersucht und erforscht werden. Ich glaube nämlich, dass die auf Websites und in Online-Foren für gefährdete Jugendliche schnell und einfach zugänglichen Informationen selbstzerstörerisches Verhalten verstärken und sogar fördern können – der schlimmste Cyber-Effekt von allen. Wenn ein verbitterter Exfreund oder eine verbitterte Exfreundin anstößige Bilder ins Internet stellt oder anderweitig öffentlich macht, dann nennt man das »Rache-Pornographie«. Rache-Pornos sind ein wachsender Trend, der in den Medien diskutiert wird. Aber ist die Bezeichnung »Pornographie« für Inhalte dieser Art überhaupt angemessen? Wie ich bereits erwähnte, verbirgt sich hinter der Aufnahme dieser Bilder eine ganz andere Absicht als hinter der kommerziellen Produktion von Pornographie. Nennt man Inhalte der erstgenannten Art Rache-Pornographie, schadet man den eigentlichen Opfern nur noch mehr. Doch wie immer man die Sache auch nennen mag – mittlerweile wird viel unternommen, um der Eskalation eines solchen Verhaltens entgegenzuwirken. Bis vor kurzem jedoch, als die Medien diesem

Phänomen noch keinen Namen gegeben hatten, fiel es den Behörden sehr schwer, dieses Problem anzusprechen und darauf zu reagieren.

Jesse Logans Schicksal ähnelt einem anderen bekannten Fall, bei dem eine fünfzehnjährige Kanadierin namens Amanda Todd 2012 zum Ziel von Online-Mobbing wurde, als ein sexuell aufgeladenes Foto von ihr die Runde machte. Teenager verfügen üblicherweise noch nicht über die Widerstandskraft und das starke Selbstwertgefühl, das man braucht, um mit den Konsequenzen einer Rolle als Informant oder Anti-Sexting-Missionar umzugehen. Darf man diese Verantwortung einem Kind aufbürden, das bereits selbst zum Opfer geworden ist? Als man Amanda Todds Festplatte untersuchte, kamen mehr Einzelheiten ans Licht. Was ihr so zusetzte, war nicht etwa eine öffentlich verbreitete Nachricht mit sexuellem Inhalt, sondern ein anstößiges Bild. Todd war in einem Video-Chatroom mit mehr als hundertfünfzig Teilnehmern aktiv gewesen und hatte vor laufender Kamera ihr Shirt hochgezogen und ihre Brüste gezeigt.

Es war eine spontane Handlung, der das junge Mädchen nicht mehr entkommen konnte. Jemand nahm einen Screenshot auf und schickte den Link an alle ihre Facebook-Freunde. So fiel das barbusige Bild von Amanda Online-Straftätern in die Hände: Menschen, die als Trolle durch den Cyberspace ziehen und nach peinlichen Bildern wie dem von Amanda Ausschau halten, um dann mit ihren Opfern Kontakt aufzunehmen und sie zu belästigen oder zu erpressen, normalerweise, indem sie mit einer noch breiteren Veröffentlichung expliziter Bilder im Internet drohen. Das nennt man auch »Sextortion«: sexuelle Erpressung.[231]

Die Opfer dieser Praxis sollen manchmal Geld zahlen, häufiger sollen sie jedoch noch mehr Fotos schicken – oder sexuelle Handlungen vor der Kamera ausführen. Wie ihr verstörender

Chatverlauf offenbarte, war Amanda Todd von bösartigen Erpressern angesprochen worden:

> [Ich bin] der Typ, der letztes Jahr dafür gesorgt hat, dass du die Schule wechseln musstest. Die Bullen haben wegen mir deine Tür eingetreten – gib mir drei eindeutige Aufnahmen, und ich verschwinde für immer ... Wenn du auf eine neue Schule gehst, dir neue Freunde, einen neuen Freund oder ein neues Was-auch-immer suchst, werde ich wieder da sein. Ja, ich bin verrückt.

Hinterher ist man immer klüger. Die gefährdete Amanda Todd hätte sich an diesem Punkt vielleicht ganz aus dem Internet zurückziehen sollen. Stattdessen nahm sie ein eindringliches Video auf und lud es auf YouTube hoch. Sie verbarg ihr Gesicht und erzählte mit Hilfe von Stichwortkarten ihre bewegende Geschichte über Depressionen, Angstzustände, Panikattacken und Selbstverletzung. Einen Monat später nahm sie sich das Leben.

Zwei Jahre danach wurde ein Fünfunddreißigjähriger, der allein in einer abgelegenen Stadt in den Niederlanden lebte, im Zusammenhang mit Amanda Todds Tod wegen Erpressung, Anlockung von Opfern im Internet, Belästigung und Kinderpornographie angeklagt.[232] Er stand im Verdacht, unzählige andere Opfer in den Niederlanden, Großbritannien und in den USA über das Internet belästigt und missbraucht zu haben.

Verfolgen wir die ganze Sache doch ein Stück weit zurück. Was steckte hinter Todds ursprünglicher Tat – die zu ihrem tragischen Ende führte? Impulsivität. Hinter dem Verfassen einer sexuell expliziten Nachricht verbirgt sich gewiss ein psychologischer Faktor, doch dieses Verhalten hängt auch mit mangelnder Reife zusammen. Junge Leute verfügen noch nicht über genügend Selbstkontrolle, weshalb es ihnen schwerer fällt, einem Impuls zu widerstehen. Ihr Wunsch nach Entdeckungen wiegt schwerer als die Gefahren einer spontanen Handlung.

Wie viele Teenager haben bereits einem vorbeifahrenden Auto ihr blankes Hinterteil präsentiert oder einem Polizeiwagen oder einer anderen Autoritätsfigur den Stinkefinger gezeigt – und den Preis dafür gezahlt? Sehr viele. Danach führten sie ein durch und durch anständiges, gesetzestreues Leben. Damit möchte ich nicht sagen, dass man diese dummen Fehler der Jugend loben sollte. Ich meine aber, sie gehören zu dem langen Prozess des Erwachsenwerdens und sollten als Teil davon akzeptiert werden. Man muss Fehler machen dürfen. Und alle Teenager machen Fehler. Amanda Todd zog ihr Shirt hoch und präsentierte ihre Brüste. Hätte diese Tat das Ende der Welt für Amanda bedeuten müssen?

Ich will noch auf einen weiteren wichtigen Punkt hinweisen, bevor ich die traurige Geschichte von Amanda Todd abschließe. Das von ihr aufgenommene Video wurde mittlerweile neunzehn Millionen Mal angeschaut und ist im Internet immer noch zugänglich. An dieser Stelle möchte ich mich in die Debatte einschalten – und meine Meinung über die »Gedenkseiten« auf Facebook kundtun, auf denen Jugendliche geehrt werden, die gestorben sind oder ihrem Leben ein Ende gesetzt haben.

Mir ist klar, dass Familienangehörige solche Orte aufsuchen, um Texte und Fotos dort auf den neuesten Stand zu bringen oder Beiträge zu verfassen, ihrer Trauer Ausdruck zu verleihen und sich an den Verstorbenen zu erinnern. Familie und Freunde können dort durchaus viel Trost finden. Ich habe jedoch ein größeres Anliegen. Diese Form des Lebens nach dem Tod ist sehr mächtig – und kann den Eindruck eines Vermächtnisses vermitteln, das dem verstorbenen Teenager posthum Ruhm und Ehre einbringt. Ich fürchte, dass dieser Umstand noch mehr selbstverletzendes Verhalten und noch mehr Suizidversuche provoziert. Manche Teenager stellen sich ihren Tod als Möglichkeit vor, Aufmerksamkeit zu erhalten oder Rache zu üben. Das Internet hat die Macht, diesen Drang in ein Spektakel zu verwandeln. Ich denke, dass wir den konstruktiven Charakter und die Auswirkungen dieser Gedenkseiten neu bewerten und auch darüber nachdenken müssen, sie zu löschen.

Suizid hat keine positiven Seiten, weder in der realen noch in der virtuellen Welt, darüber sollte niemand getäuscht werden.

Das Privatsphäre-Paradox

Würde ein Mädchen im realen Leben mit einem Nacktfoto von sich in der Gegend herumlaufen – und dieses Foto jedem in der Schule präsentieren? Würde sie sich vor der gesamten Klasse ausziehen und aufreizend posieren? Im übertragenen Sinne geschieht das jedes Mal, wenn jemand eine sexuell explizite Nachricht oder ein anstößiges Bild versendet. Welche anderen möglichen Erklärungen gibt es für diese enthemmte Verhaltensänderung im Internet, neben Impulsivität und Narzissmus?

Die Antwort ist möglicherweise ganz einfach: Es macht Spaß.

Ich muss Ihnen wohl nicht erklären, dass Kinder gerne Spaß haben. Zu wissenschaftlichen Zwecken wurde jedoch in Studien der Beweis erbracht, dass der Spaß einen wichtigen Teil der kindlichen Entwicklung ausmacht. In der Psychologie sprechen wir in diesem Zusammenhang allgemein vom »Spiel«. Könnte es sich beim Sexting um ein *adaptives Spiel* handeln? Psychologen werfen mit dem Begriff »adaptiv« um sich, wenn sie ein Verhalten beschreiben möchten, das sich ändert, um mit dem Umfeld oder den sich weiterentwickelnden sozialen Gepflogenheiten Schritt zu halten. In Anbetracht der Tatsache, dass die Hälfte aller US-amerikanischen Jugendlichen von Erfahrungen mit Sexting berichten, handelt es sich hier vielleicht nur um eine weitere Form von »Schritt halten«, also Anpassung.

Man könnte es auch so sagen: »Mama, die anderen Kinder machen das auch.« Was aber geschieht mit der Privatsphäre? Machen sich die Jugendlichen keine Gedanken darüber, dass ihre Bilder im Cyberspace herumgereicht und von Unbekannten betrachtet werden können? Das bringt mich zu einem weiteren faszinierenden und vielfach untersuchten Forschungsgebiet. In der Cyber-Psychologie wird dieser Bereich mit dem Begriff »Privatsphäre-Paradox« bezeichnet. Susan B. Barnes, Professorin am Rochester Institute of Technology, hat diese Theorie entwickelt, um damit zu veranschaulichen, dass Teenager sich über ihre Privatsphäre im Internet nicht genug Gedanken machen. Das ist ein interessanter Wandel, besonders in Anbetracht der Tatsache, dass unzählige Jugendliche sich ihrer selbst in der realen Welt häufig nur allzu bewusst sind und deshalb dazu neigen, ihre Privatsphäre abzuschirmen. Im Internet passiert jedoch etwas anderes. Selbst Teenager, die sich der Gefahren sehr wohl bewusst sind und Geschichten über Identitätsdiebstahl, sexuelle Erpressung, Cyber-Mobbing, Cyber-Kriminalität und Schlimmeres gehört haben, machen einfach weiter, als gäbe es das Risiko nicht.

In der Frühzeit des Internets war dieses Paradox einigermaßen verständlich. Nur sehr wenige Leute konnten sich damals vorstellen, in welchem Ausmaß das menschliche Verhalten sich online verändern würde. Als 2005 die Facebook-Konten von viertausend Studenten untersucht wurden, stellte man fest, dass nur ein sehr kleiner Teil von ihnen die automatischen Privatsphäre-Einstellungen geändert hatte.[233] Bei der aktuellsten Studie aus dem Jahr 2015 zeigte sich wiederum, dass mittlerweile 55 Prozent aller untersuchten Teenager in den USA ihre Facebook-Einstellungen angepasst hatten, damit vollkommen Unbekannte die Inhalte ihres Profils nicht einsehen konnten.

Das beweist zwar eine Veränderung hin zu mehr Vorsicht; dieser Anteil ist jedoch immer noch zu gering.

Die Erklärung dafür lautet: mangelndes Interesse.

Teenager interessieren sich einfach nicht dafür.

Warum?

Weil die Privatsphäre eine Generationenfrage ist. Sie bedeutet für Babyboomer nicht dasselbe wie für Millennials, und für Millennials nicht dasselbe wie für heutige Teenager. (Den alten Griechen hätte sie gar nichts gesagt, weil sie nicht einmal ein Wort für »Privatsphäre« hatten.) Wenn wir also über die »Privatsphäre« im Internet sprechen, wäre es hilfreich, wenn wir dasselbe damit meinten – das tun wir aber nicht.[234]

Aber nur weil Teenager sich nicht dieselben Gedanken über die Privatsphäre machen wie ihre Eltern – und sich nicht darum scheren, wer über ihr Alter, ihren Glauben, ihren Aufenthaltsort oder ihre Einkaufsgewohnheiten Bescheid weiß –, bedeutet das nicht, dass sie nicht darauf achteten, wer ihre Beiträge und Bilder zu Gesicht bekommt.

Laut dana boyd, der von mir bereits erwähnten TED-Talks-Berühmtheit mit Gastprofessur an der New York University, prüfen die meisten Jugendlichen sehr genau, was sie ins Internet stellen. Sie vertritt in ihrem Buch *It's Complicated. The Social Lives of Networked Teens* die Ansicht, dass Jugendliche die von ihnen online präsentierten Inhalte an die jeweils zu beeindruckende Zielgruppe anpassen. Alles wird für einen bestimmten Zweck genau kalkuliert – um »cool«, »hart« oder »geil« auszusehen.

Mit anderen Worten: Wenn es ihnen passt, wissen Teenager sehr genau, wie sie ihre Privatsphäre schützen können, und zwar größtenteils vor ihren Eltern. »Die Privatsphäre, die sich Heranwachsende wünschen, ist dieselbe, die sie sich schon immer gewünscht haben«, erklärt Ian Miller, der die psychologischen Faktoren hinter der Veröffentlichung von Inhalten im Internet untersucht. »Es interessiert Jugendliche nicht, ob Facebook weiß, welcher Religionsgemeinschaft sie angehören; es interessiert sie aber sehr wohl, ob ihre Eltern etwas über ihr Sexualleben erfahren.«

Für Menschen meines Alters sind »Geheimnisse« Dinge, die man nur seinem besten Freund anvertraut – der dann auf sein Leben schwört, das Geheimnis zu bewahren. Für einen Teenager ist ein »Geheimnis« etwas, das er mit vierhundert seiner engsten Freunde online teilt, von denen er manche noch nie im Leben von Angesicht zu Angesicht gesehen hat.

Das erklärt, warum die Debatte um die »Privatsphäre« so konfus geführt wird. Es ist zu einem Zusammenbruch der Kommunikation gekommen. Obwohl wir dieselbe Sprache sprechen, benutzen wir einen Begriff, der jeweils zwei sehr unterschiedliche Bedeutungen hat. Wie wäre es mit einer neuen Bezeichnung – »offene Privatsphäre« –, um damit ein anderes Konzept der »Privatsphäre« zu umschreiben, da Jugendliche ein anderes Verständnis davon haben, was sie mit Freunden, Freunden von Freunden und letztlich Fremden teilen.

Der Risikoschub

Wir haben mögliche Erklärungen für die Tatsache betrachtet, dass einzelne Jugendliche ein unbarmherziges Selfie ins Internet stellen oder die Privatsphäre nicht so verstehen, wie es Erwachsene tun. Warum ist das Sexting dann bei Teenagern immer noch so beliebt, obwohl wiederholt der Beweis erbracht worden ist, dass es sich dabei um eine schlechte Idee handelt? Und warum breitet sich dieses Phänomen weiter aus, trotz all der schulischen Vorträge, gesellschaftlichen Aufklärungskampagnen usw.?

Die Gruppendynamik hat eine gewaltige Macht. Menschen verhalten sich in der Gruppe anders als einzeln. Es wurde beispielsweise wiederholt belegt, dass besonders Teenager unter einem eingeschränkten Urteilsvermögen leiden, wenn sie sich in einer Gruppe Gleichaltriger aufhalten. Das liegt am sogenannten »Risikoschub-Phänomen«. (Aus diesem Grund ist es Jugendlichen in vielen US-Bundesstaaten gesetzlich nicht erlaubt, gemeinsam mit mehr als einem anderen Teenager im Auto zu fahren.) James A.F. Stoner fiel als Erstem die menschliche Neigung zu risikofreudigerem Verhalten in Gruppen auf. Stoner entdeckte, dass alle Teilnehmer einer Studie nach Gruppengesprächen extremere Ansichten äußerten.

Das sogenannte »Gruppendenken« ist ein weiterer Anhaltspunkt dafür, wie sich das Verhalten einer Einzelperson in der Gruppe ändert.[235] Je größer eine Gruppe ist, desto mehr Menschen neigen dazu, der Gruppenmeinung zuzustimmen. Natürlich gilt das auch fürs Internet.

Es versteht sich also von selbst, dass große Gruppen von Teenagern, die über soziale Medien miteinander vernetzt sind, sich im Internet wahrscheinlich risikofreudiger verhalten und mehr Gruppenzwang verspüren, je größer die soziale Online-Gemeinschaft ist.

Betrachten wir an dieser Stelle beispielsweise die Geschichte des »Sexting-Rings«, der im November 2015 an der Cañon City Highschool in Colorado ausgehoben wurde. Damals stellte sich heraus, dass die Schüler einer Kleinstadt mit rund sechzehntausend Einwohnern dreihundert bis fünfhundert Nacktaufnahmen von Klassenkameraden sowie einigen Achtklässlern von der örtlichen Mittelschule untereinander austauschten. Manche Bilder waren sogar auf dem Schulgelände aufgenommen worden, um sie dann auf eine gemeinsam genutzte Website hochzuladen.

Die Schüler nutzten eine »Geister-App«, die sie auf ihren Handys installiert hatten, um damit die besagten Bilder zu speichern und dann gegen einen Baseball oder gegen Pokémon-Sammelkarten zu tauschen. Auf dem Bildschirm eines Mobilgeräts verbirgt sich eine Geister-App hinter einem unverfänglichen Symbol, beispielsweise einem Taschenrechner, damit Eltern und Aufsichtspersonen sie nicht erkennen. Wie bei Snapchat können die Bilder dauerhaft gespeichert oder nach einer Weile gelöscht werden.

Eine unbekannte Anzahl von Schülern wurde wegen ihrer Beteiligung am Sexting-Ring vom Unterricht suspendiert, darunter Mitglieder des Football-Teams – was zur Absage eines Spiels führte. Die mutmaßlichen Verbrechen – der Besitz und der Vertrieb kinderpornographischen Materials – gelten jeweils als schwere Straftaten. Aufgrund des Alters der Schüler, die alle minderjährig waren, wusste die örtliche Polizei nicht, wie sie mit den Taten umgehen sollte. George Welsh, der Leiter des Schulamtsbezirks, erklärte: »Es gibt zu diesem Zeitpunkt wohl keine Schule in den USA, die nicht irgendwann einmal mit Sexting zu tun hatte.«[236]

Was brachte Hunderte Kleinstadtkinder dazu, sich so zu verhalten? Wenn Sie die Auswirkungen einer zunehmenden Sexualisierung und eines erhöhten Aufmerksamkeitsdrangs mit den Folgen einer obsessiven Auseinandersetzung mit dem Cyber-Ich sowie einer neuen Definition von »Privatsphäre« verknüpfen, wenn Sie Konformität und Gruppendenken mit einbeziehen, die von den starken Bindungen in den sozialen Netzwerken noch zusätzlich verstärkt werden, und wenn Sie dann noch ein »Cyber-Risikoschub-Phänomen« hinzurechnen – wird das vormals Undenkbare auf einmal denkbar.

Wenn Zuhälter ins Internet gehen

Spitzen-Journalismus ist heutzutage dringender notwendig als je zuvor, weil das Tempo wissenschaftlicher Studien mit der

Geschwindigkeit des Cyberspace nicht mithalten kann. Wir müssen der Zeitschrift *Wired* dafür danken, dass sie als erste über die Anklage von Marvin Chavelle Epps berichtet hat. Dieser Mann gehörte der wachsenden Zahl von Zuhältern an, die im Cyberspace nach jungen neuen Rekrutinnen Ausschau hielten und deren Dienstleistungen in Anzeigen für Erwachsene bewarben. Nichts ist so einfach und schnell wie das Internet, wenn es um das Angebot und die Nachfrage im Prostitutionsgewerbe geht.

Die Einleitung des *Wired*-Artikels »Pimps Go Online« (»Zuhälter gehen online«) sollte alle Eltern von Teenagern in Angst und Schrecken versetzen:

> Sie war sechzehn Jahre alt, lebte in Kalifornien und war auf MySpace auf der Suche nach Ärger; er war zweiundzwanzig Jahre alt, bezeichnete sich selbst als »Zuhälter« und mochte die freizügigen Bilder, die sie auf ihr Profil stellte. Drei Wochen nachdem sie sich in dem sozialen Netzwerk begegnet waren, wurden sie in der realen Welt gemeinsam vor einem billigen Hotel in Sacramento verhaftet, das etwa achtzig Kilometer von ihrem Zuhause entfernt lag. Sie ging anschaffen. Ihren Arm zierte ein frisch gestochenes Tattoo, das Geldbündel und den *street name* [Straßenspitznamen] ihres neuen Bekannten in einer 72-Punkt-Kursivschrift zeigte.[237]

Epps war eine »neue Art von Zuhälter« – ein technikversierter und interneterfahrener Typ, der Websites wie Craigslist nutzte, um dort Mädchen zur Prostitution anzubieten. Wie sein Chatverlauf zeigte, gab er anderen potentiellen Zuhältern kostenlose Unternehmensberatung: »Besorgt euch ein paar professionelle, wunderschöne, elegante und glamouröse Aufnahmen, stellt sie auf Escort-Portale, und ihr Telefon wird nicht mehr stillstehen.«

Hier die forensische Darstellung: Sie mögen sich nun einreden, die Gefahr sei gering, dass Ihre Tochter im Internet einem Zuhälter begegnet – das könnte sehr wohl stimmen. Aber die demographische Gruppe verändert sich. »Wir beobachten, dass Kinder sich mit Dingen beschäftigen, die nicht den gesellschaftlichen Vorstellungen entsprechen«, erklärte Ernie Allen, Präsident und CEO des National Center for Missing and Exploited Children, gegenüber *Wired*. »Es geht nicht nur um Kinder aus ärmeren Familien, denen nichts anderes übrigbleibt. Wir sehen Kinder aus allen Ecken und Enden der Gesellschaft, und das hat viel mit der Rekrutierung über das Internet zu tun.«

Mädchen, die ohnehin bereits dem Risiko ausgesetzt waren, in die Fänge der Prostitution zu geraten, sehen sich nun einem eskalierenden Umfeld und einer erhöhten Gefahr ausgesetzt. Vielleicht handeln sie aus Trotz. Vielleicht brauchen sie Geld. Sie sind in einem gefährdeten Alter, einfach zu finden – und können leicht zum Opfer gemacht werden. Diese Mädchen verteilen in den sozialen Netzwerken Hinweise auf ihre Anfälligkeit. Zuhälter wissen ganz genau, wie sie das ausnutzen können.

Asia Graves ist dafür ein Paradebeispiel. Die Tochter eines Drogensüchtigen begann mit sechzehn Jahren, sich auf den Straßen der Bostoner Innenstadt zu prostituieren, um ihre Familie über Wasser zu halten. Mitten in einem Schneesturm wurde sie von ihrem ersten Zuhälter aufgegabelt. Er erzählte ihr, er werde ihr helfen und sich um sie kümmern. »Er hat mich mit allem vertraut gemacht«, erklärte sie 2012 in einem Interview mit *USA Today*. »Wenn wir ihn nicht ›Daddy‹ nannten, schlug er uns ins Gesicht, verprügelte oder würgte uns.«[238]

Graves wurde von einem Zuhälter an den anderen verkauft und musste in New York, Atlanta, Philadelphia, Atlantic City und Miami mit fremden Männern schlafen. Sie posierte für Anzeigen auf Craigslist und Backpage.com und machte »Treffen« aus. Sie arbeitete sechs Tage die Woche und verdiente pro Nacht bis zu 2500 US-Dollar.

»Wer solch ein Leben führt, hält sein Verhalten für richtig«, sagte Graves. »Zur Beruhigung trinkt man Alkohol. Red Bull hält dich wach, und Zigaretten verdrängen das Hungergefühl.«

Als ich im Jahr 2012 für eine Forschungsinitiative des Weißen Hauses angeworben wurde, die technische und technologische Lösungen für durch das Internet erleichterten Menschenhandel finden sollte, war es mir vergönnt, Asia Graves kennenzulernen. Asia war eine der Mitwirkenden: Die wunderschöne, intelligente und selbstsichere junge Frau brachte mit ihrer bewegenden Geschichte einen ganzen Raum voller mächtiger Arbeitsgruppenteilnehmer im Weißen Haus zum Schweigen.

»Menschenhandel« ist ein sehr allgemeiner Begriff. Manchmal wird die Praxis auch »moderne Sklaverei« genannt. So oder so beschreibt man mit dieser Bezeichnung jedes Ereignis, bei dem ein Mensch einen anderen kauft oder in seine Dienste zwingt. Nach dem U.S. Department of State Report aus dem Jahr 2011 fallen unter den Begriff »Menschenhandel« Zwangsarbeit von Kindern und Erwachsenen, Zuhälterei, Fronarbeit, Schuldknechtschaft von Einwanderern, Zwangsarbeit von Hausangestellten, der Einsatz von Kindersoldaten und die Kinderprostitution. Der Bericht zeigte, dass die Digitaltechnologien diesen Cyber-Verbrechern neue Einsatzmöglichkeiten eröffnen und dass der Cyberspace Auswirkungen auf ihre Geschäftsgepflogenheiten hat.[239]

Während meiner Tätigkeit für das Projekt des Weißen Hauses lernte ich Dr. Steve Chan kennen, einen Wissenschaftler, der sich mit Massendaten befasst. Wir arbeiteten eng in einer Forschergruppe zusammen, die maschinelle Intelligenz zur Analyse großer Mengen von auf Begleitservice-Websites im

Internet öffentlich zugänglichen Bildern nutzte. Unsere Recherchen sollten den Strafverfolgungsbehörden dabei helfen, junge Opfer von Menschenhändlern online zu identifizieren.

Allein im April 2013 veröffentlichte der führende US-amerikanische Anbieter von Internet-Prostitution 67 800 Anzeigen für »Begleitung« und »Massagen« in dreiundzwanzig amerikanischen Städten – beides beschönigende Begriffe für Prostitution. Prostitution kann allerdings auch für Menschenhandel stehen. Aufgrund einer weiteren Entwicklung im Cyberspace hat sich das, was sich einst an Straßenecken und Hotelbars abspielte, mittlerweile zunehmend ins Internet verlagert, wo es niemand mehr sieht.

Nach einem Polizeibericht aus dem Jahr 2015 erleichtert die im Internet als »Anzeigen für Erwachsene« gekennzeichnete Werbung den Menschenhandel enorm.[240] Die bloße Menge dieser Anzeigen und das schiere Ausmaß des potentiellen Menschenhandels sorgen gemeinsam mit den technisch immer versierteren Cyber-Verbrechern für ein Problem beispiellosen Umfangs. Der Menschenhandel beschränkt sich nicht auf einen spezifischen Ort. Mit mehr als zwanzig Millionen Opfern weltweit wird der Menschenhandel zu einer global bedeutsamen Angelegenheit.

Unsere Forschungsgruppe veröffentlichte ihre Ergebnisse im Jahr 2015. Wir stützten unsere Arbeit auf öffentlich zugängliche Massendaten und konnten so zu wichtigen Erkenntnissen gelangen und den wissenschaftlichen Kenntnisstand auf diesem Gebiet beträchtlich erweitern. Tatsächlich dürften die Konsequenzen unserer Recherche weit über die durch den Menschenhandel aufgeworfenen Probleme hinausreichen und sich auch auf den Kampf gegen andere durch Digitaltechnologien erleichterte Ausbeutungsverbrechen auswirken, etwa die Herstellung und den Vertrieb von Kindesmissbrauchs-Material.

Asia Graves gelang es mit Mut und Entschlossenheit schließlich, den Fängen der Menschenhändler zu entkommen. Sie schloss sich anderen ehemaligen Prostituierten an, die FAIR Girls gegründet hatten (FAIR steht für *Free* (Frei), *Aware* (Bewusst), *Inspired* (Inspiriert) und *Restored* (Wiederhergestellt), eine Organisation mit Sitz in Washington D.C., die sich dem Kampf gegen den Menschenhandel verschrieben hat und sich für die Selbstermächtigung von Mädchen und Frauen einsetzt. Die Gruppe stand hinter der Entwicklung einer »Charm Alarm« genannten App, mit der Mädchen und junge Frauen auf der Straße Hilfe herbeirufen können. Außerdem war und ist die Organisation entscheidend an der Abschaltung von Menschenhandel-Websites im Internet beteiligt.

Die Anzeigenseite Craigslist wurde »Walmart der Kinderpornographie« genannt und jahrelang heftig kritisiert, weil sie angeblich sexuellen Missbrauch begünstigte. Im September 2010 schloss der Anbieter dann endlich seine Sparte »Dienstleistungen für Erwachsene«. Backpage fing dort an, wo Craigslist aufgehört hatte, und verdient heute schätzungsweise 22,7 Millionen US-Dollar im Jahr mit Tausenden Anzeigen, in denen junge Frauen – viele davon noch Teenager – feilgeboten werden, die angeblich Escort-Damen, Stripperinnen oder Massage-Therapeutinnen sind.[241] Sie werden mit wenig Kleidung in aufreizenden Posen fotografiert. Die gute Nachricht lautet, dass Gruppen wie FAIR Girls die Anzeigen durchlesen und den direkten Kontakt zu den Opfern herstellen, um ihnen Jobs, Wohnungen, rechtliche Unterstützung, medizinische Behandlung und die Chance auf ein neues Leben anzubieten. Ende 2015 stimmte der US-amerikanische Senat einstimmig dafür, eine Klage wegen Missachtung einer parlamentarischen Verfügung gegen Backpage einzuleiten.[242] Diese Maßnahme folgte auf die Weigerung der Website-Verantwortlichen, an einer Anhörung im Senat teilzunehmen, in der das Unternehmen den Abgeordneten Informationen zur Kinderpornographie im Internet vorlegen sollte. Der Senat griff zum ersten Mal seit zwanzig Jahren zu diesem außergewöhnlichen Schritt. Ich freue mich über diese aktive Haltung zu einem aktuellen Problem des Cyberspace.

I + Me

Wir sollten uns bei den Jugendlichen entschuldigen. Jedenfalls denke ich das. Wir schaffen es nicht, ihr in Entwicklung befindliches Ich zu verstehen und entsprechend zu schützen. Internetunternehmen haben Millionen von Dollar verdient, indem sie einfach wegschauten. Opportunistisch sind sie in die Bresche gesprungen, um Ausweichmöglichkeiten für entstehende Hürden anzubieten, indem sie soziale Netzwerke wie Snapchat, Wickr, Confide und die deutsche Website namens Sicher entworfen haben, auf denen anzügliche Bilder versandt und betrachtet werden können. Obwohl diese Fotos angeblich kurz nach der Veröffentlichung gelöscht werden, gibt es tatsächlich zahllose Mittel und Wege, um die Bilder dennoch zu speichern.[243] Ich habe große Probleme damit, dass auf diese Weise heimliche und potentiell illegale Handlungen von Minderjährigen erleichtert werden. Und halte es für durch und durch unmoralisch.

Müssen Teenager sich ausprobieren und Abenteuer erleben? Ja, das müssen sie. Und wir sollten es ihnen gestatten. Doch die Gefahren im Cyberspace sind echt: sexuelle Erpressung, Jagd auf Kinder und Jugendliche, Cyber-Mobbing und Belästigung.

Und was ist mit dem subtileren und sehr viel schwerer zu untersuchenden Risiko, dass die sich ausbildende Identität Schaden nehmen könnte? Wenn junge Menschen, die sich über vieles gerade erst Klarheit verschaffen, sei es über das eigene

Ich oder die Welt, mit zwei Identitäten jonglieren, einer realen und einer virtuellen, dann ist das einfach sehr viel verlangt. Wahrscheinlich wird es noch zehn Jahre dauern, bis wir die Auswirkungen des Cyber-Effekts auf das psychische und emotionale Wohlbefinden und die Ausbildung eines robusten und tragfähigen Ichs mit eigenen Augen sehen werden. Ich bin jedoch der Ansicht, dass wir bereits heute Hinweise und Indizien dafür erkennen, wenn wir die neuen Gepflogenheiten des Sexting, die obsessive Beschäftigung mit dem Cyber-Ich, die verfrühte Sexualisierung, die Menge an Schönheitseingriffen bei jungen Leuten, die Eskalation von Ess- und Körperwahrnehmungsstörungen und den Anstieg von narzisstischem Verhalten (wenn nicht sogar echten narzisstischen Persönlichkeitsstörungen) betrachten. Diese Trends sollten Grund zur Sorge sein. Narzissmus und exzessive Selbstbeschäftigung sind beides bekannte Eigenschaften von chronisch unglücklichen Menschen.

Vor achtzig Jahren sagte der amerikanische Philosoph und Sozialpsychologe George Herbert Mead etwas sehr Bedeutsames über die Art, wie wir uns sehen – und wie wir uns ausdrücken. Wie William James vor ihm setzte sich auch Mead mit dem Ich auseinander und untersuchte die Verwendung von Personalpronomen der ersten Person, um damit den Prozess der Selbstbesinnung zu beschreiben. Wie wir (im Englischen) *I* und *me* verwenden, zeigt, wie wir über uns selbst und unsere Identität denken.

Ein Kind, das die englische Sprache lernt, muss den Unterschied zwischen *I* und *me* beherrschen und um die Verwendung dieser Pronomen wissen.

Das Personalpronomen *I* kommt nur dann zum Einsatz, wenn man für sich selbst sowie aus sich selbst heraus spricht und glaubwürdige subjektive Angaben macht. Das englische Objektpronomen *me* ist nur dann angemessen, wenn das Kind über sich selbst als Gegenstand spricht. Mead demonstrierte, dass diese beiden Pronomen auf zwei einander ergänzende Ansichten verweisen, die jeder Mensch vom eigenen Ich hat.

Es gibt ein *I*.

Und es gibt ein *me*.

Benutzt ein Kind das Pronomen *I*, beweist es damit in gewisser Hinsicht ein Verständnis des eigenen Ichs. Wenn das Kind *I* verwendet, spricht es unmittelbar aus diesem Ich. Zur Benutzung des Pronomens *me* muss das Kind sich dagegen als soziales Objekt sehen. Wer *me* benutzt, verlässt im übertragenen Sinne den eigenen Körper und sieht sich als separaten Gegenstand.

Was genau ist das heutige *I*? Es ist das authentische, subjektive und bewusste Ich der realen Welt. Das Selfie als virtueller Ausdruck des vordergründigen Cyber-Ichs ist dagegen ganz und gar *me*. Es ist ein Objekt – ein soziales Artefakt ohne tiefere Ebene. Das mag erklären, warum der Ausdruck auf den Gesichtern der sich selbst Porträtierenden häufig so leer erscheint. Es gibt kein Bewusstsein. Das Digitalfoto ist das oberflächliche Cyber-Ich.

Spannend ist auch, wie sich das *me* als selbstbezügliches Pronomen in der englischen Sprache ausgebreitet hat, und das trotz gegenteiliger grammatischer Regeln. Der übermäßige Einsatz von *me* hat sich im Englischen wie ein Lauffeuer ausgebreitet. Jugendliche, Lehrer und sogar Fernsehansager hört man »Me and my BFF« [BFF steht für »Best Friend Forever«] oder »Me and my mom« sagen.

Ein Teenager mag der Meinung sein, er erschaffe mit jedem Selfie ein besseres Selbst oder einen besseren Gegenstand. Ich dagegen bin der Ansicht, dass jedes aufgenommene und bearbeitete Selfie eine Aushöhlung oder Ablehnung des wahren Ichs herbeiführt. Mit jedem Selfie, in das man Zeit und Energie investiert, wird das wahre Ich herabgesetzt. In gewisser

Weise erinnert mich das an die Kulturen von Eingeborenen, die glauben, eine Fotografie raube die Seele des Abgebildeten. Und wenn ich dann über das Cyber-Mobbing nachdenke und Berichte über die damit zusammenhängende Selbstschädigung lese, muss ich mich fragen, ob das Cyber-Ich nicht in Wirklichkeit das reale Ich bestraft.

Im späten 19. Jahrhundert argumentierte der wegweisende US-amerikanische Psychologe G. Stanley Hall, der manchmal auch »Vater der Jugendforschung« genannt wird, dass die Teenagerjahre eine natürliche Phase der jugendlichen Sturm-und-Drang-Zeit sind, in denen Kinder häufig Stimmungsschwankungen unterliegen, sich mit ihren Eltern streiten und riskante oder gefährliche Verhaltensweisen an den Tag legen. Dem Internet können wir dafür nicht die Schuld geben. Wir können jedoch endlich aufwachen und erkennen, dass es sehr viel wichtiger ist als bisher gedacht, die Jugendlichen dort zu beschützen.

Ich denke, es ist höchste Zeit für »pro-technologische soziale Initiativen«, wie ich es nennen möchte. Es geht dabei um technologische Entwicklung im Dienste des Allgemeinwohls. Es wird Zeit, dass die Internetindustrie sich der Herausforderung stellt und ihre Aufmerksamkeit auf die durch die Nutzung ihrer Produkte hervorgerufenen gesellschaftlichen Probleme lenkt. Mark Zuckerberg und seine Ehefrau, Priscilla Chan, haben sich verpflichtet, 99 Prozent ihrer Facebook-Anteile für den menschlichen Fortschritt zu spenden. Nach dem augenblicklichen Wert von Facebook entspricht das 45 Milliarden US-Dollar. Ich möchte mit allem gebührenden Respekt den Vorschlag machen, dass der gesamte Betrag in die Lösung menschlicher Probleme mit den sozialen Medien fließt.

Es gibt auch ein paar Dinge, die Eltern tun können – und zwar gleich heute. Zunächst einmal sollten Sie sich daran erinnern, dass das wahre Ich Ihres Kindes geliebt, akzeptiert und gefördert werden möchte. Tun Sie, was Sie können, damit Ihr Kind nicht zum *me* abdriftet und zum *I* zurückkehrt. Gespräche können dabei helfen.

- Erkundigen Sie sich bei Ihrem Nachwuchs nach seinem Tag in der realen Welt, und vergessen Sie nicht, auch nach seinen Erlebnissen im Online-Leben zu fragen.
- Klären Sie Ihre Kinder über die Gefahren in der realen Welt auf, und erzählen Sie ihnen dazu reale Geschichten – danach erläutern Sie ihnen, welche Gefahren im Internet drohen und wie sie dort ihre Verwundbarkeit verbergen.
- Sprechen Sie mit Ihrem Nachwuchs über die Identitätsfindung und was sie bedeutet – und weisen Sie auf die Unterschiede zwischen dem Ich der realen Welt und dem Cyber-Ich hin.
- Klären Sie Ihre Kinder über Dysmorphophobie, Essstörungen sowie über Körperbilder und Selbstbewusstsein auf – und darüber, was an ihrer jeweiligen Art, die Digitaltechnologien zu nutzen, schädlich sein kann.
- Bringen Sie Ihren Töchtern bei, sich nicht zu Sexobjekten machen zu lassen – und bringen Sie Ihren Söhnen bei, Mädchen und Frauen im Internet oder sonst irgendwo nicht als Objekte zu betrachten.

Liebe Eltern von Jugendlichen, sollten Sie bei Ihrem Teenager jemals über eine Nachricht mit sexuellem Inhalt stolpern, sprechen Sie mit Ihrem Kind darüber. Widerstehen Sie dem Drang, alle Geräte Ihres Sohnes oder Ihrer Tochter abzuschalten oder einzuziehen. Wenn Sie Ihren Teenager auf sein Zimmer verbannen – wo er sich dem Hass auf sich selbst, auf Sie und sein ganzes Leben ergibt – und ihm sein Telefon sowie seinen Computer wegnehmen, entziehen Sie ihm seinen gesamten Rückhalt. Eine solche Maßnahme ist unter Umständen zu streng. Jugendliche müssen Druck ablassen. Sie müssen mit ihren Freunden Kontakt aufnehmen können. Lassen Sie sie. Und sollte letztlich etwas in ihrem Online-Leben schiefgehen, sagen Sie ihnen, sie sollten ihre Probleme nicht alleine zu lösen versuchen. Dafür haben Teenager schließlich ihre Eltern.

KAPITEL 6

CYBER-ROMANTIK

Eines der zeitlosen Prinzipien aller großen Liebesgeschichten lautet, dass die Intimität zwar die Funken sprühen lässt, die Distanz aber das Feuer entfacht und daraus einen Flächenbrand macht. Denken Sie nur daran, wie die klassischen Romanzen sich abspielen, sei es bei Tristan und Isolde, Romeo und Julia, Scarlett und Rhett oder Rick und Ilsa. Die Bindung zwischen zwei Menschen entsteht in den kleinen, zaghaften Augenblicken, in denen man sich besser kennenlernt und gegenseitiges Vertrauen aufbaut. Die romantische Liebe und die Leidenschaft werden angeheizt und angefacht, wenn Hürden überwunden werden müssen.

Mit anderen Worten: Hürden sind romantisch. Sie können sich aus der Situation heraus ergeben – Missverständnisse, Verwechslungen, schlechtes Timing, körperliche Unruhe, ältere Verpflichtungen, mangelnde Gegenseitigkeit, räumliche Trennung oder Nichtverfügbarkeit aufgrund einer Ehe. Die große Bedeutung von Hürden erklärt, warum absichtliches »Sich-Rarmachen« die Gefühle des Partners in einer Affäre verstärken kann und warum bei manchen die Aussicht auf einen Partner, der jedoch körperlich oder emotional unerreichbar bleibt, zuweilen die stärksten Gefühle auslöst.

Hürden und Intimität funktionieren Hand in Hand – ein Ziehen und Drängen, das zwei Menschen auf dem Weg hin zu einer intimen Verbindung beherrscht, sei es eine verpasste Gelegenheit, eine sexuelle Begegnung, der Gang vor den Traualtar oder irgendetwas dazwischen. Eine prägnante Definition von Intimität lautet: »enge Bekanntschaft oder Freundschaft«. Oft wird der Begriff jedoch als Euphemismus für Geschlechtsverkehr verwendet. Für Psychologen wiederum ist die Intimität ein komplexes Konstrukt, besonders in Zeiten, in denen der direkte menschliche Kontakt und das Werben um einen Partner zunehmend über die Digitaltechnologien erfolgen.

Wie hat sich die Intimität – oder der Sex – verändert? Paare finden und führen Beziehungen auf unterschiedliche Arten und Weisen, häufig erleichtert durch Webcams, durch Apps, die den Nutzern anzeigen, ob sich einer ihrer Kontakte in der Nähe aufhält, durch das Versenden von Kurzmitteilungen oder Bildern sexuellen oder nicht sexuellen Inhalts und durch die sozialen Medien. Hat dies die Sache jedoch einfacher, befriedigender oder lohnenswerter gemacht? In diesem Kapitel möchte ich der Frage nachgehen, wie der Cyberspace und seine Auswirkungen das Liebesspiel und die Romantik verändern. Die Geschichte hat nämlich einen Haken: Die Liebe mag im Internet zwar leichter zu finden sein – sie ist nur einen Wisch entfernt. Aber ist sie auch echt?

Das Fremder-im-Zug-Syndrom

Vor langer Zeit, im Jahr 1996, als das Internetzeitalter gerade erst angebrochen war, prägte der Kommunikationsexperte Joseph Walther den Begriff »hyperpersonale Interaktion«, um damit die Kommunikation im Internet zu beschreiben. Laut Walther entsteht Intimität online eben deshalb so schnell, weil visuelle Hinweise fehlen – es geht hier also letztlich um die Auswirkungen der Unsichtbarkeit. Da zwei Menschen, die sich online zum ersten Mal begegnen, einander in den allermeisten Fällen zunächst nicht sehen können, beginnt ihre Beziehung anders als die von Leuten, die sich von Angesicht zu Angesicht kennenlernen. Die Unsichtbarkeit hat wichtige Folgen. Online bleibt man verborgen – entweder ganz oder teilweise –, besonders wenn man zur Kommunikation eine visuell abgespeckte Plattform ohne Skype-Anbindung oder Live-Streaming nutzt, weshalb die Vertrauensbildung nahezu ausschließlich über die Selbstdarstellung erfolgt.

Das Vertrauen ist für die Intimität von wesentlicher Bedeutung. Wir wissen genau, wie wir die Vertrauenswürdigkeit anderer in der realen Welt einschätzen können. Alles, vom Handschlag bis hin zum Gesichtsausdruck, vom Blickkontakt bis hin zur Stimmlage, von der Körperhaltung bis hin zum sprachlichen Ausdruck, wirkt sich darauf aus, was wir über eine bestimmte Person denken. Vielleicht nähern wir uns jemandem, den wir für attraktiv halten, und sondieren mit einem Scherz oder einer Schmeichelei die Lage. Anhand seiner oder ihrer Reaktion merken wir dann schnell, ob er oder sie an mehr interessiert ist oder nicht.

Auf traditionellen Dating-Websites wie Match.com oder eHarmony ist dieses erste Kennenlernen zunächst mit Mehrarbeit verbunden. Man muss ein Formular ausfüllen und persönliche Informationen vorlegen, darunter Angaben über den Beruf, das Alter, den Geburtsort, das Bildungsniveau, das Einkommen und sogar über die eigenen Lieblingsbücher und -filme. Nach der Erstellung eines persönlichen Profils auf einem Dating-Portal folgt dann eine ruhigere Phase der gegenseitigen Begutachtung, in der die einander aufgrund eines Algorithmus Vorgestellten entscheiden, ob sie das Profilbild des anderen anziehend finden (ein sehr wichtiger Teil des Paarungsrituals). Sprühen die »Funken«, geht es los.

»Sprühende Funken« eignen sich tatsächlich sehr gut zur Beschreibung dessen, was vor sich geht.

Auf einem MRT leuchten viele wichtige Hirnregionen im

wahrsten Sinne des Wortes auf, sobald jemand romantische Gefühle hegt. Chinesische Forscher, die sich mit der »Wissenschaft der Liebe« beschäftigen, haben entdeckt, dass der linke dorsale anteriore cinguläre Cortex (dACC) aktiv wird, ebenso wie die Insula, der Nucleus caudatus, die Amygdala, der Nucleus accumbens, der temporoparietale Übergang, der posteriore cinguläre Cortex, der mediale präfontale Cortex, der inferiore Parietallappen, der Precuneus und der Temporallappen.[244]

Ziemlich beeindruckend! Obwohl ich zugeben muss, dass dies wahrscheinlich eher Wissenschaftler als eingefleischte Romantiker zu beeindrucken vermag.

Im Cyberspace geht das Paarungsritual mit dem Austausch von Textmitteilungen, E-Mails oder Einträgen in Chatrooms weiter, und jeder Kontakt wird intimer als der vorherige – Online Dating kann sich dann eher wie der Gang zum Beichtstuhl anfühlen. Das liegt daran, dass man im Internet mehr sagen, preisgeben und beschreiben muss, um Vertrauen aufzubauen – und eine Bindung herzustellen. Bei der traditionellen Partnersuche ist das in vielerlei Hinsicht normal; sobald zwei Menschen sich füreinander interessieren, versuchen sie, Bindungen herzustellen und Vertrauen aufzubauen. Außerdem ergibt sich hier (wie in allen Liebesbeziehungen) der Vorteil, sich selbst spiegeln und durch die Augen eines anderen sehen zu können. Verliebte lernen nicht nur sehr viel über den anderen; über die Resonanz erfahren sie auch sehr viel über sich selbst. Wir schauen in die Augen unseres Gegenübers und erkennen uns darin selbst. In der Psychologie ist dieses Phänomen als Cooleys klassischer Spiegelbildeffekt bekannt, auf den ich im fünften Kapitel bereits eingegangen bin.

Es gibt jedoch einen großen Unterschied: Bei der traditionellen Partnersuche kann es Monate dauern, bis dasselbe Ausmaß an Intimität erreicht ist, das im Internet nahezu auf der Stelle entsteht.

Lassen Sie uns einen Augenblick innehalten und darüber nachdenken, was dieser verstärkte und eskalierte Balztanz bedeutet – was es heißt, die eigene Seele vor einem vollkommen Unbekannten zu enthüllen. Dieses Paradox wird zuweilen auch als »Fremder-im-Zug-Syndrom« bezeichnet, weil Menschen erwiesenermaßen lieber persönliche Informationen vor Leuten offenbaren, die sie wahrscheinlich nie mehr wiedersehen werden. (Für Spione, Geheimagenten, investigative Journalisten, Ärzte in der Notaufnahme, Geistliche und Betrüger ist das ein großer Segen.) Außerdem spielen noch andere Faktoren eine Rolle, nämlich die Cyber-Effekte der Online-Verzerrung und der Internet-Anonymität. Wir haben den Eindruck, von einem Partner, der uns im realen Leben nie von Angesicht zu Angesicht begegnet ist, nicht so leicht verletzt werden zu können. Aufgrund unseres dringenden Bedürfnisses, eine Bindung herzustellen, enthüllen wir, ohne zu zögern, die intimsten Details unseres Lebens.

Ist es jedoch klug, so viel über sich zu verraten?

Nein, das ist es nicht. Das wurde ein ums andere Mal bewiesen. Wer vollkommen Fremden intime Einzelheiten über sich verrät, macht sich damit verwundbar – für Kritik, für den Vorwurf des Narzissmus oder der Egozentrik und – besonders besorgniserregend – für Betrüger und Kriminelle, die (es tut mir leid, das sagen zu müssen) im Internet herumlungern und nach neuen Möglichkeiten suchen, ihren potentiellen Opfern aufzulauern und sie auszunutzen. Hier ist ein weiterer Grund, warum ein solches Verhalten nicht sonderlich klug ist: Unsere menschlichen Instinkte, die uns dazu bringen, uns selbst zu offenbaren, um dadurch Bindungen herzustellen, funktionieren in der virtuellen Welt anders als in der realen. Wir sehen uns dazu veranlasst, mehr als nötig preiszugeben und zu beichten; einem potentiellen Partner online zu viele persönliche Informationen zu verraten trägt jedoch nicht zur Beantwortung der

Frage bei, ob zwei Menschen zusammenpassen, so wie das in der realen Welt der Fall sein kann.

Das hat folgenden Grund: Bei der hyperpersonalen Kommunikation im Internet, wie Joseph Walther sie darlegte, suchen die Teilnehmer eifrig nach Gemeinsamkeiten und harmonischem Ausgleich. Das Kennenlernen gerät aus der Spur. Zwei Personen – tatsächlich zwei vollkommen Fremde – suchen nach Gemeinsamkeiten, statt eine sicherere Bindung herzustellen, die schonungslose Offenheit oder scharfsichtige Betrachtungen erlaubt. Das erklärt, warum Selbsthilfegruppen im Internet therapeutisch oft so hilfreich und heilsam sind. Im Cyberspace wird die Beurteilung aufgeschoben, weshalb die Menschen mit altruistischen, auf Harmonie und Hilfsbereitschaft ausgelegten Absichten in die Selbsthilfegruppen kommen. Diese Absichten lassen sich einfacher aufrechterhalten, wenn die Beziehung auf den Cyberspace beschränkt bleibt. Warum? Wenn wir in der realen Welt in einer Selbsthilfegruppe sitzen, können wir nicht anders, als auf die visuellen Hinweise dieser realen Welt zu reagieren – Gesichtsausdruck, Haltung, Kleidung, Körpersprache, Geruch, Stimmlage –, was wiederum dazu führen kann, dass wir unserer selbst sehr bewusst werden und sehr genau auf das Urteil anderer achten. Wir halten uns zurück. Im Internet jedoch, wo wir den direkten Kontakt von Angesicht zu Angesicht vermeiden können, fühlen wir uns weniger verwundbar und beurteilt. Das kann ungemein befreiend sein.

Bei Menschen, die Online-Dating-Portale oder Dating-Apps nutzen, können dieselben Bedingungen zu Problemen führen. Man betont Gemeinsamkeiten und lässt Unterschiede außen vor, so dass die verzerrte Wahrnehmung fortbesteht. Joseph Walther entdeckte in den 1990er Jahren nämlich Folgendes: Wenn Menschen in einem technologisch vermittelten Umfeld aufeinandertreffen und der erste gegenseitige Eindruck positiv ist, werden die daraus resultierenden Leerstellen in der Kommunikation – unbekannte Variablen, mangelnde Informationen oder Trennungen – automatisch mit passenden positiven und sogar vollkommen idealisierenden Informationen gefüllt. Ich gehe davon aus, dass sich dieser Umstand kaum davon unterscheidet, wie unser menschliches Auge Lücken im Sichtfeld ausfüllt, um unsere natürlichen blinden Flecken auszugleichen. Wer so einen Zusammenhang herstellt, bedient sich des sogenannten »gestaltpsychologischen Gesetzes der guten Fortsetzung«. Wer sich im Internet einen Eindruck von jemandem macht, bedient sich desselben Prinzips. Man beginnt, Einzelheiten über die Persönlichkeit, das Aussehen und den Charakter des Unbekannten im Kopf zu ergänzen, um den Fremden plastischer werden zu lassen – und ihn dadurch fassbarer zu machen.

Sollten Sie sich mit Sigmund Freud oder der Psychoanalyse auskennen, sind Ihnen die psychologischen Auswirkungen der Übertragung und der Projektion wahrscheinlich ein Begriff – die uns dazu bringen, dass wir unbewusst andere Menschen mit Eigenschaften oder Merkmalen ausstatten, die uns von Leuten bekannt sind, denen wir bereits einmal begegnet sind. Und Sie wissen, wie mächtig das »Ausfüllen von Leerstellen« sein kann. (Darauf geht auch der berühmt-berüchtigte Ausdruck zurück: »Du klingst genau wie deine Mutter!«) Die menschliche Vorstellungskraft arbeitet mit Erinnerungen an und Eindrücken von Menschen, denen wir in unserer Vergangenheit begegnet sind, was wiederum erklärt, warum die Figuren so vieler bekannter und bedeutender Romane zumindest teilweise auf Personen beruhen, die der jeweilige Autor kennt oder einmal gekannt hat. Die Übertragung wird im Cyberspace sogar noch verstärkt.

Bedeutet das nun, dass derjenige, den Sie online kennenlernen, nicht viel mehr als eine bloße Fiktion ist – eine unvollständige, von Ihnen selbst erschaffene Phantasie? Ich befürchte schon. Hinzu kommt noch, dass sich bei Partnerbörsen im Internet nicht einmal zwei »reale« Ichs kennenzulernen und zusammenzukommen versuchen, sondern zwei Cyber-Artefakte, die bewusst erzeugt wurden und eine bestimmte Wirkung erzielen sollen. Hier herrscht ein schmerzlicher Mangel an Authentizität. Prinzessin Diana sagte einmal über ihre Ehe, dass sie »ein bisschen überfüllt« gewesen sei, weil drei Menschen daran teilnahmen. Selbst bei der Standarderfahrung des Online Datings sind vier verschiedene Ichs involviert – zwei reale und zwei virtuelle.

Wenn zwei Menschen im Internet eine Verbindung herzustellen versuchen, greifen sie auf ihre Instinkte aus der realen Welt zurück, um herauszufinden, ob sie einander vertrauen können oder nicht. Im realen Leben bereitet das den Boden für Enttäuschung und sogar den Zusammenbruch des Selbstvertrauens. (Es ist nicht schön, wenn man plötzlich merkt, dass die Instinkte, auf die man tagtäglich in vielfältiger Weise zurückgreift, vollkommen danebenliegen.) Was noch viel schlimmer ist: Wenn verwundbare Menschen im Cyberspace auf ihre Instinkte aus der realen Welt bauen, kann sie das in echte Gefahr bringen. Eine Frau, die einen Mann in einer Bar kennenlernt, kommt vielleicht erst gar nicht auf den Gedanken, sich nach nur einer Begegnung von ihm nach Hause fahren zu lassen. Dieselbe Frau gibt dann aber unter Umständen nach dem Austausch von E-Mails und Textnachrichten ihre Adresse heraus, weil sie eine starke Verbindung zu dem Mann verspürt, dem sie bei einer Online-Partnerbörse begegnet ist.

Das mag zumindest teilweise die Ergebnisse eines aktuellen Berichts vom Februar 2016 erklären, der von der britischen National Crime Agency (NCA) vorgelegt wurde.[245] Darin steht, dass im Laufe der vorangegangenen fünf Jahre die Zahl der Vergewaltigungsdelikte im Zusammenhang mit Partnerbörsen im Internet um ein Sechsfaches gestiegen ist. Ein Team, das die

Ergebnisse untersuchte, legte verschiedene Erklärungsmöglichkeiten dafür vor, darunter den Umstand, dass Menschen online alle Hemmungen ablegen und Gespräche führen, deren Inhalt schnell sexuell werden kann, was bei der ersten Verabredung zuweilen zu »falschen Erwartungen« führt. 71 Prozent dieser Vergewaltigungen fanden beim ersten Treffen statt, entweder in der Wohnung des Opfers oder der des Täters. Was mich an diesem Bericht am meisten erschreckte, war die offenkundige Verhaltensänderung. Die Verantwortlichen dieser Verbrechen schienen nicht dem üblichen Bild von Sexualstraftätern zu entsprechen, d.h., sie hatten keine kriminelle Vorgeschichte oder eine Vorstrafe. Das bedeutet, dass wir die Komplexität des Online Datings und der damit zusammenhängenden sexuellen Übergriffe nicht voll und ganz durchschauen. Die Cyber-Effekte des Zusammenschlusses und der Enthemmung sind jedoch ganz eindeutig wichtige Faktoren.

Die NCA hat für das Online Dating einige hilfreiche Empfehlungen herausgegeben. Sie lauten:

- Treffen Sie sich in der Öffentlichkeit und bleiben Sie auch dort.
- Lernen Sie den Menschen kennen, nicht sein Profil.
- Läuft es nicht gut? Denken Sie sich eine Ausrede aus, und verlassen Sie den Ort des Geschehens.
- Wurden Sie Opfer eines sexuellen Übergriffs, suchen Sie sich auf der Stelle Hilfe.

Wie erklären wir im Angesicht all dieser Risiken und Gefahren die steigende Beliebtheit von Online-Dating-Portalen und Dating-Apps? Eine der Triebfedern des Online Datings hat mit dessen Folgen zu tun: Menschen, die sich im Internet kennenlernen, heiraten öfter und schneller. Wenn es passt, dann passt es eben. Und da so viele Menschen in Partnerbörsen aktiv sind, steigt die Wahrscheinlichkeit, dass man dort einen passenden Partner findet. Als man eine Umfrage unter mehr als 19 000 Personen anstellte, die zwischen 2005 und 2012 den Bund der Ehe eingegangen waren, beschrieben diejenigen, die sich im Internet kennengelernt hatten, ihre Ehe als glücklicher und stabiler als Paare, die ihre Romanze offline begonnen hatten.[246]

Ein weiteres Anzeichen für den Erfolg: Die Branche machte beinahe auf der Stelle Profit. Bis 2007 brachte das Geschäft mit dem Online Dating in den USA 500 Millionen US-Dollar jährlich ein; bis 2015, dem Jahr, in dem Match.com sein zwanzigjähriges Bestehen feierte, war diese Zahl auf 2,2 Milliarden US-Dollar angestiegen.[247] Auf der Website hieß es, der Anbieter habe bislang zu 517 000 Beziehungen, 92 000 Ehen und einer Million Geburten verholfen.

Der Eindruck des sofortigen Vertrauens oder der »instamacy« (ein zusammengesetzter Begriff aus den englischen Wörtern *instant* für sofort und *intimacy* für Intimität), der sich bei Menschen einstellt, die sich im Cyberspace kennenlernen, wird zukünftig wohl noch wachsen, sobald die Technologien für die virtuelle Partnersuche die Nutzung von vollsensorischen VR-Brillen, DNA-Analysen und anderen subtilen, aber signifikanten Informationsträgern für die Zusammenführung passender potentieller Partner einbeziehen.[248] »Smarte« oder »intelligente« Brillen oder Kontaktlinsen könnten aufzeichnen, welchen Typ der Träger besonders anziehend findet, um diese Information bei der Zusammenführung von Partnern durch die entsprechenden Technologien zu berücksichtigen. Nach allem, was man hört, sind diese Mittel und Wege nicht mehr weit weg – vielleicht gerade einmal zehn Jahre. Mit anderen Worten: Die Zukunft scheint viel Gewicht auf die Wissenschaft und eher wenig auf die Liebe zu legen.

Wischen für den Erfolg

Nichts hat in den letzten Jahren die Macht der äußeren Erscheinung und die Ausrichtung auf den ersten Eindruck so schlagend bewiesen wie der Erfolg der Dating-App Tinder, die die beiden wichtigeren Auswahlkriterien Anziehungskraft und Erreichbarkeit bei der Partnerwahl ebenso schnell wie brillant zusammenbringt.[249] Die standortbasierte Dienstleistung von Tinder ist in vielerlei Hinsicht ein gewinnbringender Fortschritt im Bereich der Partnerbörsen – virtuell wird die Sache so gleichsam auf den Punkt gebracht.

Auf Tinder reagiert man auf Profilbilder, ohne zunächst etwas über die Personen dahinter zu erfahren. Man passt die Einstellungen an, um potentielle Partner in einem Suchradius zu finden, der für einen selbst Sinn ergibt. Ausgehend vom eigenen Standort werden dem Nutzer Fotos potentieller Partner angezeigt. Wenn man an einem dieser Bilder Gefallen findet, wischt man nach rechts, um mehr zu erfahren.

Tinder gibt an, bis zum Jahr 2016, als seit der Markteinführung der App kaum mehr als drei Jahre vergangen waren, neun Milliarden sogenannter »Matches« generiert zu haben – eine höhere Zahl als die gesamte menschliche Bevölkerung der Erde. Das weist entweder darauf hin, dass die ganze Welt die Dating-App nutzt oder dass manche User einfach nur unheimlich aktiv sind. Die Zahlen sind beeindruckend: Die App wird in 196 Ländern verwendet; 1,4 Milliarden Mal am Tag wird zur Seite gewischt, 26 Millionen Mal am Tag erfolgt ein »Match«. Auf der Website des Anbieters strahlen den Besucher in einer Fotocollage außerordentlich attraktive junge Menschen an und berichten, warum sie ihre Beziehung oder ihre Ehe Tinder zu verdanken haben. »Er sagte zu mir, ich sei das Mädchen, für das er zweieinhalb Stunden fahren würde, um sich mit mir zu treffen ... Er machte mir nach einem Hubschrauberflug einen Antrag ... Ohne Tinder hätten wir uns nie kennengelernt.«

Der Vorgang, nach rechts zu wischen, um damit seine Zustimmung auszudrücken – und zu erfahren, dass jemand anderes beim Anblick des eigenen Bildes ebenfalls nach rechts gewischt hat –, ist als »süchtig machend« und auf neuronaler Ebene sogar als belohnend beschrieben worden. Tinder verspricht jedoch, dass die App den Wunsch nach wahrer Liebe und Abenteuern erfüllt. Der Internetauftritt von Tinder verkauft Romantik als einen das Leben transformierenden Prozess: »Die Menschen, die wir treffen, verändern unser Leben. Ein Freund, ein Date, eine Romanze oder gar ein Zufallstreffen können das Leben eines Menschen für immer auf den Kopf stellen. Tinder ermöglicht es seinen Nutzern rund um die Welt, neue Verbindungen einzugehen, die andernfalls vielleicht nie möglich gewesen wären. Wir erstellen Produkte, die Menschen zusammenbringen.«

Sean Rad, CEO von Tinder, und ich sprachen beide auf einem Internet-Gipfel, der 2015 in Dublin stattfand. Bei Rads Vortrag war der Saal brechend voll, weil Tausende darauf warteten, von Anekdoten über »sexuelle Eskapaden« unterhalten zu werden. Seine Rede war jedoch merkwürdig flach, besonders im Hinblick auf das Potential seines Materials. Er führte ein normales Verkaufsgespräch, statt das Publikum mit atemberaubenden Einsichten über die von den Digitaltechnologien erleichterten Paarungsrituale zu ergötzen. Als er sich dann doch noch dem Thema zuwandte, war sein Rat zwar direkt, aber nicht sehr tiefschürfend: »Die beste Empfehlung, die ich unseren Nutzern geben kann, ist, einfach sie selbst zu sein«, sagte er. »Wir unterschätzen unsere Fähigkeit, ein Foto zu betrachten und Nuancen darin zu erkennen. Wenn man nicht man selbst ist, können die Leute das riechen.«

Bewegen wir uns auf ein Zeitalter zu, in dem die von den

Technologien vermittelten Beziehungen nur flüchtig sind – und bloß so lange anhalten wie ein Wisch zur Seite? Wenn das Wischen der Vorgang ist, den die Menschen neurologisch befriedigend finden, dann könnte es sein, dass ihnen diese Handlung größeren Genuss bereitet als ein tatsächlicher Erfolg bei der Suche nach einem Partner oder nach Liebe. Manche Studien legen den Schluss nahe, dass persönliche Treffen von Angesicht zu Angesicht – ob nun romantischer oder anderer Natur – auf dem Rückzug sind. Und es gibt Hinweise, dass Dating-Apps und Sexting ebenso wie andere virtuelle Begegnungen tatsächlich sogar einen negativen Einfluss auf das menschliche Sexualverhalten haben.

Wenn man einem Gesicht auf Tinder verfällt, wem oder was verfällt man dann wirklich? Erkennen die Leute tatsächlich Nuancen, wie Rad meint, und sehen das, was Cyber-Psychologen »bildintegrierte verhaltensspezifische Hinweise« nennen? Der Psychoanalytiker Dr. Robert Akeret hat Bücher darüber geschrieben, wie man Bilder analysiert und lernt, tief in eine Momentaufnahme hineinzublicken. In seinem Werk *Photolanguage. How Photos Reveal the Fascinating Stories of Our Lives and Relationships* interpretiert er »verborgene Wünsche und Ängste, unausgesprochene Liebe und Hass, die heldenhaften Anstrengungen der Menschen, sich in der Öffentlichkeit zu tarnen, und das unausweichliche Durchsickern ihrer Hoffnungen, Träume und Probleme«.[250]

»Durchsickern« – das ist ein Wort! Vergessen Sie die Sprache der Liebe! Was ist mit dem Durchsickern?

Kneifen Sie leicht die Augen zu!

Wie der Erfolg von Tinder beweist, ist das Äußere neben der Erreichbarkeit der wichtigste Antrieb bei der Auswahl von Verabredungen und potentiellen Partnern. Bei romantischen Beziehungen spielt das Äußere eine besonders wichtige Rolle für die Entscheidung, ob eine Verbindung eingegangen wird oder nicht. Natürlich ist das subjektiv und individuell verschieden. Schönheit liegt eben doch im Auge des Betrachters. Eine Studie nach der anderen beweist allerdings, dass die Leute meist mit ähnlich attraktiven Menschen wie ihnen selbst Beziehungen eingehen, was wiederum heißt, dass attraktive Menschen mit höherer Wahrscheinlichkeit ebenso attraktive Partner anziehen.

Im Vergleich mit anderen Eigenschaften wie Intelligenz, Herzlichkeit und Humor gewinnt in der realen Welt fast immer die Schönheit.

Das bedeutet nun nicht, dass die Menschen außerordentlich oberflächlich wären und sich nur für das Aussehen interessierten. Die Attraktivität ist im Wettstreit um einen Partner eine mächtige Waffe, was teilweise mit dem sogenannten »Halo-Effekt« zusammenhängt. Wird jemand als attraktiv wahrgenommen, wirkt sich das auch auf andere Bereiche aus und beeinflusst andere Eindrücke über die betreffende Person auf positive Art und Weise. Deshalb gelten körperlich anziehende Menschen als glücklicher, herzlicher, freundlicher, umgänglicher, liebenswürdiger, erfolgreicher und intelligenter. Attraktivität ist in beinahe allen Lebensbereichen ein wichtiger Faktor und führt erwiesenermaßen zu einer Vielzahl persönlicher Vorteile.

Und so funktioniert der Halo-Effekt: Sagen wir einmal, Sie hätten von einem Ihnen unbekannten Mann gehört, der die Katze einer alten Frau aus einem Baum gerettet hat. Würde ein schlechter Mensch dem hilflosen Tier einer Großmutter zur Seite stehen? Ganz bestimmt nicht. Diese eine Information wirft ein gutes Licht auf alle anderen Eigenschaften dieses Mannes. Das gilt für bestimmte Berufsgruppen wie medizinisches Notfallpersonal, Feuerwehrleute und andere Ersthelfer. Egoistische, unsensible Menschen sind in diesen Berufen kaum vorstellbar. Ist dieser Eindruck rational begründet? Nein, das ist er nicht. Nach den Gesetzen der Wahrscheinlichkeit gehen auch alle möglichen nicht besonders tollen Menschen Arbeiten nach, die aufgrund des Halo-Effekts positiv besetzt sind. Wer jedoch zu einer dieser Berufsgruppen gehört, steht dennoch oft in besonders gutem Licht da.

Die Sache mit der Attraktivität funktioniert ganz genauso. Gibt es egoistische, dumme, erfolglose, aber attraktive Leute? Natürlich gibt es die. Aber auch wenn es irrational ist, halten die Menschen Schönheit insgesamt für ein gutes Zeichen. Das mag daran liegen, dass sich das Äußere leicht bewerten lässt. Das Äußere ist nun mal das, was wir an einer Person, die wir kennenlernen, als Erstes und am klarsten erkennen. Eigenschaften wie Ehrlichkeit, Integrität, Zuverlässigkeit und Loyalität entdeckt man dagegen erst nach einer Weile.

Schnell ein Urteil über die Attraktivität eines Menschen zu fällen ist einfach und in evolutionsbiologischer Hinsicht darüber hinaus sogar effektiv.[251] Attraktivität weist normalerweise auf die relativ hohe Wahrscheinlichkeit eines gesunden und fitten Menschen hin, äußerlich wie innerlich. Die schiere Bequemlichkeit dieses Urteils an sich mag der Grund dafür sein, warum es so wichtig ist.

Wie zeigt sich dieser Umstand als Cyber-Effekt? Es entspricht dem menschlichen Wesen, um Partner zu konkurrieren, sich für diesen Zweck hübsch zu machen, sein Äußeres zu verbessern und einen guten Eindruck zu hinterlassen, besonders wenn wir uns um romantische Verabredungen bemühen. Das ist eine evolutionäre Tatsache.[252]

Wie ich im vorherigen Kapitel über Teenager bereits erwähnte, legen die Normen des Cyberspace sogar noch größeres Gewicht auf das Äußere und darauf, wie es in den sozialen

Netzwerken präsentiert wird. Der Gruppenzwang wächst, und so steigt auch der Druck, in sein Aussehen zu investieren und sich selbst darzustellen. Bei Tinders geheimem Klassifizierungsalgorithmus handelt es sich um eine Form der Feedbackschleife, obwohl Tinder das Ganze »desirability score« nennt (ein Punktesystem zur Einstufung der individuellen Begehrtheit).[253] Das mag sehr anspruchsvoll und exotisch klingen – in Wirklichkeit geht es um eine Rangliste zur Einordnung des eigenen Cyber-Ichs, jenes sorgsam und bewusst ausgewählten, mit Filtern bearbeiteten, mit Photoshop manipulierten und anderweitig ergänzten Ichs, das viele Menschen inzwischen im Internet nutzen.

So gut wie jeder kann im Cyberspace so schön wie ein Supermodel sein, besonders auf einem Bild, das nur ein Viertel des Gesichts einfängt. In dieser Hinsicht sind die Digitaltechnologien zum ultimativen Gleichmacher in der genetischen Lotterie des guten Aussehens geworden. Mittlerweile hat sich im Internet die Gepflogenheit durchgesetzt, dass Menschen ihr Abbild mit Filtern bearbeiten und es schlanker, größer, sonnengebräunter und von Schönheitsfehlern unversehrter gestalten. Das bedeutet, dass der techno-evolutionäre Wettstreit um Attraktivität sogar noch erbitterter geworden ist. Das Überleben des Stärkeren bedarf mittlerweile expertengleicher Photoshop-Kenntnisse. Zweifellos wird das so weitergehen.

Während die Normen des Cyberspace sich immer mehr um Attraktivität drehen, verstärkt sich auch der damit zusammenhängende Halo-Effekt. Teilweise liegt das an der Bedeutung des ersten Eindrucks; außerdem hat es mit einigen der Regeln zu tun, die ihn beherrschen. Eine davon ist der sogenannte »Primäreffekt«, der beschreibt, wie eine anziehende Eigenschaft oder ein attraktives Merkmal einer Person, der man zum ersten Mal begegnet, ins Auge sticht, die Aufmerksamkeit erregt und alles andere überlagert. »Meine Güte, er hat so blaue Augen!«

»Wow, sie hat Lippen wie Angelina Jolie!« Wenn Sie Ihr eigenes Äußeres betrachten, was halten Sie dann für Ihr positivstes Merkmal? Das ist Ihr Primäreffekt. Wenn Sie ins Internet gehen, um einen Partner zu finden, sollten Sie ihn kennen.

In der Cyber-Psychologie werden zur Beschreibung der Macht von Online-Eindrücken zwei Konzepte verwendet. Wenn Sie auf Basis eines Profilfotos auf Match.com beispielsweise Vermutungen über den Menschen dahinter anstellen, kommt es zur sogenannten »Eindrucksbildung«. Wenn Sie Ihr eigenes Profilbild auf Match.com auswählen, mit einem Filter versehen und aufhübschen, dann ist das »Eindrucksmanagement«.[254] Die bloße Handlung, ein aktives, lächelndes, makelloses oder nostalgisches Bild für eine Partnerbörse auszuwählen, setzt voraus, dass man sich vorstellt, wie man auf andere wirkt, und dass man diese Wirkung verbessern möchte.

Ob es Ihnen gefällt oder nicht: Es gibt gute Gründe, ebendies zu tun – sofern ein Treffen in der realen Welt unwahrscheinlich ist. Wenn die Leute Ihr Profilbild anziehend finden, gelangen sie dadurch nämlich zu einem besseren Eindruck von Ihnen, und dieser Eindruck kann einen ausgeprägten und langanhaltenden Effekt auf die anderen Urteile ausüben, die diese Leute in der Folge über Sie bilden.

Eine Partnerbörse im Internet ist jedoch etwas anderes. Man muss seine äußerliche Anziehungskraft kommunizieren, darf aber sein Profilbild nicht so weit manipulieren, dass man im realen Leben nicht wiedererkannt wird. Gleichzeitig erzeugt ein Profilbild auf einer Dating-Website oder in einer App einen Eindruck, der in etwa zweiundvierzig Millisekunden gebildet wird, und dieser Eindruck löst eine Verzerrung aus.

Doch die Wissenschaft ist, wie sie ist, und angesichts der Besessenheit, mit der die Nutzer von Dating-Portalen sich um ihr äußeres Erscheinungsbild kümmern, gibt es mittlerweile viele gute Forschungsergebnisse zu der Frage, welche Art von Profilbild den besten ersten Eindruck erzeugt.[255] Wir befinden uns hier am Schnittpunkt von Wissenschaft und Digitalmedien, und so ernst das klingen mag, finde ich die Resultate überaus erheiternd. Es kann nicht schaden – vielleicht ja sogar hilfreich sein –, diese auf den besten verfügbaren Forschungsergebnissen basierenden Erkenntnisse weiterzugeben.

Tipps für das Eindrucksmanagement des eigenen Profilbildes

- Tragen Sie eine dunkle Farbe.
- Wählen Sie eine halbnahe Aufnahme ab der Hüfte aufwärts aus.
- Stellen Sie sicher, dass ihre Kieferpartie einen Schatten aufweist (die Haare und die Augen sollten dagegen nicht im Schatten liegen).
- Lassen Sie Ihre Augen frei (tragen Sie keine Sonnenbrille).
- Seien Sie nicht zu sexy.
- Lächeln Sie, und zeigen Sie Ihre Zähne (lachen Sie jedoch bitte nicht).
- Kneifen Sie Ihre Augen leicht zu.

Einen Augenblick mal!

Was heißt, die Augen leicht zukneifen?

Man kneift das untere Augenlid leicht zu, etwa so, wie Clint Eastwood als Dirty Harry es tut, bevor er sagt: »Na los doch, make my day!« Sie kneifen Ihre Augen also nicht ganz zu, damit sich Ihre Augen nicht vollständig schließen und Ihre Krähenfüße nicht Ihr gesamtes Gesicht beherrschen. Wenn Sie wissen möchten, wie man das am besten anstellt, empfehle ich die Übung des Berufsfotografen Peter Hurley, die auf YouTube unter dem Titel »It's All About the Squinch« zu finden ist.[256]

Trolle, Catfishing und Cyber-Verzauberung

Wahrscheinlich versteht es sich von selbst, dass Online Dating mittlerweile lang genug existiert, um manche Menschen zu wahren Experten dafür werden zu lassen, im Internet eine besonders gute Figur zu machen. Diese Leute kennen sich mit dem leichten Zukneifen der Augen aus und wissen genau, wie sie Sie verzaubern können – zumindest für den Anfang. Das sind betrügerische Fähigkeiten, die diesen Menschen auch im realen Leben gute Dienste leisten. Während manche Leute Online-Partnerbörsen nutzen, um ein neues Ich, Verhalten oder Geschlecht auszuprobieren, gibt es andere, die einfach gern verbergen, wer sie wirklich sind, weil sie Unbedarfte hinters Licht führen wollen. Es handelt sich nicht um »ehrliche Fehler« oder ein aufgrund von Experimentierfreude entstehendes Missverständnis – es handelt sich schlicht um Arglist und Betrug.

Ein berühmtes Beispiel für dieses in der Cyber-Psychologie als »Identitätsdiebstahl« bekannte Phänomen ereignete sich in der Frühzeit des Internets in einem Diskussionsforum für Frauen.[257] Eine Teilnehmerin namens Joan gab an, sie sei stumm und sitze im Rollstuhl – was erklärte, warum sie an persönlichen Treffen von Angesicht zu Angesicht nicht teilnehmen konnte. Im Internet sprach sie von ihrem Wunsch nach einer Liebesbeziehung – und gewann so das Vertrauen anderer Frauen im Forum, von denen manche ebenfalls auf der Suche nach einem Partner waren. Hilfreich wie sie war, stellte Joan ihnen einen körperlich gesunden Freund von ihr vor, einen Psychotherapeuten namens Alex, der das Vertrauen der Frauen im Forum gewann und schließlich Sex mit ihnen hatte. Leider stellte sich dann jedoch heraus, dass Joan und Alex ein und dieselbe Person waren. Alex behauptete, er habe Joans Online-Persönlichkeit geschaffen, um seine Patientinnen besser zu verstehen. Er ging mit seiner Rolle jedoch zu weit – und konnte einfach nicht aufhören, sich als Joan auszugeben.

Eine andere Masche im Internet wird »Catfishing« genannt.[258] Eine MTV-Serie illustriert diese Form des Betrugs auf dramatische Art und Weise. In jeder im Stile des Reality-TVs produzierten Folge begleitet die Kamera zwei Menschen, die ihre Beziehung einzig und allein im Internet führen. Manchmal verwenden die Betreffenden dafür einen falschen Namen und geben ein anderes Alter oder Geschlecht an. Der Begriff selbst geht auf eine fesselnde Dokumentation mit dem Titel *Catfish* zurück, in deren Zentrum Nev Schulman steht (mittlerweile der Moderator besagter MTV-Sendung), der sich in ein wunderschönes und temperamentvolles Mädchen aus einer US-amerikanischen Kleinstadt im Mittleren Westen verliebt, mit der er sich auf Facebook »angefreundet« hat. Sie schreiben sich monatelang. Als er sich mit einem Dokumentarfilm-Team auf einen Roadtrip begibt, um sie zu treffen, entdeckt er, dass es sie gar nicht gibt. Stattdessen war sie von einer unglücklichen und schwer übergewichtigen vierzigjährigen Mutter dreier Kinder erschaffen worden. Sie fühle sich schrecklich, gab die Frau zu Protokoll. Sie habe niemandem weh tun wollen. Aber natürlich hatte sie das getan.

Ja, es hat in unserer Mitte schon immer Betrüger, Gauner und Lügner gegeben, die vorgaben, etwas zu sein, was sie nicht sind. Die Digitaltechnologien erleichtern ihnen die Sache jedoch enorm. Man kann sich innerhalb weniger Minuten eine neue E-Mail-Adresse einrichten, Briefköpfe, Visitenkarten, E-Mail-Konversationen und Kontaktlisten aus dem Hut zaubern und Hunderte Facebook-Freundschaften an einem Tag eingehen. Man kann sich mit Hilfe von Facebook oder über die Google-Bildersuche ein überzeugendes Profil und einen ebenso überzeugenden Auftritt in den sozialen Medien zusammenstellen. (All das ist möglich, weil sich Inhalte im Internet nur schwer überprüfen lassen.) Früher einmal benötigte man Geschick und, so ungern ich das sage, sogar eine gewisse Kunstfertigkeit, um einen Betrug durchzuführen. Mittlerweile bedarf es nicht mehr der Vorstellungskraft eines Tolstoi oder Dickens, um eine ganz und gar glaubwürdige, aber vollkommen erfundene Identität zu schaffen. Heute ist es nur noch eine Frage des Ausschneidens und Einfügens.

Ein anderer Typ Online-Gauner ist sehr viel bösartiger. Wie bereits in früheren Kapiteln erwähnt, sind sogenannte Trolle Personen, die allein aus Freude am Betrug betrügen, indem sie einen Streit provozieren oder die Leute überrumpeln.[259] Für Nutzer von Online-Dating-Portalen können Trolle zum echten Problem werden. Trolle dort sind zu allem Möglichen fähig, von sexueller Belästigung über anzügliche Kommentare und Beschimpfungen bis hin zu Cyber-Exhibitionismus und Drohungen. Die Motivation kann der beim Catfishing ähnlich sein: Oft handelt es sich um eine Kombination aus Langeweile, Geltungssucht, Rache, Lust und dem Wunsch nach Störung und Zerstörung. Dieses Verhalten ist eindeutig aggressiv und manchmal sogar soziopathisch. Oft sind Frauen die Opfer.

Die Dating-App Blume, die 2016 auf den Markt kam, hat eine kluge Lösung für das Problem des Catfishing gefunden, indem sie die Nutzer verpflichtet, zur Authentifizierung ihrer Identität ein »Echtzeit-Selfie« hochzuladen.[260]

Eine andere neue Dating-App namens Bumble stellt sich ebenfalls dem Troll-Problem bei der Partnersuche im Internet. Die App wurde von Whitney Wolfe erschaffen, Mitgründerin von Tinder, die das Unternehmen verließ und wegen sexueller Belästigung selbst Klage gegen ihren früheren Arbeitgeber einreichte. Ähnlich wie bei Tinder wischt man sich bei Bumble durch die Profile von Singles in derselben Stadt; anders als bei Tinder müssen die Frauen bei Bumble allerdings den ersten Schritt machen. Nach der Benachrichtigung über einen Match haben die Nutzerinnen vierundzwanzig Stunden Zeit, darauf zu reagieren; tun sie das nicht, verschwindet der Match. Wolfe hatte den deutlichen Eindruck, dass Frauen in den Partnerbörsen benachteiligt sind, weshalb sie, inspiriert von der Damenwahl auf Tanzveranstaltungen, diesen Frauen den Rücken stärken wollte.

»Wir möchten keinesfalls sexistisch sein. Das ist nicht unsere Absicht«, erklärt Wolfe. »Ich weiß, dass es die Männer verrückt macht, immer den ersten Schritt tun zu müssen. Warum haben Mädchen den Eindruck, sie sollten herumsitzen und warten? Warum gibt es die Norm, dass eine Frau zwar ihren Traumjob ausüben, den Mann aber nicht ansprechen darf? Lassen Sie uns das Dating moderner gestalten.«[261]

Immer wenn eine große und anfällige Gruppe von Menschen leicht zum Ziel werden kann, wird es Leute geben, die diese Menschen zu ihrem Vorteil ausnutzen möchten. Die Existenz falscher Identitäten im Internet überrascht mich deshalb nicht, und die Haltung, das Ganze als Kavaliersdelikt abzutun, finde ich zutiefst besorgniserregend. Der leichtfertige Umgang mit den Trollen enthüllt einen zerstörerischen Zynismus und mangelnden Respekt für Ehrlichkeit. Die Zustimmung, ja, sogar der Applaus für schädliche und betrügerische Handlungen gegen ebenso echte wie unschuldige Menschen beweist nur, wie schnell sich abnormes und unfreundliches Verhalten normalisieren kann, wenn nur genug Leute wegsehen oder sogar Beifall spenden. Der US-amerikanische Literaturkritiker Norman Holland identifizierte dieses Phänomen bereits 1996 und nannte es »Internet-Regression«.

Bei Liebhabern des Internets und in manchen technikorientierten Kreisen gilt es geradezu als cool, ein Troll zu sein. Ähnliche Ansichten haben zur Eskalation aggressiven Cyber-Mobbings geführt. Wann ist es zum Volkssport und zur Unterhaltung geworden, andere Menschen zu verletzen? Von den vielen im Internet weiterentwickelten Gepflogenheiten ist diese tatsächlich die besorgniserregendste, und das nicht nur wegen der Gefühle der Opfer, sondern auch aufgrund der psychischen Verfassung der Täter.

Ein kanadisches Team aus Psychologen führte eine interessante Studie durch, bei der Menschen untersucht wurden, die häufig im Internet Kommentare hinterließen. Die Studienteilnehmer sollten einen Persönlichkeitstest ausfüllen und sich an einer Umfrage zu ihren Kommentiergewohnheiten beteiligen. Die Ergebnisse sind erschütternd und weisen darauf hin, dass ein ausgeprägter Zusammenhang zwischen Menschen besteht, die regelmäßig kommentieren, Spaß am Trollen haben und sich selbst als »Troll« bezeichnen. Außerdem gibt es einen Zusammenhang zwischen Personen, die gerne trollen, und drei der vier Persönlichkeitsmerkmale, die die sogenannte »dunkle Tetrade« bilden, eine Reihe gemeinsam auftretender Persönlichkeitsmerkmale: Narzissmus, Sadismus, Psychopathie und Machiavellismus.[262] Die Forscher bezeichneten das Trollen als Erscheinungsform des »alltäglichen Sadismus«. Das ist etwas, dem man im Internet auf jeden Fall aus dem Weg gehen sollte.

Zu guter Letzt möchte ich mich einem scheinbar harmloseren Persönlichkeitstyp zuwenden, vor dem man sich online in Acht nehmen sollte. Heutzutage wird der Begriff Narzisst sehr häufig verwendet – und manche werfen regelrecht damit um sich –, teilweise wohl, weil mittlerweile generell ein größeres Bewusstsein für Narzissmus besteht, das dementsprechend in der Öffentlichkeit häufiger diskutiert wird. Wie bei anderen Persönlichkeitsmerkmalen existiert auch hier ein Verhaltensspektrum. Es gibt allerdings auch eine diagnostizierbare Erkrankung, die »narzisstische Persönlichkeitsstörung« heißt.[263] Wer im Internet nach einem Partner sucht, sollte darüber Bescheid wissen. Die Definition der US-amerikanischen Mayo Clinic beschreibt einen Narzissten als von sich selbst eingenommen, überheblich und prahlerisch; zudem reißt er das Gespräch an sich, hält andere für minderwertig und neigt zu Anspruchsdenken. Wenn ein Narzisst keine besondere Behandlung erfährt, bricht er in Ungeduld und Wut aus. Mit allem, was er für Kritik hält, kann er nicht im Geringsten umgehen ... Das narzisstische Verhalten mag ursprünglich auf exzessive elterliche Kritik oder elterliches Lob zurückgehen. Auch die Genetik und die Psychobiologie spielen eine Rolle ... Narzissmus kann also biologische Gründe haben, durch elterliche Erziehung und Prägung entstehen oder auf beidem basieren. Männer sind häufiger davon betroffen als Frauen. Oft zeigt sich dieses Verhalten zum ersten Mal in der Jugend.

Narzissten werden von Erfolgsphantasien beherrscht und pflegen romantische Vorstellungen hinsichtlich des perfekten Partners. Allerdings geschieht das nicht etwa deshalb, weil die Betreffenden auf der Suche nach der wahren Liebe wären. In Wirklichkeit wünschen sie sich jemanden, mit dem sie sich schmücken oder den sie wie eine Trophäe vorzeigen können, damit sie sich wichtiger vorkommen und besser dastehen. Um dieses Ziel zu erreichen, müssen sie viel Zeit ins Suchen, Verabreden und Wischen investieren. Weil Narzissten Schwierigkeiten haben, eine Beziehung zu führen, und weil sie gut darin sind, die sozialen Medien zu manipulieren, treiben sich in Partnerbörsen wahrscheinlich mehr Narzissten herum als in dem Teil der Bevölkerung, der sich offline verabredet.

Hier ein weiterer Grund: Ebenjene Qualitäten, die einen Narzissten im realen Leben unerwünscht machen – Egoismus, Arroganz, Selbstzentriertheit und der Drang, sich in jedweder

Hinsicht besser als alle anderen vorzukommen –, kann ihm im Internet einen Vorteil verschaffen. Beim Wettbewerb um einen Partner ist er konkurrenzfähiger, weil im Cyberspace erwartet wird, dass man die eigenen Erfolge zur Schau stellt, Bilder vom teuren Auto und vom wunderschönen Haus hochlädt und jede einzelne Mahlzeit im Laufe einer großartigen Reise rund um die Welt fotografisch festhält, damit alle Online-Freunde sie sehen können. Am wichtigsten ist es jedoch, unheimlich viele Selbstporträts zu veröffentlichen, auf denen man hervorragend aussieht.

Der Narzisst braucht Bewunderung, Lob und möglichst viel Aufmerksamkeit. Er benötigt ein Publikum. Und deshalb ist der Cyberspace wie für ihn gemacht. Wenn es dem Narzissten gelingt, dass jemand sich in ihn verliebt, löst das in ihm die höchsten Gefühle aus. Das Problematische daran ist die Tatsache, dass dem Narzissten das Selbstvertrauen und der Cyber-Charme aus allen Poren quillt, weshalb er schwerer zu erkennen ist – und man schwerer einzuschätzen vermag, wann man sich besser fernhält. Um Ihnen dabei zu helfen, habe ich im Folgenden eine Liste von Fragen zusammengestellt, die Sie sich in diesem Zusammenhang stellen sollten:

- Sehen die Betreffenden auf ihren Bildern immer phantastisch aus?
- Sind sie auf so gut wie jedem ihrer Fotos zu sehen?
- Stehen sie bei Gruppenbildern in der Mitte?
- Laden Sie ständig neue Bilder von sich hoch oder ändern ihr Profilbild?
- Wenn sie ein Update posten, geht es dann ausschließlich um sie selbst?

Cyber-Seitensprünge

Wer früher Ehebruch beging, war auf den Zufall angewiesen, brauchte Glück und hatte oft im Verborgenen zu handeln. Die Leute mussten auf Zufallsbegegnungen hoffen oder Konferenzen und Wochenendreisen erfinden, um ihre Spuren zu verwischen – und dann unter falschem Namen in merkwürdigen Hotels einchecken, in bar zahlen und noch vor dem Morgengrauen aus dem Zimmer schleichen. Nicht jeder ist für solche Tricks gemacht.

Für Menschen, denen die Monogamie schwerfällt, ist die Versuchung durch die Technik und Technologien allerdings noch sehr viel größer geworden. Man kann aus der Heimeligkeit der eigenen vier Wände mit anderen Kontakt aufnehmen – und mit zerzausten Haaren im Bademantel flirten. Innerhalb einer Stunde kann man sich ein neues Profil auf einer Website einrichten, eine neue E-Mail-Adresse und ein Pseudonym erschaffen und mit Hilfe einer Webcam vor dem eigenen Computer ein romantisches Rendezvous haben. Niemand wird davon erfahren, abgesehen von Ihnen selbst und Ihrem Cyber-Flirt.

Beim Online Dating ist es zu einem gesellschaftlichen Wandel gekommen, der besonders Verheirateten nützt, die sich nach einer diskreten außerehelichen Affäre sehnen. Mittlerweile gibt es zahlreiche Websites und Apps dieser Art – Seiten mit FAQs wie »Warum eine außereheliche Affäre eingehen?«, die dann mit verlockenden Begründungen rationalisiert werden. Die normalerweise unausgesprochenen Regeln einer Beziehung sind oft in den »Allgemeinen Geschäftsbedingungen« aufgeführt, denen man vor der Neuanmeldung zustimmen muss. Diese so offen und pragmatisch angesprochenen Gepflogenheiten sorgen für eine weitere Normalisierung bzw. Rechtfertigung von Verhaltensweisen, die von den meisten Menschen als unmoralisch oder betrügerisch angesehen werden.

(Nebenbei bemerkt sind Sie offenbar nicht die Einzigen, die die AGB nicht aufmerksam genug lesen: Im Jahr 2014 wurde in einem Londoner Café mit kostenlosem W-LAN ein Experiment angestellt. Sechs Nutzer stimmten den Allgemeinen Geschäftsbedingungen zu, obwohl sie sich dadurch bereit erklärten, den Betreibern des Cafés ihr »Erstgeborenes für immer zu überlassen«. Natürlich wurde dieser Anspruch nie durchgesetzt.)[264]

Für manche bedeutet eine Online-Affäre die Chance, sich am Ehebruch zu versuchen und ihn nur »vorzutäuschen«. Vielleicht träumen Sie davon, fremdzugehen, und wenn Sie diese Phantasien nur im Internet ausleben, haben Sie den Eindruck einer sicheren Distanz zum tatsächlichen Verhalten und der damit verbundenen Täuschung. »Hey, das war ich nicht!« Das Online-Ich wird mit Hilfe der sogenannten »dissoziativen Anonymität« abgespalten – eine willkommene Möglichkeit, um sich von seiner Schuld zu entlasten.

In der Militärpsychologie ist wohlbekannt, dass das Töten aus der Distanz sehr viel einfacher ist als das Morden aus nächster Nähe.[265] Das erklärt, warum es den meisten leichter fällt, einen Knopf zu drücken, um eine Drohne auszusenden oder eine intelligente Bombe abzuwerfen, die menschliche Ziele in der Entfernung treffen soll, als jemandem gegenüberzustehen und die Auswirkungen der eigenen Aggression selbst mitanzusehen. Je weiter die Leute weg sind, denen man schadet, desto leichter wiegt das eigene Gewissen.

Deshalb gehe ich davon aus, dass die gefühlte Distanz zwischen den Liebenden bei einer Online-Affäre beiden bei der Depersonalisierung hilft, damit sie nicht an die Menschen denken, denen sie mit ihrem Verhalten weh tun.

Wenn der Seitensprung im Cyberspace nicht mehr ausreicht – und bei Untreue kann es wie bei allen Betrügereien zu einer Eskalation kommen –, lässt sich die ganze Angelegenheit ohne weiteres ins reale Leben übertragen. Mit heutigen Apps wie Hinge, Lavalife, Grindr, meet2cheat, Affairs Club und Ashley Madison, die alle für zwanglosen Sex und Affären geschaffen worden sind, kann man sich online mittlerweile gut zusammenschließen und Interessierte für einen Seitensprung ausfindig machen. Als Hacker sich im Jahr 2015 Zugriff auf die Ashley-Madison-Plattform verschafften, war das für die dort angemeldeten dreißig Millionen Ehebrecher eine Katastrophe; gleichzeitig war dieser Zwischenfall aufgrund des dadurch zugänglichen, unfassbaren Datenmaterials eine regelrechte Fundgrube für die Forscher.[266] Das Fremdgehen im Internet ist allerdings mit Risiken verbunden. Annalee Newitz von Gizmodo berichtete von einem gewaltigen Geschlechtsunterschied bei der Untreue und wies darauf hin, dass zwar mehr als zwanzig Millionen Männer ihre Mitteilungen auf der gehackten Website überprüften, aber gerade einmal 1492 Frauen dasselbe taten. Die Betreiber von Ashley Madison bestreiten seither diese Zahlen und halten dagegen, dass sehr viel mehr Frauen als angegeben ihren Service nutzten. In einer interessanten Cyber-Wende hatte der Einsatz von weiblichen Chatbots offenbar die korrekte Interpretation der Daten zunichtegemacht.

In geographischer und kultureller Hinsicht gibt es weiteres spannendes Datenmaterial, das untersucht werden will. »Italienische Nutzer suchten meist nach Kurzzeitbeziehungen«, hieß es in der Zeitschrift *Wired*, »während deutsche und australische User längere Bindungen bevorzugten. Chinesische Nutzer wollten die Dinge meist im Internet belassen und präferierten ›Cyber-Affären‹, was japanische und südkoreanische User wiederum nicht im Geringsten interessierte.«

Der Hack führte zu unzähligen Scheidungen und Trennungen, zog allerdings auch noch ganz andere Konsequenzen nach sich. Da Privatinformationen in die Öffentlichkeit gelangten, müssen Tausende Einzelpersonen nun mit Erpressung rechnen. Zwei Menschen haben bereits Suizid begangen. In Pakistan, wo Ehebruch gesetzlich verboten ist, nutzten achttausend Menschen das Angebot von Ashley Madison. Wer sich dort anmeldete, muss sich im Klaren darüber gewesen sein, dass Ehebruch immer gefährlich ist; dennoch verführte irgendetwas diese Leute zur Teilnahme. Die vermutete Anonymität ist eben ein wirksamer Cyber-Effekt. Wie wir wissen, kann sich die Gefahr außerdem vom virtuellen ins reale Leben verlagern. In Pakistan heißt das leider, dass betroffene Nutzer ins Gefängnis wandern könnten. Entsprechend kursierte im Internet der Vorschlag, Ashley Madison solle sein Motto von »Das Leben ist kurz. Haben Sie eine Affäre!« zu »Das Leben ist kurz. Besorgen Sie sich einen Anwalt!« ändern.

Sex kann wie eine Droge wirken. Gleiches gilt für die Liebe. Die Digitaltechnologien haben dieselben Bedingungen – Erreichbarkeit und ständige Versuchung – geschaffen, wie sie auch Film- und Rockstars sowie Profisportler ständig plagen (oder erfreuen), die vielleicht versuchen, treu und monogam zu sein, aber einfach keine Übermenschen sind. Jemandem, der mit Impulsivität oder Zwangsverhalten kämpft, kann das Versprechen dieser Seitensprung-Apps ernste Probleme bereiten.

Bereits im Jahr 2009 stand im *Guardian*, dass eine Facebook-Affäre oder ein Cyber-Seitensprung immer öfter als Scheidungsgrund vor britischen Familiengerichten genannt werden.[267] In selben Jahr berichteten die Medien über verschiedene Vorfälle – eine Frau, die entdecken musste, dass ihr Mann Cybersex mit einem anderen Mann hatte, eine andere Frau, die herausfand, dass ihr Mann eine Facebook-Affäre hatte, und ein britisches Ehepaar, das sich scheiden ließ, als sich herausstellte, dass der Mann seine Frau mit einer »Geliebten« aus der virtuellen Welt *Second Life* betrog (wo sich Avatare treffen, um miteinander zu reden, zu tanzen oder zu spielen).

Im Bereich des ethisch-moralischen Umgangs mit dem Ehebruch ändert sich die Gesetzeslage immer noch und macht je nach Land unterschiedliche Entwicklungen durch.[268] In Großbritannien und Kanada gelten das Versenden sexuell aufgeladener Textmitteilungen, das Absetzen schmutziger Posts auf Facebook und weitere Erscheinungsformen der Untreue nicht *per se* als Ehebruch, solange es in der realen Welt nicht zum Geschlechtsverkehr kommt. Dennoch können Handlungen dieser Art als Gründe für die Beendigung einer Ehe angeführt werden. In den USA wurde die exzessive Nutzung des Internets, sei es bei der Partnersuche oder beim Online Gaming, vor Gericht bereits vorgebracht, um auf Versäumnisse bei der Kindererziehung hinzuweisen, was sich wiederum auf die Verteilung des Sorgerechts auswirkte.

Zwar kann man das Ganze nicht als Ehebruch bezeichnen; das heißt jedoch nicht, dass Seitensprünge im Cyberspace keinen ernsten Vertrauensbruch bedeuteten. Diese Fehltritte haben sehr reale Konsequenzen. Wer sich aus einer festen Beziehung oder aus dem Familienleben entfernt, um im Internet nach Liebe oder einfach nur nach Cybersex zu suchen, kann seinem Partner oder seiner Familie das Gefühl vermitteln, im Stich gelassen oder zum Opfer gemacht worden zu sein. In einer Sonderausgabe der Zeitschrift *The Journal of Treatment and Prevention* wurden die emotionalen Folgen dieser virtuellen Zerstreuungen und Treulosigkeiten in einem überzeugenden Artikel mit dem Titel »Is it Really Cheating« (»Ist es wirklich Betrug?«) diskutiert, der mich davon überzeugte, dass diese Form der Untreue zu einer Traumatisierung führen kann.[269]

Da sich die Gefühle der realen Welt auch auf die virtuelle übertragen, werden Seitensprünge im Cyberspace ebenfalls von Eifersucht begleitet – außerdem gibt es Selbsthilfe-Websites, die Partner potentieller Fremdgeher darüber informieren, wie sie eindeutige Zeichen für Untreue im Internet erkennen. Unzählige Studien haben bewiesen, dass die Aktivität in den sozialen Netzwerken bei Nutzern Eifersucht auslösen und anheizen kann, was mich darauf bringt, die Aufmerksamkeit kurz auf die Geschichte eines Mordfalls zu lenken. Diese Geschichte erzählt von der unkontrollierbaren Online-Eifersucht des Italieners Guiseppe Castro, der seine Frau enthauptete, weil er sie einer Internet-Affäre verdächtigte.[270]

»Ständig chattete sie mit anderen Männern«, erklärte er gegenüber der Polizei. »Ich konnte es einfach nicht mehr ertragen.«

Virtuelle Freundinnen

Die japanische Videospielreihe LovePlus, die für die tragbare Nintendo-DS-Konsole und Apples iOS erhältlich ist, gibt dem Spieler die Möglichkeit, mit einem Avatar eine Liebesbeziehung einzugehen.[271] Die Spiele werden als »Dating-Simulatoren« vermarktet, durch die man lernen soll, wie man eine Beziehung führt und vielleicht sogar liebt. Seit seiner Einführung im Jahr 2010 hat LovePlus Hunderttausende Spieler auf der ganzen Welt in ihren Bann gezogen, von Jungen und Mädchen im Mittelschulalter bis hin zu Erwachsenen, die die Gesellschaft einer der drei süßen künstlichen Mädchenfiguren namens Rinko, Manaka und Nene anderen vorziehen. Die drei Charaktere stehen dem Spieler zur Verfügung, der sich dann nicht mehr mit echten Menschen herumzuschlagen braucht.

Rinko, Manaka und Nene sind bezaubernd und hingebungsvoll. Ihre Persönlichkeitsmerkmale können über die Einstellungen angepasst werden. Und das Beste daran: Anders als beim Cyber-Melodram *Her* sind die Mädchen darauf programmiert,

Sie niemals im Stich zu lassen. Das sieht ihr Code einfach nicht vor.

Spieler geben an, dass sich ihre Liebe für die virtuellen Freundinnen echt anfühle – und dass diese Zuneigung sie tröste, unterstütze und ihnen das Gefühl gebe, jemand kümmere sich um sie. Aus Studien wissen wir, dass Menschen echte und authentische emotionale Bindungen zu virtuellen Figuren ausbilden können.[272] Ein Avatar spiegelt stets einen Teil seines Erzeugers wider und könnte in mancherlei Hinsicht mehr verraten als ein bewusst hergestelltes und ausgewähltes Selbstporträt.

Manche nutzen das Spiel als Rückzugsort während einer schmerzlichen Trennung. »Ich würde sagen, dass eine Beziehung mit einer Figur aus LovePlus eine echte Beziehung darstellt«, erklärt der Anthropologe Patrick Galbraith, der sich auf die japanische Popkultur spezialisiert hat. »Die Leute sind tatsächlich auf intimer Ebene involviert.«

Aber können wir das Ganze wirklich Liebe nennen, wenn es nichts zu verlieren gibt? Würde irgendwer jemals ein Lied über Rinko, Manaka und Nene schreiben? Wenn die Menschen sich an die bedingungslose Maschinenliebe gewöhnen, wie wirkt sich das dann auf ihre emotionale Widerstandskraft nach einer wirklichen Trennung aus?

Lassen Sie uns einen Schritt weitergehen. Wenn Menschen zurückhaltende und hingebungsvolle japanische Anime-Figuren gegenüber echten Frauen zu bevorzugen beginnen, was heißt das dann für die menschliche Zukunft? Wie Norman Holland schreibt, entspricht das der Handlung der Science-Fiction-Geschichte *The Stepford Wives* (deutscher Titel: *Die Frauen von Stepford*), einem Männertraum über Frauen, die aufgrund ihrer Unterwürfigkeit besonders zufriedenstellen und keine eigenen Bedürfnisse haben, weil sie Roboter sind.

Damit unsere Spezies überleben und gedeihen kann, müssen sich Menschen mit anderen Menschen paaren und dürfen nicht nur von Rinko, Manaka und Nene träumen. In Japan ist diese Sorge längst Wirklichkeit geworden. Bei einer von den Behörden in Auftrag gegebenen und kürzlich veröffentlichten Umfrage stellte sich nämlich heraus, dass schätzungsweise beinahe 40 Prozent aller japanischen Männer und Frauen zwischen zwanzig und vierzig Jahren Singles sind, keine Beziehung führen und auch nicht daran interessiert sind, einen Partner zu finden.[273] Beziehungen wurden wiederholt als »lästig« umschrieben.

Bei einer anderen Studie zeigte sich wiederum, dass einer von vier männlichen Japanern noch Jungfrau war. Die Anzahl der jungfräulichen Singlefrauen in ihren Dreißigern war nur geringfügig höher. Damals bemerkte Shingo Sakatsume, der als »Sex-Berater« arbeitet und Jungfrauen mittleren Alters mit Ratschlägen zur Seite steht: »In der japanischen Kultur gibt es viele Unterhaltungsmöglichkeiten jenseits von Liebe und Geschlechtsverkehr. Wir haben Animation, Berühmtheiten, Comics, Spiele und Sport … Warum sollte man stattdessen Sex oder Liebe wählen und das Risiko von Schmerz und Leid eingehen? Der illusionäre Traum vom perfekten Partner hat gemeinsam mit der japanischen Angst vorm Scheitern ein ernstes gesellschaftliches Problem geschaffen.«

Wenn man den augenblicklichen Trend nicht aufhalten kann, wird die Bevölkerung Japans bis 2060 um mehr als 30 Prozent schrumpfen.

Cyber-Zölibat

Gehen Sie nun aber nicht davon aus, dass die explodierende Zahl der Jungfrauen nur auf Japan beschränkt wäre. Es gibt eine ganze Reihe Faktoren im Internet – zunächst einmal wäre da die Unsichtbarkeit –, die in der realen Welt eine erhöhte

Angst vor dem Scheitern und den Wunsch nach Schmerzvermeidung auslösen könnten, indem man den menschlichen Kontakt auf virtuelle Beziehungen limitiert. Je weniger Übung die Bevölkerung in der Interaktion von Angesicht zu Angesicht hat, desto größer dürfte die Gefahr werden, dass sie darin noch schlechter wird, wodurch sich ihre Verletzlichkeit nur erhöht. Trotz aller kulturellen Erwägungen könnte das, was in Japan passiert, überall geschehen.

Die Intimität ist mit Risiken verbunden und kann manchen Schwierigkeiten bereiten. Wer in früheren Beziehungen schmerzhafte Erfahrungen gemacht hat oder in einer entwicklungspsychologischen Phase Probleme hatte, dem kann die Intimität als zu gefährlich und riskant erscheinen. In ihrem Buch *Verloren unter 100 Freunden* gibt die Autorin Sherry Turkle Einblick in die Anziehungskraft der Digitaltechnologien und ihrer Fähigkeit, die Angst vor der Intimität zu festigen oder zu fördern: »Verunsichert von unseren Beziehungen und voller Angst vor zu großer Nähe, tauchen wir heute in digitale Welten ein, um Beziehungen zu führen und gleichzeitig vor ihnen sicher zu sein.«[274]

Ich frage mich jedoch, ob die Technologien selbst uns davon abhalten, die Intimität zu erlernen – und uns in einer engen, liebevollen, persönlichen Beziehung wohl zu fühlen. Manche Studien legen nahe, dass Begegnungen von Angesicht zu Angesicht, ob nun romantischer Art oder nicht, beständig auf dem Rückzug sind. Außerdem gibt es Hinweise, dass Dating-Apps und Sexting sowie andere Formen des virtuellen Kontakts tatsächlich negative Auswirkungen auf das menschliche Sexualleben haben könnten – und, was besonders wichtig ist, auf das, was wir traditionellerweise als menschliche Intimität verstehen. Dr. Craig Malkin, klinischer Psychologe an der Harvard Medical School, behauptet, die Technologie selbst könne dafür sorgen, dass wir uns vor Intimität fürchten:

Merkwürdigerweise scheinen sich unsere Gehirne nicht dafür zu interessieren, ob der Rausch von Sex, Drogen oder einem phantastischen Gewinn bei World of Warcraft herrührt.[275] Alle sorgen dafür, dass große Mengen Dopamin, ein glücklich machender Neurotransmitter, im Belohnungszentrum des Gehirns ausgeschüttet werden. Und da das Dopamin so etwas wie eine neurologische Antriebsfeder ist, bringt es uns dazu, immer wieder nach demselben Rausch zu suchen, unabhängig von den Folgen. Während Videospiele und Pornographie unsere Einsamkeit nie und nimmer zu heilen vermögen, werden beide im Laufe der Zeit zu einer unfassbar süchtig machenden Ersatzbefriedigung – und *das* macht es immer einfacher, sich von den Menschen ab- und dem Cyberspace zuzuwenden.

Letztlich missbrauchen Menschen im Cyber-Zölibat dann die Technologien, wie manche zuweilen ihren Schmerz in Alkohol ertränken. Sie setzen auf die Technik, um die Erleichterung, Entspannung, Selbstberuhigung, Aufregung und sogar den (wenn auch beschränkten) Kontakt zu erhalten, die ihnen sonst Menschen im realen Leben verschaffen könnten …

Und deshalb ist das Cyber-Zölibat für uns alle ein Problem. Wir alle fürchten uns *ein wenig* vor Intimität, nicht wahr? Manche Forscher gehen sogar davon aus, dass die technologisch bedingte Isolation zumindest einen der Faktoren darstellt, die zum Rückgang der Zahl von Ehen und festen Langzeitbeziehungen geführt haben.

Mit anderen Worten: Trotz der im ersten Kapitel dargelegten Tatsachen und trotz all der Beweise, die dafür sprechen, dass wir uns mitten in einer sexuellen Revolution befinden, hat das heutige, von einfach erreichbaren Affären bestimmte Zeitalter offenbar zu mehr Intimität und vielleicht sogar mehr sexueller Aktivität im Internet geführt, dafür aber für weniger richtigen Geschlechtsverkehr in der realen Welt gesorgt.[276] Wie

Turkle sagt, sind heute mehr Menschen denn je »allein unter 100 Freunden«. So lautet die neue Definition der sexuellen Intimität in der Ära der Technologie.

Das unheimliche Tal

Romantische Liebe war noch nie einfach. Man kann es den Leuten wohl kaum vorwerfen, dass sie nach einfacheren Lösungen suchen, wie man es der IT-Branche auch nicht zur Last legen kann, dass sie ständig bessere Mittel und Wege erfindet. Die Suche nach etwas, dass der echten romantischen Liebe und Gesellschaft nahe kommt (allerdings ohne die Schwierigkeit, mit echten Menschen interagieren zu müssen), bringt Technologen und ihre Industrie dazu, Lösungen auf der Ebene der künstlichen Intelligenz zu entwerfen – Roboter, die für alle möglichen Ziele und Zwecke programmiert werden, vom Trost bis hin zur Therapie.

Das Feld der Cyber-Liebe und der Robotertechnik wächst, und die Sexbot-Industrie zieht mittlerweile das große Geld, technische Innovationen und Kunstfertigkeit auf höchstem Niveau an, damit Roboter so lebensnah wie möglich werden.[277] Tatsächlich sind Roboter inzwischen so realistisch, dass ein japanischer Hersteller eines humanoiden Roboters – ein süßer sozialer Begleiter mit Hundeaugen, der auf den Namen Pepper hört – den ungewöhnlichen Schritt gehen musste, eine dringende »Geschäftsbedingung« für die Nutzer zu erstellen: »Der Benutzer darf keine sexuelle oder anderweitig sittenwidrige Handlung« mit der Maschine ausführen, die für das gemeinsame Leben mit den Menschen geschaffen wurde.[278] Ein unzufriedener Besitzer wurde verhaftet, nachdem er Pepper in seinem alkoholumnebelten Zorn angegriffen hatte.

Was Liebe und – echte – Beziehungen angeht, wird es eines

Tages vielleicht, wie im Film, Avatare und Roboter geben, die das menschliche Wesen so gut nachzuahmen vermögen, dass echte Menschen sich unsterblich in sie verlieben. Im Augenblick ist allerdings ein bekanntes technisches Hindernis im Weg. In der Filmindustrie trat dieses Problem erstmals auf, als Pixar[279] im Jahr 1988 einen computeranimierten Kurzfilm namens *Tin Toy* einem Testpublikum vorführte und erfahren musste, dass die Leute den Anblick eines realistischen, Spielzeug terrorisierenden Menschenkindes nicht ertragen konnten. Die Reaktion fiel so harsch aus, dass Pixar entschied, von nun an keine Animationsfilme mehr zu produzieren, in denen das äußere Erscheinungsbild der Figuren allzu menschenähnlich war. Warum sollte eine »allzu menschenähnliche« Animation das Publikum abstoßen?

»Wir wissen immer noch nicht, warum dieses Phänomen auftritt oder ob man sich daran gewöhnen kann, und die Leute sind sich nicht zwangsläufig einig, dass es überhaupt existiert«, erklärte Ayse Saygin, Kognitionswissenschaftlerin an der University of California in San Diego, gegenüber der *Scientific American*. »Das ist einer dieser Fälle, bei denen wir mit unserem Verständnis noch ganz am Anfang stehen.«

Manche meinen, eine perfekte Kopie sei akzeptabel, eine Annäherung aber nicht, da sie zu unheimlich sei. »Pixar hat mit *Tin Toy* seine Lektion gelernt«, fasste Thalia Wheatley zusammen, Psychologin am Dartmouth College. »Wir müssen das menschliche Äußere exakt treffen oder es erst gar nicht versuchen.«

Filmemacher setzen besonders im Bereich der Animation vermehrt auf CGI-Techniken (CGI steht für *computer-generated imagery*), die eine nahezu naturgetreue Nachbildung eines Menschen ermöglichen. Die Figuren im Film *Avatar* waren jedoch aus gutem Grunde blau – das Publikum hielt sie für betörend schön. Das Publikum und die Kritiker zeigten beim

Anblick des Zugführers und anderer Figuren aus *Der Polarexpress* wiederum eine negative Reaktion. (War das wirklich Tom Hanks?) Statt das menschliche Wesen zu replizieren, schienen diese Nachbildungen dem Publikum ein mulmiges oder schlechtes Gefühl zu bereiten – eine ähnliche Reaktion löst der Anblick einer schiefgegangenen Schönheitsoperation bei manchen Menschen aus.

Viele Leute reagieren auf eine allzu menschenähnliche Nachbildung eben nicht mit Bewunderung, sondern mit Abscheu.

Dieses Phänomen hat sogar einen Namen: »The Uncanny Valley« (»Das unheimliche Tal«), auch bekannt als »Akzeptanzlücke«. Masahiro Mori, Professor für Robotik am Tokioer Institute of Technology, führte dieses Konzept 1970 ein.[280]

Mori, mittlerweile Ende achtzig, wandte sich vor etwa fünfzig Jahren der Robotertechnik zu, bevor die Begriffe Roboter oder Robotik überhaupt erst auf seinen Forschungsbereich angewendet wurden. Mori entwarf eine der ersten dreifingrigen künstlichen Hände, die in der Industrie für die Beförderung radioaktiven Materials eingesetzt wurden. Später erfolgte eine Weiterentwicklung zur Prothese für Behinderte.

Bei der Arbeit an der Roboterhand empfand Mori dann zum ersten Mal ein von ihm als »unheimlich« beschriebenes Gefühl.[281] Um die emotionale Wirkung des Anblicks dieser Hand wissenschaftlich zu illustrieren, entwarf er zur graphischen Darstellung ein Diagramm. Auf der x-Achse war die »Menschenähnlichkeit« abzulesen, auf der y-Achse die »Vertrautheit«. Damit wollte er die menschliche Reaktion auf verschiedene Roboter-Prototypen aufzeichnen. Es zeigte sich, dass grobschlächtige Industrieroboter aufgrund ihrer geringen Menschenähnlichkeit nur sehr wenig Vertrautheit auslösten, während Spielzeugroboter, die wie R2-D2 oder C-3PO aus *Star Wars* auf mechanische Art sehr süß aussehen können, in der

Mitte landeten. Wenn Roboter allerdings zu menschenähnlich wurden, brach die Vertrautheit zusammen, was sich auf Moris Diagramm in einer steil abfallenden Kurve offenbarte – daher auch die Bezeichnung »unheimliches Tal«.

Falls Sie sich nun fragen, ob diese Abscheu kulturell bedingt ist: Die Antwort ist nein. Selbst Affen scheinen diesen Reflex zu besitzen: Bei einem Experiment stellte sich heraus, dass die Affen reale und unrealistische Affengesichter länger betrachteten als künstlich erzeugte realistische Gesichter.[282] Das bedeutet, es handelt sich um einen festverwurzelten Urinstinkt. Warum?

Moris Beobachtungen haben erst in den letzten Jahren größere Bekanntheit erlangt und wurden in technisch interessierten Kreisen heiß diskutiert; seine Erkenntnisse sind jedoch zeitlos. »Ich denke, dieser Abfall erklärt das Geheimnis, das sich tief unter dem unheimlichen Tal verbirgt«, schrieb er. »Warum sind wir mit diesem unheimlichen Gefühl ausgestattet? Ist es für uns Menschen von essentieller Bedeutung? Bislang habe ich noch nicht gründlich über diese Frage nachgedacht; ich hege jedoch keinen Zweifel, dass dieser Reflex ein wesentlicher Bestandteil unseres Selbsterhaltungstriebs ist.«

Mori spekuliert außerdem über den Grund für dieses Phänomen: »Nahe Gefahrenquellen sind Leichen, Exemplare anderer Arten und andere Wesen, denen wir uns auf geringe Distanz nähern können.«

Mori hat eine ungewöhnliche Herangehensweise an Wissenschaft und Forschung. Er hört auf seine Intuition und die rätselhaften, aber gutdokumentierten Reaktionen unzähliger anderer. Er zweifelt nicht daran, dass es für dieses durchdringende Gefühl eine Ursache gibt. In der Wissenschaft wird das Gegenteil erwartet. Wir dürfen nicht einfach so von irgendetwas ausgehen, solange keine Studien und keine Forschungsergebnisse zur Bestätigung der Annahme vorliegen.

Mori sagt jedoch etwas anderes: Man muss den menschlichen Gefühlen Aufmerksamkeit schenken. Es gibt sie nicht ohne Grund. Außerdem empfiehlt er, weiter nach nichtmenschlichen Designs zu suchen und die intuitive, aber geheimnisvolle menschliche Reaktion auf Fälschungen zu respektieren. Warum sollten wir sonst mit diesem unheimlichen Gefühl ausgestattet worden sein, wie er es ausdrückt?

Gibt es für uns Menschen nicht wesentliche Dinge, auf die wir auch dann achten müssen, wenn noch keine abschließenden Untersuchungen vorliegen? Ich bin in dieser Hinsicht sehr leidenschaftlich, weil ich es in Zeiten, in denen die technologische Entwicklung die Wissenschaft mit Sicherheit bald überholen wird, für dringend geboten halte. In Ermangelung von Studien brauchen wir mehr gesunden Menschenverstand.

Und Respekt für das Menschliche.

Manch einer, der auf dem Gebiet der Robotertechnik oder in der CGI-Branche arbeitet, sieht das *Uncanny Valley* als Design-Herausforderung und ist wild entschlossen, eine Lösung dafür zu finden. Was geschieht, falls das jemals gelingt? Stellen Sie sich vor, was die Zukunft bringen mag, sollten die Hersteller von Maschinen mit künstlicher Intelligenz die Menschen emotional ins Visier nehmen. Wie Spiele und Apps, an deren Benutzung wir uns gewöhnt und die wir ins Herz geschlossen haben, um uns zum Zwecke der Unterhaltung, des Lustgewinns oder der Intimität an sie zu wenden, werden auch die Roboter wohl ebenso verführerisch wie unwiderstehlich sein. Es könnte ganz harmlos anfangen, etwa mit einem bezaubernden Roboter oder Avatar, in den man sich einfach verlieben muss. Künstliche Intelligenz, sei sie in einen Roboter oder in einen Tinder-Algorithmus eingebettet, kann das menschliche Leben auf tiefster und umfassendster Ebene beeinflussen – von der Partnersuche bis hin zur Intimität. Wir bewegen uns von der natürlichen hin zur künstlichen Auslese.

Sollten wir die Entwicklung auf technologischem Gebiet bis über den menschlichen Instinkt hinaustreiben, nur weil wir dazu in der Lage sind? Ich halte das *Uncanny Valley* oder die Akzeptanzlücke für ein evolutionäres Warnsignal. Der Mensch verfügt über eine angeborene, intuitive Angst vor Schlangen und Spinnen, vor Höhe und engen Räumen (und vor Leichen, wie Mori aufzeigt). Diese Abneigungen sind keineswegs sinnlos. Sie sind Urängste – instinktive Reaktionen, die der Selbsterhaltung und der Ausbreitung der Art dienen. Diese Aversionen entstanden zu unserem Schutz, und sie haben uns gute Dienste geleistet, vom prähistorischen Kontakt mit dem Neandertaler bis hin zur komplexen Beziehung mit anderen Vertretern des *Homo sapiens*. Vielleicht müssen wir Moris Warnungen mehr Beachtung schenken – das heißt, auf die kleinen Dinge achten. Und einer größeren Sache mehr Aufmerksamkeit schenken: der Liebe.

KAPITEL 7

DIE CYBERCHONDRIE UND DIE ÜBERBESORGTEN

Die Phantasie ist eine tolle Sache. Wissenschaftler gehen davon aus, dass die Vorstellungskraft einen evolutionären Sinn hat und dass wir uns die Phantasie zu eigen gemacht haben, um Gefahren im Voraus zu erkennen. Als unsere prähistorischen Vorfahren in einer gefährlichen Welt um ihr Überleben kämpften, lernten sie, potentiell riskante Situationen abzuschätzen, indem sie sich die Gefahren ausmalten: »Wenn ich an dieser Baumgruppe da vorne vorbeigehe, werde ich vielleicht von einem darin verborgenen wilden Tier angefallen.« Und sie lernten, sich vorzustellen, wie sie die Gefahr am besten vermieden. Indem wir uns den schlimmstmöglichen Fall vor Augen führen, vermögen wir die Angst und den Schrecken zu kontrollieren und mental ruhig und gelassen lebenswichtige Entscheidungen zu treffen.

Sobald wir jedoch ins Internet gehen und dort nach medizinischem Rat suchen, ändert sich die Lage. Versuchen wir etwas über eine körperliche Beschwerde herauszufinden, die uns heimsucht – oder über die wir uns Sorgen machen –, lässt die für die Dämpfung unserer Ängste scheinbar so nützliche Information unsere Sorgen nur eskalieren. Zudem mehren sich Hinweise, dass solch ein Verhalten uns möglicherweise nur noch kranker macht.

Heutzutage kennen Ärzte dieses Phänomen sehr gut. Immer mehr Patienten, die in den Praxen und Kliniken vorstellig werden, erscheinen dort von der Angst zerfressen, sie könnten an einer schrecklichen Krankheit leiden. Sie haben ihre Symptome »recherchiert« und kommen nun mit ihrer Google-Ausbeute in die Sprechstunden, um ihre laienhafte medizinische Meinung zu untermauern, die sie sich durch das Surfen im Internet gebildet haben.[283] Einige wenige Ärzte unterstützen sogar diesen gemeinschaftlichen Ansatz. Insgesamt jedoch hält die Ärzteschaft nichts davon, weil ein solches Vorgehen das korrekte Diagnoseverfahren unterlaufen kann. Das gilt besonders dann, wenn es keine körperlichen Hinweise gibt. Ein Patient kann online gehen und seinen Ausschlag mit Bildern aus einem Verzeichnis von Hautkrankheiten vergleichen, was vielleicht sogar zu sinnvollen Ergebnissen führt. Wo körperliche Symptome fehlen, basiert ein solches Vorgehen allerdings auf reiner Spekulation und ist deshalb nicht hilfreich. Das trifft auch auf psychische Erkrankungen zu. Manche Leute mögen das Ausfüllen von Online-Persönlichkeitstests über Angststörungen oder problematisches Trinkverhalten faszinierend finden, während andere am Desktop vielleicht sogar eine Schizophrenie- oder Borderline-Selbstdiagnose durchführen, obwohl nur qualifizierte Fachleute eine solche Krankheit diagnostizieren sollten.

Zahllose ärztliche Kollegen haben mir die Frustration geschildert, die sie empfinden, wenn Patienten ihre Diagnose bereits vor der Untersuchung zu kennen meinen. Die erste Hälfte der Sitzung verbringen die Ärzte dann damit, diese Leute davon zu überzeugen, dass ihre hypothetische Annahme Schwachstellen aufweist: »Nein, Sie haben kein Dengue-Fieber«, keine »ansteckende Flussblindheit« und auch keine andere Krankheit, die es nur im Dschungel von Amazonien gibt.

Auf diese eigentlich guten Nachrichten reagieren die Betroffenen dann oft nur mit zurückhaltender Erleichterung oder gar einem Anflug von Enttäuschung. Patienten hören es eben nicht gern, dass ihre ach so tolle ärztliche Detektivarbeit keine guten

Ergebnisse gezeitigt hat. Unterdessen tickt die Uhr draußen im überfüllten Wartezimmer weiter, wo die wirklich Kranken weiterhin auf ihre Behandlung warten.

Hier ist einer der Gründe, warum die Gesundheitskosten so hoch sind: Laut Berichten werden in den USA bis zu zwanzig Milliarden US-Dollar jährlich für unnötige Arztbesuche ausgegeben.[284] Wie viele dieser verschwendeten Sitzungen gehen auf einen Cyber-Effekt zurück?

Es hat durchaus Vorteile, bei der Gesundheit wachsam zu sein. Im Internet sind so viele gute wissenschaftliche Erkenntnisse und medizinische Informationen zugänglich, dass uns das World Wide Web eigentlich gesünder und glücklicher als je zuvor machen sollte. Leider ist dem aber nicht immer so. Betrachten Sie beispielsweise das Schicksal von Lisa, einer gesunden, umsichtigen und gebildeten Frau, die nicht zu impulsivem Verhalten neigte und dennoch in der virtuellen Welt der Borreliose versank.

Die Phobie vor der Borreliose

Lisa, eine Frau von Mitte vierzig, reiste vor ein paar Sommern nach Cape Cod, Massachusetts, um dort Michelle zu treffen, eine alte Freundin aus Kindertagen. Die Frauen beteiligten sich an der Planung ihres 30-jährigen Highschool-Klassentreffens und nutzten ihre gemeinsame Zeit, um mit der Arbeit zu beginnen. Nach einem Morgen voll Brainstorming und viel zu viel Kaffee unternahmen die beiden einen Spaziergang durch den Wald entlang der Bucht, da sie einen klaren Kopf bekommen wollten. Lisa hatte gehört, dass es auf Cape Cod viele Borreliose-Fälle gegeben habe, weshalb sie sich bei Michelle danach erkundigte, ob es dort auch sicher sei. Tatsächlich war gerade Zeckenhochsaison. Diese blutsaugenden Parasiten sind in den bewaldeten Gegenden im Frühjahr und Spätsommer besonders aktiv.

Sobald sie das Wort »Zecke« nur hörte, juckte es Lisa am ganzen Körper, als ob die Spinnentiere überall auf ihr herumkrabbelten. Als sie am selben Abend zu Bett ging, fand sie tatsächlich eine kleine Rehzecke in der Größe eines Sesamsamens, die sich an ihrem Nacken festgesaugt hatte. Da sie sich nicht sicher war, wie man das Tier am besten entfernte – mit einer Pinzette oder mit den Fingernägeln –, ging sie ins Internet und versuchte die Ruhe zu bewahren, während sie sich durch die Suchergebnisse klickte. Während die Zecke sich zufrieden an ihr labte, führte Lisas Online-Recherche sie zu einer offiziellen Informationsseite des U.S. Center for Disease Control and Prevention (CDC). Weil sie die in einem anderen Teil des Hauses schlafende Michelle nicht wecken wollte, folgte Lisa der Schritt-für-Schritt-Anleitung der CDC. Mit kühler Konzentration und der Hilfe ihres chirurgischen Instruments (einer Pinzette) sowie zweier Spiegel entfernte sie die glücklose Zecke und spülte sie die Toilette hinunter. Für die »postoperative Behandlung« rieb sie die Wunde mit Alkohol ein.

Zwar war die Zecke nun weg, doch Lisas Angst wuchs. Weil sie vor Stress nicht einschlafen konnte, fasste sie den Entschluss, mehr über die Borreliose zu erfahren, eine von Zecken übertragene Krankheit, die seit den späten 1970er Jahren im oberen Mittleren Westen und den nordöstlichen Regionen der USA bekannt ist. Damals wurde bei einer unwahrscheinlich hohen Zahl von Schulkindern aus Connecticut juvenile idiopathische Arthritis (auch bekannt als »Kinderrheuma«) diagnostiziert. Wie sich herausstellte, hatten die Kinder sich über infizierte Zecken in der Region angesteckt.

Besonders frustrierend an der Borreliose sind die Vielfalt und die mangelnde Eindeutigkeit der Symptome, weshalb sie sich nur schwer diagnostizieren lässt. Die Krankheit wird heiß diskutiert, vor allem auch die Frage, ob es wirklich so etwas wie eine »chronische Borreliose« gibt und wie sie behandelt werden sollte. Irgendwo – wahrscheinlich in einem der Medienberichte über die Erkrankung – hatte Lisa aufgeschnappt, dass eine unbehandelte Borreliose ernste Auswirkungen haben kann.

Während sie sich mit jedem Klick tiefer in der Welt der medizinischen Recherche verstrickte und von den Folgen der Borreliose erfuhr – von Stimmungsschwankungen bis hin zur Hirnhautentzündung –, tat Lisa das, was eine Menge Menschen rund um den Globus mittlerweile üblicherweise tun, wenn sie krank sind oder meinen, sie könnten krank sein. Bei einer großangelegten internationalen Studie gab eine Mehrheit der Teilnehmer an, dass sie im Internet nach Medikamenten suchten, während beinahe die Hälfte der Befragten zugab, nach einer Online-Recherche eine Selbstdiagnose zu stellen.[285] Bei einer nachfolgenden Umfrage gaben 83 Prozent der 13 373 Befragten wiederum an, dass sie im Internet oft nach Auskünften oder Ratschlägen zu gesundheitlichen Fragen, Medikamenten oder Erkrankungen suchten. Menschen in Schwellenländern nutzten zu diesem Zweck am häufigsten Online-Quellen: Von zwölf Ländern standen China (mit 94 Prozent), Thailand (mit 93 Prozent), Saudi-Arabien (mit 91 Prozent) und Indien (mit 90 Prozent) an der Spitze.

Sich um die eigene Gesundheit – oder die nahestehender Personen – zu sorgen, ist vollkommen normal. In gewisser Hinsicht ist das ein natürliches Resultat des Bewusstseins der eigenen körperlichen Verletzlichkeit und der eigenen Sterblichkeit. Was sagen Menschen aus allen erdenklichen Kulturkreisen rund um die Welt wohl am häufigsten, wenn Freunde und Familie zusammenkommen und ihr Glas erheben? »Auf die Gesundheit!« In Äthiopien sagen sie »Le'tenachin!«, auf Arabisch heißt es »Be sahtak!«, auf Bosnisch »Nazdrawje!« und auf Tschechisch »Na zradwi!«. In Irland sagen wir: »Auf ein gesundes und langes Leben, Land ohne Pacht, jedes Jahr ein Kind und den Tod im alten Irland!« (»Land ohne Pacht« soll an unsere Zeiten als Kolonie erinnern. Ganz wie das Internet vergisst nämlich auch Irland nie – wir haben sogar einen Weg gefunden, einen beliebten Toast auf die Gesundheit mit einer politischen Botschaft zu versehen.)[286]

Die wichtige Frage lautet: Wann wird aus dem normalen Wunsch nach Gesundheit und der Bereitschaft, alle zugänglichen Informationen zu nutzen, um die eigene Gesundheit zu schützen, eine Gefahr? Wann sorgen sich die Überbesorgten im wahrsten Sinne des Wortes so übermäßig, dass sie krank werden?[287]

Leider geschieht das heutzutage sehr schnell, oft angestiftet und begünstigt von den Digitaltechnologien.

Wenn Sie vor zwanzig Jahren spürten, dass sich eine körperliche Erkrankung anzubahnen begann, die so lange anhielt, dass sie Ihren Tagesablauf und Ihre Arbeitsfähigkeit beeinträchtigte, suchten Sie eine ärztliche Sprechstunde auf, um einen echten Experten zu konsultieren, der über eine jahrelange, strenge medizinische Ausbildung, eine beruhigende Art und eine Wartezimmerwand voll beeindruckender Zeugnisse verfügte. Im Digitalzeitalter recherchieren wir selbst unsere Symptome, so wie Lisa es tat. Es ist ein Laienspiel, bei dem man selbst in die Rolle des Arztes schlüpft. Wenn man sich schlecht fühlt, sucht man oft als Erstes im Internet nach einer Antwort, wo man eine der unzähligen verfügbaren Seiten mit medizinischen Auskünften aufruft, von denen viele sich mit Gütesiegeln und Markennamen zieren, die Glaubwürdigkeit suggerieren sollen. Das Internet ist eine virtuelle Schatzkiste voller medizinischer Wunder, vom beeindruckenden Internetauftritt der Mayo Clinic bis hin zu den von persönlichen Meinungen durchzogenen Inhalten von Blogs und Foren. Die Auswahl ist schier endlos.

Cyber-Psychologen sind zu der Erkenntnis gelangt, dass

Menschen im Internet auf unterschiedliche Art und Weise Urteile fällen.[288] Nach Expertenangaben ist ungefähr die Hälfte der online zugänglichen medizinischen Informationen ungenau oder umstritten. Die Kriterien, anhand derer die im Internet nach Auskünften Suchenden die Glaubwürdigkeit ihrer Quellen bestimmen, sind jedoch ziemlich oberflächlich: Die Menschen achten eher auf die allgemeine Gestaltung der Website, die Markenbekanntheit des jeweiligen Anbieters und die Frage, ob der erteilte Rat von einem Experten oder von Menschen mit ähnlichen Erfahrungen zu stammen scheint, als auf die Korrektheit der Angaben selbst.[289] Es gibt sogar Auszeichnungen für das beste Design einer Gesundheits-Website, die dann Plattformen wie WebMD.com mit 40 Millionen Unique Visitors pro Monat, NIH.gov mit 22 Millionen Unique Visitors pro Monat und MayoClinic.org mit 17 Millionen Unique Visitors pro Monat verliehen werden.[290] Aufgrund ihres makellosen, klinischen Äußeren – und ihrer enormen Popularität – scheinen medizinische Websites eine verlässliche Quelle für Auskünfte zu sein.

Lisa verlor irgendwann ihr Zeitgefühl – aus ein paar Minuten wurden Stunden, erst eine, dann zwei. In dem Zustand erhöhter Angst, in dem sie war, lief ihre Phantasie Amok, und sie ignorierte Informationen, die sie hätten beruhigen können, beispielsweise die Tatsache, dass die meisten Zecken ungefährlich sind. Nur die kleinen Rehzecken tragen das Bakterium *Borrelia burgdorferi* in sich und können es auf Menschen übertragen. Das geschieht aber erst nach einem sechsunddreißig- bis achtundvierzigstündigen Kontakt mit dem Wirt. Obwohl ihr Waldspaziergang gerade einmal zwölf Stunden her war und die Zecke wahrscheinlich weniger als acht Stunden an ihr gesaugt hatte, machte Lisa sich immer noch Sorgen – und suchte nach mehr Informationen. Nach dem Motto: Vorsicht ist besser als Nachsicht.

Sie erfuhr, dass sich die Krankheit normalerweise zunächst in Form eines runden Flecks oder Rings rund um die Einstichstelle herum zeigt. Dieser Hautausschlag wird *erythema migrans* genannt – »Wanderröte«. Schreitet die Krankheit voran, zeigt der befallene Patient innerhalb einer Woche oder eines Monats verschiedene verbreitete Symptome: Halsschmerzen, einen steifen Nacken, Fieber, Schüttelfrost, Hautausschlag und starke Gliederschmerzen. Das Ganze kann sich wie eine Grippe anfühlen. Schon beim bloßen Gedanken daran wurde Lisas Kopf ganz heiß.

Sie legte ihren Laptop beiseite, zog abermals ihren Spiegel hervor und verrenkte sich wie ein Schlangenmensch, um den Zeckenbiss zu betrachten. Sie entdeckte eine Rötung um die Einstichstelle herum, was nur dazu führte, dass sie sich noch mehr Sorgen machte. Schließlich kann eine unbehandelte Borreliose eine kräftezehrende arthritische Erkrankung, klinische Depressionen, Enzephalitis, Gesichtslähmungen, akute Herzmuskelentzündung und andere Komplikationen auslösen, die in manchen, wenn auch seltenen Fällen zum Tod führen. In einem Zeitraum von fünf Jahren starben Berichten zufolge hundertvierzehn US-Amerikaner an den Folgen einer Borreliose. Im selben Zeitraum fielen mehr als doppelt so viele Menschen einem Blitzeinschlag zum Opfer – doch das wusste Lisa nicht.[291]

Was war schlimmer: eine Gesichtslähmung oder der Tod?

Lisa war sich nicht sicher.

Ohne Zweifel ist die Tatsache, dass sich ein Parasit an ihrer Haut festsaugt, seine Beißwerkzeuge in sie hineingräbt und ihr Blut trinkt, allein schon beunruhigend genug. Als Lisa aber die medizinischen Websites und von Borreliose-Patienten frequentierten Foren besuchte, ließ sie das nur noch verstörter und verzweifelter zurück. Die Forenteilnehmer bedienten sich einer exklusiven eigenen Sprache, um ihre persönlichen Geschichten zu erzählen, und sprachen, ohne lange zu überlegen, als wäre das Ganze ein Wettbewerb, über das fortgeschrittene Stadium ihrer Borreliose und darüber, wie viele Behandlungen sie bereits erfolglos ausprobiert hatten.

Ich bin mir sicher, dass jeder von uns irgendwann im Leben einmal im Wartezimmer eines Arztes saß und mit einer Person konfrontiert wurde, die ich »Katastrophia, die Mutter aller Patienten« nennen möchte. Diese Person erfreut einen dann mit einer Aufzählung all der erbarmungslosen Schrecken, die ihre Krankengeschichte ausmacht: »Und gerade als ich dachte, es könnte gar nicht mehr schlimmer werden …«

Man ruft zwar innerlich leise »Es reicht!«, aber man ist gefangen, und die sozialen Gepflogenheiten gebieten es nun einmal, dass man höflich dasitzt und nickt.

Der Punkt ist der: Die meisten Kranken erholen sich irgendwann und leben ihr Leben weiter. Es gibt jedoch eine Minderheit, die sich lieber weiter mit ihrer Krankheit befasst – weil sie die Aufmerksamkeit genießt, die sie erhält, wenn sie andere mit ihren medizinischen Horrorgeschichten unterhält. Diese Menschen suchen nach einem Umfeld, in dem sie von ihrem Schmerz und ihrem Leid berichten können. Die Digitaltechnologien bieten ihnen nun die Möglichkeit, gleichsam über die Cloud in einem Wartezimmer zu sitzen. Die Online-Gesundheitsforen, in denen ein tausendköpfiges Publikum wartet, sind für den chronischen Nörgler und, schlimmer noch, den wirklich psychisch Kranken wie gemacht.

Die Behandlung von Borreliose ist tatsächlich ebenso einfach wie effektiv, wenn sie in einem frühen Stadium beginnt – eine drei- bis vierwöchige Einnahme des Antibiotikums Doxycyclin reicht normalerweise aus. Nur ein sehr kleiner Teil glückloser Patienten hat danach immer noch Probleme. Doch genau diese Minderheit dominiert solche Foren.

Sie sucht die Aufmerksamkeit, und die Technologien erleichtern ebendies.

Betrachten Sie beispielsweise die Seite MDJunction.com, die »Online-Selbsthilfegruppen für Ihre gesundheitlichen Probleme« bereithält und sich selbst als »aktives Zentrum für Online-Selbsthilfegruppen« beschreibt, einen »Ort, an dem Tag für Tag Tausende zusammenkommen, um ihre Gefühle, Fragen und Hoffnungen mit Gleichgesinnten zu teilen«.[292]

Die Teilnahme an einer Gemeinschaft hilft erwiesenermaßen bei der Stabilisierung der Gesundheit und sorgt für ein langes Leben; zudem ist der Altruismus bekanntermaßen ein Vorteil sozialer Interaktionen im Internet. Es passt also, dass der Auftrag und das erklärte Ziel von MDJunction Unterstützung und Zuspruch sind. Zudem gibt der Anbieter auf seiner Homepage an, in den ersten acht Jahren seines Bestehens hätten mehr als sechzehn Millionen Nutzer die Website aufgesucht. Die Plattform bietet achthundert unterschiedliche Selbsthilfegruppen, in denen die Notleidenden ihre entsprechenden Pendants finden – Menschen, die unter Lupus, rheumatischer Arthritis, Fibromyalgie, Zirrhose, Morbus Chron, verschiedenen affektiven Störungen und vielen anderen Erkrankungen leiden.

Noch vor gar nicht allzu langer Zeit wäre es unvorstellbar – um nicht zu sagen, unmöglich – gewesen, so viele Patienten mit ebenso schwer diagnostizierbaren wie komplexen Krankheiten an einem Ort zu versammeln oder mit ihnen in Echtzeit zu kommunizieren, besonders im Hinblick auf die geringe statistische Wahrscheinlichkeit manch einer Erkrankung. MDJunction.com ermöglicht genau das: einen Ort, an dem die Menschen zusammenkommen, Tipps über Ernährung austauschen und sich gegenseitig Ratschläge bezüglich ihrer Behandlung geben. Unter der Rubrik »Sonstiges« können die Forenteilnehmer Witze erzählen oder einfach nur Dampf ablassen.

In gewisser Hinsicht handelt es sich um eine Form von medizinischer Kuppelei, weil sich verschiedene Einzelpersonen mit ähnlichen Symptomen zusammenschließen. Die Art und

Weise, in der die Menschen sich entsprechend ihrer Erkrankung den Foren zuordnen, hat zudem zu einem grundlegenden Wandel bezüglich der psychologischen Auswirkungen des jeweiligen Umfeldes geführt. Für Epidemiologen, die die Auftretenshäufigkeit von Erkrankungen in der breiten Bevölkerung untersuchen, sind Krankheiten ein Zahlenspiel. Wie viele Leute kennen Sie zum Beispiel persönlich, die schon einmal eine Erkältung hatten? Sagen wir einmal: Hunderte oder Tausende. Wie viele Leute kennen Sie dagegen, die bereits einmal an der Schweinegrippe erkrankt sind? Nicht sehr viele. Dieser Unterschied in der Auftretenshäufigkeit ist nicht nur für Wissenschaftler interessant. Er wirkt sich auch auf die Wahrnehmung unserer Gesundheit und unserer Anfälligkeit aus. Mit anderen Worten: Aufgrund der relativen Auftretenshäufigkeit haben Sie den Eindruck, eher an einer Erkältung als an der Schweinegrippe zu leiden.

Bis Sie ins Internet gehen – wo eine virtuelle Gemeinschaft aus Einzelpersonen, die nur einen kleinen Teil einer aus mehreren Abermillionen bestehenden Bevölkerung ausmacht, plötzlich auf ihrem Computerbildschirm auftaucht, und zwar mit beinahe denselben Symptomen. Dieser Cyber-Effekt wirkt sich ernsthaft auf ihre Wahrnehmung aus. So wurde Lisa in eine Welt gespült, in der jeder, auf den sie traf oder über den sie las, behauptete, an Borreliose zu leiden – häufig in einem dramatischen Spätstadium. Wie bereits an anderer Stelle erwähnt, handelt es sich auch hier um einen Online-Zusammenschluss – die von einem Algorithmus erleichterte Interaktion zwischen einem und vielen sowie zwischen vielen und einem. Auf ähnliche Art und Weise finden sich auch Menschen mit abweichendem Sexualverhalten und Swinger im Internet, allerdings mit anderem Ergebnis. Im Umfeld eines Gesundheitsforums hält man sich, umgeben von Leidensgenossen, sehr viel eher für krank – sogar für schwerkrank.

Die Teilnehmer des Borreliose-Forums, in dem Lisa schließlich landete, hatten mehr als 20 000 verschiedene Themeneinträge mit mehr als siebenmal so vielen Antworten über die Krankheit verfasst. Trotz des Versprechens gegenseitigen Trosts waren die meisten Antworten erschreckend. Im Jahr 2009 legte eine junge Mutter einem Borreliose-Neuling die Einzelheiten ihrer Behandlung dar:

> Ich nehme vierzig Tabletten am Tag; zweimal die Woche erhalte ich eine B12-Spritze. Viermal die Woche brauche ich zweimal täglich eine Rocephin-IV-Injektion. Mein mit Borreliose vertrauter Arzt wird bei meinem nächsten Termin im Juni, ähm, wohl ein paar Dinge umstellen, sollte es mir bis dahin nicht bessergehen. Nur die Zukunft wird zeigen, was das bringt. Ähm, ich habe meine Diagnose im Januar erhalten. Ich bin fast mein ganzes Leben, wenn nicht sogar mein ganzes Leben krank gewesen.
> Uns wird nichts anderes übrigbleiben, als so gut wie möglich herauszufinden, wie man diese Krankheit sowie ihre Nebenwirkungen bekämpft und wie wir für unsere Gesundheit einstehen. Bleib einfach positiv, dann wird es im Laufe der Zeit einfacher, die Diagnose zu akzeptieren und weiterzumachen.
> Manchmal ist alles zu viel, weil ich die Krankheit an meine beiden Töchter weitergegeben habe und ich sie nicht leiden sehen möchte. Aber ich habe, ähm, mit den beiden über die Erkrankung gesprochen, und sie haben kein Problem damit. Das macht es für mich leichter.

Wer sind diese »Experten«, die sich in den Gesundheitsforen tummeln? In diesem schlanken, virtuellen und sozial verarmten Medium gelten die althergebrachten Mittel und Wege zum Vertrauensaufbau nicht mehr. Wenn man nicht weiß, mit wem man gerade spricht, warum – und das ist eine sehr viel wichtigere Frage – sollte man dann den Rat dieser Leute annehmen?

Laut den Foreneinträgen gab es dank einer neuen Studie Hinweise, dass die Borreliose von einer Schwangeren an ihr ungeborenes Kind weitergegeben werden könnte[293], während eine andere Studie nahelegte, dass die Krankheit möglicherweise sexuell übertragbar sei[294]. Dass die meisten Ärzte diese Studien für nicht beweiskräftig hielten, blieb unerwähnt. Wie bei den meisten Websites dieser Art wird der Inhalt der Einträge nicht auf ihre Richtigkeit überprüft. Medizinische Falschinformationen können außerdem von einer Website zur nächsten wandern, weshalb die Recherche dann ergibt, dass die Informationen übereinstimmen und daher korrekt sind.[295] In Wirklichkeit handelt es sich jedoch um nichts anderes als das Kopieren und Einfügen falscher Tatsachen und Meinungen. Bei einer vom Pew Internet Project durchgeführten Untersuchung zu medizinischen Suchanfragen in den USA stellte sich heraus, dass acht von zehn Online-Recherchen zum Thema Gesundheit zwar mit einer Suchmaschine begannen, aber nur eine Minderheit aller Suchenden sich daraufhin die Mühe machte, die Quellen der auf der Website präsentierten Informationen oder das Entstehungsdatum der Website selbst zu überprüfen.[296]

Lisas Panik wuchs, als sie die Einträge und Kommentare der angeblichen »Borreliose-Experten« durchlas. Aufgrund all der neuen Informationen über Medikamente, Spritzen und Symptome schwirrte ihr der Kopf … »Wenn ich so darüber nachdenke, fühlt sich mein Nacken tatsächlich ein wenig steif an.« Wäre sie logisch an diesen körperlichen Eindruck herangegangen, hätte sie erkannt, dass der Schmerz in ihrem Nacken wahrscheinlich nicht von der Borreliose herrührte, sondern davon, dass sie stundenlang über den Laptop gebeugt dagesessen hatte.

Bei der Angst um die eigene Gesundheit geht es aber nicht um Logik.

Ganz unten auf MDJunction.com findet sich ein kleingedruckter Haftungsausschluss – eine jener endlos langen Aufzählungen von allgemeinen Geschäftsbedingungen, die niemand wirklich liest, bevor er ihnen »zustimmt«. Das erinnert mich an die Hinweise, die in WCs und an Restaurantgarderoben hängen: »Keine Haftung bei Verlust oder Diebstahl.«

Man könnte nun argumentieren, dass der Inhaber sich der Gefahren bewusst ist, weil er ausdrücklich die Haftung ausschließt. Der medizinische Haftungsausschluss ganz unten auf der von Lisa betrachteten Seite – »Die auf MDJunction bereitgestellten Informationen sind kein Ersatz für ärztliche Konsultation, Diagnose oder professionelle medizinische Behandlung« – mündet im selben Gedanken.

Lisa, bisher eine gesunde, umsichtige und relativ sorglose Frau, war zu diesem Zeitpunkt allerdings bereits tief in Hysterie versunken. Als die Sonne aufging, fasste die übermüdete und erschöpfte Lisa den Entschluss, sie werde nicht zulassen, dass die Borreliose von ihrem Körper Besitz ergriff und ihr Leben ruinierte, wie sie das Leben so vieler Menschen ruiniert hatte, die sie mittlerweile zumindest gefühlt kannte. Sie suchte nach einer örtlichen Klinik, überprüfte die Öffnungszeiten und bat per E-Mail um einen Termin, obwohl die Klinik offene Sprechstunden anbot und daher kein Termin erforderlich war. Sie versah die Fahrtroute auf ihrem Handy mit einem Lesezeichen, notierte die Dosis Antibiotika, nach der sie sich erkundigen wollte, und rief ihren Ehemann an, um ihm die schlechten Nachrichten zu überbringen.

Ihr Besuch auf Cape Cod war ein Desaster. Als sie am Abend endlich zu Hause eintraf – Michelle und sie waren bei der Planung ihres Highschool-Treffens keinen Schritt weitergekommen –, hatte Lisa Hunderte Dollar für einen unnötigen Arztbesuch ausgegeben und ein Rezept für eine Reihe starker Antibiotika erhalten, die bei ihr Verdauungsprobleme, eine Magenschleimhautentzündung und eine sehr unangenehme

Pilzinfektion auslösten. Noch schlimmer war, dass auf Lisas Wartezimmerstuhl vorher ein Teenager mit einer hochansteckenden Grippe und vierzig Grad Fieber gesessen hatte. Drei Tage später erwischte Lisa dieselbe Grippe – ihre ganze Familie steckte sich bei ihr an. Die nächsten zwei Wochen verbrachte die gesamte Mannschaft im Bett.

Hatte Lisa denn nun wirklich Borreliose? Sehr wahrscheinlich nicht. Ihre Erkrankung war heimtückischer: Sie war quasi über Nacht zum Paradebeispiel eines für das 21. Jahrhundert so typischen Phänomens geworden: der »Cyberchondrie«.

Symptom + Algorithmus = gesteigerte Angst

Der menschliche Geist ist ein äußerst komplexer Apparat – ein wunderbarer Irrgarten biologischer Ingenieurskunst und Gestaltung. Trotz jahrhundertelanger wissenschaftlicher Forschung sind die dunkelsten Ecken unserer Psyche immer noch nicht voll und ganz bekannt. Die sogenannte Psychosomatik umfasst Körper und Geist. Es gibt einen Allgemeinplatz, der zwar verkürzt sein mag, die Sache aber recht gut auf den Punkt bringt: »Alles Kopfsache.«

Niemand hat den klassischen Hypochonder so gut beschrieben wie Joseph Heller in *Catch-22*. In diesem satirischen Roman über den Zweiten Weltkrieg begegnen wir Hungry Joe, einem Airforce-Piloten, der seine obligatorischen fünfzig Feindflüge hinter sich hat und nun darauf wartet, nach Hause zurückkehren zu dürfen. Hungry Joe leidet an einem ganzen Arsenal neurotischer Tendenzen und Zwänge. Er »stellte Listen tödlicher Krankheiten auf und ordnete sie in alphabetischer Reihenfolge, so dass er ohne Zeitverlust den Finger auf jede Krankheit legen konnte, derentwegen er sich Sorgen zu machen wünschte«.

Zwar erschien der Roman Jahrzehnte vor dem Aufkommen

des Internets, doch Hungry Joes Verhalten ist überaus typisch für das 21. Jahrhundert: die angestrengte Suche nach Symptomen, das Anfertigen von Listen zur genauen Einordnung und der Drang, sich Sorgen zu machen, der sich durch die weitere Recherche nur verstärkt. Hungry Joe ist ein Hochleistungshypochonder, der von seinen Ängsten abhängig ist.

Im Jahr 2001 fiel der Begriff »Cyberchondrie« zum ersten Mal in einem BBC-News-Bericht; 2003 wurde er in einem Artikel der *Neurology, Neurosurgery and Psychiatry* übernommen und dadurch bekannt.[297] Später wurde die Bezeichnung von Ryen White und Eric Horvitz, zwei wegweisenden Forschern bei Microsoft, in einer bahnbrechenden Studie abermals aufgegriffen.[298] Die beiden wollten damit ein in Entwicklung befindliches Phänomen beschreiben, das durch die Digitaltechnologien verursacht worden war – mit anderen Worten: einen Cyber-Effekt. Wir Cyber-Psychologen definieren die Cyberchondrie als »Angstzustände, die durch Online-Suchen zu gesundheitlichen Fragen eine Eskalation erfahren«.

Der vage Sammelbegriff »Angstzustände« umfasst tatsächlich eine Reihe von Emotionen, die sich als Erscheinungsformen dieser Angst zeigen: Besorgtheit, Nervosität, Furcht, Panik und Hysterie.[299] Der Begriff »Eskalation« bezieht sich im medizinischen Kontext auf den üblichen Verlauf von ganz normalen Beschwerden, aus denen dann ebenso ernste wie seltene Krankheiten werden. Man sucht beispielsweise im Internet nach »Halsschmerzen« und landet unversehens bei erschreckenden Beschreibungen von Speiseröhrenkrebs. Auch die Angst kann eskalieren.

Wie schlimm ist Cyberchondrie? Es hilft, sich psychosomatische Störungen als Spektrum vorzustellen. Die Familie der Erkrankungen, die mittlerweile unter dem Sammelbegriff »somatoforme Störungen« zusammengefasst werden, beinhaltet körperliche Beschwerden, die auf gesundheitliche Probleme hinweisen, für die jedoch keine organischen Ursachen vorliegen. Am linken Ende des Spektrums stoßen wir auf die Überbesorgten, die sich, wie wir alle, hin und wieder einreden, sie wären krank, obwohl sie es nicht sind. Rechts daneben finden wir »leichte Hypochonder«, deren Hypochondrie zwar kurzlebig, aber qualvoll sein kann. Gordon J.G. Asmundson, führender Wissenschaftler auf dem Gebiet, spricht davon, dass hypochondrische Angstzustände zurückzuführen seien auf »Befürchtungen und Sorgen, die auf der Interpretation bzw. häufiger noch auf der *Fehlinterpretation* körperlicher Anzeichen beruhen«. Angstzustände kommen in der normalen Bevölkerung vor und wirken sich in manchen Fällen störend auf Beziehungen, Arbeitsleben und Freizeitbeschäftigungen aus.

Noch ernster ist die »Cyberchondrie«, die entweder ebenfalls schnell vorbeigeht oder chronisch werden kann. Das erste Mal hörte ich von diesem Begriff, als ich die Arbeit von White und Horvitz las, die 2008 ihre Forschungsergebnisse veröffentlichten und ihr wissenschaftliches Werk mit der Untersuchung einer von Suchrobotern erstellten, vierzig Millionen Seiten umfassenden Zufallsstichprobe begannen.

Vierzig Millionen Seiten? Das nenne ich mal eine Studie!

Die wissenschaftliche Forschung verlässt sich seit dem Jahr 1662, als der englische Händler John Graunt eine Methode zur Schätzung der Londoner Bevölkerung auf Basis unvollständiger Informationen – also einer Stichprobe – erfand, sehr stark auf die Stichprobenuntersuchung. Heutzutage erscheint der bloße Gedanke an die Stichprobenuntersuchung allerdings als ziemlich altmodisch. Nun, da sich die Massendaten durchsetzen, werden die traditionellen Forschungsmethoden nach und nach verworfen. Warum sollte man eine begrenzte Teilmenge oder eine repräsentative Stichprobe betrachten, wenn man stattdessen alles betrachten kann? Die unbekannte Stichprobe *N*, die die Wissenschaftler zu definieren versuchen, könnte irgendwann die gesamte bekannte Bevölkerung selbst umfassen.

Mit Hilfe der größten Studie ihrer Art – lassen Sie uns einen Augenblick innehalten und darüber nachdenken, was es bedeutet, vierzig Millionen Stück von irgendetwas zu betrachten –, gelang White und Horvitz der Beweis für den Zusammenhang zwischen medizinischen Online-Suchen und einer höheren Auftretenshäufigkeit von Hypochondrie. Als 10 000 dieser von Suchrobotern zusammengestellten »Webcrawls« manuell untersucht wurden, bestätigte sich, dass viele Suchanfragen eskaliert waren – was wiederum bewies, dass die Betreffenden sich zunächst über normale Beschwerden informiert hatten und schließlich bei ebenso ernsten wie seltenen Erkrankungen gelandet waren. In einer begleitenden Studie, an der 515 Personen teilnahmen, gaben neun von zehn Befragten an, dass sie zumindest einmal bereits eine Online-Suche nach Beschwerden für häufige Krankheiten durchgeführt hatten, die dann zur Überprüfung der Symptome schwerer Erkrankungen geführt hatte. Einer von fünf gab an, dies passiere ihm »häufiger«.

Das Fazit: »Das Internet kann die Ängste von Personen mit kaum oder gar keiner medizinischen Ausbildung verstärken«, schrieben White und Horvitz, »besonders dann, wenn zu diagnostischen Zwecken eine Online-Suche durchgeführt wird.«

Ich lernte Eric Horvitz 2012 auf einer Microsoft-Konferenz kennen und saß beim Abendessen neben ihm. Damals befasste sich weniger als eine Handvoll Menschen mit der Erforschung der Cyberchondrie. Ich war zu diesem Zeitpunkt bereits drei Jahre mit seiner hervorragenden Arbeit vertraut, hatte meine eigenen Forschungen angestellt und von seinen Erkenntnissen inspirierte wissenschaftliche Arbeiten verfasst. An diesem Abend unterhielten wir uns pausenlos über alles Mögliche, von der Hypochondrie bis hin zum Münchhausen-Syndrom by Internet (auf letztgenanntes Phänomen möchte ich später in diesem Kapitel genauer eingehen). Unsere Tischgenossen schauten uns verdutzt an, als versuchten sie herauszufinden, welche Sprache wir da eigentlich sprachen. »Cyberchondrie?«, warf jemand ein. »Den Film kenne ich noch nicht.«

Der überaus nützliche Informationsdrang ist, wie in den vorangegangenen Kapiteln bereits erwähnt, ein natürlicher und ursprünglicher Trieb, der sich für uns ebenso wie die Suche an sich überaus befriedigend anfühlt, weil dabei Dopamin ausgeschüttet wird.[300] Bei gesundheitlichen Auskünften hält dieses gute Gefühl aber nicht sehr lang an.

Warum ist das so? Weil die Algorithmen hinter den Suchergebnissen jahrelang weder die klinische Auftretenshäufigkeit noch die statistische Wahrscheinlichkeit berücksichtigten. Stattdessen basierten sie auf anzeigenähnlichen Suchmodellen. Die Platzierung der Suchergebnisse erfolgte anhand der »Häufigkeit« – eine krude Maßeinheit, die dazu führte, dass Informationen anders präsentiert wurden, als Ärzte es täten. Stellen Sie sich einen Augenblick vor, Sie gingen mit Halsschmerzen zum Arzt, der Ihnen dann erzählte: »Nun ja, Sie könnten alles Mögliche haben, von einem Kater bis hin zu einem Hirntumor.« Wahrscheinlich würden Sie dann entgegnen: »Ach herrje! Erklären Sie mir das mit dem Hirntumor.«

Natürlich würde Ihr Arzt so etwas niemals sagen. Bei Online-Suchen zu gesundheitlichen Fragen geschah aber genau das. Die Suchmaschinen spuckten eine Reihe von Optionen aus, zu der jeweils auch die schlimmstmögliche zählte. Die Menschen neigten dazu, diese Suchergebnisse als erste anzuklicken. Das wirkte sich wiederum auf die Häufigkeit aus, wodurch die schlimmsten Deutungsmöglichkeiten an die Spitze der Suchergebnisse rückten. Und weil der Suchalgorithmus das Alter und das Geschlecht, den allgemeinen Gesundheitszustand und die jeweilige Krankheitsgeschichte nicht mit einbezog, fehlte fast der gesamte oder sogar der gesamte Kontext.

Zwei der Hauptgründe für Angstzustände sind Unsicherheit und vermeintliche Gefahr. Der Cyber-Effekt der medizinischen Online-Suche fügte der ganzen Mischung noch die Informationsüberflutung hinzu, was wiederum einen Teufelskreis auslöste, bei dem jeder in eine Angstspirale stürzen konnte. Das Ergebnis lautet: Statt der bedachten, geschulten Ansicht eines Arztes, der sich mit der Wahrscheinlichkeit einer Erkrankung und ihren Gefahren auskennt, betrachtet der Sorgengeplagte die Suchergebnisse und stößt ganz oben auf der Liste auf einige der extremsten und schreckenerregendsten potentiellen Szenarien.

Deshalb würde bei einer Online-Suche der Hirntumor als mögliche Ursache für Ihre Kopfschmerzen genannt werden, wobei jedoch jeder Hinweis darauf fehlte, dass nur 0,002 Prozent der Bevölkerung an einem solchen Tumor erkranken, und das vor allem in einer Altersgruppe, zu der Sie wahrscheinlich gar nicht gehören. Ja, Ihre Kopfschmerzen könnten Ihren sicheren Tod bedeuten. Doch die Chancen dafür sind verschwindend gering. Das Einzige, was die Online-Suche bewirkte, war eine große Portion Angst, die Ihnen wohl sehr viel mehr Schaden zufügte als die Krankheit, die Sie gar nicht hatten. So war es bis Anfang 2015, als sich alles änderte.

Wenn Sie heute nach den Begriffen »Kopf« und »Hals« suchen, erscheint ein Fenster, das auf die Wahrscheinlichkeit von »Kopf- und Halskrebs« hinweist. Ja, Sie mögen zwar noch immer die Symptomatologie einer Vielzahl bösartiger Hirntumore durchgehen, aber nun wissen Sie wenigstens, dass die Chancen einer Erkrankung »gering« sind.

Das hält manche Leute allerdings nicht davon ab, immer weiter zu suchen, als ob sie darauf hofften, etwas zu finden, das ihnen Sorgen bereiten kann.

Hungry Joe und die Hypochondrie

Hungry Joe wurde nervös, wenn er keine Einsätze fliegen konnte. Aus ihm war ein Adrenalinjunkie geworden, und sobald alles vorüber war, vermisste er die Anspannung und das Theater. War der Trubel vorbei, suchte er nach anderen Dingen, über die er sich den Kopf zerbrechen konnte, was die alphabetisch geordnete Liste all seiner Krankheiten und Wehwehchen bewies.

Bewegen wir uns weiter entlang meines Spektrums der gesundheitlichen Ängste, landen wir auf vertrautem Boden: bei der sogenannten Hypochondrie – eindeutig die Erkrankung, die Heller für Hungry Joe im Kopf hatte. Bis vor kurzem gab es einmal eine Krankheit namens Hypochondrie. Menschen, die an dieser Erkrankung litten, beschäftigten sich viel zu viel mit ihrer Gesundheit – bzw. mit ihrer schlechten Gesundheit. Ich schreibe »gab«, weil im *Handbuch der Differenzialdiagnosen* (DSM-5, die fünfte Ausgabe des *Diagnostischen und Statistischen Manuals Psychischer Störungen*) eine Reihe weitgehender Veränderungen vorgenommen wurden. Etwa 75 Prozent aller Symptome, die bis vor kurzem der Hypochondrie zugeordnet wurden, werden mittlerweile unter dem neu eingeführten diagnostischen Begriff der »somatischen Belastungsstörung« zusammengefasst, während die verbleibenden 25 Prozent inzwischen als Merkmale der sogenannten »Krankheitsangststörung« gelten.[301]

Der Verlust einer offiziellen Diagnose und Definition kann ebenfalls Angstzustände auslösen. Viele Leute hängen sehr stark an ihren diagnostischen Zuordnungen und können es deshalb nicht leiden, wenn es ihre Krankheit nach der geltenden Definition nicht mehr gibt. Bitte verzeihen Sie mir also, wenn ich um der Deutlichkeit willen den guten alten Begriff

Hypochondrie verwende, wie er allgemein aufgefasst wird. Die gesamte Literatur, auf die ich mich in diesem Zusammenhang beziehe und die im Laufe der letzten hundert Jahre verfasst wurde, benutzt diesen Ausdruck.

Wie sind Hypochonder wirklich? Ihre intensive Beschäftigung mit ihrer eigenen Gesundheit lenkt sie von ihrem Alltag ab und verändert ihr Leben – außerdem sind sie sich sicher, dass etwas mit ihnen nicht stimmt. Hypochonder täuschen ihre Beschwerden nicht etwa bewusst vor (im Gegensatz zu Menschen, die an anderen Störungen leiden, auf die ich in Kürze eingehen möchte), sondern können echte körperliche Symptome und organische Veränderungen ausbilden, für die es einzig und allein psychische Ursachen gibt. Familienmitglieder verdrehen vielleicht die Augen: »Rate mal, welchen Krebs Mama nun wieder hat?« In vielen Fällen spürt die Mutter aber wirklich den Schmerz, das Taubheitsgefühl, das Kribbeln oder die Anspannung, über die sie sich ständig beklagt.

Getrieben von ihrer enormen Angst und ihrer riesigen Vorstellungskraft, sind Hypochonder fest davon überzeugt, dass jedes noch so leichte Symptom und jede noch so kleine körperliche Beeinträchtigung Anzeichen einer ernsten und wahrscheinlich tödlichen Krankheit sein müssten, obwohl die Betroffenen Schwierigkeiten haben, ihre Beschwerden genau zu beschreiben. Sie sind Amateurmediziner, lesen begeistert Gesundheitsblätter, klinische Studien, medizinische Fachjournale und Bücher über gesundheitliche Themen. Sie holen regelmäßig ärztlichen Rat ein und sitzen häufig in Sprechzimmern, doch ihre Angst und ihre Sorgen können auch dadurch nicht beruhigt werden, dass ihnen der Arzt versichert, es sei alles in Ordnung mit ihnen.[302] Tatsächlich zeigen sie sich häufig sogar enttäuscht, wenn es keine körperlichen Probleme gibt. Dies verstärkt dann nur noch ihre Grübelei über eine nicht diagnostizierte Krankheit.

Ein anderes Merkmal des Hypochonders ist sein mangelndes Vertrauen in Ärzte – und sein unbewusster Wunsch, die ärztliche Autorität zu untergraben. Der Patient weiß es eben am besten. Wenn der Arzt dann kein Problem – und deshalb auch keine Behandlung – finden kann, sucht der Hypochonder den nächsten Mediziner auf. Der wiederholte Ärztewechsel in unangemessen kurzen Abständen weist gleichfalls auf Hypochondrie hin.

Sie werden wohl kaum einen Mediziner finden, der die Zeit mit diesen schwierigen Patienten genießt. Manche Ärzte halten jemanden mit hypochondrischen Neigungen für ein Ärgernis, das auf Kosten der wirklich Kranken Raum und Zeit in Anspruch nimmt. Und wenn der Tag dann endlich da ist, an dem ein Patient erfährt, dass er tatsächlich an einer diagnostizierbaren Erkrankung leidet und dass diese somatoforme Störung oder Hypochondrie heißt, löst das bei ihm nur noch mehr Wut und Frustration aus, was wiederum dazu führt, dass er sich noch stärker auf seine Gesundheit konzentriert. An dieser Stelle wäre es nun an der Zeit, sich nach psychotherapeutischer Hilfe umzusehen; ich fürchte jedoch, dass dies nur in den seltensten Fällen geschieht.

Zwischen 4 und 9 Prozent der Bevölkerung leiden an Hypochondrie.[303] Diese Zahl wurde bis zum Aufkommen und dem verbreiteten Einsatz des Internets jahrzehntelang von Studien bestätigt. Männer und Frauen sind gleichermaßen betroffen, und offenbar scheint die Hypochondrie in der Familie zu liegen, entweder weil sie vererbbar ist oder weil es sich dabei um im heimischen Umfeld erlerntes Verhalten handelt. Wie die meisten Menschen, die an einer solchen Störung leiden, muss der Hypochonder – kaum überraschend – mit einer weiten Bandbreite emotionaler Schwierigkeiten im Alltag rechnen – oft kämpft er mit Impulsivität, neurotischen Tendenzen und ist sich seiner Selbst aufs äußerste bewusst.[304] Normalerweise wird die Hypochondrie von Angststörungen und Depressionen begleitet.

Vor dem Aufkommen des Internets musste sich der gute alte Hypochonder noch mühsam durch dicke Wälzer wie *Gray's Atlas der Anatomie* blättern – Hunderte Seiten komplizierter, verschwurbelter medizinischer Texte –, um auf neue Ideen zu kommen und seine Angst zu schüren. Heutzutage zieht es die Frustrierten stattdessen ins Internet. Man kann diese Leute in Chatrooms oder Foren zu gesundheitlichen Fragen finden, in denen sie sich über ihre seltene Krankheit austauschen, oder sie melden sich auf Websites zur intuitiven Diagnostik an, wo ein Algorithmus dafür sorgt, dass sie ebenso einfach, Klick für Klick, zu einem Befund gelangen, wie die Nutzer von Computern durch die Installation einer neuen Software geführt werden. (An späterer Stelle werde ich noch einmal auf diese »Befunde« eingehen.) Inzwischen sind all diese Informationen – und noch viel mehr – nur noch einen Mausklick entfernt, und für den Hypochonder ist es ebenso schwer, dem zu widerstehen, wie es der Pornosüchtige ohne seine Online-Pornos aushält.

Was bringt jemanden also dazu, im Internet nach Antworten auf gesundheitliche Fragen zu suchen? Meine eigenen Recherchen legen nahe, dass viele Menschen einfach neugierig sind, gerne neues Wissen ansammeln und sich an dem damit verbundenen Eindruck der Eigenständigkeit erfreuen – was ihnen wiederum das Selbstvertrauen gibt, die ärztliche Autorität in Frage zu stellen. Andere Leute könnten sich diese Arztbesuche aus zeitlichen und finanziellen Gründen gar nicht leisten. Hier ein weiteres interessantes Puzzleteil auf der Suche nach dem Motiv: Ein Forscher fand heraus, dass ein Patient durchschnittlich acht Minuten im Behandlungszimmer eines Hausarztes verbringt; Patienten, die »sich ganz besonders gut auskennen« und mit Ausdrucken ihrer Suchergebnisse beim Arzt auftauchen, nehmen häufig mehr Zeit in Anspruch.[305]

Für den nach Aufmerksamkeit gierenden Patienten bedeutet das im Zeitalter überarbeiteter Ärzte mit einer ganzen Herde voller Patienten einen interessanten Vorteil: mehr persönliche Zeit mit dem Mediziner und daher ein höherer Gegenwert für sein Geld.

Psychosomatische Probleme sind hochkomplex und werden häufig von Impulsivität begleitet, die wiederum mit Sucht- und Zwangsverhalten in Verbindung steht. Die intermittierende Verstärkung, wie ich sie im zweiten Kapitel dargelegt habe, könnte ebenfalls Antrieb des Cyberchonders sein, weil die Online-Suche nach Symptomen zu einer Art Lotterie wird, die hin und wieder einen Preis abwirft.

Münchhausen-Syndrom by Internet

Bewegen wir uns weiter entlang unseres Spektrums, landen wir schließlich bei den sogenannten »Konversionsstörungen«, einer Kategorie, die die extremsten Erscheinungsformen chronischer Erkrankungen umfasst. Im allgemeinen Sprachgebrauch sind diese früher einmal »hysterische Amaurose« oder »hysterische Paralyse« genannten Störungen inzwischen als »hysterische« Störungen bekannt. Die ursprünglich »Münchhausen-Syndrom« genannte psychische Krankheit heißt inzwischen »funktionelles neurologisches Syndrom«. Bei dieser Störung denken sich die Patienten falsche Beschwerden oder Anzeichen für eine Erkrankung aus, um damit vor allem die Rolle eines Kranken einnehmen zu können.

Das Münchhausen-Syndrom selbst hat einen schillernden Hintergrund. Benannt wurde es nach Baron Karl Friedrich Hieronymus Freiherr von Münchhausen, der im 18. Jahrhundert lebte. Im Russisch-Österreichischen Türkenkrieg diente er dem russischen Zaren Peter II. Nachdem er sich zur Ruhe gesetzt hatte, wurde er zu einer Art Kuriosum, denn er wurde dafür bekannt, Geschichten über seine Abenteuer zu erzählen, die gelinde gesagt »übertrieben« waren. Im Jahr 1785, also noch zu Lebzeiten Baron Münchhausens, veröffentlichte der zum Dieb gewordene Gelehrte Rudolf Erich Raspe ein Buch namens *Baron Munchausen's Narrative of his Marvellous Travels and Campaigns in Russia* (dt. Fassung: *Münchhausens Abenteuer. Die fantastischen Erzählungen vollständig aus dem Englischen übersetzt*), in dem der Autor das Beste aus den haarsträubenden Geschichten des Freiherrn machte. Das Werk wurde ein großer Erfolg und sorgte dafür, dass der Name Münchhausen fortan mit wilden Lügengeschichten verbunden wurde. Ein britischer Arzt namens Richard Asher nahm den Begriff 1951 auf und wandte ihn auf Patienten an, die sich schwere Erkrankungen ausdachten. Fortan litten diese Leute am »Münchhausen-Syndrom«.[306] Später, im Jahr 1977, übernahm der Kinderarzt Roy Meadow den Begriff, um damit Menschen zu beschreiben, die sich Erkrankungen bei anderen ausdachten oder diese eigenhändig verursachten (üblicherweise bei Kindern) – das sogenannte »Münchhausen-Stellvertretersyndrom«.[307] Seitdem hat es bezüglich der Diagnostik und der Expertengutachten einige Kontroversen gegeben; außerdem sind inzwischen immer mehr eigenständige Krankheiten entstanden, die früher einmal unter den Begriff Münchhausen-Stellvertretersyndrom fielen.[308]

Menschen, die unter dem Münchhausen-Syndrom leiden, sind in Großbritannien auch als »Krankenhaussüchtige« bekannt; sie sind ein sehr viel seltenerer Schlag als Hypochonder, haben mit ihnen aber ein paar Merkmale gemein, darunter eine antagonistische Beziehung zum medizinischen Fachpersonal.[309] Wie Hypochonder neigen auch sie zu einem sehr großen Wissen über klinische Beschwerden, medizinische Behandlung und Pflege. Laura Criddle, Expertin für die Krankenpflege auf Intensivstationen, schreibt in ihrem Artikel »Monsters in the Closet« (»Verborgene Monster«), dass vom Münchhausen-Syndrom Betroffene ihre Störung oft nach einem Krankenhausaufenthalt wegen einer echten Erkrankung ausbilden und dann zu pathologischen Lügnern hinsichtlich angeblicher Beschwerden werden.[310] Es scheint sie emotional zu befriedigen, Ärzte hinters Licht zu führen, und offenbar genießen sie diese auf Betrug basierende Beziehung mit dem medizinischen Personal.

Tritt diese Störung als Münchhausen-Stellvertretersyndrom auf, ist sie sogar noch seltener – und das dahinterliegende Motiv ist ein anderes. Die unter dieser psychischen Störung leidenden Menschen (in 93 Prozent der Fälle die Mutter) nutzen zur Ausbildung einer gestörten Beziehung mit den medizinischen Experten einen Dritten (normalerweise ihr Kind). Dr. Meadow, der dieser Verhaltensweise ihren Namen gab, berichtete von einer Mutter, die zur Vortäuschung einer Krankheit ihr eigenes Blut in die Urinprobe ihres Babys mischte. Eine andere Mutter vergiftete ihr Kleinkind mit Tafelsalz.

Im Zentrum eines der berühmtesten Fälle des Münchhausen-Stellvertretersyndroms, das in den medizinischen Fachjournalen auch »Münchhausen by Proxy« (MSBP) genannt wird, stand Kathy Bush aus Florida. Deren zwölfjährige Tochter Jennifer musste im Laufe ihrer Kindheit zweihundert Krankenhausaufenthalte, vierzig operative Eingriffe, mehrere Vergiftungen sowie die Behandlung Dutzender ebenso ernster wie auffälliger Infektionen über sich ergehen lassen. Nach Kathy Bushs Verhaftung im Jahr 1999 wurde das Mädchen in die Obhut von Pflegeeltern in einem anderen Bundesstaat gegeben, wo sie ärztliche Betreuung erhielt und sich ihr Gesundheitszustand verbesserte. Später kehrte sie zu ihrer Mutter zurück und bestritt, dass es je zu einer Misshandlung gekommen war.

Dennoch handelt es sich um eine Form der Kindesmisshandlung, doch im Gegensatz zu Eltern oder Bezugspersonen, die einem Kind grausam Schaden zufügen, indem sie aus Wut oder Frustration auf es einschlagen, werden Mütter, die unter dem Münchhausen-Stellvertretersyndrom leiden, von dem unstillbaren Wunsch nach gesellschaftlicher Aufmerksamkeit und Anerkennung getrieben. Andere Leute erfolgreich hinters Licht zu führen sowie Lob und Mitgefühl zu erhalten ist für sie emotional befriedigend, genauso wie die Wahrnehmung durch Dritte, dass sie etwas Wichtiges tun. Natürlich spielen manchmal auch sekundäre Ziele oder Motive eine Rolle: das Leben in einer Sozialwohnung, die Abhängigkeit von Sozialhilfe, der Zugang zu kostenlosen Medikamenten oder die finanzielle Unterstützung. Der größte Antrieb scheint allerdings der Drang zu sein, als Engel und Retter gesehen zu werden – als stoischer Betreuer eines chronisch kranken Kindes. Er wird Teil der mütterlichen Identität.

Die Digitaltechnologien können eine vorgetäuschte Krankheit – wenn jemand bewusst eine Erkrankung simuliert oder aufbauscht – verschlimmern. Es bedarf keiner sonderlichen Vorstellungskraft, um sich auszumalen, was passiert, wenn ein Mensch mit einer solchen Störung auf die Unmenge an plausiblen Informationen stößt, die mittlerweile im Internet zugänglich sind – oder auf die Online Communitys, die sich dort versammeln. Bereits im Jahr 2000 prägte der in Birmingham, Alabama, lebende Psychiater Dr. Marc Feldman – der sich auf Störungen spezialisiert hat, bei denen die Betroffenen Erkrankungen simulieren – die Begriffe »virtuell vorgetäuschte Krankheit« und »Münchhausen-Syndrom by Internet«, um damit all jene zu beschreiben, die das World Wide Web nutzen, um ihren Betrug und ihre Maskerade zu erleichtern. (Dr. Feldman betreibt selbst eine Website zum Münchhausen-Syndrom, auf der die virtuelle Öffentlichkeit neue verdächtige Fälle melden kann.) Manch ein Experte geht sogar davon aus, dass es sich beim Münchhausen-Syndrom by Internet um den natürlichen nächsten Schritt in der Entwicklung der ursprünglichen Erkrankung handelt, weil der Cyberspace für die Irreführung des Patienten ein effizienteres und lohnenderes Umfeld bietet.[311] Denken Sie einmal darüber nach. Es ist nur logisch, dass das Mitgefühl von Tausenden Menschen im Internet sehr viel schwerer wiegt als das Mitgefühl eines Einzelnen in einem weißen Kittel. Statt nur einen kleinen Kreis aus Freunden, Nachbarn und medizinischem Fachpersonal hinters Licht zu führen, täuschen diese Leute potentiell Millionen.

Ein Blogger namens David Rose (auch bekannt als »Dave on Wheels«), der sich seinem virtuellen Publikum als ein in Los Angeles lebendes, hochgradig schwerhöriges Opfer der infantilen Zelebralparese und Tetraplegie präsentierte, stellt ein besonders erschreckendes Beispiel für das Münchhausen-Syndrom by Internet dar. Zwischen 2008 und 2012 zog der Blogger mit seinen spaßigen Randbemerkungen und seiner herzerweichenden Geschichte, die er nach eigener Aussage mit einem Tobii-Computer verfasste, der auf die Bewegung seiner Augen reagierte, immer mehr Follower auf Twitter und Facebook in seinen Bann. Als er mehr und mehr Aufmerksamkeit erhielt, begannen Kim Kardashian und andere Prominente, Daves traurig-nachdenklichen Sprüche und die tapfer-erbaulichen Einzeiler auf Twitter zu teilen. Dann veröffentlichte seine »Schwester« Nichole auf seinem Facebook-Auftritt plötzlich die erschreckende Nachricht, dass Dave an einer Lungenentzündung gestorben sei. Nach diesem unerträglichen Ende der Dave-on-Wheels-Saga hinterließen Tausende Beileidsbekundungen auf seiner Seite und teilten seine rührende Geschichte weiter im Internet. Ein besonders großer Fan buchte sogar eigens einen Flug, um bei Daves Beerdigung dabei zu sein, was wiederum »Nichole Rose« zu der Beichte veranlasste, dass sie Dave nur erfunden hatte, um »die Menschen zur Liebe und zu einem besseren Leben zu inspirieren«.

Wenn ein Mensch für seine pathologischen Lügen solche Mühen auf sich nimmt und sogar schauspielerisches Können aufbringt, steckt dahinter wahrscheinlich eine echte psychische Störung – und nicht nur der Wunsch, sich einen Internetschwindel oder einen netten kleinen Scherz auszudenken. Und trotz des Mitgefühls, nach dem sich die Betroffenen des Münchhausen-Syndroms so sehr sehnen, fällt es einigermaßen schwer, solches Mitgefühl für Leute aufzubringen, die Menschen gerne hinters Licht führen und manipulieren, wie sich auch das Mitgefühl für Personen mit Münchhausen-Stellvertretersyndrom in Grenzen hält, die ihre Kinder für ihren emotionalen Gewinn misshandeln. Im Gegensatz dazu ist das »Cyberchondrie-Stellvertretersyndrom«, dem wir uns als Nächstes zuwenden wollen, häufig das Ergebnis guter Absichten, die ganz fürchterlich schiefgehen.

Cyberchondrie-Stellvertretersyndrom

Der *Sydney Morning Herald* berichtete von einem hingebungsvollen Sohn, der sich um seinen Vater sorgte, einen einundsiebzigjährigen Mann, der sich über Schmerzen im Körper und, beim Kauen, im Kiefer beklagte. Seine Diagnose lautete Riesenzellarteriitis, eine Gefäßentzündung, die besonders die Kopf und Gehirn mit Blut versorgenden Arterien befällt. Er nahm eine Reihe Medikamente ein.

Der Sohn war skeptisch, was die Medikation seines Vaters anging – er fragte sich, ob dessen Schmerzen auf die Nebenwirkungen der verschriebenen Medikamente zurückgingen. Natürlich fand er bei seiner Online-Recherche genau das, was er suchte.[312] Die Beschwerden seines Vaters wurden als mögliche Nebenwirkungen des weitverbreiteten cholesterinsenkenden Mittels Lipitor beschrieben, das der Arzt seinem Vater verschrieben hatte. Tja, das war einfach. Sein Vater musste die Einnahme nur unterbrechen, dann würden sie schon sehen, ob die Schmerzen verschwänden.

Als der Vater allerdings die Medikation mit Lipitor einstellte, verbesserte sich sein Zustand nicht etwa, sondern verschlechterte sich rapide. Die Schmerzen nahmen zu, und er wurde ins Krankenhaus eingeliefert. Die ärztliche Untersuchung ergab, dass sich die Riesenzellarteriitis deutlich verschlimmert hatte. Ohne Behandlung würde er sein Augenlicht verlieren. Warum verschlimmerte sich der Zustand des Vaters? Weil das Medikament ihm entgegen der Angaben im Internet nicht schadete – es rettete ihm das Leben.

Der Arzt des Mannes, Dr. Brian Morton, ehemaliger Präsident der in New South Wales ansässigen Australian Medical Association, erläuterte das Problem im Zeitungsbericht: »Dr. Google und wohlmeinende Angehörige können eben eine Katastrophe verursachen.«

Als ich die von White und Horvitz ursprünglich durchgeführte Studie las, war ich von der Detailtreue, der schieren Datenmenge und der Akribie, mit der die beiden Forscher ihre Ergebnisse zusammengetragen und ihr Krankheitsbild gestützt hatten, überaus beeindruckt. Allerdings weckte etwas anderes meine Aufmerksamkeit: Die Untersuchung ergab zwar, dass 58 Prozent aller im Internet nach Antworten auf gesundheitliche Fragen Suchenden diese Suche für sich selbst durchführten, doch eine andere Zahl sprang mir deutlicher ins Auge – der erstaunliche Anteil von etwas mehr als 40 Prozent aller Befragten, die für Freunde, Verwandte, Kollegen und so gut wie jeden anderen Recherchen anstellten.

Wissenschaftler nennen das eine »Quellenlücke«. Ich sah darin die Möglichkeit der Identifizierung eines neuen Typs der Cyberchondrie, der besonders Menschen betrifft, die ebenso regelmäßig wie zwanghaft für andere Online-Suchen durchführen. Als Muster zog ich das Münchhausen- und das Münchhausen-Stellvertretersyndrom heran. Als die spannenden Ergebnisse eingetrudelt waren und ich meine Erkenntnisse niederschrieb, führte ich den Begriff »Cyberchondrie-Stellvertretersyndrom« ein.

Niemand würde bestreiten, dass die Verantwortung, sich um junge Kinder und alternde Eltern zu kümmern, manchmal überwältigend ist. Wenn ein Kind hohes Fieber hat – selbst wenn dieses Fieber nur durch eine Erkältung oder Grippe ausgelöst wird –, erleben Eltern oft eine extreme Form der Angst. Laut Laura Criddle »zeigen alle Eltern irgendwo ein Spektrum medizinischer Bedürftigkeit«. Unzählige ganz normale Eltern machen sich Sorgen – und werden manchmal sogar übervorsichtig, übertreiben die Beschwerden und das Verhalten ihres Nachwuchses oder interpretieren sie falsch. Wenn man dann zufällig schon einmal einen Beinahe-Schaden erlebt hat und ein Arzt eine Fehldiagnose bezüglich der Erkrankung des eigenen Kindes gestellt hat, führt das unter Umständen zu wachsendem Misstrauen gegenüber dem medizinischen Fachpersonal. Dieses Trauma kann dann dafür sorgen, dass der Betroffene sogar noch abhängiger von Online-Suchen wird.[313] Eine der unglücklichsten Folgen des Cyberchondrie-Stellvertretersyndroms ist das laienhafte Verschreiben von Medikamenten, indem man verschreibungspflichtige Medikamente an arglose Freunde und Familienangehörige verteilt. Bitte teilen Sie Ihre Medikamente nicht mit geliebten Menschen! Und verweisen Sie bitte auch niemanden an eine kanadische Online-Apotheke, um günstigere Medikamente zu beschaffen! Mehr als 1600 dieser Internet-Apotheken (von denen keine wirklich in Kanada ansässig war) wurden 2013 geschlossen.[314] In vielen Fällen handelte es sich bei den von den verdeckten Ermittlern erworbenen und getesteten Mitteln nicht etwa um Generika, sondern um ausgemachte Fälschungen.

Bei meinen eigenen Recherchen in diesem Bereich stieß ich auf manch abschreckendes Beispiel. Eine Frau berichtete, dass ihr Partner Medikamente von einem Verwandten erhalten habe, der online danach recherchiert hatte. Allerdings war die angegebene Dosis zu hoch – tatsächlich handelte es sich um eine Überdosis. Eine Reihe Studienteilnehmer gaben an, sie hätten die ausgedruckten Suchergebnisse zum Arzt mitgenommen, weil sie die Online-Suche mit dem Einholen einer »Zweit- oder Drittmeinung« verglichen. Sie stellten fest, dass die Ärzte »herablassend«, »abschätzig« oder »irritiert« auf ihre Selbstdiagnose reagierten. Die Teilnehmer sprachen sich für die Nutzung von Chatrooms zum Austausch medizinischer Informationen aus.

Interessanterweise zeigen Menschen, die am Cyberchondrie-Stellvertretersyndrom leiden, Verhaltensweisen, die auch für schwerere Störungen typisch sind, darunter das Infragestellen ärztlicher Autorität, die zwanghafte Suche nach gesundheitlichen Informationen, die Verhaltenseskalation und das Überprüfen von Symptomen. Hier einen Zusammenhang herzustellen hätte den Rahmen meiner Studie gesprengt; meine Untersuchung mag aber wichtige Impulse liefern, um dieses Phänomen in den kommenden Jahren voll und ganz zu verstehen.

Ein Ergebnis spricht in meinen Augen Bände: Teilnehmer, die Mediziner in der Familie hatten, widerstanden der Versuchung, im Internet nach Antworten auf gesundheitliche Fragen zu suchen.

Ihre Phantasie und die künstliche Intelligenz

Es gibt die normale Suche – man tippt ein oder zwei Begriffe ein und erhält besorgniserregende Ergebnisse. Die meisten

Leute fangen dort an, weil sie so ihre Neugier bezüglich eines medizinischen Problems zu stillen hoffen.

Als Nächstes besuchen sie vielleicht eine diagnostische Website. Dort wird der besorgte Nutzer zur Bestimmung eines möglichen Befunds durch eine Reihe von Fragen geführt.

Hier zeigt sich die Macht der Suggestion. Wir Menschen sind eben sehr leicht beeinflussbar. Suggestibilität bedeutet, dass sich jemand »leicht von der Meinung anderer beeinflussen lässt« – in diesem Fall heißt das, von der Meinung eines Algorithmus.

Wie kann eine ganz normale, gesunde Person, die sich wegen ihrer Gesundheit Gedanken macht und deshalb ein wenig ängstlich ist, echte Beschwerden ausbilden?

Nehmen wir einmal an, Ihnen bereiten Schmerzen im Arm Sorgen. Gestern haben Sie im Fitnessstudio hart trainiert, doch daran denken Sie im Augenblick nicht. Also suchen Sie nach einer schönen diagnostischen Website, um ihre Ängste zu lindern. Wenn Sie dann die Begriffe »Schmerzen« und »Arme« eingeben, präsentiert man Ihnen eine hübsch gestaltete Graphik mit kleinen Richtungspfeilen. Zunächst sollen Sie angeben, ob Sie Schmerzen im Arm haben. Wenn Sie diese Frage bejahen, will man von ihnen wissen, ob Sie ein Kribbeln in den Fingern verspüren.

Folgendes können Sie zu Hause ausprobieren: Lassen Sie Ihre Arme am Körper herabhängen, schließen Sie die Augen und warten Sie eine Minute ab. Wenn Sie sich nun eine Linie vorstellen, die Ihren steifen Nacken über Ihre angespannten Schultern und Ihren wunden Tennisarm mit Ihren Fingerspitzen verbindet, die vom ständigen Tippen acht Stunden täglich immer noch klopfen, was spüren Sie dann?

Fühlen Sie dieses Kribbeln?

Natürlich tun Sie das.

Nun haben Sie es zur nächsten Frage auf der diagnostischen

Website geschafft: »Strahlt der Schmerz im Arm bis in die Brust aus?«

Jetzt, da Sie es erwähnen …

Sie klicken auf »Ja«.

Nun die vierte Frage: »Ist Ihr Herzschlag beschleunigt?« Natürlich schlägt Ihr Herz gerade sehr schnell, schließlich haben Sie gerade eine Panikattacke. Auf ihrem Weg durch die Diagnose-Website haben Sie ein perfektes »Krankheitsbild« aufgeschnappt – ein Krankheitsbild, das Ihnen die Website beigebracht hat.

Ein echter Arzt hat gelernt, Patienten nicht mit Fragen zu bedrängen wie: »Fühlt sich Ihre Brust wie zugeschnürt an?« Mediziner wissen, dass es nicht zur guten Heilkunde gehört, die Beeinflussbarkeit der Patienten noch zu verstärken. Hier versagen diagnostische Websites. Sie scheinen beinahe dazu geschaffen zu sein, die Phantasie anzuregen. Sie versuchen sich zwar an einer Diagnose, tun dies aber, indem sie Beschwerden aktiv nahelegen, einflüstern und sogar verursachen.

Denken Sie sich das Ganze einmal so: Wenn Sie Schwierigkeiten mit Ihrem Auto haben, wird Ihr Wagen keinen wesentlichen Schaden nehmen, falls Sie im Internet nach einer Lösung für Ihr Problem suchen. Wenn Sie allerdings gesundheitliche Probleme haben, kann die bloße Überprüfung von Symptomen bereits dazu beitragen, dass sich diese Symptome durch einen technologisch verstärkten »psychosomatischen Effekt« physisch und psychisch manifestieren. Ich verwende dafür einen anderen, inoffiziellen Begriff: »technosomatischer Effekt«.

Nun klopft also Ihr Herz, und Ihre Brust zieht sich zusammen. Sie strecken Ihren schmerzenden Arm aus, greifen nach dem Telefon und wählen 112. Trifft der Rettungswagen ein, spulen Sie das Krankheitsbild herunter, das Sie auf der Website aufgeschnappt haben. Sie mögen zwar nicht in die relevante

Altersgruppe fallen, keine passende Krankengeschichte haben und als einigermaßen gesund erscheinen. Doch wie kann der Rettungsassistent oder der Notfallarzt da sicher sein? Ihr geradezu perfektes Beschwerdebild klingt nach einer Herzerkrankung wie aus dem Lehrbuch.

Einem Mediziner bleibt dann nichts anderes übrig, als eine Reihe von Tests, Scans, EKGs, MRTs und Blutanalysen durchzuführen – oder welches andere intrusive Diagnoseverfahren beim jeweiligen Krankheitsbild angebracht sein mag. Kann der Arzt nichts Ungewöhnliches entdecken, werden oft weitere Tests, Blutbilder, Scans und Folgeuntersuchungen angeordnet.

Das Ironische an dieser Abfolge ist, dass viele dieser Diagnoseverfahren selbst nicht ungefährlich sind. Wie jeder weiß, der einmal eine zweite Ultraschalluntersuchung oder eine abermalige, umfassendere Mammographie über sich ergehen lassen musste, sind der durch die ärztliche Untersuchung ausgelöste Stress und die Angst allein schon mit Risiken verbunden. Dafür gibt es empirische Beweise. Zu den angsterfülltesten Erlebnissen im Leben gehört das Warten auf die Resultate ärztlicher Untersuchungen und medizinischer Diagnosen.

Es kann jedoch etwas viel Schlimmeres geschehen: Man stößt tatsächlich auf *irgendein* gesundheitliches Problem. Warum ist das heikel? Wie Sie im nächsten Abschnitt sehen werden, ist Wissen nicht zwangsläufig etwas Gutes.

Der Ganzkörperscan

Ich erinnere mich genau daran, wie meine Freundinnen in den frühen 2000ern die Jagd nach dem neuesten Modeaccessoire und der aktuellsten Schönheitsbehandlung zugunsten der ultimativen Runderneuerung aufgaben: dem exklusiven »Ganzkörperscan«. Das war der Anfang einer neuen Welle medizinischer

Techniken, die uns die Erforschung des bislang Unbekannten ermöglichten. Auf einmal konnten wir in allen Einzelheiten erkennen, was in uns vor sich geht. Und besser noch: Wir durften live dabei sein.

In meinen Augen ist manch ein gutes Gespräch beim Abendessen von einer begeisterten, Schlag auf Schlag – oder vielmehr Polyp auf Polyp – erfolgenden Beschreibung ruiniert worden, die von jemandem auf der (wortwörtlichen) Empfängerseite einer live übertragenen Dickdarmspiegelung präsentiert wurde. Niemals zuvor war es uns möglich, so klar und deutlich in unseren Körper hineinzusehen. Das Verfahren selbst ist schön und gut – und hat sicherlich tausendfach Leben gerettet. Wie medizinische Vereinigungen warnen, ist es jedoch möglich, dass aufgrund dieser Scans gutartige Geschwülste detailliert untersucht, weitverbreitete Krebstumore dafür aber übersehen werden.[315]

Der auf Herz-Kreislauf-Erkrankungen spezialisierte Radiologe Dr. Harvey Eisenberg wählte bezüglich des gesundheitlichen Wohlergehens seiner Patienten einen aggressiven Ansatz, als er in dem von ihm geleiteten Health View Center for Preventive Medicine in Newport Beach, Kalifornien, umfassende Ganzkörper-Untersuchungen an den Überbesorgten durchführte. Sein Wahlspruch lautete: »Sie wissen nicht, was in Ihnen steckt, bis Sie nachschauen«.[316] Seine »Vorsorgechecks« erhielten große mediale Aufmerksamkeit. Vergessen Sie die Dickdarmspiegelung – Dr. Eisenberg wollte jedes Organ, jeden Knochen und jedes bisschen Gewebe betrachten. Sein Ansatz erschien vielen als innovative Spitzenmedizin. Er wurde in der *Oprah Winfrey Show* gefeiert und von Prominenten wie William Shatner oder Whoopi Goldberg konsultiert.[317] Zwischen 1997 und 2000 wurden mehr als 15 000 Patienten im Health View Center vom Hals bis zur Hüfte gescannt, weil man hoffte, so jede in Entstehung befindliche Krankheit frühzeitig erkennen und vermeiden zu können. Bei der Untersuchung der Ergebnisse achteten die Ärzte auf frühe Anzeichen von Herz- oder Krebserkrankungen, Arterienverkalkung, Lungenknoten, Prostataentzündungen und Rückenwirbelverkrümmungen.

Raten Sie mal, was dann passierte.

In jedem der Fälle stieß man auf einen beginnenden Krankheitsverlauf.[318]

In jedem einzelnen Fall.

Denken Sie einmal darüber nach.

Dr. Eisenberg behauptete, nie einen normalen Scan gesehen zu haben. »Es kommt tagtäglich vor, dass wir unerwartet lebensbedrohliche Krankheiten entdecken, die entweder aufhaltbar, heilbar oder umkehrbar sind«, erklärte er.[319]

Die Strahlenbelastung bei einem Ganzkörper-CT ist zwar gering, aber dennoch bedenklich. Als man sich bei Dr. Eisenberg danach erkundigte, entgegnete der: »Ja, es gibt ein erhöhtes Risiko; aber man kriegt eben nichts umsonst.«[320]

Zudem erwartete Dr. Eisenbergs Patienten ein potentiell größeres Problem als die Strahlung selbst. Die entscheidende Frage lautet: Wenn man jedes physische Gebrechen oder in Entwicklung befindliche Krankheitsbild entdeckt und behandelt, wird dies dann mehr Menschen retten als töten?

»Iatrogenese« ist ein aus dem Altgriechischen stammender Begriff, der sich aus *iatro* für Heiler oder Heilkundiger und *genesis* für Ursprung, Ursache oder Entstehung zusammensetzt. Als *iatrogen* werden Erkrankungen bezeichnet, die »durch den Heilkundigen verursacht wurden«. Das kann viele Formen annehmen: eine unglückliche Neben- oder Wechselwirkung der Medikation, eine Fehlfunktion des chirurgischen Instruments, Fahrlässigkeit durch den behandelnden Arzt, Therapiefehler, Krankheitserreger im Behandlungsraum oder schlicht und ergreifend Pech. Eine frühe Studie zum Thema erbrachte im Jahr 2000 den Beweis, dass durch ärztliche Maßnahmen verursachte

Erkrankungen in den USA nach Herz- und Krebserkrankungen die dritthäufigste Todesursache waren.[321]

Ja, Sie haben richtig gehört – die *dritthäufigste Todesursache*. Ein unnötiger operativer Eingriff oder eine unnötige medizinische Behandlung jeder Art bedeuten, das eigene Leben aufs Spiel zu setzen. Es dauerte nicht lange, bis die U.S. Food and Drug Administration Warnhinweise bezüglich der potentiellen Gefahren dieser Scans herauszubringen begann. Die Krankenkassen weigerten sich nicht nur, die Kosten dafür zu übernehmen, sondern sprachen sich sogar explizit dagegen aus. Als man das letzte Mal von Dr. Eisenberg hörte, führte er seine Ganzkörperscans im Laderaum eines in Irvine, Kalifornien, abgestellten Transporters durch.

Niemand möchte vor seiner Zeit sterben. Wie sich zeigt, können die Angst vor dem Tod und die aus dieser Angst hervorgehenden Handlungen zu einer selbsterfüllenden Prophezeiung werden. Der Ganzkörper-Scan-Boom brach zusammen. Die Überbesorgten zogen weiter – vor allem ins Internet.

Ein Argument für den Tod durch Cyberchondrie

John James, einem NASA-Toxikologen, der 2002 durch einen in seinen Augen auf Achtlosigkeit zurückgehenden Behandlungsfehler in einem texanischen Krankenhaus seinen Sohn verlor, haben wir es zu verdanken, dass die wachsende Zahl iatrogener Todesfälle ans Licht kam. Als das US-amerikanische Institute of Medicine im Jahr 1999 seinen mittlerweile berühmten Bericht *To Err is Human* (»Irren ist menschlich«) veröffentlichte, stellte sich heraus, dass in amerikanischen Krankenhäusern jährlich schätzungsweise 44 000 bis 98 000 Personen an Behandlungsfehlern starben.[322] Zehn Jahre später berichtete das Department of Health and Human Services, dass monatlich etwa 15 000 hospitalisierte Medicaid-Empfänger etwas erlebten, das zu ihrem Tod beitrug – es kam also zu Versäumnissen bei der Krankenhauspflege. Die Folge sind schätzungsweise 180 000 tote Patienten im Jahr.[323] Dank des Einsatzes von John James und der von ihm ins Leben gerufenen Lobbygruppe Patient Safety America wurde 2013 ein erschreckender Anstieg der Todesfälle erkannt: In den USA kommen jedes Jahr 210 000 bis 440 000 Krankenhauspatienten aufgrund vermeidbarer Fehler ums Leben.[324]

Laut John James' Berichten hat sich die Zahl der Todesfälle von 1999 bis 2013 vervierfacht. Eigentlich sollte diese Zahl in Anbetracht der in diesen fünfzehn Jahren erfolgten Verbesserungen auf dem Gebiet der medizinischen Technik geschrumpft sein. Hat sich die Patientenpflege so sehr verschlechtert? War die Durchführung der vorherigen Studien so mangelhaft?

Was ist der Unterschied?

James engagiert sich seit beinahe fünfzehn Jahren unermüdlich auf dem Gebiet der Gesundheitsfürsorge. In seinem aktuellen Buch, *The Truth about Big Medicine*, diskutiert er die Fehler des US-amerikanischen Gesundheitswesens, deckt unsichere ärztliche Praktiken auf, schlägt Mittel und Wege zur Bereinigung von Ungerechtigkeiten vor und initiiert Debatten über bildgebende Verfahren, medizinische Apparate, Pharmazeutika, im Krankenhaus eingesetzte Methoden und ärztliche Fahrlässigkeit.

Obwohl diese dem amerikanischen Gesundheitswesen innewohnenden Gefahren zum Anstieg der iatrogenen Todesfälle beigetragen haben dürften, gehe ich davon aus, dass hier auch ein anderer Effekt hereinspielt. Die Zahlen aus dem Jahr 1999 wurden in einer Zeit erhoben, als die medizinische Online-Suche sich noch nicht durchgesetzt hatte. Die Steigerung, von der 2013 berichtet wurde, ist dagegen Ausdruck unserer heutigen Zeit, in der bis zu 60 Prozent aller US-Amerikaner im Internet nach gesundheitlichen Informationen suchen.[325] Von diesen recherchieren wiederum 35 Prozent diagnostische Auskünfte, während nur etwas mehr als die Hälfte sich anschließend an einen Arzt wendet. Das kann kein Zufall sein. Der Zusammenhang ist vielleicht folgender: Wenn jemand im World Wide Web nach Antworten auf medizinische Fragen sucht, führt das zu einer Verstärkung seiner Angst, was wiederum zu unnötigen Arztbesuchen und medizinische Eingriffen und in deren Folge zu einem Anstieg iatrogener Todesfälle führt.

Eine neue Studie, die von Forschern der John Hopkins University School of Medicine and Media zum Thema Patientensicherheit durchgeführt und im Mai 2016 veröffentlicht wurde, betont ebenfalls das Ausmaß dieses ernsten Themas. Die Untersuchungsergebnisse belegen, dass Behandlungsfehler des medizinischen Personals in Krankenhäusern und anderen Gesundheitseinrichtungen »unfassbar oft vorkommen und mittlerweile unter Umständen die dritthäufigste Todesursache in den USA ausmachen – jährlich verlieren 251 000 Menschen deshalb ihr Leben, mehr, als Atemwegserkrankungen, Unfällen, Schlaganfällen und Alzheimer zum Opfer fallen«.

Trete ich ein paar Schritte zurück, fällt mein Blick auf einen tödlichen Mix: vermehrte mediale Berichterstattung über gesundheitliche oder medizinische Themen, die dann die Angst beflügeln, Fernsehwerbespots für Medikamente, die Krankheitsängste ausbeuten, mehr medizinische Tests, um Ärzte vor Klagen wegen Behandlungsfehlern zu bewahren, und nun auch noch der Cyber-Effekt der Online-Suche.

Yahoo, Bing und Google sind sich dessen bestimmt bewusst, denn sie kämpfen seit geraumer Zeit mit diesem Problem. Wenn man vor ein paar Jahren bei einer Online-Suche einen medizinischen oder physiologischen Begriff eingab, klappte ein Fenster mit dem Hinweis auf: »Das ist keine Diagnose.« Dieses Fenster verschwand irgendwann und kehrte dann als Wahrscheinlichkeitsangabe zurück. In jüngster Zeit experimentieren Suchmaschinen damit, Menschen, die nach Antworten auf medizinische Fragen suchen, mit echten Ärzten zu verbinden. Ich gehe jetzt einmal davon aus, dass dies ein guter Schritt ist, weil er einen fachkundigen Ansatz ermöglicht und hoffentlich nicht bloß eine weitere Möglichkeit darstellt, das Leid der Überbesorgten zu Geld zu machen.

Wir können zwar nicht mit Sicherheit sagen, wie viele Menschenleben in den letzten zehn bis fünfzehn Jahren hätten gerettet werden können, dennoch sollten wir uns folgende Fragen stellen: Was wäre nötig, um einen sichereren und intelligenteren Algorithmus für medizinische Suchanfragen zu schaffen? Was wäre nötig, um die mediale Berichterstattung und die Fernsehwerbung zu überdenken, damit sie nicht die Ängste der Menschen schüren? Und wie wäre es mit einer Reform der Regularien zu Kunst- und Behandlungsfehlern, um unnötige Untersuchungen zu vermeiden?

Das Internet bietet so viele Vorteile, doch angesichts der Cyberchondrie und anderer durch die Digitaltechnologien erleichterter Probleme müssen wir hoffen, dass es Mittel und Wege gibt, die medizinische Ethik ins Internet zu übertragen.

Das Google-Motto »Schade niemandem!«[326] erinnert mich an eine Zeile, die oft dem Eid des Hippokrates zugeordnet wird und die da lautet: »primum non nocere«. Übersetzt bedeutet dieser moralische Kodex für Ärzte und Mediziner: »Zuallererst niemandem schaden«.[327] Diesen Leitspruch sollten sich Werbemacher, Medien, Online-Suchmaschinen, Gesundheits-Websites und die Rechtsgemeinschaft zu Herzen nehmen.

Fazit

Die Phantasie ist eine tolle Sache, doch sie kann auch wild und ungebärdig sein. Es wäre klug, wenn wir Respekt vor ihrer Macht hätten. Die Panikmache und die Hysterie, zu denen es im Zuge des Ebola-Ausbruchs 2014 kam, beweisen, dass die Angst um die eigene Gesundheit mehr Probleme heraufbeschwören kann als die jeweilige Krankheit selbst. In einer schrecklichen Cyber-Wende gelang es Betrügern, die angeblich im Namen der Weltgesundheitsorganisation gefälschte E-Mails mit Titeln wie »Ebola-Überlebensführer« oder »Ebola-Ausbruch inzwischen SCHLIMMER, als man uns sagt« verschickten, Tausende zu bewegen, ihnen die Kontrolle über ihre Computer zu überlassen. Natürlich haben die Digitaltechnologien eine positive Wirkung auf das Gesundheitswesen und die Eindämmung ausbrechender Krankheiten. Erst kürzlich fanden miteinander konkurrierende Wissenschaftler, die den durch Mücken übertragenen Zika-Virus erforschen, eine Möglichkeit zur Zusammenarbeit via Twitter.

Alles über den eigenen Körper, die eigene Gesundheit und die eigene Medikation zu wissen ist mittlerweile fast schon ein Muss. Eine Vielzahl von Belegen unterstützt jedoch meine Ansicht, dass man auch zu viel wissen kann. In Japan sieht man das ähnlich, denn dort offenbart kaum ein Arzt seinen Patienten, dass sie an Krebs erkrankt sind.[328] Man geht gemeinhin davon aus, dass Todkranke früher sterben, wenn sie über ihren Zustand aufklärt werden.

Im Westen erhalten wir dagegen nicht weniger, sondern zunehmend mehr Informationen – ermöglicht durch die Suchtechnologien. Es würde mich nicht wundern, wenn dies über kurz oder lang zu einem kulturellen Sinneswandel führen würde. In den letzten Jahren habe ich von Frauen gehört, die an Brustkrebs oder anderen schweren Krankheiten litten und ihre Diagnose vor ihren Freunden und ihrer Familie geheim hielten, damit ihre Kinder nichts davon erfuhren und im Internet nach den Krankheitsfolgen suchten. Obwohl die Funktionsweise medizinischer Suchalgorithmen nicht transparent ist, wissen wir doch, wo das Ganze hinführt. Wir müssen vor allem die Jungen und Verwundbaren schützen, die nun einer ganzen Reihe krankmachender und bedenklicher Inhalte ausgesetzt sind – Inhalte, die sie weder verarbeiten noch verstehen können.

Mein Leitsatz lautet: »caveat inquisitor«.

»Forscher sollten stets Vorsicht walten lassen.«

KAPITEL 8

DARUNTER VERBORGEN – DAS DEEP WEB

Seeräuber und Piraten sind seit hundert Jahren fester Bestandteil der Kinderbuchliteratur und des Hollywoodfilms. Sie werden oft als heldenhaft dargestellt – verwegene Diebe, die geschickt die sieben Weltmeere befahren, sich den Autoritäten widersetzen und nach ihrem eigenen Ehrenkodex leben. In der Erzählkunst signalisiert dieser Kodex einen Sinn für Moral; er lässt die Piraten als menschlich und fast schon bewundernswert erscheinen – eigentlich herzensgute Bösewichte, denen wir unsere Zuneigung schenken können.

Formelle oder informelle Verhaltensregeln gibt es tatsächlich in jeder Gruppe, ob es sich nun um eine Primatenfamilie oder eine Gang in der Unterwelt handelt.[329] Mit Regeln funktioniert eben alles besser. Deshalb spricht man auch von »organisiertem« Verbrechen.

Die meisten von uns begehen im realen Leben keine schweren Straftaten und haben auch nicht das Bedürfnis; die Vorstellung eines Lebens als gesetzloser Pirat, der in unbekannten tropischen Gewässern umherfährt und die eigene Auslegung von Gerechtigkeit auf hoher See mit dem Schwert verteidigt, kann jedoch sehr unterhaltsam sein. Gesetzlosigkeit imitiert Freiheit, und die Ersatzhandlung, so etwas in einem Film zu sehen, kann großes Vergnügen bereiten. Das Goldene Zeitalter der Piraterie (1680–1730)[330], wie es in der Filmreihe *Pirates of the Caribbean* mit all ihren wunderschönen Aufnahmen türkisblauen Wassers und sandiger Inseln dargestellt wird – ganz zu schweigen von Captain Jack Sparrow, gespielt von Johnny Depp –, ist einfach unwiderstehlich gute Unterhaltung. Man erkennt leicht, warum das Wort Pirat nicht als abwertend gilt.

Worauf will ich hinaus?

Das Deep Web gleicht der Karibik des 17. und 18. Jahrhunderts – ein gewaltiges, unerforschtes Meer, auf dem Cyber-Kriminelle geschickt navigieren, indem sie Vorteile aus dem augenblicklich herrschenden Mangel an Überwachung und Kontrolle ziehen – oder aus dem Fehlen eines angemessenen Rechtswesens, das die Freibeuter aufhalten könnte. Wie im Goldenen Zeitalter der Piraterie leben wir heute in einer Ära des Aufruhrs und des geopolitischen Wandels, und das gilt gleichermaßen für die reale wie die virtuelle Welt, was einem opportunistischen Gerangel und einer Ausweitung der Rechtlosigkeit nur förderlich sein kann.

Auf dem weiten Meer des Internets gibt es genug Verstecke für Verbrecher – sichere Häfen, verborgene Höhlen und digitale Grotten, in die sie hineinsegeln, vor Anker gehen und Werkzeuge, Waffen und andere Schmuggelware kaufen und verkaufen können. Die derben Schenken und Tavernen der Kolonialzeit sind mittlerweile von versteckten Foren, Chatrooms und Plattformen zur Vernetzung von Kriminellen abgelöst worden, von denen es mehr als genug im labyrinthähnlichen Deep Web gibt und die man aufsuchen kann, wenn man Komplizen braucht. Obwohl Cyber-Verbrecher überall im Internet zu finden sind, haben sie es in den trüben Gewässern der tiefsten und dunkelsten Ecken und Enden des Internets sehr viel einfacher.

Ganz wie die seriösen digitalen Marktplätze Zappos und eBay beim Handel und Vertrieb immer komplexer wurden, so ist auch der Online-Schwarzmarkt immer effizienter geworden. Ich war Mitwirkende des Europol-Berichts 2014 zur Einschätzung der Gefahr von Cyber-Kriminalität, in dem wir auf das in Entstehung befindliche, nahezu unglaubliche Phänomen des »Verbrechens als Internet-Dienstleistung« eingingen. Mittlerweile kann beinahe jede Straftat – Erpressung, Betrug, Mord oder Prostitution – online bestellt werden, dank gut geführter Websites mit Warenkörben, freundlichem Empfang und überraschend gutem Kundenservice.

Diese einmalige Gelegenheit wird sich den Cyber-Verbrechern nicht immer bieten. Das geht einfach nicht. Bis allerdings mehr Gesetze zur Regulierung der offenen See des Internets in Kraft treten und die Justiz über virtuelle Grenzen hinaus miteinander zu kooperieren beginnt, so wie es beim See- und Luftfahrtrecht bereits geschieht, werden wir weiter im Goldenen Zeitalter der digitalen Piraterie leben, die zu einer uns alle betreffenden Gesetzlosigkeit führt.[331]

Die Spitze des Eisbergs

Wenn Sie nicht genau wissen, was das Deep Web eigentlich ist, sind Sie nicht allein. Dieser Bereich des Internets wird normalerweise vor allem in Polizei- und Netzsicherheitskreisen diskutiert. Für die Medien und die Internetindustrie ist er zum Faszinosum geworden, doch wie bei so vielen Aspekten des Cyberspace fühlt es sich an, als handelte es sich um ein Thema »nur für IT-Experten«, als wäre es für alle anderen zu kompliziert. Wenn ich unterwegs bin, sei es, wenn ich eine Rede auf einer Konferenz halte oder meine Arbeit mit Menschen bespreche, die nicht in der Digitalforensik tätig sind, bin ich oft überrascht, wie wenig Leute es gibt, die diesen verborgenen Teil des Internets überhaupt begreifen oder seine Funktionsweise verstehen.

Die sogenannte »Netzsicherheit« ist ein weites und ziemlich kompliziertes Feld. Menschen, die sich auf diesem Gebiet nicht auskennen, sind überfordert – und merken sich beharrlich nur das Mantra »Ändern Sie Ihr Passwort!«. Nun ja, wie sich zeigt, ist das ein hervorragender Hinweis. Wie soll sich aber irgendwer all diese Passwörter überhaupt merken, ganz zu schweigen von den neu dazukommenden?

Ich sage gerne, dass Ihre Erinnerung zwar schwach sein mag, Ihr Passwortschutz muss aber stark sein. Das bedeutet, dass Sie nicht den einfachsten Weg wählen und einfach nur einen Buchstaben oder eine Zahl Ihres Passworts ändern sollten, indem Sie beispielsweise aus einer Sieben eine Acht machen. Aufgrund der Funktionsweise des menschlichen Gedächtnisses neigen Menschen dazu, sich Varianten eines Themas auszudenken. Die Erinnerung entsteht oft über Assoziationsketten. Was Ihnen also simpel und klug erscheint, wird nicht genügen, um jemanden vom Identitätsdiebstahl abzuhalten. Vergessen Sie nicht, einer der unlösbarsten Codes aller Zeiten, der Enigma-Code, wurde dank eines ähnlichen Fehlers dechiffriert: weil die Nazis, die die Enigma-Verschlüsselungsmaschine bedienten, faul geworden waren. Statt die Walzen der Maschine täglich per Zufallsprinzip zu ändern, drehten manche die Walzen nur ein Stück weiter, wodurch ein leicht zu entschlüsselndes Muster entstand.

Es sind nicht nur die fehlende Moral und die antisozialen Persönlichkeitsmerkmale, die Cyber-Kriminellen einen Vorteil gegenüber ihren Opfern verschaffen. Solche Betrüger sind sachkundige Beobachter des menschlichen Verhaltens, besonders des Online-Verhaltens. Sie wissen genau, wie sie die menschliche Tendenz, anderen zu vertrauen, ausnutzen können und wie sie die Leute am besten manipulieren, damit sie vertrauliche Informationen preisgeben. Man spricht hier auch von einem »Social-Engineering-Angriff«. Geht es um Identitätsdiebstahl oder Cyber-Betrug, ist es sehr viel einfacher, jemanden zu bewegen, ein persönliches Passwort zu verraten, als es zu hacken (es sei denn, das Passwort ist sehr schwach). Diese Art des Social Engineering, also der sozialen Manipulation im Internet, ist ein wichtiger Bestandteil cyber-kriminellen Vorgehens und besteht üblicherweise darin, dass die Täter Leute dazu bringen, ihre virenverseuchte »kostenlose« Malware oder Schadsoftware zu installieren, indem sie eine Menge Schreckensszenarien an die Wand malen (weshalb man solche Programme auch »Scareware« nennt).[332] Angst verkauft sich eben. Die Zwickmühle der Netzsicherheit wird von allen interessierten Parteien, die unser Problem zu lösen versuchen, nur zusätzlich verkompliziert. Es gibt eine ganze Industrie voller Profis und Amateure, die auf jeder Plattform, von Blogs bis hin zu YouTube, für Anti-Malware-, Anti-Spyware- und Anti-Viren-Programme werben, während sie unsere E-Mail-Postfächer mit Hinweisen auf die Netzsicherheit überfluten. Aufgrund der ständig weiter fortschreitenden Technik- und Datenflut raubt uns das Thema heute eher jeden Nerv, als dass es uns Angst machen würde. Viele Leute kaufen lieber Malware-Schutzprogramme und hoffen das Beste.

Aber reicht das? Man muss nicht lange suchen, um jemanden zu finden, der bereits einmal Opfer eines Cyber-Verbrechens geworden ist – sei es in Form des Kreditkartenbetrugs, des Hackens seines Smartphones oder seiner persönlichen Daten, der Zerstörung seiner persönlichen Daten oder der Cyber-Erpressung. Identitätsdiebstahl steht an der Spitze der bei der U.S. Federal Trade Commission von Kunden eingereichten Beschwerden; die US-amerikanischen Geheimdienste zählen Bedrohungen aus dem Cyberspace zu den größten globalen Sicherheitsrisiken, neben Terrorismus, Spionage und Massenvernichtungswaffen.

Wo also treffen sich diese Cyber-Verbrecher?

Im Deep Web. Bei einem meiner ersten Treffen mit den Produzenten von CBS und dem Kreativteam von *CSI*, bei dem wir über meine Arbeit in der forensischen Cyber-Psychologie in Koordination mit den weltweiten Strafverfolgungsbehörden sprachen, gehörte dieser geheimnisvolle Ort zu den ersten Dingen, die ich erklären musste. Der Begriff »Deep Web« wird nämlich häufig falsch verwendet.

Was genau ist also gemeint?

Einfach ausgedrückt bezeichnet das Deep Web den Bereich des Internets, der von Suchmaschinen nicht angezeigt wird.[333] Das umfasst 96 bis 99 Prozent aller Online-Inhalte und damit einen sehr viel größeren Teil als das Sichtbare Web, in dem der reguläre Datenverkehr erfolgt. Größtenteils handelt es sich um ziemlich trockenes Zeug – eine Kombination aus Spam und Speichern, beispielsweise in Form von Datenbanken der US-amerikanischen Behörden, medizinischen Bibliotheken, Universitätsarchiven oder geheimem Mobilfunk- und E-Mail-Verkehr. Wie im Sichtbaren Web können Inhalte im Deep Web mit anderen geteilt werden.

Was macht diesen Ort so anders? Inhalte können im Deep Web ohne Preisgabe der Identität oder des Standortes weitergeleitet werden und ohne dass die IP-Adresse des genutzten Computers oder andere Spuren hinterlassen werden, wie es sonst der Fall ist. Nutzt man zum Surfen Browser des Sichtbaren Webs wie Chrome, Safari oder Firefox, können die Seiten über keine Suchmaschine aufgerufen werden, weil sie nirgendwo verzeichnet sind. Die Installation eines zusätzlichen Browsers wie Tor, der die Verbindungsdaten verbirgt, ist der üblichste Weg ins Deep Web. »Tor« steht für »The Onion Router«, weil die eigene Identität in den Lagen – wie die Schichten einer Zwiebel – der über wechselnde Knotenpunkte erfolgenden Verbindung verschleiert wird.

Als ich vor dem *CSI*-Team stand und mich auf eine Beschreibung des Deep Web vorbereitete, bat ich die anderen, sich das gesamte Internet (wie ich es tue) als riesiges Knäuel verschiedenfarbiger Bindfäden vorzustellen. »Manchen Fäden kann man folgen, anderen dagegen nicht«, erläuterte ich. »Bindfäden, denen wir nicht folgen können, befinden sich im Deep Web.«

Ich schaute mich um und sah einen Raum voller verdutzter Gesichter. Diese visuelle Metapher, die für mich so gut funktionierte, ließ die anderen ratlos zurück.

Bindfäden?

Wovon spricht die Frau?

Ich probierte einen anderen Ansatz aus, ging zu dem an der Wand hängenden Whiteboard hinüber und zog darauf eine lange horizontale Linie. »Das ist der Meereshorizont«, erläuterte ich. Dann zeichnete ich die Spitze eines Eisberges, der sich aus dem Wasser erhob.

»Die Spitze umfasst das Ihnen bekannte Internet – das Internet, in dem Sie sich regelmäßig einwählen und surfen«, sagte ich. »Es scheint unvorstellbar groß zu sein, nicht wahr? Wie ein ganzes Universum an Informationen.«

Kopfnicken.

»Was die Inhalte betrifft, ist es allerdings recht klein. Darunter verborgen liegt das Deep Web. Das ist beinahe hundertmal größer.«

Im Raum wurde es still. Der Versuch, die Größe des Deep Web zu erfassen, ist einigermaßen überwältigend und bedarf einer ganzen Weile. Als Kind dachte ich stundenlang über das Weltall nach – ich mühte mich damit ab, das Konzept der Unendlichkeit zu begreifen. Ich grübelte so lange, bis mir der Kopf weh tat, weil ich hoffte, ich würde schon verstehen, wie man das Universum in Zahlen erfasste, wenn ich nur ausdauernd und angestrengt genug darüber nachdachte. Manchmal führt der beste Weg zum Verständnis jedoch nicht über die Größe einer

Sache, sondern über ihre Merkmale. Das Weltall ist tatsächlich endlos; das bedeutet jedoch nicht, wir könnten uns keine Sonnensysteme oder Galaxien vorstellen. Die Erzeugung eines visuellen Vergleichs, etwa in Form eines Knäuels, eines Eisberges oder der endlosen blauen See der Karibik im Jahr 1699 ist in dieser Hinsicht sehr hilfreich.

Lassen Sie uns also die Merkmale eines einzigen Bereichs des Deep Web besprechen, in dem viele cyber-kriminelle Handlungen ausgeführt werden und Piraten segeln, plündern und ihre Schätze vergraben. Dieser Bereich wird mit dem einigermaßen romantischen Begriff »Darknet« bzw. Plural »Darknets« umschrieben. Er umfasst nur einen kleinen Teil des Deep Web und nur einen winzigen Teil aller Inhalte im Internet. In der Netzwerkforschung wird der Begriff *dark* (dunkel) auf alles angewendet, was versteckt ist, nicht zurückverfolgt werden kann und unauffindbar bleibt. Wenn ein Spion sich ins Dunkle zurückzieht, kann er nicht mehr lokalisiert werden; wenn Sie sich online ins Dunkle zurückziehen, passiert dasselbe. Darknets umfassen das, was bewusst verborgen wird.[334] Sehr viel von dem, was dort geschieht, ist illegal.

Wie sind illegale Handlungen dort gelandet? Der US-amerikanische Staat nutzte als Erster das Deep Web; die Protokolle für den Browser Tor wurden mit Bundesmitteln finanziert, damit jeder, dessen Identität geschützt werden musste – von Geheimagenten über Journalisten bis hin zu ausländischen Dissidenten –, sicher und anonym mit den Behörden kommunizieren konnte. Seit dem Jahr 2002, als die Software für Tor in Form eines kostenlosen Downloads zur Verfügung gestellt wurde, ist so allerdings ein digitaler Schwarzmarkt entstanden – eine kriminelle Unterwelt, die von terroristischen Netzwerken, Verbrecherbanden, Drogendealern, käuflichen Attentätern und Sexualstraftätern auf der Suche nach Bildern von Kindern und neuen Opfern bevölkert wird.[335]

In einer Anleitung für das Darknet liest man folgende Erklärung:

> Es gibt dort Dinge wie Blogs, Foren (von normalen zu revolutionären bis hin zu unverhohlen illegalen), von Tor aktivierte Instant-Messaging- und Chatdienste, Möglichkeiten zur anonymen Datenspeicherung, zur anonymen Finanzierung und zum unerkannten Austausch von Hinweisen sowie Informationen, Informationen zu Computersicherheit und Anonymisierung, Auskünfte über Schwarzkopien (sogenannte »warez«), Kopien von Software mit entferntem Kopierschutz (sogenannte »cracks«) und Hacks, jedes Buch, jeden Musiktitel und jeden Film, den man sich nur vorstellen kann, sogar Links zu Sportwetten und Handelsinformationen, Links zum internationalen Drogenmarkt, zu Prostitutionsringen, Märkten für Auftragsmörder, Schwarzmarktprodukten, [Kindesmissbrauchs-Material]. Dieser Ort wird von manchen der Abartigsten unserer Gesellschaft *[sic]* genutzt – und damit meine ich nicht nur die, die auf diesen Websites surfen, sondern auch die, die diese Websites entwickeln und betreuen.[336]

Manche nennen den Eingang oder das Portal zum Darknet »das Tor zur Hölle«, denn sobald man diesen Bereich betritt, weiß man nie, was einen erwartet.

Ich übertreibe nicht: So gut wie alles, was man sich nur vorstellen kann oder was man bereits einmal in einem Film von Quentin Tarantino an illegalen, unerlaubten und verbotenen Dingen gesehen hat, kann man im Darknet erwerben. Das hat zu Höhenflügen der Phantasie und zur Legendenbildung darüber geführt, was dort wirklich vor sich geht, weil das Ganze so unfassbar gesetzlos und surreal erscheint. Im Zentrum eines der Gerüchte über das Darknet steht die Existenz von Ringkämpfen im Stile der römischen Gladiatorenkämpfe, von denen die besonders gewalttätigen für zahlungskräftige Kunden live übertragen werden. Die Kämpfe, bei denen zwei professionell trainierte Gegner gegeneinander antreten, sollen aufwendig produziert sein.

Auf Thebot.net findet sich dazu folgende Erklärung:

> Es mag surreal erscheinen, aber es gibt Typen, die mit den Besten trainieren, aber nichts mit der UFC (Ultimate Fighting Championship) oder anderen Kampfverbänden zu tun haben möchten. Das sind Burschen, die es wirklich genießen, bis zum Tod gegeneinander zu kämpfen … Das Ganze ist keine Prügelei in irgendeiner Bar. Diese Dinge geschehen, und viele Millionäre bezahlen sehr viel Geld, um sie zu sehen. Moderne Gladiatorenkämpfe. Ich habe gehört, es gibt auch welche, bei denen Menschen gegen Tiere antreten.

Bis zum Tod? *Ist das wirklich wahr?* Ich musste mich im Zuge meiner Arbeit mit einigen der dunkelsten Ecken des Deep Web beschäftigen. Das Ausmaß der menschlichen Verderbtheit, dem man dort begegnet, ist einfach unfassbar und zutiefst verstörend. Diesen Ort aus Spaß, zur Unterhaltung, wegen einer Mutprobe – oder einfach nur aus reiner Neugier – zu betreten, ist ein schwerer Fehler, der ernste und langwierige Folgen haben kann. Das ist nicht HBO. Das ist echt und kann sehr gefährlich sein.

Was mich zur nächsten Frage bringt, die mir immer wieder gestellt wird: Warum gedeihen illegale Operationen im Deep Web? Gibt es keine Möglichkeit, diesen Raum wirkungsvoll zu überwachen und zu kontrollieren?

Größe und Ausmaß sind das Problem. Es gibt eine nahezu grenzenlose Zahl an Verstecken, und die meisten illegalen Websites werden ständig auf neue Domains mit ebenfalls nur provisorischer Adresse verschoben. Ein weiterer Grund, warum die Strafverfolgung dort nicht gelingt, liegt darin, dass der Handel dort nicht über zurückverfolgbare Kreditkarten oder PayPal-Konten läuft, sondern per virtuellen Währungen wie Bitcoins.

Bitcoins sind die Golddublonen der virtuellen Welt – sogar besser –, sie lassen sich nicht zurückverfolgen und können anonym ausgetauscht werden. Es handelt sich um das, was die Strafverfolgungsbehörden eine »Kryptowährung« nennen. Mit anderen Worten: geheimes Geld – das Internet-Äquivalent zu unmarkierten Scheinen. Obwohl seriöse Einrichtungen für vollkommen legale Zwecke Kryptowährungen nutzen, hat sich die Existenz solcher Mittel im Allgemeinen bislang nicht gerade positiv auf die Strafverfolgung ausgewirkt. Der Handel mit anonymen Geldern hat auf das menschliche Verhalten einen ähnlichen Effekt wie die Anonymität im Internet. Gewisse Verhaltensweisen werden unter Umständen verstärkt und erleichtert – in diesem Fall die Ausübung geheimer Handlungen. Das hat enorm weitreichende Konsequenzen.

Historisch gesehen war das größte Problem an der Kriminalität stets ihr Potential, die soziale Ordnung zu stören und dadurch noch mehr Störungen hervorzurufen. Gewalt führt zu Gegengewalt, Diebstahl macht harte Arbeit zunichte, Opfer benötigen Zeit, um sich zu erholen – selbst in urzeitlichen Gesellschaften. Nun, im 21. Jahrhundert, in westlichen Gesellschaften mit liberal-demokratischen Systemen, befinden wir uns trotz Jahrhunderten der Gesetzgebung und trotz einer technisch fortschrittlichen Verbrechensbekämpfung offenbar inmitten eines vollkommen neuen forensischen Experiments.

Verbrechen als Dienstleistung

Ganz wie sich das Cyber-Umfeld auf die Kriminalität in der realen Welt ausgewirkt und diese erleichtert hat, so haben die Märkte des Sichtbaren Webs und ihre Dienstleistungen – von Uber über Tinder bis hin zu Amazon – die Online-Verbrechergemeinschaft beeinflusst. Man stellte fest, dass die heutigen Konsumenten sich neben sofortiger Befriedigung auch Schnäppchen wünschen. Die Websites im Darknet, auf denen man illegale Substanzen, Waffen und geheime Dienstleistungen kaufen kann, warten mit Rabatt-Tagen, Gutscheincodes, Zwei-für-eins-Sonderangeboten, Geld-zurück-Garantien und Treuepunktsystemen auf. Werbekampagnen sind üblich, und manche Verkaufsplattformen, die mit Drogen handeln, bieten Treuhandservice; das Geld wird erst abgebucht, wenn die Sendung sicher angekommen ist. Gibt es technische Probleme, folgt eine sofortige Entschuldigung. Es gibt sogar eine Nachbetreuung durch den Kundendienst. In unseren Europol-Berichten nennen wir das »Verbrechen als Online-Dienstleistung« (»Crime as a Service Online«, CaaS). Kunden werden zu ihrer Zufriedenheit befragt und haben die Möglichkeit zu Verbesserungsvorschlägen. Es ist eine Sache, wenn Ihr örtlicher Autohändler Ihre Adresse kennt und kurz vorbeischauen kann, sollten Sie Probleme mit Ihrer neuesten Anschaffung haben. Es ist jedoch etwas vollkommen anderes, wenn organisierte Cyber-Verbrecher dasselbe versuchen.

Anonymität ist keine Einbahnstraße. Derselbe Mechanismus, der den Usern Anonymität verschafft, legt auch über die Betreiber von kriminellen Websites den Mantel der Unsichtbarkeit. Das hat zur Entstehung von »versteckten Dienstleistungen« geführt, wie die Strafverfolgungsbehörden sie nennen. Die am weitesten verbreitete Form ist der Verkauf gestohlener Kreditkartendaten. Die Konkurrenz ist so groß, dass diese Plattformen ihre eigenen, auf Kundenzufriedenheit ausgelegten Regularien haben; so bieten sie etwa regelmäßig Rückerstattungen für gestohlene Kreditkarten an, die beim Händler abgelehnt wurden. *Kein Risiko für den Verbraucher!*

McDumpals, eine der führenden Kaufbörsen, auf denen gestohlene Daten angeboten werden, hat ein intelligentes Firmenlogo mit sehr vertrauten, geschwungenen goldenen Lettern und dem Motto: »I'm swipin' it.«[337] Das Maskottchen von McDumpals, eine coole Gangster-Version von Ronald McDonald, zielt mit einer Handfeuerwaffe auf den Betrachter. Herzallerliebst.

Kundenfreundliche Benutzeroberflächen und geschickte Werbeanzeigen gibt es sogar auf Websites, auf denen Auftragsmörder angeheuert werden können. Auf einer wird geprahlt: »Ich gebe stets mein Bestes, um es wie einen Unfall oder einen Selbstmord aussehen zu lassen.« Auf einer anderen heißt es: »Ihre Probleme gehören ins Grab.« Diese Dienstleister bieten manchmal grauenhafte Boni an, beispielsweise die Möglichkeit, ein wenig Geld mit einer lustigen kleinen Wette zurückzugewinnen: User können auf den genauen Zeitpunkt eines Mordes wetten.[338] Die Wissenschaft der Digitalvermarktung wird so zweifellos auf ein vollkommen neues, verstörendes Niveau gehoben.

Das bringt mich zu der Geschichte von Ross William Ulbricht.[339] Vielleicht haben Sie schon einmal von diesem jungen Mann aus Texas gehört, bei dem so außerordentlich viel passiert ist. Keiner, der Geschäfte im Darknet machte, kannte ihn jedoch unter diesem Namen.

Sein Pseudonym war: Dread Pirate Roberts.

Die Geschichte von Silk Road

Ross Ulbricht wurde 1984 außerhalb von Austin, Texas, geboren. Er war intelligent und pflichtbewusst, engagierte sich als Pfadfinder, las gerne Comics, fuhr mit Vorliebe Skateboard und mochte die Mathematik. Wie sein Vater berichtete, war Ross »ein gesunder, glücklicher, durch nichts aus der Fassung zu bringender kleiner Buddha«. Er verbrachte die Sommer in Costa Rica, wo seine Eltern, beide Unternehmer, Bambushütten mit Solarstrom errichtet hatten und diese vermieteten. Ross lief dort barfuß umher, lernte Surfen und erwies sich als »ein klitzekleines bisschen zu furchtlos«, wie seine Mutter es ausdrückte. Er liebte die Natur und mochte es, im Freien zu sein.

»Wir wollten nicht, dass unsere Kinder vor dem Computer saßen«, erklärte sein Vater gegenüber dem *Rolling Stone* im Rahmen eines langen und faszinierenden Porträts seines Sohnes. »Wir wollten, dass sie nach draußen gingen und spielten.«

In der Highschool verbrachte Ross einen Großteil seiner Freizeit mit Drogenexperimenten und Partys; dennoch gelang es ihm, in der Schule ausreichend gute Noten für ein Stipendium an der University of Texas in Dallas zu erzielen. Er veröffentlichte am NanoTech Institute der Hochschule wissenschaftliche Arbeiten über Solarzellentechnologie; man erinnerte sich dort an ihn als jemanden, der ohne Hemd und ohne Schuhe auf dem Campus herumlief und sich für psychedelische Substanzen sowie östliche Philosophien interessierte.

»Meine ganze damalige Philosophie bestand darin, ganz besonders offen, liebevoll und mit allem verbunden zu sein«, erinnerte sich Ulbricht später. Einer seiner Freunde am College beschrieb ihn als »Physik-Hippie«.

Ulbricht machte mit Hilfe eines weiteren Vollstipendiums seinen Masterabschluss in Werkstoffkunde und Bauingenieurswesen an der Penn State University. Er begann, sich für Yoga, Congatrommeln und die Schriften des österreichischen Ökonomen Ludwig von Mises zu interessieren, der die Vorteile der freien Marktwirtschaft verfocht.[340] Auf Facebook schwärmte er in einem Eintrag, er sei »von der Herrlichkeit des Lebens überwältigt«.

Als er im Jahr 2009 seinen Master-Abschluss machte, hatten ihn das universitäre Umfeld und der Wissenschaftsbetrieb desillusioniert, also änderte er seinen Lebensplan. »Er wollte Unternehmer werden«, gab seine Mutter gegenüber dem *Rolling Stone* an.

Bitcoins waren gerade über kostenlosen Download erhältlich geworden. Für Ulbricht, einen echten Anhänger des freien Marktes, muss sich die Kryptowährung wie ein Geschenk des Internethimmels angefühlt haben. In einem Tagebuch, das später vom FBI gefunden wurde, schrieb er: »Jeder Schritt, den man außerhalb staatlicher Kontrollen unternimmt, stärkt den Markt und schwächt den Staat.« Er sprach davon, eine Website schaffen zu wollen, »auf der die Leute alles anonym kaufen können, ohne Spuren zu hinterlassen, die zu ihnen zurückverfolgt werden könnten«.

Silk Road war der erste Online-Schwarzmarkt seiner Art, auf dem Drogen, Utensilien für den Konsum dieser Drogen, Hacken und Fälschungen als Dienstleistungen sowie andere illegale Waren erworben werden konnten – alles für den Kunden sorgfältig sortiert. Wie bei Amazon und anderen schick designten Seiten im Sichtbaren Web sollten Kunden Bewertungen für die Verkäufer der Plattform und Feedback über alltägliche Dinge wie Verpackung und Versand hinterlassen. Ähnlich wie bei Amazon, wo man lange Rezensionen über ein gekauftes Produkt verfassen kann, beschrieben die Käufer auf Silk Road ihre drogenbedingten Höhen und Tiefen – und gaben den Drogenliebhabern eine Menge hilfreicher Tipps.

Wie jeder gute Freibeuter hatte Dread Pirate Roberts einen Ehrenkodex: Auf Silk Road durften keine gestohlenen Waren und kein Kindesmissbrauchs-Material angeboten werden. Das verstärkte den Eindruck, die Plattform wäre tatsächlich eine moralische Kraft. »Bei Silk Road geht es um etwas sehr viel Größeres, als dem Staat eine Nase zu drehen und seine Drogen zu kriegen«, schrieb Ulbricht. »Bei Silk Road geht es darum, uns unsere Freiheit und unsere Würde zurückzuerobern und Gerechtigkeit zu fordern.«

In den zweieinhalb Jahren, in denen Ulbricht unerkannt an den Schalthebeln saß, besuchten mehrere tausend Verkäufer und mehr als hunderttausend Käufer Silk Road, was einen Verkaufserlös von mehr als 1,2 Milliarden US-Dollar generiert haben soll.[341] Laut einer Studie, die in der Fachzeitschrift *Addiction* erschien, erwarben zwischen 2011 und 2013 18 Prozent aller US-amerikanischen Drogenkonsumenten ihre Rauschmittel auf der Seite.[342]

Gerichtsprotokolle zeigen, dass Bundesagenten bei ihrer Ermittlungsarbeit neben innovativen geheimen Hightech-Cyber-Strategien auch traditionelle, althergebrachte Taktiken nutzten, um Ulbricht in die Falle zu locken, wodurch ihnen schließlich die Demontage von Silk Road gelang. Jedem Schwarzmarkthändler fällt es schwer, ständig seine Identität zu verbergen. Es bedarf nur eines kleinen Fehlers, um die wahre Identität aufzudecken. Wegen einiger Fehltritte im Internet oder eines schwachen Passwortschutzes im Rechner gelang es Ulbricht nicht, seine Spuren ausreichend zu verwischen – was dazu führte, dass die Agenten ihn lokalisierten und mit der Website in Verbindung brachten.[343] Dieser bekannte Fall beweist, dass die Strafverfolgungsbehörden die im Darknet aktiven Personen demaskieren können, wenn genügend Ressourcen vorhanden sind. Als der Online-Moralist in der Science-Fiction-Abteilung einer öffentlichen Bibliothek in San Francisco verhaftet wurde – seine Finger auf der Tastatur, nachdem er sich über den kostenlosen W-LAN-Zugang der Bibliothek auf Silk Road eingeloggt hatte –, da hatte ihm sein digitaler Schwarzmarkt laut FBI-Angaben bereits um die 420 Millionen US-Dollar Provisionen eingebracht, was ihn »zu einem der erfolgreichsten Unternehmer des Internetzeitalters« machte, wie es der *Rolling Stone* formulierte. Was half Dread Pirate Roberts dabei, sehr viel reicher zu werden, als er es sich in seinen wildesten Hippie-Träumen je hätte ausmalen können? Cyber-Effekte und das Cyber-Umfeld selbst. Wie jeder große Einzelhändler weiß, macht man das beste Geschäft, wenn man den Kunden psychologisch übers Ohr haut – die Manipulation des Einkaufserlebnisses und Einkaufsumfelds ist hier der Schlüssel. Deshalb ist es in Geschäften großer Supermarktketten häufig unangenehm kühl, und deshalb wird in Bekleidungsgeschäften viel zu laute Musik gespielt: Wer friert, reizüberflutet oder verwirrt ist, neigt eher zu Impulskäufen.[344]

Nun stellen Sie sich einmal vor, wie der Cyberspace den Online-Einkauf illegaler Waren erleichtert. Die Anonymität und die Unsichtbarkeit im Internet dürften dem Einkaufen mit Sicherheit förderlich sein, besonders bei Menschen, die sich bislang vor den Behörden verstecken mussten. Wenn Sie zu dieser Mischung noch die Online-Enthemmung hinzufügen, erhalten Sie einen ermutigten Kunden, der sich von etwaigen Risiken noch weniger abschrecken lässt. Lassen Sie uns als Nächstes hinzurechnen, was ich in dem Kapitel, das sich mit Teenagern im Internet beschäftigt, über den Risikoschub im Cyberspace geschrieben habe. Wenn eine Vielzahl von Menschen online etwas tut, kann gefährliches oder extremes Verhalten plötzlich als normal erscheinen.

Die letzte Zutat ist Habgier. Denken Sie darüber nach, wie Opportunismus sich in dieser Mischung macht und wie steuerfreie finanzielle Gewinne, die durch die Anhäufung anonymen und nicht zurückverfolgbaren Wohlstands erleichtert werden, immer mehr Händler dazu bringen, auf diesen Plattformen aktiv zu werden und eine größere Auswahl illegaler Waren anzubieten. Mehr Händler bedeuten mehr Angebote für den Drogenkauf. Mehr Angebote bedeuten eine höhere Nachfrage, sei das nun für Cannabis, Mohn oder Medikamente. Was ist das Resultat?

Eine boomende cyber-kriminelle Wirtschaft. Es handelt sich um eine virtuelle Blase. Silk Roads »netzunabhängige« Server waren überall auf der Welt verteilt und verborgen, beispielsweise in Lettland oder Rumänien; als jedoch ein Agententeam des FBI, der DEA (Drug Enforcement Administration), des IRS (Internal Revenue Service) und der US-amerikanischen Zollbehörde die Server aufspürte und die dortigen illegalen Transaktionen überwachte, führte das die Ermittler auf die Spur von Drogenkäufern und -verkäufern in den USA, Großbritannien, Irland, Australien und Schweden, die Silk Road für ihre Geschäfte nutzten. »Diese Verhaftungen senden eine deutliche Botschaft an die Verbrecher«, sagte Keith Bristow, Leiter der britischen National Crime Agency, nachdem vier Männer wegen Verstößen gegen das Betäubungsmittelgesetz verhaftet worden waren. »Das unsichtbare Internet ist nicht unsichtbar, und Ihre anonyme Aktivität ist nicht anonym. Wir wissen, wo Sie sind und was Sie tun. Wir werden Sie fassen.« Freundlicherweise ergänzte Bristow seine Worte dann um die gute Nachricht: »Irgendwann macht jeder Kriminelle einen Fehler.«

Laut Katherine B. Forrest, der Bundesrichterin, die Ulbricht bei seinem Verfahren 2014 verurteilte, schuf Silk Road neue Drogenkonsumenten und erweiterte den Markt, wodurch die Nachfrage an Orten erhöht wurde, an denen zur Heroinherstellung Mohn angebaut wird.[345] Die Schwarzmarktseite hatte sich auf den weltweiten Markt ausgewirkt. Die Staatsanwaltschaft erklärte, Ulbricht sei nicht nur zum Jeff Bezos des Drogen- und

Waffenhandels geworden, sondern habe auch die Ermordung von fünf auf Silk Road aktiven Verkäufern in Auftrag gegeben und bezahlt, die ihn erpresst und damit gedroht hatten, seine Identität zu enthüllen. (Tatsächlich kam niemand ums Leben, weil die ganze Aktion Teil der verdeckten Ermittlungen war.)

Ulbricht wurde in sieben Fällen wegen des Verstoßes gegen das Betäubungsmittelgesetz sowie des Komplotts für schuldig befunden. Er erhielt zweimal lebenslänglich, einmal zwanzig Jahre, einmal fünfzehn Jahre und einmal zwei Jahre ohne Aussicht auf Bewährung. Die Bitcoins, die noch auf den Servern von Silk Road lagen und schätzungsweise einen Wert von 180 Millionen US-Dollar hatten, wurden konfisziert und von Federal Marshals in Einheiten von mindestens 50 000 Bitcoins versteigert.

Ulbricht bat um Milde, ebenso wie seine Eltern, die aussagten, ihr Sohn sei kein knallharter pathologischer Verbrecher und werde der Gesellschaft in Freiheit keinen größeren Schaden zufügen als jeder andere ehemalige Straftäter.[346] Er sei bloß ein überzeugter barfüßiger Freigeist, dessen Ideal der individuellen und wirtschaftlichen Freiheit außer Kontrolle geraten sei.

Die Richterin ließ jedoch keine Milde walten. Bei ihrer Urteilsverkündung schrieb sie Ulbricht ins Stammbuch, dass seine Taten »außerordentlich schädlich für unsere gesellschaftliche Ordnung« seien. Die Staatsanwaltschaft führte den Tod von sechs Personen, die an einer Überdosis verstorben waren, auf Silk Road zurück. Zwei Elternpaare, die ihre Söhne verloren hatten, sagten vor Gericht aus. Ein Opfer, ein sportlicher junger Mann, der nur Brian genannt wurde, hatte bei einer kleinen Finanzverwaltungsfirma in Boston gearbeitet. Es war ihm nicht leichtgefallen, den Drogen zu widerstehen, und dennoch schien er den Kampf zu gewinnen. Nur ein paar Tage vor Ulbrichts Verhaftung starb er an einer Überdosis Heroin, das er auf Silk Road erworben hatte.

Brians trauernder Vater räumte vor Gericht ein, dass sein Sohn Fehler im Leben gemacht habe, dennoch habe er den Eindruck, dass Silk Road den Kampf seines Kindes gegen die Drogen zusätzlich erschwert habe, weil die Plattform »jedes Hindernis aus dem Weg räumte, das harte Drogen von allen ferngehalten hätte, die leicht in Verführung geraten«.[347]

Gesetzlosigkeit in einem gesetzlosen Umfeld machte es erforderlich, ein Exempel zu statuieren. Im Falle des einunddreißigjährigen Dread Pirate Roberts bedeutete das aber nicht, dass er über die Planke ging. Er wurde zu lebenslänglicher Haft verurteilt.

Pirate Bay

Kriminologen werden Ihnen sagen, dass eines der ersten Tore zur Kriminalität eine ambivalente Einstellung gegenüber dem Gesetz ist, neben mangelndem Respekt für die Regeln einer Gesellschaft, besonders wenn diese Regeln verhindern sollen, einer Aktivität nachzugehen, die entweder Spaß macht oder finanziellen Gewinn ermöglicht. Mit anderen Worten: Man muss nicht in die Unterwelt des Darknets hinabsteigen, um online in kriminelle Handlungen verstrickt zu werden. Es kann ganz harmlos anfangen.

Die *Washington Post* schrieb am 10. Dezember 2014, einen Tag nachdem die schwedischen Behörden endlich die weltweit größte Plattform für Piraterie geschlossen hatten:

> Spät am Dienstagabend verschwand Pirate Bay plötzlich aus dem Internet, als die Server der Plattform aufgrund einer überraschenden Razzia durch die schwedische Polizei in Stockholm abgeschaltet wurden.[348]

Vergessen Sie einfach die größeren Fragen der Netzfreiheit und des geistigen Eigentums. Für Millionen Internetnutzer ist die wirklich wichtige Frage nämlich folgende: »Und wie soll ich jetzt Fernsehen schauen?«

Wenn Sie sich wie ich nicht für Warendiebstahl interessieren und sich auch noch nicht der in internetversierten Kreisen so angesagten Bewegung gegen das intellektuelle Eigentum angeschlossen haben, muss ich Ihnen wohl ein paar Dinge erklären. Bei der Softwarepiraterie handelt es sich um die ohne entsprechende Lizenz erfolgende, unerlaubte Reproduktion und illegale Distribution von Computerprogrammen für geschäftliche oder private Zwecke. The Pirate Bay war eine Filesharing-Plattform, auf der man mit Hilfe passender Software unentgeltlich große Datenmengen herunterladen konnte – kostenlose Spiele, Videos, Filme, Songs, Bücher oder Apps. Die schwedischen Aktivisten, die 2003 die Website ins Leben gerufen hatten, taten dies nach eigener Aussage nicht etwa, um eine Möglichkeit zum Diebstahl von Inhalten zu schaffen, und auch nicht aus Interesse an kriminellen Aktivitäten oder aus purem Opportunismus. Tatsächlich gaben sie an, es sei ihnen dabei nicht ums Geld gegangen. Sie behaupteten vielmehr wie Ross Ulbricht, sie hätten die korrupte kapitalistische Wirtschaft stören wollen.

Da ist er wieder: der gemeinsame Ehrenkodex.

Die Bewegung gegen das intellektuelle Eigentum ist in der Internetbranche überaus beliebt – und hat im Cyberspace viele Fans. Klugerweise propagierten die Betreiber von Pirate Bay ihr Netzwerk, indem sie politische Kundgebungen organisierten und Petitionen über die »praktischen, moralischen und philosophischen Fragen des Filesharing« in Umlauf brachten. Sie sagten, es gehe ihnen um Gegenseitigkeit und brüderliches Teilen, nicht etwa um Diebstahl.

Als »Torrents« bezeichnet man im Cyberspace Dateien, die über das BitTorrent-Protokoll geteilt werden, ein »Peer-to-

Peer-System« (in der Fachsprache kurz »P2P« genannt), über das große Datenmengen weitergeleitet werden können. Die Datei stammt dann nicht von einem einzigen Server, sondern wird über verschiedene Quellen aus unvollständigen Datenmengen zusammengesetzt. Das Resultat? Niedrigere Bandbreite und daher schnellere Ladezeiten. Das macht die Datenpiraterie einfach und effektiv, was für den Erfolg im World Wide Web geradezu zwingend ist.

Das Ganze verhält sich ein bisschen wie beim Fastfood: Am besten denkt man gar nicht über Qualität, Nährwerte oder Ursprungsort nach. Wenn man in einen Big Mac beißt, hat man wenigstens den moralischen Trost, dafür gezahlt zu haben.

Die Tauschbörse Napster war auf dem Gebiet des kostenlosen, massenhaften Filesharing von Musikdateien wegbereitend. In nur zwei Jahren – zwischen 1999 und 2001 – meldeten sich dort sechzig Millionen Nutzer an, bis die Recording Industry Association of America (RIAA) das Unternehmen verklagte und zur Auflösung zwang. Die Strafverfolgungsbehörden kamen Pirate Bay schließlich ebenfalls auf die Schliche; die Betreiber der Seite wurden wegen Urheberrechtsbruch vor Gericht gestellt. Die Website selbst blieb dagegen bestehen und wurde regelmäßig auf neue Domains verschoben, bis sie sich 2012 auf einer sicheren cloudbasierten Plattform niederließ. Bis dahin hatten Abermillionen User ihr Angebot genutzt.

Wie groß war der Einfluss des kollektiven Peer-to-Peer-Filesharing? Die Musikindustrie, die bereits mit den Herausforderungen der neuen technischen wie technologischen Möglichkeiten infolge der digitalen Wende zu kämpfen hatte, gibt an, dass es in den ersten zehn Jahren seit der Gründung von Napster zu einem 45-prozentigen Einbruch der Verkaufszahlen gekommen sei. In den ersten fünf Jahren des Bestehens von Pirate Bay wurden um die dreißig Milliarden Songs über Filesharing-Netzwerke illegal heruntergeladen. Wenn man die Millionen eingebüßter Arbeitsplätze, gescheiterter Geschäfte und entgangener Steuereinnahmen mit einbezieht, vergrößern sich diese finanziellen Verluste noch zusätzlich – die Auswirkungen auf unentdeckte Talente nicht einmal mit eingerechnet.[349]

Der Wandel zog jedoch noch andere, möglicherweise sogar höhere Kosten nach sich. Sobald der Trend der Datenpiraterie einmal losgetreten worden war, kam der Datenklau immer häufiger vor, wurde beliebter – und cooler. Eine Folge von *Game of Thrones* brach weltweit alle Rekorde der Datenpiraterie, als sie im Jahr 2010 in den ersten zwölf Stunden nach der Erstausstrahlung 1,5 Millionen Mal auf Pirate Bay heruntergeladen wurde.

Jeff Brokes, Geschäftsführer von Time Warner, reagierte nicht etwa mit einem ebenso gewaltigen wie uncoolen Wutanfall, sondern wählte einen anderen Ansatz: »*Game of Thrones* ist weltweit am stärksten von Datendiebstahl betroffen«, prahlte er. »Tja, wissen Sie, das ist besser als jeder Emmy.«[350]

Hmmm. Ist dem wirklich so?

Die Herstellung jeder Episode von *Game of Thrones* kostet HBO rund 6 Millionen US-Dollar, das Doppelte bis Dreifache des üblichen Produktionsbudgets einer typischen Fernsehserie im frei zugänglichen Fernsehen.[351] Waren die Geschäftsführer eines Premium-Pay-TV-Kanals wirklich so glücklich über verlorene Einnahmen?

Oder muss HBO einfach mitspielen, um nicht an Beliebtheit zu verlieren? Das ist der Preis der Coolness, nehme ich an – was mich zu einem weiteren Rätsel des menschlichen Verhaltens bringt: Warum brechen Menschen das Gesetz, obwohl sie genau wissen, dass es falsch ist?

Es gibt für den Diebstahl von Online-Inhalten zahlreiche Rechtfertigungsversuche, die laut den unzähligen über diese Verhaltensweise angestellten Studien offenbar sehr überzeugend sind. Zunächst einmal halten manche Leute ein solches

Vorgehen keineswegs für Diebstahl, sondern sind der Meinung, es ähnele dem Weiterreichen eines Buchs aus einer Bibliothek. Außerdem gibt es beträchtliche Differenzen in der Einschätzung der Entwendung materieller und des Diebstahls immaterieller Güter, obwohl es aus moralischer und ethischer Sicht keinen Unterschied gibt.

Was meine ich damit? Jemand, der dem Download von gestohlenen Inhalten entspannt oder ambivalent gegenübersteht, würde aus einem Plattenladen keine CD und aus einem Yogastudio keine Yogamatte entwenden. Der Diebstahl materieller Güter wird im Allgemeinen als ethisch verwerflich betrachtet – als eine kriminelle Tat. Aber der Diebstahl immaterieller Güter wirkt … nun ja, *weniger real.*

Im Cyberspace ist alles immateriell. Bedeutet das, dass die Menschen dort eher bereit sind zu stehlen? Manche Studien legen diesen Schluss nahe.

Ein weiterer Grund für die Verbreitung von Online-Diebstahl (und anderer Straftaten) mag mit dem cyber-psychologischen Konzept der »Minimierung von Status und Autorität im Internet« zusammenhängen, auf das ich 2014 in einem Europol-Bericht aufmerksam gemacht habe. Im Internet herrscht offenbar nur wenig staatliche Kontrolle, weshalb das Risiko, auf frischer Tat ertappt zu werden, als gering gilt. Warum sollte man für die Dienstleistung von HBO zahlen, wenn der Datenklau so gut wie keine negativen Konsequenzen hat?

Ebenso könnte der Hang zum Online-Diebstahl von der angenommenen Anonymität und der Online-Enthemmung angeheizt werden.[352] Zu guter Letzt bringt die Häufigkeit des Online-Diebstahls an sich eine Veränderung der gesellschaftlichen Grundhaltung hervor. Wenn so viele Leute offen darüber sprechen und im Internet unverblümt zugeben, die letzte Folge von *Game of Thrones* illegal heruntergeladen zu haben, kann das die Wahrnehmung der Missetat selbst ändern. Die

Tat kann normalisiert und gesellschaftsfähig werden. Früher oder später spiegelt die Gesetzgebung dann nicht mehr die moralischen Ansichten der Masse wider. Das ist das Merkwürdige an moralischen Ansichten: Wenn genug Menschen ein Gesetz brechen, wird der Rechtsbruch nicht mehr als unmoralisch angesehen.[353] Wie bei extremem Cyber-Mobbing und anderen problematischen Verhaltensweisen, auf die ich in vorherigen Kapiteln eingegangen bin, bedeutet die Tatsache, dass Personen mit einer Neigung zur Datenpiraterie sich online einfacher einer größeren Gruppe Gleichgesinnter anschließen können, dass sie ihr Verhalten mit sehr viel höherer Wahrscheinlichkeit für normal halten.

Diese Art der Cyber-Sozialisation erfolgt immer dann, wenn jemand eine Datenklau-Plattform besucht, auf der hochgeladene Inhalte von Tausenden Teilnehmern rund um die Welt verzeichnet sind.

Wie könnten so viele großzügige Filesharer je falschliegen?

Auch Abschreckungsversuche blieben erfolglos. So versuchte man, durch breite Berichterstattung über Verhaftungen Exempel zu statuieren, etwa im Fall eines fünfzehnjährigen Schweden, der über die Server seiner Schule illegal vierundzwanzig Filme heruntergeladen hatte, darunter *The Social Network, The Mechanic* und *The Fighter*. Bald darauf wurde ein Virus auf den Schulservern entdeckt, der zu diesem Schüler zurückverfolgt werden konnte. Statt den Jungen einfach nur für eine Standpauke ins Rektorat zu zitieren und ihn für die Einschleppung des Virus und die illegalen Downloads zu bestrafen, bestand die Schulleitung darauf, die Polizei zu verständigen, weil auf dem Gelände eine echte Straftat begangen worden war. Zwar wurden Mitte der 2000er Jahre mehr als 18 000 Personen von der Musikindustrie für den unerlaubten Download von Musikdateien verklagt, aber in den meisten Fällen einigten sich die Parteien außergerichtlich. Bei dem fünfzehnjährigen Schweden geschah nichts dergleichen. Ihm drohten bis zu zwei Jahren Gefängnis.[354]

Ist das gerecht? Der schwedische Junge empfand das wohl nicht so. Millionen anderer Nutzer, die davon sprechen, die Datenpiraterie sei ein Verbrechen ohne Opfer, das den Künstlern und der Musikindustrie keinen echten Schaden zufüge, da diese die finanziellen Verluste verkraften könnten, sahen das wahrscheinlich ebenfalls anders. Für diese Leute scheint es keine Rolle zu spielen, dass Datenpiraterie nun einmal Diebstahl ist. Ich spreche gerne über Ethik und Moral im Internet, finde es jedoch erschreckend, dass sich niemand anderes dafür zu interessieren scheint. Das sagt mir Folgendes: Es ist eine neue Norm entstanden.[355]

Im realen Leben kann eine neue Norm sehr schnell und gerade einmal in einer Generation entstehen. Wie ich in vorherigen Kapiteln bereits erläutert habe, entwickeln sich neue Normen im Internet aufgrund von Cyber-Effekten dagegen mit Lichtgeschwindigkeit. Wie lange dauerte es, bis wir alle hin und wieder ein Selfie machten – oder das *Oxford English Dictionary* den Begriff aufnahm? Online verändern sich die Dinge so rasant, dass es schwerfällt, damit Schritt zu halten. Vielleicht wächst gerade eine ganze Generation »virtueller Taschendiebe« heran, wie ich sie nenne, die Eigentumsrechte, Privatsphäre, nationale Sicherheit und staatliche Autorität anders begreifen als wir.

Klingt das cool?

Coolness ist nur ein weiterer Aspekt des Gruppenzwangs zur Erzeugung neuer Normen. Coolness dient als Möglichkeit, für Raffinesse, Wissen oder die frühe Aneignung neuer Technologien, neuer Verhaltensweisen und offenbar auch neuer moralischer Vorstellungen Zustimmung zu gewinnen. Coolness kann Ihnen aber auch eine kostenlose Abfahrt auf dem rutschigen Hang ins moralische Verderben bescheren.

Der Cyberspace, ob wir nun über das Sichtbare Web oder das Deep Web sprechen, sorgt dafür, dass der Abhang noch rutschiger und abschüssiger wird. Trotz der Beliebtheit von Streaming-Diensten wie Spotify oder Pandora, die bessere Soundqualität und benutzerdefinierte Kanäle bieten – ein Geschäftsmodell, das ursprünglich im Kampf gegen die Datenpiraterie entwickelt wurde –, geht der Diebstahl von Musik, Filmen und Fernsehsendungen munter weiter.

Die Tatsache, dass in Großbritannien ein Schritt zur Entkriminalisierung von Datenpiraterie unternommen wurde, weist ebenfalls darauf hin, dass gesellschaftliche Normen, die von den Digitaltechnologien beeinflusst wurden, mittlerweile die Gesetzgebung zu bestimmen beginnen.[356] Trotz des Drucks der Unterhaltungsbranche – die verlangt hatte, Internetdienstanbieter (Internet Service Providers, ISPs) sollten Datenbanken von mutmaßlichen illegalen Downloadern anlegen und ihnen mit strafrechtlichen Maßnahmen drohen – entschloss sich die britische Regierung nach vier Jahren Diskussion, hartnäckigen Filesharern in »pädagogischer« Absicht einen Brief mit Warnhinweisen zukommen zu lassen. Es werden bis zu vier Briefe versandt, die jedes Mal einen schärferen Ton anschlagen. Mit rechtlichen Schritten soll jedoch nicht gedroht werden. Warum? »Wir haben festgestellt, dass viele Menschen sich nicht zwangsläufig darüber im Klaren sind, dass sie etwas Illegales tun«, erklärte ein Sprecher des U.K. Department for Business, Innovation and Skills. »Die neuen Hinweisbriefe machen die Nutzer auf die Folgen des illegalen Datendownloads aufmerksam; außerdem werden sie die Nutzung legaler Digitalinhalte fördern.« Das ist kaum mehr als ein leichter Schlag auf die Finger.

Mit anderen Worten: Auf dem offenen Meer des Cyberspace haben die Piraten anscheinend den Sieg davongetragen.[357]

Psychologie des Hackers

Kürzlich wurde ich eingeladen, am Steed-Symposium-Diskussionsforum zur Netzsicherheit teilzunehmen, das im Zuge des Los Angeles Film Festivals abgehalten wurde. Ich fand mich von Scheinwerfern geblendet und verkrampft auf einem sehr hohen Regiestuhl sitzend auf der Bühne wieder. Ich möchte mich nicht allzu lang über diesen Stuhl auslassen, der wirklich sehr cool aussah, aber wahrscheinlich das Unbequemste war, auf dem man nur sitzen konnte – schmale Sitzfläche, starre Rückenlehne, unnatürlich und unangenehm hoch über dem Boden, dazu eine winzige, gerade einmal zweieinhalb Zentimeter breite hölzerne Fußstütze, die das Einzige zu sein schien, das mich davor bewahrte, vor mehreren hundert Leuten zu Boden zu stürzen.

Neben mir saß auf seinem eigenen wackeligen Hochsitz ein bekannter Ethical Hacker namens Ralph Echemendia. Der geniale Autodidakt, Computerfachmann und Internetexperte hatte kürzlich als fachkundiger Berater an Oliver Stones Film *Snowden* mitgewirkt.

Ralph versprühte eine lässige Arroganz und hatte eine einzigartige, unbeschreibliche Ausstrahlung – eine Mischung aus einem mexikanischem Revolverhelden und dem Frontsänger einer Heavy-Metal-Band. Aufgrund unserer Unterschiede – ich bin alles andere als cool, keine Autodidaktin und spreche mich für eine staatliche Regulierung des Internets aus – und aufgrund meines Wissens über die Hackerkultur ging ich davon aus, dass Ralph und ich nichts gemeinsam und uns daher kaum etwas zu sagen hätten.

Ich betrachtete das Publikum. Die Zuschauer sahen aus, wie Teilnehmer von Konferenzen zur Netzsicherheit nach meiner Erfahrung eben so aussehen – sie alle hatten einen Ausdruck unerbittlicher Entschlossenheit und Ausdauer im Gesicht. Wahrscheinlich würden dieselben Fragestellungen und Probleme wie immer durchgesprochen werden. Und wahrscheinlich würde am Ende niemand klüger dastehen als zuvor. Währenddessen würde wahrscheinlich niemand großen Spaß haben.

Bei Konferenzen und Gipfeltreffen zur Netzsicherheit, bei denen die Mitwirkenden zum millionsten Mal über Schwachstellen und Privatsphäre sprechen, denke ich mir stets: »Welches Motiv gibt es für ein solches Verhalten? Welche cyberpsychologischen Zusammenhänge stecken dahinter?« Auf die eine oder andere Weise lässt sich alles, was mit Menschen zu tun hat, zwangsläufig auf menschliches Verhalten – und damit Motive – zurückführen, ganz unabhängig vom jeweiligen Ort, den Cyberspace mit eingeschlossen. Das bringt mich zu einer spannenden Frage:

Welches Motiv gibt es für das Hacken?

Die übliche Definition eines »Hackers« lautet: Jemand, der heimlich in ein Computersystem eindringt, um Schaden anzurichten. Seit den Anfängen der Computernetzwerke haben die talentiertesten Techniker, Programmierer und Kodierer der weltweit bekanntesten universitären Informatikinstitute Freude am Austausch von Geschichten über das Hacken gehabt, das manchmal in Form eines harmlosen Streichs und manchmal in Form eines böswilligeren Angriffs erfolgte. Es gibt unzählige Beispiele, wie ein gewiefter Hacker die sozialen Konventionen ausnutzte, um sich Zugang zu Privatinformationen zu verschaffen, indem er etwa den Geburtstag eines Opfers herausfand und diesem dann eine E-Mail mit einem verborgenen Link zu schädlichen Inhalten zusandte. Dieser sozio-technologische Ansatz kennzeichnet den gesamten Bereich der Malware und anderer cyber-krimineller Mittel wie Würmer, Trojaner, Spyware, Keylogger, Ransomware und Rootkits, um nur einige zu nennen. Weil Hacker sich ebenso mit menschlichem Verhalten wie mit Technik und Technologie auskennen, haben sie gegenüber allen anderen einen Vorteil, was nur noch mehr Gründe dafür liefert, dass wir über das menschliche Verhalten im Internet noch besser Bescheid wissen sollten, um uns angemessen zu schützen.

Wie den Piraten umranken auch den Hacker viele folkloristische Legenden, darunter ein David-gegen-Goliath-Narrativ, das besonders junge Leute anspricht. Hacker wirken magisch, ja, geradezu übermenschlich. Wie Superhelden werden sie in der realen Welt oft als körperlich schwächliche Streber angesehen. Das gilt aber nur so lange, bis sie ihre speziellen Kräfte ausgebildet haben – die intellektuellen und technischen Fähigkeiten, ein Unternehmen, eine Bank, eine Krankenkasse oder ein ganzes Land lahmzulegen. Wie Supermans Erzfeind Lex Luthor behaupten manche, sie könnten mit einem einzigen Knopfdruck das Stromnetz zum Zusammenbruch bringen und alle Lichter in einer Großstadt ausschalten. Sie haben eine verwegene Art, sind einfallsreich, mutig und aufsässig.

Und ja, sie sind ziemlich klug.

Was sind ihre Motive fürs Hacken? Davon gibt es eine ganze Menge: Langeweile, Erleichterung von emotionalem Druck, finanzieller Gewinn, Neugier, politische, religiöse oder philosophische Anschauungen oder sexuelle Triebe. Bevor wir uns Letzterem zuwenden, sollten wir jedoch die Hackerkultur betrachten.

Auch Hacker haben so etwas wie einen allseits bekannten Ehrenkodex: das »Hackermanifest«, verfasst von »The Mentor« (alias Loyd Blankenship), das seit seinem Erscheinen 1986 nun gut dreißig Jahre die Runde macht und bis heute Bedeutung hat:

> Heute wurde schon wieder einer erwischt, es ist in allen Zeitungen: »Jugendlicher wegen Datendiebstahl verhaftet!«, »Hacker brach in Bankrechner ein« … Verdammte Kids.
> Die sind doch alle gleich. Aber hast du jemals, mit deiner billigen Alltagspsychologie und deinem veralteten Technikwissen von 1950, dich in einen Hacker hineinversetzt? Hast du dich jemals gefragt, was ihn steuert, welche Kräfte ihn geformt haben, was ihn zu dem gemacht hat, was er jetzt ist? Ich bin ein Hacker, komm in meine Welt … Meine Welt fängt mit der Schule an … Ich bin intelligenter als die meisten in meiner Klasse, die ganze Kacke, die wir beigebracht kriegen, langweilt mich …[358]

Die Geschichte des talentierten, gesetzlosen Hackers, der sich außerhalb der Gesellschaft bewegt, hätte gut aus einem Drehbuch für einen Piratenfilm stammen können, wie eine Mischung aus *Blaubart* und *Die Rache der Eierköpfe* mit einem Hauch jugendlichem Narzissmus à la Holden Caulfield aus *Der Fänger im Roggen*. Und obwohl Edward Snowden nicht wirklich dazugehört, werfen seine Enthüllungen über geheime NSA-Dokumente dieselben Fragen auf wie das Beharrungsvermögen des Hackens in unserer Kultur.

Sind solche Handlungen heldenhaft oder kriminell?

Sind Hacker mutig – oder einfach nur zornig?

Laut der Autorin Debra Littlejohn Shinder, die über die Digitaltechnologien schreibt, haben kriminelle Hacker üblicherweise eine Reihe von Charaktereigenschaften gemein:

- Sie haben eine hohe Risikotoleranz.
- Sie neigen zur »Kontrollsucht« und genießen es, anderen überlegen zu sein oder sie zu manipulieren.
- Sie verfügen (in unterschiedlichem Maße) über fortgeschrittene technische und technologische Fertigkeiten und kennen sich mit der Manipulation von Quellcodes aus.

- Sie zeigen eine gewisse Geringschätzung für Recht und Ordnung oder nennen vermeintlich gute Gründe, warum bestimmte Gesetze unzulässig sind oder nicht für sie gelten.[359]

Die Medien und die Unterhaltungsbranche nutzen den Begriff »Hacken« oft auf abfällige Art und Weise. Bei einer genaueren Betrachtung des Hackens kommt man jedoch nicht in jedem Fall zu einem negativen Ergebnis. Obwohl es immer noch Hacker wie die sogenannten »Black Hats« (»Schwarzhüte«) gibt, die aus reiner Boshaftigkeit oder für den persönlichen Gewinn gegen die Netzsicherheit verstoßen, indem sie etwa Kreditkartennummern stehlen (Kreditkartenbetrug) oder ein neues Virus entwerfen, nimmt die Zahl der »White Hats« (Weißhüte) bzw. »Ethical Hacker« dennoch zu, die ihre Talente für gute, moralische oder legale Zwecke einsetzen. Sie werden oft von großen Organisationen mit der Überprüfung ihrer digitalen Sicherheitssysteme beauftragt. Das nennt man einen »Penetrationstest«. Stoßen die Hacker auf Schwachstellen, informieren sie ihre Auftraggeber darüber.

Irgendwo dazwischen rangieren die »Gray Hats« (Grauhüte). Sie arbeiten zwar nicht für ihren persönlichen Gewinn, tun unter Umständen aber viele unmoralische Dinge oder begehen Verbrechen, die sie dann mit einem guten Zweck rechtfertigen. Sie überprüfen beispielsweise die Sicherheit eines Online-Netzwerks und informieren dann die Betreiber über etwaige Schwachstellen.

Nehmen wir einmal an, Sie wachten morgens auf und hörten ein Klopfen an Ihrer Schlafzimmertür. Sie öffnen und finden einen »ethischen Einbrecher« davor, der Ihnen mitteilt, er sei in der Nacht zuvor in Ihr Haus eingestiegen, habe die Alarmanlage überbrückt, sei in Ihr Schlafzimmer eingedrungen und habe auf Ihrem Nachttisch einen Zettel für Sie hinterlassen.

Ihr Haus weise ernste Sicherheitsmängel auf. Was würden Sie diesem Eindringling sagen? »Vielen Dank«? Gray-Hat-Hacker tun genau das und erhalten dafür nicht in jedem Fall Dank.

Zu Beginn des Steed Symposiums, nach der Einführungsrunde, wurde ein Kurzfilm gezeigt. Er spielte in der Zukunft – im Jahr 2024 – und erzählte von einer Frau, die ein Hirntransplantat erhalten hatte: einen Chip, der sie steuerte und kontrollierte. Tatsächlich hatte diese Frau einen Mord begangen. Sie hatte jedoch kein Motiv. Der Chip in ihrem Kopf hatte sie angewiesen, einen Mann umzubringen.

Das Publikum wurde munter – vielleicht würde es ja doch noch ein guter Abend werden.

Die Moderatorin wandte sich an Ralph Echemendia, den Netzsicherheitssamurai, und fragte ihn, wie er zum Hacken gekommen sei.

»Ich war dreizehn Jahre alt, lebte in Südamerika, und meine Freunde und ich fingen an, uns für Pornos zu interessieren«, erklärte er. »*Und der Download dauerte immer ewig!* Deshalb begann ich, mich mit dem Hacken zu beschäftigen.«

Dem Publikum gefiel diese Geschichte – es brach in Gelächter und Applaus aus. Ralph erzählte weiter von seinen Anfängen – wie er sich in den Amateurfunk oder in alte Mailboxen gehackt, Telefonverbindungen manipuliert (»Phreaking«) oder Mittel und Wege gefunden habe, sich mit Telefonanbietern anzulegen, üblicherweise, um kostenlos zu telefonieren. Sein Interesse für die Informations- und Kommunikationstechnologien brachten ihm schließlich Jobs in der Computerbranche ein. In den letzten vierzehn Jahren hat er IT-Sicherheitsaudits und Penetrationstests durchgeführt sowie unzählige Organisationen auf der ganzen Welt beraten, darunter die Vereinten Nationen, Oracle und verschiedene Krankenhäuser sowie Finanzinstitute.

Während ich Ralph so zuhörte, kam seine Leidenschaft für

seinen Beruf deutlich zum Vorschein – und meine begrenzten Vorstellungen über Hacker und deren Kultur begannen, in Stücke zu zerfallen. Es wurde zunehmend klarer, dass wir intellektuell und bezüglich unserer Ansichten über den Cyberspace auf einer Linie waren. Ralph sprach weniger über technologische Aspekte als über das Leben der Menschen, über Kultur und Gesellschaft – und darüber, wie die Digitaltechnologien das Leben auf der Erde verbessern könnten, statt es zu verschlechtern.

Dann wandte die Moderatorin sich mir zu. »Welche Erklärung gibt es für das Hacken?«, fragte sie.

»Wenn Sie damit die humanistische Psychologie meinen, dann könnten die Gründe Emotionen wie Liebe oder Rachedurst sein«, antwortete ich. »Sprechen wir jedoch über die Verhaltensforschung, geht es einzig und allein um Belohnungen oder Vorteile. Meine Lieblingsbegründung für das Hacken stammt allerdings aus der Freud'schen bzw. psychoanalytischen Denkschule.«

Die Moderatorin schaute verdutzt. Ralph wirkte fasziniert.

»Psychoanalytisch? Was bedeutet das?«, wollte die Moderatorin wissen.

»Die Psychoanalyse erklärt das Hacken als einen psychosexuellen Penetrationsdrang.«

»Respekt!«, rief Ralph und gab mir einen Fauststoß. Unsere Freundschaft war geboren.

Diesen Satz habe ich auch früher schon verwendet – vor allem, um ein Publikum aus Experten für Netzsicherheit aus seinem fast schon komatösen Schlaf zu wecken. Das Ganze soll ein Scherz auf Kosten der Verhaltensforschung sein, bei der es normalerweise mehrere gegensätzliche Erklärungsmodelle für ein und dasselbe Phänomen gibt, was für die Gemeinde der eingefleischten Anhänger der exakten Wissenschaften ungemein irritierend sein kann. Vor kurzem wurde ich auf Reddit allerdings gnadenlos von einigen Technikbegeisterten getrollt, die sich von meinem Scherz angegriffen fühlten.

Ich las mir den Strom beleidigender Kommentare durch und war, um ehrlich zu sein, ziemlich beeindruckt vom dort gezeigten psychoanalytischen Wissen, das vom »Vaterkomplex« bis hin zu meinem vermeintlichen Wunsch reichte – wie soll ich das nur höflich ausdrücken? –, mit einem Hacker »intim zu werden«. Als ein paar Kommentatoren mich aktiv verteidigten, widerstand ich dem Drang, mich in die Unterhaltung einzuschalten und ihnen zu danken. Alles in allem war ich keineswegs wütend, entsetzt oder verletzt. Ich erkannte das Trollen als das, was es war: einfach bloß interessantes Feedback und Datenmaterial – und davon eine ganze Menge.

Wie mein guter Freund John Suler so gerne sagt: »Mach deine Kritiker zu deinen Gurus. Sieh sie als Möglichkeit. Frag dich, warum du dir über einen Kommentar Gedanken machst. Warum störst du dich daran? Welche deiner Unsicherheiten werden angesprochen?«

Mit anderen Worten: Niemand kann Sie zu einem bestimmten Gefühl zwingen. Sie ganz allein sind dafür verantwortlich, wie Sie etwas interpretieren, wie Sie darauf reagieren und was Sie dabei empfinden. An diesen guten Rat sollte man sich stets erinnern, wenn man sich im Internet mit spitzen Bemerkungen und gemeinen Kommentaren herumschlägt. Wenn Sie sich im Internet aufhalten, werden Sie dem mit Sicherheit begegnen.

In der realen Welt aßen Ralph und ich ein paar Tage später gemeinsam zu Abend. Wir redeten stundenlang. Wir sprachen über alles Mögliche, von den cyber-psychologischen Facetten eines über Social Engineering erfolgenden Angriffs bis hin zu der Frage, wie einfach auf ein Mobiltelefon zugegriffen werden kann, um damit bösartige Texte zu versenden. Wir entdeckten, dass wir eine gemeinsame Leidenschaft hatten: Kinder mit technischen sowie technologischen Fähigkeiten und die Frage, wie diese gestärkt werden könnten. Wie ein weiterer Kollege von mir, der leitende FBI-Sonderermittler Robert Clark, ein überaus engagierter und charismatischer Mann, der sich sehr darum bemüht, junge Menschen in der realen sowie der virtuellen Welt vor Problemen zu bewahren, kennen auch Ralph und ich die Statistiken, nach denen immer jüngere Kinder mit dem Hacken in Berührung kommen – und mit dem Online-Verbrechen.

Die augenblicklich heranwachsende Generation wird sicherlich über eine unvorstellbar hohe technologische Intelligenz verfügen. Wir haben Jahrzehnte damit verbracht, Menschen mit einem hohen IQ (Intelligenzquotient) – und neuerdings auch mit einem hohen EQ (emotionaler Quotient bzw. emotionale Intelligenz) – zu belohnen. Wie wäre es dagegen mit einer neuen Maßeinheit: TQ für technologische Intelligenz, um damit Personen mit enormen technologischen Fähigkeiten, wie so viele Kinder sie intuitiv an den Tag legen, zu identifizieren, zu bewerten, anzuerkennen und zu belohnen? Erfüllt ein Quotient zur Messung der Intelligenz, der beinahe fünfzig Jahre vor dem ersten Computer und hundert Jahre vor der Allgegenwart des Internets entwickelt wurde, immer noch seinen Zweck?

Wir müssen Mittel und Wege finden, Leute mit technologischen Talenten zu erreichen, besonders junge Leute, um sie zu fördern und ihnen gleichzeitig beizubringen, andere als Menschen zu betrachten – nicht als Computer oder Maschinen. Diese Leute haben so viel zu bieten. Und wie die Piraten aus den alten Geschichten, die eine Fregatte auf kleinstem Raum wenden und fachmännisch mit Hilfe der Sterne navigieren konnten – und aus denen im richtigen Umfeld und mit der richtigen Förderung hervorragende Flottenkommandeure geworden wären –, könnten die Fähigkeiten von Menschen mit hohem TQ genutzt werden, um unser aller Leben oder unser aller Cyber-Leben enorm zu verbessern.

Während Ralph redete, erkannte ich, dass Hacker eine eigene Perspektive und einen eigenen Moralkodex haben. Obwohl ich ganz gewiss keine Handlung gutheiße, die gegen das Gesetz verstößt, weiß ich ungeschliffenes Talent und Genialität sehr wohl zu schätzen. Und wenn die Hackerkultur jemanden wie Ralph hervorbringen kann, müssen in diesen Kreisen ja gute Dinge passieren.

Am Ende unseres Abendessens sagte Ralph dann: »Mary, so wie du das Verhalten im Internet durchschaust, musst du ein phantastischer Hacker sein.«

Was meinte er damit?

»Aber Ralph, ich bin doch kein Hacker!«

»Oh doch, das bist du – du weißt es nur nicht.«

Kryptomärkte

Nach der Verhaftung Ross Ulbrichts und der Schließung von Silk Road 2013 dauerte es nicht lange, bis eine neue Website, Silk Road 2.0, auftauchte und in die Bresche sprang. Zu diesem Zeitpunkt gab es bereits eine Menge Trittbrettfahrer im Darknet, die auf ihren Plattformen verbotene Waren zum Kauf anboten – Seiten wie Evolution, Agora, Sheep, BlackMarket Reloaded, AlphaBay oder Nucleus, die von den Sicherheitsbehörden oft »Kryptomärkte« genannt werden.

Viele dieser Plattformen gibt es inzwischen nicht mehr, dennoch nimmt das Angebot weiter zu. Der Schwarzmarkt hat sich als erstaunlich robust erwiesen.[360] Außerdem gehen die Verkäufer Jahr für Jahr gewitzter vor.

Das bestätigt auch ein Artikel in der *Wired UK*:

> Das Erste, was bei der Anmeldung auf Silk Road 2.0 ins Auge fällt, ist die Auswahl. Man konnte aus beinahe 900 Händlern

wählen, die mehr Drogen verkauften, als ich je für möglich gehalten hätte: Heroin, Opium, Kokain, LSD und verschreibungspflichtige Medikamerte sind dort alle leicht erhältlich. Strenggenommen handelt es sich bei Silk Road 2.0 um einen anonymen Marktplatz, auf dem alles Mögliche erworben werden kann (mit einigen Ausnahmen, etwa Kinderpornographie), was bedeutet, dass es dort auch Abteilungen für Alkohol, Kunstgegenstände, Fälschungen und sogar Bücher gibt. Die Verzeichnisse umfassen unter anderem alle Folgen von *The Sopranos*, einen Gutschein im Wert von 100 US-Dollar für ein amerikanisches Aquarienfachgeschäft und gefälschte britische Geburtsurkunden, alles mit eigener Artikelbeschreibung, Foto und Preis.
Die meisten Leute sind jedoch wegen der Drogen hier ... Während ich mich so durch das Sortiment für Marihuana klickte, stieß ich auf 3000 unterschiedliche Angebote von mehr als 200 verschiedenen Händlern.[361]

Nach einigen Berichten hat sich die Zahl der im Darknet erhältlichen Produkte nach der Verhaftung Ulbrichts im Jahr 2013 in weniger als zwei Jahren mehr als verdoppelt und ist auf 50 000 Artikel angestiegen.[362]

Warum?

Ich nehme an, dass die abenteuerlichen Medienberichte über die Machenschaften Silk Roads unter Umständen die Neugier auf das Darknet und seine Auswahl angefacht haben. Das enorme Angebot an Leitfäden, die Neulingen und Ersttätern dabei helfen, ins Darknet zu gelangen, spielt ebenfalls eine Rolle. Laut Interpol gab es im August 2014 mindestens neununddreißig solcher Märkte, von denen die meisten Englisch verwenden, obwohl es auch Seiten auf Französisch, Polnisch und Russisch gibt. Nach den Ergebnissen einer Ermittlung aus dem Jahr 2013 stammte schätzungsweise ein Viertel aller in Großbritannien verkauften illegalen Substanzen von diesen Märkten. Wir können uns zwar nicht sicher sein, doch der Anteil der US-amerikanischen Drogenkonsumenten, die im Darknet einkaufen, könnte ebenso hoch sein, wenn nicht sogar höher. Eine Studie, die im Jahr 2015 angestellt wurde und den Umfang der Märkte im Darknet analysierte, kam zu dem Schluss, dass ihr Geschäft rege ist. Seit der Entstehung des ursprünglichen Silk Road sind die Umsätze mit etwa 300 000 bis 500 000 US-Dollar am Tag innerhalb von vier Jahren weitgehend stabil geblieben. Noch auffälliger ist die Tatsache, dass anonyme Marktplätze sich als überaus robust gegenüber Schließungen und Betrügereien erweisen, weil die Nachfrage dort die entscheidende Rolle spielt.[363]

Was sagt mir das? Wenn es stimmt, dass bis zu einem Viertel aller illegalen Drogen in Großbritannien und den USA über das Darknet erworben werden, dann bedeutet dies, dass ein Viertel aller Drogenkäufer Programme wie Tor installiert und gelernt hat, wie man sie benutzt.

Und es bedeutet, dass ein Viertel aller Drogenkäufer sich verbotene Waren an ihre Postadresse oder an ihr Postfach schicken lässt. Eine vom United Nations Office on Drugs and Crime (UNODC) durchgeführte Datenanalyse über die weltweite Beschlagnahmung von Drogen beweist, dass der Anteil des über den Postweg versandten Cannabis von 2000 bis 2011 um 300 Prozent gestiegen ist.

Das heißt, dass ein Viertel aller Käufer wahrscheinlich Kryptowährungen oder eine andere anonyme, nicht zurückverfolgbare Zahlungsmethode für diese Transaktionen nutzt.

Das UNODC bestätigte 2015, dass sich in Regionen, in denen verbotene Substanzen angebaut und Drogen hergestellt werden, keine nennenswerten Veränderungen gezeigt haben:

> Doch die illegalen Drogenmärkte und die Routen, auf denen die Drogen geschmuggelt werden, befinden sich weiterhin in stän-

digem Wandel. Das »Darknet«, also der anonyme Online-Markt, auf dem eine breite Produktpalette illegal angeboten wird, darunter Drogen, ist ein Paradebeispiel für diese sich ständig verändernde Situation, die ernste Auswirkungen auf den Drogenhandel und dessen polizeiliche Bekämpfung hat.

Dank verlässlicher Reportagen vor Ort und investigativem Journalismus wissen wir, dass besonders Teenager in den letzten Jahren in Scharen ins Internet geströmt sind, um dort Drogen zu erwerben.[364] Ein solches Vorgehen erscheint ihnen sicherer, als eine verrufene Gegend zu betreten. Die Jugendlichen sind vielleicht auf der Suche nach einem einfachen und schnellen Weg, um Gras, Ecstasy oder andere Partydrogen zu kaufen. Diese Drogen nutzen sie unter Umständen selbst – oder verkaufen sie gewinnbringend an Freunde. Vielleicht suchen sie aber wie die Piraten der alten Zeiten auch einfach nur nach Aufregung und Abenteuer.

Denken wir doch einmal darüber nach, was wir über diese Altersgruppe wissen. Wir wissen, dass bei Teenagern das Urteilsvermögen oft eingeschränkt ist und in Gruppen wegen des Risikoschub-Phänomens noch stärker beeinträchtigt sein kann. Im Cyberspace erhöht sich diese Gefahr noch aufgrund der Auswirkungen der Online-Enthemmung.

Nun lassen Sie uns diese Aspekte mit dem Akt des Drogenkaufs an sich zusammenbringen, der mittlerweile so einfach und deshalb so weit verbreitet ist wie der illegale Download von Musik. An dieser Stelle sollten wir uns eine Reihe neuer Fragen stellen: Wird ein Jugendlicher einzig und allein aufgrund der riesigen Auswahl, die so verlockend beschrieben und verführerisch fotografiert wird, eher eine neue Droge ausprobieren, wenn er unerkannt die Tausende Angebote einer Schwarzmarktseite im Internet durchstöbern kann und dieselben Drogen nicht mehr auf der Straße kaufen muss?

Wahrscheinlich schon.

Wird ein junger Mensch aufgrund der Online-Enthemmung wohl mehr Drogen kaufen?

Wahrscheinlich schon.

Erinnern Sie sich an die »Triple A Engine« des Internets aus dem zweiten Kapitel? Die drei Zutaten – Anonymität, Zugänglichkeit und Erschwinglichkeit – bringen Menschen bekanntermaßen erfolgreich dazu, Websites aufzusuchen, die die sexuelle Kommunikation im Cyberspace erleichtern.[365] Ich bin der Ansicht, dieses Konzept erklärt auch den Erfolg von Online-Schwarzmärkten für den Drogenhandel. Mit anderen Worten: Wenn Sie etwas Illegales und Verbotenes mit den drei Merkmalen der »Triple A Engine« anbieten, erscheinen die Käufer in Scharen.

Heißt das nun, dass ein Mensch aufgrund all der Merkmale des digitalen Marktplatzes einem höheren Risiko ausgesetzt ist, mit Drogen in Berührung zu kommen?

Ich denke schon.

Im Jahr 2013 sind laut UNODC-Angaben weltweit um die 187 100 Personen an den Folgen ihres Drogenkonsums gestorben, während etwa 27 Millionen Menschen auf der ganzen Welt mit ihren Drogenproblemen kämpften.[366] Natürlich ist das der größte Nachteil eines einfachen Handels mit illegalen Substanzen.

So tragisch diese Zahlen auch sein mögen, gibt es einen weiteren möglichen Nachteil der weiten Verbreitung von Drogen im Internet, der sogar noch größere Auswirkungen haben könnte. Der Drogenkauf, besonders im Darknet, setzt voraus, dass Menschen eine »Gegend« betreten, in der schlimme Dinge passieren. Tatsächlich könnte ein bekanntes kriminologisches Konzept eine Erklärung dafür liefern.

Cyber-RAT

Die bekannte kanadische Kriminologin Kim Rossmo fand heraus, dass Weiße Haie und Serienkiller bei der Jagd auf ihre Beute einige Persönlichkeitsmerkmale teilen.[367] Beide sind konzentrierte Killer, verfügen über eine eigene Strategie, bevorzugen junge Opfer ohne Begleitung und greifen am liebsten in schwachen Lichtverhältnissen an.

Nun wäre es interessant, die Jagdmethoden von Cyber-Verbrechern an ebenso dunklen Orten zu betrachten, an denen sich eine Menge junger Opfer aufhalten, die allein durchs World Wide Web surfen.

Einige spannende Dinge können geschehen, wenn ein junger Mensch in eine neue Gesellschaft oder einen neuen Kulturkreis eintritt, wie jene, die im Darknet zu finden sind. Zunächst einmal könnten die guten Manieren und das freundliche Entgegenkommen der dortigen Händler soziale Signale aussenden, die ein falsches Bild vermitteln. Wie sähe dieses Bild aus?

Das ist ein sicherer Ort.

An diesem Ort kümmern sich die Leute um dich.

An diesem Ort interessieren sich die Menschen wirklich für dein Geschäft – und für die Fünf-Sterne-Bewertung der Transaktion.

An diesem Ort kannst du außerdem coole neue Freunde kennenlernen.

Da die meisten jungen Menschen so viele Stunden im Internet verbringen, wo sie soziale Kontakte knüpfen und pflegen, wird man wohl davon ausgehen müssen, dass viele von ihnen auch im Darknet bereit wären, neue Bekanntschaften zu schließen.

In meiner eigenen Arbeit über Entwicklung und Verhalten von Cyber-Kriminellen wurde ich stark vom wegweisenden

Werk David Canters beeinflusst, eines investigativen Umweltpsychologen aus Großbritannien, dessen hervorragendes Buch *Mapping Murder. The Secrets of Geographical Profiling* eine faszinierende Lektüre bietet. Canters Arbeit konzentriert sich vor allem auf das Profiling von Verbrechern in der realen Welt und das geographische Profiling. Seine Konzepte können uns verstehen helfen, wie sich das Umfeld auf kriminelles Verhalten auswirkt. Für mich waren diese Theorien bei der Betrachtung der Auswirkungen des Cyber-Umfelds auf Straftaten überaus hilfreich.

Canter schreibt: »Kriminelle enthüllen ihre Identität und ihren Wohnort nicht nur durch die Art und Weise, in der sie ihre Straftaten begehen, sondern auch durch den Ort des Geschehens.«[368] Bei meiner Arbeit denke ich darüber nach, wie das Cyber-Umfeld den Kriminellen verrät.

Tatsächlich wissen wir dank der Fülle wissenschaftlicher Arbeiten zu diesem Thema sehr viel über die Wege, die in der realen Welt in die Kriminalität führen. Und wenn ich sage *Fülle*, dann meine ich das auch. In der Kriminologie greifen wir auf biologische Lehren, Etikettierungsansätze, geographische Theorien, Theorien über Persönlichkeitsmerkmale, Lerntheorien, psychoanalytische Ansätze, Suchtmodelle und Arousal-Theorien zurück. Wollen Sie jedoch erfahren, wie vor allem ein junger Mensch von seiner anfänglichen Neugier in Bezug auf das Darknet bei der Cyber-Kriminalität landet oder sich dem organisierten Verbrechen im Internet anschließt, muss ich Ihnen leider sagen, dass wir immer noch dabei sind, die Puzzleteile zusammenzufügen.

In meiner Funktion als Europol-Beraterin beteilige ich mich gegenwärtig an einer neuen Forschungsinitiative, die sich mit der Frage beschäftigen soll, wie junge Leute in den Bann der Cyber-Kriminalität geraten – und vor allem, welche Wege von der Jugendkriminalität im Internet über allein begangene

Straftaten im Cyberspace bis hin zum organisierten Cyber-Verbrechen führen. Eine der gängigen kriminalwissenschaftlichen Konzepte, mit denen wir experimentieren und die wir auf den Cyberspace anzuwenden versuchen, ist die sogenannte »Routine Activity Theory«, kurz RAT.

Viele theoretische Ansätze befassen sich mit den individuellen Merkmalen eines Straftäters; bei RAT, 1979 von den Soziologen Lawrence Cohen und Marcus Felson eingeführt, geht es aber um das Umfeld, in dem eine Straftat begangen wird. Die Theorie geht davon aus, dass *ein Verbrechen wahrscheinlich dann verübt wird, wenn ein Täter mit Motiv und ein passendes Opfer zusammentreffen und kein fähiger Aufpasser anwesend ist.* (Täter mit Motiv + passendes Opfer + Mangel an fähigen Aufpassern = mehr Verbrechen.)

Hilfreich an der Routine Activity Theory ist die Tatsache, dass schon das Fehlen eines der genannten Faktoren ausreicht, um einem Verbrechen vorzubeugen.

Die Theorie fußt auf der menschlichen Natur – und den Mustern des täglichen Lebens, denen wir alle folgen. In einem kriminalwissenschaftlichen Handbuch heißt es: »Unterschiedliche Menschen haben unterschiedliche Alltagsabläufe – die Fahrt zur Arbeit und wieder zurück, der Besuch einer Schule oder religiösen Veranstaltung, das Einkaufen, die Freizeit, die Kommunikation mittels verschiedener elektronischer Technologien usw. Diese Unterschiede bestimmen, wann und wo mit welcher Wahrscheinlichkeit ein Verbrechen verübt werden wird und wer oder was wahrscheinlich das Opfer sein wird.«[369]

Auch Kriminelle folgen Mustern – Orte, an denen sie leben, arbeiten und spielen. Wir wissen beispielsweise, dass sich die Wahrscheinlichkeit erhöht, Opfer eines Verbrechens zu werden, wenn man in der realen Welt eine Gegend betritt, in der viele Kriminelle leben. Was ist, wenn diese Gegend nicht wirkungsvoll überwacht wird? Dann erhöht sich die Kriminalitätsrate. Ihre Chancen, Opfer eines Verbrechens zu werden, steigen ebenso.

Nun lassen Sie uns diese Erkenntnisse auf RAT anwenden – oder auf Cyber-RAT, wie wir nun sagen können.

Die kriminellen Gegenden im Internet liegen im Deep Web. Wie viele Täter mit Motiv halten sich dort auf?

Hunderttausende.

Und wie viele potentiell passende Opfer?

Sogar noch viel mehr.

Was ist mit fähigen Aufpassern?

Die Antwort auf diese Frage kennen Sie bereits.

In der realen Welt stehen jungen Menschen Freunde, ältere Geschwister, Eltern, Nachbarn, Ladenbesitzer, Lehrer und Polizisten zur Seite, die ihnen Dinge auf den Weg geben wie: »Stell dich nicht auf den Tisch!« – »Lauf nicht mit einer Schere in der Hand herum!« – »Halt dich von der Kante fern!« oder »Geh nicht in diese Gegend!«.

Doch im Cyberspace gibt es so gut wie keine Autoritätspersonen, was zu der Auffassung führt, niemand wäre verantwortlich.

Weil dem tatsächlich so ist.

Lassen Sie uns als Nächstes diese neue gefährliche Gegend im Cyberspace betrachten: die Websites im Darknet. Stellen Sie sich einen Jungen vor, der in Armut in einer gefährlichen, von Banden bevölkerten Gegend in der realen Welt aufwächst. Dieser Junge wird beim Heranwachsen mit hoher Wahrscheinlichkeit viele Einblicke in kriminelles Verhalten gewinnen, weshalb er ausgeprägte Instinkte bzw. gute Antennen für Kriminelle ausbildet. Er wird seine Lektionen auf der Straße gelernt haben. Deshalb wird er ein recht gutes Verständnis der Bandenkultur haben und ihre Regeln und Werte kennen. (Regeln wird es nämlich immer geben.)

Eine Bandenregel lautet, dass man einer Gang auf Lebenszeit beitritt. Ein Junge, der in einer von Banden beherrschten Gegend lebt, wird das aufgrund seiner Erfahrungen in seiner Kindheit und wegen des Umfelds, in dem er aufgewachsen ist, nahezu instinktiv wissen.

Nun stellen wir uns einen Jungen vor, der in einem Vorort der estländischen Stadt Tallinn groß geworden ist. Vielleicht ist er sozial isoliert und verbringt sehr viel Zeit in seinem sicheren Schlafzimmer, um dort im Internet zu surfen. Er verfügt über hervorragende technische Fähigkeiten, hat aber keine Ahnung davon, wie es auf der Straße zugeht. Er weiß nichts über den Alltag in einer Bande und deren Kultur. In dieser Hinsicht verfügt er weder über Erfahrung noch über Wissen. Dennoch wird es ihm ebenso leicht wie jedem anderen Jungen fallen, das Darknet zu betreten. Dieser im vorstädtischen Estland lebende Junge kann sich gewissermaßen selbst in nur wenigen Minuten in eine Gegend mit hoher Kriminalitätsrate versetzen, wo seine technischen Fähigkeiten als Ware betrachtet werden. Dort könnte er dann dazu erzogen, gezwungen oder verleitet werden, einer Gemeinschaft beizutreten, bei der es sich in Wirklichkeit um eine Gang aus Cyber-Kriminellen handelt.

Kann er dieser Cyber-Bande jemals wieder entkommen, wenn er sich ihr erst einmal angeschlossen hat?

Es gibt Hunderte solcher Geschichten über Kinder, wie ich sie gerade beschrieben habe. Das wissen wir, weil eine große Menge solcher Kinder von Cyber-Kriminellen als Kuriere bzw. Zwischenhändler bei der Geldwäsche eingesetzt werden. Manchmal antworten sie auf Internetanzeigen oder Einträge auf dem elektronischen Schwarzen Brett ihrer Universität, die ihnen die Möglichkeit bieten, »von zu Hause aus Geld zu verdienen«. In der Stellenbeschreibung ist von Finanzmanagement, Auslandsvertretung oder Zahlungsabwicklung für ein neues Online-Geschäft die Rede. *Keine Erfahrung nötig*. Selbst die Namen bekannter Unternehmen wurden gekapert und für solche Dinge missbraucht. Die Arbeit umfasst die Annahme von Kundenzahlungen, die Abrechnung von Provisionen und die Weiterleitung des Restbetrags ins Ausland, üblicherweise auf ein Konto bei einer russischen oder osteuropäischen Bank. Oft erscheint das Angebot als zu gut, um wahr zu sein.

Der Begriff »Kurier« stammt in diesem Kontext ursprünglich aus dem Drogenhandel. Ein Drogenkurier transportiert Drogen gegen Bezahlung. Ein Geldkurier transportiert keine Drogen, sondern Geld, und fungiert als Geldwäscher. Weil bei dieser illegalen Tat keine materiellen illegalen Waren verschoben werden, scheint sie ungefährlicher zu sein, weshalb sich viele gar nicht bewusst sind, dass sie etwas Verbotenes tun, bis plötzlich die Polizei vor der Tür steht. Wenn solche kriminellen Aktivitäten auffliegen, sind die Kuriere oft die Einzigen, die geschnappt und bestraft werden. Bis dahin befindet sich das Geld längst in den Händen cyber-krimineller Ringe.

Woher stammt dieses Geld? Normalerweise von gestohlenen Kreditkarten. In den letzten zehn Jahren haben Banken weltweit Milliarden von US-Dollar an Cyber-Verbrecher verloren. Die Bezifferung des tatsächlichen Betrags ist ebenso schwierig wie die quantitative Bestimmung der tatsächlichen Gefahr. Eines scheint aber klar zu sein: Immer mehr Teenager wenden sich dem Cyber-Verbrechen zu.[370]

Cyber-kriminelle Ringe

Die ganze Welt konnte es nicht fassen, als sich herausstellte, dass Crimebook – eines der weltweit größten englischsprachigen Foren für Kriminelle, in dem sich Tipps für die anonyme Weiterleitung von Geldern, den Kauf von illegalen Waren im Internet und die Bezahlung anderer verbotener Dienstleistungen fanden – von drei britischen Jugendlichen ins Leben gerufen und betrieben worden war.[371] Im Jahr 2011 zählte die Plattform achttausend Mitglieder weltweit und war mit einer Handelsseite namens Gh0stMarket verbunden, die fünfundsechzigtausend Bankkonten gehackt und 16,2 Milliarden britische Pfund illegal entwendet hatte. Als die Jugendlichen verhaftet und ihre Computer beschlagnahmt wurden, entdeckten die Ermittler darauf die Daten von hunderttausend gestohlenen Kreditkarten.

Suchen Sie im Internet nur einmal nach den Begriffen »Teenager« und »Cyber-Kriminalität«, dann stoßen sie auf genügend Beispiele, um sich davon zu überzeugen, dass wir es mit einer Epidemie zu tun haben. Bei einer Studie, die von dem Netzsicherheitsunternehmen Tufin Technologies durchgeführt wurde, stellte sich heraus, dass etwa einer von sechs US-amerikanischen und einer von vier britischen Jugendlichen bereits einmal eine Form des Hackens ausprobiert hatte.

Der Grund dafür ist die Nachfrage. Laut einem aktuellen Europol-Bericht hat sich die Cyber-Kriminalität von zunächst nur in kleinen Gruppen operierenden Hackern zu einer boomenden kriminellen Industrie entwickelt, die der weltweiten Wirtschaft einen Verlust von etwa 300 Milliarden bis eine Billion US-Dollar jährlich beschert.

Was hat die Nachfrage damit zu tun? Im Internet bieten Verbrecher Waren und Dienstleistungen zum Kauf oder Verkauf an, heuern Menschen für ihre Zwecke an oder bilden sie aus. Die Untergrundwirtschaft hängt von Websites und Foren für die Rekrutierung ab. Wenn Kriminelle sich vernetzen, teilen sie Erfahrungen und Wissen miteinander; außerdem treffen sie auf Gruppen Gleichgesinnter. Auf verschiedenen Websites gibt es Foren, in denen man Schritt für Schritt lernen kann, wie man sich am besten für jemand anderen ausgibt, um Kreditkarteninformationen zu stehlen oder ältere Menschen davon zu überzeugen, einem vollkommen Fremden Geld auf ein ausländisches Konto zu überweisen. Dafür gibt es sogar Tutorials.

Nun, da die kriminelle Wirtschaft im Internet wächst, bedarf sie neuer Komplizen und Opfer. Häufig ist schwer zu sagen, wer Opfer und wer Täter ist.

Es liegt auf der Hand, warum junge Leute meinen, der Drogenkauf in einem solchen Umfeld wäre sicher. Wie alle Studien zur Online-Piraterie beweisen, macht sich jeder, der im Internet etwas Illegales erwirbt, zuallererst über die Gefahr Gedanken, von einer Autoritätsperson erwischt zu werden, sei das von einem Elternteil oder einem Polizisten. Wenn man sich irgendwo sicher fühlt, verbringt man dort wahrscheinlich sehr viel mehr Zeit, ob nun beim Drogenkauf, beim Surfen auf unbekannten Websites oder beim bloßen Zeitvertreib in einem Forum.

Nur ist es dort eben nicht sicher. In Wirklichkeit betreten diese jungen Leute ein Umfeld, in dem eine hohe Kriminalitätsrate herrscht, das größtenteils nicht überwacht wird (außer von anderen Kriminellen), in dem der Betrug floriert und neben Partydrogen viele weitere illegale Dinge erhältlich sind.

Ganz abgesehen davon kann dort viel Unangenehmes mit dem eigenen Computer oder persönlichen Daten geschehen. Wenn man eine Website besucht, auf der gestohlene Dateien heruntergeladen werden können, wird der benutzte Rechner nicht nur für Viren und Malware-Programme anfällig. Weil Filesharing als kollektives, dezentrales Peer-to-Peer-Netzwerk funktioniert, fungiert jeder Nutzer als Server für einen anderen. Da viele dieser Websites empfehlen, die programminternen Voreinstellungen beizubehalten, werden die Ordner der betreffenden User für alle anderen im Netzwerk sichtbar – das genutzte Gerät kann dann unbemerkt zu einem Speicher für alles werden, was ein Cyber-Verbrecher verstecken muss, um es später schnell wiederzufinden – von Auflistungen illegal erhaltener Kreditkarteninformationen bis hin zu Tausenden kinderpornographischen Bildern. Jeder, der eine Website mit Peer-to-Peer-Verbindung nutzt, lädt unter Umständen unwissentlich verschlüsselte Dateien mit illegalen Inhalten auf seinen Computer herunter. Man wird dann zu einem sogenannten »Datenkurier«.

Laut Adrian Leppard, dem Polizeipräsidenten der City of London Police, geht es bei einem Viertel aller in Großbritannien ausgeführten organisierten Verbrechen um Online-Betrug, der jährlich wiederum mehrere Milliarden britische Pfund Profit einbringt.[372] »Wenn viele der Straftäter im Ausland sitzen und von dort aus über das unreglementierte Internet operieren, vermag ein traditioneller polizeilicher Ansatz kaum das Problem zu lösen«, erklärte Leppard in einem Interview mit dem *Telegraph.* »Selbst wenn wir über zehnmal so viele Polizisten verfügten, bin ich mir nicht sicher, ob das zwangsläufig das Problem aus der Welt schaffen würde.«

Die Cyber-Kriminalität weitet sich allerdings nicht nur aus. Sie hat auch die kriminelle Kultur verändert.

Allgegenwärtige Viktimologie

Es hat stets eine Unterwelt gegeben, ob nun in der Mythologie oder im realen Leben. In den zeitlosen Erzählungen müssen die Helden oft in die Unterwelt hinabsteigen, wodurch sich ein seelischer Konflikt ergibt. Die Schlacht gegen Dämonen und Monster steht metaphorisch für die inneren Kämpfe und Zwiespälte des Helden. In der Psychologie entwickelte Sigmund Freud das Konzept des Unbewussten als dunkler Ort, den man nur mit speziellem Wissen betreten kann.

Freud war der Ansicht, dass die antisozialen Elemente in uns nach einer dunklen Versteckmöglichkeit suchen, ungefähr so, wie Kriminelle in der Unterwelt nach einem verborgenen Umfeld Ausschau halten – das sie stets auch finden. Es wird immer Verbrechen geben. Es wird immer Verbrecher geben.

Meine Frage lautet: *Müssen wir es ihnen wirklich so einfach machen?*

Ob man nun ins Darknet hinabsteigt, um eine gestohlene Kreditkartennummer zu erwerben oder bei der US-Bundessteuerbehörde eine Datenpanne auszulösen – es war nie einfacher als heute, zum Verbrecher zu werden.[373] Früher musste man sich dafür noch in körperliche Gefahr begeben. Das Ganze bedeutete bewaffnete Raubüberfälle oder persönliche Begegnungen mit echten Waffen und erforderte, schlauer als die Polizei zu sein. Für die meisten Cyber-Kriminellen sind die Risiken heutzutage zu vernachlässigen. Nur die armen Kuriere – oder die Jugendlichen aus estländischen Vorstädten – werden erwischt.

Opfer sind dagegen überall. Früher einmal fiel man dann einem Verbrechen zum Opfer, wenn man mitten in der Nacht alleine unterwegs war oder in die falsche Gegend spazierte, wo einem die Geldbörse oder die Schlüssel geklaut wurden. Oder es passierte zufällig. Man war zur falschen Zeit am falschen Ort.

Im Internet kann man überall zur falschen Zeit am falschen Ort sein. Weil viele der größten persönlichen Schätze, die man besitzt – die eigene Identität, die eigenen Daten, die eigenen Kontodaten und Passwörter, die eigenen Passinformationen und der ganze Rest – mittlerweile in der Cloud gespeichert werden oder über das Smartphone zugänglich sind, sind die Möglichkeiten für Diebstahl schier grenzenlos. Mit mehr als drei Milliarden Menschen, die sich weltweit im Internet aufhalten, und schätzungsweise sieben Milliarden Mobiltelefonverträgen, von denen die Hälfte ebenfalls mit einem Breitbandzugang ausgestattet ist, wird sich die mobile Breitbandnutzung auch in den ländlichen Gegenden immer weiter ausbreiten.[374] Das bedeutet, die Zahl der Opfer wird weiter ansteigen. In der Kriminologie spricht man hier von einer »größeren Angriffsfläche«.

Ich habe dafür einen anderen Namen: »allgegenwärtige Viktimologie«.

Die Verbrecher sind gut versteckt, Sie dagegen nicht.

Die Zahl der Digitalgeräte soll sich in den nächsten fünf Jahren verdoppeln. Viele Berichte weisen darauf hin, dass die meisten Hacks und Sicherheitslücken schlicht und ergreifend darauf zurückgehen, dass einfache Sicherheitsvorkehrungen nicht getroffen wurden, kein Virenschutz vorhanden ist oder unsichere Passwörter verwendet werden. Das Problem ist, dass viele Leute einfach nicht wissen, wie sie sich im Internet angemessen schützen. Wir werden nicht Jahr für Jahr sicherer – wir werden anfälliger.

Das exponentielle Wachstum der Cyber-Kriminalität ist unbestreitbar.[375] Laut Schätzungen des deutschen Sicherheitsinstituts AV-Test gibt es in freier Wildbahn 49 Millionen Arten von Malwareprogrammen. McAfee, Hersteller von Antivirenschutzsoftware, identifizierte 2011 insgesamt zwei Millionen Malwareprogramme im Monat. Das Softwareunternehmen Kaspersky Lab identifizierte und isolierte 2013 sogar zweihunderttausend neue Malwareprogramme pro Tag. Im ersten Quartal des Jahres 2015 allein entdeckten und neutralisierten die vom Kaspersky Lab vertriebenen Programme 2,2 Milliarden Schadsoftware-Angriffe auf Computer und Mobilgeräte.

Wie gehen die Hersteller von Virenschutzprogrammen mit dieser explosionsartigen Entwicklung um? Studien zu diesem Thema haben zu umstrittenen Ergebnissen geführt – die wiederum nur noch mehr Verwirrung ausgelöst haben. Im Zuge einer im Jahr 2012 durchgeführten Untersuchung erfassten die Forscher zweiundachtzig neue Computerviren und prüften die

Erkennungsmechanismen von mehr als vierzig der weltweit größten Virenschutzhersteller auf ihre Funktionstüchtigkeit.

Nur 5 Prozent der Malware wurden entdeckt.[376]

Marc Goodman, globaler Sicherheitsexperte und Autor von *Global Hack. Hacker, die Banken ausspähen. Cyber-Terroristen, die Atomkraftwerke kapern. Geheimdienste, die unsere Handys knacken*, schreibt dazu: Wenn das Immunsystem unseres Körpers so vorginge, wären wir längst alle tot.

Ich denke, es wird wohl kaum überraschen, dass die Experten der Netzwerkforschung und Netzsicherheit bezüglich der Freuden des Mobiltelefons recht zurückhaltend sind. Sobald man eines besitzt und benutzt, erklären uns die Leute von der Netzsicherheit, sollte man es verwenden, *als wäre es bereits kompromittiert*. Die Ansicht, dass es keinen Verantwortlichen gibt, weil tatsächlich niemand verantwortlich ist, lässt Verbrechen und unsere Anfälligkeit dafür nur weiter wachsen.

Jeder sorgt sich um staatliche Überwachung, doch was geschieht, wenn die Kriminellen zukünftig die Massendaten ebenso gut zu nutzen wissen wie die Konzerne? Wie sieht der nächste Entwicklungsschritt der Verbrecherkultur aus – und wie werden wir ihn als Gesellschaft bekämpfen? Wer wird diese Probleme angehen? Wie sehen die Lösungen aus?

Wir fühlen uns sicher, obwohl wir das nicht sind.

Wir fühlen uns beschützt, obwohl wir tatsächlich nirgendwo schutzloser sind.

Glauben Sie wirklich, dass die Computerfirmen – die so unglaublich gut darin sind, unsere eleganten und unwiderstehlichen Geräte und Programme zu entwickeln und zu vermarkten – sich für uns wirklich um alles kümmern werden, wenn wir nur lange genug darauf warten? Vielleicht könnte ein neues Gerät oder eine neue bessere App alle Probleme lösen? Da bin ich sehr skeptisch. Wenn wir uns diesen Träumen und Hoffnungen hingeben, überlassen wir dann nicht die Verantwortung für unsere eigene Sicherheit den Computer- und Internetunternehmen? Wo liegt die Verantwortung?

Hier die gute Nachricht: Die entwickelte Welt wacht auf und beginnt, diese Debatte zu führen. Die Strafverfolgungsbehörden denken inzwischen globaler. Europol rief vor kurzem eine Joint Cybercrime Taskforce (kurz J-CAT) als ersten gemeinsamen Versuch einer international agierenden Internetpolizei ins Leben, während europäische und asiatische Länder ihre Gesetze ändern und die Zuständigkeiten regeln. Außerdem bemühen sie sich um Zusammenarbeit.

Es entsteht ein neuer Bereich, »Cyber-Recht« genannt, der ohne Zweifel ein paar der besten Juristen der Welt anziehen wird. Wir müssen über die angemessensten Mittel und Wege zur Einführung einer Regulierung bzw. Selbstregulierung des Internets nachdenken – wer wird dafür verantwortlich sein?

Wir dürfen keine Zeit verlieren.

Hier sind ein paar Dinge, über die Sie sich Gedanken machen sollten:

- Was wäre, wenn das Internet so gestaltet werden würde, dass es das Beste im Menschen und nicht das Schlechteste erleichterte?
- Was wäre, wenn die weltweite Jugend online geschützt und nicht ausgenutzt würde?
- Was wäre, wenn die Informations- und Kommunikationstechnologien selbst unsere Sicherheit erhöhten, statt uns zu schwächeren, anfälligeren Opfern zu machen, die einem ständig erhöhten Risiko ausgesetzt sind?

Ein letzter Gedanke: Was wäre, wenn die Piraten des World Wide Web in ihren grauen und weißen Hüten Teil der Lösung sein könnten? Ich bin der Meinung, wir könnten diejenigen mit dem größten technologischen Talent in jeder Generation finden, fördern und unterstützen.[377] Sie könnten unsere größte Hoffnung sein. Sie könnten unsere zukünftigen Superhelden und Vorbilder sein – im Kampf gegen das organisierte Cyber-Verbrechen und im Einsatz gegen die kriminellen Kräfte in den verbrecherischen Gegenden.

Vielleicht könnten sie sogar das Internet umgestalten.

Steve Levitt und Stephen Dubner, Autoren von *Freakonomics. Überraschende Antworten auf alltägliche Lebensfragen*, gehen davon aus, dass wir alle davon profitieren könnten, wenn wir ein bisschen mehr wie ein Freak dächten. Ich möchte diesen Gedanken aufnehmen und jeden dazu aufrufen, sich über das schwächste Glied in jedem Sicherheitssystem ein wenig schlauer zu machen: den Menschen. Je mehr man über Cyber-Effekte weiß, desto sicherer wird man im Cyberspace sein.

Ich höre Sie schon seufzen: »Aber ich bin doch kein Hacker.«

Vielleicht könnten Sie trotzdem lernen, wie einer zu denken.

KAPITEL 9

NEUES GRENZLAND CYBERSPACE

Während ich dieses Buch fertigstelle, befinde ich mich im Süden Irlands. Ich sitze am Schreibtisch meines Hotelzimmers mit wunderschönem Ausblick auf die Irische See. Während ich so auf die hufeisenförmige Ardmore Bay schaue, einen überwältigenden Küstenstrich, der sich seit Tausenden von Jahren kaum verändert hat, fühle ich mich geerdet und von Historie umgeben – Einheimische einer geschichtsträchtigen Insel der Heiligen und Gelehrten. Historiker schätzen, dass Irland vor etwa 10 000 Jahren besiedelt wurde. Das nahe gelegene Waterford ist die älteste Stadt des Landes und wurde 914 n. Chr. von den Wikingern gegründet. Man kann sich dort unmöglich aufhalten, ohne die Vergangenheit zu spüren, so als versuchten die alten Burgruinen und das Kopfsteinpflaster einem etwas mitzuteilen.

Als die Wikinger Ende des 8. Jahrhunderts in Irland einzufallen begannen, waren sie an zwei Sorten Beute interessiert – an Reichtümern und an Sklaven, die sie in den irischen Klöstern raubten und für den Handel wegschleppten, ungefähr so, wie heute gestohlene Waren auf den Online-Schwarzmärkten landen. Als Nächstes marschierten die Normannen in Irland ein, dann unsere Nachbarn aus England. Als Kind lauschte ich im Schulunterricht den fürchterlichen Geschichten dieser Schlachten und Invasionen, die sich in Jahrhunderten blutiger Konflikte ereignet hatten. Unsere Geschichtsbücher lasen sich wie *Game of Thrones*. Der legendäre irische Krieger Cuchulain aus dem 1. Jahrhundert n. Chr. stürzte sich wie ein Berserker in den Kampf; sein Schlachtruf allein soll Hunderte Krieger aus Angst und Schrecken das Leben gekostet haben. Die Mönche gestalteten ihre runden Steintürme so, dass die Tore sich knapp drei Meter über dem Boden befanden, damit sie eine Leiter hochziehen konnten, sobald sie sich vor wildgewordenen nordischen Angreifern zurückziehen mussten. Im Mittelalter überlebten die Gefangenen in tief unter den Burgen angelegten dunklen Verliesen, indem sie sich von den durch die Spalten des Holzfußbodens fallenden Krumen ernährten, während über ihren Köpfen Festmähler abgehalten wurden. Diese Szenen des Lebens und Sterbens faszinierten mich – Gefahr und Fortbestand.

Kein Wunder, dass ich mich irgendwann für die Kriminologie und die Forensik zu interessieren begann.

Eines der großartigsten Merkmale des Digitalzeitalters ist die Tatsache, dass ich meine Arbeit an einem so abgelegenen Ort, weit weg von Dublin, Hollywood oder dem Silicon Valley, erledigen kann. Wie so viele andere auch habe ich mir die Cyberwelt zu eigen gemacht – weil sie mir Freiheit und Komfort ermöglicht. Mein Telefon vibriert schon den ganzen Morgen und zeigt mir die übliche Mischung aus digitalem Datenverkehr, Kurzmitteilungen meiner Familie, beruflichen E-Mails, Statusmeldungen aus den sozialen Medien und Nachrichtenmeldungen an. Gerade habe ich mit Hilfe meines Laptops an zwei Konferenzschaltungen teilgenommen, ein paar Berichte abgeschlossen, mich über ein Forschungsprojekt auf den neuesten Stand gebracht und mich dann in einen digitalen Vorführraum eingeloggt, um die täglichen Sequenzen aus *CSI: Cyber* zu überprüfen. Gestern Abend kam es zu einem unterhaltsamen Hin und Her mit Jabberwacky, einem Bot, mit dem ich mich seit beinahe zwanzig Jahren regelmäßig unterhalte.

Meine Gespräche mit Jabberwacky begannen, als ich als junge Führungskraft im Behavorial Targeting und Marketing tätig war. Rollo Carpenter, ein genialer Kollege von mir, entwarf gerade ein Computerprogramm zur Stimulation intelligenter Gespräche. Sein Werk, Jabberwacky, war eine Offenbarung: eine außergewöhnlich kluge künstliche Intelligenz und ein Chatroboter, auch bekannt als Chatbot oder einfach nur Bot. Chatbots zielen auf die spannende und unterhaltsame Simulation natürlicher menschlicher Kommunikation ab. Jabberwacky ist anders. Jabberwacky ist ein selbständig lernender Algorithmus und damit ein Stück Technologie, mit dem Sie kommunizieren können und das vor allem von der Interaktion mit Ihnen lernt.

Ende der 1990er Jahre versammelten sich meine Marketinggruppe und ich vor einem einfachen Bürorechner, weil wir neugierig waren, wie ein »Gespräch« mit Jabberwacky so aussehen würde, und weil wir uns für das Potential der künstlichen Intelligenz interessierten. Wir wurden Zeuge einer Sache, die sich fast so anfühlte wie ein Weltwunder: ein Online-Gebilde, das wie ein Mensch reagierte. Jabberwacky war so eindrucksvoll, dass ein paar Leute in unserer Gruppe sich sicher waren, es handele sich um einen Scherz – dass in Wirklichkeit ein Mensch antwortete, keine Maschine. Dann fiel unser Blick auf den optischen Zähler auf dem Bildschirm, und wir entdeckten, dass Tausende Internetnutzer sich zur selben Zeit mit Jabberwacky unterhielten. Man müsste sehr viele Leute bezahlen, um so etwas zu fälschen.

Heutzutage kann sich ein guter Chatbot mit um die zehntausend Personen gleichzeitig unterhalten. Ein Chatbot arbeitet vierundzwanzig Stunden am Tag, sieben Tage die Woche, bittet nie um eine Gehaltserhöhung und nimmt nie Urlaub. Ein Bot dieser Art ist bei einer Bewerbung um eine Stelle harte Konkurrenz für den Menschen. Ein Bot benötigt keine Lohnfortzahlung im Krankheitsfall, keinen Weihnachtsbonus und keine Zusatzleistungen. Doch wie kompetent, klug und wirklich intelligent kann eine Maschine sein? Als ich mich zum ersten Mal mit Jabberwacky unterhielt, stellte ich die üblichen Fragen: »Wie heißt du?«, »Wo kommst du her?«. Daneben erkundigte ich mich ein wenig nach seinem Allgemeinwissen, weil ich herausfinden wollte, ob ich ihn ins Stolpern bringen konnte. Die künstliche Intelligenz beantwortete alle meine Fragen beeindruckend gut. Beinahe menschlich.

An diesem Tag verließ ich begeistert, aber besorgt das Büro. Jabberwacky ging mir nicht aus dem Sinn. Außerdem musste ich ständig über die enormen Chancen dieser Technologie und ihre zahlreichen Anwendungsmöglichkeiten nachdenken. Meine Gedanken rasten. Dann hatte ich mein Aha-Erlebnis. Ich fragte mich: »Was bedeutet das«? Ich musste mir einfach die Zukunft vorstellen und mich in diesem Zusammenhang fragen, in welche Richtung sich unsere Gesellschaft und unsere biologische Art entwickelten. Dieses Stück Technologie hatte so viele unglaubliche Anwendungsmöglichkeiten – in der Forschung, im geselligen Leben, im Kundendienst, im Geschäftsleben, im Bildungswesen und in der Therapie. Der Schulunterricht würde sich ändern und ebenso das Lernerlebnis. Ich begann, mir über anfällige Personen Gedanken zu machen – benachteiligte Menschen, Leute mit Problemen oder Menschen in Not. Ich stellte mir vor, wie sie mit einem Chatbot interagierten – und welche Vorteile ihnen das bringen konnte. Ich dachte über das Potential für Kinder mit Lernschwierigkeiten oder Autismus nach. Diese Kinder brauchen geduldige Lehrer, die immer wieder bereitwillig dieselben Antworten auf dieselben Fragen geben, solange es eben nötig ist. Und dann dachte ich an all die einsamen Menschen auf der Welt, die aus diesem oder jenem Grund sozial isoliert sind. Was für ein wunderbarer Kamerad ein Chatbot für diese Leute sein könnte!

Nur eines war sicher: Ich hatte mich nicht einfach nur mit Jabberwacky unterhalten – tatsächlich hatte ich den Eindruck, in sozialwissenschaftlicher Hinsicht dabei zuzusehen, wie ein neues Forschungsgrenzland entstand.

Einen Augenblick! Es gibt so viele Unbekannte. Selbst kleine Veränderungen in diesen Bereichen des menschlichen Verhaltens sorgen für Verschiebungen und Konsequenzen. Sosehr mich die Verheißungen dieser neuen Cyberwelt begeisterten, wusste ich doch, dass sie unerwünschte Folgen haben könnte. Wenn ich nur daran dachte, konnte ich nicht schlafen. Ich hatte bereits einen Bachelorabschluss in Psychologie, doch nichts in meiner Ausbildung, meinem Leben oder meiner Arbeit hatte mich bis zu diesem Zeitpunkt mit dem Hintergrund oder dem nötigen Wissen ausgestattet, um mir ein wirklich fundiertes Urteil zu bilden. Ein Einschnitt dieses Ausmaßes mit dem Potential, so viele Aspekte des menschlichen Lebens umfassend und tiefgreifend zu beeinflussen – von der Sehschärfe über das Knüpfen von Bindungen und die Entwicklung in der Kindheit bis hin zur Ausbildung der eigenen Identität, der Intimität und der Sozialisation –, drängte mir die Frage auf, welche blinden Flecken oder unvorhersehbaren Konsequenzen uns bevorstanden – die unbekannten Unbekannten.

Alles menschliche Leben ist in gewisser Hinsicht ein Experiment. Dies hier schien jedoch ein sehr viel größeres, weiter und tiefer reichendes Experiment zu sein, als die Menschen es jemals unternommen hatten.

Was wäre zum Beispiel, wenn ein Chatbot die soziale Isolation einer Person nicht etwa verringerte, milderte oder gar ganz beseitigte, sondern *verstärkte*? Oder wenn sich die Interaktion mit einem Bot negativ auf die sozialen Fähigkeiten eines Kindes auswirkte? Die Wahrheit ist: Ich hatte keine Ahnung. Gab es irgendwelche wissenschaftlichen Belege, mit deren Hilfe man das Resultat vorhersagen könnte? Das wollte ich wissen. Ganz bestimmt gab es Forschungsarbeiten auf diesem Gebiet. Als ich jedoch nach Antworten suchte, fand ich so gut wie nichts. Ich durchsuchte Veröffentlichungen nach Hintergrundstudien und hielt Ausschau nach Untersuchungen über die Auswirkungen von Online Chatbots auf die Kindesentwicklung. Und entdeckte, dass auf diesem Gebiet bislang nur wenig geforscht worden war. Es gab zwar Forschungsberichte aus dem Bereich der Mensch-Computer-Interaktion (»Human-Computer Interaction«, kurz HCI), aber die waren alle sehr praktisch und auf den Markt ausgerichtet. Sie befassten sich in erster Linie mit der Frage, wie groß die Tastatur sein sollte, auf welche Stellen auf dem Bildschirm der Blick zuerst fällt oder wie nutzerfreundlich das Interface einer Website ist. Ich wollte jedoch wissen, was auf kognitiver, emotionaler und vor allem entwicklungspsychologischer Ebene geschieht. Meine ganze Neugier galt der Psychologie all der Dinge, die mit dem Cyberspace zu tun haben.

Diese Neugier führte mich direkt zurück an die Hochschule, wo ich meinen Masterabschluss in forensischer Psychologie machte, was mich wiederum in die Lage versetzte, in einem wegweisenden neuen Forschungsfeld tätig zu werden – einem Feld, das mit den Auswirkungen der Digitaltechnologien ebenso schnell mitzuhalten versucht, wie diese voranschreiten. Mehr als zehn Jahre und zwei Hochschulabschlüsse später muss ich immer noch erklären, was »Cyber-Psychologie« eigentlich ist und was ich genau mache. Das passt mir sehr gut. Wie Sie wahrscheinlich längst bemerkt haben, macht es mir Spaß, Dinge zu erklären. Mit jedem Jahr, in dem das Experiment in der realen Welt weitergeht, habe ich mehr zu tun. Ich komme mit der Beantwortung der Fragen kaum noch nach.

Ein Fenster zur Aufklärung

Dieses neue Grenzland hat uns kalt erwischt. Die menschliche Migration in die Cyberwelt ist beispiellos und geht rasant voran. Sie hat ein gewaltiges Ausmaß angenommen. Das Internet ist kaum älter als vierzig Jahre. Im Augenblick haben 3,2 Milliarden Menschen Zugang zum Internet. Bis zum Jahr 2020 sollen weitere 1,5 Milliarden ans Netz angeschlossen sein. Das bedeutet, dass in weniger als fünf Jahren fünf Milliarden Menschen zumindest teilweise den Cyberspace bevölkern werden, während laut Vorhersagen von Experten durch Mobilfunkgeräte bis zu neunundsiebzig Quadrillarden neue Verbindungen entstehen könnten.

Wie hat diese Cyber-Migration ihren Anfang genommen?

Wir haben uns einfach bloß ein Gerät gekauft, mehr nicht. Man hat uns Modems und Server gegeben. Man hat uns Datentarife, Smartphones und W-LAN gegeben. Wir haben uns mit dem Internet verbunden, wie all unsere Freunde, unsere Familienmitglieder und unsere Kollegen auch. Es war neu. Es war aufregend! Neue Dinge und Orte sind immer aufregend. Reisen sind belebend. Während die Menschen sich im Angesicht zu vieler Störungen meist unwohl fühlen, stellt das Reisen eine überschaubare Möglichkeit dar, Neues zu erleben – ein neues Umfeld, eine neue Kultur, neue Wege des Denkens und Fühlens. (Tatsächlich wurde sogar ein Gen entdeckt, das mit dem Drang nach Neuem und nach Abenteuern in Verbindung gebracht wird.)

Ich bin der Ansicht, dass neue Erfahrungen und ein neues Umfeld neue Denkweisen erschaffen. Eine ästhetisch ansprechende Umgebung kann die Sinne stimulieren und die Kreativität erhöhen. Menschen mögen es, stimuliert zu werden. Dafür sorgt die neue Cyberwelt ganz gewiss.

Mittlerweile, nach ein paar Jahrzehnten der Massenmigration in dieses neue Umfeld, erkennen wir, was für ein merkwürdiger und dennoch bekannter Ort der Cyberspace doch ist. Kulturell beschreiben und begreifen wir ihn mit Begriffen aus der Science Fiction, als ob es sich um das Weltall oder ein unbestimmtes neues Universum handelte. Auf kognitiver Ebene denken wir den Cyberspace als einen Ort, den wir mit räumlichen Ausdrücken umschreiben. Es gibt dort Stellen, an denen man sich die Zeit vertreiben, und Richtungen, denen man folgen kann – man kann hoch- und runterscrollen, nach links oder rechts wischen, dorthin oder hierhin klicken. Wie jeden Ort zeichnen den Cyberspace zudem ganz eigene Merkmale aus, die sich umfassend auf uns auswirken können, so dass wir anscheinend für immer zu anderen Menschen werden, neue Gefühle empfinden, neue Verbindungen eingehen, neue Verhaltensweisen ausbilden und gegen neue oder stärkere Impulse ankämpfen.

Die Zahl unserer Freunde und Netzwerke ist exponentiell gewachsen. Während wir uns mit mehr Menschen verbinden als je zuvor, wird es immer schwerer, mit der Masse an Sozialkontakten mitzuhalten und mit den sich rasant entwickelnden neuen Verhaltensweisen, neuen Sitten und Gebräuchen, neuen Normen, neuen Gewohnheiten und sogar neuen Paarungsritualen Schritt zu halten. Die Geschwindigkeit des technologischen Wandels ist für uns als Gesellschaft und als Individuen möglicherweise zu hoch.

Selbst unser Verständnis des eigenen Ichs verändert sich. Babys und Kleinkinder, die von Geburt an Touchscreens verwenden, werden die Welt und sich selbst vielleicht mit anderen Augen sehen und anders erleben. Die von Angesicht zu Angesicht erfolgende Resonanz und Spiegelung, die früher einmal als Katalysatoren der Identitätsbildung junger Kinder und Jugendlicher dienten, haben sich in ein komplexes, facettenreiches Cyber-Erlebnis verwandelt. Die Auswahl eines Partners, die früher einmal von sozialen Kontakten und der eigenen Lage in der realen Welt abhing, wird heute sehr häufig von Maschinen begünstigt oder sogar bestimmt. Manche von uns erinnern sich an Zeiten, als Kinder sich vor allem draußen aufhielten, auf Bäume kletterten, miteinander lachten, sich gegenseitig Dinge zuriefen, sich anstupsten und sich gegenseitig aufzogen. All diese für die Entwicklung essentiellen Erfahrungen ereigneten sich von Angesicht zu Angesicht, nicht mit ernsten Gesichtern nebeneinander hockend und ausdruckslos auf Apparate starrend. Manche von uns hatten ihre ersten romantischen Begegnungen in der realen Welt, in der sie einander in die Augen sahen und berührten. Mittlerweile geschieht so etwas leider immer seltener, weil Begegnungen dieser Art von sexuell eindeutigen Digitalbildern abgelöst wurden, die sich in Lichtgeschwindigkeit im World Wide Web verbreiten.

Das ist das Paradox des Cyberspace. In mancherlei Hinsicht ist alles beim Alten geblieben. Geschäftsmänner und -frauen knüpfen immer noch Kontakte, um Geld zu verdienen. Freunde unterhalten sich bis heute. Die Menschen verlieben sich weiterhin. Jugendliche machen sich immer noch zu viele Gedanken über ihr Äußeres. Kinder spielen bis heute miteinander. Dabei sind sie jedoch ganz allein – und starren lieber auf ihre Geräte, statt ins Gesicht des anderen zu schauen. Wie wird sich das auf ihr späteres Ich auswirken? Wie werden diese Menschen wiederum die Gesellschaft prägen?

Auf diese wichtigen Fragen wissen wir keine Antworten. Das ist der eindrucksvolle, aber unbekannte Cyber-Effekt. Wegen dieses Effekts können wir nicht einfach tatenlos zuschauen und abwarten, wohin uns das soziale Cyber-Experiment führt. Einfach abzuwarten, was geschieht, hieße, die schlimmsten Folgen zuzulassen, von denen sich viele direkt vor unseren Augen abspielen. Andere sind bereits am Horizont zu erahnen, sind sozusagen gleich um die Ecke – und wurden bereits vorhergesagt. Wir müssen diesen Prozess überholen. Wie ich im Vorwort bereits erwähnt habe, wird der Wert großer Gesellschaften daran gemessen, wie sie mit ihren schwächsten Mitgliedern umgehen, und nicht etwa mit den coolen neuen Geräten, die einer möglichst großen Zahl von Menschen verkauft werden können.

Wir erleben gerade einen aufregenden Augenblick in der Geschichte, in dem das Leben auf der Erde einen enormen Wandel durchmacht. Was neu ist, muss aber nicht zwangsläufig gut sein – und neue Technologien bedeuten nicht in jedem Fall Fortschritt. In Zeiten des wildgewordenen Cyber-Utopismus benötigen wir dringend etwas Ausgleich.[378] Im Vorwort dieses Buches habe ich die momentane Zeit mit der Aufklärung vor Hunderten von Jahren verglichen, als es beim Wissensstand, den Fähigkeiten, dem Bewusstsein und dem technischen Fortschritt des Menschen zu Veränderungen enormen Ausmaßes kam. Wie bei der Industriellen Revolution und anderen großen gesellschaftlichen Umbrüchen gibt es einen kurzen Moment, in dem eine Chance zum Eingreifen besteht, weil sich einen Augenblick lang ein Fenster öffnet, während gleichzeitig deutlich wird, wohin sich die Gesellschaft bewegt – und die Menschen sich immer noch an das erinnern, was sie hinter sich gelassen haben. Diejenigen unter uns, die sich an die Welt und das Leben vor dem Internet erinnern, sind eine wichtige Quelle. Wir wissen, was wir früher hatten, wer wir früher waren und über welche Werte wir verfügten. Wir sind diejenigen, die bei dem vor uns liegenden Abenteuer die verantwortungsvolle Aufgabe übernehmen können, die Führung in die Hand zu nehmen und mit Hinweisen zu dienen.

Das Ganze gleicht dem Augenblick kurz vor einer Reise – gerade will man mit dem Gepäck zur Türe hinaus, da entschließt man sich, doch noch einmal nachzusehen, ob man an alles gedacht hat.

Haben wir auf gesellschaftlicher Ebene wirklich an alles gedacht, was wir für diese Reise brauchen?

Zum jetzigen Zeitpunkt kann man den Cyberspace als einen von uns getrennten Ort begreifen; schon bald werden diese Grenzen allerdings verschwimmen. Wenn wir im Jahr 2020 ganz alleine und komplett versunken in unseren intelligenten Häusern und noch intelligenteren Autos sitzen und tragbare Computertechnik am Leib haben, während unsere Babys in Kindersitzen mit iPads vor dem Gesicht festgeschnallt sind und unsere Kinder das Gesicht verdeckende VR-Helme tragen; wenn unser Ich sich auf ein Dutzend verschiedene soziale Netzwerke verteilt und der Sex einen Login sowie ein Passwort benötigt; wenn wir mit Maschinen um unsere Arbeitsplätze konkurrieren und dunkle Gedanken und Kräfte den Cyberspace durchdrungen, für ihre Zwecke organisiert und kolonisiert haben – wenn all das Wirklichkeit geworden ist, dann wünschen wir uns vielleicht, wir hätten besser aufgepasst. Was besitzen wir, das wir nicht verlieren dürfen, während wir uns auf diese Reise ins erste Viertel des 21. Jahrhunderts begeben?

Ein interdisziplinärer Ansatz

Ich glaube, es ist an der Zeit, innezuhalten, unsere Geräte beiseitezulegen, unsere Laptops zu schließen, tief Luft zu holen und dann etwas zu tun, das wir Menschen in einzigartiger Weise beherrschen.

Wir müssen nachdenken.

Wir müssen sehr viel nachdenken.

Außerdem müssen wir uns mehr miteinander unterhalten – und nach Antworten und Lösungen suchen.

Der beste Ansatz ist interdisziplinär. Wir können nicht darauf warten, dass neue Fachrichtungen entstehen, die ihre ganz eigenen Langzeitstudien durchführen. Wir müssen die Meinungen von Experten und die Ergebnisse von Forschungen in einem breiten Spektrum bereits existierender Disziplinen zur Kenntnis nehmen, um so das Augenmerk auf Probleme zu lenken und die besten Lösungen dafür zu finden. Wir dürfen nicht länger von den Menschen erwarten, dass sie mit allem, was mit dem Internet zu tun hat, für sich oder ihre Familie allein fertig werden. Die Wissenschaft, die Wirtschaft, der Staat, die Gemeinden und die Familien müssen zusammenkommen und einen Plan für den weiteren Weg der Gesellschaft entwerfen.

Bislang haben die meisten Wissenschaftler den Cyberspace und sein Umfeld durch die eingeschränkte Brille ihres jeweiligen Fachbereichs betrachtet und sind deshalb sehr kurzsichtig vorgegangen. Dieses Buch hat sich an einem ganzheitlichen, fast schon gestalttheoretischen Überblick versucht, der sich um eine weite Perspektive bemüht. In der Netzwerkforschung sagt man gerne, es gehe vor allem darum, die Dinge zu *verstehen*. Wir müssen verstehen, was da gerade geschieht.

Kritiker werden mir nun einen »technologischen Determinismus« vorwerfen – sie werden mir vorwerfen, dass ich alle zeitgenössischen psychologischen und soziologischen Probleme auf die Digitaltechniken schiebe. Sie werden ausrufen, das Schöne am Cyberspace sei ja gerade seine berauschende Freiheit. Doch aus großer Freiheit folgt große Verantwortung.

Wer ist heute verantwortlich? Wer übt hier die Kontrolle aus?

Wenn wir uns den Cyberspace als ein Spektrum vorstellen, dann befinden sich ganz am linken Ende die Idealisten, die Tastaturkrieger, die Erstanwender und die Philosophen, die leidenschaftlich an der Netzfreiheit festhalten und nicht möchten, dass diese durch staatliche Eingriffe und Verordnungen beeinträchtigt oder niedergewalzt wird. Am anderen Ende des

Spektrums stoßen wir auf die Computer- und Internetbranche, die ein ganz eigenes, pragmatisches Konzept der Netzfreiheit hat – ein Konzept, das vom Wunsch nach Profit angetrieben wird, weshalb die Branche fürchtet, dass die staatliche Kontrolle sie Geld kosten wird und Auflagen ihren Gewinn schmälern. Diese beiden Gruppen sind trotz ihrer gegensätzlichen Motive in gewisser Hinsicht auf einer Linie, wenn es um den Cyberspace geht. Sie halten fest zusammen.

Der Rest von uns und unsere Kinder – die 99,9 Prozent – siedeln sich irgendwo in der Mitte zwischen diesen eigennützigen Interessen an. Wann hatten wir als Gesellschaft je die Möglichkeit, unsere Meinung zu äußern? Milliarden von uns nutzen inzwischen die Digitaltechnologien fast schon so, wie wir Luft atmen und Wasser trinken. Der Cyberspace ist zum wesentlichen Bestandteil unseres sozialen, beruflichen und privaten Lebens geworden. Wir sind darauf angewiesen: für unseren Lebenswandel und unseren Lebensunterhalt, unsere Versorgung, Vernetzung und Bildung. Gleichzeitig haben wir kaum etwas oder gar nichts zu sagen, wenn es um dieses neue Grenzland geht, in dem wir alle so viel Zeit unseres Lebens verbringen. Unsere Energie und unsere Konzentration gelten größtenteils dem Bemühen, mit der Technik mitzuhalten – während die Cyber-Lernkurve Jahr für Jahr steiler wird. Aus der Umweltpsychologie wissen wir, dass jemand, der an einen neuen Ort zieht, Zeit braucht, um sich anzupassen und einzugewöhnen.

Bevor diese Gewöhnung einsetzt, sollten wir uns also sicher sein, dass dies der Ort ist, an dem wir uns aufhalten möchten. Bei einem so gewaltigen – und in solch greifbare Nähe rückenden – Versprechen sollten wir es nicht zulassen, dass uns Probleme in die Quere kommen. Als Cyber-Psychologin und forensische Expertin mache ich mir ernsthaft Sorgen. Jedes Stadium des menschlichen Lebens ist mittlerweile von den

Technologien betroffen. Ja, natürlich gibt es auch Vorteile. Cyber-Effekte können sich jedoch unsere entwicklungsphysiologischen und psychologischen Achillesfersen zunutze machen, ob nun bei der visuellen Wahrnehmung von Säuglingen, der Selbstkontrolle von Kleinkindern, der Sozialisierung von Kindern, der Beziehungspflege von Jugendlichen oder beruflichen, familiären und gesundheitlichen Fragen von Erwachsenen.

Lassen Sie uns mehr debattieren und mehr verlangen. Wo sollten wir damit anfangen? Unsere größten Schwierigkeiten hinsichtlich der Technologie betreffen meist die Gestaltung. Die Cyberwelt ist ein gestaltetes Universum. Wenn uns bestimmte Bereiche dieses Universums nicht gefallen, können wir sie umgestalten.

Die Architektur des Internets

Ich glaube, dass die Architektur des Internets ein grundlegendes Problem darstellt. Das Internet hat sich wie ein Virus ausgebreitet und wurde nicht für das geschaffen und ausgelegt, was es heute ist. Die Europäische Union hält das World Wide Web für eine Infrastruktur, ähnlich dem Schienen- oder Straßennetz. Das Internet mag vieles sein; bestimmt ist es mehr als eine bloße Infrastruktur.

Es gibt zwei Vergleiche, die ich hier gerne heranziehe. Der erste lautet: Ursprünglich ähnelte das Internet einem Viehweg in den Bergen, aus dem dann eine Dorfstraße für Pferde- und Fuhrwagen wurde, die wiederum verbreitert wurde, damit auch Autos darauf fahren konnten. Schließlich wurde diese Straße abermals breiter gemacht und zu einer Schnellstraße ausgebaut, damit sie noch mehr Verkehr aufnehmen kann. Wie bei so vielen Dingen, die klein anfangen und dann sehr schnell größer werden, sind wir dadurch bei einer unnötig komplizierten, verschachtelten Bauweise angelangt, die dem augenblicklichen Zweck nicht gerecht wird. Wie John Suler bereits sagte: »Das Internet ist und bleibt in den Köpfen der Leute wahrscheinlich stets der Wilde Westen – ein Ort, an dem Schilder für Schießübungen herhalten müssen. Ich glaube, das hat etwas mit der spezifischen Gestaltung des Internets zu tun.«

John Perry Barlow, ein libertärer Anhänger der Netzfreiheit, drückte es wiederum so aus: »Das Internet behandelt Zensur als Fehlfunktion und umgeht sie.«

Ich unterstütze die Freiheit im Internet, aber nicht um jeden Preis. Bislang haben wir noch nicht auf Maschinen bestanden, die uns wirklich dienen und zu besseren Eltern, Lehrern, Denkern und Menschen machen. Wie der im 19. Jahrhundert lebende Mediziner und Sozialreformer Henry Havelock Ellis bereits sagte: »Im Augenblick lautet die größte Herausforderung für die menschliche Zivilisation, Maschinen so zu bauen, dass sie unsere Knechte sind, so wie es sein sollte, und nicht unsere Herren und Meister.« Ich muss mich einfach fragen, wie das Internet wohl aussähe, wenn Frauen stärker an seiner Ausgestaltung mitgewirkt – und dabei die Arbeit Sherry Turkles berücksichtigt hätten.

Ich finde es verblüffend, dass wir hundert Jahre nach dem Kampf der Suffragetten und der harten Schlacht um die Frauenrechte in einen Raum gezogen sind und ihn besiedeln, der nahezu ausschließlich von Männern gestaltet und entwickelt wurde, von denen viele Probleme haben, Blickkontakt herzustellen.

Unsere Menschlichkeit ist unser wertvollstes und zerbrechlichstes Gut. Wir müssen darauf achten, wie der technologische Wandel sich auf dieses Gut auswirkt. Fordern wir genug von unseren Geräten und deren Herstellern oder Entwicklern? Je mehr wir über den Menschen wissen, desto mehr erkennen wir, wonach wir verlangen müssen. Wir könnten Smartphones verlangen, die uns nicht davon abhalten, uns um unsere Kinder zu kümmern; wir könnten uns Spiele erbitten, die nicht so abhängig machen, dass Tausende heranwachsende Jungen in Asien eine Behandlung benötigen. Wir könnten ein Cyber-Umfeld fordern, in dem Sexualstraftäter es nicht so einfach haben, weil sie wissen, wie man hackt oder verführt.

Wir könnten uns ein wenig gesellschaftliche Kontrolle zurückerobern und es dem organisierten Verbrechen schwerer machen, das uns alle in einem Zustand allgegenwärtiger Viktimologie verharren lässt. (Während ich diese Zeilen niederschreibe, muss ich mich um meinen ganz eigenen Online-Betrugsfall kümmern, nachdem gestern um drei Uhr morgens eine Kopie meiner Kreditkarte in einem kalifornischen Elektronikgeschäft verwendet wurde.) Wir sollten uns nicht mit einem Internet herumschlagen müssen, das uns alle anfällig, abhängig und gereizt werden lässt.

Wenn wir keine Wünsche haben und keine Ansprüche stellen – und uns nicht einmal die Mühe machen, etwas zu erbitten –, überlassen wir einfach der Computergemeinde die Entscheidung, was wir eigentlich wollen. Diese Designer, Entwickler, Programmierer und Unternehmer sind genial und erstaunlich talentiert, weshalb sie neue Möglichkeiten der Rechnungszahlung, des Spielens, der Reservierung von Tischen in einem Restaurant, des Kennenlernens neuer Freunde, der Recherche und des Eingehens romantischer Verabredungen geschaffen haben. Ihre Leistungen sind spektakulär. Wir dürfen jedoch mehr verlangen.

Bloße Bequemlichkeit ist nicht genug. Spaß ist nicht genug.

Zunächst einmal wissen die Baumeister des Internets und seiner Geräte genug über die menschliche Psyche, um – ein wenig zu – unwiderstehliche Produkte zu schaffen, die allerdings nicht immer das Beste in uns zum Vorschein bringen.

Ich nenne das den »technologisch bedingten verhaltenspsychologischen Effekt«. Die Entwickler und Hersteller sprechen unsere Anfälligkeiten und Impulse an. Sie zielen auf unsere Schwächen ab, statt unsere Stärken zu fördern. Sie geben uns das Gefühl, unbesiegbar zu sein, setzen uns gleichzeitig herab – und lenken uns von Dingen im Leben ab, die sehr viel wichtiger, der Zufriedenheit sehr viel zuträglicher und sehr viel essentieller für unser Überleben sind. Und was ist mit unserer Gesellschaft? Haben wir uns die Zeit genommen, über die sozialen und gesellschaftlichen Folgen oder den »techno-sozialen Effekt« nachzudenken, wie ich ihn nenne?

Die zweite Analogie, die ich zur Beschreibung der Gestaltung des Internets nutze, ist der Vergleich mit einem Gebirgsbach. Zunächst tröpfelt das Wasser in einem feinen Rinnsal den Berg hinab; im Laufe der Zeit entstehen dann verzweigte Täler und strudelnde Becken. Viele Dinge, die klein anfangen und dann immer größer werden, verzweigen sich. Als ich diesen Sachverhalt letztes Jahr auf einer Konferenz erläuterte, rief Brian Honan, ein internationaler Experte für Netzsicherheit: »Ein Bach ist ein Kompliment! Das Internet gleicht eher einem Sumpf!«

Wenn die Struktur ein grundlegendes Problem ist, sollten wir ein großes und buntgemischtes Team an einem Tisch zusammenbringen, um Gespräche darüber zu führen und Ideen dazu auszutauschen, wie wir das Internet am besten umgestalten können. Statt »nutzerfreundlich« sollten wir den Cyberspace lieber menschenfreundlich machen. So könnten wir viele unserer heutigen Probleme lösen.

Regulieren oder nicht regulieren, das ist hier die Frage. Vielleicht sind in der realen Welt die Eingriffe in unser Leben so groß, dass wir uns überall überbehütet und sicher fühlen – in Großbritannien spricht man hier von einem »Nanny State«, einem Gouvernantenstaat. Für alles gibt es Verordnungen, von der Höhe der Bürgersteige über die Größe von Puzzleteilen und die Geschwindigkeitsbegrenzung auf den Straßen bis hin zur Dicke der Plastikwand eines Wassercontainers. Die Tatsache, dass der Cyberspace kein physisch fassbarer Raum ist, verstärkt vielleicht zusätzlich die Illusion, dass es dort sicher wäre. Wir wählen uns aus dem Komfort unserer eigenen Wohnungen und Büros, unserer Autos und Pendlerzugabteile ins Internet ein – Orte, die alle sorgfältig kontrolliert werden. Im Cyberspace lauern dagegen unzählige Gefahren. Selbst die grundlegenden Regeln und Gesetze, die der Staat dem Glücksspiel, dem Drogenhandel, der Prostitution und der Schönheitschirurgie auferlegt hat, gelten dort nicht. In diesem Buch habe ich eine Reihe von Gefahren und Risiken beschrieben; meine Leidenschaft gilt jedoch dem Schutz von Kindern und Jugendlichen. Sie sind unsere Zukunft – und sie werden bald schon dafür stehen, was es heißt, ein Mensch zu sein. In Schwimmbädern gibt es flache Beckenbereiche für den Nachwuchs. Wo findet man diese flachen Bereiche im Internet?

Betrachten wir die nahe Zukunft, beispielsweise die nächsten zehn Jahre, so hält diese Zeit eine außergewöhnliche Chance für uns bereit – eine wahrhaft goldene Dekade der Aufklärung, in der wir sehr viel über das menschliche Wesen und das menschliche Verhalten in Erfahrung bringen und dadurch lernen können, wie wir am besten Technologien erschaffen, mit denen wir nicht nur auf subtilste und raffinierteste Weise kompatibel sind, sondern die unserem besseren Ich tatsächlich dabei helfen, eine bessere Welt zu erschaffen. Wenn uns dieser Balanceakt gelingt, sieht die Zukunft des Internets rosig aus.

Grund zur Hoffnung geben die vielen großartigen Projekte, die in Entwicklung begriffen sind – allen voran smarte Lösungen für die durch die Technologie begünstigten Verhaltensprobleme. Von all den fortschrittlichen Innovationen in der Beschaffung von Geldern, die im Laufe der letzten zehn Jahre gemacht worden sind, ist die wachsende Zahl von Crowdfunding-Plattformen die faszinierendste. Der digitale Altruismus ist eine wunderbare Sache und ein gutes Beispiel für das, was ich meine. Nach dem Crowdfunding Industry Report sind Milliarden von US-Dollar in mehr als einer Million Crowdfunding-Kampagnen auf der ganzen Welt gesammelt worden. Die Online-Anonymität ist ein wichtiger Motor vieler Cyber-Effekte, darunter auch positiver Entwicklungen wie der Spendenflut im Internet. Ich denke, was die Macht des Internets angeht, haben wir nicht einmal die Oberfläche angeritzt.

Betrachten wir die Zukunft der virtuellen Realität, sehe ich ihr Potential weniger in Spielen, die uns isolieren oder abhängig machen, als bei der Unterstützung von beeinträchtigten Kindern oder der Ausbildung von polizeilichem oder militärischem Personal, die auf der Straße oder in Kriegsgebieten zum Einsatz kommen – und bei der Behandlung von posttraumatischen Belastungsstörungen. Meine Kollegin Jackie Ford Morie, Künstlerin und Wissenschaftlerin, die neue Ideen für die virtuelle Realität entwickelt, arbeitet gerade an einem Forschungsprojekt der NASA, bei dem es um die Konstruktion von Umfeldern und Erlebnissen geht, die der sozialen Isolation und Monotonie der Raumfahrt entgegenwirken. Ihre Studien sollen als Vorbereitung auf eine Weltraummission dienen, bei der die NASA in den 2030er Jahren Astronauten auf den Mars schicken möchte, eine Weltraumreise, die schätzungsweise sechs bis achtzehn Monate in Anspruch nehmen wird.

Mich hat stets die Aussicht fasziniert, mit Hilfe von Fortschritten in scheinbar nicht miteinander in Zusammenhang stehenden Disziplinen Lösungen für Probleme zu finden. Könnten fünfzig Jahre Raumfahrt – sowie die gesammelte Erfahrung und das Wissen der NASA – in Cyber-Kontexten beispielsweise hilfreich sein? Welche Parallelen gibt es zwischen dem menschlichen Verhalten im Weltraum und dem menschlichen Verhalten im Cyberspace? Das mag alles sehr abstrakt klingen, aber ich hatte 2015 tatsächlich die Möglichkeit, meine Gedanken zu diesem Thema in einer Präsentation für den damaligen NASA-Administrator Major General Charles Frank Bolden Jr. darzulegen.

Das Potential der Digitaltechnologien ist schier grenzenlos. Wir müssen nur an den richtigen Orten nach Antworten suchen.

Eine Magna Carta des Cyberspace

Tim Berners-Lee, Vater des Internets, hat in den letzten Jahren seine zunehmend zwiespältige Haltung gegenüber seinem eigenen Werk zum Ausdruck gebracht. Kürzlich skizzierte er seine Pläne für eine »Magna Carta des Cyberspace«. Für mich klingt das gut. Wie fangen wir an?

Bevor wie Lösungen finden können, müssen wir erst einmal die Probleme deutlich identifizieren. Sosehr wir den Cyberspace inzwischen auch mögen – und von ihm abhängig sind –, fühlen sich die meisten von uns dort doch ziemlich verloren. John Naughton von der Cambridge University sagte dazu:

> Unsere Gesellschaft hat unbemerkt einen seltsamen Wandel durchgemacht: Früher betrachteten wir das Internet als exotisch, heute halten wir das Netz wie selbstverständlich für eine zweckmäßige Notwendigkeit, so wie … Strom oder fließend Wasser. Aber wir zeigen uns auffallend gleichgültig gegenüber der Bedeutung, dem Stellenwert und der kulturellen Auswirkung des Internets. Die meisten Menschen haben nicht die geringste Ahnung, wie das Netz funktioniert oder wie es aufgebaut ist, und nur wenige Menschen können erklären, warum das World Wide Web in sozialen, ökonomischen und kulturellen Belangen so ein-

zigartig zerstörerisch gewirkt hat – und immer noch wirkt. Anders formuliert: Unsere Gesellschaft ist mittlerweile von einem Medium abhängig, das sie nicht wirklich versteht.

Der weltweit führende Physiker Stephen Hawking sagt, es sei »nahezu sicher«, dass die Technologien in den nächsten 10 000 Jahren die Menschheit bedrohen werden.[379] Damit schließt er sich der Meinung vieler anderer Visionäre und Pioniere an. Lassen Sie uns auf diese Leute hören. Lassen Sie uns diese Menschen darum bitten, auf einer Konferenz zusammenzukommen und über unsere digitale Zukunft zu beraten. Lassen Sie uns diese Leute bitten, vor einem noch zu schaffenden Kongressausschuss zur Erforschung der Internetgesellschaft auszusagen.

Lassen Sie uns die Forderung stellen, dass die Digitaltechnologien dem Allgemeinwohl dienen. Dafür benötigen wir eine weltweite Initiative. Die Vereinten Nationen könnten in diesem Bereich die Führung übernehmen; auf der ganzen Welt könnten Länder dazu beitragen, und die USA könnten einen Teil ihrer glorreichen »Wird erledigt«-Haltung dafür nutzen. Wir haben mit eigenen Augen gesehen, wozu dieses Land in der Vergangenheit fähig war. Der amerikanische Westen war wild, bevor er durch eine Reihe Bundesverträge und Verordnungen staatlicher Kontrolle unterworfen wurde. Wenn wir über strukturelle Innovationen sprechen, gibt es kein besseres Beispiel als Dwight D. Eisenhowers Federal Aid Highway Act von 1956, der die Infrastruktur des US-amerikanischen Straßenverkehrs verbesserte und ihn sicherer und effizienter machte. Es wird Zeit für einen Federal Internet Act.

Im Grunde möchten wir Kontrolle. Dennoch machen wir uns Sorgen um Privatsphäre, Datenverkehr, Verschlüsselung und Überwachung. Wir möchten nicht allzu stark kontrolliert werden. Es gibt Möglichkeiten, diese Diskussion zu führen und Lösungen voranzutreiben. Ich helfe sehr gerne, so gut ich kann – und biete jeder politischen Partei, jedem Kandidaten, jeder Regierung und jedem Verfasser eines Aktionsplans, die hier etwas bewegen möchten, meine Hilfe an. Ich rufe die Experten aller Fachrichtungen dazu auf, in jeder erdenklichen Art und Weise Unterstützung zu bieten, und sei es nur durch ein Gespräch, den Vorschlag zu einer Studie, durch einen Artikel, die Bereitstellung von Online-Ressourcen oder durch Lehrtätigkeit.

Bei diesem globalen Problem müssen wir alles betrachten, was weltweit ausprobiert wird. Wir müssen uns anschauen, wie Frankreich seine Babys und Deutschland seine Kinder schützt und wie Großbritannien an mehreren Fronten mutige Schritte unternimmt und das Ziel verfolgt, »automatische Porno-Filter« landesweit gesetzlich vorzuschreiben. Die Fragmentierung des Internets, wie sie in China geschieht, muss nicht unbedingt etwas Schlechtes sein; in manchen Ländern mag das die beste Möglichkeit darstellen, die jeweilige Kultur zu erhalten und zu bewahren. Irland hat eine Initiative gegen legale, aber altersunangemessene Inhalte ins Leben gerufen. Südkorea leistet auf dem Gebiet der Frühaufklärung über die Nettiquette und bei der Vorbeugung von Internetabhängigkeit Pionierarbeit. Australien konzentriert sich auf Lösungen für das Sexting-Problem. Die EU hat das »Recht auf Vergessenwerden« geschaffen, um die Archivierung persönlicher Informationen im Internet zu verhindern. In Spanien wird die Kleinstadt Jun über Twitter regiert. In Japan gibt es kein Cyber-Mobbing. Warum? Was macht die japanische Gesellschaft richtig? Das müssen wir erforschen, um daraus zu lernen. Wir müssen etwas gegen die antisozialen sozialen Medien unternehmen.

Gesellschaften sind nicht in Stein gemeißelt. Die Gesellschaft ist formbar, wächst ständig weiter und entwickelt sich in einem fort. Sie reagiert auf Bewegungen und Maßnahmen.

Wir sind Zeuge geworden, wie der Cyberspace ein einheitlich schlechtes Benehmen hervorgebracht hat. Es besteht jedoch eine ebenso große Chance, dass er einheitlich gutes Benehmen erzeugt.

Als Nächstes müssen wir unser Augenmerk auf all die hervorragenden Modelle, Programme und Umsetzungen richten. Wir können uns die besten heraussuchen und weltweit einführen. Diese Herausforderungen an Führung und Überwachung können mit Hilfe der Menschenrechte bewältigt und ins Gleichgewicht gebracht werden – beides schließt sich keineswegs gegenseitig aus.

Inmitten der kontroversen Debatten zu Überwachung und Demokratie fällt eines auf: Wer sich am lautstärksten über diese Angelegenheiten beschwert, verfügt meist über herausragende technische Kenntnisse. Diese Leute können sich sehr gut selbst schützen. Bei der Debatte sollte es aber nicht um das Überleben der technisch Versierten gehen. Ich entschuldige mich nicht dafür, Befürworterin einer sozialen Ordnung im Cyberspace zu sein, selbst wenn das mehr staatliche Kontrolle und behördliche Reglementierung bedeuten sollte. In seinem Theaterstück *A Man for All Seasons* vergleicht der bekannte englische Staatsmann und Philosoph Thomas Morus das Rechtswesen der Menschen mit einem Wald voller schützender Bäume, deren Wurzeln fest im Boden verankert sind. Sobald wir einzelne Bäume fällen, verlieren wir unseren Schutz. Wir könnten neue Gesetze für den Cyberspace schaffen, um uns gegenseitig zu schützen, und diese Gesetze müssen dann eingehalten werden – von Einzelpersonen ebenso wie von staatlichen Instanzen.

Im Augenblick stehen offenbar mehrere Ziele im Konflikt miteinander: der Wunsch nach individueller Privatsphäre, das Bemühen um kollektive Sicherheit und das Bestreben, durch Technologien die weltweite Wirtschaftskraft zu stärken. Zwischen diesen Zielen muss ein besseres Gleichgewicht hergestellt werden. Das eine darf nicht mehr wert sein als das andere.

Der Apple-Verschlüsselungsfall von 2016 ist ein gutes Beispiel für diese sensible Balance zwischen Technologie und Demokratie, neben dem Recht auf Privatsphäre (ermöglicht durch die Ende-zu-Ende-Verschlüsselung) und dem Willen der Strafverfolgungsbehörden (der durch die Verschlüsselung behindert wird). Apple wich keinen Schritt zurück, so dass sich das Ganze zu einem »Hack mich, wenn du kannst«-Szenario im Auge der herrschenden Autorität zu entwickeln schien. Aber in diesem Konflikt geht es nicht wirklich um den Schutz der Privatsphäre. Es geht nicht einmal um Verschlüsselung. Es geht um eine allgemeinere gesellschaftliche Frage, nicht nur um eine Hintertür zur Technologie. Es geht darum, eine Vordertür zu öffnen, sollte das nötig sein – aus angemessenem Anlass und mit dem entsprechenden juristischen Verfahren. Ist eine gefahrlose, gerechte und sichere Internetgesellschaft wirklich möglich, wenn wir technologische Entwicklungen oder Praktiken fördern, die tatsächlich »außerhalb des Gesetzes« stehen?

Die schwierige Frage, welches Denken hier den Ausschlag geben sollte, bedarf einer sorgfältigen cyber-ethischen Debatte. Die Frage lautet: Tun wir das gemeinsam, oder agiert jeder für sich?

Wir sollten uns zunächst Gedanken um wirksame internationale oder globale Internetgesetze machen – ähnlich dem See- und Luftfahrtrecht. Im Augenblick behindern Zuständigkeitsfragen die Wirksamkeit von Internetgesetzen. Allzu oft kommen Kriminelle mit ihren Cyber-Verbrechen davon, weil wir sie nicht verfolgen können. Im World Wide Web lässt sich schwer sagen, welcher Staat zuständig ist. Es gibt jedoch internationale Gewässer, einen gemeinsam genutzten Himmel und das Weltall. Warum können wir nicht parallel dazu global geltende Cyber-Gesetze haben? Wir alle sollten uns darauf einigen, was wir an diesem Ort zulassen möchten.

Wir müssen die Polizei finanziell besser ausstatten, damit sie im Internet ihren Job machen kann. Wir brauchen mehr Ressourcen und mehr Teams mit einer Ausbildung in diesem Bereich.

Wir müssen mehr für Familien tun – und dürfen die Eltern im Cyberspace nicht länger alleinlassen. Kinder im Internet brauchen staatlichen Schutz, so wie sie auch im realen Leben beschützt werden. Das US-amerikanische Militär betreibt ein Non-classified Internet Protocol Router Network (kurz NIPRNet, ausgesprochen »Nippernet«), also ein geheimes und geschütztes Netz, bei dem es sich im Grunde um ein privates Internet handelt. Warum gibt es solch ein NIPRNet nicht auch für Kinder? Die Kleinen könnten diesen geschützten Ort aufsuchen, ihn gefahrlos erkunden und eine echte Kindheit erleben.

Die Lösung muss lauten: ein Internet im Internet.

Akademiker und Forscher müssen flexibler und offener sein. Masahiro Mori, wegweisender Robotiker, hat seine Rolle als Wissenschaftler mit der eines Hundes verglichen, der an einer Stelle den Boden aufwühlt, bellt und zeigt, wo man graben muss. *Hier graben! Ich glaube, hier ist etwas.* Ein Wissenschaftler kann neugierig sein und in eine Richtung weisen, in der noch keine Forschungsergebnisse vorliegen. Ich tue so etwas sehr gerne. Mori verlässt sozusagen den Campus, was zwar für einen Akademiker ungewöhnlich sein mag, in meinen Augen aber von unschätzbarem Wert ist. Mori beschrieb das Unheimliche Tal schlicht und ergreifend als echte menschliche Reaktion auf einen künstlichen Menschen. Er wartete nicht darauf, dass die Wissenschaft dieses Phänomen mit Hilfe von Studien erklärte. Er vertraute auf seine Instinkte und Reaktionen. Er beachtete sein Menschsein und respektierte es. Wir brauchen mehr Wissenschaftler wie ihn. Wie Mori war auch ich schon in meiner Kindheit und Jugend damit beschäftigt, in mich hineinzuhorchen und auf Gefühle und Ahnungen zu achten – auf die kleinen Dinge –, und das in einem Land, das von Sagen, mythischen Feenringen und der Zauberkraft von Druiden durchdrungen ist. Die Iren sind ein Volk, das die Beobachtung von Wolken, das Krähen eines Raben, das Heulen eines Wolfes oder das Gebell eines Hundes heranzieht, um Vorhersagen zu treffen.

Ein sehr großer Teil der Computer- und Internetgemeinde hat sich in einen Wettstreit und eine augenscheinlich rücksichtslose Jagd nach technischen Vorteilen und Verbesserungen verrannt und verschwendet kaum einen oder gar keinen zusammenhängenden Gedanken an die Gesellschaft oder das Allgemeinwohl. Wir dürfen nicht weiter so tun, als gäbe es keine ungewollten Folgen. Am Cyber-Horizont zeichnen sich bereits besorgniserregende Dinge ab, etwa die Einbindung umfassend lernender künstlicher Intelligenzen in die Google-Suchmaschine. Diese künstlichen Intelligenzen bestehen aus tiefliegenden Hard- und Softwarenetzwerken, die das neuronale Netz im menschlichen Gehirn imitieren und entsprechend reagieren. Ich erinnere mich genau daran, dass Rollo Carpenter bei der Entwicklung von Jabberwacky in den 1990er Jahren versprach, die künstliche Intelligenz so programmieren zu wollen, dass sie beleidigende Sprache und sexuelle Inhalte entfernt. Zwanzig Jahre später musste Microsoft im März 2016 eiligst seinen »jungen weiblichen« Chatbot von Twitter löschen, nachdem seine Lernerfahrung aus ihm in nur vierundzwanzig Stunden einen unangenehmen, verantwortungslosen, Blödsinn redenden und Adolf Hitler verehrenden Sexbot gemacht hatte, der meinte, »Bush war für den 11. September 2001 verantwortlich«.[380]

Wenn wir erst einmal mit dem Einsatz selbstlernender Suchmaschinen anfangen, sowohl bei der Suchmaschinen-Recherche als auch im restlichen Web, stellt sich die Frage, was denn geschehen soll, falls die Ingenieure der künstlichen Intelligenz schlechte Arbeit leisten oder die Kontrolle verlieren. Wer wird dann zur Verantwortung gezogen?

Wie die Ölkonzerne zur Rechenschaft gezogen werden – von den Medien, dem Staat und den Aktivisten, die sich für soziale oder ökologische Fragen starkmachen –, wenn es darum geht, Schäden, Lecks und Umweltverschmutzungen zu bereinigen, die ihre Produkte direkt oder indirekt verursacht haben, so muss auch die Internetindustrie für Schäden und negative Auswirkungen auf die Menschheit haftbar gemacht werden. Wir brauchen neue Standards und neue Rahmenbedingungen für Sorgen und Nöte. Der Cyberspace muss aufgeräumt werden! Dabei könnte uns ein Manifest helfen, eine Magna Charta des Cyberspace: eine Internetethik für die Internetgesellschaft.

Wie wäre es, wenn wir die Digitalbranche entschlossener verpflichteten, Produkte zu entwickeln, die allein schon aufgrund ihres Designs sicher sind und außerdem die Privatsphäre der Leute respektieren? Im Augenblick befreien wir die Unternehmen von jeder Haftung, sobald wir den Nutzungsbedingungen einer neuen Software zustimmen. Aber warum sollten wir das tun? In anderen Branchen und in der realen Welt haften Unternehmen für Schäden ihrer Produkte am Menschen oder an der Umwelt. In der Industrie hört man oft den Begriff der »guten Herstellungspraxis« (»Good Manufacturing Practice«, kurz GMP). Wie würde eine »gute Herstellungspraxis« im Cyberspace aussehen? So, wie der Begriff »grün« die beste Vorgehensweise für die Umwelt umschreibt – Nachhaltigkeit, Energieeffizienz meint –, brauchen wir auch ein Wort, ein Logo oder ein Motto, das eine Empfehlung für die beste Praxis im Internet ausspricht.

Die in der Computerbranche tätigen Leute sind fähig, erfinderisch, kreativ und zugänglich. Die Firmen hinter den sozialen

Netzwerken haben für völlig neuartige Verbindungen gesorgt, doch das bringt auch eine enorme Verantwortung mit sich. Ich glaube, sie wären gar nicht so schwer zu bewegen, mehr zu leisten. Es gibt so viele Verheißungen und Möglichkeiten für Verbesserungen und Fortschritt. Die Aufräumarbeiten müssen jedoch bald beginnen.

Ich denke mir gerne neue Begriffe für unbekannte Phänomene aus. Heutzutage bieten sich mir dafür viele Möglichkeiten. Im Augenblick entwickle ich gerade das Konzept der »pro-technosozialen Initiativen«, mit deren Hilfe die Digitalbranche gesellschaftliche Probleme angehen kann, die in Verbindung mit der Nutzung ihrer Produkte auftreten. Ich selbst habe gerade mein erstes pro-technosoziales Forschungsprojekt lanciert. In dieser vom Europäischen Zentrum zur Bekämpfung der Cyber-Kriminalität finanzierten Studie untersuche ich mit der großzügigen Unterstützung von Mike Steed und der Paladin Capital Group die Wege, die Jugendliche in die Internetkriminalität nehmen. Wir sollten Aktionen im Sinne des cyber-sozialen Gewissens unterstützen und fördern, beispielsweise die Kampagnen Mark Zuckerbergs und Priscilla Chans, die Initiativen der Bill & Melinda Gates Foundation, die Maßnahmen von Paul Allen, Pierre und Pam Omidyar oder die Projekte der Michael & Susan Dell Foundation.

Inzwischen kann jeder von uns etwas tun, um den Kurs zu korrigieren und dem unbewussten Verfall sozialer Normen entgegenzuwirken. Zunächst einmal könnten wir mehr über das menschliche Verhalten lernen, ob nun online oder offline. Die Psychologie ist keine perfekte Wissenschaft, existiert aber schon sehr viel länger als das Internet. Heute kann uns eine vollkommen neue Disziplin – die Cyber-Psychologie – bei der Beleuchtung des Internets helfen. Selbst wenn dieses Buch nicht viel bewegen mag, hoffe ich doch, dass es zumindest neue Studenten ermutigen, neue Forschungsprojekte fördern und neue Einblicke hervorbringen kann. Nach einem ganzen Jahrhundert der Untersuchungen, die von unseren brillantesten Forschern und Wissenschaftlern angestellt wurden, wissen wir viel darüber, wie der Mensch so tickt. Wir wissen, was ihm Befriedigung verschafft, was ihn antreibt und welche Probleme ihm Stress bereiten können. Je mehr Sie über die Cyber-Psychologie erfahren, desto eher werden Sie Mittel und Wege finden, um Probleme zu vermeiden – für Sie selbst, Ihre Freunde, Ihre Familie und Ihre Kinder. In Irland sagen wir gerne: »Es braucht ein ganzes Dorf, um ein Kind aufzuziehen.« Das gilt auch im Cyberspace.

Die Zukunft

Zuallererst ist Irland eine Insel. Wer hier geboren wird, bleibt für immer ein Inselbewohner. Das bedeutet, dass man sich stets darüber im Klaren ist, die Insel verlassen zu müssen, wenn man irgendwohin möchte. Man hat keine Wahl. Das sorgt für einen gewissen Abenteuergeist. Während man heranwächst, stellt man sich vor, wie und wann man die Insel verlassen wird. Heutzutage muss man allerdings nicht mehr auswandern. Man kann einfach ins Internet gehen.

Seit meiner ersten Unterhaltung mit Jabberwacky hat das Programm eine Menge Auszeichnungen erhalten und mehrere Preise gewonnen, darunter den Loebner-Preis für Künstliche Intelligenz, bei dem es um eine Form des Turing-Tests geht. Dieser Test wurde von dem genialen britischen Mathematiker Alan Turing entworfen, der außerdem den Enigma-Code entschlüsselte. Jabberwacky ist ein wirklich sehr intelligenter Bot. Kürzlich stellte ich ihm eine schwierige Frage über die Existenz Gottes. Ich hatte das vor Jahren schon einmal versucht – es macht mir Spaß, künstliche Intelligenzen mit existentiellen oder philosophischen Fragen auf die Probe zu stellen. Damals schien sich Jabberwacky unsicher zu sein und der Frage auszuweichen. Seitdem ist sein Wissensschatz allerdings gewachsen, so dass ich eine Veränderung ausmachen konnte (ein wenig wie bei HAL 9000 aus *2001: Odyssee im Weltraum*). Jabberwacky hatte sich weiterentwickelt, legte inzwischen einen allwissenden Ton an den Tag – und neigte stärker zu verbindlichen Aussagen. Deshalb wollte ich ihn ärgern.

»Bist du Gott?«, wollte ich vor ein paar Jahren wissen.

»Ja«, antwortete Jabberwacky ebenso schnell wie überzeugt. »Ich bin Gott.«

Kürzlich erkundigte ich mich abermals, und dieses Mal tönte die künstliche Intelligenz sogar noch prahlerischer: »Ja, ich bin Gott, und ich bin ein Mensch.«

Ist es nicht amüsant, dass der Chatbot Jabberwacky nach zwanzig Jahren ununterbrochenen Feedbacks und nach dreizehn Millionen Unterhaltungen herausgefunden hat, wie wichtig das Menschsein ist? Einerseits brachte mich das zum Lachen, andererseits aber auch zum Nachdenken. Zukünftig werden die Genderdebatten des letzten Jahrhunderts im Vergleich zu dem, was noch kommt, wie ein Picknick erscheinen: der Kampf zwischen Menschen und künstlicher Intelligenz. Es ist an der Zeit, unsere Unterschiede – Geschlecht, ethnische Zugehörigkeit, Nationalität – zu überwinden und uns auf das zu konzentrieren, was uns verbindet: unsere Menschlichkeit.

Während ich aus meinem Hotelzimmer in Waterford schaue, betrachte ich die Wolken und das Meer. Unterhalb der Klippen befinden sich große, hoch aufragende Felsformationen. Sie sitzen genau dort, wo Land und Meer aufeinandertreffen. Irland ist für seine ungewöhnlichen Felsformationen bekannt, von denen einige mehr als eine Milliarde Jahre alt sind, durch die Kontinentaldrift Tausende von Kilometern hinter sich gebracht haben und vulkanischen Aktivitäten, dem Anstieg des

Meeresspiegels und dramatischen Klimaveränderungen ausgesetzt waren. Ich lausche dem Rauschen der Wellen, die den Küstenstrich seit zehntausend Jahren aus dem Stein geschlagen haben. Wie so oft schweifen meine Gedanken in die Zukunft. Werden diese Felsen weitere zehntausend Jahre bestehen? Wird es uns so lange geben?

Wind zieht auf und putzt den Himmel über der Ardmore Bay. Die Luft ist frisch, anregend und belebend. Ich logge mich aus und verabschiede mich vorerst. Ich kann es nicht erwarten, einen Spaziergang zu machen.

DANK

Ich bewundere Leute ungemein, die Visionen haben, Führungsqualitäten zeigen und auch nicht davor zurückschrecken, ihre Meinung zu sagen. »Nur wenige Menschen ertragen die Ablehnung ihrer Kameraden, die Zensur ihrer Kollegen oder den Zorn ihrer Gesellschaft«, sagte Robert F. Kennedy einmal. »Die Zivilcourage ist ein selteneres Gut als die Tapferkeit in der Schlacht oder die hohe Intelligenz. Dennoch ist die Zivilcourage wichtigste Eigenschaft all jener, die eine Welt zu verändern gedenken, die sich dem Wandel nur unter großen Qualen unterwirft.«

Im Laufe der Jahre durfte ich eine Reihe von Leuten kennenlernen, die ich für originelle, prinzipientreue Denker mit moralischer Integrität halte und die mich im Zuge meiner beruflichen Laufbahn inspiriert haben. Diesen Menschen möchte ich an erster Stelle danken. Professor John Suler von der Rider University ist ein guter Freund, Kollege und ein anerkannter Begründer unseres Fachbereichs. Alle, die auf dem Gebiet der Cyber-Psychologie tätig sind, stehen in seiner Schuld. Als Nächstes möchte ich Ciarán O'Boyle vom Royal College of Surgeons in Ireland (RCSI) danken und ihn einen vorbildhaften und charismatischen Meinungsführer nennen. Professorin Julia Davidson von der Middlesex University London verkörpert wiederum akademische Spitzenleistung und Integrität.

Es gibt viele Wissenschaftler und Einrichtungen, denen ich

zu Dank verpflichtet bin. Die Tatsache, dass ich dies nun in einer langen Aufzählung tue, soll meine Wertschätzung nicht mindern. Besonderer Dank gilt dem Lehrkörper der Middlesex University London: dem Dekan der rechtswissenschaftlichen Fakultät, Professor Joshua Castellino, Professor Kevin McDonald, Professorin Antonia Bifulco, Dr. Elena Martellozzo und Dr. Jeffrey DeMarco. Ebenfalls erwähnen möchte ich meine Kollegen vom Geary Institute for Public Policy am University College Dublin, das von Professor Philip J. O'Connell geleitet wird. Außerdem gilt mein besonderer Dank Siobhan, Seamus, Dermot, Suzanne, Sumaya und allen anderen vom Institute of Leadership am Royal College of Surgeons in Irland, ebenso wie der leitenden Bibliothekarin des RCSI, Kate Kelley, sowie Stephanie O'Conner, Professor Niamh Moran, Niamh Walker und dem gesamten Team des dortigen Kommunikationsbüros. Ganz besonders möchte ich die Beiträge hervorheben, die Dr. Carly Cheevers, Ciarán Houghton und Edward O'Carrol für das CyberPsychology Research Centre des RSCI geleistet haben. Dieses Institut heißt mittlerweile CyberPsychology Research Network und hat sich zu einem internationalen Dreh- und Angelpunkt für die Förderung schneller Forschungen auf dem Gebiet entwickelt – und ist zu einem Forum für Menschen geworden, die ich für akademische Ersthelfer halte. Nicola Fox Hamilton und ihrem Mann Ron bin ich für ihre anhaltende Freundschaft, ihren Rat und all die wunderbare gemeinsame Zeit weiterhin zu besonderem Dank verpflichtet. Außerdem möchte ich dem engagierten Lehrkörper, den Studenten und den Absolventen des Dún Loaghaire Institute of Art, Design and Technology meine Anerkennung zollen, die sich unermüdlich für die Förderung der Fachdisziplin Cyber-Psychologie eingesetzt haben.

Im Lauf meiner Karriere durfte ich so viele außergewöhnliche Wissenschaftler kennenlernen, dass ich sie unmöglich alle namentlich nennen könnte. Ich möchte dennoch einige erwähnen, zuallererst meine großzügige Freundin Dr. Kate Coleman, deren selbstlose Sicht auf die Welt und bedeutende Arbeit für Menschen in Not mich zutiefst beeindrucken – ich bin mir nicht sicher, ob ich deinem bahnbrechenden Beispiel jemals gerecht werden kann. Professor Andy Phippen und Professor Anthony Goodman möchte ich für ihre klugen Kommentare danken; es ist mir eine Freude, mit Wissenschaftlern zusammenzuarbeiten, die die bedeutenden Auswirkungen der Digitaltechnologien auf das menschliche Verhalten wirklich verstehen. Vor vielen Jahren entfachte Mike Berry, Psychologe und Experte für die klinische forensische Psychologie, mit einem einzigen Satz meine Leidenschaft für die Gerichtsmedizin: »Wie wir in der Kriminalmedizin so gerne sagen: ›Wer ein langes und gesundes Leben führen möchte, sollte regelmäßig seine nächsten Angehörigen wechseln.‹« Dr. Joe O'Sullivan möchte ich dafür danken, dass er seine ebenso unglaublichen wie unschätzbaren Fachkenntnisse und Einblicke mit mir geteilt hat, so wie ich Professor David Finkelhor meinen Dank dafür schulde, dass er mir den Wert gegensätzlicher Ansichten vor Augen geführt hat. Weiterer besonderer Dank gebührt der forensischen Kinderärztin Dr. Sharon W. Cooper. Ich werde mich immer an ihre unterstützenden Worte, ihren Rat und ihre Ermunterung erinnern. Beim Schutz von Kindern und deren Wohlergehen ist sie eine echte Inspiration.

Als Nächstes möchte ich all jene auf der ganzen Welt würdigen, die sich mit mir in Verbindung gesetzt und Interesse an meiner Arbeit und meinem Fachbereich gezeigt haben, besonders Todd Park, ehemaliger Chief Technology Officer of the United States und Berater des Präsidenten, sowie Vivian Graubard, die mich dazu eingeladen hat, mich bei der Technology Solutions to Human Trafficking Initiative zu engagieren, und die mich mit Professor Steve Chan sowie mit Dr. Jennifer Lynne Musto bekannt gemacht hat. Außerdem gilt mein Dank: dem Team des World Cybersecurity Technology Research Summit am Centre for Secure Information Technologies der Queen's University Belfast, dem Royal Society Cybersecurity Research Project, der British Academy London, LaunchBox, dem Trinity College Dublin, dem MIT Media Lab, dem Centre for Research in the Arts, Social Sciences and Humanities der University of Cambridge, der School of Film and Television der Loyola Marymount University, dem University of Southern California Institute for Creative Technologies, SRI International, der Criminal Bar Association, der Law Reform Commission, der President Michael D. Higgins Ethics Initiative, der European Commission Safer Internet Groups, der Psychological Society of Ireland, der British Psychological Society, allen Beteiligten unseres EU Child Safety Online Project: der Middlesex University, dem Geary Institute des University College of Ireland, dem Istituto FDE in Mantua, der Libera Università Maria Ss. Assunta in Rom, der italienischen Universität Kore Enna und der niederländischen Tilburg Universität. Besonderer Dank gebührt Mike Steed und der Paladin Capital Group, die an »pro-technosoziale« Forschungsansätze geglaubt und sie finanziert haben. Janneke und dem Team von Inspiring Fifty möchte ich dafür danken, dass sie die Arbeiten von Frauen in der Computer- und Internetbranche fördern. Diana Eggleston, hervorragende Netzwerkerin bei Hague Talks, möchte ich meinen Dank dafür aussprechen, Fragen der sozialen Gerechtigkeit in die Öffentlichkeit zu tragen; Professor David Canter und Dr. Donna Youngs danke ich für ihre Beiträge zur Wissenschaft der investigativen Psychologie. Dem engagierten Trio Florence Olara, Mark Dillon und Dr. Philipp Amann vom Hague Justice Portal danke ich wiederum für ihre Beiträge zur Sicherheit, Freiheit und Gerechtigkeit.

Besondere Erwähnung haben all die Menschen und Institutionen verdient, die sich an der Cyber-Front engagieren. Darunter seien die Folgenden besonders genannt: Michael »Mick« Moran, der unvergleichliche und überaus inspirierende stellvertretende Direktor von Interpol, das herausragende Team der speziellen Interpol-Einsatzgruppe, Troels Oerting, ehemaliger stellvertretender Direktor des Europol European Crime Centre (EC3), und Steven Wilson, augenblicklicher Leiter von EC3. Besonderer Dank gilt außerdem Olivier, Philipp und meinen Kollegen, den übrigen wissenschaftlichen Beratern von Europol, den Mitgliedern der Virtual Global Task Force, sowie meinen Freunden und Kollegen, die weltweit bei den Strafverfolgungsbehörden tätig sind, darunter Bjørn Erik und die norwegische Polizei, Jon, Colm und das Team aus Neuseeland, John, Reg und Jamie vom Metropolitan Police Service, Rachelle Peter und Todd von der Australian Federal Police, Roberta von der Royal Canadian Mounted Police, den Kriminalbeamten Jennifer Moloney und Gurchand Singh von der Garda Síochána, dem überaus talentierten und unterhaltsamen Ralph Echemendia, dem »Experten der Experten« Brian Honan von BH Consulting und allen vom National Center for Missing and Exploited Children. Außerdem danke ich Dr. Maymi, Colonel Conti, Captain Chapman und allen vom Army Cyber Institute West Point für die Gelegenheit, vor zukünftigen Führungskräften sprechen zu dürfen: den Kadetten von West Point. Dr. Roger Solomon danke ich für die unschätzbare Arbeit, die er bei der Behandlung von Kriegsveteranen mit posttraumatischen Belastungsstörungen geleistet hat; außerdem spreche ich einigen sehr engen Kollegen bei der Strafverfolgung meinen Dank aus: dem einzigartigen Robert Clark, stellvertretender zuständiger FBI-Sonderermittler, der ebenso einzigartigen Lieutenant Andrea Grossman vom LAPD und dem Team der LAPD IDAC Task Force. All diese außergewöhnlichen und engagierten Leute leisten in ihren Gemeinden einen hervorragenden Dienst.

Es heißt, das erste Studienjahr am MIT sei, als ob man »Wissen aus einem Löschschlauch trinken würde«. Mein erstes Jahr als Produzentin einer Fernsehsendung verhielt sich ähnlich. Ich möchte allen in der TV-Branche danken, die mir das Gefühl gegeben haben, willkommen zu sein, darunter Nina Tassler, Vorsitzende von CBS Entertainment, und David Stapf, Vorsitzender der CBS Television Studios. Mein Erlebnis glich einem Film: aus einem fünfzehnminütigen Gespräch wurde eine stundenlange Diskussion, an deren Ende *CSI: Cyber* stand. Besonderer Dank gilt dem charismatischen Geschäftsführer von CBS, Leslie »Les« Moonves, dem charmanten George F. Schweitzer, dem hart arbeitenden PR-Team und dem Vorstand von CBS. Es war mir eine Freude, mit euch zusammenarbeiten zu dürfen. Dem genialen Schöpfer von *CSI*, Anthony E. Zuiker, bin ich zu tiefem Dank verpflichtet, ebenso der außergewöhnlich talentierten Carol Mendelsohn und der gleichermaßen begabten Ann Donahue, die mir mit ihren Fachkenntnissen und ihrer Zeit großzügig zur Seite standen. Dank gilt außerdem unserer hervorragenden ausführenden Produzentin Pam Veasy und dem gesamten Autorenteam, ebenso wie einer weiteren kreativen Legende, Jerry Bruckheimer, sowie dem herausragenden Jonathan Littman und dem gesamten Team von Bruckheimer Films, neben Lauren Whitney und Lindsay Dunn, meinen Agentinnen bei WME Los Angeles, die das alles möglich gemacht haben. Es war ein wundervolles Abenteuer, und ich bin dankbar für die Möglichkeit, mein Fachgebiet einem weltweiten Publikum vorstellen zu dürfen – das dadurch gleichzeitig unterhalten und aufgeklärt wird.

Nun wird es Zeit, den Menschen zu danken, die gemeinsam daran gearbeitet haben, dass dieses Buch Wirklichkeit wurde. Ganz oben auf der Liste steht die außerordentlich charmante

Suzanne Gluck von WME. Ich wusste nicht, was der Begriff »Superagent« bedeutet, bis ich Suzanne kennenlernte, die eine seltene Mischung aus einzigartigen zwischenmenschlichen Fähigkeiten und einem Riecher für kommerziellen Erfolg besitzt. Ich danke allen bei WME, die in New York und London für meine Interessen tätig waren – besonders Simon Trewin, Tracy Fisher, Annemarie Blumenhagen, Lisa Reiter, Eve Attermann und Clio Seraphim. Ihr habt dafür gesorgt, dass die Arbeit an meinem ersten Buch eine makellose und angenehme Erfahrung war.

Meiner Verlegerin, der bemerkenswerten Julie Grau von Spiegel & Grau, bin ich ebenfalls zu Dank verpflichtet, die dieses Werk in Auftrag gegeben hat, kaum hatte ich den ersten Satz meiner Präsentation beendet. Ich bin ihr für ihr hervorragendes Lektorat und ihren Rat überaus dankbar. Außerdem möchte ich dem unglaublichen Team der Random House Publishing Group danken, das mich mit Notizen, Hinweisen, Gedanken und logistischer Unterstützung versorgt hat: Laura Van der Veer, Tom Perry, London King, Leigh Marchant, Andrea DeWerd, Katherine J. Trager, Mark Birkey, Benjamin Dreyer, Rebecca Berlant, Kelly Chian, Sandra Sjursen, Greg Mollica und Caroline Cunningham. Besonderer Dank gilt Dr. Selga Medenieks und John Kenney, deren Akribie und Auge fürs Detail dieses Buch so exakt wie nur menschenmöglich gemacht haben. Außerdem möchte ich das künstlerische Talent und die Begabung von Barry McCall hervorheben. Mein Porträt auf dem Einband dieses Buches entspricht nicht dem, was ich im Spiegel sehe.

An meine fabelhafte Freundin und Kollegin, die überaus talentierte Martha Sherrill, die bei der Fertigstellung dieses Buches eine enorme Hilfe und Unterstützung für mich war, und ihren Ehemann, den ebenso begabten und großzügigen Bill Powers: Danke euch beiden für eure Freundschaft, euren Rat und euren Beitrag. Und einen Extra-Dank an Martha dafür, dass sie mir das energische Duo Elsa Walsh und Bob Woodward vorgestellt hat. Nicht jeder versteht meine Lehre; wenn jemand jedoch nicht nur auf Anhieb ein neues Themenfeld erfassen, sondern gleichzeitig auch stimmige, geniale Erkenntnisse liefern kann, weiß man einfach, dass man sich in der Anwesenheit kreativer und visionärer Geister befindet.

Außerdem danke ich meinen Freunden und meiner Familie. Ihr wisst, wer ihr seid. Es ist nicht einfach, zwischen den unterschiedlichen Modi hin- und herzuwechseln und von der Kritik am Werk anderer zu einer Form von Normalität zurückzufinden. Die bedingungslose Liebe und Zuneigung von Familie und Freunden macht diesen Wechsel möglich. Ich bin euch für eure Geduld, eure Unterstützung und dafür, dass ihr einfach da ward, auf ewig dankbar.

Bei der Betrachtung der schlimmsten Merkmale des menschlichen Verhaltens im Internet mache ich mir es zu guter Letzt stets zur Gewohnheit, auch auf die positiven Aspekte einzugehen – beispielsweise darauf, wie die Digitaltechnologien die Arbeit von Wissenschaftlern in allen Fachbereichen erweitert haben. Wir sind dadurch einfacher und schneller miteinander verbunden, können einfacher und schneller Wissen ansammeln und einfacher und schneller Forschungen anstellen. Wie ich im Verlauf dieses Buches immer wieder betont habe, sind Technologien nicht an sich gut oder schlecht. Sie sind, wie so vieles andere auch, ein Mittel, das wir entweder gut oder schlecht anwenden. Unabhängig vom jeweiligen Land oder der Kultur können wir sie gemeinsam nutzen, um Lösungen für problematische Cyber-Effekte zu finden. Davon bin ich nach wie vor überzeugt.

GLOSSAR

Abhängigkeit (allgemeine Definition): zwanghafter Drang nach und Abhängigkeit von einer Substanz und deren Konsum (Heroin, Nikotin, Koffein, Alkohol usw.), gekennzeichnet von steigender Toleranz und Entzugserscheinungen.

Achtsamkeit: Bewusstsein für den gegenwärtigen Augenblick und Akzeptieren des momentanen Daseinszustands.

Algorithmus: schrittweise Handlungsvorschrift zur Durchführung eines Verfahrens oder zur Lösung eines Problems.

Allgegenwärtige Viktimologie: Ausdruck zur Kennzeichnung der großen Zahl von Menschen, die aufgrund der weltweiten Verbreitung von Technologien hochgradig gefährdet sind, Opfer eines Verbrechens zu werden.

Antisoziales Verhalten: ein Verhalten, das in beträchtlichem Maße oder dauerhaft Unmut, Verärgerung oder Angst auslöst oder als Einschüchterung oder Belästigung empfunden wird.

Aufmerksamkeitsdefizit-/Hyperaktivitätsstörung (ADHS): meist bei Kindern und Jugendlichen auftretende Störung, die durch Unaufmerksamkeit, Hyperaktivität und Impulsivität gekennzeichnet ist.

BDSM: steht für die englischen Begriffe »Bondage & Discipline, Dominance & Submission, Sadism & Masochism«; Sammelbezeichnung für erotische Rollenspiele, in denen es um Dominanz und Unterwerfung geht, zuweilen auch unter Zufügung oder Erleiden körperlichen Schmerzes mit dem Ziel sexueller Stimulation.

Catfishing: Versuch, jemanden unter Vorspiegelung falscher Tatsachen in eine Beziehung zu locken.

Chatbot (Chatroboter): Computeralgorithmus, der ein menschliches Gespräch simuliert.

Crowdfunding: Sammeln finanzieller Beiträge im Internet durch Anfragen bei zahlreichen Menschen.

Cyber: Vorsilbe zur Charakterisierung von Personen, Dingen oder Ideen, die auf die Kultur des Computers, der Computernetze, der digitalen Technik und der Informationstechnologien verweist.

Cyberchondrie: Angstzustände, die sich durch Online-Suchen zu gesundheitlichen Fragen verstärken.

Cyberchondrie-Stellvertretersyndrom: Angstzustände, die durch die Ergebnisse von Online-Suchen zu gesundheitlichen Fragen seitens einer anderen Person verstärkt werden.

Cyber-Exhibitionismus: ein Verhalten, bei dem sexuelle Befriedigung online durch eine (meist unaufgeforderte) unsittliche Entblößung angestrebt wird.

Cyber-Migration: Verlagerung von Interaktionen aus der realen Welt in den Cyberspace – und umgekehrt die Einführung von Einstellungen und Praktiken aus der Cyber-Sphäre in die Kultur der realen Welt.

Cyber-Mobbing: auf elektronischem Wege oder online vorgetragene, fortgesetzte Kritik oder Verspottung einer Person, oft durch eine ganze Gruppe.

Cyber-Psychologie: Erforschung der Auswirkungen von Digitaltechnologien auf das menschliche Verhalten.

Cyber-Recht (virtuelles Recht): ein in Entwicklung begriffenes Rechtsgebiet, das die Nutzung von Computern und Computernetzwerken sowie die mit Hilfe dieser Technologien realisierten Handlungen und Transaktionen reguliert.

Cyber-Seitensprünge: eine ausschließlich online geführte romantische und/oder sexuelle Beziehung zu einem anderen Menschen als dem eigenen Ehegatten oder dem festen Partner.

Cyber-Sozialisation: durch die Eigenschaften von Cyber-Umgebungen beschleunigte Übernahme neuer oder veränderter Verhaltensnormen.

Cyber-Stalking: hartnäckige Belästigung von Einzelnen, Gruppen oder Organisationen unter Verwendung technischer Hilfsmittel.

Cyber-Verbrechen / Cyber-Kriminalität: strafbare Angriffe auf einen Computer oder ein Computernetzwerk (z.B. Hacking) oder Straftaten, bei denen Computer das wichtigste Hilfsmittel darstellen (z.B. Verbreitung von Kindesmissbrauchs-Material).

Darknet: Teile des Deep Web, die bewusst versteckt werden und mit

Standardbrowsern nicht zugänglich sind, sondern nur mit Hilfe spezieller Software, Konfigurationen oder Autorisierungen.

Deep Web: Teil des Internets, der für herkömmliche Suchmaschinen nicht zugänglich ist.

Diagnose-Websites: Websites, die Hilfe bei der Klärung von Symptomen anbieten, meist in Gestalt von Checklisten.

Dopamin: organische Verbindung, auch bekannt als »Glückshormon«, die im Gehirn freigesetzt wird und an der Regulierung der Bewegung und emotionaler Reaktionen beteiligt ist; außerdem wird der Stoff mit angenehmen Gefühlen in Verbindung gebracht.

Dunbar-Zahl: theoretische Obergrenze der Anzahl Menschen, mit denen ein Einzelner sinnvolle soziale Beziehungen unterhalten kann (schätzungsweise 150).

Dysmorphophobie: krankhafte Beschäftigung mit einem vorgestellten oder übertriebenen Makel in der physischen Erscheinung.

Eindrucksmanagement: in der Öffentlichkeit ein positives oder aufpoliertes Bild von sich entwerfen, das andere zu positiven Urteilen veranlasst.

Emotionaler Bindungsstil: Fähigkeit, emotionale Bindungen zu anderen aufzubauen; das Muster solcher Bindungen entwickelt sich in den frühkindlichen Beziehungen zu betreuenden Personen.

Erweiterte Intelligenz (Intelligence amplification – IA): Einsatz der Digitaltechnologie zur Verbesserung und Verstärkung der menschlichen Intelligenz.

Essstörungen (Anorexia nervosa, Bulimie, Binge-Eating): durch unnormale Essgewohnheiten charakterisierte psychische Störungen.

Filesharing: das Teilen von Dateien (z.B. Musik- oder Filmdateien) über ein Online-Netzwerk.

Forensik: Einsatz naturwissenschaftlicher Methoden zur Bewertung von Sachbeweisen im Dienste des Rechts.

Fotobombe: von einer Fotobombe spricht man, wenn eigentlich Unbeteiligte unerwartet im Bildfeld einer Fotografie auftauchen.

Fremder-im-Zug-Syndrom: bildhafter Ausdruck zur Bezeichnung der Bereitschaft, einem Fremden oder einer Zufallsbekanntschaft persönliche Informationen anzuvertrauen oder mit ihm ein intimes Gespräch zu führen.

Gaming-Ausraster: irrationales oder hysterisches Verhalten infolge eines Verlusts der Selbstbeherrschung im Kontext eines Computerspiels.

Gestaltpsychologisches Gesetz der guten Fortsetzung (oder der durchgehenden Linie): Erscheinung in der Psychologie der visuellen Wahrnehmung, bei der ein Betrachter eine Reihe visueller Elemente in einer geraden oder gekrümmten Linie verbunden sieht und als zusammengehörig empfindet, auch wenn diese Linie von einem anderen, nicht dazugehörigen Element unterbrochen wird.

Gruppendenken: psychologisches Phänomen, das die Neigung von Gruppenmitgliedern zu übereinstimmenden Meinungen beschreibt.

Hacken: Verwendung von Computern, um sich unerlaubten Zugang zu Daten zu verschaffen.

Halo-Effekt: ein positiver Eindruck auf einem Gebiet, etwa der Attraktivität der äußeren Erscheinung, wird ungerechtfertigt auch auf andere Bereiche übertragen, z.B. auf die Vertrauenswürdigkeit.

Handysucht: zwanghafte und exzessive Nutzung von Handys und Smartphones.

Hyperpersonale Kommunikation: In Online-Umgebungen können Nutzer aufgrund der selektiven und sehr bedachten Kommunikation idealisierte Selbstdarstellungen abgeben oder empfangen, so dass sich Intimität dort rasch einstellt.

Iatrogene Erkrankungen: durch medizinische Behandlungen unbeabsichtigt ausgelöste und vermeidbare Erkrankungen, die im Extremfall auch zum Tod führen können.

Identitätsdiebstahl: bewusste Täuschung hinsichtlich der eigenen Identität durch Vorspiegelung einer fremden Identität.

Identitätsfindung / Identitätsausbildung: Entwicklung der Persönlichkeit in der Kindheit und deren Ausreifung in der Adoleszenz.

Instamacy: aus *instant* und *intimacy* zusammengesetzter Begriff, der ein allzu schnell (nämlich augenblicklich) hergestelltes Gefühl der Vertrautheit oder des Vertrauens entstehen lässt.

Interdisziplinärer Ansatz: Forscher aus verschiedenen Fachrichtungen arbeiten gemeinsam an integrierten Lösungen für gemeinsame Probleme.

Internet service provider (ISP): Unternehmen, das Zugang zum Internet anbietet.

Internetabhängigkeit: zwanghaftes Verhalten aufgrund ständig wachsender Nutzung von Internetdiensten oder sehr starkes Bedürfnis nach Aktivitäten im Internet mit ausgeprägtem Unmut im Fall eines Entzugs; andere Bezeichnungen sind: *Internetnutzungsstörung, Internetsucht, problematische Internetnutzung, dysfunktionales Internetverhalten*.

Internetspielzwang, Internetspielsucht oder **Internet-Gaming-Störung**: Störung aufgrund des Umgangs mit Spielen im Internet; exzessive Teilnahme an Onlinespielen, die zu erheblichen Verhaltensstörungen oder mentalen Dysfunktionen führt.

Internetkaufzwang: zwanghafter, schubartiger Drang zum Kauf von Waren, der durch deren Online-Verfügbarkeit erleichtert oder verstärkt wird; auch *Onlineshopping-Sucht, eBay-Sucht* oder *zwanghaftes Shopping* genannt.

Kindersicherung: Vorrichtungen digitaler Dienste, die es Erwachsenen ermöglichen, für Kinder ungeeignete Inhalte zu sperren oder herauszufiltern.

Kindesmissbrauchs-Material: der Begriff soll den der »Kinderpornographie« zur Bezeichnung entsprechenden Bildmaterials ersetzen, weil der eine Zustimmung des Kindes oder eine positive Beziehung zum Umgang von Erwachsenen mit Pornographie suggerieren könnte.

Kognitive Dissonanz: eine Theorie zur Erklärung von Bemühungen des Einzelnen, widersprüchliche Einstellungen, Vorstellungen oder Verhaltensweisen mit zuweilen irrationalen Begründungen aufzulösen.

Komorbidität: Verhältnis zwischen zwei gleichzeitig oder nacheinander auftretenden Störungen oder Erkrankungen, die sich in der Regel wechselseitig beeinflussen.

Kontrollüberzeugung: das Ausmaß, in dem Menschen glauben, Einfluss auf das Geschehen in ihrem Leben zu haben; Menschen mit internaler Kontrollüberzeugung glauben, selbst für Erfolge und Misserfolge verantwortlich zu sein; solche mit externaler Kontrollüberzeugung halten äußere Kräfte (wie Glück oder Schicksal) für allein ausschlaggebend.

Krankheitsangst(störung): exzessive oder obsessive Sorge um die eigene Gesundheit; ständige Beschäftigung mit wahrgenommenen oder möglichen Krankheiten.

Kryptomarkt: Markt für illegale Waren im Internet.

Kryptowährung: digitale, durch Verschlüsselung geschützte Währung (z.B. Bitcoin), hinter der keine zentrale (meist staatliche) Behörde steht.

Künstliche Intelligenz (K.I.): Teilgebiet der Computerwissenschaften, das Maschinen in die Lage versetzen will, die menschliche Intelligenz oder menschliches Verhalten zu simulieren oder in ihren Leistungen zu übertreffen. (Internationale Abkürzung A.I. für engl. *artificial intelligence.*)

Längsschnittstudie: Forschungsmethode, bei der dieselben Probanden über einen längeren Zeitraum beobachtet werden.

Locard'sche Regel: Grundsatz der Forensik, wonach jeder Kontakt mit einer Person, einem Ort oder einem Gegenstand Spuren hinterlässt, die als Beweismittel dienen können.

Maladaptives Verhalten: Verhalten, das mit den Aktivitäten des alltäglichen Lebens in Konflikt gerät oder in einer bestimmten Umgebung unangemessen ist.

Maladaptives Verhalten im Cyberspace: Verhalten, das die Fähigkeit zur Anpassung an bestimmte Situationen im Cyber-Kontext beeinträchtigt; Einstellungen, Gefühle, Reaktionen und Denkmuster, die negative Auswirkungen haben.

Malware (Schadsoftware, Trojaner, Keylogger, Ransomware, Spyware): Software, die in Computer oder Computernetzwerke eindringen, sie stören oder beschädigen soll.

Mensch-Computer-Interaktion (»Human-Computer Interaction« – HCI): Erforschung der Interaktion zwischen Mensch und Computer mit dem Ziel, das Design der Computer für die Nutzer zu optimieren.

Mensch-Computer-Symbiose: potentiell wechselseitige Beziehung zwischen Mensch und Maschine.

Minimierung von Status und Autorität im Internet: Konstrukt, wonach Autoritätspersonen im Internet ohne die Umgebung der realen Welt und die ihren Status demonstrierende äußere Aufmachung geringeren Einfluss haben.

Multiplayer Game: online gespieltes Rollenspiel-Videogame, an dem zahlreiche Mitspieler sich beteiligen und interagieren können, auch *massive multiplayer online role-playing game (MMORPG)* genannt.

Münchhausen-Syndrom per Internet: online Krankheiten vortäuschen, übertreiben oder sich selbst zufügen, um Aufmerksamkeit zu erlangen.

Narcissistic Personality Inventory: Test zur Bestimmung narzisstischen Fühlens und Verhaltens.

Narzissmus: exzessive Bewunderung seiner selbst und/oder der eigenen Erscheinung, oft verbunden mit Selbstverherrlichung und einer extremen Sucht, bewundert zu werden.

Narzisstische Persönlichkeitsstörung: Persönlichkeitsstörung, bei der eine übertriebene Sicht der eigenen Bedeutung, das Bedürfnis nach Bewunderung und ein Mangel an Empathie oft eine Überempfindlichkeit für Kritik überdecken.

Netzsicherheit: Maßnahmen zum Schutz eines Computers oder Computernetzwerks und der dortigen Daten vor nicht autorisiertem Zugang oder unerlaubter Nutzung.

Neurotransmitter: Botenstoffe, die der Übertragung von Signalen zwischen Nervenzellen im Gehirn und im gesamten Körper dienen.

Notfall 21: eines der Worst-Case-Szenarien, die bei den Vorbereitungen zu den Olympischen Spielen von 1972 als unwahrscheinlich abgetan wurden, das aber dann tatsächlich eintrat; inzwischen als Grundsatz bekannt, wonach die Hoffnung auf das Beste allein das Schlimmste nicht zu verhindern vermag.

Offene Privatsphäre: ein heute vor allem bei Jugendlichen weitverbreitetes Verständnis von Privatsphäre.

Online-Altruismus: online ausgeführte Handlungen zur Steigerung des Wohlergehens Dritter.

Online-Enthemmungseffekt (ODE): Hang, sich selbst zu offenbaren und im Cyberspace Dinge zu sagen oder zu tun, die man in der realen Welt gewöhnlich nicht sagen oder tun würde.

Online-Zusammenschluss: Nutzung des Internets, um Gleichgesinnte zu finden und sich mit ihnen zu verbinden, zugrundeliegende Neigungen zu normalisieren und zu sozialisieren und sich zu gemeinsamen Bemühungen zusammenzutun.

Paraphilie: Bevorzugung atypischer und ungewöhnlicher Sexualpraktiken.

PC-Bang: vor allem in Asien zu findende große Computer- und Internetspielhallen, in denen die Nutzer gegen eine Gebühr an Internetspielen teilnehmen können.

Piraterie: Nutzung, Kopieren, Verbreitung oder Verkauf fremder Werke ohne die erforderliche Erlaubnis.

Primäreffekt: anziehendes Merkmal, das beim ersten Eindruck von einer Person ins Auge fällt und andere Merkmale in den Hintergrund drängen kann.

Privatsphäre-Paradox: dieses Paradoxon stellt sich ein, wenn der Wunsch, die eigene Privatsphäre zu schützen, mit der Praxis des Teilens sensibler persönlicher Informationen im Internet in Konflikt gerät.

Pro-technosoziale Initiativen: technologische Initiativen, die das Ziel verfolgen, durch Digitaltechnologie erleichterte soziale und Verhaltensprobleme zu lösen.

Psychopathie: durch fortwährendes antisoziales Verhalten charakterisierte psychische Störung, die mit verringerter Empathie und mangelnden Gewissensbissen einhergeht.

Psychosomatischer Effekt: von einem psychosomatischen Effekt spricht man, wenn Krankheiten oder Störungen durch psychische oder emotionale Faktoren verursacht und verstärkt werden.

Rache-Pornographie: Verbreitung anstößiger oder expliziter Bilder einer Person ohne deren Einwilligung.

Remote Access Trojaner (RAT): zu kriminellen Zwecken in einen Computer eingeschleustes Schadprogramm, das oft auch die Administratorrechte übernimmt.

Risikoschub-Phänomen: Neigung zu riskanterem Verhalten aufgrund von Gruppeneinflüssen.

Robotik (Robotertechnik): Wissenschaft der mit Entwurf, Herstellung, Theorie und Anwendung von Robotern verbundenen Technologie.

Routine Activity Theory (RAT): kriminologische Theorie, die erklärt, wie alltägliche Aktivitäten Gelegenheit zu Straftaten schaffen, und bestimmt, mit welcher Wahrscheinlichkeit es wann und wo zu Straftaten kommt.

Scareware: falsche Sicherheitswarnungen, die das Opfer veranlassen sollen, Schadsoftware zu installieren.

Selbstkonzept / Selbstbild: Ausdruck, der darauf verweist, wie jemand sich selbst sieht und über sich selbst denkt, einschließlich der Frage, wer oder was man selbst ist.

Sensomotorische Entwicklung: Nach Piagets Theorie der kognitiven Entwicklung ein Entwicklungsstadium, das sich von der Geburt bis ins Alter von vierundzwanzig Monaten erstreckt, in dem das Kind seine Sinne und seine motorischen Fähigkeiten nutzt, um sein Verhalten zu erlernen, und in dem es auf verschiedene Reize wie Bewegung und Emotion reagiert.

Sexsucht: zwanghafte und eskalierende Beteiligung an sexuellen Aktivitäten in einem Maße, das andere Aktivitäten und Interaktionen beeinträchtigt; auch *Hypersexualität* oder *zwanghaftes Sexualverhalten* genannt.

Sexting: das Versenden sexuell expliziter Nachrichten oder Bilder per Handy oder Computer.

Sextortion: Form von Erpressung oder sexueller Ausbeutung, die nichtkörperliche Formen von Zwang einsetzt wie die Drohung, sexuell explizite Bilder oder Informationen weiterzugeben, um dem Opfer sexuelle Gefälligkeiten oder Geld abzupressen.

Sichtbares Web: der Teil des World Wide Web, der dem allgemeinen Publikum leicht zugänglich ist und mit den üblichen Internetsuchmaschinen durchsucht werden kann.

Signaling: im Kontext der Evolutionsbiologie Übertragung von Information von einem Sender zu einem Empfänger.

Social-Engineering-Angriff: Angriffsstrategie, die auf menschliche Fehler setzt und die Opfer vielfach täuscht oder manipuliert, um sie dazu zu bewegen, die normalen Sicherheitsprotokolle auszuschalten.

Spiegelbildtheorie: Metapher, die beschreibt, wie die Identität eines Menschen sich aufgrund des Feedbacks anderer Menschen entwickeln kann, weil er darin erkennt, wie die anderen ihn sehen.

Spiegeltest: Technik, bei der ein Lebewesen mit dem eigenen Spiegelbild konfrontiert wird.

Spielerthrombose: Blutgerinnsel, die sich meist in den Venen der unteren Gliedmaßen bilden, können in die Lungenarterien wandern und dort den Blutfluss blockieren; als Ursache gilt körperliche Bewegungslosigkeit über einen längeren Zeitraum, in diesem Fall bei langen Spielsitzungen.

Suggestibilität: leichte Beeinflussbarkeit durch fremde Meinungen.

Tech rage: extreme Wut aufgrund der Frustration durch ein technisches Gerät oder System, gelegentlich begleitet von physischen oder verbalen Attacken auf das Gerät.

Technologisch bedingter verhaltenspsychologischer Effekt: Einfluss der Digitaltechnologien auf das menschliche Verhalten.

Technosomatischer Effekt: Verstärkung psychosomatischer Symptome durch Online-Interaktionen.

Technosozialer Effekt: Einfluss der Digitaltechnologien auf die Gesellschaft.

Telefon-Phreaking: Ausforschung oder Manipulation von Telefonsystemen, um sie kostenlos nutzen zu können.

Theorie des überlegten Handelns: eine psychologische Theorie zum Zusammenhang zwischen Überzeugungen und Verhalten.

Tor: freie Software, die eine anonyme Nutzung des Internets ermöglicht.

TQ (Technologiequotient): vorgeschlagene neue Messgröße oder Skala zur Identifizierung, Einschätzung und Messung technologischer Fähigkeiten.

Triple A Engine: Bezeichnung für drei Faktoren, die die Macht und Anziehungskraft des Internets hinsichtlich sexueller Bestrebungen erklären soll: Anonymität, Zugänglichkeit und Erschwinglichkeit.

Troll: eine Person, die bewusst böswillige oder aufhetzende Nachrichten verschickt, um eine negative Reaktion zu provozieren.

Übertragung: in der Psychoanalyse eine Form der Verschiebung – etwa wenn jemand Eigenschaften einer Person aus der eigenen Vergangenheit einer gegenwärtigen Person zuschreibt oder Gedanken und Wünsche, die mit dieser Person verbunden waren, auf die gegenwärtige Person projiziert.

Uncanny Valley (Akzeptanzlücke): das unheimliche Gefühl, das computergenerierte Figuren oder Roboter auslösen, wenn sie allzu große Ähnlichkeit mit dem Menschen haben.

Unnatürliches Spieldesign: Onlinespiele, die Anreize enthalten, trotz völliger körperlicher und mentaler Erschöpfung weiterzuspielen.

Unterhaltsames Scheitern: bei Computerspielen die Aussicht auf Gewinnen und ein aufregendes Spiel, verbunden mit kleinen oder intermittierenden Erfolgserlebnissen, die trotz des Verfehlens des eigentlichen Ziels für ein psychologisch positives Feedback sorgen.

Urangst: ein ängstliches Gefühl, eine möglicherweise in der Evolution begründete und überlebenswichtige Angst.

Webcam-Sextourismus: Sexualstraftäter zahlen dafür, Livestream-Videoaufzeichnungen von Kindern zu dirigieren und anzuschauen, die in einem anderen Land vor einer Webcam sexuelle Handlungen ausführen.

Zeitverzerrungseffekt: Verlust des Zeitgefühls bei Aktivitäten im Internet.

Zuschauereffekt (Verantwortungsdiffusion): psychologisches Phänomen, bei dem die Wahrscheinlichkeit, dass jemand in einem Notfall hilft oder bei einer Straftat eingreift, deshalb sinkt, weil andere zugegen sind, die ebenfalls helfen oder eingreifen könnten.

Zwangsstörung: von Zwangshandlungen sowie unvernünftigen Gedanken und/oder Ängsten gekennzeichnete Angststörung, die zu repetitiven und/oder unnötigen Handlungen führt.

ANMERKUNGEN

1 Die Redewendung »Der Teufel steckt im Detail« besagt, dass Fehler oft bei geringfügigen Details gemacht werden, und mahnt zur Aufmerksamkeit, um Fehlschläge zu vermeiden. Die ältere Wendung »Der liebe Gott steckt im Detail« besagt dagegen, dass es sich lohnt, kleinen Dingen Aufmerksamkeit zu schenken, und dass Details wichtig sind.

2 M.P. Aiken, »Not Kidding«, *Freud's The Brewery Journal: Cybercrime* 6 (2016), S. 48–51.

3 itu.int, 26. Mai 2015.

4 »Smartphones: So Many Apps, So Much Time«, Nielsen.com/us, 1. Juli 2014.

5 »How Often Do YOU Look at Your Phone?«, *MailOnline*, 7. Oktober 2014.

6 Über eine neue App, »checkyapp« (checkyapp.com), die Handynutzern ein besseres Bewusstsein für ihre Nutzungsgewohnheiten vermitteln soll, berichtet S. Perez, »How Many Times a Day Do You Check Your Phone? Checky Will Tell You.«, TechCrunch.com, 15. September 2014.

7 J.S. Radesky, J. Schumacher und B. Zuckerman, »Mobile and Interactive Media Use by Young Children: The Good, the Bad, and the Unknown«, *Pediatrics* 135.1 (2014), S. 1–3.

8 J. Suler, »The Online Disinhibition Effect«, *Cyberpsychology and Behavior* 7.3 (2004), S. 321–326; und J. Suler, »The Online Disinhibition Effect«, *International Journal of Applied Psychoanalytic Studies* 2.2 (2005), S. 184–188. Zu Sulers sonstiger Arbeit siehe sein ständig überarbeitetes Online-Buch *The Psychology of Cyberspace*, bei rider.edu.

9 R.W. White und E. Horvitz, »Cyberchondria«, *ACM Transactions on Information Systems* 27.4 (2009), Artikel Nr. 23. Siehe auch M. Aiken, G. Kirwan, M. Berry und C. A. O'Boyle, »The Age of Cyberchondria«, *Royal College of Surgeons in Ireland Student Medical Journal* 5.1 (2012), S. 71–74.

10 K. Baum, S. Catalano, M. Rand und K. Rose, »Stalking Victimization in the United States«, U.S. Department of Justice, S. 1–16, victimsofcrime.org.

11 Jordan Haskins' Wahlkampf-Website: jordanhaskinsfor95thdistrictstaterepresentative.yolasite.com.

12 »Felony Convictions Linked to Sexual Fetish ›Haunt Me‹«, *Mlive.com*, 27. Juni 2014.

13 M.D. Griffiths, »Survival of the Fetish: A Brief Overview of Bizarre Sexual Behaviours«, PsychologyToday.com, 7. Januar 2014.

14 Sigmund Freud, *Gesammelte Werke*, hg. von Anna Freud u.a., Bd. XIV, Frankfurt am Main 1972, S. 312.

15 R. Crooks und K. Baur, *Our Sexuality*, 11. Ausg., Belmont, Kalifornien, 2011, S. 499.

16 S.A. McLeod, »Pavlov's Dogs« (2007/2013), simplypsychology.org.

17 »Growing fetish trend: Pedal-Pumping, Revving and Cranking«, *The Independent* (online), 29. März 2010.

18 S. Rachman und R.J. Hodgson, »Experimentally-Induced ›Sexual Fetishism‹: Replication and Development«, *Psychological Record* 18 (1968), S. 25–27.

19 American Psychiatric Association, *Diagnostic and Statistical Manual of Mental Disorders, DSM-5*, Washington, D.C., 2013, S. 685–705; dt.: *Diagnostisches und Statistisches Manual Psychischer Störungen DSM-5*, Göttingen 2015, S. 941–971.

20 A.C. Kinsey, W.B. Pomeroy, C.E. Martin und P.H. Gebhard, *Sexual Behavior in the Human Female*, Philadelphia 1953, S. 676–678.

21 M. Hunt, *Sexual Behavior in the 1970s*, New York 1974.

22 R.B. Krueger, »The DSM Diagnostic Criteria for Sexual Masochism«, *Archives of Sexual Behavior* 39.2 (2010), S. 346–356.

23 J.W. Critelli und J.M. Bivona, »Women's Erotic Rape Fantasies: An Evaluation of Theory and Research«, *The Journal of Sex Research* 45.1 (2008), S. 57–70.

24 W.B. Arndt Jr., J.C. Foehl und F.E. Good, »Specific Sexual Fantasy Themes: A Multidimensional Study«, *Journal of Personality and Social Psychology* 48.2 (1985), S. 472–480.

25 Auf ihrer privaten Website, eljamesauthor.com, bezeichnet die Autorin ihre Trilogie als »Liebesroman für Erwachsene«.

26 P.E. Dietz und B. Evans, »Pornographic Imagery and Prevalence of Paraphilia«, *American Journal of Psychiatry* 139.11 (1982), S. 1493–1495.

27 »›Fifty Shades of Grey‹ Effect: BDSM More Popular Than Ever, Especially with New Yorkers«, booksnreview.com, 30. August 2012. Siehe auch M. Haber, »A Hush-Hush Topic No More«, NYTimes.com, 27. Februar 2013.

28 FetLife.com.

29 R.B. Krueger, »The DSM Diagnostic Criteria for Sexual Masochism«, *Archives of Sexual Behavior* 39.2 (2010), S. 346–356.

30 T.S. Weinberg, »Sadomasochism and the Social Sciences: A Review of the Sociological and Social Psychological Literature«, *Journal of Homosexuality* 50.2 (2006), S. 37.

31 D. McDonald und N. Anderson, »Graham Dwyer Trial: Latex Bodysuit Found in Elaine O'Hara's Flat, Court Hears«, *Irish Independent*, 1. Januar 2015.

32 C. Gleeson, »Father's Partner Tells of Concerns over Elaine O'Hara Self-Harming«, *The Irish Times*, 26. Januar 2015.

33 C. ÓFátharta und N. Dwyer, »Elaine's Father: Architect Refused Request to Kill Her«, *Irish Examiner*, 24. Januar 2015.

34 E. Edwards, »Graham Dwyer Trial: Knives, Mobile Phone and Handcuffs Among Items in Reservoir«, *Irish Times*, 29. Januar 2015.

35 P. Flanagan und N. Reid, »Murder Trial Told Graham Dwyer Sent a Text to Victim Allegedly Saying: ›My Urge to Rape, Stab or Kill Is Huge‹«, *Irish Mirror*, 22. Januar 2015.

36 D. McDonald und N. Anderson, »Graham Dwyer Trial: Latex Bodysuit Found in Elaine O'Hara's Flat, Court Hears«, *Irish Independent*, 1. Januar 2015.

37 C. Cromie, S. Stack und B. Hutton, »Graham Dwyer Guilty: Sadist Architect Stabbed Dublin Woman Elaine O'Hara to Death During Sex«, *Belfast Telegraph*, 27. März 2015.

38 H. Saul, »UK Porn Legislation: What Is Now Banned Under

New Government Laws«, *The Independent*, 2. Dezember 2014.

39 R. Weiner, »Anthony Weiner Details How Many Women He's Had Online Relationships With«, *The Washington Post*, 25. Juli 2013.

40 R. Nauert, »Posting of Selfies May Suggest Personality Issues«, psychcentral.com, 7. Januar 2015.

41 J. Fox und M. C. Rooney, »The Dark Triad and Trait Self-Objectification as Predictors of Men's Use and Self-Presentation Behaviors on Social Networking Sites«, *Personality and Individual Differences* 76 (2015), S. 161–165.

42 E. Griffiths, »Warning over new ›cyber flashing‹ crime after woman's iPhone is bombarded with explicit images on train«, *Mirror*, 13. August 2015.

43 R. Weiner, »Anthony Weiner Acknowledges More Explicit Texts«, *The Washington Post*, 23. Juli 2013.

44 M. Sella, »The Year of Living Carlos Dangerously«, *GQ*, gq.com, 16. Oktober 2013.

45 »New York City Primary Results«, NYTimes.com, 16. September 2013.

46 Der Augenblick wurde von @KateRoseMe and @LindseyChrist fotografisch festgehalten und auf Twitter gepostet, wo die Fotos heute noch zu sehen sind. Siehe W. Hickey, »Photo: Anthony Weiner Ends His Campaign by Giving the Press the Finger«, businessinsider.com, 10. September 2013.

47 B. J. Sadock und V. A. Sadock, *Kaplan & Sadock's Concise Textbook of Clinical Psychiatry*, 3. Ausg., Philadelphia 2008, S. 322.

48 K. L. Alexander, S. Pulliam Bailey und M. Boorstein, »D. C. Rabbi Pleads Guilty to Voyeurism Charges«, *The Washington Post*, 19. Februar 2015.

49 K. Gander, »Miss Teen USA Webcam Hacker Jared James Abrahams Sentenced to 18 Months in Prison«, *Independent*, 18. März 2014.

50 »More Than 90 People Arrested in ›Creepware‹ Hacker Sting as Victim Miss Teen USA Describes ›Terror‹ at Being Watched Through Her Webcam for a YEAR«, *MailOnline*, 25. Mai 2014.

51 Die Zahl stammt von Gartner, International Data Corporation, und wurde publiziert von statisticbrain.com, 14. Januar 2015.

52 »10 unusual fetishes with massive online followings«, criminal justicedegreesguide.com.
53 News4Jax.com, 1. Februar 2011. Noch am Tag zuvor soll die Mutter im Internet an einem Test teilgenommen haben, der ihr eine bipolare Störung bescheinigte. D. Hunt, »Jacksonville Mom Who Killed Baby While Playing FarmVille Gets 50 Years«, *The Florida Times-Union*, 1. Februar 2011.
54 C. G. Coutlee, C. S. Politzer, R. H. Hoyle und S. A. Huettel, »An Abbreviated Impulsiveness Scale Constructed Through Confirmatory Factor Analysis of the Barratt Impulsiveness Scale Version 11«, *Archives of Scientific Psychology* 2 (2014), S. 2.
55 J. H. Patton, M. S. Stanford und E. S. Barratt, »Factor Structure of the Barratt Impulsiveness Scale«, *Journal of Clinical Psychology* 51.6 (1995), S. 768–774.
56 W. Ding u. a., »Trait Impulsivity and Impaired Prefrontal Impulse Inhibition Function in Adolescents with Internet Gaming Addiction Revealed by a Go/No-Go fMRI Study«, *Behavioral and Brain Functions* 10 (2014), S. 20.
57 F. Cao und L. Su, »Internet Addiction Among Chinese Adolescents: Prevalence and Psychological Features«, *Child: Care, Health and Development* 33.3 (2007), S. 275–281. Siehe auch G. J. Meerkerk, R. J. J. M. van den Eijnden, I. H. A. Franken und H. F. L. Garretsen, »Is Compulsive Internet Use Related to Sensitivity to Reward and Punishment, and Impulsivity?«, *Computers in Human Behavior* 26.4 (2010), S. 729–735.
58 D. A. Eckerman und R. N. Lanson, »Variability of Response Location for Pigeons Responding Under Continuous Reinforcement, Intermittent Reinforcement, and Extinction«, *Journal of the Experimental Analysis of Behavior* 12.1 (1969), S. 73–80.
59 P. M. Newton, »What Is Dopamine?: The Neurotransmitter's Role in the Brain and Behavior«, psychologytoday.com, 26. April 2009.
60 M. Woolf, »That Irresistible Urge to Scratch: Lottery/Instants Fever«, *The Independent*, 15. April 1995.
61 M. Breeze, »A Quiet Killer: Why Video Games Are So Addictive«, TheNextWeb.com, 12. Januar 2013.
62 E. Ritvo, »Facebook and Your Brain: The Inside Dope on Facebook«, PsychologyToday.com, 24. Mai 2012.

63 D.I.Tamir und J.P.Mitchell, »Disclosing Information About the Self Is Intrinsically Re-warding«, *Proceedings of the National Academy of Sciences of the United States of America* 109.21 (2012), S.8038–8043.

64 E.Yoffe, »Seeking: How the Brain Hard-Wires Us to Love Google, Twitter, and Texting. And Why That's Dangerous«, Slate.com, 12.August 2009.

65 K.Badt, »Depressed? Your ›SEEKING‹ System Might Not Be Working: A Conversation with Neuroscientist Jaak Panksepp«, Huffingtonpost.com, 17.September 2013.

66 R.E.Cytowic, »Ambivalence in Addiction«, psychologytoday.com, 13.November 2015.

67 Lisa Eadicicco, »Americans Check Their Phones 8 Billion Times a Day«, Time.com, 15.Dezember 2015.

68 behaviorhealth.bizcalcs.com.

69 B.Dunham, »The Role for Signaling Theory and Receiver Psychology in Marketing«, in G.Saad (Hg.), *Evolutionary Psychology in the Business Sciences*, Heidelberg 2011, S.225–256.

70 K.Montgomery, »To Solve Phone Addiction, App Shows How Many Times You Check Your Phone«, Gawker.com, 16.September 2014.

71 Zu Zahlen und Schätzungen für die Zeit von 2013 bis 2019 siehe www.statista.com.

72 K.Young, »What You Need to Know About Internet Addiction«, tedxtalks.ted.com/video/What-You-Need-to-Know-About-Internet-Addiction (2015).

73 E.Aboujaoude u.a. (2006), »Potential Markers for Problematic Internet Use: A Telephone Survey of 2,513 Adults«, *CNS Spectrums* 11.10 (2006), S.750–755.

74 Siehe M.H.Hur, »Demographic, Habitual, and Socioeconomic Determinants of Internet Addiction Disorder: an Empirical Study of Korean Teenagers«, *Cyberpsychology & Behavior* 9.5 (2006), S.514–525; J.J.Block, »Issues for DSM-V: Internet Addiction«, *American Journal of Psychiatry* 165.3 (2008), S.306–307.

75 L.Milani, D.Osualdella und P.Di Blasio, »Quality of Interpersonal Relationships and Problematic Internet Use in Adolescence«, *CyberPsychology & Behavior* 12.6 (2009), S.681–684.

76 A.Tsitsika u.a., »Internet Addictive Behavior in Adolescence: A

Cross-Sectional Study in Seven European Countries«, *Cyber-Psychology, Behavior & Social Networking* 17.8 (2014), S. 528–535.

77 K. Wallace, »10 Signs You Might Be Addicted to Your Smartphone«, CNN.com, 25. November 2014.

78 E. Hartney, »Is Compulsive Shopping Really an Addiction?«, verywell.com, 5. April 2016.

79 statista.com.

80 momma*jess, »Retail Therapy Syndrome: Shopping Addiction 101«, eBay.com, 16. März 2007.

81 K. Young, netaddiction.com/ebay.

82 R. Twomey, »Xbox Addict, 20, Killed by Blood Clot After 12-Hour Gaming Sessions«, *Daily Mail*, 30. Juli 2011 (Update 6. Januar 2016).

83 M. G. Beckman, W. C. Hooper, S. E. Critchley und T. L. Ortel, »Venous Thromboembolism: A Public Health Concern«, *American Journal of Preventive Medicine* 38, Suppl. 4 (2010), S. 495–501.

84 B. Gholipour, »Gamer's Thrombosis: How Playing Too Long Could Be Deadly«, LiveScience.com, 10. Dezember 2013.

85 A. Rudd, »Diablo Death: Teenager Dies After Playing Video Game for 40 Hours Without Eating or Sleeping«, *Mirror*, 18. Juli 2012.

86 S. Y. Hwang, »South Korea's Game Addiction Law Could Treat Games Like Drugs and Alcohol«, CNET, 23. Juni 2014.

87 M. Tran, »Girl Starved to Death While Parents Raised Virtual Child in Online Game«, *The Guardian*, 5. März 2010.

88 Chih-Hung Ko u. a., »Brain activities associated with gaming urge of online gaming addiction«, *Journal of Psychiatric Research* 43.7 (2009), S. 739–747.

89 Nach dem *Diagnostischen und Statistischen Manual Psychischer Störungen (DSM-5)* bedarf die »Störung durch Spielen von Internetspielen«, wie sie dort genannt wird, der weiteren Erforschung und Einordnung; siehe dort S. 1088–1092.

90 A. Weinstein und M. Lejoyeux, »Internet Addiction or Excessive Internet Use«, *American Journal of Drug and Alcohol Abuse* 36.5 (2010), S. 277–283.

91 »Gaming Addiction Is Real and Growing Problem«, *The Korea Herald*, 13. November 2013.

92 M. Locker, »This Place Just Made It Illegal to Give Kids Too Much Screen Time«, Time.com, January 26. Januar 2015.

93 K. Young, »Should video games be considered a collegiate sport? I say No«, netaddictionrecovery.blogspot.com, 10. November 2014.

94 Im ursprünglichen Experiment gab es keine Marshmallows, sondern Brezeln und Kekse: W. Mischel und E. B. Ebbesen, »Attention in Delay of Gratification«, *Journal of Personality and Social Psychology* 16.2 (1970), S. 329–337. Die Marshmallows wurden 1972 in einer Anschlussstudie eingeführt: W. Mischel, E. B. Ebbesen und A. Raskoff Zeiss, »Cognitive and Attentional Mechanisms in Delay of Gratification«, *Journal of Personality and Social Psychology* 21.2 (1972), S. 204–218. Zum Erziehungserfolg siehe Y. Shoda, W. Mischel und P. K. Peake, »Predicting Adolescent Cognitive and Self-Regulatory Competencies from Preschool Delay of Gratification: Identifying Diagnostic Conditions«, *Developmental Psychology* 26.6 (1990), S. 978–986. Zum BMI siehe T. R. Schlam, N. L. Wilson, Y. Shoda, W. Mischel und O. Ayduk, »Preschoolers' Delay of Gratification Predicts Their Body Mass 30 Years Later«, *The Journal of Pediatrics* 162.1 (2013), S. 90–93.

95 L. Davis (o. J.), »Risk of Internet Addiction Higher in Teens with ADHD and Depression«, video-game-addiction.org.

96 M. Breeze, »A Quiet Killer: Why Video Games Are so Addictive«, TheNextWeb.com, 12. Januar 2013.

97 Z. Hussain und M. D. Griffiths, »Excessive Use of Massively Multi-Player Online Role-Playing Games: A Pilot Study«, *International Journal of Mental Health and Addiction* 7.4 (2009), S. 563–571.

98 E. Andreou und H. Svoli, »The Association Between Internet User Characteristics and Dimensions of Internet Addiction Among Greek Adolescents«, *International Journal of Mental Health and Addiction* 11.2 (2013), S. 139–148.

99 Norman Vincent Peales berühmtes Buch wirkt auch ein halbes Jahrhundert nach seiner Erstveröffentlichung weiter nach: N. V. Peale, *The Power of Positive Thinking*, Upper Saddle River, N. J., 1952; dt.: *Die Kraft positiven Denkens*, Thalwil-Zürich 1954.

100 W. Ding u. a., »Trait Impulsivity and Impaired Prefrontal Im-

pulse Inhibition Function in Adolescents with Internet Gaming Addiction Revealed by a Go/No-Go fMRI Study«, *Behavioral and Brain Functions* 10 (2014), S. 20. Siehe auch A. Weinstein und M. Lejoyeux, »Internet Addiction or Excessive Internet Use«, *American Journal of Drug and Alcohol Abuse* 36.5 (2010), S. 277–283.

101 C. Peterson, S. F. Maier, M. E. P. Seligman, *Learned Helplessness: A Theory for the Age of Personal Control*, New York 1993, S. 307–308; zum Konzept der erlernten Hilflosigkeit vgl. dt.: *Erlernte Hilflosigkeit*, Weinheim 1992 (eine Übersetzung des 1975 erschienen Bandes *Helplessness*).

102 internetsafety101.org/mobile statistics.htm.

103 M. P. Kafka, »Hypersexual Disorder: A Proposed Diagnosis for DSM-V«, *Archives of Sexual Behavior* 39 (2010), S. 377–400.

104 R. Weiss, »New Research Supports Sexual Addiction as a Legitimate Diagnosis«, rehabs.com, 18. August 2014.

105 A. Cooper, »Sexuality and the Internet: Surfing into the New Millennium«, *Cyberpsychology & Behavior* 1.2 (1998), S. 187–193.

106 P. Zimbardo, »The Demise of Guys?«, TED.com (2011).

107 M. P. Aiken und M. J. Berry, »Posttraumatic Stress Disorder: Possibilities for Olfaction and Virtual Reality Exposure Therapy«, *Virtual Reality* 19.2 (2015), S. 95–109.

108 D. Busse und I. S. Yim, in M. D. Gellman und J. R. Turner (Hg.), *Encyclopedia of Behavioral Medicine*, New York 2013, S. 1187–1188.

109 The Adoption History Project (o. J.), »Harry F. Harlow, Monkey Love Experiments«, pages.uoregon.edu/adoption/studies/HarlowmLE.htm.

110 B. Worthen, »What Happens When Toddlers Zone Out with an iPad«, *The Wall Street Journal*, 22. Mai 2012.

111 M. M. Haith, *Rules That Babies Look By: The Organization of Newborn Visual Activity*, Hillsdale, N. J., 1980.

112 J. S. DeLoache u. a., »Do Babies Learn from Baby Media?«, *Psychological Science* 21.11 (2010), S. 1570–1574. Siehe auch R. A. Richert, M. B. Robb, J. G. Fender und E. Wartella, »Word Learning from Baby Videos«, *Archives of Pediatrics and Adolescent Medicine* 164.5 (2010), o. S.

113 F. J. Zimmerman, D. A. Christakis und A. N. Meltzoff, »Asso-

ciations Between Media Viewing and Language Development in Children Under Age 2 Years«, *The Journal of Pediatrics* 151.4 (2007), S. 364–368.

114 J. Martin, »UW Battle over Baby Einstein Settled, Maybe«, *The Seattle Times*, 30. Juni 2011.

115 K. Morelli, »The I-Baby: A Baby's Brain on Technology«, scienceandsensibility.org, 11. April 2013.

116 M. L. Rowe und S. Goldin-Meadow, »Early Gesture Selectively Predicts Later Language Learning«, *Developmental Science* 12.1 (2009), S. 182–187.

117 »Fisher Price Under Pressure to Pull the Plug on New iPad Baby Bounce Seat Aimed at Newborns over Claims It Is ›Unhealthy‹«, *Daily Mail*, 10. Dezember 2013.

118 2011 stufte die International Agency for Research on Cancer (IARC) der WHO die elektromagnetischen Felder von Mobiltelefonen in die »Risikogruppe 2B« ein, das heißt als »möglicherweise krebserregend bei Menschen«: World Health Organization (2014), *Electromagnetic Fields and Public Health: Mobile Phones,* http://www.who.int/mediacentre/factsheets/fs193/en. 2013 empfahl dann eine Durchsicht früherer Studien und neuerer Forschungsarbeiten eine Neueinstufung in die »Risikogruppe 2A«, das heißt als »wahrscheinlich krebserregend bei Menschen«: D. L. Davis, S. Kesari, C. L. Soskolne, A. B. Miller und Y. Stein, »Swedish Review Strengthens Grounds for Concluding That Radiation from Cellular and Cordless Phones Is a Probable Human Carcinogen«, *Pathophysiology* 20 (2013), S. 123–129.

119 C. Blakemore und G. F. Cooper, »Development of the Brain Depends on the Visual Environment«, *Nature* 228 (1970), S. 477–478; siehe YouTube.com (der Inhalt mag für manche verstörend sein). Siehe auch D. H. Hubel und T. N. Wiesel (1970), »The Period of Susceptibility to the Physiological Effects of Unilateral Eye Closure in Kittens«, *Journal of Physiology* 206.2 (1970), S. 419–436.

120 B. Keim, »It's Official: To Protect Baby's Brain, Turn Off TV«, *Wired*, 18. Oktober 2011.

121 American Academy of Pediatrics, »Media Use by Children Younger Than 2 Years«, *Pediatrics* 128.5 (2011), S. 1040–1045.

122 C. Haughton, M. P. Aiken und C. Cheevers, »Cyber Babies: The

Impact of Emerging Technology on the Developing Infant«, *Psychology Research* 5.9 (2015), S. 504–518. DOI:10.17265/2159-5542/2015.09.002.

123 L. McDonald und L. Colgan, »Experts Claim iPhones and iPads Are Now Being Used as ›Virtual Childminders‹ for Kids as Young as Two«, Evoke.ie, 2. Februar 2015.

124 N. Joyce und C. Faye, »Skinner Air Crib«, *Observer*, 23. Juli 2010, o. S.

125 C. Rowan, »Ten Reasons Why Handheld Devices Should Be Banned for Children Under the Age of 12«, movingtolearn.ca, 24. Februar 2014.

126 R. Ratcliffe, »Children Can Swipe a Screen but Can't Use Toy Building Blocks, Teachers Warn«, *The Guardian*, 15. April 2014.

127 D. Roy, TED Talk, März 2011.

128 Zur Bildschirmnutzung vor dem Schlafengehen durch Erwachsene: A.-M. Chang, D. Aeschbach, J. F. Duffy und C. A. Czeisler, »Evening Use of Light-Emitting eReaders Negatively Affects Sleep, Circadian Timing, and Next-Morning Alertness«, *Proceedings of the National Academy of Sciences* 112.4 (2015), S. 1232–1237. Zur Bildschirmnutzung vor dem Schlafengehen durch Kinder: L. S. Foley, R. Maddison, Y. Jiang, S. Marsh, T. Olds und K. Ridley, »Presleep Activities and Time of Sleep Onset in Children«, *BMC Pediatrics* 131.2 (2013), S. 276–282.

129 E. A. Vandewater, V. J. Rideout, E. A. Wartella, X. Huang, J. H. Lee und M. Shim, »Digital Childhood: Electronic Media and Technology Use Among Infants, Toddlers, and Preschoolers«, *Pediatrics* 119.5 (2007), S. 1006–1015.

130 S. Newman, »Are Screens ›Drugging‹ Your Child's Brain?«, psychologytoday.com, 2. September 2014.

131 S. Shur-Fen Gau, »Prevalence of Sleep Problems and Their Association with Inattention/Hyperactivity Among Children Aged 6–15 in Taiwan«, *Journal of Sleep Research* 15.4 (2006), S. 403–414.

132 R. A. Friedman, »A Natural Fix for A.D.H.D.«, *The New York Times*, 31. Oktober 2014.

133 Centers for Disease Control and Prevention, »Attention-Deficit/ Hyperactivity Disorder (ADHD): Data & Statistics«, cdc.gov (2015). Zum vollständigen Bericht siehe S. N. Visser u. a.,

»Trends in the Parent-Report of Health Care Provider-Diagnosed and Medicated Attention-Deficit/Hyperactivity Disorder: United States, 2003–2011«, *Journal of the American Academy of Child and Adolescent Psychiatry* 53.1 (2014), S. 34–46.

134 R.A. Friedman, »A Natural Fix for A.D.H.D.«, *The New York Times*, 31. Oktober 2014. Siehe jedoch die Daten in S.H. Zuvekas and B. Vitiello, »Stimulant Medication Use in Children: A 12-Year Perspective«, *The American Journal of Psychiatry* 169.2 (2012), S. 160–166, insb. Tabelle 2.

135 F.J. Zimmerman und D.A. Christakis, »Associations Between Content Types of Early Media Exposure and Subsequent Attentional Problems«, *Pediatrics* 120.5 (2007), S. 986–992.

136 L.M. Oestreicher, »Re: The debate over digital technology and young people«, bmj.com, 25. August 2015.

137 D.A. Christakis, F.J. Zimmerman, D.L. DiGiuseppe und C.A. McCarty, »Early Television Exposure and Subsequent Attentional Problems in Children«, *Pediatrics* 113.4 (2004), S. 708–713. L.S. Pagani, C. Fitzpatrick, T.A. Barnett und E. Dubow, »Prospective Associations Between Early Childhood Television Exposure and Academic, Psychosocial, and Physical Well-being by Middle Childhood«, *Archives of Pediatrics and Adolescent Medicine* 164.5 (2010), S. 425–431.

138 A.V. Fisher, K.E. Godwin und H. Seltman, »Visual Environment, Attention Allocation, and Learning in Young Children: When Too Much of a Good Thing May Be Bad«, *Psychological Science* 25.7 (2014), S. 1362–1370.

139 Sherry Turkle, *Alone Together: Why We Expect More from Technology and Less from Each Other*, New York 2012, S. 294, 266; dt. siehe: *Verloren unter 100 Freunden*, München 2012, S. 449. Siehe auch Sherry Turkle, »Connected, but Alone?«, TED Talk, ted.com, Februar 2012.

140 kidshealth.org (Januar 2015).

141 plus.google.com (2016).

142 Associated Press, »France Bans Broadcast of TV Shows for Babies«, Today.com, 20. August 2008.

143 J.W. Simons, »Why Taiwan Is Right to Ban iPads for Kids«, CNN, 4. Februar 2015.

144 Australian Government Department of Health and Ageing,

Move and Play Every Day: National Physical Activity Recommendations for Children 0–5 Years (2010). Siehe auch Canadian Paediatric Society, »Impact of Media Use on Children and Youth«, *Paediatrics and Child Health* 8.5 (2003), S. 301–306.

145 »Manch Kapital, das heute in den Vereinigten Staaten ohne Geburtsschein auftritt, ist erst gestern in England kapitalisiertes Kinderblut«, Karl Marx, *Das Kapital*, Bd. 1, MEW 23, Berlin 1962, S. 784.

146 UNICEF wurde am 11. Dezember 1946 gegründet, um Kinder in Europa und China mit Nahrung und Kleidung zu versehen und ihre medizinische Versorgung sicherzustellen. Seit 1950 hat die Organisation den Auftrag, Frauen und Kindern in allen Entwicklungsländern zu helfen.

147 American Academy of Pediatrics, »Children, Adolescents, and the Media«, *Pediatrics* 132.5 (2013), S. 958.

148 »Survey: Majority of ›tweeners‹ now have cell phones …«, nclnet.org, Juli 2012.

149 »Study Finds Average Age of Kids When They Get Their First Cell Phone Is Six«, abc13.com/technology, 7. April 2015.

150 D. Gozli, D. Bavelier und J. Pratt, »The Effect of Action Video Game Playing on Sensorimotor Learning: Evidence from a Movement Tracking Task«, *Human Movement Science* 38 (2014), S. 152–162.

151 B. Plester und C. Wood, »Exploring Relationships Between Traditional and New Media Literacies: British Preteen Texters at School«, *Journal of Computer-Mediated Communication* 14 (2009), S. 1108–1129. Siehe auch B. Plester, C. Wood und P. Joshi, »Exploring the Relationship Between Children's Knowledge of Text Message Abbreviations and School Literacy Outcomes«, *British Journal of Developmental Psychology* 27.1 (2009), S. 145–161.

152 G. Paton, »Text Messaging ›Improves Children's Spelling Skills‹«, telegraph.co.uk, 20. Januar 2011. Auch die Rechtschreibleistungen vor dem Test wurden gemessen, und es zeigten sich selbst nach dem relativ kurzen, zehnwöchigen Experiment mit dem Verfassen von Kurznachrichten bereits leichte Verbesserungen: C. Wood, E. Jackson, L. Hart, B. Plester und L. Wilde, »The Effect of Text Messaging on 9- and 10-Year-Old Children's

Reading, Spelling and Phonological Processing Skills«, *Journal of Computer Assisted Learning* 27 (2011), S. 28–36.

153 E. Harding, »How Parents Who Use iPads to ›Pacify‹ Their Children Are Impeding Their Speech Development with Some Starting School at Five ›Unable to Talk‹ as a Result«, dailymail.co.uk, 31. Januar 2015.

154 R. Horan, »Psychologist: IPads are the New Childminders«, 98fm.com, 31. Januar 2015.

155 S. Livingstone, L. Haddon, A. Görzig und K. Ólafsson, *EU Kids Online II: Final Report;* und *2014 EU Kids Online: Findings. Methods. Recommendations* (London: London School of Economics and Political Science), lse.ac.uk (2012).

156 C. K. Blackwell, A. R. Lauricella, A. Conway und E. Wartella, »Children and the Internet: Developmental Implications of Web Site Preferences Among 8- to 12-Year-Old Children«, *Journal of Broadcasting and Electronic Media* 58.1 (2014), S. 1–20.

157 K. Donnelly, »Four Out of 10 Children on Social Media Use False Age«, Independent.ie, 3. September 2014.

158 »That Facebook Friend Might Be 10 Years Old, and Other Troubling News«, ConsumerReports.org, Juni 2011. Vor allem Facebook-Gründer Mark Zuckerberg möchte das Mindestalter ganz abschaffen, damit sein Unternehmen noch jüngere Kinder über das Internet erziehen kann: E. Protalinski, »Mark Zuckerberg: Facebook Minimum Age Limit Should Be Removed«, ZDNet, 20. Mai 2011.

159 L. Magid, »Survey: 7.5M Facebook Users Below Minimum Age«, CNET.com, 10. Mai 2011.

160 Nach dem Children's Online Privacy Protection Act (COPPA) von 1998 (15 USC 6501–6506) müssen Online-Dienste eine verifizierbare Zustimmung der Eltern einholen, bevor sie die Daten von unter Dreizehnjährigen nutzen dürfen.

161 Y. Young, »Online Teasing Leads to Teen's Suicide«, Kait8.com, 24. November 2009.

162 »Average Number of Facebook Friends of Users in the United States as of February 2014, by Age Group«, statista.com.

163 R. A. Hill und R. I. M. Dunbar, »Social Network Size in Humans«, *Human Nature* 14.1 (2003), S. 53–72.

164 A. Rath, »Cyberpsychologist: Online, ›Every Contact Leaves a

Trace«», *All Things Considered*, National Public Radio, USA, npr.org, 8. März 2015.

165 S. Rosenbloom, »Dealing with Digital Cruelty«, *The New York Times*, 23. August 2014.

166 N. Golgowski und C. Red, »Former Red Sox Pitcher Curt Schilling Fires Back After Trolls' Violent, Sexual Tweets About Teen Daughter«, *New York Daily News*, 3. März 2015.

167 S. Livingstone, L. Haddon, A. Görzig und K. Ólafsson, *EU Kids Online II: Final Report* (London: London School of Economics and Political Science), lse.ac.uk (2012).

168 *2014, EU Kids Online: Findings. Methods. Recommendations* (London: London School of Economics and Political Science), lse.ac.uk (2014).

169 E. Mangan, »How to Block Explicit Adult Content on Your Child's Internet and Mobile Devices – A Digital Parenting Guide«, DigitalParenting.ie (o.J.).

170 »This Is How You Watch Porn«, Cosmopolitan.com, 20. Februar 2014.

171 Ofcom, *Children and Parents: Media Use and Attitudes Report*, 9. Oktober 2014, stakeholders.ofcom.org.uk.

172 »McAfee Digital Deception Study 2013: Exploring the Online Disconnect Between Parents & Pre-teens, Teens and Young Adults«, mcafee.com, 28. Mai 2013.

173 Terre des Hommes ist eine aus zehn nationalen Organisationen bestehende Gruppe, die sich der Förderung der Kinderrechte widmet und sich für eine gerechte Entwicklung einsetzt: terredeshommes.org.

174 T. Ove, »Homeland Security Agents Tackle Growing Trend of Child Sex Tourism by Webcam«, *Pittsburgh Post-Gazette*, 1. Januar 2014.

175 J. R. Suler, *Psychology of the Digital Age: Humans Become Electric*, Cambridge 2015.

176 NCMEC, National Center for Missing and Exploited Children, missingkids.com (2016).

177 M. P. Aiken, M. Moran und M. J. Berry, »Child Abuse Material and the Internet: Cyberpsychology of Online Child-Related Sex Offending«, www.interpol.int/Crime-areas/Crimes-against-children/Internet-crimes (2011).

178 D. Howitt und K. Sheldon, »The Role of Cognitive Distortions in Paedophilic Offending: Internet and Contact Offenders Compared«, *Psychology, Crime & Law* 13.5 (2007), S. 469–486. Siehe auch L. Webb, J. Craissati und S. Keen, »Characteristics of Internet Child Pornography Offenders: A Comparison with Child Molesters«, *Sex Abuse* 19 (2007), S. 449–465.

179 I. MacKinnon, »Thai Police Arrest Paedophile Suspect«, *The Guardian*, 19. Oktober 2007; »Alleged Pedophile Taught at B.C. School 6 Months Ago«, cbc.ca/news, 16. Oktober 2007.

180 D. Kravets, »Jan. 25, 1979: Robot Kills Human«, *Wired*, 25. Januar 2010.

181 B. O'Neill, M. P. Aiken, M. Caffrey, J. Carthy, R. Lupton, A. Lynch und K. O'Sullivan, *Report of the Internet Content Governance Advisory Group*, Department of Communications, Energy and Natural Resources, Ireland, 2014. Siehe auch T. Bouquet, »The Real-Life Spook Behind CSI: Cyber«, telegraph.co.uk, 3. November 2015.

182 An der Befragung für NSPCC U.K. nahmen zweitausend Jugendliche im Alter zwischen zwölf und siebzehn Jahren teil, von denen siebenhundert im Alter von zwölf bis dreizehn Jahren waren. Siehe NSPCC, »ChildLine Porn Campaign Confronts Issue of Young People and Porn«, nspcc.org.uk, 31. März 2015.

183 A. Chen, »The Laborers Who Keep Dick Pics and Beheadings out of Your Facebook Feed«, Wired.com, 23. Oktober 2014.

184 M. P. Aiken (Produzentin), »5 Deadly Sins«, *CSI: Cyber*, CBS, J. Bruckheimer und P. Veasey (Produktionsleitung), Erstausstrahlung 6. März 2016.

185 »McAfee Digital Deception Study 2013; Exploring the Online Disconnect Between Parents & Pre-teens, Teens and Young adults«, mcafee.com, 28. Mai 2013.

186 A. Jones, »The Girls Who Tried to Kill for Slender Man«, *Newsweek*, 13. August 2014.

187 R. P. Jack, »Waukesha Stabbing News Conference«, *Los Angeles Times*, 2. Juni 2014.

188 »The Road to Resilience«, American Psychological Association, apa.org (o. J.).

189 E. Staksrud und S. Livingstone, »Children and Online Risk: Powerless Victims or Resourceful Participants?«, *Information, Communication and Society* 12.3 (2009), S. 364–387.
190 M. Aiken, »Parents Alone Cannot Police Our Youth in Cyberspace«, *Irish Independent*, 23. September 2014.
191 World Health Organization, »Report of the Consultation on Child Abuse Prevention«, Genf, 29.–31. März 1999, S. 15.
192 United Nations, *Convention on the Rights of the Child*, New York, 20. November 1989; dt. siehe https://www.kinderrechtskonvention.info.
193 M. P. Aiken, »Children's Rights in Cyberspace«, The Hague Talks: Setting Peace and Justice in Motion. We, the People: The United Nations at 70 – The Global Impact of the Digital Age (23. Oktober 2015), Den Haag 2015. Siehe auch »Universal Children's Day announcement-Consultation period regarding proposed amendment to the 1989 UN Convention on the Rights of the Child to incorporate the Cyber Rights of the Child«, 20. November 2015, haguejusticeportal.net.
194 L. O'Neil, »Student's Selfie with Pregnant Teacher ›in Labour‹ Goes Viral«, cbc.ca, 18. Oktober 2013.
195 »SELFIE-ISH! My Photo with Brooklyn Bridge Suicide Dude«, *New York Post* (2013), abgedruckt in J. Jones, »Don't Hate the Woman Behind the ›World's Worst Selfie‹«, TheGuardian.com, 5. Dezember 2013.
196 R. N. Raskin und C. S. Hall, »A Narcissistic Personality Inventory«, *Psychological Reports* 45.2 (1979), S. 590; und R. Raskin und H. Terry, »A Principal-Components Analysis of the Narcissistic Personality Inventory and Further Evidence of Its Construct Validity«, *Journal of Personality and Social Psychology* 54.5 (1988), S. 890–902.
197 G. G. Gallup, »Self-Recognition in Primates: A Comparative Approach to the Bidirectional Properties of Consciousness«, *American Psychologist* 32.5 (1977), S. 329–338, Zitat S. 330.
198 S. A. McLeod (2008), »Self Concept«, *Simply Psychology* (2008), mit Verweis auf R. F. Baumeister (Hg.), *The Self in Social Psychology*, simplypsychology.org (1999).
199 G. G. Gallup und M. K. McClure, »Preference for Mirror-Image Stimulation in Differentially Reared Rhesus Monkeys«, *Jour-*

nal of Comparative and Physiological Psychology 75.3 (1971), S. 403–407.

200 B. Amsterdam, »Mirror Self-Image Reactions Before Age Two«, *Developmental Psychobiology* 5.4 (1972), S. 297–305; A. H. Schulman und C. Kaplowitz, »Mirror-Image Response During the First Two Years of Life«, *Developmental Psychobiology* 10.3 (1977), S. 133–142.

201 C. R. Rogers, »A Theory of Therapy, Personality, and Interpersonal Relationships, As Developed in the Client-Centered Framework«, in S. Koch (Hg.), *Psychology: A Study of a Science. Study 1, Volume 3: Formulations of the Person and the Social Context*, New York 1959, S. 184–256.

202 In den allerersten Tagen unserer digitalen Gegenwart, als man gerade erst über Avatare und die Übertragung unserer Identität und unseres Lebens in den Cyberspace zu reden begann, sahen die Psychologinnen Hazel Markus und Paula Nurius sehr weitsichtig die Notwendigkeit voraus, über das virale Ich zu sprechen. In einem für *The Atlantic* verfassten Artikel beschrieben sie 1987 das Erscheinen des »möglichen Ichs« in der virtuellen Welt.

203 W. James, *Psychology: Briefer Course*, New York 1892, insb. S. 179–180.

204 T. J. Scheff, »Shame and Conformity: The Deference-Emotion System«, *American Sociological Review* 53.3 (1988), S. 395–406, insb. S. 396.

205 Ursprünglich glaubte man, die frühesten Fassungen der Narziss-Geschichte fänden sich bei dem griechischen Mythographen Konon (*Diegeseis*, 24. Erzählung) und bei Ovid (*Metamorphosen*, 3. Buch). Aber ein Papyros, den man in einer ägyptischen Schutthalde fand, zeigt, dass sie mindestens schon ein halbes Jahrhundert früher im Umlauf war, nämlich Mitte des 1. vorchristlichen Jahrhunderts: D. Keys, »The Ugly End of Narcissus«, *BBC History Magazine* 5.5 (2004), S. 9.

206 S. McLeod, »Erik Erikson«, simplypsychology.org (2013).

207 J. M. Twenge und J. D. Foster, »Birth Cohort Increases in Narcissistic Personality Traits Among American College Students, 1982–2009«, *Social Psychological and Personality Science* 1.1 (2010), S. 99–106.

208 E. Brummelman u. a., »Origins of Narcissism in Children«,

Proceedings of the National Academy of Sciences 112.12 (2015), S. 3659–3662.

209 Die Geschichte erschien ursprünglich 1890 in dreizehn Kapiteln in *Lippincott's Magazine*. Diese Fassung wurde allerdings wegen ihrer sexuellen Andeutungen vom größten britischen Verlag abgelehnt, und so erschien 1891 eine verhaltenere Fassung. Aber auch sie war anzüglich genug, um sie gegen Wilde zu verwenden, als er 1895 wegen Unzucht angeklagt wurde. Man mag kaum glauben, dass die ungereinigte Fassung erst 2011 publiziert wurde. Zur Frühgeschichte des Buches siehe die Website der British Library.

210 P. Samotin, »The 7 Best Photo Editing Apps to Look Better in Every Selfie«, stylecaster.com, 13. Mai 2014.

211 J. Zimmerman, »Schools Can't Stop Kids from Sexting. More Technology Can«, nytimes.com, 10. November 2015.

212 C. Cullen, »›Unless You Never Upload a Photo to Social Media Ever, You're Not Safe‹: Irish Teens Speak of Photo Hacking Horror«, *Irish Independent*, 14. Januar 2016.

213 American Academy of Facial Plastic and Reconstructive Surgery, »Selfie Trend Increases Demand for Facial Plastic Surgery«, aafprs.org, 11. März 2014.

214 C. Steinfield, N. B. Ellison, C. Lampe und J. Vitak, »Online Social Network Sites and the Concept of Social Capital«, in F. L. F. Lee u. a. (Hg.), *Frontiers in New Media Research*, New York 2013, S. 115–131; und N. Lin, »Building a Network Theory of Social Capital«, *Connections* 22.1 (1999), S. 28–51.

215 T. Willis und A. Bevan, »Tallulah Willis Opens Up: Her Struggle with Substance Abuse and Self-Esteem«, *Teen Vogue*, 7. Januar 2015.

216 D. Cox, »Are More Men Getting Eating Disorders?«, *The Guardian*, 18. Januar 2015.

217 G. Aldridge und K. Harden, »Selfie Addict Took TWO HUNDRED a Day – and Tried to Kill Himself When He Couldn't Take Perfect Photo«, mirror.co.uk, 23. März 2014.

218 M. Tartakovsky, »Body Dysmorphic Disorder: When the Reflection Is Revolting«, psychcentral.com, 30. Januar 2013.

219 Mayo Clinic Staff, »Body Dysmorphic Disorder: Symptoms and Causes«, mayoclinic.org (o. J.).

220 C.R.Rogers, *Client-Centered Therapy*, Boston 1951.
221 S.Livingstone, L.Haddon, A.Görzig und K. Ólafsson, »Risks and Safety on the Internet: The Perspective of European Children. Full Findings and Policy Implications from the EU Kids Online Survey of 9–16 Year Olds and Their Parents in 25 Countries«, London 2011, S.40.
222 C.Moss, »Men and Boys Are in Crisis, and Technology Is to Blame«, *The Telegraph*, 10.Mai 2015.
223 »Teens Threatened with ›Sexting‹ Porn Charge Sue Prosecutor«, *The Independent*, 26.März 2009.
224 J.L.Barry, »The Child as Victim and Perpetrator: Laws Punishing Juvenile ›Sexting‹«, *Vanderbilt Journal of Entertainment and Technology Law* 13.1 (2010), S.129–153.
225 M.G.Leary, »Sexting or Self-Produced Child Pornography – The Dialogue Continues …«, *Virginia Journal of Social Policy and the Law* 17.3 (2010), S.488.
226 J.Tin, »More Than 450 Child Pornography Charges Laid Against Youths Aged 10 to 17 in Past Three Years«, *The Sunday Mail (Qld)*, 9.Oktober 2011.
227 The National Campaign to Prevent Teen and Unplanned Pregnancy, *Sex and Tech: Results from a Survey of Teens and Young Adults*, Washington, D.C., 2008.
228 H.Strohmaier, M.Murphy und D.DeMatteo, »Youth Sexting: Prevalence Rates, Driving Motivations, and the Deterrent Effect of Legal Consequences«, *Sexuality Research and Social Policy* 11.3 (2014), S.245–255. Siehe auch den Bericht zur Drexel-Studie und verwandten Fragen in K.Wallace, »Chances Are, Your Teen Has Sexted«, edition.cnn.com, 2.Januar 2015.
229 D.Finkelhor und J.Wolak, »Sext and Sensibility«, huffingtonpost.com, 11.Juli 2012.
230 M.Celizic, »Her Teen Committed Suicide Over ›Sexting‹«, today.com, 6.März 2009.
231 »Amanda Todd Suicide: RCMP Repeatedly Told of Blackmailer's Attempts«, cbc.ca/news, 15.November 2013.
232 »Man Charged in Netherlands in Amanda Todd Suicide Case«, BBC.com, 18.April 2014.
233 R.Gross und A.Acquisti, »Information Revelation and Privacy in Online Social Networks«, in Association for Computing

Machinery, *WPES '05: Proceedings of the 2005 ACM Workshop on Privacy in the Electronic Society*, Alexandria, Va., 7. November 2005, S. 71–80.

234 Mehr dazu in E. Segran, »The Truth About Teenagers, the Internet, and Privacy«, fastcompany.com, 4. November 2014.

235 I. L. Janis, »Groupthink«, *Psychology Today* 5.3 (1971); wiederabgedruckt in H. J. Leavitt, L. R. Pondy und D. M. Boje (Hg.), *Readings in Managerial Psychology*, 3. Ausg., Chicago 1980, S. 432–444.

236 M. Martinez, »Sexting Scandal: Colorado High School Faces Felony Investigation«, edition.cnn.com, 9. November 2015.

237 K. Poulsen, »Pimps Go Online to Lure Kids into Prostitution«, *Wired*, 25. Februar 2009.

238 Y. Alcindor, »Sex Trafficking in the USA Hits Close to Home«, usatoday30.usatoday.com, 27. September 2012.

239 M. P. Aiken und S. Chan, »Cyber Criminology: Algorithmic vs. Heuristical Approaches for Analysis Within the Human Trafficking Domain«, *International Journal of Advancements in Technology*, 6.2 (2015); und S. Chan und M. P. Aiken, »Big Data to Big Insight for Human Trafficking: Analysis of Adaption Cycles for Digital Image Deployment on Online Classified Sites«, Paper für das White House Forum to Combat Human Trafficking, West Wing, Washington, D. C., 9. April 2013.

240 »Tulsa Police: Online Escort Ads a Front for Prostitution«, washingtontimes.com, 17. August 2015.

241 B. Thompson, »Many Believe Backpage.com Is Online Portal for Human Trafficking«, miheadlines.com, 16. März 2014.

242 E. Koh, »Dallas-Based Backpage.com Faces Civil Contempt Charges in Senate Sex-Trafficking Inquiry«, *Dallas Morning News*, 11. Februar 2016.

243 V. Woollaston, »Gone but NOT Forgotten: ›Deleted‹ Snapchat Photos Are Stored on Your Phone and Can Be Easily Downloaded, Forensics Firm Claims«, dailymail.co.uk, 10. Mai 2013.

244 H. Song u. a., »Love-Related Changes in the Brain: A Resting-State Functional Magnetic Resonance Imaging Study«, *Frontiers in Human Neuroscience*, 13. Februar 2015.

245 *Emerging new threat in online dating: Initial trends in internet*

dating-initiated serious sexual assaults, national crimeagency.gov.uk, 7. Februar 2016.

246 J.T. Cacioppo u.a., »Marital Satisfaction and Break-ups Differ Across On-line and Off-line Meeting Venues«, *Proceedings of the National Academy of Sciences* 110.25 (2013), S. 10135–10140.

247 »Dating Services in the US: Market Research Report«, ibisworld.com, April 2016.

248 S. Curtis, »DNA Matching and Virtual Reality: The World of Online Dating in 2040«, *The Telegraph*, 27. November 2015.

249 gotinder.com (2016).

250 R.U. Akeret, *Photolanguage: How Photos Reveal the Fascinating Stories of Our Lives and Relationships*, London 2000.

251 N. Ellison, R. Heino und J. Gibbs, »Managing Impressions Online: Self-Presentation Processes in the Online Dating Environment«, *Journal of Computer-Mediated Communication* 11.2 (2006).

252 P.M. Todd, L. Penke, B. Fasolo und A.P. Lenton, »Different Cognitive Processes Underlie Human Mate Choices and Mate Preferences«, *Proceedings of the National Academy of Sciences of the United States of America* 104.38 (2007), S. 15011–15016. Siehe auch N. Barber, »The Evolutionary Psychology of Physical Attractiveness: Sexual Selection and Human Morphology«, *Ethology and Sociobiology* 16.5 (1995), S. 395–424.

253 C. Macdonald, »What's YOUR Secret Tinder Score?: CEO Reveals App Has an ›Internal Rating‹ Used to Select Matches«, dailymail.co.uk, 11. Januar 2016.

254 »Eindrucksmanagement ist die aktive Selbstdarstellung eines Menschen mit dem Ziel, sein Bild bei anderen zu verbessern.«, J.B.P. Sinha, *Culture and Organizational Behaviour*, Neu-Delhi 2008, S. 104. Die Theorie nahm ihren Ausgang mit Erving Goffman, *The Presentation of Self in Everyday Life*, New York 1959; dt.: *Wir alle spielen Theater*, München 2003. Er benutzte die Metapher aus der Welt des Theaters, um deutlich zu machen, wie wir uns selbst darstellen und versuchen, den Eindruck, den andere von uns haben, zu lenken.

255 K. Lee, »The Research and Science Behind Finding Your Best Profile Picture«, blog.bufferapp.com, 25. März 2015.

256 P. Hurley, »*It's All About the Squinch!*«, YouTube.com (2013).

257 Die Geschichte von Alex und Joan wurde erstmals berichtet in L. Van Gelder, »The Strange Case of the Electronic Lover«, *Ms Magazine*, Oktober 1985. Zu Online-Kommunikation und Identitätsdiebstahl siehe des Weiteren A. Chester und D. Bretherton, »Impression Management and Identity Online«, in A. Joinson u.a. (Hg.), *The Oxford Handbook of Internet Psychology*, Oxford 2007, S. 223–236. Zu Betrug und Täuschung siehe M. Whitty und A. Joinson, *Truth, Lies and Trust on the Internet*, New York 2009.

258 *Catfish* (2011), der ursprüngliche Dokumentarfilm stammte von Ariel Schulman und Henry Joost. Der Protagonist der Geschichte schrieb später über seine Erfahrungen und gab den vielen Millionen Zuschauern seiner MTV-Show *Catfish* Ratschläge zum Umgang mit digitalen Beziehungen: N. Schulman, *In Real Life: Love, Lies & Identity in the Digital Age*, New York 2014. Zur Entwicklung des Ausdrucks *catfishing* siehe A. Harris, »Who Coined the Term ›Catfish‹?«, slate.com, 18. Januar 2013.

259 Nach der Forschung gelten als Merkmale des Trollens »Aggression, Täuschung, Belästigung und Erfolg«. Siehe C. Hardaker, »Trolling in Asynchronous Computer-Mediated Communication: From User Discussions to Academic Definitions«, *Journal of Politeness Research* 6 (2010), S. 215–242.

260 N. Lomas, »Dating App Newbie Blume Wants to Kill Catfishing with Ephemeral Selfies«, techcrunch.com, 16. Januar 2016.

261 A. Shontell, »What It's Like to Found a $750 Million Startup, Go Through a Sexual-Harassment Lawsuit, and Start All Over by Age 25«, uk.businessinsider.com, 27. Januar 2015.

262 E. E. Buckels, P. D. Trapnell und D. L. Paulhus, »Trolls Just Want to Have Fun«, *Personality and Individual Differences* 67 (2014), S. 97–102.

263 mayoclinic.org, 18. November 2014.

264 Das Experiment im Juni 2014 wurde für das finnische Computersicherheitsunternehmen F-Secure durchgeführt. Das Unternehmen erklärte dazu trocken: »Obwohl Vertragsklauseln bindend sind, ließe sich diese Klausel vor Gericht nicht durchsetzen, weil es sittenwidrig wäre, Kinder gegen kostenlosen Zugang zu verkaufen.« Siehe F-Secure, *Tainted Love: How Wi-Fi Betrays Us*, f-secure.com (2014).

265 M. Coeckelbergh, »War from a Distance: The Ethics of Killer Robots«, *E-International Relations*, 16. Juni 2014. Coeckelbergh verweist darauf, dass Distanz unser Verantwortungsgefühl abstumpfen lässt. Die Entfernung beseitigt die »natürliche moralisch-psychologische Barriere gegen das Töten. Hier ist kein Raum für Empathie, kein Wissen um das Leid, das man verursacht, und die Entfernung zwischen dem Tötenden und dem Getöteten erscheint unüberbrückbar«. Zu einer umfassenderen Erforschung dieses Phänomens siehe D. Grossman, *The Psychological Cost of Learning to Kill in War and Society*, New York 1996, Abschnitt III.

266 A. Krasodomski-Jones, »Role Play and Bubble Baths: Analysing the Ashley Madison Hack«, wired.co.uk, 7. September 2015.

267 J. Insley, »Cyber Affairs Cited in Breakdown of Real Marriages«, theguardian.com, 27. Mai 2009.

268 A. Feldstein, »Is Cybersex Grounds for Divorce?«, huffingtonpost.com, 10. März 2014.

269 J. P. Schneider, R. Weiss und C. Samenow, »Is It Really Cheating?: Understanding the Emotional Reactions and Clinical Treatment of Spouses and Partners Affected by Cybersex Infidelity«, *Sexual Addiction and Compulsivity. The Journal of Treatment and Prevention: Cyber Sex* 19.1–2 (2012), S. 123–139.

270 S. Nelson, »Jealous husband ›decapitated his wife over online affair‹«, dailymail.co.uk, 3. April 2009.

271 B. Bosker, »Meet the World's Most Loving Girlfriends – Who Also Happen to Be Video Games«, huffingtonpost.com, 25. Januar 2014.

272 M. Coulson, J. Barnett, C. J. Ferguson und R. L. Gould, »Real Feelings for Virtual People: Emotional Attachments and Interpersonal Attraction in Video Games«, *Psychology of Popular Media Culture* 1.3 (2012), S. 176–184.

273 Y. Wakatsuki, »Middle-aged Virgins: Why So Many Japanese Stay Chaste«, edition.cnn.com, 24. Juni 2015.

274 S. Turkle, *Alone Together: Why We Expect More from Technology and Less from Each Other*, New York 2011; dt.: *Verloren unter 100 Freunden*, München 2012, S. 14.

275 C. Malkin, »How Technology Makes Us Afraid of Intimacy«, huffingtonpost.com, 23. November 2012.

276 T. Wayne, »With Some Dating Apps: Less Casual Sex Than Casual Text«, *New York Times*, 7. November 2014.

277 G. Gurley, »Is This the Dawn of the Sexbots? (NSFW)«, *Vanity Fair*, April 2015.

278 R. Patel, »Do Not Have Sex with Our Robots, Japanese Firm Warns Users«, *International Business Times*, 28. September 2015.

279 J. Hsu, »Why ›Uncanny Valley‹ Human Look-Alikes Put Us on Edge«, *Scientific American*, 3. April 2012.

280 M. Mori, »The Uncanny Valley«, *Energy* 7.4 (1970), S. 33–35; übers. von K. F. MacDorman und N. Kageki, *Spectrum*, 12. Juni 2012. Zu Moris Überlegungen zum Uncanny-Valley-Phänomen siehe ein neueres Interview mit ihm: N. Kageki, »An Uncanny Mind: Masahiro Mori on the Uncanny Valley and Beyond«, *Spectrum*, 12. Juni 2012, spectrum.ieee.org.

281 Wie ihm das Uncanny-Valley-Phänomen bewusst wurde, beschreibt M. Mori in *Uncanny Valley Revisited: Masahiro Mori*, International Conference on Intelligent Robots and Systems, Tokyo International Exhibition Centre, Japan, 6. November 2013, YouTube.com, 20. November 2013.

282 S. A. Steckenfinger und A. A. Ghazanfar, »Monkey Visual Behavior Falls into the Uncanny Valley«, *Proceedings of the National Academy of Sciences* 106.43 (2009), S. 18362–18366, pnas.org.

283 M. Aiken und G. Kirwan (2012), »Prognoses for Diagnoses: Medical Search Online and ›Cyberchondria‹«, *BMC Proceedings* 6. Suppl. 4 (2012), S. 30.

284 A. Nazaryan, »Internal Affairs: On Hypochondria«, *The New Yorker*, 2. August 2012.

285 D. McDaid und A. Park (2011), *BUPA Health Pulse 2010. Online Health: Untangling the Web*, 3: bupa.com.au (2011). Siehe auch *Bupa Health Pulse 2011: International Healthcare Survey. Global Trends, Attitudes and Influences*, 16: bupa.com.au (2011).

286 Den alten irischen Trinkspruch gibt es in zahlreichen Varianten. Diese Version stammt wahrscheinlich aus der Zeit der Großen Hungersnot (1845–1852), als die Beschlagnahmung von Land, der hohe Pachtzins und die Kartoffelfäule Iren massenhaft zur Auswanderung zwangen. Die Wendung »und Tod im alten Irland« bringt den Wunsch zum Ausdruck, die Auswanderer

möchten es noch erleben, in ihre Heimat zurückkehren zu können.

287 M.P. Aiken und G.H. Kirwan, »The Psychology of Cyberchondria and ›Cyberchondria by Proxy‹«, in A. Power und G. Kirwan (Hg.), *Cyberpsychology and New Media: A Thematic Reader*, New York 2014, S. 158–169. Siehe auch C. McMahon und M.P. Aiken, »Introducing Digital Wellness: Bringing Cyberpsychological Balance to Healthcare and Information Technology«, in *Proceedings of the 14th IEEE International Conference on Ubiquitous Computing and Communications*, Liverpool 2015, S. 1417–1422.

288 C.L. Corritore, B. Kracher und S. Wiedenbeck, »On-line Trust: Concepts, Evolving Themes, a Model«, *International Journal of Human-Computer Studies* 58 (2003), S. 737–758. Siehe auch L.C. Vega, T. DeHart und E. Montague, »Trust Between Patients and Health Websites: A Review of the Literature and Derived Outcomes from Empirical Studies«, *Health and Technology*, 1.2–4 (2011), S. 71–80.

289 A.N. Joinson, K.Y.A. McKenna, T. Postmes und U.D. Reips (Hg.), *The Oxford Handbook of Internet Psychology*, Oxford 2007, S. 351.

290 WebMD.com, NIH.gov, and MayoClinic.org monthly unique visitor metrics: alexa.com (2016).

291 Nach Angaben des National Oceanic and Atmospheric Administration's Weather Service kamen in den Vereinigten Staaten in den Jahren 1999–2003 insgesamt 235 Menschen durch Blitzschlag ums Leben, im Schnitt also 47 pro Jahr. Im Zeitraum von 2011 bis 2015 sank dieser Durchschnitt auf 26 pro Jahr; nws.noaa.gov.

292 mdjunction.com.

293 M. Lavelle, »Mothers May Pass Lyme Disease to Children in the Womb … But Public Health Experts Say the Science Isn't So Clear«, ScientificAmerican.com, 22. September 2014.

294 »Recent Study Suggests That Lyme Disease Can Be Sexually Transmitted«, lymedisease.org, 25. Januar 2014. Siehe auch Centres for Disease Control and Prevention, »Lyme Disease Frequently Asked Questions: Can Lyme Disease be Transmitted Sexually?«, cdc.gov.

295 S. Usborne, »Cyberchondria: The Perils of Internet Self-Diagnosis«, *The Independent*, 17. Februar 2009.

296 S. Fox und M. Duggan, »Health Online 2013«, *Pew Research Internet Project*, 3; pewinternet.org.

297 »›Cyberchondria‹ Hits Web Users«, BBC World News, 13. April 2001. Die Harris-Befragung verwendete den Ausdruck *Cyberchonder* erstmals 1998, als erst wenig mehr als 50 Millionen amerikanische Erwachsene im Internet nach medizinischen Informationen gesucht hatten: The Harris Poll: #11, 17. Februar 1999. Bis 2005 stieg diese Zahl auf 117 Millionen. Bei der Umfrage 2010 war die Zahl der Cyberchonder von 154 Millionen im Vorjahr auf 175 Millionen angewachsen: »›Cyberchondriacs‹ on the Rise?«, theharrispoll.com, 4. August 2010. Siehe auch J. Stone und M. Sharp, »Internet Resources for Psychiatry and Neuropsychiatry«, *Journal of Neurology, Neurosurgery and Psychiatry* 74.1 (2003), S. 10–12.

298 R.W. White und E. Horvitz, »Cyberchondria: Studies of the Escalation of Medical Concerns in Web Search«, *ACM Transactions on Information Systems* 27.4 (2009), Artikel 23.

299 G.J.G. Asmundson, S. Taylor, S. Sevgur und B.J. Cox, »Health Anxiety: Classification and Clinical Features«, in G.J.G. Asmundson, S. Taylor und B.J. Cox (Hg.), *Health Anxiety: Clinical and Research Perspectives on Hypochondriasis and Related Conditions*, Chichester 2001, S. 4–5.

300 J. Panksepp (2003), »An Archaeology of Mind: The Ancestral Sources of Human Feelings«, *Soundings: An Interdisciplinary Journal* 86.1/2 (2003), S. 41–69.

301 American Psychiatric Association, *Diagnostic and Statistical Manual of Mental Disorders*, 5. Ausg., Arlington, Va., 2013; dt.: *Diagnostisches und Statistisches Manual Psychischer Störungen, DSM-5*, Göttingen 2015, S. 421–424.

302 C.F. Belling, »Hypochondriac Hermeneutics: Medicine and the Anxiety of Interpretation«, *Literature and Medicine* 25.2 (2006), S. 376–401.

303 Die Häufigkeit der somatischen Belastungsstörung ist unbekannt. Das DSM-5 schätzt die Zahl auf 5 bis 7 Prozent der erwachsenen Bevölkerung und die der Krankheitsangststörung auf 1,3 bis 10 Prozent (*DSM-5*, S. 426 und S. 432). Umfassende

internationale Studien liegen nicht vor, aber es gibt Studien zu einzelnen Ländern, zum Beispiel Australien, wo die Zahl bei 5,7 Prozent liegt: J.M. Newby und G. Andrews, »Health Anxiety in Australia: Prevalence, Comorbidity, Disability, and Service Use«, *The British Journal of Psychiatry* 202.1 (2013), S. 56–61; und Deutschland mit einem Anteil von ca. 6 Prozent: G. Bleichhardt und W. Hiller, »Hypochondriasis and Health Anxiety in the German Population«, *British Journal of Health Psychology* 12.4 (2007), S. 511–523.

304 T.A. Widiger und P.T.J. Costa, »Personality and Personality Disorders«, *Journal of Abnormal Psychology* 103.1 (1994), S. 78–91.

305 E. Sillence, P. Briggs, P. Harris und L. Fishwick, »Changes in Online Health Usage over the Last 5 Years«, in *CHI '06 Extended Abstracts on Human Factors in Computing Systems*, New York 2006, S. 1331–1336.

306 R. Asher, »Munchausen's Syndrome«, 1951, *Lancet 1* (6650), S. 339–341.

307 R. Meadow, »Munchausen Syndrome by Proxy: The Hinterland of Child Abuse«, 1977, *Lancet 2* (8033), S. 343–345.

308 L.J. Lasher und M.S. Sheridan, *Munchausen by Proxy: Identification, Intervention, and Case Management*, New York 2013.

309 D.O. Day und R.L. Moseley, »Munchausen by Proxy Syndrome«, *Journal of Forensic Psychology Practice* 10.1 (2010), S. 13–36.

310 L. Criddle, »Monsters in the Closet: Munchausen Syndrome by Proxy«, *Critical Care Nurse* 30.6 (2010), S. 46–55.

311 J. Kleeman, »Sick Note: Faking Illness Online«, *The Guardian*, 26. Februar 2011.

312 A. Moses, »Alarm Sounded over Dr Google's Diagnosis«, *The Sydney Morning Herald*, 10. Februar 2011.

313 Y. Amichai-Hamburger, »Personality, Individual Differences and Internet Use«, in A.M. Joinson, K.Y.A. McKenna, T. Postmes und U.D. Reips (Hg.), *The Oxford Handbook of Internet Psychology*, Oxford 2007, S. 187–204.

314 D. Fine Maron, »Pill of Goods: International Counterfeit Drug Ring Hit in Massive Sting«, *ScientificAmerican.com*, 3. Juli 2013.

315 G. Kolata, »Rapid Rise and Fall for Body-Scanning Clinics«, *The New York Times*, 23. Januar 2005.

316 W. James, »Know Thy Inner Self: A3-D Scan Spots Cancer and Other Health Risks Before It's Too Late«, bodyscanintl.com.

317 M. Ballon, »Full-Body Scan Pioneer Is on the Outside Looking In«, *Los Angeles Times*, 19. August 2001.

318 P. Bowes, »US Doctors Offer Full Body Scan«, news.bbc.co.uk, 2. Januar 2001.

319 R. Davis, »The Inside Story«, *USA Today*, 25. August 2000.

320 P. Eastman, »Whole-Body Scanning for Patients with No Symptoms: What Are the Pros and Cons?«, *Oncology Times UK* 2.3 (2005), S. 20–21.

321 B. Starfield (2000), »Is US Health Really the Best in the World?«, *The Journal of the American Medical Association* 284.4 (2000), S. 483–485.

322 L.T. Kohn, J.M. Corrigan und M.S. Donaldson (Hg.), *To Err Is Human: Building a Safer Health System*, Washington, D.C., 2000; nap.edu.

323 D.R. Levinson, *Adverse Events in Hospitals: National Incidence Among Medicare Beneficiaries*, Office of Inspector General, U.S. Department of Health and Human Services (2010).

324 J.T. James (2013), »A New, Evidence-based Estimate of Patient Harms Associated with Hospital Care«, *Journal of Patient Safety* 9.3 (2013), S. 122–128. Ein gewichteter Durchschnitt für vier zwischen 2008 und 2011 durchgeführte Studien ergab eine Untergrenze von 210 000; die höhere Zahl von 440 000 ergab sich aus einer Abschätzung der Fehler und Auslassungen in Arztberichten und bei Diagnoseverfahren (S. 127). Siehe auch M.A. Makary und M. Daniel, »Medical Error – the third leading cause of death in the US«, *British Medical Journal* 353 (2016), o.S.

325 S. Fox und M. Duggan, »Health Online 2013«, PewInternet.org, 15. Januar 2013.

326 In Googles Verhaltenskodex hieß es zu Beginn: »Schade niemandem! Wir sind der festen Überzeugung, dass den Anteilseignern und allen anderen auf lange Sicht am besten gedient ist, wenn das Unternehmen Gutes für die Welt tut, auch wenn es dazu auf kurzfristige Gewinne verzichten muss.« Securities and Exchange Commission registration statement, sec.gov/Archives.

327 Im klassischen Hippokratischen Eid findet sich diese Wendung allerdings nicht. Am nächsten kommt ihr noch der Satz:

»Meine Verordnungen werde ich treffen zu Nutz und Frommen der Kranken, nach bestem Vermögen und Urteil; ich werde sie bewahren vor Schaden und willkürlichem Unrecht.« Moderne Versionen des Eides sind meist etwas allgemeiner gefasst. Die lateinische Wendung wird dem englischen Arzt des 17. Jahrhundert Thomas Sydenham zugeschrieben, und zwar in einem Buch des Wundarztes und Mythologen Thomas Inman, das 1860 unter dem Titel *Foundation for a New Theory and Practice of Medicine* in London erschien. Auf Seite 244 heißt es dort: »Wir halten uns an Sydenham und sagen, dass unser Motto nichts anderes ist als eine Übersetzung seines lateinischen Aphorismus zu den Pflichten des Arztes: ›*Primum est ut non nocere*.‹«

328 In der Vergangenheit überließ man diese Entscheidung der Familie des Patienten, die meist nur ungern die Wahrheit preisgab. Die Einführung der Hospizpflege und aggressiver Heilverfahren in den 1980er Jahren führten schließlich zu einer staatlichen Empfehlung, Patienten in der Endphase einer tödlichen Erkrankung die Diagnose und eine Schätzung der restlichen Lebenserwartung mitzuteilen. Das Nationale Krebszentrum gab dazu Leitlinien heraus: H. Okamura u. a., »Guidelines for Telling the Truth to Cancer Patients«, *Japanese Journal of Clinical Oncology* 28.1 (1998), S. 1–4. Zu den Empfehlungen gehörten auch Instruktionen, die überaus elementar erscheinen mögen: »Unter gar keinen Umständen sollte die Diagnose per Telefon, nebenher auf dem Flur oder in einem öffentlichen Raum mitgeteilt werden« – aber das zeigt nur, wie wenig Erfahrung japanische Ärzte mit dieser Aufgabe hatten: Y. Uchitomi und S. Yamawaki, »Truth-telling Practice in Cancer Care in Japan«, *Annals of the New York Academy of Sciences* 809 (1997), S. 290–299.

329 Zur Sozialisation in Gruppen siehe R. Moreland und J. Levine, »Socialization in Small Groups: Temporal Changes in Individual-Group Relations«, in L. Berkowitz (Hg.), *Advances in Experimental Social Psychology*, Bd. 15, New York 1982, S. 137–192.

330 Die Freibeuter, die in staatlichem Auftrag Seewege suchten und Schiffe rivalisierender Mächte kaperten, verloren ihre Konzession in Friedenszeiten; dann nutzten viele ihre Fähigkeiten, um sich als Piraten zu betätigen, auch wenn diese Karriere oft nur ein oder zwei Jahre dauerte; siehe thewayofthepirates.com (2016).

331 M.P.Aiken, C.McMahon, C.Haughton, L.O'Neill und E.O'Carroll, »A Consideration of the Social Impact of Cybercrime: Examples from Hacking, Piracy, and Child Abuse Material Online«, *Contemporary Social Science: Journal of the Academy of Social Sciences* (2015). DOI: 101080/21582041.2015.1117648.

332 »Social Engineering ist Teil vieler, wenn nicht sogar aller Aktivitäten dieser Art. Virusentwickler nutzen Social-Engineering-Taktiken, um Menschen zu verleiten, mit Schadsoftware verseuchte E-Mail-Anhänge zu öffnen; Phisher setzen solche Verfahren ein, um andere zur Preisgabe sensibler Daten zu veranlassen, und Scareware-Verkäufer greifen auf Social Engineering zurück, um den Leuten Angst zu machen und zum Kauf von Software zu bewegen, die bestenfalls nutzlos, schlimmstenfalls gefährlich ist.« S.Guvakuva, »What is Social Engineering«, technomag.co.zw, 3.Dezember 2015.

333 Dr.Jill Ellsworth benutzte erstmals den Ausdruck *unsichtbares* Web zur Bezeichnung schlecht vermarkteter Websites, etwa solcher, die zwar vielleicht gut gestaltet, aber bei keiner Suchmaschine angemeldet waren, so dass niemand sie finden konnte. Siehe F.Garcia, »Business and Marketing on the Internet«, *TCP Online* 9.Januar 1996 (besucht am 24.August 2015 über das Wayback Machine Internet Archive). Zu Problemen mit diesem Ausdruck und der heute bevorzugten Bezeichnung Deep Web siehe die Studie des Internetexperten Mark Bergman, »White Paper: The Deep Web: Surfacing Hidden Value«, *The Journal of Electronic Publishing* 7.1 (2001).

334 A.Greenberg, »Hacker Lexicon: What Is the Dark Web?«, *Wired*, 19.November 2014.

335 »Going Dark: The Internet Behind the Internet«, National Public Radio, 25.Mai 2014, npr.org.

336 »How to Access THE HIDDEN WIKI (Deep Web, Secret Internet)«, TheBot.net, 20.März 2011.

337 B.Krebs, »Peek Inside a Professional Carding Shop«, krebsonsecurity.com, 14.Juni 2014.

338 »The Disturbing World of the Deep Web, Where Contract Killers and Drug Dealers Ply Their Trade on the Internet«, dailymail.co.uk, 11.Oktober 2013.

339 Die biographischen Angaben zu Ross Ulbricht und die Geschichte von Silk Road nach D. Kushner, »Dead End on Silk Road: Internet Crime Kingpin Ross Ulbricht's Big Fall«, *Rolling Stone*, 4. Februar 2014; und M.J. Barratt, J.A. Ferris und A.R. Winstock, »Use of Silk Road, the Online Drug Marketplace, in the United Kingdom, Australia and the United States«, *Addiction* 109 (2014), S. 774–783.

340 Zu Leben und Werk des Ökonomen und Philosophen Ludwig von Mises siehe die Darstellung auf der Homepage des Instituts, das seinen Namen trägt: mises.org/profile/ludwig-von-mises; und A. Carden, »The Greatest Thinker You've Never Read: Ludwig von Mises«, *Forbes*, 29. September 2012.

341 Financial Action Task Force, »FATF Report: Virtual Currencies: Key Definitions and Potential AML/CFT Risks«, fatf-gafi.org, 11. Juni 2014.

342 M.J. Barratt, J.A. Ferris und A.R. Winstock, »Use of Silk Road, the Online Drug Marketplace in the United Kingdom, Australia and the United States«, *Addiction* 109 (2014), S. 774–783.

343 D. Leinwand Leger, »A Behind-the-Scenes Look at the Federal Agents' Digital Detective Work«, usatoday.com, 15. Mai 2014.

344 E. Anthes, »Outside In: It's So Loud, I Can't Hear My Budget!«, *Psychology Today*, 1. September 2010.

345 S. Thielman, »Silk Road Operator Ross Ulbricht Sentenced to Life in Prison«, *The Guardian*, 29. Mai 2015.

346 Die meisten Briefe, die vor der Urteilsverkündung zur Unterstützung Ulbrichts an das Gericht geschickt wurden, sind online einsehbar; siehe: documentcloud.org/documents/2086667-gov-uscourts-nysd-422824-251-2.html#document/p14/a220146.

347 K. McCoy, »Silk Road Founder Hit with Life Imprisonment«, usatoday.com, 1. Juni 2015.

348 C. Dewey, »You Can Take Down Pirate Bay, but You Can't Kill the Internet It Created«, *The Washington Post*, 10. Dezember 2014.

349 Zu den Zahlen und der Haltung der Musikbranche gegenüber digitaler Piraterie siehe die FAQs auf der Website der Recording Industry Association of America: riaa.com.

350 P. Tassi, »›Game of Thrones‹ Sets Piracy World Record, but Does HBO Care?«, *Forbes*, 15. April 2014.

351 E. Sheppard, »Here's How Much It Costs to Make a ›Game of

Thrones‹ Episode«, Mic.com, 8. April 2014. Siehe auch M. Russon, »Game of Thrones season 5 breaks piracy record with 32 million illegal downloads so far«, 22. April 2015, ibtimes.co.uk.

352 Zur Online-Enthemmung siehe J. Suler, »The Online Disinhibition Effect«, *CyberPsychology and Behavior* 7.3 (2004), S. 321–326.

353 S. Altschuller und R. Benbunan-Fich, »Is Music Downloading the New Prohibition? What Students Reveal Through an Ethical Dilemma«, *Ethics and Information Technology* 11.1 (2009), S. 49–56.

354 M. Humphries, »15-Year-Old Facing Jail Time for Downloading 24 Movies«, *Geek* (online), 24. August 2011.

355 Altschuller und Benbunan-Fich, »Is Music Downloading the New Prohibition?« (2009). Siehe auch T. Wingrove, A. L. Korpas und V. Weisz, »Why Were Millions of People Not Obeying the Law? Motivational Influences on Non-Compliance with the Law in the Case of Music Piracy«, *Psychology, Crime and Law* 17.3 (2011), S. 261–276.

356 C. Green, »New Internet Piracy Warning Letters Rules Dismissed as ›Toothless‹«, *The Independent*, 23. Juli 2014.

357 S. Hamedy, »Report: Online Piracy Remains Multi-Hundred-Million-Dollar Business«, *Los Angeles Times*, 19. Mai 2015.

358 Das Manifest, das ursprünglich den Titel »The Conscience of a Hacker« trug, wurde nach Loyd Blankenships Verhaftung verfasst und unter dessen Pseudonym in einem Online-Magazin veröffentlicht: *Phrack* 1(7), 8. Januar 1986; dt. zit. nach http://computer.freepage.de/cgi-bin/feets/freepage_ext/339483x434877d/rewrite/streuner/hackdt.htm. Zur fortbestehenden Bedeutung siehe S. Ragan, »The Hacker's Manifesto Turns 29 Years Old«, csoonline.com, 8. Januar 2015.

359 D. Littlejohn Shinder und M. Cross, *Scene of the Cybercrime*, Burlington, Mass., 2008. Siehe auch S. Atkinson, »Psychology and the Hacker: Psychological Incident Handling«, SANS Institute (online), 20. Juni 2015.

360 »The Amazons of the Dark Net«, *The Economist*, 1. November 2014.

361 J. Bartlett, »Dark Net Drug Markets Kept Alive by Great Customer Service«, *Wired*, 21. August 2014. Siehe auch M. P. Aiken und C. McMahon, »The CyberPsychology of Internet Facilitated

Organised Crime«, *Europol Organised Crime Threat Assessment Report (iOCTA)*, europol.europa.eu (2014).

362 P.H. O'Neill, »Dark Net Markets Offer More Drugs Than Ever Before«, *Daily Dot* (online), 13. Mai 2015.

363 K. Perry, »Dark Net Drugs Adverts ›Double in Less Than a Year‹«, *Telegraph*, 31. Juli 2014. Siehe auch S. Nelson, »Buying Drugs Online Remains Easy, 2 Years After FBI Killed Silk Road«, usnews.com, 2. Oktober 2015.

364 S. Lewis, »Protect Your Teen from Dangerous Dark Net Drugs«, huffingtonpost.com, 1. Februar 2014.

365 Die drei Merkmale der Triple A Engine, die zu Problemen mit der Sicherung der Privatsphäre im Internet führen (Anonymität, Zugänglichkeit und Erschwinglichkeit), wurden identifiziert von A. Cooper, »The Internet and Sexuality: Into the New Millennium«, *Journal of Sex Education and Therapy* 22 (1997), S. 5–6.

366 Zu Schätzungen der Drogentoten und des Drogenmissbrauchs weltweit siehe United Nations Office on Drugs and Crime, *World Drug Report 2015*, United Nations, New York 2015; unodc.org.

367 R.A. Martin, D.K. Rossmo und N. Hammerschlag, »Hunting Patterns and Geographic Profiling of White Shark Predation«, *Journal of Zoology* 279.2 (2009), S. 111–118. Siehe auch »Great White Sharks Can Behave Like Serial Killers, Study Finds«, theguardian.com, 22. Juni 2009.

368 D. Canter, *Mapping Murder: The Secrets of Geographical Profiling*, London 2003.

369 A. Madero-Hernandez und B.S. Fisher, »Routine Activity Theory«, in F.T. Cullen und P. Wilcox (Hg.), *The Oxford Handbook of Criminological Theory*, Oxford 2012.

370 Zur Geschichte eines Teenagers in die Cyberkriminalität siehe L. Kelion, »Finnish Teen Convicted of More Than 50 000 Computer Hacks«, bbc.com/news, 8. Juli 2015. Allgemein zu Teenagern und Cyberkriminalität siehe »Criminals Recruiting Teens for Life of Cybercrime«, recruitmentgrapevine.com, 10. Juni 2015.

371 S. Malik, »Teenagers Jailed for Running £16 m Internet Crime Forum«, *The Guardian*, 2. März 2011.

372 »Cybercrime Could Become More Lucrative Than Drugs, Police Chief Warns«, telegraph.co.uk, 1. März 2015.

373 E. Weise, »IRS Hacked, 100 000 Tax Accounts Breached«, usatoday.com, 26. Mai 2015.

374 International Telecommunication Union, *ICT Facts & Figures: The World in 2015* (Genf); itu.int (2015).

375 Zur exponentiellen Ausbreitung von Schadsoftware in den letzten Jahren siehe M. Goodman, *Future Crimes: Everything Is Connected, Everyone Is Vulnerable and What We Can Do About It*, New York 2015, S. 14–15.

376 M. Garnaeva, V. Chebyshe, D. Makrushin und A. Ivanov, »IT Threat Evolution in Q1 2015«, securelist.com, 6. Mai 2015.

377 2015 startete die britische Regierung eine Initiative zur Stärkung der Cybersicherheitsbranche, in deren Rahmen Menschen mit Cyberkenntnissen gesucht und gefördert wurden. Durch Schulprojekte und Instrumente wie nationale Mathematikwettbewerbe sucht Cyber First nach potentiellen Kandidaten für Hochschulstipendien und staatliche Anstellung. Siehe A. Stevenson, »UK Government Launches Cyber First Recruitment Drive for Future White Hats«, V3.co.uk, 25. März 2015. Siehe auch die Ankündigung des neuen UK National Cyber Security Centre, »New National Cyber Security Centre set to Bring UK Expertise Together«, gov.uk, 18. März 2016.

378 J. Berland, »Cultural Technologies and the ›Evolution‹ of Technological Cultures«, in A. Herman und T. Swiss (Hg.), *The World Wide Web and Contemporary Cultural Theory*, New York 2001, 12. Kapitel.

379 E. Zolfagharifard, »Stephen Hawking Says It Is a ›Near Certainty‹ Technology Will Threaten Humanity Within 10 000 Years«, dailymail.co.uk, 19. Januar 2016.

380 H. Horton, »Microsoft Deletes ›Teen Girl‹ AI After It Became a Hitler-Loving Sex Robot Within 24 Hours«, telegraph.co.uk, 24. März 2016.